제4판 ● ● ●

로스쿨 국제법 : 이론과 사례

김성원·박병도·박언경·이석우·이세련·정동원·최원목

박영사

제4판 ● ● ●

로스쿨 국제법 : 이론과 사례

김성원·박병도·박언경·이석우·이세련·정동원·최원목

4판 머리말

『로스쿨 국제법 사례연습』을 공동으로 2018년 9월 처음 출간한 이후, 이번에 표제를 달리하여 『로스쿨 국제법: 이론과 사례』라는 이름으로 제4판을 출간하게 되었다. 기존 저서로 강의하는 과정에서 논의된 개선점들을 반영하여 첫째, 개조식으로 작성된 본문 내용을 서술형으로 변경하여 가독성을 높이고, 둘째, 변시 및 실전문제의 답안을 대폭 보완하였으며, 그리고 셋째 법전을 탈착 가능한 별책으로 작업하여 학생들의 동 저서의 활용도를 배가하였다. 저자의 참여면에서도 그동안 법조실무계를 대표하여 여러 차례 변시 출제에 참여를 한 법무법인(유) 화우의 정동원 변호사가 참여하면서 해당 분야의 완성도를 높이게 되었다. 시간이 지남에 따라 기출문제가 늘어나고, 이에 따라 저서의 분량이 많아지는 것에 대한 수험생들의 부담도 있겠지만, 『로스쿨 국제법: 이론과 사례』에 수록된 내용만을 정확히 숙지하면 변호사시험 준비뿐만이 아니라 국제법의 현안에 대한 이해에 많은 도움이 되리라 믿는다.

4판에 이르기까지 공동집필임에도 불구하고 수정 원고의 교정, 편집, 재편집, 출판사와의 연락 등에 있어 경희대 박언경 박사와 전북대 이세련 교수의 세심한 노력이 큰 도움이 되었음에 대해 다른 집필자 모두는 특별한 고마움을 표하고자 한다. 한편, 출간진행 과정에서 소요되는 재정적인 사항에 대해서는 (사)아시아국제법발전연구회(DILA-KOREA)의 연구기금에서 지원을 받았음을 밝힌다.

최근 영어 단어 succeed에 대해 생각을 할 때가 많다. 일반적으로 성공하다는 의미와 함께 뒤를 잇다의 의미가 있는데, 어떻게 보면 무엇인가를 지속적으로 이어가는 것 자체가 성공이라고 생각한다. 동 저서의 지속적인 출간 작업을 통해 애초 집필자들이 기획했던 바를 어느 정도 이루게 된 것에 대해 박영사의 관계자 분들에게 깊은 감사를 드리고자 한다.

2024년 2월
집필자 일동

3판 머리말

변호사시험의 출제나 특강의 경험을 통해 기존에 나온 국제법 교과서들이 변호사시험 준비에는 적합하지 않고, 많은 수험생이 활용하고 있는 수험교재 역시 오류가 많다는 점에 인식을 같이 하고 있는 국제법 전공자들이 '로스쿨 국제법사례연습'을 공동으로 2018년 9월 처음 출간한 이후, 2021년 4월 개정판을 출간한 바 있다. 다소 급하게 작업된 초판의 오류를 시정하고, 강의 등을 진행하면서 지적된 사항들, 특히 전체적인 저서의 장(章)별 통일성과 내용의 대폭 수정 등을 보완하여 출간한 개정판에 대한 긍정적인 평가에 집필자 모두 다행으로 생각한다.

변호사시험과 법학전문대학원협의회 주관 변호사시험 모의시험 등 시간이 지남에 따라 축적되고 있는 문제들을 어떻게 하면 보다 현실감 있게 수험생들에게 전달할 수 있을지에 많은 고민을 하였고, 그 고민을 충실하게 교재에 반영하고자 노력하였다. 특히, 도표를 통해 전체적인 맥락에 대한 이해를 높이도록 한 것과 예상문제의 충실화를 통해 수험생들의 적응력을 높이고자 하였다.

수업에서 수없이 강조하는 사항인데, 변호사시험에서의 국제법뿐만 아니라 한국에서의 국제법 공부는 한국의 국제법 현안에 대한 관심을 기본으로 한다. 한국의 국제법 현안에 대한 기본적인 이해를 기반으로 다양한 문제풀이를 통해 변호사시험 준비에 최적화한 동 저서만을 숙독한다면 국제법의 중요한 부분에 대한 이해와 함께 수험준비에도 큰 도움이 될 것으로 믿는다. 아울러 한정된 시험범위에서 출제할 수밖에 없는 현실적인 제한에도 불구하고, 동 저서를 통해 한국에서 국제법이 운용되고 있는 최소한에 대한 이해와 국제법의 저변 확대에 기여하리라 생각한다.

공동집필임에도 불구하고 수정 원고의 교정 및 편집, 재편집, 새로운 원고의 작업에 있어 경희대 박언경 박사와 전북대 이세련 교수의 세심한 검토가 큰 도움이 되었음에 대해 다른 집필자 모두는 특별한 고마움을 언급하고자 한다. 또한 출간진행 과정에서 소요되는 재정적인 사항에 대해서는 (사)아시아국제법발전연구회

(DILA‒KOREA)의 연구기금에서 지원을 받았음을 밝히고, 끝으로 초판, 개정판에 이어 동 저서의 3판 출간에 협조해 주신 박영사의 관계자 분들에 대해 깊은 감사를 드리고자 한다.

2022년 7월
집필자 일동

2판 머리말

변호사시험의 출제나 특강의 경험을 통해 기존에 나온 국제법 교과서들이 변호사시험 준비에는 적합하지 않고, 많은 수험생이 활용하고 있는 수험교재 역시 오류가 많다는 점에 인식을 같이 하는 집필자 7인이 '로스쿨 국제법 사례연습'을 공동으로 지난 2018년 출간한 바 있다. 그 후 동 저서를 활용하여 강의 등을 진행하면서 지적된 사항들, 특히 전체적인 저서의 장(章)별 통일성과 내용의 대폭 수정, 그리고 다소 급하게 진행되는 과정에서 누락된 부분 등을 보완하여 이번에 개정판을 출간하게 되었다. 더욱이 올해 변호사시험 10회를 거치면서 점차 정형화되어 가고 있는 문제들을 어떻게 하면 보다 현실감있게 수험생들에게 전달할 수 있을지에 많은 고민을 하였고, 그 고민을 충실하게 반영하였다.

변호사시험에서의 국제법의 준비는 항상 한국의 국제법 현안에 대한 관심을 기본으로 한다. 기본적인 강론과 다양한 문제풀이를 통해 변호사시험 준비에 최적화한 동 저서만을 숙독한다면 국제법의 중요한 부분에 대한 이해와 함께 수험준비에도 큰 도움이 될 것으로 믿는다. 아울러 한정된 시험범위에서 출제할 수밖에 없는 현실적인 제한에도 불구하고, 동 저서를 통해 한국에서 국제법이 운용되고 있는 최소한에 대한 이해와 국제법의 저변 확대에 기여하리라 생각한다.

공동집필임에도 불구하고 수정 원고의 교정 및 편집, 재편집 작업에 있어 경희대 박언경 박사와 전북대 이세련 교수의 세심한 검토가 큰 도움이 되었음에 대해 다른 집필자 모두는 특별한 고마움을 언급하고자 한다. 또한 출간진행 과정에서 소요되는 재정적인 사항에 대해서는 (사)아시아국제법발전연구회(DILA-KOREA)의 연구기금에서 지원을 받았음을 밝히고, 끝으로 초판에 이어 동 저서의 개정판 출간에 협조해 주신 박영사의 관계자 분들에 대해 깊은 감사를 드리고자 한다.

2021년 4월
집필자 일동

초판 머리말

　　법학전문대학원(로스쿨)이 변호사시험을 준비하는 학생들을 위한 교육기관이라는 점에 대해 이의를 제기하는 교수들은 없을 것이다. 그러나, 로스쿨이 시험 준비만을 위한 수험학원과는 그 본질에서 다르다는 것에 대해서도 이의를 제기하는 교수들은 없을 것이다. 문제는 현실에서 그 간극이 상당히 크게 유지되고 있다는 점이다.

　　로스쿨 체제가 시작되고 변호사시험에서 국제법이 선택과목으로 지정되면서 국제법 전반에 대한 교육을 담당하는 교수들은 학문으로서의 국제법에 대한 교육과 함께 국제법을 선택하여 응시하는 수험생들에 대한 교육을 어떻게 하면 조화롭게 진행할 수 있을지에 대한 고민을 하게 된다. 25개 로스쿨이 모두 동일한 상황이라고 할 수는 없겠지만, 이번에 7명이 공동집필자로 참여한 '로스쿨 국제법사례연습'은 그러한 고민을 바탕으로 하고 있다.

　　공동집필자 7인은 기존 변호사시험의 출제나 특강의 경험을 통해 기존에 나온 국제법 교과서들이 변호사시험에는 적합하지 않고, 많은 수험생이 활용하고 있는 수험교재 역시 오류가 많다는 점에 인식을 같이 하고, 그 간극을 최대한 좁힌 변호사시험 준비를 위한 교재를 출간하게 되었다.

　　현재 7회에 걸친 변호사시험을 통해 문제의 출제 범위나 형식이 많이 정형화된 상태에서 기본적인 강론과 다양한 문제풀이를 통해 변호사시험 준비에 최적화한 동 저서만을 숙독한다면 국제법의 중요한 부분에 대한 이해와 함께 수험준비에도 큰 도움이 될 것으로 믿는다.

　　끝으로 9개월의 집중적인 집필과 편집이 소요된 동 저서의 출간에 협조해 주신 박영사의 관계자 분들에 대해 깊은 감사를 드리고자 한다.

2018년 9월

집필자 일동

차 례

부 록 || 1

국가책임법

국가책임법 개관

국가책임법의 구조 (ILC 국제위법행위에 대한 국가책임 초안)

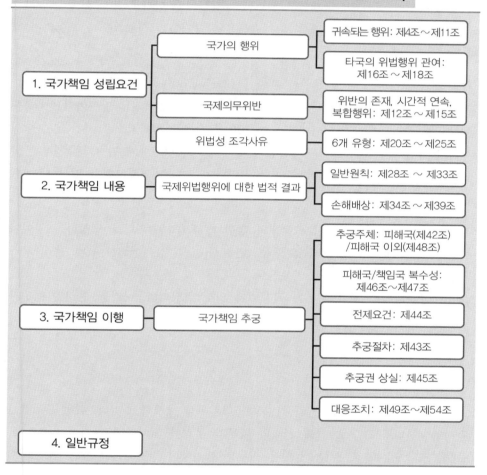

1. 의의

국제법상 국가책임법은 전통적으로 외국인에 가해진 권리침해에 대한 국적국의 외교적 보호권 행사를 통해 발전해왔다. 하지만, 국가책임은 타 국가에 대한 간접침해(타 국가의 국민에 대한 침해)뿐만 아니라 타 국가에 대한 직접침해에 의해서 발생한다.

2. 성립요건

국가책임의 성립요건으로서 문제의 행위가 i) 국제법상 국가에 귀속되어야 하며, ii) 행위 당시 그 국가의 국제의무 위반에 해당되어야 한다. 2차 규칙에 해당하는 국가책임법에는 고의 또는 과실, 손해발생은 국가책임의 성립요소에 포함되어 있지 않다.

가. 행위의 국가귀속성

국가책임이 성립하기 위해서는 문제의 행위가 국가로 귀속되는 것이어야 한다. 즉 문제의 행위가 국가의 행위이어야 한다. 일반국제법상 원칙적으로 사인(私人) 행위는 국가에 귀속되지 않으며, 국제법상 이들의 행위가 국가에게 귀속되는 경우는 국가의 지시 및 통제 하에 이루어지거나 국가와의 충분한 연결고리가 있어야 한다.

나. 국제의무 위반

국가책임이 성립하기 위해서는 문제의 행위가 국제의무 위반을 구성하는 것이어야 한다. 국제의무는 조약, 국제관습법, 판결, 구속력 있는 국제기구의 결의, 국가의 일방적 행위 등에 의해서 연유한다.

그리고 국가책임의 성립 여부는 국제법에 의해 결정되며, 국가는 자신의 행위가 국내법상 적법한 행위라고 주장하더라도 국제위법행위에 해당하는 경우에는 국가책임을 면할 수 없다.

3. 위법성 조각사유

ILC 국가책임법 초안은 6가지의 위법성 조각사유를 제시하고 있다. 위법성 조각사유가 존재하더라도 그로 인해 원래의 의무가 무효가 되거나 종료되지는 않는다. 위법성 조각사유가 존재하는 동안은 의무의 불이행이 정당화되는 것을 의미하며, 그러한 사유가 더 이상 존재하지 않는다면 원칙적으로 본래의 의무이행을 재개해야 한다. 그리고 위법성 조각사유는 당해국의 손실보상 의무까지 면제해주지 않는다. 또한, 위법성 조각사유는 국제법상의 강행규범의 위반까지 정당화시켜 주는 것은 아니다.

4. 국가책임의 내용

국제위법행위에 의해 초래되는 국가책임은 법적 결과를 수반하지만 의무위반국은 위반한 의무를 계속 이행할 의무를 부담한다. 국제의무위반 그 자체만으로는 의무를 종료시키지 않는다. 즉, 국제위법행위가 발생하면, 의무위반국은 위반행위를 중지해야 하며, 필요한 경우 재발 방지에 관한 확약과 보장을 한다. 또한 의무위반국은 발생한 피해에 대해 완전한 배상의무를 지며, 배상할 피해에는 국제위법행위로 인해 발생한 모든 물질적 또는 정신적 손해를 포함한다.

5. 국가책임의 이행

국제위법행위에 대해 국가책임을 추궁(원용, invocation)할 수 있는 국가는 기본적으로 피해국(injured State)이며 특정한 국제의무위반의 경우에는 피해국 이외의 국가(a State other than an injured State)도 국가책임을 추궁할 수 있다.

국가책임의 구조

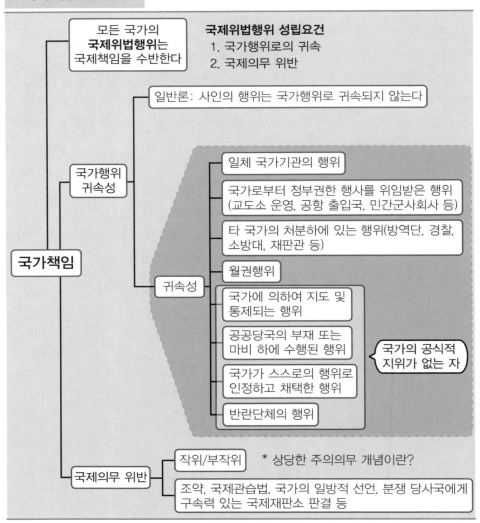

국제위법행위 성립요건
1. 국가행위로의 귀속
2. 국제의무 위반

모든 국가의 **국제위법행위**는 국제책임을 수반한다

일반론: 사인의 행위는 국가행위로 귀속되지 않는다

국가책임

국가행위 귀속성

귀속성

- 일체 국가기관의 행위
- 국가로부터 정부권한 행사를 위임받은 행위 (교도소 운영, 공항 출입국, 민간군사회사 등)
- 타 국가의 처분하에 있는 행위(방역단, 경찰, 소방대, 재판관 등)
- 월권행위
- 국가에 의하여 지도 및 통제되는 행위
- 공공당국의 부재 또는 마비 하에 수행된 행위
- 국가가 스스로의 행위로 인정하고 채택한 행위
- 반란단체의 행위

국가의 공식적 지위가 없는 자

국제의무 위반

작위/부작위   * 상당한 주의의무 개념이란?

조약, 국제관습법, 국가의 일방적 선언, 분쟁 당사국에게 구속력 있는 국제재판소 판결 등

위법성 조각사유의 구조

위법성 조각사유
- 일반론
- 6가지 사유
  - 피해국의 유효한 동의
  - UN헌장에 따른 합법적 자위권 행사
  - 대응조치
  - 불가항력 → 국가의 통제밖 상황에서 그 의무 이행이 실질적으로 불가능한 경우. 단, 불가항력을 원용하는 국가가 행위에 기여, 사태발생의 위험 부담하는 경우 원용 불가
  - 조난 → 국가기관이 자신 또는 위탁받은 타인의 생명을 구하기 위한 행위. 단, 원용국에게 기인하거나 더 큰 위험 부담 우려시 원용 불가
  - 긴급피난 (필요성) → 자국, 타국, 국제공동체 전체에 대한 중대한 위험으로부터 본질적 이익 수호를 위한 유일한 방법. 단, 필요성 원용가능성이 배제되거나 원용국이 필요성 상황 조성 기여시 원용 불가
- 강행규범 위반 여부

제 1 부

국가의 국제위법행위

제 1 장 일반원칙

1. 국가책임의 의의: 국제위법행위에 대한 국가책임

제1조 [국제위법행위에 대한 국가책임] 국가의 모든 국제위법행위는 그 국가의 국제책임을 발생시킨다.

국가책임이란 '국가'의 국제위법행위에 대한 국제법상의 책임을 의미한다. 전통적인 국가책임은 주로 외국인에 대한 위법한 대우문제에 제한되어 있었으나 오늘날 국가책임은 국제법 상 국가의 모든 국제위법행위의 결과에 의해 발생한다는 점이 널리 인정되고 있다.

국제법상 국가책임법은 외국인에게 가해진 불법적인 권리침해에 대한 피해자의 국적국이 외교적 보호권을 행사하기 위한 법적 근거를 마련하면서 발달하였다고 볼 수 있다. 그런데 국가책임은 외국인의 피해에 의해서만 발생하는 것이 아니기 때문에 오늘날에 국가책임은 국가의 모든 위법한 행위의 결과로 발생한다는 점을 수용하고 있다.

국제법의 주체인 국가가 국제의무를 위반하는 경우에는 일정한 법적 책임과 관련한 중요한 문서는 2001년 국제연합 국제법위원회(ILC: International Law Commission)에 제정된 '국제위법행위에 대한 국가책임에 관한 규정초안(국가책임법 초안)'이다. 이 초안은 국제법상 국가책임에 관하여 규정하고 있는 권위 있는 문서이다. '국가책임법 초안'은 조약은 아니지만 국제관습법의 지위를 얻고 있다고 할 수 있을 정도로 국제재판소 판결과 각국의 관행 그리고 국제법학자들에 의해 광범위하게 지지되고 있다.

2. 국가책임의 성립 요소

제2조 [국가의 국제위법행위의 요소] 작위 또는 부작위를 구성하는 행위가 다음과
같은 경우 국가의 국제위법행위가 존재한다.
    (a) 국제법상 국가에 귀속되며,
    (b) 국가의 국제의무의 위반을 구성하는 경우.

국가의 특정행위가 국가책임을 발생시키기 위한 요건은 당해행위가 국가에 귀속
되어야 하고(행위의 국가귀속성), 그 행위가 국제법상 국가의무를 위반한 것이어야(국
제의무 위반) 한다. 행위의 국가귀속성을 주관적 요소, 국제의무 위반을 객관적 요소
라고 한다.

국가기관의 행위, 즉 공무원의 직무상 행위는 국가로 귀속된다. 행위의 국가귀속에
관한 구체적 요건 및 내용은 제4조~제11조, 제16조~제18조에서 규정하고 있다.
국제의무 위반에 해당하여 국가로 귀속되는 행위(conduct)에는 국가가 국제의무를
위반하는 행위를 행하는 작위(作爲, action)뿐만 아니라 국제의무상 요구된 행위를
하지 않는 부작위(不作爲, omission)도 포함된다. 따라서 국가는 국제법을 위반하는
입법행위뿐만 아니라 국제의무 이행을 위하여 요구되는 국내법을 제정하지 않은
경우에도 국가책임이 성립될 수 있다.

📝 판례소개

ICJ 테헤란주재 미대사관 인질 사건 (1980)

동 사건은 부작위로 인한 국가책임의 성립에 관한 대표적인 사례이다. 1979년 이란 회
교도 혁명 당시, 혁명을 지지하는 학생들이 테헤란 소재 미국대사관을 점거하고 60여
명을 억류하였다. 미국대사관은 공관보호를 이란 정부에 요청하였으나, 이란 정부는 어
떠한 조치도 취하지 않았다. 미국은 동 사태의 해결을 위해 국제사법재판소에 제소하였
다. 재판소는 이란 정부는 외교사절에 관한 비엔나협약상 외교공관의 불가침권을 보호
하기 위한 적절한 조치를 취하지 않았다는 점, 즉 이란 정부의 미국 대사관 보호조치 의
무를 이행하지 않은 부작위로 인한 국가책임을 인정하였다.

3. 국가행위의 국제위법성의 결정

제3조 [국가행위의 국제위법성의 결정]
국가의 행위의 국제위법성은 국제법에 의하여 결정된다. 그러한 결정은 그 행위의
국내법상 적법성에 의하여 영향 받지 않는다.

어떤 행위가 국가로 귀속되며 또한 국제의무를 위반한 것인지 여부는 행위국의 국
내법이 아니라 해당 행위를 규율하는 '국제법'에 따라 판단하여야 한다.

제 2 장 국가행위의 귀속성

국가책임법 초안 제2조 (a)호에 따르면, 국가의 위법행위에 대하여 국제법상 국가
책임이 성립하기 위해서는 우선 문제의 행위가 국가의 행위이어야 한다.

행위의 국가귀속성의 구조

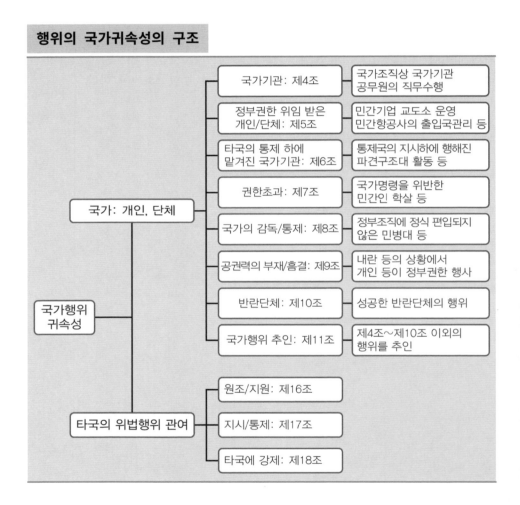

1. 국가기관의 행위

제4조 [국가기관의 행위]

1. 여하한 국가기관의 행위도 국제법상 그 국가의 행위로 간주된다. 이는 그 기관

의 기능이 입법적인 것이든, 집행적인 것이든, 사법적인 것이든 또는 기타 여하한 것이든 불문하며, 국가조직 내에 있어서 그 기관의 지위 여하에 불문하며, 나아가 그 기관이 그 국가의 중앙정부에 속하든 영토적 단위에 속하든 불문한다.
2. 기관은 그 국가의 국내법에 따라 그러한 지위를 가지는 모든 개인 및 실체를 포함한다.

모든 국가기관의 행위는 국가로 귀속된다. 헌법상의 기관(constituent), 입법부(legislative), 행정부(executive), 사법부(judicial) 또는 기타 국가조직에 속하든 국가조직상 국가기관에 속한 자의 행위는 모두 국가로 귀속된다. 실제로 국가기관의 행위는 국가기관에 속한 공무원의 행위로 표출되므로, 국가기관의 행위에는 모든 국가기관에 속한 개인 또는 단체의 행위가 포함된다. 국가기관의 행위가 상업적 성격을 가지고 있는 경우에도, 국가책임이 성립될 수 있다.

국가로 귀속되는 행위는 직무상의 행위만 대상이 되므로, 직무수행과 관련이 없는 국가공무원의 위법행위는 단지 사인(私人)의 행위로 간주된다. 원칙적으로 사인의 행위는 국가의 행위로 귀속되지 않는다. 다만 사인의 행위로 인해 다른 국가에 피해를 야기한 경우 이를 방지하기 위한 적절한 주의 의무를 다하지 않은 점이 입증된다면 국가의 부작위로 인해 국제규범을 위반한 사례에 해당하여 그에 한하여 국가책임이 발생할 수 있다.

국가기관의 행위에는 중앙정부 기관들의 행위뿐만 아니라 국가의 영토적 단위(territorial unit), 즉 지방정부 또는 지방자치단체의 행위 및 연방국가의 구성국의 행위도 포함된다. 다시 말해서 이들 지방정부의 행위도 해당 국가로 귀속된다.

2. 정부권한을 행사하는 개인 또는 단체의 행위

제5조 [정부권한(공권력)을 행사하는 개인 또는 단체의 행위] 제4조에 의하여 국가기관에 해당하지 않으나 그 국가의 법에 의하여 정부권한(공권력)을 행사하도록 권한을 위임받은 개인 또는 단체의 행위는 국제법상 그 국가의 행위로 간주된다. 단, 이는 그 개인 또는 단체가 그 구체적 경우에 있어서 그러한 자격으로 행동하는 경우에 한한다.

국가기관은 아니지만 당해 국가의 국내법에 의하여 공권력을 행사할 권한을 부여받은 개인 또는 단체가 그 같은 자격으로 행동하였다면 그 행위는 국제법상 그 국가의 행위로 간주된다. 예를 들면, 국가의 법률에 의해 위임을 받아 민간이 운영하는 교도소, 국가의 법률에 의해 위임을 받아 공항에서 출입국 또는 검역과 같은 일정한 국가권한을 행사하는 민간항공사, 경찰권을 행사하는 철도회사 등의 행위가 그 국가의 행위로 귀속될 수 있다.

3. 타국에 의해 한 국가의 통제 하에 놓여진 기관의 행위

제6조 [타국에 의하여 한 국가의 통제 하에 놓여진 기관의 행위] 타국에 의하여 한 국가의 통제 하에 놓여진 기관의 행위는 국제법상 후자의 국가의 행위로 간주된다. 단, 이는 그 기관이 그 통제국의 정부권한(공권력)의 행사로서 행동하는 경우에 한한다.

한 국가에 의하여 다른 국가의 통제(처분) 하에 맡겨진 기관이 통제국(처분국)의 정부권한을 행사하는 경우, 그 행위는 국제법상 통제국(처분국)의 행위로 간주된다. 예를 들어 A국에서 자연재해로 인해 심각한 인명피해가 발생하자 A국의 요청으로 B국의 구조대가 A국에서 A국 당국의 지시 또는 통제(처분) 하에서 인명구조 활동에 참가한 경우, B국 구조대의 활동은 A국의 행위로 간주된다. 다만 타국의 통제 하에 있어야 하므로, 단순히 타국을 원조하기 위해 파견된 국가기관의 행위는 파견국의 행위로 간주된다.

4. 권한 밖의 행위 또는 지시위반행위

제7조 [권한 밖의 행위 또는 지시위반행위] 국가기관 또는 정부권한(공권력)을 행사하도록 권한을 위임 받은 개인 또는 단체의 행위는 그 기관, 개인 또는 단체가 그 자격으로 행동한다면, 그 행위자가 자신의 권한을 넘어서거나 또는 지시를 위반한다 하더라도, 국제법상 그 국가의 행위로 간주된다.

국가기관이 국가의 명백한 공권력을 갖고 행동하는 한, 비록 그것이 국내법상 '권한 밖의 행위'(또는 월권행위: ultra vires acts)나 지시위반행위라도 그 국가에 귀속된다. 예를 들어 국가기관의 명령을 위반하여 민간인을 학살한 군인의 행위는 그 국가로 귀속된다.

국가기관의 행위가 국내법상의 권한 범위를 벗어났는지 아닌지는 국내법의 문제이지만 이를 근거로 국제법상의 책임이 면제되는 것은 아니다.

5. 국가에 의하여 지시 또는 통제된 행위

제8조 [국가에 의하여 지시 또는 통제된 행위] 사인 또는 사인 집단의 행위는 그들
이 그 행위를 수행함에 있어서 사실상 국가의 **지시**를 받아 또는 그 **지휘** 또는 **감독**
하에서 행동하는 경우 국제법상 그 국가의 행위로 간주된다.

원칙적으로 사인의 행위는 국가로 귀속되지 않으나 사인이 국가의 지시를 받거나
국가의 지휘 또는 통제 하에서 행동하는 경우, 그러한 행위는 국제법상 그 국가의
행위로 귀속된다. 이는 사인과 국가 간의 진정한 연관성 문제로서 사인 또는 사인
단체가 사실상 국가의 지시에 의하거나 국가의 감독, 지휘, 통제 하에 행동한 경
우, 그러한 행위는 국가의 행위로 간주된다. 민간인을 정부 조직에 정식 편입하지
않고 경찰 또는 군대의 보조원으로 활용하거나, 외국에서 특수임무를 수행토록 하
는 것이 이에 포함된다. 즉, 민병대, 자경단, 의용군 등의 조직이 국가의 지휘 또는
감독 하에 행동하는 경우 그 국가의 행위로 간주된다. 국가의 '통제'의 기준에 대
해 국제사법재판소는 니카라과 사건에서 문제의 행위가 국가의 통제와 불가분의
관계 속에서 이루어지는 실효적 통제(effective control)를 그 기준으로 제시하였다.

📝 판례소개

ICJ Nicaragua에 대한 군사/준군사 활동 사건 (1986)

1979년 니카라과에서 반미정권(산디니스타 정부)이 집권한 후, 미국은 동 정부를 전복하
고자 니카라과 내 우익 반군을 지원하였다. 니카라과는 미국의 반군에 대한 군사훈련,
병참지원, 무기제공, 군사고문단 파견, 재정지원 등의 활동이 니카라과에 대한 불간섭
원칙 및 무력사용금지원칙의 위반에 해당한다고 주장하며 국제사법재판소에 제소하였
다. 재판소는 반군에 대한 일반적 통제만으로는 반군의 행위를 직접 미국에게 귀속시킬
수 없다고 보고, 개별적 사례에서 미군의 실효적 통제가 입증이 되어야만 반군의 행위가
미국의 행위로 귀속된다고 판단하였다. 반군의 행위가 미국의 행위로 귀속되지 않았지만,
무기제공, 군사훈련, 병참지원, 무기제공 등의 활동은 니카라과에 대한 불법적인 간섭을
구성하여 UN헌장 제2조 4항 및 국제관습법을 위반한 것으로 재판부는 판단하였다.

6. 공권력의 부재 또는 흠결시에 수행된 행위

제9조 [공권력 부재 또는 흠결시에 수행된 행위] 개인 또는 개인집단이 공권력의
부재 또는 흠결시에 정부권한(공권력)의 행사가 요구되는 상황에서 사실상 그러한
권한을 행사하는 경우, 그러한 개인 또는 개인집단의 행위는 국제법상 국가의 행위
로 간주된다.

공공당국이 부재하거나 공공당국이 통제력을 상실하여 정상적인 기능을 수행하지
못하는 상황에서 사인 또는 사인 집단이 사실상 정부권한을 행사한 경우, 이러한
행위는 국가의 행위로 간주된다. 예를 들어 혁명, 내란, 무력충돌, 외국에 의한 군
사점령, 극심한 자연재해 등으로 인해, 전국적 차원에서 또는 일부에서 정부권한
(공권력)이 정상적으로 행사될 수 없는 상황에서, 사인이 정부와 아무런 관련 없이
자발적으로 행동한 경우에 국가의 행위로 간주된다.

7. 반란단체 및 기타 집단의 행위

제10조 [반도단체 및 기타 집단의 행위]
1. 한 국가의 신정부를 구성하게 되는 반도단체의 행위는 국제법상 그 국가의 행위
   로 간주된다.
2. 반도단체이든 기타의 집단이든, 기존 국가의 영토 또는 그 국가의 관할하의 영
   토에서 신국가를 창설하는 데 성공한 집단의 행위는 국제법상 그 신국가의 행위
   로 간주된다.
3. 본 조는 제4조로부터 제9조에 의하여 국가의 행위로 간주되는 것으로서 문제 집
   단의 행위와 여하하든 관련이 있는 행위의 국가로의 귀속을 저해하지 않는다.

일반적으로 정부를 전복하거나 국가로부터 분리를 시도하는 목적의 반도단체(반란
단체)는 그 국가를 위해 행동하는 것이 아니므로 국가로 귀속되지 않지만, 한 국가
의 신정부를 구성하는 데 성공한 반도단체의 행위는 국제법상 그 국가의 행위로
간주된다. 반도단체이든 기타의 운동단체이든, 기존 국가의 영토 또는 그 국가의
관할하의 영토에서 신국가를 창설하는 데 성공한 단체의 행위는 국제법상 그 신국
가의 행위로 간주되므로, 반도단체가 신국가 설립에 성공한 경우에 과거 반란단체
로 투쟁하던 때 있었던 자신들의 행위에 대하여 신국가가 책임을 지게 된다. 정통

정부가 반도단체의 진압을 위해 적절한 조치를 취하고 실제로 반란을 진압한 경우에 반도단체의 행위는 그 국가행위로 귀속되지 않는다. 이때 정통정부는 반도단체의 국제위법행위에 대해 불가항력을 원용하여 책임을 면제받을 수 있다.

8. 국가에 의해 인정되고 채택된 사인의 행위

> 제11조 [국가에 의하여 자신의 행위로 인정하고 채택한 행위] 앞의 조항들(즉, 제4조~제10조)에 의하여 어떤 국가로 귀속될 수 없는 행위라 하더라도, 국가가 문제의 행위를 자신의 행위로 인정하고 채택하는 경우에는 그 범위 내에서 국제법상 그 국가의 행위로 간주된다.

국가책임법 초안 제4조~제10조에 의하여 국가로 귀속될 수 없는 행위도 국가가 자신의 행위로 인정하고 채택하는 경우에는 그 범위 내에서 문제의 행위가 그 국가의 행위로 간주된다.

📝 **판례소개**

ICJ 테헤란주재 미대사관 인질 사건 (1980)

동 사건은 부작위로 인한 국가책임의 성립과 함께 사인(私人)의 행위가 국가의 추인에 의해 국가의 행위로 간주된 사례이다. 1979년 이란 회교도 혁명 당시, 혁명을 지지하는 학생들이 테헤란 소재 미국대사관을 점거하고 60여 명을 억류하였다. 시위학생들은 국가기관의 성격 또는 이에 준하는 지위를 가지지 않았지만, 당시 혁명세력의 지도자인 호메이니가 미국대사관 점령을 지속할 것을 발표하였다. 이러한 행위에 대해 재판소는 이란 정부가 자신의 행위로 승인한 것으로 판단하였고, 이러한 승인 이후 시위대가 국가책임법상 이란의 국가기관으로 되었음을 결정하였다.

제 3 장 국제의무 위반

1. 국제의무 위반의 존재

> 제12조 [국제의무의 위반의 존재] 국가의 행위가 국제의무에 의하여 그에게 요구
> 되는 것과 일치하지 않는 경우, 그 의무의 연원 또는 성질과 관계없이, 그 국가의
> 국제의무 위반이 존재한다.

국가책임이 성립하기 위해서는 문제의 행위가 국가에 귀속되고, 그 행위가 국제의무의 위반에 해당하는 것이어야 한다. 국가의 행위가 국제의무에 의하여 그에게 요구되는 것과 일치하지 않는 경우에 그 국가의 국제의무 위반이 존재한다.

국가책임의 구성요건으로 국제위법행위의 대상이 되는 의무는 반드시 조약이나 국제관습법에 의해서만 연유하는 것이 아니라 국제재판소의 판결, 국제기구의 구속력 있는 결의, 법의 일반원칙, 국가의 일방적 행위(unilateral acts)에 의해서도 연유한다. 따라서 국제위법행위란 단순한 국제법 위반만을 의미하는 것은 아니다.

📝 판례소개

ICJ Nuclear Test 사건 (1974)

동 사건은 국가의 일방적 선언을 국제의무의 연원으로 인정한 대표적인 사례이다. 1960년대 후반부터 프랑스는 프랑스령 남태평양 수역에서 대기권 내 핵실험을 여러 차례 실시하였다. 이에 오스트레일리아와 뉴질랜드는 핵실험의 금지를 요구하는 소송을 ICJ에 제기하였다. 프랑스 대통령과 국방장관은 1974년까지 계획된 핵실험을 완료하면 핵실험을 중단하겠다는 것을 여러 차례 발표하였는데, 동 발표가 법적 구속력을 가지는 것인지가 쟁점이 되었다.

재판소는 국가의 모든 일방적 행위가 법적 효과를 발생시키는 것은 아니지만, 프랑스 대통령과 국방장관이 대기권 핵실험을 중단할 의사를 국제사회를 상대로 공개적으로 명확히 밝힌 일방적 선언은 법적 구속력을 가지는 것이라고 판결하였다.

2. 국가에게 구속력 있는 의무

제13조 [국가에게 구속력이 있는 의무] 국가의 행위는 행위발생 당시 그 국가가 문제의 의무에 의하여 구속되지 않는 한, 국제의무의 위반을 구성하지 않는다.

국가책임이 성립하기 위해서는 행위 발생 당시 책임국을 구속하는 국제의무의 위반이 존재하여야 한다. 행위 시에 책임국에게 구속력이 있는 국제의무를 위반해야 하므로, 소급입법에 의한 국가책임의 추궁은 인정되지 않는다.

3. 국제의무 위반의 시간적 연속

제14조 [국제의무 위반의 시간적 연속]
1. 계속성을 갖지 않는 국가행위로 인한 국제의무의 위반은, 그 효과가 계속된다 하더라도 그 행위가 완성된 시기에 발생한다.
2. 계속성을 갖는 국가행위로 인한 국제의무의 위반은 그 행위가 계속되고 국제의무와 불일치하는 상태로 남아 있는 전 기간 동안에 걸쳐 연속된다.
3. 국가에게 일정한 결과를 방지할 것을 요구하는 국제의무의 위반은 그러한 결과가 발생하는 시기에 발생하며 그러한 결과가 계속되어 그 의무와 불일치되는 상태로 남아 있는 전 기간 동안에 걸쳐 연속된다.

계속성을 갖지 않는 국가행위로 인한 국제의무의 위반은, 그 효과가 계속된다 하더라도 그 행위가 완성된 시기에 발생한다(제1항). 국제위법행위의 책임이 일단 성립되면 위반된 의무가 조약의 종료 등으로 인해 소멸되어도 이에 영향을 받지 않는다. 예를 들어 고문으로 후유증이 지속되는 경우에 고문이라는 위법행위는 고문 자행 당시에 성립했고, 위법행위 자체가 지속되는 것은 아니다.

계속성을 갖는 국가행위로 인한 국제의무의 위반은 그 행위가 계속되고 국제의무와 불일치되는 상태로 남아 있는 전 기간 동안에 걸쳐 연속된다(제2항). 본질적으로 계속적 위법행위는 일정 기간 동안 연장되는 행위 과정을 특징으로 하며, 그 기간 내내 국제법 위반으로 계속 남는다. 예를 들면, 외교관에 대한 불법구금, 외국영토에 대한 불법점령 등이 이에 해당한다.

국가에게 일정한 결과를 방지할 것을 요구하는 국제의무의 위반은 그러한 결과가 발생하는 시기에 발생하며 그러한 결과가 계속되어 그 의무와 불일치되는 상태로 남아 있는 전 기간 동안에 걸쳐 연속된다(제3항). 대기오염방지의무와 같은 예방 의무를 위반한 경우가 이에 해당한다.

4. 복합행위(composite act)로 구성되는 위반

제15조 [복합행위(composite act)로 구성되는 위반]
1. 전체적으로 위법한 것으로 규정되는 일련의 작위 또는 부작위에 의한 국가의 국제의무 위반은 다른 작위 또는 부작위와 함께 취해짐으로써 그러한 위법행위를 구성하기에 충분한 작위 또는 부작위가 발생한 시기에 성립한다.
2. 그러한 경우, 그 위반은 그 일련의 작위 또는 부작위 중 최초의 행위가 이루어진 시점으로부터 전 기간에 걸쳐 확대되며, 그러한 작위 또는 부작위가 반복되고 국제의무와 불일치하는 상태로 남아 있는 한 계속된다.

전체적으로 위법한 것으로 규정되는 일련의 작위 또는 부작위, 즉 복합행위(composite act)에 의한 국가의 국제의무 위반은 다른 작위 또는 부작위와 함께 결부하여 그러한 위법행위를 구성하기에 충분한 작위 또는 부작위가 발생한 시기에 성립한다(제1항). 이런 경우, 그 위반은 일련의 작위 또는 부작위 중 최초의 행위가 이루어진 시점으로부터 전 기간에 걸쳐 확대되며, 그러한 작위 또는 부작위가 반복되고 국제의무와 불일치하는 상태로 남아 있는 한 계속된다(제2항). 예를 들면, 제노사이드, 아파르트헤이트, 인도에 반하는 죄 등은 행위의 누적 및 반복을 통해 위법행위가 성립되는 특징이 있다.

제 4 장 타국의 행위와 관련된 국가책임

1. 타국의 국제위법행위에 대한 지원 또는 원조

제16조 [국제위법행위의 자행에 대한 지원 또는 원조]
타국에 의한 국제위법행위의 자행에 있어서 그 타국을 지원하거나 원조하는 국가
는 다음의 경우 그 같이 행동한 데 대하여 국제적으로 책임을 진다.
(a) 그 국가가 그 국제위법행위의 상황을 인식하고 그같이 행동하였으며, 그리고
(b) 그 행위가 그 국가에 의하여 자행된다면 국제적으로 위법할 경우

다른 국가의 국제위법행위를 지원하거나 원조하는 국가는, 그러한 국제위법행위의
상황을 알면서도 그같이 행동하였으며, 그리고 그 행위를 그 국가가 행하였어도
국제적으로 위법이 될 경우, 그같이 지원하거나 원조한 행위에 대하여 국가책임이
성립된다. 즉, 한 국가가 다른 국가의 국제위법행위 수행을 지원 또는 원조하는 경
우 국가책임이 성립된다. 지원국 또는 원조국의 책임이 성립하기 위해서는 주관적
요소인 인식과 의도(knowledge and intent)가 있어야 한다. 이는 단지 추정적인 인식
이 아니라 국제위법행위를 지원하거나 원조하려는 의도를 의미한다. 예를 들어, A
국은 B국이 C국을 무력공격 할 때 자국의 공군기지가 무력공격에 사용되는 것을
알면서도 이용하게 한 경우, A국은 B국의 국가책임과는 별도로 B국의 국제위법행
위를 지원 또는 원조한 행위로 인하여 국가책임이 성립된다.

2. 타국의 국제위법행위에 대한 지시 및 통제

제17조 [국제위법행위의 자행에 대하여 이루어진 지시 및 통제] 타국에 의한 국제
위법행위의 자행에 있어서 그 타국을 지시하고 통제하는 국가는 다음의 경우 그
행위에 대하여 국제적으로 책임을 진다.
(a) 그 국가가 그 국제위법행위의 상황을 인식하고 그같이 행동하였으며, 그리고
(b) 그 행위가 그 국가에 의하여 자행된다면 국제적으로 위법할 경우.

다른 국가의 국제위법행위를 지시하고 통제하는 국가는, 그러한 국제위법행위의
상황을 알면서도 그같이 행동하였으며, 그리고 그 행위를 그 국가가 행하였어도
국제적으로 위법이 될 경우, 그같이 지시하거나 통제한 행위에 대하여 국가책임이

성립된다. 지시 또는 통제는 단순히 잠재적이거나 문서상으로 이루어지는 것이 아니라 실제적이고 실효적으로 이루어져야 한다. 더불어 통제국의 책임이 성립하기 위해서는 주관적 요소인 인식과 의도(knowledge and intent)가 있어야 한다.

3. 타국의 행위에 대한 강제

제18조 [타국에 대한 강제] 타국으로 하여금 어떠한 행위를 행하도록 강제하는 국가는 다음의 경우 그 행위에 대하여 국제적으로 책임을 진다.
  (a) 그 강제가 없더라면 그 행위가 이를 강제받은 국가의 국제위법행위를 구성할 것이며, 그리고
  (b) 강제하는 국가가 그러한 행위의 상황을 인식하고 그같이 행동하였을 경우.

다른 국가로 하여금 어떠한 행위를 행하도록 강제하는 국가(강제국)는, 그 강제가 없더라면 그 행위가 이를 강제받은 국가(피강제국)의 국제위법행위를 구성할 것이며, 그리고 그 국가가 그러한 행위의 상황을 인식하고 그같이 행동하였을 경우, 그 강제 행위에 대하여 국가책임이 성립된다. 예를 들어 A국이 B국이 국제위법행위를 하도록 강제(coercion)한 경우, 강제국인 A국의 국가책임이 성립된다. 동 조항의 강제는 조약법에 관한 비엔나협약 제52조상의 강제, 즉 무력의 위협 또는 사용에 의한 강제뿐만 아니라 경제적·정치적 강제도 포함한다.

4. 의무위반국의 책임

제19조 [본 장의 효과] 본 장은 문제된 행위를 자행한 국가 또는 여타의 국가들에게 본 조항들의 타 규정에 의하여 부과되는 국제책임을 저해하지 않는다.

지원국(원조국)이나 통제국(지시국) 또는 강제국의 국가책임과는 별도로 문제의 의무위반국의 국가책임도 성립한다. 다만 다른 국가의 강제에 의해 국제위법행위를 수행한 의무위반국은 불가항력(초안 제23조)이라는 위법성 조각사유를 원용할 수 있다.

타국의 위법행위에 대한 관여

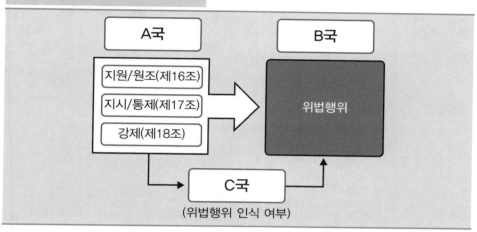

제5장 위법성 조각사유

국가의 행위가 국제의무위반에 해당하는 경우라도, 위법성 조각사유가 존재하는 경우에는 국가책임이 발생하지 않는다.

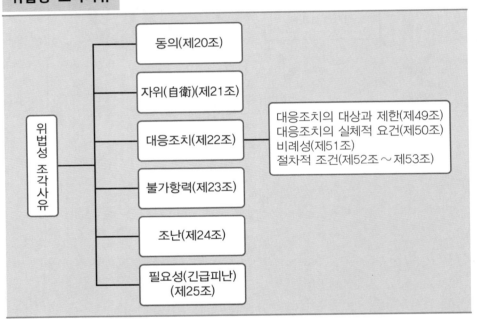

위법성 조각사유

위법성 조각사유
- 동의(제20조)
- 자위(自衛)(제21조)
- 대응조치(제22조)
  - 대응조치의 대상과 제한(제49조)
  - 대응조치의 실체적 요건(제50조)
  - 비례성(제51조)
  - 절차적 조건(제52조 ~ 제53조)
- 불가항력(제23조)
- 조난(제24조)
- 필요성(긴급피난)(제25조)

1. 피해국의 유효한 동의

제20조 [동의] 한 국가가 타국이 일정한 행위를 취함에 대하여 부여한 유효한 동의는 그 행위가 그 동의의 범위 내에서 이루어지는 한, 전자의 국가와 관련하여 그 행위의 위법성을 조각한다.

피해국의 유효한 동의(valid consent)에 의해 이루어진 행위는 그 동의의 범위 내에서 위법성이 조각된다. 위법성이 조각되기 위해서는 피해국의 동의는 '유효한' 동의이어야 한다. 따라서 강행규범을 위반하는 행위를 허락한 경우라면 이는 유효한 동의로 인정되지 않는다. 문제의 행위는 동의의 범위 내에서 이루어져야 하므로, 사후에 동의가 이루어진 경우에는 피해국은 의무위반국에 대해 국가책임을 청구할 권리를 상실하게 된다(제45조).

예를 들어 A국의 경찰이 B국의 영토에서 범죄인을 체포한 경우, A국은 B국의 영토주권을 침해하여 타국의 영토주권을 존중할 의무를 위반한 것이나, B국의 동의하에 A국의 경찰이 범죄인을 체포한 경우라면 그 위법성이 조각되어 국가책임이 발생하지 않는다.

2. 자위권 행사

제21조 [자위(self-defense)] 국가의 행위가 국제연합헌장에 따라 취해진 자위의 적법한 조치를 구성하는 경우, 그 행위의 위법성이 조각된다.

UN헌장 제51조에 부합하는 합법적인 자위권 행사는 위법성이 조각된다. 자위권의 행사는 현대 국제법의 가장 큰 성과라고 볼 수 있는 무력사용금지원칙의 예외에 해당하며, UN헌장 제51조에도 자위권을 국가의 고유한 권리(inherent right)로 규정하고 있다. 자위권 행사의 합법성 요건으로는 필요성의 원칙과 비례성의 원칙이 있다. 자위권의 행사는 무력사용금지원칙의 예외에 해당되지만, 국제법상 모든 관련의무의 위반의 경우 위법성이 조각되지 않기 때문에 자위권을 행사하는 경우에도 국제인권법 또는 국제인도법의 원칙을 준수하여야 한다.

3. 대응조치

제22조 [국제위법행위에 대한 대응조치] 국가의 행위로서 타국에 대한 국제의무와 일치하지 않는 행위는 그 행위가 제3부 제2장에 따라 그 타국에 대하여 취해진 대응조치를 구성하는 경우, 그 위법성이 조각된다.

타국의 선행된 국제위법행위에 대응하여 취해진 조치는 위법성이 조각된다. 대응조치(countermeasures)는 피해국이 타국의 선행된 위법행위에 대해 반응하는 행위로, 피해국이 의무위반국의 위법행위를 중지시키고 또 이미 발생한 위법행위에 대한 완전한 손해배상을 얻어내기 위하여 의무위반국에 대해 부담하고 있는 국제의무를 이행하지 아니하는 것을 의미한다. 예를 들어 ① 일본의 수출규제조치에 대한 대응으로 한국도 수출규제조치를 실시하는 경우, ② 미국의 대중 관세부과 조치에 대하여 중국이 보복관세를 부과한 경우, ③ 말레이시아 공항에서 발생한 김정남 암살사건에 대한 대응으로 말레이시아가 북한 대사에게 추방명령을 내린 경우 및 이에 대한 대응으로 북한이 말레이시아 대사에게 추방명령을 내린 경우 등이 이에 해당한다.

과거에는 복구(reprisal)라는 이름으로 널리 알려져 있었으나 현대 국제법에서는 더 이상 무력복구를 허용하지 않기 때문에 이의 혼동을 방지하기 위해 대응조치(countermeasures)라는 용어를 사용하고 있다. 대응조치는 '국가책임의 이행'과도 관련이 있어서 초안은 이에 관한 규정(제49조~제53조)을 별도로 두고 있다.

4. 불가항력

제23조 [불가항력(force majeure)]
1. 국가의 행위로서 그 국제의무와 일치되지 않는 행위는 그 행위가 불가항력에 기인하는 경우 위법성이 조각된다. 불가항력이라 함은 그 국가의 통제밖에 있음으로써 그 국가로 하여금 그 상황에서 문제의 의무를 이행하는 것을 물리적으로 불가능하게 만드는 저항할 수 없는 힘 또는 예측하지 못한 사고의 발생을 말한다.
2. 제1항은 다음의 경우에는 적용되지 않는다.
   (a) 불가항력의 상황이 이를 원용하는 국가의 행위에, 단독적으로 또는 다른 요소들과 결합하여, 기인하는 경우, 또는
   (b) 그 국가가 그러한 상황 발생의 위험을 예측하였던 경우.

불가항력으로 인한 행위는 위법성이 조각된다. 불가항력이란 국가의 통제 밖에 있어서 그 상황에서 그 의무이행을 실질적으로(materially) 불가능하게 만드는, 저항할 수 없는 힘 또는 예측하지 못한 사건의 발생을 말한다. 위법성 조각사유로 불가항력이 인정되기 위해서는 첫째, 문제의 행위가 저항할 수 없는 힘 또는 예측하지 못한 사건의 발생으로 인한 것이며, 둘째, 문제의 행위가 해당국의 통제를 벗어난 것이며, 셋째, 이로 인해 국제의무이행이 실질적으로 불가능하게 되었을 것을 요건으로 한다.

불가항력은 지진, 홍수 등 자연재해에서 비롯될 수 있으며, 중앙정부의 실효적 통제를 완전히 벗어난 반란이나 내란의 경우에도 인정될 수 있다. 그러나 그러한 상황에 대처할 수 있는 가능한 조치를 적절히 취하지 않는 경우라면 불가항력을 원

용할 수 없을 것이다. 불가항력의 상황의 발생에, 단독적으로 또는 다른 요소들과 결합하여, 원인을 제공한 국가는 불가항력을 원용할 수 없다. 또한 불가항력적 상황 발생의 위험을 예측하고 이를 수용한 국가도 불가항력을 원용할 수 없다. 구체적인 유형으로는 ① 악천후에 휩쓸린 비행기가 타국의 영공에 허가없이 진입하거나, ② 중앙정부의 실효적 통제를 벗어난 반란이나 내란사태, ③ 외국군대의 영토 점령 등이 있다. 그러나 단순히 국제의무 이행의 어려움이 증가하거나 정치적·경제적 위기로 인해 의무이행이 어려워진 경우에는 불가항력에 해당되지 않는다.

5. 조난

제24조 [조난(distress)]

1. 국가의 행위로서 그 국제의무와 일치되지 않는 행위는 그 문제의 행위주체가 조난의 상황에 처하여 그 행위주체의 생명 또는 그 행위주체의 보호에 맡겨진 다른 사람들의 생명의 구조를 위하여 여하한 다른 합리적 방법을 확보하지 못하는 경우, 그 위법성이 조각된다.

2. 제1항은 다음의 경우에는 적용되지 않는다.

   (a) 조난 상황이 이를 원용하는 국가의 행위에, 단독적으로 또는 다른 요소들과 결합하여, 기인하는 경우, 또는

   (b) 그 문제의 행위가 그와 대등한 또는 그보다 더 중대한 위험을 야기시킬 우려가 있는 경우.

국가기관이 조난(distress)을 당하여 '자기 또는 자신의 보호 하에 있는 사람의 생명을 구하기 위한' 다른 합리적 방법이 없는 경우에는 문제의 행위가 그 국가의 국제의무에 부합되지 않더라도 위법성이 조각된다. 악천후와 같은 긴급사태에서 군용기가 동의 없이 타국 영공에 들어가더라도 조난을 원용하여 위법성이 조각될 수 있다. 조난은 오로지 '사람의 생명을 구하기 위한' 상황에서만 원용할 수 있다. 그러나 조난사태가 (단독으로 혹은 다른 요소와 결합하여) 그것을 원용하는 국가의 행위에 기인하거나(due to the conduct of the state invoking it) 또는 문제의 행위가 그에 상당하거나 더 중대한 위험을 발생시킬 우려가 있는 경우에는 원용할 수 없다. 후자의 예로는 방사능 유출이 진행 중인 원자력 함선이 승무원의 생명을 구하기 위해 인접국 항구로 대피하여 대규모의 인명피해 발생한 경우 위법성이 조각되지 않는다.

조난은 국제의무 이행이 물리적으로 불가능한 것은 아니지만 의무를 이행하려면 자기나 자신에게 보호를 위탁한 타인의 생명이 위태로워지는 경우인 반면에, 불가항력은 국가의 통제 범위를 벗어나 있는 어떤 저항할 수 없는 힘으로 인해 국제의무의 이행이 불가능하게 된 경우라는 점에서 차이가 있다. 또한 불가항력으로 인한 행위는 비자발적(involuntarily)이며 강요된 행위인 반면에, 조난은 비자발적 행위가 아니라는 점에서 차이가 있다.

📝 판례소개

Rainbow Warrior호 중재판정 사건 (1990)

동 사건은 임신 및 신병치료를 이유로 지정된 구금장소에서 다른 장소로 이동한 경우에도 불가항력과 조난을 인정하지 않은 사건이다. 프랑스 군인 2인이 뉴질랜드에 정박 중이던 그린피스 소속 선박을 폭파하여 침몰시켰다. 이들은 뉴질랜드 당국에 체포되어 10년 형이 선고되었다. 프랑스는 자국 군인의 인도를, 뉴질랜드는 손해배상을 요청하였다. 양국은 이들을 프랑스령 폴리네시아 인근 섬에 3년간 수용하고 손해배상을 하기로 합의하였다. 그 후 프랑스는 이들을 질병 및 임신과 아버지의 병간호 이유로 프랑스로 이송하였다. 중재재판부는 다음의 이유로 뉴질랜드 승소판정을 내렸다. 프랑스의 이송조치는 의도적인 행위이므로 불가항력을 인정할 수 없다. 조난의 요건을 충족하기 위하여는 i) 재난상황(의학적 또는 기타의 긴급한 상황)의 존재, ii) 긴급상황의 종료 후 원상회복, iii) 뉴질랜드의 동의를 얻기 위한 프랑스의 노력 등의 요건을 충족하여야 하나 프랑스는 동 조건을 충족시키지 못했다.

6. 필요성(긴급피난)

제25조 [필요성(necessity)]

1. 필요성은 다음의 경우에 한하여, 국가의 국제의무와 일치하지 않는 행위의 위법성을 조각시키기 위한 사유로서 원용될 수 있다.
   (a) 그 행위가 그 국가에게 있어서 중대하고 급박한 위험으로부터 본질적 이익을 보호하기 위한 유일한 수단인 경우, 그리고
   (b) 그 행위가 그 의무상대국 또는 국제공동체 전체의 본질적 이익을 중대하게 훼손하지 않는 경우

2. 그러나 필요성은 다음과 같은 경우에는 위법성 조각을 위한 근거로서 원용될 수 없다.

   (a) 문제의 국제의무가 필요성의 원용 가능성을 배제하고 있는 경우, 또는

   (b) 그 국가가 필요성의 상황 조성에 기여한 경우.

위법성 조각사유로서 필요성(긴급피난)이 인정되기 위해서는 다음의 2가지 요건을 충족하여야 한다. 첫째, 문제의 피난행위는 그 국가의 중대하고도 급박한 위험(a grave and imminent peril)으로부터 국가 또는 국제공동체의 본질적 이익(an essential interest)을 보호하기 위해서 취해진 유일의 방법이어야 한다. 둘째, 문제의 피난행위로 인하여 의무이행의 상대국 또는 국제공동체 전체의 '본질적' 이익이 심각하게 훼손되지 않아야 한다. 다만 문제의 국제의무가 필요성(긴급피난)을 원용할 수 있는 가능성을 배제하고 있거나, 그러한 상황 발생에 기여한 국가는 위법성 조각사유로서 필요성(긴급피난)을 원용할 수 없다(제25조 제2항).

필요성(긴급피난)은 선행된 위법행위에 대한 대응이 아니라는 점에서, 자위권 행사 및 대응조치와 차이가 있다. 그리고 필요성(긴급피난)은 자발적인 행위라는 점에서, 비자발적이거나 강요된 행위에 기인하는 불가항력과 다르다. 또한 필요성(긴급피난)은 조난과 같이 위험한 상황을 전제로 하지만, 조난은 보호하려는 대상이 '사람의 생명'인 반면에 긴급피난은 '국가(또는 국제공동체)의 본질적 이익'이라는 점에서 차이가 있다.

판례소개

Torrey Canyon호 사건 (1967)

동 사건은 필요성(긴급피난)의 전형적인 사례이다. 1967년 영국 영해 인근의 공해에서 라이베리아 국적의 유조선이 좌초되었다. 동 선박에서 원유가 유출되어 심각한 해양오염 피해를 야기할 우려가 발생하였고, 영국은 다른 오염방재조치가 실패하자 기국인 라이베리아의 동의 없이 동 선박을 폭파시켜 원유를 소각시켰다. 영국은 다른 대안의 부재를 주장하였고, 영국의 조치에 대해 라이베리아는 국가책임 문제를 제기하지 않았다.

7. 위법성 조각사유 원용 불가사유: 강행규범의 이행

제26조 [강행규범의 이행] 본 장의 여하한 규정도 일반국제법의 강행규범으로부터 발생하는 의무와 일치되지 않는 여하한 국가행위에 대해서도 위법성을 조각시키지 않는다.

앞에서 설명한 6가지 위법성 조각사유에 관한 규정은 일반국제법의 강행규범 하에서 나오는 의무를 위반한 경우에는 적용되지 않는다. 즉, 위법성 조각사유가 존재하더라도 국가의 행위가 강행규범 위반에 해당하는 경우에는 종국적으로는 위법성이 조각되지 않는다.

8. 위법성 조각사유 원용의 결과

제27조 [위법성 조각사유 원용의 결과] 본 장에 따른 위법성 조각사유의 원용은 다음을 저해하지 않는다.
    (a) 위법성 조각사유가 더 이상 존재하지 않는 경우 그 범위 내에서의 문제 의무의 이행.
    (b) 문제의 행위에 의하여 야기된 모든 실질적 손해에 대한 보상의 문제.

국가의 행위가 국제의무를 위반하였을지라도 위법성 조각사유가 존재하는 경우에는 국가책임이 면제된다. 그러나 위법성을 배제하는 사유가 존재하더라도 원래의 의무가 종료되거나 무효가 되지 않으며, 그러한 사유가 더 이상 존속하지 않게 된 경우에는 문제의 의무를 계속하여 이행하여야 한다(초안 제27조 (a)).

그리고 위법성을 배제하는 사유가 존재하더라도 문제의 행위에 의해 발생된 실질적 손실(material loss)에 대한 보상의무가 발생한다. 이때 '간접손해'는 입증된다고 하더라도 보상의 범위에는 포함되지 않는다. 피해국의 동의가 있었던 경우나 피해국의 선행된 위법행위가 있었던 경우(자위권 행사, 대응조치)에는 보상의무는 발생하지 않는다.

📋 위법성 조각사유 요건 비교

유형	요건 비교
동의	■ 피해국의 유효한 동의(valid consent)에 의해 이루어진 행위 　예) 주권국가의 영역에 외국군대가 주둔하는 경우
자위	■ UN헌장의 요건에 부합하는 자위행위 ■ 필요성과 비례성의 원칙 준수 　예) 타국의 무력공격을 방어하기 위해 무력을 사용한 경우
대응 조치	■ 타국의 위법행위에 대한 대응 ■ 비례성의 원칙 준수 　예) 일본의 무역규제(수출통제)조치에 대한 한국의 수출통제조치
불가 항력	■ 의무이행을 실질적으로 불가능하게 하는 저항할 수 없는 힘 또는 예상하지 못한 사건에 기인 ■ 비교: 해당국의 통제불가 상태(↔ 조난) 　예) 악천후에 휩쓸린 항공기의 타국 영공 진입
조난	■ 자신이나 자신의 보호 하에 있는 사람들의 생명을 구하기 위한 조치 중, 다른 합리적 방법이 없는 상황에서의 선택 　예) 악천후에 휩쓸린 선박의 침몰을 막기 위해 자발적으로 타국 영해로 피난
긴급 피난	■ 중대하고 급박한 위험에 처한 국가의 본질적 이익의 보호를 위한 유일한 수단: 다른 합리적 수단 부재 ■ 상대방국가(피해국가) 또는 국제사회 전체의 본질적 이익을 중대하게 침해하지 않아야 함. ■ 비교: 선행의 위법행위 불필요(↔ 대응조치), 국가의 본질적 이익 보호(↔ 조난) 　예) 유조선 좌초로 인한 해양오염을 방지하기 위해 기국의 동의 없이 선박을 폭파한 행위

제 2 부

제 1 장 일반원칙

1. 국제위법행위의 법적 결과

제28조 [국제위법행위의 법적 결과] 제1부 규정들에 따라 국제위법행위에 의하여 발생된 국가의 국제책임은 본 부에 의하여 정해진 법적 결과들을 수반한다.

국제위법행위에 의하여 발생하는 국가의 국제책임은 다음에서 설명하는 법적 결과(legal consequences), 즉 원상회복, 금전배상, 만족 등을 수반한다.

2. 계속적 이행의 의무

제29조 [계속적 이행의 의무] 본 부에 의한 국제위법행위의 법적 결과는 위반된 의무를 이행하여야 할 책임국의 계속적 의무를 저해하지 않는다.

법적 결과에도 불구하고 책임국(즉 의무위반국)은 위반한 의무, 즉 본래의 의무를 계속적으로 이행하여야 한다. 의무위반은 그 자체로는 해당 의무의 효력을 종료시키지 아니하기 때문이다. 다만 조약의 중대한 위반에 해당하는 의무위반은 조약의 종료 사유가 될 수 있다(조약법에 관한 비엔나협약 제60조).

3. 의무위반행위의 중지 및 재발방지

제30조 [중지 및 재발방지] 국제위법행위의 책임국은 다음과 같은 의무를 진다.
   (a) 그 행위가 계속되고 있는 경우, 이를 중지할 의무.
   (b) 상황이 요구하는 경우, 재발방지의 적절한 확보 및 보장을 제공할 의무.

책임국은 의무위반이 계속되고 있는 경우 이를 중단할 의무, 그리고 필요한 경우 재발방지를 위한 적절한 확보와 보장을 제공할 의무를 부담한다. 위법행위의 중단은 국제법질서를 정상화하는 1차적인 조치이다.

4. 손해배상

제31조 [배상(reparation)]
1. 책임국은 국제위법행위에 의하여 야기된 손해에 대하여 완전한 배상을 할 의무를 부담한다.
2. 피해는 국가의 국제위법행위에 의하여 야기된 여하한 물질적 또는 정신적 손해도 포함한다.

책임국은 위법행위에 의하여 야기된 피해(injury)에 대해 '완전한 손해배상'(full reparation)을 해 줄 의무를 부담한다. 배상해야 할 피해(침해)는 물질적인 것과 정신적인 것을 모두 포함한다.

5. 국제의무 위반의 정당화 사유로 국내법 규정의 원용 불가

제32조 [국내법과의 무관성] 책임국은 본 부의 의무의 불이행을 정당화하기 위하여 국내법 규정에 의존할 수 없다.

책임국은 의무 불이행에 대한 정당화의 사유로서 자국의 국내법 규정을 원용할 수 없다. 조약법에 관한 비엔나협약 제27조도 "어느 당사국도 조약 불이행에 대한 정당화 방법으로 그 국내법 규정을 원용해서는 아니 된다"라고 규정하고 있다.

6. 국제의무의 범위

제33조 [본 부에 규정된 국제의무의 범위]
1. 본 부에 규정된 책임국의 의무는 특히 국제의무의 성격 및 내용 그리고 그 위반의 상황에 따라 어느 하나의 타국, 수 개국 또는 국제공동체 전체를 상대로 부과된다.
2. 본 부는 국가의 국제책임으로부터 국가 이외의 개인 또는 단체에 대하여 발생되는 여하한 권리도 저해하지 않는다.

책임국의 위반행위의 중지 또는 손해배상 의무는 국제의무의 성격과 내용 그리고 위반의 상황에 따라 어느 한 국가, 여러 국가 또는 국제공동체 전체를 상대로 부과될 수 있다. 제34조 이하 규정은 국가의 국제책임으로부터 국가 이외의 개인 또는 단체에게 생길 수 있는 어떠한 권리도 침해하지 아니한다.

제 2 장 손해의 배상

1. 손해배상의 형식

> 제34조 [배상의 형식] 국제위법행위에 의하여 야기된 손해에 대한 완전한 배상은 본 장의 규정에 따라 원상회복, 금전배상 및 만족의 형식을 단독적으로 또는 결합적으로 취한다.

국제위법행위에 책임 있는 국가(의무위반국)는 피해국에게 손해배상(reparation)을 통해서 자신의 법적 책임을 이행한다. 손해배상은 원상회복, 금전배상 또는 만족의 형식으로 이행된다. 손해배상은 이들 중 하나로 형식으로 행해질 수도 있고, 서로 결합하여 복합적으로 행해질 수도 있다.

가. 원상회복(restitution)

> 제35조 [원상회복] 국제위법행위에 책임 있는 국가는 원상회복, 즉 그 위법행위가 발생하기 이전의 상황을 회복할 의무를 부담한다. 단, 이는 다음과 같은 경우에 한한다.
> (a) 원상회복이 실질적으로 불가능하지 않으며,
> (b) 원상회복이 금전배상 대신 원상회복으로부터 파생되는 이익과의 비례성을 벗어나는 부담을 초래하지 않는 경우

원상회복이란 위법행위가 발생하기 이전에 존재했던 상황으로 돌려놓는 것으로, 원상회복은 손해배상의 가장 기본적인 형식이다. 원상회복이 필요한 대표적인 사례로는 사람의 불법납치, 영토의 불법점령, 문화재 약탈 등이 있다. 원상회복이 실질적으로 불가능한 경우에는 금전배상 등 다른 배상방법으로 배상을 할 수 있으며, 금전배상 대신 원상회복을 하는 것이 그로부터 발생하는 이익에 비해 지나치게 불균형하게 부담을 수반하는 경우에도 다른 방법으로 배상을 할 수 있다. 원상회복이 불가능한 경우로는 약탈한 골동품을 반환하는 과정에서 배가 침몰되어 골동품이 멸실된 경우, 사람의 생명 또는 신체가 훼손된 경우 등이 있다. 원상회복이 불가능하다 함은 물리적으로(physically) 불가능한 것뿐만 아니라 '정치적으로'(politically) 불가능한 경우도 포함된다. 정치적으로 원상회복이 어려운 사례로는 외국인 재산의 불법수용의 경우에 나타난다. 영토국이 불법으로 국유화한 기업을 다시 다국적 기

업에게 반환하는 것은 정치적으로 불가능한 경우에 해당하며, 이 경우에는 손해배상으로 진행될 수 있다. 다만, 이에 대해서는 사례에 따라 원상회복이 가능하다고 보는 경우도 있다.

나. 금전배상(compensation)

> 제36조 [금전배상(compensation)]
> 1. 국제위법행위에 책임 있는 국가는 그로 인하여 야기된 손해가 원상회복에 의하여 배상되지 않는 경우 금전배상하여야 할 의무를 부담한다.
> 2. 금전배상은 금전적으로 산정 가능한 여하한 손해도 망라하여야 하며, 여기에는 확인될 수 있는 한 일실이익도 포함된다.

피해국은 원상회복이 사실상 불가능하거나 부적절하거나 또는 원상회복만으로는 불충분한 경우 책임국에 대하여 금전배상을 요구할 권리가 있다. 금전배상은 '재정적으로 산정할 수 있는 손해'에 대해서만 적용되며, 손해가 재정적으로 산정 가능하다면, 특히 외교적 보호와 관련해서 사람이 입은 정신적·비물질적 손해도 금전배상의 범위에 포함될 수 있다. 금전배상은 위법행위로부터 발생된 일체의 손해를 포함한다. 손해의 범위에는 직접손해(direct damage)뿐만 아니라 간접손해(indirect/consequential/special damage), 예를 들면, 기대이익의 상실(loss of expected profits)도 포함된다.

원상회복이 원칙이나 실제로는 금전배상이 더 많이 활용된다. 당사국의 합의가 있으면 합의된 다른 재화를 통한 지불도 가능하다.

다. 만족(satisfaction)

> 제37조 [만족(satisfaction)]
> 1. 국제위법행위에 책임 있는 국가는 그 행위로 인하여 야기된 피해가 원상회복 또는 금전배상에 의하여 보상될 수 없는 경우 이에 대한 만족을 제공하여야 할 의무를 부담한다.
> 2. 만족은 위반의 인정, 유감의 표명, 공식 사과 또는 그 밖의 적절한 방식으로 행해질 수 있다.
> 3. 만족은 피해와의 비례성을 벗어나면 아니 되며, 책임국에게 모욕을 주는 방식을 취할 수 없다.

국제위법행위의 책임국은 그 행위로 인하여 야기된 피해가 원상회복 또는 보상(금전배상)에 의하여 전보되지 않는 경우, 이에 대하여 만족을 제공하여야 한다. 원상회복 또는 금전배상이 어려운 피해의 예로는 국기에 대한 모독, 영토적 존엄성에 대한 침해, 국가원수나 외교관에 대한 부당한 행위나 공격시도로 인한 피해 등이 있다. 만족은 국제위법행위로부터 야기된 정신적·비물질적 손해에 적합한 손해배상 방식으로, 만족의 방식으로는 위반사실의 인정, 유감의 표명, 공식사과 또는 기타 적절한 방법이 가능하다. 기타 적절한 방법으로는 사건의 원인에 대한 의무적 수사, 관계자에 대한 처벌 혹은 형사 절차의 개시, 비금전적 피해에 대한 상징적(혹은 명목상의) 금전배상, 문제의 행위에 대한 재판소의 위법 확인 판결, 장래에 대한 보장 또는 재발방지 약속, 위법행위의 취소 또는 무효 선언 등의 방법 등이 제공될 수 있다.

만족은 피해와의 비례성을 넘어서거나, 책임국에게 굴욕감을 주는 형식이거나, 징벌적 의도가 있어서는 안 된다. 만족은 선언적 구제방법을 통해 문제의 행위가 국제법 위반임을 확인하고 향후 재발을 방지하는 효과를 기대할 수 있다.

손해배상의 유형

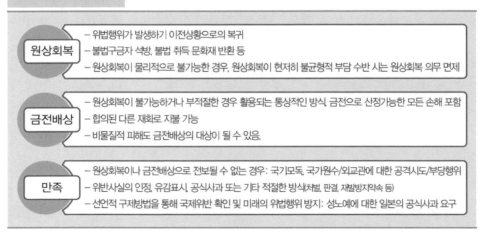

- 원상회복
  - 위법행위가 발생하기 이전상황으로의 복귀
  - 불법구금자 석방, 불법 취득 문화재 반환 등
  - 원상회복이 물리적으로 불가능한 경우, 원상회복이 현저히 불균형적 부담 수반 시는 원상회복 의무 면제
- 금전배상
  - 원상회복이 불가능하거나 부적절한 경우 활용되는 통상적인 방식 금전으로 산정가능한 모든 손해 포함
  - 합의된 다른 재화로 지불 가능
  - 비물질적 피해도 금전배상의 대상이 될 수 있음.
- 만족
  - 원상회복이나 금전배상으로 전보될 수 없는 경우: 국기모독, 국가원수/외교관에 대한 공격시도/부당행위
  - 위반사실의 인정 유감표시 공식사과 또는 기타 적절한 방식(처벌, 판결, 재발방지약속 등)
  - 선언적 구제방법을 통해 국제위반 확인 및 미래의 위법행위 방지: 성노예에 대한 일본의 공식사과 요구

2. 이자

제38조 [이자]
1. 본 장에 의하여 부과되는 원금에 대한 이자는 완전한 배상을 확보하기 위하여

필요한 경우 지급될 수 있어야 한다. 그러한 결과를 얻기 위하여 이자율과 계산
방식이 확정되어야 한다.

2. 이자는 원금이 지급되어야 할 일자로부터 지불의무가 완수될 때까지 계속 부과
   된다.

완전한 배상을 확보하기 위하여 필요한 경우 원금에 대한 이자도 지급될 수 있어
야 한다. 이자는 원금이 지급되어야 할 일자로부터 지불의무가 완수될 때까지 계
속 부과된다.

3. 과실상계 및 손익상계

제39조 [피해에 대한 기여]   배상액의 산정에 있어서, 피해국 또는 기타 배상이 주
어져야 할 개인 또는 단체의 고의 또는 과실에 의한 작위 또는 부작위에 의한 피해
에의 기여가 고려되어야 한다.

손해발생에 있어 피해국 혹은 피해 개인에게도 고의·과실이 있는 경우에는 과실
상계의 원칙이 적용되며, 위법행위에 의하여 손해와 함께 이익도 발생한 경우에는
손익상계의 원칙이 적용된다.

제 3 장   일반국제법의 강행규범상의 의무의 중대한 위반

1. 적용

제40조 [본 장의 적용]

1. 본 장은 국가에 의한 일반국제법의 강행규범상 의무의 중대한 위반에 의하여 발생하는 국제책임에 적용된다.
2. 그러한 의무의 위반은 그것이 책임국에 의하여 그 의무의 불이행이 대규모적이고 조직적으로 이루어지는 경우에 중대한 것으로 본다.

일반국제법의 강행규범상의 의무의 '중대한 위반'이란 그 의무의 불이행이 대규모적이고 조직적으로 이루어지는 경우를 의미한다. 예를 들면, 민족의 자결권에 반하는 영토취득, 이스라엘이 팔레스타인 점령지에 이스라엘 지역과 팔레스타인 지역을 구분하는 장벽을 건설한 행위 등이 강행규범의 중대한 위반에 해당한다. 위반의 중대성은 강행규범을 위반하려는 고의, 개개 위반행위의 범위 및 횟수, 피해의 심각성 등을 고려하여 판단할 수 있다.

2. 결과

제41조 [본 장의 의무의 중대한 위반의 특별한 결과]

1. 국가들은 제40조에서 언급된 모든 중대한 위반을 합법적 방법을 통하여 종식시키기 위하여 협력하여야 한다.
2. 여하한 국가도 제40조에 언급된 중대한 위반에 의하여 창설된 상황을 합법적인 것으로 승인하거나 이러한 상황의 유지에 지원 또는 원조를 제공하면 안 된다.
3. 본 조는 본 부에서 언급된 다른 결과 또는 본 장이 적용되는 위반이 국제법상 발생시키는 추후의 결과를 저해하지 아니한다.

국가들은 일반국제법의 강행규범상 의무의 중대한 위반을 합법적 방법을 통하여 종식시키기 위하여 협력하여야 한다(제1항). 그리고 여하한 국가도 중대한 위반에 의하여 창설된 상황을 합법적인 것으로 승인하거나 이러한 상황의 유지에 지원 또는 원조를 제공하면 안 된다(제2항). 예를 들면 무력행사를 통해 민족의 자결권에 반하는 영토 취득을 승인하거나 이러한 행위를 돕는 것이 이에 해당한다. 일반국

제법의 강행규범상 의무의 위반은 앞에서 설명한 국제위법행위의 일반적인 법적 결과를 발생시킨다.

국제위법행위의 법적 결과

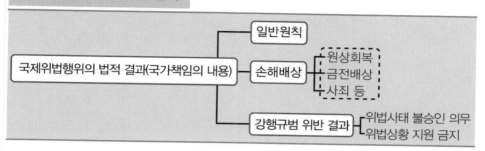

제3부

국가의 국제책임의 이행

제1장 국가책임의 추궁

1. 책임추궁의 주체

제42조 [피해국에 의한 책임의 추궁] 국가는 다음의 경우 피해국으로서 타국의 책임을 추궁할 수 있다.

  (a) 위반된 의무가 개별적으로 그 국가를 상대로 하는 것이거나, 또는

  (b) 위반된 의무가 그 국가를 포함하는 일단의 국가들 또는 국제공동체 전체를 상대로 하는 것이며, 그 의무의 위반이

    (i) 그 국가에게 특별히 영향을 주거나, 또는

    (ii) 그 의무가 상대로 하는 모든 다른 국가들의 입장을 그 의무의 추후 이행과 관련하여 급격하게 변경하는 성질의 것인 경우.

국가책임의 추궁이란 타국에 대하여 청구를 제기 혹은 제출하거나 국제재판소에서 소송을 개시하는 등, 비교적 공식적 성격의 조치를 취하는 것을 의미한다.

원칙적으로 유책국의 책임을 추궁할 수 있는 권리가 있는 주체는 '피해국'이다. 이때 피해국은 ① 개별의무 위반으로 인한 피해국(a호)과 ② 집단적 의무 위반으로 인한 피해국(b호)으로 구분되며, 집단적 의무 위반은 다시 i) 특별히 영향을 받은 피해국과 ii) 국가의 입장이 급격히 변경된 피해국으로 구분된다.

'집단적 의무'란 3개국 이상의 국가 간에 적용되고, 특정한 경우에 그 이행이 특정 국가에 대해 개별적으로 지고 있는 것이 아니라 '국가들의 집단', 심지어는 '국제공동체 전체'에 대하여 부담하고 있는 의무를 의미한다. 이러한 집단적 의무 위반에 의하여 ① '특별히 영향을 받은' 국가는 '피해국'으로서 책임을 추궁할 수 있으며, ② 이 의무 위반의 성격이 의무의 계속적 이행과 관련하여 (의무위반국이 의무를 지고

있는) '다른 모든' 국가들의 입장을 '근본적으로 변경'시키는 경우, 다른 모든 국가들은 각기 '피해국'으로서 책임을 추궁할 수 있다. 예를 들어 UN해양법상의 해양오염 방지의무를 위반하여 연안국 인근이 오염된 경우, 연안국은 직접적인 피해국이 된다. 반면 공해(公海)를 오염시킨 경우에는 특별히 1개국 또는 몇몇 국가들에게만 영향을 미칠 수도 있는데, 바로 이러한 국가들이 집단적 의무위반 중 특별히 영향을 받은 피해국에 해당한다. 국가의 입장이 급격히 변경된 피해국으로는 조약의 모든 당사국들이 예외 없이 각자의 의무를 이행할 때에만 그 의무를 달성할 수 있는 의무(즉, '상호의존적 의무')에서 발견할 수 있다. 군축조약, 비핵지대조약, 국제화된 지역에서 주권적 권리의 행사를 금지하고 있는 규칙(남극조약 제1조, 우주조약 제2조) 등이 이에 해당한다.

2. 책임의 추궁절차

제43조 [피해국에 의한 손해배상 청구의 통지]
1. 타국의 책임을 추궁하는 피해국은 그 국가에게 손해배상의 청구를 통지한다.
2. 피해국은 특히 다음을 적시할 수 있다.
   (a) 위법행위가 계속되고 있는 경우, 그 중지를 위하여 책임국이 취하여야 할 행위,
   (b) 제2부의 규정에 따라 취해져야 할 배상의 형태.

피해국이 책임국(의무위반국)에게 책임을 추궁하고자 하는 경우 먼저 피해국은 책임국에게 자신의 청구를 통지하여야 한다. 피해국은 위법행위가 계속되고 있는 경우, 책임국이 위법행위를 중지하기 위해 취해야 할 행위와 원하는 손해배상 형식을 특정하여야 한다.

3. 국제청구의 요건

제44조 [손해배상 청구의 수리가능성] 다음의 경우 국가책임이 추궁될 수 없다.
   (a) 손해배상 청구가 배상청구의 국적에 관하여 적용되는 규칙에 반하여 제기되는 경우,
   (b) 손해배상 청구가 국내적 구제완료의 규칙이 적용되는 것이며, 아직 가용하고 효과적인 국내적 구제가 완료되지 않은 경우.

손해배상 청구가 수리되기 위해서는 '청구 국적의 원칙'과 '국내구제수단완료의 원칙'이라는 두 가지 요건이 충족되어야 한다. 청구 국적의 원칙(또는 국적계속의 원칙)이란 국제청구를 제기하기 위해서는 피해의 발생시부터 청구시점까지 피해자는 청구국의 국적을 계속 유지하고 있어야 한다는 것이다. 국내구제수단완료의 원칙이란 피해자 개인이 피해발생국에서 이용 가능한 권리구제수단을 모두 밟아야 한다는 것을 말한다. 완료해야 할 국내구제절차에는 모든 사법절차뿐만 아니라 행정구제 수단 등이 이에 포함되며, 실효적·실질적으로 이용가능한 수단일 경우에만 인정된다. 이러한 두 가지 요건이 충족되는 경우에 국제청구가 가능하다. 이 두 가지 요건은 오래전부터 국제법에서는 외교적 보호권 행사의 요건으로 적용되어 왔다.

📝 판례소개

ICJ Nottebohm 사건 (1955)

동 사건은 국가의 청구권이 성립되기 위해서는 청구국과 그의 국민사이에 진정한 관련성이 있어야 한다고 판결한 사건이다. 독일 국적의 Nottebohm은 과테말라에서 생활을 하면서 사업체를 운영하고 있었다. 제2차 세계대전 발발한지 1개월이 경과한 후 Nottebohm은 독일 국적을 포기하고 리히텐슈타인에서 몇 주간 체류하면서 리히텐슈타인 국적을 취득하였다(1939년). 리히텐슈타인 국적법은 일반적으로 자국 체류 3년을 국적취득의 요건으로 적용하였지만, Nottebohm에게는 법령상의 특례조건을 적용하였다. 1940년 Nottebohm은 과테말라로 귀국하여 국적변경을 신청하였다. 1943년 과테말라는 Nottebohm의 국적을 독일로 간주하고 Nottebohm을 체포하여 미국으로 인도하였다. 1946년 석방된 Nottebohm은 과테말라 귀국을 신청하였으나, 입국이 거부되어 리히텐슈타인으로 입국하였다. 1949년 과테말라는 전후 처리에 관한 법률을 제정하고 Nottebohm의 재산을 몰수하였다. 이에 1951년 Nottebohm의 국적국인 리히텐슈타인이 Nottebohm의 권리구제를 위하여 과테말라를 대상으로 ICJ에 제소하였다.

재판소는 Nottebohm이 34년간 과테말라에서 거주하고 사업을 하였으며 1943년 체포될 때까지 과테말라에서 생활하였음을 확인하였고, 리히텐슈타인으로 귀화할 당시에도 리히텐슈타인 내에 거소를 두거나 장기체류를 하지 않았기 때문에 리히텐슈타인과의 진정한 관련성이 없다고 보았다. 이러한 이유로 리히텐슈타인의 Nottebohm에 대한 외교적 보호권은 인정되지 못하였다.

4. 책임추궁 권리의 상실

제45조 [책임추궁권의 상실] 다음의 경우 국가책임이 추궁될 수 없다.
  (a) 피해국이 손해배상청구를 유효하게 포기한 경우,
  (b) 피해국이 그 스스로의 행위에 의하여 손해배상청구권의 소멸을 유효하게 묵
     인한 것으로 간주되는 경우.

피해국이 명시적 또는 묵시적으로 손해배상 청구를 유효하게 포기하였거나, 피해
국이 스스로의 행위에 의하여 청구권의 소멸에 대해 유효하게 묵인한 것으로 간주
될 수 있는 경우에는 국가책임을 추궁할 수 없다.

5. 복수의 피해국

제46조 [피해국의 복수성] 여러 국가가 동일한 국제위법행위에 의하여 피해를 입
은 경우, 각각의 피해국은 국제위법행위를 범한 국가의 책임을 개별적으로 추궁할
수 있다.

동일한 국제위법행위로 인하여 여러 국가가 피해를 입은 경우, 피해국은 개별적으
로(단독으로) 국제위법행위를 범한 국가의 책임을 추궁할 수 있다.

6. 복수의 책임국

제47조 [책임국의 복수성]
  1. 여러 국가가 동일한 국제위법행위에 대해 책임이 있은 경우, 그 행위에 대하여
     각각의 국가들의 책임이 추궁될 수 있다.
  2. 제1항은,
     (a) 여하한 피해국에 대해서도 스스로 입은 손해 이상을 금전배상에 의하여 회
        복할 수 없도록 한다.
     (b) 다른 책임국에 대한 책임추궁의 권리를 저해하지 않는다.

여러 국가가 동일한 국제위법행위에 책임이 있는 경우, 그 행위와 관련하여 각각
의 국가들의 책임이 추궁될 수 있다. 다만, 피해국은 자신이 입은 손해보다 많은
것을 금전배상을 통해 회복할 수 없다. 즉, 둘 또는 그 이상의 국가들이 동일한 국

제위법행위를 행한 경우 이러한 복수의 위법행위국들은 각자의 국제의무와 관련하여 각자의 행위에 대해서만 책임을 부담한다.

다만 책임국 상호간에 상환청구권(right of recourse) 행사가 가능하다고 규정하여 복수의 책임국 중 한 국가가 손해에 대한 배상금 전액을 지불한 경우 그 국가는 다른 책임국에게 구상권을 행사할 수 있다.

7. 피해국 이외의 국가에 의한 책임의 추궁

제48조 [피해국 이외의 국가에 의한 책임의 추궁]
1. 다음의 경우, 피해국 이외의 여하한 국가도 제2항에 따라 타국의 책임을 추궁할 권리를 가진다.
   (a) 위반된 의무가 그 국가를 포함한 국가군을 상대로 하며, 이들 국가군의 공동이익의 보호를 위하여 확립된 경우, 또는
   (b) 위반된 의무가 국제공동체 전체를 상대로 하는 경우.
2. 제1항에 의하여 책임을 추궁할 권리를 가지는 여하한 국가도 책임국에 대하여 다음을 요구할 수 있다.
   (a) 국제위법행위의 중지 및 제30조에 따른 재발방지의 확보 및 보장,
   (b) 피해국 및 그 위반된 의무의 수익주체들을 위하여 앞의 조항들에 따라 배상의무를 이행할 것.
3. 제43조, 제44조 및 제45조에 의한 피해국의 책임추궁을 위한 요건들은 제1항에 따라 그 같은 권리를 가지는 국가들에 의한 책임추궁에도 적용된다.

피해국이 아닌 국가도 책임을 추궁할 수 있다. 피해국 이외의 국가가 책임을 추궁할 수 있는 경우는 다음 두 가지이다. 첫째는 당사자 간 대세적 의무를 위반한 경우(obligations erga omnes partes)(제1항 a호)이다. 이러한 의무는 특정체제의 모든 당사자에 대하여 지고 있는 의무를 말하며, 조약(주로 다자조약)에 근거한 의무로서 그 이행에 모든 조약당사자가 법적 이익(소의 이익)을 갖는 것을 의미한다. 또 다른 경우로는 대세적 의무(obligations erga omnes)를 위반한 경우(제1항 b호)이다. 대세적 의무란 "한 국가의 국제공동체 전체에 대한 의무"(the obligations of a state towards the international community as a whole)를 말하며, 이는 '본래적 의미'에서의 대세적 의무를 말한다.

'피해국 이외의 국가'가 책임국에게 청구할 수 있는 것은 '피해국'이 청구할 수 있

는 것과 차이가 있다. 피해국 이외의 국가는 자신에게 피해가 없으므로, 피해국 이외의 국가는 첫째, 초안 제30조에 근거한 위법행위의 중지와 재발방지의 확보 및 보장, 둘째, 피해국 또는 위반된 의무의 수익주체를 위한 손해배상을 이행하라고 요구할 수 있을 뿐 자신을 위해 손해배상을 요구할 수는 없다. 따라서 피해국 이외의 국가는 피해국 또는 위반된 의무의 수익주체(the beneficiaries of the obligation breached)를 위한 손해배상을 이행하라고 요구할 수 있다.

'피해국 이외의 국가'가 책임국에게 책임을 추궁함에 있어서도 초안 제43조(피해국에 의한 청구의 통지), 제44조(청구의 수리 가능성), 제45조(청구권의 상실)의 규정이 적용되며, 동일한 국제위법행위에 대해 제42조상의 피해국과 제48조상의 '피해국 이외의 국가'가 각자 그리고 동시에 책임을 청구할 수 있다.

국가책임의 추궁 주체

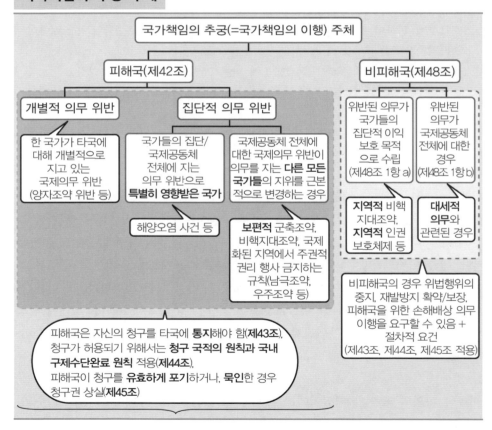

제 2 장   대응조치(countermeasures)

1. 대응조치의 목적과 제한

제49조 [대응조치의 대상 및 제한]
1. 피해국만이 국제위법행위에 책임 있는 국가로 하여금 제2부에 규정된 의무를 이행하도록 유도하기 위하여 이 국가를 상대로 대응조치를 취할 수 있다.
2. 대응조치는 그 조치를 취하는 국가가 책임국에 대하여 국제의무를 일시적으로 불이행하는 것으로 제한된다.
3. 대응조치는 가능한 한 문제된 의무의 이행의 재개를 가능하게 하는 방법으로 취해져야 한다.

대응조치란 타국의 선행된 국제위법행위에 대한 피해국의 반응행위를 말한다. 대응조치에 해당하는 행위 자체는 위법행위이지만 타국의 선행된 위법행위를 중지시키고 피해배상을 받기 위한 조치이기 때문에 위법성이 조각된다. 자력구제(self-help)의 한 유형인 대응조치는 피해국만이 취할 수 있다.
대응조치의 목적은 책임국(의무위반국)으로 하여금 국제의무를 이행하도록 유도하는 데 있는 것이지, 복수하는 데 있는 것은 아니다. 현대 국제법에서는 무력사용이 금지되고 있기 때문에 무력을 수반한 대응조치는 허용되지 않는다.

2. 허용되지 않는 대응조치 – 대응조치의 한계

제50조 [대응조치에 의하여 영향받는 의무]
1. 대응조치는 다음에 영향을 주어서는 안 된다.
  (a) 국제연합헌장에서 구현된 무력의 위협 및 사용의 금지 의무,
  (b) 기본적 인권의 보호 의무,
  (c) 복구가 금지되는 인도적 성격의 의무,
  (d) 기타 일반국제법의 강행규범상의 의무.
2. 대응조치를 취하는 국가는 다음 의무의 이행을 면제받지 않는다.
  (a) 그 국가와 책임국 간에 적용되는 분쟁해결절차상의 의무,
  (b) 외교 및 영사관원, 공관, 문서 및 서류의 불가침 존중의 의무.

다음과 같은 국제의무를 위반하는 대응조치는 허용되지 않는다.

① UN헌장에 구현되어 있는 무력의 위협 또는 사용의 금지 의무

② 기본적 인권의 보호 의무

③ 복구가 금지되는 인도적 성격의 의무

④ 기타 일반국제법의 강행규범 하의 의무

그리고 대응조치를 취하더라도 국가는 ① 자국과 책임국(의무위반국) 사이에 적용되는 분쟁해결절차상의 의무, ② 외교관·영사·공관·공문서·서류의 불가침을 존중할 의무 등의 이행을 면제받지 못한다.

⚖ 쟁점검토

A국은 B국이 자국의 국내문제에 불법적으로 간섭을 하자, 국내문제 불간섭의 의무를 위반했다고 주장하며 B국의 외교관을 인질로 잡았다. 이러한 사태에 대해서 A국은 대응조치를 주장하고 있다. 이러한 주장을 평가하시오.

▪ 대응조치가 정당화되기 위해서는 국제법상의 의무를 준수하여야 한다.

3. 비례성

제51조 [비례성] 대응조치는 문제된 국제위법행위와 권리의 중대성을 고려하여, 받은 피해에 상응하는 것이어야 한다.

대응조치는 문제의 국제위법행위와 권리의 중대성을 고려하여, 피해국이 입은 침해에 상응하는 것이어야 한다. 대응조치는 의무위반국(책임국)에게 회복 불가능한 피해를 주는 방식으로 행사되어서는 안 되며, 피해에 비례하여야 한다. 여기서 비례는 위법행위와 대응조치 사이의 등가(equivalence)를 의미한다.

4. 대응조치의 절차적 요건

제52조 [대응조치에의 호소에 관한 조건]

1. 피해국은 대응조치를 취하기 앞서, 다음과 같이 행동하여야 한다.
   (a) 제43조에 따라 책임국에 대해 제2부상의 의무를 이행할 것을 촉구한다.
   (b) 책임국에게 대하여 대응조치를 취한다는 여하한 결정도 통지하며, 그 국가와의 교섭을 제의한다.

2. 제1항 (b)에도 불구하고, 피해국은 자국의 권리를 보존하기 위하여 필요한 긴급
   대응조치를 취할 수 있다.
3. 다음의 경우, 대응조치는 취해져서는 안 되며, 이미 취해진 경우 지체 없이 중지
   되어야 한다.
   (a) 국제위법행위가 종료된 경우, 그리고
   (b) 분쟁이 당사자들에게 구속력 있는 결정을 내릴 권한이 있는 재판소 또는 법
       원에 계류 중인 경우.
4. 제3항은 책임국이 분쟁해결절차를 성실하게 이행하지 않는 경우에는 적용되지
   않는다.

피해국은 대응조치를 취하기 전에 다음과 같은 행위를 먼저 하여야 한다(제1항).
  ① 책임국(의무위반국)의 위법행위 중지 및 이미 발생한 위법행위에 대해서는 손
     해배상 요구
  ② 책임국(의무위반국)에게 대응조치를 취하기로 한 결정의 통지 및 교섭 제의
다만, 피해국은 자신의 권리를 보존하기 위하여 필요한 긴급 대응조치를 그 같은
통지나 교섭 제의 이전에라도 취할 수 있다(제2항).
국제위법행위가 종료되고 또한 분쟁이 당사국들에게 구속력 있는 결정을 내릴 수
있는 재판소 또는 법원에 계류 중(pending)인 경우에는 대응조치를 취해서는 안 되
며, 이미 대응조치가 취해졌다면 그것은 지체 없이 중단하여야 한다(제3항). 다만,
책임국이 분쟁해결절차를 성실하게 이행하지 않는 경우에는 대응조치가 허용된다
(제4항).

5. 대응조치의 종료

제53조 [대응조치의 종료] 대응조치는 책임국이 국제위법행위와 관련하여 제2부상
의 의무를 이행하는 즉시 종료되어야 한다.

대응조치는 책임국이 위법행위를 중지하고 손해배상의무를 이행하는 즉시 종료되어
야 한다. 피해국은 대응조치의 그 필요성이 소멸하면 이를 즉시 중지하여야 한다.

6. 피해국 이외의 국가에 의하여 취하여진 조치

제54조 [피해국 이외의 국가에 의하여 취하여진 조치] 본 장은 제48조 제1항에 의

하여 타국의 책임을 추궁할 자격을 가지는 여하한 국가에 대하여도 그 국가가 위반의 중지 및 피해국 또는 위반된 의무의 수익주체들의 이익을 위한 손해배상을 확보하기 위하여 위반국을 상대로 적법한 조치를 취할 권리를 저해하지 않는다.

대응조치의 주체는 피해국(제49조)이지만 제48조 1항 및 제54조의 해석상 대세적 의무 또는 당사자간 대세적 의무를 위반한 경우에는 책임국(의무위반국)을 상대로 '피해국 이외의 국가'도 적법한 조치를 취할 수 있다. 다만, '적법한 조치'에 대응조치가 포함되는가에 대하여는 견해의 대립이 있다.

ILC는 제54조에 대한 주석에서 이 문제에 대한 현재의 국제법 상황은 불확실하며, 국가관행도 빈약하고, 제한된 수의 국가들과 관련되어 있다고 하면서, 제54조를 법의 미래발전을 해하지 않는 유보(단서)조항(saving clause)으로 설명하고 있다.

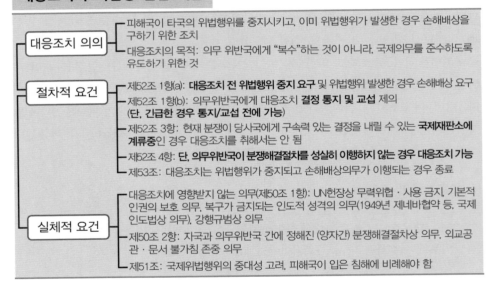

대응조치의 적법성 판단 기준

대응조치 의의
- 피해국이 타국의 위법행위를 중지시키고, 이미 위법행위가 발생한 경우 손해배상을 구하기 위한 조치
- 대응조치의 목적: 의무 위반국에게 "복수"하는 것이 아니라, 국제의무를 준수하도록 유도하기 위한 것

절차적 요건
- 제52조 1항(a): **대응조치 전 위법행위 중지 요구** 및 위법행위 발생한 경우 손해배상 요구
- 제52조 1항(b): 의무위반국에게 대응조치 **결정 통지 및 교섭** 제의 (**단, 긴급한 경우 통지/교섭 전에 가능**)
- 제52조 3항: 현재 분쟁이 당사국에게 구속력 있는 결정을 내릴 수 있는 **국제재판소에 계류중**인 경우 대응조치를 취해서는 안 됨
- **제52조 4항: 단, 의무위반국이 분쟁해결절차를 성실히 이행하지 않는 경우 대응조치 가능**
- 제53조: 대응조치는 위법행위가 중지되고 손해배상의무가 이행되는 경우 종료

실체적 요건
- 대응조치에 영향받지 않는 의무(제50조 1항): UN헌장상 무력위협·사용 금지, 기본적 인권의 보호 의무, 복구가 금지되는 인도적 성격의 의무(1949년 제네바협약 등, 국제인도법상 의무), 강행규범상 의무
- 제50조 2항: 자국과 의무위반국 간에 정해진 (양자간) 분쟁해결절차상 의무, 외교공관·문서 불가침 존중 의무
- 제51조: 국제위법행위의 중대성 고려, 피해국이 입은 침해에 비례해야 함

1. 특별법 우선의 법칙

제55조 [특별법] 본 조항들은 국제위법행위의 존재의 요건 또는 국가의 국제책임
의 이행이 국제법의 특별규칙에 의하여 규율되는 경우 그 범위 내에서는 적용되지
않는다.

국가책임법에 해당하는 국가책임법 초안은 일반규칙이므로, 국가책임의 내용 및
이행과 관련한 '국제법의 특별규칙'(lex specialis)이 존재하는 경우에는 특별법 우선
의 원칙이 적용된다.

2. 국가책임법 초안에 규율되지 않는 사항

제56조 [본 조항들에 의하여 규율되지 않는 국가책임의 문제들] 국제위법행위에 대
한 국가책임의 문제들이 본 조항들에 의하여 규율되지 않는 범위 내에서는 이 문
제들에 대해 국제법의 적용 가능한 규칙들이 계속 적용된다.

국가책임법 초안에 규정되지 않은 사항은 관련 국제법이 적용된다.

3. 국제기구의 책임

제57조 [국제기구의 책임] 본 조항들은 국제기구의 행위에 대한 국제기구 또는 국
가의 국제법상 책임과 관련된 여하한 문제도 저해하지 않는다.

'국제기구'의 국제책임에 관한 사항은 국가책임법 초안에 규정된 '국가'의 국제책임

과는 별도로 다루어진다. 국제기구 책임에 관해서는 ILC의 2011년 "국제기구의 책임에 관한 규정 초안"(Draft articles on the responsibility of international organizations)이 채택되었다.

4. 개인의 책임

제58조 [개별적 책임] 본 조항들은 국가를 위하여 행동하는 여하한 사인의 국제법상 개인적 책임과 관련된 여하한 문제도 저해하지 않는다.

국가책임법 초안은 국제위법행위에 대한 '국가'의 국제책임을 규정하고 있으며, 이는 성격상 국내법상의 민사책임의 성격과 유사하다. 위법행위에 관여한 개인이 국제법상 형사책임을 지게 되는 경우가 발생하는 경우에는 그에 대하여 형사책임을 부과할 수 있다. 예를 들면, 제노사이드가 발생한 경우에 그러한 행위를 관련한 국가의 국제책임과 별도로 그러한 국제범죄를 수행한 개인은 국제형사재판소에 소추되어 형사처벌을 받을 수 있다.

5. 국제연합헌장과의 관계

제59조 [국제연합헌장] 본 조항들은 국제연합헌장을 저해하지 않는다.

국가책임법 초안의 규정은 UN헌장을 침해하는 것이 아니며, UN헌장이 이 규정 초안보다 상위법이다(UN헌장 제103조 참조).

문제 1

A국은 최근 연이은 지진과 지진해일로 인해 A국의 급수체계가 파괴되면서 콜레라가 발병하였다. A국의 열악한 의료시설과 부족한 식수로 인해 콜레라가 전국적으로 빠르게 확산하였고 콜레라로 인한 사망자 수가 급격히 증가하였다. A국은 여러 국제 구호단체들로부터 생수와 의약품을 지원받았으나 여전히 생필품이 부족한 상태였다. A국은 X민간구호단체에게 지원받은 생수와 의약품을 주민들에게 무상으로 배급하도록 위임하였다. X민간구호단체는 A국의 특별한 지시는 없었지만, 외국인 이주노동자들을 배급 대상에서 배제하였다. 이로 인하여 다수의 외국인 이주노동자들이 적절한 치료를 받지 못하고 방치되었다. A국과 인접한 B국은 주요 이주민 송출국으로서 A국에 등록된 외국인 노동자의 50% 이상이 B국 국적의 노동자이다. B국은 즉시 자국 내 A국 외국인 이주노동자들의 비자 발급을 중단하고 이들을 강제추방하라는 행정명령을 내렸다. 세계 최대 이주민 수용국인 C국은 A국의 외국인 노동자 배제조치에 대해 격분하며 A국이 외국인 이주노동자들에 대한 비인도적이고 차별적인 조치를 중단할 것을 요구하였다.

※ A국과 B국은 '국제이주노동자 보호협약'의 당사국으로서 동 협약은 외국인 이주노동자들을 출신국에 대한 차별 없이 내국민과 동일한 대우를 할 것을 규정하고 있으며, C국은 동 협약의 당사국이 아니다.

※ A, B, C국 모두 UN 회원국이다.

2001년 ILC 국제위법행위에 대한 국가책임 초안에 근거하여 다음에 답하시오.

문1. X민간구호단체의 행위로 인해 A국에게 국가책임이 발생하는지 논하시오. (20점)

문2. B국이 취한 조치의 적법성에 대하여 논하시오. (20점)

문3. C국이 A국에 대해 국가책임을 추궁할 수 있는지에 대하여 논하시오. (40점)

> **문제 1 ▸ 채점기준표**

[1] X민간구호단체의 행위로 인해 A국에게 국가책임이 발생하는지 논하시오.
(20점)

I. 쟁점

X민간구호단체가 외국인 이주노동자들에게 생수와 의약품 배급을 배제한 행위가 A국의 행위로 귀속되고 국제의무 위반이 발생하여 A국의 국가책임이 성립하는지 검토한다.

II. 국가책임 성립요건

국가의 모든 국제위법행위는 그 국가의 국가책임을 발생시키며[국가책임 초안(이하 '초안') 제1조], 작위 또는 부작위를 구성하는 행위가 국제법상 국가의 행위로 귀속되고 국가의 국제의무 위반을 구성하는 경우 국제위법행위가 존재한다(초안 제2조).

III. A국의 국제위법행위 해당 여부

1. 국가행위로의 귀속성

일반적으로 개인/단체의 행위는 국가행위로 귀속되지 않으나, 초안은 제4조~11조에서 국제위법행위의 요건 중 국가행위로 귀속될 수 있는 경우를 유형별로 규정하고 있다. 초안 제5조는 국가기관에 해당되지 않는 개인이나 단체에게 국가가 정부권한 또는 공권력을 위임하는 경우 해당 국가의 행위로 귀속됨을 규정하고 있다. 사안에서 X민간구호단체는 재난 상황에서 생필품과 의약품을 무상으로 배급하는 정부권한 업무를 A국으로부터 '위임'을 받았기 때문에 초안 제5조에 의해, X민간구호단체의 행위는 A국의 행위로 귀속된다.

2. 국제의무 위반 여부

국가의 행위가 그 국가에 요구되는 국제의무와 일치되지 않는 경우 의무의 연원을 불문하고 그 국가의 국제의무 위반이 존재한다(초안 제12조). 또한, 국가의 행위는 행위발생 당시 그 국가가 문제의 의무에 구속되지 않는 한, 국제의무 위반에 해당되지 않는다(초안 제13조).

사안에서 A국은 '국제이주노동자 보호협약'의 당사국으로서 외국인 이주노동자들을 차별없이 내국민과 동일하게 대우해야 할 의무가 있었지만, 재난 상황에서 외국인 이주노동자들에게 의약품의 배급을 배제함으로써 이들은 적절한 치료를 받지 못하고 방치되었다. 이에 A국은 양자조약인 '국제이주노동자 보호협약'상의 의무를 위반했기 때문에 국제의무 위반을 구성한다.

3. 위법성 조각사유 검토

초안은 제20조 내지 제25조에서 동의, 자위, 대응조치, 불가항력, 조난, 필요성에 해당하는 경우 위법성이 조각될 수 있음을 명시하고 있지만, 동 사안에서 위 6가지 사유에 해당하는 위법성 조각사유는 존재하지 않는다.

IV. 결론

A국 X민간구호단체 직원 을의 행위는 A국의 행위로 귀속되고 국제조약 위반이라는 국제의무 위반으로 인해 A국의 국제위법행위가 존재하며, A국이 원용 가능한 위법성 조각사유가 없기에 A국의 국가책임이 성립한다.

[2] B국이 취한 조치의 적법성에 대해 논하시오. (20점)

I. 쟁점

B국이 자국 내 A국 외국인 이주노동자들의 비자 발급을 중단하고 행정명령을 통해 취한 강제추방 조치가 적법한지 검토한다.

II. 대응조치의 의의

대응조치는 초안상 위법성 조각사유에 해당하며, 타국의 선행된 국제위법행위에 대한 피해국의 반응행위를 말한다. 초안 제49조에 따르면 대응조치는 책임국에 대해 국제의무를 불이행하는 것으로 제한되며, 가능한 책임국이 문제된 의무 이행을 재개 가능한 방법으로 취해져야 한다.

사안에서, 선행된 국제위법행위를 한 A국의 국가책임이 성립하였고, B국은 피해국으로서 A국에 대해 대응조치를 취할 수 있다. 다만 이러한 대응조치는 그 목적이 처벌이 아니라 A국이 국제의무 이행이 재개 가능한 방법으로 취해져야 한다(초안 제49조).

III. 대응조치의 적법성 검토

1. 비례성 및 절차적 조건

대응조치는 받은 피해에 상응해야 하며(초안 제51조), 대응조치를 취하기 전 책임국에게 의무이행을 촉구하거나, 대응조치 결정을 통지하고 긴급대응조치가 아닌 이상 교섭을 제의해야 한다(초안 제52조).

2. 대응조치에 영향 또는 면제받지 않는 의무

초안 제50조 1항은 대응조치에 영향받지 않는 의무로서 UN헌장상의 무력의 위협 및 사용의 금지의무(a호), 기본적 인권보호 의무(b호) 복구가 금지되는 인도적 성격의 의무(c호), 일반 국제법상의 강행규범상 의무(d호)를 명시하고 있으며, 동조 2항에서는 책임국 간에 적용되는 분쟁해결절차상의 의무 및 외교공관과 서류의 불가침 존중의 의무로부터 면제되지 않음을 규정하고 있다.

3. 사안의 적용

(적법한 대응조치라고 판단한 경우)

B국은 A국의 '국제이주노동자 보호협약' 의무 위반이라는 선행된 위법행위에 대해 대응조치를 취할 수 있다. B국은 A국 이주노동자의 비자발급을 중단하고 행정명령을 통해 강제추방 조치를 취했는 바, 자국 노동자에 대한 차별조치에 대해 B국이 취한 조치는 비례성에 크게 어긋나지 않는다고 보인다. 특히 입국거부와 추방조치는 A국의 영토주권 행사로서 A국의 권리이기도 하다. 또한 이러한 대응조치는 초안 제50조에 규정된 대응조치에 영향 또는 면제받지 않은 그 어떤 의무에도 해당되지 않으므로 B국의 대응조치는 적법하다. B국이 교섭 등과 같은 절차를 거

치지 않았지만, 초안 제52조는 필요한 경우 절차적 요건을 거치지 않아도 긴급대응조치를 취할 수 있음을 명시하고 있으며, B국의 조치는 자국의 권리를 보존하기 위해 필요한 조치로서 적법한 대응조치에 해당한다.

(적법하지 않은 대응조치라고 판단한 경우)

B국은 A국이 '국제이주노동자 보호협약'을 위반하고 자국민에 대해 취한 차별적 조치를 선행된 위법행위에 대해 대응조치를 취할 수 있다. 이에 B국은 A국 이주노동자의 비자발급을 중단하고 행정명령을 통해 강제추방 조치를 취했는 바, 비록 A국 이주노동자에 대한 비자발급 조치는 비례성에 크게 어긋나지 않지만, 행정명령을 통한 강제추방 조치의 경우, 자국 노동자가 받은 차별에 상응하는 대응조치로 보기 어렵다. 또한 B국은 "즉시" 입국거부와 강제추방 조치를 취했기 때문에 대응조치의 절차적 요건인 의무 이행의 촉구와 교섭 제의 절차(초안 제52조)를 거치지 않았다고 보이며 이러한 B국의 조치는 적법한 대응조치라고 보기 어렵다.

IV. 결론

(사안의 적용 결과에 따라) B국이 대응조치는 적법하다(또는 적법하지 않다).

[3] C국이 A국에 대해 국가책임을 추궁할 수 있는지에 대해 논하시오. (40점)

I. 쟁점

C국이 A국이 취한 외국인 노동자 배제조치에 대해 A국에게 국가책임을 추궁할 수 있는지 검토한다.

II. 국가책임 추궁에 관한 일반론: 피해국 및 비피해국의 국가책임 추궁

초안은 위반된 의무가 개별적으로 해당 국가를 상대로 하거나[제42조(a)호], 위반된 의무가 해당 국가를 포함하는 일단의 국가들 또는 국제공동체를 상대로 하여 의무의 위반이 해당 국가에게 특별히 영향을 주거나[제42조(b)(i)호] 또는 그 의무가 타방 국가들의 추후 의무 이행을 급격히 변경하는 경우[제42조(b)(ii)호]는 피해국으로서 타국의 책임을 추궁할 수 있다고 규정하고 있다. 또한 초안 제48조는 비피해국이라도 위반된 의무가 그 국가를 포함한 국가군을 상대로 하고[제48조 1항(a)호], 위반된 의무가 국제공동체 전체를 상대로 하는 경우[제48조 1항(b)호] 책임을 추궁할 권리를 가진다고 규정하고 있다.

III. 사안의 적용

C국은 A국이 자국의 외국인 노동자에 대해 차별조치를 취하지 않았기 때문에 직접적인 피해국으로 볼 수 없다. 또한 C국이 비피해국으로서 타국에 책임 추궁할 권리를 갖는지 여부를 제48조에 비추어 살펴본 결과, ① C국은 '국제이주노동자 보호협약'의 당사국이 아니기 때문에 '그 국가를 포함한 국가군을 상대로 한 의무'가 존재하지 않으며[제48조 1항(a)호], ② 위반된 의무인 국제이주노동자 보호가 국제공동체 전체를 상대로 하는 대세적 의무에 해당된다고 볼 수 없는 바[제48조 1항(b)호], C국은 비피해국으로서 A국에게 국가책임을 추궁할 수 없다.

IV. 결론

C국은 직접적인 피해국이 아니기에 A국에게 국가책임을 추궁할 수 없으며, C국은 제48조의 요건을 충족하지 않기 때문에 비피해국으로서 A국에게 국가책임을 추궁할 수도 없다.

문제 2

A국은 대량으로 보유하고 있는 노후된 전투기의 기계결함으로 인해 연달아 전투기 추락 사고가 발생하자, 구형 전투기를 폐기하고 신형 전투기를 구입하고자 하였다. A국은 신형 전투기 구입비용과 구식 전투기 개조에 소요되는 예산을 비교하였다. 그 결과 구형 전투기를 개조하는 것이 경제적으로 훨씬 효율적이라는 판단 하에 지난 5년간 항공기 개량산업에 기술과 자본을 집중적으로 투자하였다. A국은 예산을 절감하기 위해 기존 전투기의 외형은 그대로 유지한 채 최신형 조종 시스템을 장착하고 장거리 표적을 타격할 수 있는 공대지 미사일까지 운용 가능한 최신형 전투기로 개조하였다. 개조된 전투기의 성능을 국제 공역에서 테스트하는 데 통상적으로 6개월 이상이 소요되지만 지난 3개월의 테스트 기간 동안 아무런 문제가 발견되지 않았다. A국 항공전문가와 전투요원은 즉시 테스트를 종료하고 자국으로 회항하기로 결정하였다. 하지만 비행을 시작하고 얼마 지나지 않아 B국 영공 근처를 지날 무렵 개조된 전투기의 제어판에 경고음이 울리며 기체가 흔들리기 시작하였다. A국 항공전문가는 엔진에 결함이 있음을 발견하고 운항로를 살펴본 결과 당시 전투기의 상태로는 본국까지 운항이 불가능하다고 판단하였다. 동 전투기는 미사일이 탑재된 상태였기 때문에 추락한다면 대규모의 미사일 폭발 피해가 예상되는 상황이었다. A국 전투기는 당시 가장 인접했던 B국 영공에 진입하였고, A국 전투요원은 인명의 피해를 우려하여 주민 거주지를 최대한 피해 야산에 비상착륙을 시도하였다. 전투기는 B국 영토 내 위치한 X마을에 불시착하였지만 다행히 인명 피해는 발생하지 않았다. B국은 A국의 전투기가 자국의 영공에 진입한 것은 명백히 국제법 위반이며 이에 대한 적절한 손해배상을 요구하고 있다. A국과 B국 모두 UN회원국이다.

2001년 ILC 국제위법행위에 대한 국가책임 초안에 근거하여 A국의 국가책임 성립 여부 및 A국이 원용 가능한 위법성 조각사유에 대하여 논하시오. (80점)

문제 2 ▸ 채점기준표

I. 쟁점의 제시 (2점)

엔진결함이 있던 A국 전투기의 B국 영공진입에 대해 A국의 국가책임이 성립하는지
와 A국이 원용할 수 있는 위법성 조각사유에 대해 검토한다.

II. B국 주장의 타당성: A국의 국가책임 성립 여부 (30점)

1. 국가책임 성립요건

국가의 모든 국제위법행위는 그 국가의 국가책임을 발생시키며[국가책임 초안(이하 '초
안') 제1조], 작위 또는 부작위를 구성하는 행위가 국제법상 국가의 행위로 귀속되고
국가의 국제의무 위반을 구성하는 경우 국제위법행위가 존재한다(초안 제2조).

1) 국가 행위로의 귀속성

일반적으로 사인(私人)의 행위는 국가의 행위로 귀속되지 않지만, 초안 제4조~제11
조는 사인(私人)의 행위가 국가행위로 귀속될 수 있는 경우를 규정하고 있다. 모든
국가기관의 행위는 국제법상 그 국가의 행위로 간주되며, 국가기관에는 그 국가의
국내법상 국가기관의 지위를 가진 모든 개인과 단체를 포함한다(초안 제4조). 사안의
전투기는 군용기로서 국가기관의 행위로 간주된다.

2) 국제의무 위반 여부

국가의 행위가 그 국가에 요구되는 국제의무와 일치되지 않는 경우 의무의 연원을
불문하고 그 국가의 국제의무 위반이 존재한다(초안 제12조). 또한, 국가의 행위는 행
위발생 당시 그 국가가 문제의 의무에 구속되지 않는 한, 국제의무 위반에 해당되지
않는다(초안 제13조).

사안에서 A국 전투기는 B국의 영공에 B국의 허가없이 진입을 하여 비상착륙을 하
였다. 이는 타국의 영토 보존의무를 훼손하는 행위로 국제관습법상의 의무에 위반
될 뿐만 아니라 UN헌장 제2조 4항의 의무에도 위반된다.

2. 소결

A국 군용기의 B국 영공진입과 비상착륙은 국가의 행위와 국제의무 위반이 성립되어 국제위법행위에 해당한다.

III. A국의 위법성 조각사유 원용 여부 (46점)

1. 국가책임 초안의 위법성 조각사유 개관

초안은 제20조 내지 제25조에서 동의, 자위, 대응조치, 불가항력, 조난, 필요성(긴급피난)의 6가지 위법성 조각사유를 규정하고 있다. 위법성 조각사유가 존재하더라도 국가의 행위가 강행규범 위반에 해당하는 경우에는 위법성이 조각되지 않는다(초안 제26조).

2. 조난(초안 제24조) 원용 가능성

1) 초안 제24조 개요

초안 제24조는 행위주체가 조난의 상황에 처하여, 행위주체의 생명 또는 행위주체의 보호에 맡겨진 다른 사람들의 생명을 구하기 위한 여타 합리적인 방법이 없는 경우 위법성이 조각된다고 규정하고 있다(초안 제24조 1항). 다만, 조난 상황이 이를 원용하는 국가의 행위에 단독적으로 또는 다른 요소들과 결합하여 기인하거나[초안 제24조 2항(a)호] 문제의 행위가 그와 대등한 또는 그보다 더 중대한 위험을 야기시킬 우려가 있는 경우[초안 제24조 2항(b)호]에는 조난은 적용되지 않는다.

2) 사안의 적용

미사일을 탑재한 전투기의 기계결함으로 인하여 추락 가능성이 높아지자 A국 항공전문가와 전투요원의 생명은 위협에 처했으며, 전투기가 마을에 추락시 대규모 인명 피해를 우려하여 주민 거주지를 최대한 피해 야산에 비상착륙을 시도했다는 점에서 더 큰 중대한 위험을 방지했기 때문에 조난이 원용될 수 있다.
다만, 조난 상황이 국가의 행위에 단독 또는 다른 요소들과 결합하여 기인했는지 여부와 관련하여 A국은 통상 6개월이 걸리는 전투기의 국제 공역 테스트를 3개월이나 단축하여 진행했다는 점에서, 엔진 결함 여부를 발견할 수 있는 시간을 놓쳤을 가능성도 크다. 따라서 테스트 기간의 단축은 A국에 의해 기인하였고, A국은 조난을 원용하기 어렵다.

3) 소결

A국은 조난에 의한 위법성 조각사유를 주장할 수 없다.

3. 불가항력(초안 제23조) 원용 가능성

1) 초안 제23조 개요

초안 제23조는 문제의 행위가 불가항력에 기인한 경우 위법성이 조각된다고 규정하고 있으며, 불가항력은 해당 국가의 통제 밖에 있고, 그 상황에서 의무 이행을 물리적으로 불가능하게 만드는 저항할 수 없는 힘 또는 예측하지 못한 사고의 발생을 의미한다(초안 제23조 1항).

다만, 불가항력의 상황이 이를 원용하는 국가의 행위에, 단독적으로 또는 다른 요소들과 결합하여 기인하거나[초안 제23조 2항(a)호], 해당 국가가 그러한 상황 발생의 위험을 예측하였던 경우[초안 제23조 2항(b)호]에 해당하는 경우 불가항력은 적용되지 않는다.

2) 사안의 적용

불가항력은 물리적으로 저항할 수 없는 힘 또는 예측하지 못한 사고의 발생을 의미하는 바, 엔진의 결함으로 인해 운항이 불가하고 또한 이런 사고를 예측하지 못했다면 불가항력을 원용해 볼 수도 있다. 다만, 조난과 마찬가지도 불가항력은 해당 상황이 국가의 행위에 단독 또는 결합하여 기인하거나, 그러한 상황 발생의 위험을 예측하지 못한 경우에만 원용할 수 있다.

전투기의 통상 테스트 기간의 단축으로 인해 엔진 결함이 발생하지 않았다고 하더라도, 통상적인 기간을 거친다면 엔진의 문제점을 발견할 수도 있었을 가능성도 존재하는 바, A국은 초안 제23조 2항에 의해 불가항력을 원용할 수 없다.

4. 필요성(긴급피난)(초안 제25조) 원용 가능성

1) 초안 제25조 개요

국가에 있어 중대하고 급박한 위험으로부터 본질적 이익을 보호하기 위한 유일한 수단이고, 그 행위가 의무상대국 또는 국제공동체 전체의 본질적 이익을 중대하게 훼손하지 않는 경우 원용할 수 있다(초안 제25조 1항).
다만, 문제의 국제의무가 필요성의 원용 가능성을 배제하고 있거나[초안 제25조 2항 (a)호], 그 국가가 필요성의 상황 조성에 기여한 경우[초안 제25조 2항(b)호] 필요성을 적용할 수 없다.

2) 사안의 적용

미사일이 탑재된 전투기의 엔진결함으로 인한 추락은 중대하고 급박한 위험에 해당 되고 당시 주민이 거주하는 마을을 피한 비상착륙은 A국의 본질적 이익보다는 사람의 생명을 구하기 위한 행위에 해당되기에 A국은 필요성을 주장할 수 없다.

IV. 실질적 손해에 대한 보상[초안 제27조 (b)호]

A국은 위법성 조각사유의 원용여부와 관계없이 B국 야산에 비상착륙함으로 인해 발생한 문제의 행위로 인해 야기된 모든 실질적 손해에 대한 보상 의무를 가진다.

V. 결론 (2점)

A국은 조난, 불가항력, 필요성을 위법성 조각사유로 원용할 수 없으며, 자국이 초래한 문제의 행위로 인해 발생한 모든 실질적 손해에 대해 보상할 의무를 진다.

문제 3

A국 최남단에 위치한 수려한 경관을 자랑하는 X섬은 외국 관광객이 선호하는 세계 10대 휴양지로 선정된 곳이다. 최근 X섬에 화산이 폭발하여 수백여 명의 사망자가 발생하였고 구조 활동이 시급한 상황이었다. 하지만, X섬은 바다로 흘러나온 용암으로 인해 선박의 진입이 불가능했고, 화산재로 인해 항공기의 이착륙도 불가능한 상황이었다. 연이은 화산폭발과 함께 대규모의 지진도 발생하여 수백여 채의 주택과 공공기관이 파괴되었다. 고립된 X섬 주민들은 외부로부터 구조 활동의 지원 및 구호품을 제공받을 수 없었고, 의료용품과 생필품이 부족해지자 일부 주민들은 파손된 마트를 약탈하기 시작하였다. 용암과 지진으로 인한 피해 지역이 점차 넓어지고 용암 분출이 수그러들지 않자, X섬 주민들은 범죄예방과 공공질서 유지를 위해 자치적으로 자경단을 조직하였다. 자경단은 생필품이 절대적으로 부족한 상황에서 X섬 주민들에게 우선적으로 배급을 하였다. 이 과정에서 외국 관광객들이 배제되었는데, 외국 관광객 중 80% 이상이 A국과 인접한 B국 국민이었다. B국 관광객들이 자경단의 조치에 대해 강력히 항의하는 과정에서 폭동으로 번지게 되었다. 자경단은 물리력을 동원하여 B국 관광객들을 진압하였고, B국 관광객 수십 명이 부상을 입었다. 화산재가 점차 잦아들고 공항의 이용이 가능해지자 B국 관광객들은 본국으로 귀국하였다. B국 정부는 자국 국민들이 X섬 주민 자경단에 의해 입은 피해에 대해 격분하였다. 이에 B국 정부는 A국 국민에 대한 비자발급을 즉시 중단하고, A국 국민의 입국을 전면 금지하였다.

※ A국과 B국은 UN회원국이다.

※ A국과 B국은 '외국인차별금지협약'을 체결하였고, 동 협약은 개인의 생존권이 위협당하는 상황에서 자국 내 협약 당사국 국민에 대해 차별을 금지하고 있다. 현재 A국과 B국은 동 협약 문제해결조항에 근거해 위 사안을 중재에 회부한 상태이다.

자경단의 행위로 인한 A국의 국가책임 성립 여부와 B국의 조치가 적법한지에 대하여 2001년 ILC 국제위법행위에 대한 국가책임 초안에 근거하여 논하시오. (80점)

문제 3 ▸ 채점기준표

I. 쟁점의 제시 (2점)

A국 X섬 주민들이 조직한 자경단의 생필품 배급대상에 B국 관광객들을 배제한 조치가 A국에 귀속되고 국제의무 위반에 해당하여 A국의 국가책임이 성립하는지 여부와, 이에 대응한 B국 정부의 A국에 대한 비자발급 중지와 입국 전면 금지조치의 정당성에 대해 검토한다.

II. A국의 국가책임 성립 여부 (38점)

1. 국가책임 성립요건

국가의 모든 국제위법행위는 그 국가의 국가책임을 발생시키며[국가책임 초안(이하 '초안') 제1조], 작위 또는 부작위를 구성하는 행위가 국제법상 국가의 행위로 귀속되고 국가의 국제의무 위반을 구성하는 경우 국제위법행위가 존재한다(초안 제2조).

1) 국가 행위로의 귀속성

일반적으로 사인(私人)의 행위는 국가의 행위로 귀속되지 않지만, 초안 제4조~제11조는 사인(私人)의 행위가 국가행위로 귀속될 수 있는 경우를 나열하고 있다. 초안 제9조는 개인 또는 집단이 공권력이 부재하거나 흠결 시 정부권한의 행사가 요구되는 상황에서 사실상 그러한 권한을 행사하는 경우, 그러한 개인 또는 개인집단의 행위는 국제법상 국가의 행위로 귀속된다.

사안에서 A국의 X섬은 화산재와 용암 및 지진으로 인해 항공로와 육로가 차단된 상태였고 공공기관이 파괴된 상태로 고립되었기 때문에 사실상 공권력이 행사될 수 없는 상황이었으며, 이러한 상황에서 X섬 주민들이 치안을 위해 조직한 자경단의 행위는 초안 제9조에 의해 A국의 행위로 귀속된다.

2) 국제의무 위반 여부

국가의 행위가 그 국가에 요구되는 국제의무와 일치되지 않는 경우 의무의 연원을 불문하고 그 국가의 국제의무 위반이 존재한다(초안 제12조). 또한, 국가의 행위는 행위발생 당시 그 국가가 문제의 의무에 구속되지 않는 한, 국제의무 위반에 해당되지 않는다(초안 제13조).

A국과 B국은 '외국인차별금지협약'의 당사국으로서 개인이 생존권이 위협당하는 상황에서 당사국 간 국민에 대해 차별을 금지하고 있다. A국의 행위에 귀속되는 자경단은 '외국인차별금지협약'의 당사국인 B국 국민에 대해 생필품 배급을 배제하였고 이는 양국 간 체결한 협약에 반하는 조치에 해당된다. 따라서, A국은 동 협약을 위반하였고, 이는 국제의무 위반에 해당된다.

3) 위법성 조각사유 해당 여부

초안은 제20조 내지 제25조에서 동의, 자위, 대응조치, 불가항력, 조난, 필요성(긴급피난)의 6가지 위법성 조각사유를 규정하고 있다. 그러나 위법성 조각사유가 존재하더라도 국가의 행위가 강행규범 위반에 해당하는 경우에는 위법성이 조각되지 않는다(초안 제26조). 동 사안에서는 위 6가지 위법성 조각사유에 해당하지 않는다.

2. 결론

자경단의 행위는 A국의 행위로 귀속되며 A국과 B국 간 체결한 '외국인차별금지협약' 위반이므로 국제위법행위가 성립하며, 위법성 조각사유가 존재하지 않으므로 A국의 국가책임이 성립한다.

III. B국 대응조치의 적법성 (40점)

1. 대응조치의 의의

대응조치란 타국의 선행된 국제위법행위에 대해 피해국이 취하는 조치로서 타국의 위법행위를 중지시키고 피해배상을 받기 위한 조치이기 때문에 위법성이 조각된다. 앞에서 살펴본 바와 같이 B국에 대한 A국의 국가책임이 성립하였고, B국은 피해국으로서 A국에 대해 대응조치를 취할 수 있다. 다만 이러한 대응조치는 그 목적이 처벌이 아니라 국제의무 이행을 재개 가능하게 하는 방법으로 취해져야 한다(초안 제49조).

2. 대응조치에 의해 영향받지 않는 의무

초안 제50조 제1항은 대응조치에 영향받지 않는 의무로서 UN헌장상의 무력의 위협 및 사용의 금지의무, 기본적 인권보호 의무, 복구가 금지되는 인도적 성격의 의무, 일반 국제법상의 강행규범상 의무를 명시하고 있으며, 동조 2항에서는 책임국 간에 적용되는 분쟁해결절차상의 의무 및 외교공관과 서류의 불가침성을 존중해야 할 의무로부터 면제되지 않음을 규정하고 있다.

3. 비례성 및 절차적 조건

대응조치는 받은 피해에 상응해야 하며(초안 제51조), 대응조치를 취하기 전 책임국에게 의무이행을 촉구하거나, 대응조치 결정을 통지하고 긴급대응조치가 아닌 이상 교섭을 제의해야 한다[초안 제52조 1항(b)호].

4. 사안의 적용

(적법한 대응조치라고 판단한 경우)
B국 정부의 A국 국민에 대한 비자발급 중단과 A국 국민의 전면 입국 금지조치는 A국의 국제위법행위에 대한 조치이긴 하나, 조치의 본질상 국가의 출입국 결정 문제는 고유한 국가주권에 관한 사항으로써 비우호적인 조치에 해당할 뿐 초안 제50조에 의해 영향받거나 면제받는 의무의 대상이 아니다. 따라서 B국의 조치는 적법한 대응조치이다.

(적법한 대응조치가 아니라고 판단한 경우)
B국 조치는 그 본질이 국가의 출입국에 관한 사항이라고 하지만 A국 국민의 전면 금지와 즉각적인 비자발급 중단은 여러 상황에 처한 해당 A국 국민에게 중대한 영향을 미칠 수 있다. 따라서 비자발급과 입국금지 조치를 취하기 전 A국에게 결정을 통지하거나 교섭을 해야 하는데[초안 제52조 1항(b)호], 이러한 절차가 진행되지 않았다. 또한 현재 양국의 분쟁 사안이 중재에 회부되어 있는 만큼, B국은 초안 제52조 3항(b)호에 규정된 바와 같이 당사국에게 구속력 있는 결정을 내릴 권한이 있는 재판소 또는 법원에 계류 중인 경우에 해당하므로 B국은 대응조치를 취하지 않아야 한다.

5. 결론

(적법한 대응조치인 경우)

B국이 취한 조치는 초안 제50조에 의해 영향받거나 면제받는 의무의 대상이 아니며 위법한 대응조치에 해당하지 않는다.

(적법하지 않은 대응조치인 경우)

B국이 취한 조치는 초안 제52조 1항(b)호 및 초안 제52조 3항(b)호에 따른 절차적 요건을 준수하지 않았으므로 적법하지 않은 대응조치에 해당한다.

문제 4

(가) A국에는 불법 투기된 폐기물과 폐기물 처리업체의 폐업 등으로 방치된 방대한 폐기물을 의미하는 일명 "쓰레기산"이 500여곳 존재하며, 약 50만 톤의 폐기물이 전국 곳곳에 방치되어 있다. 최근 A국의 한 폐기물 소각시설에서 발생한 화재가 대형 산불로 이어져 수십 명의 사상자가 발생하였고 산불이 일주일째 계속되고 있다. A국은 국가 비상사태를 선포하고 진화작업에 나섰지만, 강풍으로 인해 연기와 대량의 유독가스가 인접국인 B국까지 확산하였다. 이로 인하여 B국의 대기오염지수가 매우 유해한 수준을 넘게 되자 B국 주민 수천 명에게 외출 자제령 및 휴교령이 내려졌고 항공편 결항 사태도 속출하였다. A국은 지정폐기물 공공처리시설을 설치하고 운영해왔으며 이번 화재는 A국의 X지방자치단체가 운영 중인 지정폐기물 시설에서 발생하였다. A국이 화재 원인에 대하여 조사를 진행한 결과 X지방자치단체는 화학 폐기물 처리기준을 준수하지 않은 것으로 나타났다.

(나) 한편 A국의 소방대원과 국경수비대원이 수일째 산불 진압에 몰두하면서 화재가 통제 가능한 수준으로 진압되었다. 하지만 A국과 B국 간 국경지대가 사후 화재 처리 과정으로 인해 혼란에 빠지자, 이를 이용하여 B국에서 A국으로 불법무기를 반입하려는 시도가 증가하였다. B국의 Y반란단체는 불법무기를 A국으로 반입하려다 B국 국경수비대에 의해 적발되었다. Y반란단체 일원이 A국으로 도주하자 B국 국경수비대는 군사용 드론을 띄어 이들을 추격 및 공격하였고, Y반란단체 일원 3명이 사망하였다. 또한, B국 국경수비대가 드론을 이용한 공격 과정에서 드론의 오작동으로 인해 A국 주민 수십여 명의 사상자가 발생하였다. A국은 이에 격분하여 B국의 수력댐을 파괴하였고 인근 거주 지역이 침수되면서 B국에서는 수만 명의 이재민이 발생하였다.

※ 2001년 국제법위원회(ILC) 국제위법행위에 관한 국가책임 초안에 근거하여 다음에 답하시오.

문1. 지문(가)에서 A국의 국가책임이 성립하는지 논하시오. (30점)

문2. 지문(나)에서 B국의 국가책임이 성립하는지 논하고, A국의 수력댐 파괴 행위가 대응조치로서 적법한지 검토하시오. (50점)

▎ 문제 4 ▸ 채점기준표

[1] A국의 국가책임 성립 여부 검토 (30점)

I. 쟁점 (3점)

A국 X지방자치단체의 행위가 A국으로 귀속되고 국제의무 위반의 존재 여부 및 위법성 조각사유에 해당하는지에 대해 검토한다.

II. 국가책임 성립요건 (20점)

1. 일반원칙 (2점)

국가의 모든 국제위법행위는 그 국가의 국제책임을 발생시키며(국가책임초안, 이하 "초안" 제1조), 작위 또는 부작위가 국가의 행위에 귀속이 되고 국제의무를 구성하는 경우 국제위법행위가 존재한다(초안 제2조).

2. 국가행위 귀속성 (7점)

일반적으로 사인(私人)의 행위는 국가의 행위로 귀속되지 않지만, 초안 제4조~제11조는 사인(私人)의 행위가 국가행위로 귀속될 수 있는 경우를 나열하고 있다. 초안 제4조는 여하한 국가기관의 행위는 그 기관의 지위 여하 및 기관이 중앙정부 또는 중앙정부에 속하는 영토적 단위에 속하는 것을 불문하고 국제법상 그 국가의 행위로 간주된다고 규정한다. 따라서, 사안에서 X지방자치단체는 중앙정부에 속하는 영토적 단위로서 A국의 행위로 귀속된다.

3. 국제의무 위반 (10점)

국가의 행위가 국제의무상 요구되는 것과 일치하지 않는 경우, 의무의 연원 또는 성질과 관계없이 국제의무 위반이 존재하며(초안 제12조), 국가의 행위는 행위 발생 당시 국제의무 위반에 구속이 되어야 한다(초안 제13조).

사안에서 A국의 영토 내에서 발생한 화재로 인해 대량의 유독가스가 인접국인 B국으로 확산되어 B국의 대기오염을 악화시켰고, 이로 인하여 수천 명의 B국 주민에 대해 외출 자제령과 휴교령 등이 내려졌다. 이는 한 국가의 영토 내에서 발생한 행위로 인해 타국의 환경에 악영향을 미쳐서는 안 된다는 국제관습법상 월경피해방지의무에 해당하여 국제의무 위반에 해당된다.

4. 소결 (1점)

A국의 국제위법행위가 존재하여 A국의 국가책임이 발생한다.

III. 위법성 조각사유 (5점)

1. 일반론 (1점)

초안 제20조~제25조에서는 6가지의 위법성 조각사유를 규정하고 있으며, 제26조는 위법성 조각사유가 존재하더라도 국가의 행위가 강행규범 위반에 해당하는 경우에는 위법성이 조각되지 않음을 규정하고 있다.

2. 관련 위법성 조각사유 검토 (4점)

초안 제23조는 국제의무와 일치하지 않는 국가행위의 경우 불가항력을 사유로 위법성이 조각될 수 있다고 규정하고 있다. 동 조항에 따르면 불가항력은 국가의 통제밖에 있으며, 문제의 의무를 이행하는 것을 물리적으로 불가능하게 만드는 저항할 수 없는 힘 또는 예측하지 못한 사고의 발생을 의미한다. 다만, 불가항력 상황이 이를 원용하는 국가의 행위에 단독 또는 다른 요소들과 결합하여 기인하거나, 해당 국가가 상황 발생의 위험을 예측한 경우에는 불가항력이 원용될 수 없다.
사안에서 강풍으로 인해 유독가스가 확산되었기 때문에 A국은 초안 제23조에 근거해 불가항력을 위법성 조각사유로서 주장해 볼 수 있다. 하지만, 화재의 근본적인 원인이 X지방자치단체의 화학 폐기물 처리기준 미준수라는 사실이 밝혀졌으며 이는 A국에 의해 불가항력의 상황이 기인된 경우에 해당될 수 있어 위법성이 조각되지 않는다[초안 제23조 2항(a)호].

IV. 결론 (2점)

X지방자치단체의 행위는 A국의 행위로 귀속되고, 월경피해방지 의무를 위반하였고,

위법성이 조각되지 않아 A국의 국가책임이 성립한다.

[2] B국의 국가책임 성립 및 A국 대응조치의 적법성 검토 (50점)

I. 쟁점 (2점)

B국 국경수비대가 군사용 드론을 사용하여 Y반란단체 일원을 공격하고, 그 과정에서 A국 주민 사상자가 발생한 건에 대해 B국의 국가책임이 성립하는지 및 A국의 대응조치가 적법한지 각각 검토한다.

II. B국의 국가책임 성립 여부 (18점)

1. 국가책임 성립요건 (13점)

1) 일반원칙 (1점)

국가의 모든 국제위법행위는 그 국가의 국제책임을 발생시키며(국가책임초안, 이하 "초안" 제1조), 작위 또는 부작위가 국가의 행위에 귀속이 되고 국제의무를 구성하는 경우 국제위법행위가 존재한다(초안 제2조).

2) 국가행위 귀속성 (5점)

초안 제4조~제11조는 국가행위의 귀속성을 규정하고 있다. 이 중 초안 제4조는 여하한 국가기관의 행위는 그 기관의 기능이 입법, 집행, 사법적인 것을 구분하지 않고 국가의 행위로 간주된다. B국의 국경수비대는 초안 제4조에 의해 국가기관에 속하는 실체로서 B국의 행위로 귀속된다.

3) 국제의무 위반 (6점)

국가의 행위가 국제의무상 요구되는 것과 일치하지 않는 경우, 의무의 연원 또는 성질과 관계없이 국제의무 위반이 존재하며(초안 제12조), 국가의 행위는 행위 발생 당시 국제의무 위반에 구속이 되어야 한다(초안 제13조).

사안에서 B국은 A국의 영토로 도주한 반란단체 일원에 대해 군사용 드론을 사용하여 공격하여 이들 중 일부가 사망하였고, 드론의 오작동으로 인해 A국 주민 중에서도 사상자가 발생하였다. B국이 A국으로 군사용드론을 사용해 Y반란단체를 추격한 행위는 A국의 사전허가 없이 A국 영토로 진입한 행위로 간주되어 A국 영토주권을 훼손하였으며 국제관습법상 영토주권존중 의무를 위반하였다.

4) 소결 (1점)

국경수비대의 행위는 B국의 행위로 귀속되고 국제관습법상 영토주권존중의 원칙을 위반하였기에 B국의 국제위법행위가 존재한다.

2. 위법성 조각사유 (4점)

초안 제20조~제25조에서는 6가지의 위법성 조각사유를 규정하고 있으며, 초안 제26조에 따라 위법성 조각사유가 존재하더라도 국가의 행위가 강행규범 위반에 해당하는 경우에는 위법성이 조각되지 않는다.

사안에서 B국 국경수비대가 A국 영토로 진입하여 자국의 반란단체를 진압하려는 행위에 대해서는 국가의 본질적인 이익과 관련된 초안 제25조의 필요성(긴급피난)을 주장해 볼 수 있지만, B국에게 있어 중대하고 급박한 위험으로부터 국가의 본질적 이익을 보호하기 위한 유일한 수단에 해당되기는 어렵다. 따라서 B국이 원용할 수 있는 위법성 조각사유는 존재하지 않는다.

3. 결론 (1점)

B국 국경수비대의 행위에 대해 B국의 국가책임이 성립한다.

III. A국 대응조치의 적법성 (28점)

1. 대응조치의 대상과 목적 (5점)

피해국이 선행된 국제위법행위에 책임있는 국가로 하여금 의무 이행을 유도하기 위한 조치로서 가능한 문제된 의무 이행의 재개를 가능하게 하는 방법을 취해야 한다 (초안 제49조).

2. 비례성 (3점)

대응조치는 문제의 국제위법행위와 권리의 중대성을 고려하여, 피해국이 입은 침해에 상응하는 것이어야 한다. 대응조치는 의무위반국(책임국)에게 회복 불가능한 피해를 주는 방식으로 행사되어서는 안 되며, 피해에 비례하여야 한다. 여기서 비례는 위법행위와 대응조치 사이의 등가(equivalence)를 의미한다(초안 제51조).

3. 대응조치 취하기 전 의무이행 촉구, 교섭 제의 등 (2점)

피해국은 대응조치를 취하기 전에 ① 책임국의 위법행위 중지 및 이미 발생한 위법행위에 대해서는 손해배상 요구, ② 책임국에게 대응조치를 취하기로 한 결정의 통지 및 교섭 제의의 행위가 선행되어야 한다[초안 제52조 1항(b)호]. 다만, 피해국은 자신의 권리를 보존하기 위하여 필요한 긴급 대항조치를 그 같은 통지나 교섭 제의 이전에라도 취할 수 있다(초안 제52조 2항).

4. 대응조치에 의해 영향받지 않는 의무 및 면제받지 않은 의무 (5점)

대응조치는 일정한 행위에 대해 제한을 가하고 있는데, ① UN헌장에 구현되어 있는 무력의 위협 또는 사용의 금지 의무, ② 기본적 인권의 보호 의무, ③ 복구가 금지되는 인도적 성격의 의무, ④ 기타 일반국제법의 강행규범상의 의무를 위반하는 대응조치는 허용되지 않는다. 또한 대응조치를 취하더라도 국가는 ① 자국과 책임국 사이에 적용되는 분쟁해결절차상의 의무, ② 외교관·영사·공관·공문서·서류의 불가침을 존중할 의무 등의 이행을 면제받지 못한다(초안 제50조).

5. 사안의 적용 (12점)

1) B국의 A국 영토주권 훼손 및 A국 사상자가 발생한 선행행위에 대한 A국의 대응조치로서 그 대상은 충족한다(초안 제49조). 다만, A국의 대응조치는 B국의 의무이행을 가능하게 하는 방법을 취해야 하며 수력댐을 파괴한 행위가 B국의 의무이행을 유도하기 위한 조치에 해당한다고 보기 어렵다.
2) 비례성과 관련하여 대응조치는 국제위법행위의 권리의 중대성을 고려하여 받은 피해에 상응해야 하는바, A국이 B국의 영토에 군사용 드론을 진입시켜 드론의 오작용으로 A국 주민 수십여 명의 사상자가 발생한 사건과 A국이 이에 대한 대응으로 수력댐을 파괴하여 B국 내 수만 명의 이재민을 발생하게 한 행위는 비례성을 벗어난 조치로 볼 수 있다.

3) 절차적 요건과 관련하여 A국이 B국에 대해 의무이행을 촉구하거나 교섭을 제의했는지 여부는 사안에서 명확하지 드러나지 않았다.

4) 무력을 동반하여 수력댐을 파괴한 행위는 대응조치에 의해 영향받지 않는 의무 중 UN헌장상 무력의 위협 및 사용 금지의무 위반에 해당되어[초안 제50조 1항(a)호] 적절하지 않은 수단의 대응조치이다.

6. 소결 (1점)

A국의 대응조치는 정당한 대응조치에 해당하지 않는다.

IV. 결론 (2점)

B국의 국가책임이 성립하며, A국의 대응조치는 적법한 조치에 해당하지 않는다.

문제 5

A국과 B국 사이에 위치한 열대우림은 양국 간 국경을 이루고 있다. 이 국경지역에서 개발사업의 일환으로 진행된 벌목과 밀렵의 급증으로 인해 각종 야생동물들이 멸종 위기에 처해지게 되었다. A국은 자국과 맞닿은 열대우림 지역에서 사냥을 전면적으로 금지하는 법을 제정하였고, 적극적으로 동물보호활동을 해온 X민간단체에게 A국 관할에 있는 밀림지역을 감시하고 해당지역에서 사냥하는 사람을 체포할 권한을 부여하였다. 동 법에 의하면 X민간단체는 밀렵을 감시하는 업무를 수행하는 동안 무기를 소지할 수 없으며 그 어떠한 경우에도 무력을 사용할 수 없었다. 또한, 동 법은 X민간단체와 사냥꾼 간에 물리적인 충돌이 발생하는 경우 반드시 A국 경찰에 지원을 요청할 것을 규정하고 있다. B국 공무원 甲은 국경지역에서 지난 수년 간 매 주말마다 취미활동으로 사냥을 해왔으나 X민간단체의 엄격한 규제활동으로 인해 더 이상 사냥을 지속하기 어려운 상황이었다. 甲은 X민간단체의 감시를 피해 밀림지역에 진입하여 사냥을 시작하였으나 사냥 중 발생한 총성으로 인해 X민간단체의 직원 乙에 의해 적발되었다. 乙은 甲에게 즉시 사냥을 중지할 것을 요구하였지만 甲은 이를 무시한 채 계속 사냥을 진행하려 하였다. 乙이 甲을 체포하려 하자 甲은 B국 관할의 밀림으로 도망갔다. 乙은 甲을 끝까지 쫓아 체포하는 과정에서 사냥총이 오발되어 甲은 중상을 입었다. B국은 甲이 입은 피해에 대해 A국에게 국가책임이 있으며 이에 대한 손해배상을 요구하고 있다. A국과 B국은 모두 UN회원국이다.

2001년 ILC 국제위법행위에 대한 국가책임 초안에 근거하여 A국의 국가책임 성립 여부에 대해 논하시오. (40점)

문제 5 ▸ 채점기준표

Ⅰ. 쟁점 (2점)

A국의 X민간단체 직원 을이 B국 공무원 갑을 체포하는 과정에서 발생한 사건에 대해 A국의 국가책임이 성립하는지 여부를 검토한다.

II. 국가책임 성립 여부 검토

1. 국가책임의 성립요건 (4점)

국가의 모든 국제위법행위는 그 국가의 국가책임을 발생시키며[국가책임 초안(이하 '초안') 제1조], 작위 또는 부작위를 구성하는 행위가 국제법상 국가의 행위로 귀속되고, 국가의 국제의무 위반을 구성하는 경우 국제위법행위가 존재한다(초안 제2조).

2. 국가 행위로의 귀속성 (16점)

일반적으로 사인(私人)의 행위는 국가의 행위로 귀속되지 않지만, 초안 제4조~제11조는 사인(私人)의 행위가 국가행위로 귀속될 수 있는 경우를 나열하고 있다. 초안 제5조는 국가기관에는 해당되지 않으나 법에 의해 정부권한을 행사하도록 위임받은 개인이나 단체의 행위는 구체적인 경우에 위임받은 공권력을 행사하는 자격으로 행동하는 경우 국제법상 그 국가의 행위로 간주된다고 규정하고 있다. 사안에서 민간단체 X는 A국의 국내법을 통해 밀림지역에서 금지된 사냥활동을 하는 자들을 체포할 수 있는 집행권한을 부여받았기 때문에 X민간단체에 속한 직원 을의 행위는 A국의 행위로 귀속된다.

또한, 초안 제7조는 정부권한을 행사하도록 위임받은 개인 또는 단체가 자신의 권한을 넘어서거나 지시를 위반하는 경우에도 국제법상 그 국가의 행위로 간주된다고 규정하고 있다. 사안에서 을은 업무 수행 중 무기를 소지할 수 없고 무력을 사용할 수 없으며 물리적인 충돌이 발생 시 A국 경찰의 지원을 요청해야 하나, 이를 위반하여 B국 갑에게 총상을 입게 되었다. 따라서 을의 행위는 제7조에 의해서도 A국의 행위로 귀속된다.

3. 국제의무 위반 여부 (8점)

국가의 행위와 그 국가에 요구되는 국제의무와 일치되지 않는 경우 의무의 연원을 불문하고 그 국가의 국제의무 위반이 존재한다(초안 제12조). 또한, 국가의 행위는 행위발생 당시 그 국가가 문제의 의무에 구속되지 않는 한, 국제의무 위반에 해당되지 않는다(초안 제13조).

사안에서 A국의 을은 B국 관할 내에서 무기를 사용해 체포를 시도하였으며, 이는 타국의 영토에 허가없이 진입하여 집행관할권을 행사한 것으로 간주된다. 타국의 영토주권을 훼손하여 집행관할권을 행사하는 것은 국제관습법에 반하는 행위이다.

4. 위법성 조각사유 해당 여부 (8점)

초안은 제20조 내지 제25조에서 동의, 자위, 대응조치, 불가항력, 조난, 필요성에 해당하는 경우 위법성이 조각될 수 있음을 명시하고 있지만, 동 사안에서 위 6가지 사유에 해당하는 위법성 조각사유는 존재하지 않는다.

III. 결론 (2점)

A국 X민간단체 직원 을의 행위는 A국의 행위로 귀속되고 국제의무 위반이 존재하므로 A국의 국제위법행위가 성립하며, A국이 원용 가능한 위법성 조각사유가 없기에 A국의 국가책임이 성립한다.

문제 6

도서 국가인 A국은 주위 아름다운 산호섬과 화산지형으로 많은 외국 관광객이 방문하는 휴양지이며 A국의 국가경제 80%가 관광산업과 어업에 의존해 왔다. 최근 A국에서 화산이 폭발하여 수백여 명의 사상자가 발생하여 다수의 주민과 관광객들이 고립되었다. 화산폭발은 수일간 지속되었으며, 그 피해는 A국 전 지역에서 광범위하게 발생하였다.

그동안 대규모 자연재해를 경험하지 못하였던 A국은 화산폭발에 대응할 수 있는 인력과 장비 및 의약품이 부족한 심각한 상황에 직면하였다. 이에 국제사회는 자국의 구조대를 A국에 파견하였으며, 구조 자격증이 있는 여러 국가의 민간인들도 속속 A국에 입국하여 구조활동을 지원하였다. 이웃 국가인 B국도 현역 군인 신분인 10명의 전문 구조대 (이하, "B국 구조대")를 A국에 파견하였다.

A국은 구조 활동의 체계성과 효율성을 확보하기 위하여, 각국의 구조대를 재해대책본부에 배치·편성하고, 지역별로 배치하였다. B국 구조대는 X지역에서 구조활동을 진행하였다. B국 구조대는 X지역의 해안을 탐색하던 중 좌초된 C국 유조선을 발견하였다. C국 유조선에서 유출된 기름이 점차 인근 산호섬을 뒤덮으면서 산호들이 폐사 위기에 처하게 되었다. B국 구조대는 선체에서 원유를 빼내기 위한 작업을 시도 하였지만 선체가 분리되기 시작하자 기름 유출로 인한 피해가 더 커질 것을 우려하여 즉시 선체를 폭파하였다.

재난 상황이 종료된 후, C국은 A국과 B국을 대상으로 자국 선박이 폭파된 사건의 해결을 위해 외교 교섭을 시작하였다. 그러나 A국과 B국의 소극적인 자세로 인해 협상이 지연되고, C국 내에서 C국 정부의 문제해결 능력 부족에 대한 비판이 강하게 제기되자, C국 정부는 자국 내 보유하고 있던 A국과 B국의 모든 자산을 동결하는 조치를 하였다.

※ A국, B국, C국 모두 UN회원국이다.

※ 2001년 ILC 국가책임초안에 근거하여 다음 질문에 답하시오.

문1. B국 구조대가 C국 선박을 폭파한 행위와 관련하여, A국 및 B국의 국가책임이 성립하는지 각각 논하시오. (40점)

문2. C국 정부가 A국과 B국의 자산을 동결한 조치가 적법한지 논하시오. (40점)

문제 6 ▸ 채점기준표

[1] A국 및 B국의 국가책임 성립 여부 검토 (40점)

I. 쟁점 (2점)

A국에 파견된 B국 구조대의 C국 선박 폭파행위에 대해 A국과 B국에게 각각 국가책임이 성립하는지 여부를 검토한다.

II. 국가책임 성립요건 (4점)

국가의 모든 국제위법행위는 그 국가의 국가책임을 발생시키며[국가책임 초안(이하 '초안') 제1조], 작위 또는 부작위를 구성하는 행위가 국제법상 국가의 행위로 귀속되고, 국가의 국제의무 위반을 구성하는 경우 국제위법행위가 존재한다(초안 제2조).

III. A국의 국제위법행위 해당 여부

1. 국가행위로의 귀속성 (8점)

일반적으로 사인(私人)의 행위는 국가의 행위로 귀속되지 않지만, 초안 제4조~제11조는 사인(私人)의 행위가 국가행위로 귀속될 수 있는 경우를 나열하고 있다. 초안 제6조는 타국에 의하여 한 국가의 통제 하에 놓여진 기관의 행위는 그 기관이 통제국의 정부권한을 행사하는 경우, 통제국의 행위로 간주된다고 규정하고 있다.

사안에서 B국은 자국의 군인으로 구성된 B국 구조대를 A국에 파견하였고, A국의 지휘 하에 배치 및 편성되었다. 따라서 B국 구조대는 B국 군인으로 구성되었을지라도 A국의 처분 하에 행동하였기 때문에 초안 제6조에 따라 A국의 행위로 귀속된다.

2. 국제의무 위반 여부 (8점)

국가의 행위가 그 국가에 요구되는 국제의무와 일치되지 않는 경우 의무의 연원을 불문하고 그 국가의 국제의무 위반이 존재한다(초안 제12조). 또한, 국가의 행위는 행위발생 당시 그 국가가 문제의 의무에 구속되지 않는 한, 국제의무 위반에 해당되지 않는다(초안 제13조).

사안에서 B국 구조대가 좌초된 C국 유조선을 폭파한 행위는 UN헌장 제2조 4항 무력사용금지의 원칙에 위배되는 행동으로 국제의무에 위반된다.

3. 위법성 조각사유 검토 (10점)

초안은 제20조 내지 제25조에서 동의, 자위, 대응조치, 불가항력, 조난, 필요성(긴급피난)의 6가지 위법성 조각사유를 규정하고 있으며, 위법성 조각사유가 존재하더라도 국가의 행위가 강행규범 위반에 해당하는 경우에는 위법성이 조각되지 않는다(초안 제26조).

초안 제25조는 필요성(긴급조치)은 행위가 그 국가에 있어 중대하고 급박한 위험으로부터 본질적 이익을 보호하기 위한 유일한 수단이거나, 국제공동체 전체의 본질적 이익을 중대하게 훼손하지 않는 경우 원용 가능하다. 다만 문제의 국제의무가 필요성의 원용가능성을 배제하거나, 해당 국가가 필요성의 상황 조성에 기여한 경우에는 위법성 조각사유로서 원용될 수 없다고 규정하고 있다.

동 사안에서 국가경제가 관광업에 기반한 A국의 입장에서 산호의 폐사는 국가의 본질적 이익과 연관되며 좌초된 선박으로부터 유출되는 기름은 급박한 위험에 해당된다고 볼 수 있다. Torrey Canyon호 사건처럼 기름이 유출되는 과정에서 시급한 조치가 필요하였고, 선박의 폭파 이외 다른 대안이 없었기에 유일한 방법에 해당된다고 볼 수 있다. 따라서 A국의 행위로 귀속되는 B국 구조대의 행위는 필요성에 근거해 위법성 조각사유를 원용할 수 있다.

IV. B국의 국가책임 성립 여부 (6점)

B국 구조대가 B국의 현역 군인으로 구성되어 초안 제4조에 근거하여 B국의 국가기관으로 볼 수 있지만, 이들이 A국으로 파견되어 A국의 통제와 지휘 하에 취해진 행위는 A국의 행위로 귀속되기 때문에, 해당 사안에서 B국의 국가책임은 성립하지 않는다.

V. 결론 (2점)

B국 구조대의 행위는 초안 제6조에 근거하여 A국의 국가행위로 귀속되고 국제의무 위반이 존재하여 국제위법행위가 성립하지만, B국 구조대의 C국 유조선 폭파행위는

위법성 조각사유 중 필요성에 해당되어 위법성이 조각되므로 A국의 국가책임은 성립하지 않는다.

[2] C국의 자산동결조치의 적법성 검토 (40점)

I. 쟁점 (2점)

C국이 자국에 보유 중인 A국과 B국에 대한 자산동결조치가 적법한 대응조치인지 검토가 필요하다.

II. 대응조치의 의의 (4점)

대응조치는 피해국이 선행된 위법행위를 한 국가에 대해 취하는 조치이다. 앞서 검토한 바와 같이 A국의 국가책임 성립을 이유로, C국은 피해국으로서 A국에 대해 대응조치를 취할 수 있다. 다만 이러한 대응조치는 그 목적이 처벌이 아니라 국제의무 이행을 재개 가능한 방법으로 취해져야 한다(초안 제49조).

III. 대응조치의 적법성 검토 (32점)

1. 절차적 요건 (8점)

피해국이 자국의 권리를 보존하기 위해 필요한 긴급 대응조치를 실시하지 않는 한 (초안 제52조 2항), 피해국은 책임국에게 대응조치를 취한다는 결정을 통지하고 교섭을 제안해야 한다[초안 제52조 1항(b)호].

2. 비례성 준수 (8점)

대응조치는 문제된 국제위법행위와 권리의 중대성을 고려하여, 받은 피해에 상응하여야 한다(초안 제51조).

3. 대응조치에 영향 또는 면제받지 않는 의무 (8점)

초안 제50조 제1항은 대응조치에 영향받지 않는 의무로서 UN헌장상의 무력의 위협 및 사용의 금지의무, 기본적 인권보호 의무, 복구가 금지되는 인도적 성격의 의무,

일반 국제법상의 강행규범상 의무를 명시하고 있으며, 동조 2항에서는 책임국 간에 적용되는 분쟁해결절차상의 의무 및 외교공관과 서류의 불가침성을 존중해야 할 의무로부터 면제되지 않음을 규정하고 있다.

4. 사안의 적용 (8점)

(적법하다고 판단하는 경우)

C국은 대응조치를 취하기 전 교섭을 제의하였고, 자국 선박 폭파에 대한 C국의 A국에 대한 자산동결조치는 비례성의 원칙에 어긋나지 않는다. 또한 C국내 A국의 모든 자산동결조치는 대응조치에 의해 영향 또는 면제받지 않는 의무에 해당되지 않으므로, C국의 대응조치는 적법하다. 다만, C국 내 B국 자산에 대한 동결행위는 선행된 B국의 위법행위가 존재하지 않기 때문에, B국에 대한 자산동결조치는 C국의 국제위법행위에 해당되어 C국의 국가책임이 성립한다.

(적법하지 않다고 판단하는 경우)

C국은 절차적으로 교섭을 제의하였으나 기름이 유출되는 상황에서 유일한 방법으로 선박을 폭파한 행위에 대해서는 위법성이 조각되므로 자국내 A국의 모든 자산을 동결한 행위는 비례성의 원칙에 어긋난다(초안 제51조). 또한 B국의 선행된 위법행위가 존재하지 않기 때문에, C국의 B국에 대한 자산동결조치는 C국의 국제위법행위에 해당되며 C국의 국가책임이 성립한다.

IV. 결론 (2점)

(적법하다고 판단하는 경우)

C국의 조치는 초안 제50조, 제51조, 제52조의 요건을 모두 충족하여 A국에 대한 자산동결조치는 적법한 대응조치에 해당되지만, B국에 대해서는 B국의 선행된 위법행위가 존재하지 않기 때문에 B국에 대한 자산동결조치는 적법하지 않다.

(적법하지 않다고 판단하는 경우)

C국의 조치는 초안 제51조 비례성 요건을 충족하지 못하였기 때문에 A국에 대한 자산동결조치는 적법하지 못한 대응조치에 해당된다. 또한 B국에 대해서는 B국의 선행된 위법행위가 존재하지 않기 때문에 B국에 대한 자산동결조치도 적법하지 않다.

문제 7

A국에서는 지난 달 자국 내 대형쇼핑몰 폭발 사건으로 인해 100명이 사망하는 사건이 발생하였고, B국이 테러단체로 지정한 X단체가 위 폭발사건의 배후에 있다고 확인되었다. 고문금지협약의 당사국인 A국은 테러용의자 3명을 체포하였으나 아무런 정보를 얻지 못하였다. A국은 고문금지협약의 비당사국이면서 가혹한 수사기법을 사용하기로 알려진 C국으로 이들 용의자를 이송시켜 심문을 진행하기로 결정하였다. 테러용의자들을 C국으로 이송시키기 위해서는 D국 영공을 필수적으로 통과해야 하였다. A국은 D국에게 이유를 설명하지 않은 채 자국 특별항공기의 D국 영공 진입 허가를 요청하였고 D국은 이를 수용하였다. A국은 테러용의자들을 위 특별항공기에 태워 C국으로 이송시켰다. A국 정부요원은 C국 정부관계자에게 고문을 통해서라도 정보를 얻을 것을 요청하였다. C국이 고문 요청에 대해 난감한 입장을 표명하자, A국은 지난 10년간 A국이 C국에게 지원한 모든 경제적 원조를 중단하겠다고 언급하였다. 최근 유엔인권이사회의 보고서에 의하면 C국은 자의적 구금 등을 포함하여 심각한 인권침해 사안에 대해 권고요청을 받은 상황이었다. C국은 자국의 인권문제에 대하여 국제사회의 압박이 있었지만, A국의 요청을 받아들이고 비인도적인 방법을 사용하여 테러용의자들의 심문을 적극적으로 지휘하였다. C국 당국에게 고문을 당한 용의자들은 모두 B국 국민이었으며 이중 한명은 신원이 오인된 사례임이 밝혀졌다. B국은 A, C, D국에게 각각 국가책임이 있음을 주장하며 이에 따른 적절한 손해배상을 요구하고 있다.

2001년 ILC 국제위법행위에 대한 국가책임 초안에 근거하여 A, C, D국의 국가책임 성립 여부에 대해 각각 논하시오. (40점)

문제 7 ▸ 채점기준표

I. 쟁점 (2점)

B국 국민이 고문당한 행위에 대해 A국, C국, D국에게 각각 국가책임이 성립하는지 여부는 타국의 행위에 관여한 국가의 행위와 관련하여 검토해야 한다.

II. 타국의 위법행위에 대한 관여로 인해 국가책임 성립 여부 (2점)

국가책임 초안 제16조 내지 제18조는 타국의 국제위법행위를 지원 및 원조하거나 (초안 제16조), 지시 및 통제하거나(초안 제17조), 타국에게 국제위법행위를 하도록 강제(제18조)하는 행위를 금지하고 있다.

III. A국의 국가책임 성립 여부 (10점)

초안 제18조는 타국으로 하여금 어떠한 행위를 강제하는 국가는 강제가 없더라면 그 행위가 강제받은 국가의 국제위법행위를 구성해야 하며 강제국은 그러한 행위의 상황을 인식하고 행동하는 경우 국제적으로 책임을 진다고 규정하고 있다.
A국은 고문금지협약의 비당사국인 C국에게 테러용의자들을 고문해서라도 정보를 얻을 것을 요청하였고, C국이 소극적인 입장을 보이자 C국에 대한 모든 경제원조를 중단하겠다고 언급하였다. 고문은 A국이 고문금지협약의 당사국인지 여부를 불문하고 일반국제법의 강행규범에 해당하는 행위로서 A국은 이러한 상황을 인식하고 C국에게 강요를 했으므로, 초안 제18조에 근거하여 A국의 국가책임이 성립한다.

IV. C국의 국가책임 성립 여부 (16점)

1. 국가책임 성립요건 (8점)

C국의 행위는 타국에 대한 위법행위에 대한 관여가 아닌 C국의 B국 국민에 대한 고문행위에 대해 국가책임이 성립하는지 여부를 검토해야 한다. 국가의 모든 국제위법행위는 그 국가의 국가책임을 발생시키며[국가책임 초안(이하 '초안') 제1조], 작위 또는 부작위를 구성하는 행위가 국제법상 국가의 행위로 귀속되고 국가의 국제의무

위반을 구성하는 경우 국제위법행위가 존재한다(초안 제2조).

C국은 고문금지협약의 비당사국일지라도, 고문행위는 일반국제법상 강행규범에 반하는 국제의무 위반행위이기 때문에 C국의 국제위법행위는 존재한다.

2. 위법성 조각사유 원용 가능성 (8점)

초안은 제20조 내지 제25조에서 위법성 조각사유(동의, 자위, 대응조치, 불가항력, 조난, 필요성)를 규정하고 있으며, 위법성 조각사유가 존재하더라도 국가의 행위가 강행규범 위반에 해당하는 경우에는 위법성이 조각되지 않는다(초안 제26조).

동 사안에서 C국은 국제사회로부터 자국의 인권침해 문제에 대해 압박이 있었지만 A국의 경제 원조 중단에 대한 강제로 인해 테러용의자들을 고문하였다. 초안 제23조는 국가의 통제밖에 있거나 의무이행이 물리적으로 불가능하게 만드는 저항할 수 없는 힘 또는 예측하지 못한 사고가 발생한 경우 불가항력을 위법성 조각사유로 원용할 수 있다고 규정하고 있다. 다만, 사안에서 C국이 받은 경제적 압박은 불가항력 사유에 해당되지 않는다.

설령 불가항력 사유에 해당된다 하더라도 초안 제26조는 강행규범에 반하는 행위에 대해서는 위법성 조각사유를 인정하지 않고 있다. 고문행위는 강행규범에 반하는 행위로서 C국은 위법성 조각사유를 원용할 수 없기 때문에 C국의 국가책임은 성립한다.

V. D국의 국가책임 성립 여부 (10점)

초안 제16조는 타국의 국제위법행위를 인식하고 스스로 그렇게 행동한 경우에도 국제적으로 위법할 경우 원조한 국가에게도 국가책임이 발생함을 명시하고 있다.

D국은 A국의 요청에 따라 자국의 영공 진입을 허락하였으나, A국은 테러용의자들을 고문하기 위해 C국에 이송시킨다는 사실을 D국에게 알리지 않았고 D국이 달리 그러한 사실을 인지하였다는 정황이 없기 때문에, D국의 국가책임은 성립하지 않는다. (※ 가점: 만약 D국이 그러한 사실을 인지하였다고 가정한다면, 초안 제41조 2항에 의해 D국은 강행규범 위반에 의하여 창설된 상황을 승인하거나, 상황의 유지에 지원 또는 원조를 제공하면 안 될 의무가 있기 때문에 국가책임이 성립할 것이다.)

문제 8 ─────────────────

A국은 30개의 소수민족으로 이루어진 다민족 국가이며 민족자치제도를 채택하여 소수민족 거주 지역에 자치권을 부여하고 있다. A국으로부터 자치권을 보장받은 X자치구에는 A국과 언어·종교·문화가 다른 수천 명의 소수민족인 Y민족이 거주하고 있다. A국이 Y민족에 대한 차별정책을 펼치자 A국으로부터 분리 독립을 요구하는 Y민족의 격렬한 시위가 A국 곳곳에서 수년 간 계속되었다. 시위 과정에서 수많은 사상자가 발생하자 X자치구과 A국간의 갈등이 고조되었다. 이에 A국은 X자치구과 인접해 있는 B국에게 X자치구에 병력을 파견하고 장벽을 건설하여 Y민족의 이동을 제한할 것을 요청하였다. A국은 B국이 요청을 수락하는 경우, 개발도상국인 B국에게 공적개발원조의 규모를 역대 최대로 확대하겠다고 약속하였다. 하지만, B국이 A국의 요청을 거절하자 A국은 자국을 거쳐 B국으로 공급되는 천연가스관을 차단하겠다고 위협하였다. A국의 위협에도 불구하고 B국이 재차 A국의 요청을 거절하자, B국의 최대 원유수입국인 A국은 B국에 대해 원유수출을 일시적으로 금지하였다. A국의 원유수출 금지로 인해 B국은 천연가스 가격의 폭등과 산업 활동 위축 등으로 심각한 경제적 피해가 예상되었다. 결국 B국은 A국의 요청에 따라 X자치구에 군대를 파견하여 주민들의 이동을 제한하기 위한 장벽을 건설하기 시작하였다. B국 군대가 X자치구에 주둔하며 주민들의 이동을 감시하고 제한함에 따라 Y민족의 생존권은 더욱 심각하게 침해되었다. 이후, A국은 X자치구 내 장벽 건설에 필요한 원자재가 부족해지자, 대규모 난민수용시설을 건설하기 위해 원자재가 필요하다는 명목으로 C국에게 인도적 지원을 요청하였다. X자치구 내 상황을 인지 못한 C국은 A국의 원자재 지원 요청에 흔쾌히 응하였다.

─────────────────────────────

2001년 국제법위원회(ILC) 국제위법행위에 대한 국가책임 초안에 근거하여 다음에 답하시오.

문1. B국의 장벽건설행위로 인한 Y민족의 생존권 침해에 대해 A국, B국, C국의 국가책임이 각각 성립하는지 논하시오. (50점)

문2. 위 사안에서, X자치구 내 장벽 건설행위에 일체 관여하지 않은 D국에게 부여되는 국제의무에 대해 설명하시오. (30점)

문제 8 ▸ 채점기준표

[1] A국, B국, C국의 국가책임의 국가책임 성립 여부 검토 (50점)

I. 쟁점 (2점)

B국의 장벽건설행위로 인한 Y소수민족의 생존권 침해에 대해, Y민족이 거주하는 A국, 장벽을 건설하여 Y민족의 이동을 제한한 B국, A국에게 원자재를 지원한 C국에게 국가책임이 성립하는지를 검토한다.

II. 국가책임 성립요건 (4점)

1. 국가책임 성립요건

국가의 모든 국제위법행위는 그 국가의 국가책임을 발생시키며[국가책임 초안(이하 '초안') 제1조], 작위 또는 부작위를 구성하는 행위가 국제법상 국가의 행위로 귀속되고 국가의 국제의무 위반을 구성하는 경우 국제위법행위가 존재한다(초안 제2조).

2. 타국의 위법행위에 대한 관여로 인해 국가책임 성립 여부

국가책임 초안 제16조 내지 제18조는 타국의 국제위법행위를 지원 및 원조하거나 (초안 제16조), 지시 및 통제하거나(초안 제17조), 타국에게 국제위법행위를 하도록 강제(제18조)하는 행위를 금지하고 있다.

III. A국의 국가책임 성립 여부 (12점)

초안 제18조는 타국으로 하여금 어떠한 행위를 강제하는 국가는 강제가 없더라면 그 행위가 강제받은 국가의 국제위법행위를 구성해야 하며 강제국은 그러한 행위의 상황을 인식하고 행동하는 경우 국제적으로 책임을 진다고 규정하고 있다.

사안에서 A국은 B국에게 Y민족의 이동 제한을 위해 병력을 파견하고 장벽을 건설할 것을 요청하였고, B국이 거듭 요청을 거절하자 B국의 최대 원유수입국으로서 B국에 대해 원유수출을 금지시켰다. 결국 B국은 A국의 요청에 따라 장벽을 건설하였다. 소수민족 이동의 제한을 위한 장벽 건설은 일반국제법상 강행규범에 해당되는

민족자결권을 침해하는 행위로서 A국은 장벽 건설의 목적을 인지한 상태였고 A국이 스스로 장벽을 건설했을 경우에도 국제위법행위에 해당된다. 따라서 A국은 초안 제18조에 의해 국가책임이 성립한다.

IV. B국의 국가책임 성립 여부 (20점)

1. 국제위법행위 여부

B국은 비록 A국의 요청에 의해 군대를 파견하고 장벽을 건설하였지만, 소수민족을 감시하고 탄압하기 위한 방법으로 군대를 파견하고 장벽을 건설하였기 때문에 X자치구에 거주하는 Y민족의 자결권을 침해했으며 이는 강행규범의 위반에 해당된다.

2 위법성 조각사유

A국 영토 내 B국의 군대파견은 A국의 요청에 의한 것이므로 A국의 유효한 동의가 있었다고 할 것이나, 위법성 조각사유가 존재하더라도 국가의 행위가 강행규범 위반에 해당하는 경우에는 위법성이 조각되지 않는다(초안 제26조).
사안에서 A국의 강제에 의해 장벽을 건설한 행위는 A국의 경제적 압박에 의한 불가항력을 위법성 조각사유로 주장해 볼 수 있지만, 자결권에 대한 침해는 강행규범에 해당되어 위법성이 조각되지 않는다.

3. 소결

B국의 강행규범에 위반되는 행위는 위법성이 조각되지 않아 B국의 국가책임이 성립한다.

V. C국의 국가책임 성립 여부 (12점)

초안 제16조는 타국의 국제위법행위를 인식하고 스스로 그렇게 행동한 경우에도 국제적으로 위법할 경우 원조한 국가에게도 국가책임이 발생함을 명시하고 있다.
사안에서 A국은 C국에게 난민보호를 위한 인도적 지원을 요청하였고 C국은 소수민족 탄압에 대한 상황을 전혀 인식하지 못한 상태에서 지원을 했기 때문에 초안 제16조상의 국가책임을 지지 않는다.

[2] D국에게 부여되는 국제의무 검토 (30점)

I. 쟁점 (2점)

A국의 X자치구 내 장벽 건설행위에 일체 관여하지 않은 D국에게 국가책임이 성립하는지 여부를 검토한다.

II. 일반국제법의 강행규범 의무의 중대한 위반 (10점)

초안 제40조는 강행규범 위반에 대해 국가책임이 성립하며, 책임국 의무의 불이행이 대규모적이고 조직적으로 이루어진 경우 중대한 위반에 해당된다고 명시하고 있다. 또한, 초안 제41조는 "국가들은" 초안 40조에 규정된 중대한 위반을 합법적인 방법을 통해 종식시켜야 하며, 중대한 위반에 의해 창설된 상황을 합법적인 것으로 승인하거나 상황의 유지, 지원 및 원조를 제공하지 않을 의무를 진다.

III. 강행규범의 의의 (10점)

강행규범은 조약의 무효사유 중 하나로서 조약의 체결 당시 이와 충돌하는 경우 무효이며, 그 이탈이 허용되지 않고 국제 공동사회가 동일한 성질의 일반국제법의 추후 규범에 의해서만 변경될 수 있는 규범으로 수락하고 인정한 규범이다. 침략, 제노사이드, 인도에 반하는 죄, 인종차별, 노예, 고문, 자결권에 대한 침해 등이 강행규범에 해당되는 행위로 인정되고 있다.

IV. 사안의 적용 (8점)

상기 초안 제41조에 따라 D국은 소수민족의 자결권에 대한 침해로 인해 발생한 중대한 강행규범위반 상황을 불승인하고, 이러한 상황이 유지되는데 지원 및 원조를 하지 않아야 할 의무를 진다.

문제 9

군도국가 A국에 위치한 X섬은 최근까지 매년 화산 폭발로 수십 명의 관광객이 사망하는 참사가 발생하는 화산섬인데도 불구하고 분화구로 접근하려는 관광객들로 붐비는 명소이다. 지난달에도 X섬에서 발생한 지진으로 인해 수많은 사상자가 발생하였고 상당수의 주택 및 관공서들이 파손되었다. 또한, 지난주에는 화산 폭발로 약 2km 상공까지 화산재가 치솟아 섬 전체를 뒤덮었고, 흘러나온 용암으로 인해 곳곳에 화재가 발생하였다. 동 사태로 인해 X섬은 모든 교통편이 단절되어 고립된 상태에 빠지게 되었으며, 많은 사상자가 발생하였다. 사상자 중에는 소방관과 경찰관도 상당수 포함되어 현지 치안력이 사실상 공백 상태에 놓이게 되었다. X섬의 치안 공백을 틈타 상가 약탈사건이 발생·증가하자, X섬 주민들은 자치적으로 주민경찰단을 결성하여 수십 명의 약탈범들을 체포·구금하였다. 주민경찰단은 체포된 약탈범 수가 늘어나면서 구금장소가 부족해지자, 건물이 파손되지 않은 B국 대사관에 강제 진입하여 약탈범들을 대사관에 2주 동안 구금하였다. B국은 주민경찰단의 행위에 대해 A국에게 강력하게 항의를 하였지만, A국은 X섬의 상황이 진전된 이후에도 주민경찰단에 대해 아무런 조치를 취하지 않았다. 이에 B국은 자국에 위치한 A국 대사관에 진입하여 대사관 직원들을 2주 동안 억류하고, A국 국민에 대해 한시적으로 입국금지조치를 취하였다.

※ A국과 B국은 외교관계에 관한 비엔나협약의 당사국이다.

※ 외교관계에 관한 비엔나협약 제22조

1. 공관지역은 불가침이다. 접수국의 관헌은 공관장의 동의 없이는 공관지역에 들어가지 못한다.

2. 접수국은 어떠한 침입이나 손해에 대하여도 공관지역을 보호하며, 공관의 안녕을 교란시키거나 품위의 손상을 방지하기 위하여 모든 적절한 조치를 취할 특별한 의무를 가진다.

3. 공관지역과 동 지역 내에 있는 비품류 및 기타 재산과 공관의 수송수단은 수색, 징발, 차압 또는 강제집행으로부터 면제된다.

2001년 ILC 국제위법행위에 대한 국가책임 초안의 관련 규정에 기초하여 다음에 답하시오.

문1. 주민경찰단의 행위로 인해 A국에게 국가책임이 성립하는지 여부를 논하시오. (40점)

문2. B국이 취한 조치의 적법성 여부에 대해 논하시오. (40점)

문제 9 ▸ 채점기준표

[문1] A국의 국가책임 성립 여부 검토

I. 쟁점 (2점)

A국 주민 자치단이 B국 대사관에 진입하여 약탈범들을 대사관에 구금한 행위로 인해 A국의 국가책임이 성립하는지 여부를 검토한다.

II. 국가책임 성립 여부 검토 (36점)

1. 국가책임 성립요건

국가의 모든 국제위법행위는 그 국가의 국가책임을 발생시키며[국가책임 초안(이하 '초안') 제1조], 작위 또는 부작위를 구성하는 행위가 국제법상 국가의 행위로 귀속되고 국가의 국제의무 위반을 구성하는 경우 국제위법행위가 존재한다(초안 제2조).

2. 국가 행위로의 귀속성

일반적으로 사인(私人)의 행위는 국가의 행위로 귀속되지 않지만, 초안 제4조~제11조는 사인(私人)의 행위가 국가행위로 귀속될 수 있는 경우를 나열하고 있다. 초안 제9조는 개인 또는 집단이 공권력이 부재하거나 흠결 시 정부권한의 행사가 요구되는 상황에서 사실상 그러한 권한을 행사하는 경우, 그러한 개인 또는 개인집단의 행위는 국제법상 국가의 행위로 귀속된다고 규정한다.

사안에서 A국의 화산섬인 X섬은 빈번한 화산 폭발로 인해 용암이 흘러 화재가 발생하고 도로가 파손되어 외부와 교통이 단절된 상태였고 사상자 중에는 상당수의 소방관과 경찰관이 포함되어 치안력이 사실상 공백 상태에 놓여있었다. 공권력이 부재한 상황에서 X섬 주민들이 치안 유지를 위해 주민경찰단을 조직하여 약탈범들을 체포 및 구금하였다. 이에 주민경찰단의 행위는 초안 제9조에 의해 A국의 행위로 귀속된다.

또한, 모든 상황이 진전된 이후에도 B국의 항의에도 불구하고 A국이 주민경찰단에 대해 아무런 조치를 취하지 않았기 때문에 초안 제11조에 의해 국가 스스로 채택하고 인정하는 행위에 해당될 수 있다.

3. 국제의무 위반 여부

국가의 행위가 그 국가에 요구되는 국제의무와 일치되지 않는 경우 의무의 연원을 불문하고 그 국가의 국제의무 위반이 존재한다(초안 제12조). 또한, 국가의 행위는 행위 발생 당시 그 국가가 문제의 의무에 구속되지 않는 한, 국제의무 위반에 해당되지 않는다(초안 제13조). A국과 B국이 모두 당사국인 외교관계에 관한 비엔나협약에 따르면 외교공관의 불가침성은 절대적으로 존중되어야 한다(외교관계에 관한 비엔나협약 제22조 1항).

주민경찰단이 B국 대사관에 진입한 이유는 약탈자를 구금하기 위한 행위였지만, 대사관에 진입하기 위해서는 공관장의 동의가 필요했다. 즉, 공관장의 동의없이 대사관에 진입한 행위는 외교관계에 관한 비엔나협약에 위반되는 행위이므로, A국의 국제의무 위반이 존재한다.

4. 위법성 조각사유 해당 여부

초안은 제20조 내지 제25조에서 동의, 자위, 대응조치, 불가항력, 조난, 필요성(긴급피난)의 6가지 위법성 조각사유를 규정하고 있다. 그러나 위법성 조각사유가 존재하더라도 국가의 행위가 강행규범 위반에 해당하는 경우에는 위법성이 조각되지 않는다(초안 제26조).

먼저 A국 주민경찰단이 타국의 외교공관에 진입하여 약탈자를 구금한 행위가 위법성 조각사유에 해당하는지 검토를 요한다. 사안에서 B국 대사관의 동의없이 이루어진 대사관 강제진입은 외교관계에 관한 비엔나협약에 위배되는 행위이다. 자위와 대응조치, 불가항력은 A국이 원용 가능한 사유가 아니며, 약탈자의 구금행위는 사람의 생명을 보호하는 목적의 조난에 해당되지 않는다. A국은 초안 제25조 필요성에 근거하여 치안유지라는 국가의 중대한 본질적 이익을 위한 행위라고 주장이 가능하지만, 그 국가가 필요성의 상황 조성에 기여한 경우 위법성 조각을 근거로 원용할 수 없다. 따라서 A국이 원용가능한 위법성 조각사유는 없다고 봄이 타당하다.

III. 결론 (2점)

A국 공권력이 흠결된 상태에서 조직된 주민경찰단의 행위는 A국의 행위로 귀속되고, 외교관계에 관한 비엔나협약 위반행위에 적용가능한 위법성 조각사유가 없기에 A국의 국가책임이 성립한다.

[문2] B국이 취한 조치의 적법성 검토

I. 쟁점 (2점)

B국이 자국에 위치한 A국 대사관에 진입하여 대사관 직원들을 억류하고 A국 국민에 대한 한시적 입국금지조치가 적법한 대응조치였는지에 대한 검토가 필요하다.

II. 대응조치의 의의 (4점)

대응조치는 피해국이 선행된 위법행위에 대해 조치가 가능하며, 문제의 의무 이행을 가능하게 하는 방법으로 취해져야 한다(초안 제49조).

III. 대응조치의 적법성 여부 검토 (32점)

1. 대응조치에 의해 영향받지 않는 의무(제50조)

대응조치는 일정한 행위에 대해 제한을 가하고 있는데, ① UN헌장에 구현되어 있는 무력의 위협 또는 사용의 금지 의무, ② 기본적 인권의 보호 의무, ③ 복구가 금지되는 인도적 성격의 의무, ④ 기타 일반국제법의 강행규범상의 의무를 위반하는 대응조치는 허용되지 않는다. 또한 대응조치를 취하더라도 국가는 ① 자국과 책임국 사이에 적용되는 분쟁해결절차상의 의무, ② 외교관·영사·공관·공문서·서류의 불가침을 존중할 의무 등의 이행을 면제받지 못한다(초안 제50조).

2. 비례성(제51조) 및 절차적 조건(제52조)

대응조치는 문제의 국제위법행위와 권리의 중대성을 고려하여, 피해국이 입은 침해에 상응하는 것이어야 한다. 대응조치는 의무위반국(책임국)에게 회복 불가능한 피해를 주는 방식으로 행사되어서는 안 되며, 피해에 비례하여야 한다. 여기서 비례는 위법행위와 대응조치 사이의 등가(equivalence)를 의미한다(초안 제51조).

또한 피해국은 대응조치를 취하기 전에 ① 책임국의 위법행위 중지 및 이미 발생한 위법행위에 대해서는 손해배상 요구, ② 책임국에게 대응조치를 취하기로 한 결정의 통지 및 교섭 제의의 행위가 선행되어야 한다(초안 제52조 1항). 다만, 피해국은 자신의 권리를 보존하기 위하여 필요한 긴급 대항조치를 그 같은 통지나 교섭 제의 이전에라도 취할 수 있다(초안 제52조 2항).

3. 사안의 적용

B국은 선행된 A국의 국제위법행위인 A국 내 B국 대사관에 진입하여 직원들을 억류한 행위는 A국에 결정을 통보하고 교섭을 제의해야 하는 절차적 요건을 충족하지 못했으며[초안 제52조 1항(b)호], 외교공관의 불가침성에 대한 존중은 의무이행의 면제 대상이 아니다[초안 제50조 2항(b)호]. 따라서 A국 대사관 진입과 직원들의 억류행위는 적법한 대응조치에 해당하지 않는다.

다만, B국이 A국 국민에 대해 취한 한시적 입국 금지 조치는 그 조치의 본질상 국가주권의 본질에 해당되는 사안으로 비우호적인 조치에 해당되더라도, B국의 해당 행위 자체가 위법한 대응조치는 아니다.

VI. 결론 (2점)

B국이 A국의 대사관에 진입하여 직원을 억류한 행위는 적법한 대응조치가 아니며, A국 국민에 대한 한시적 입국 금지 조치는 적법한 대응조치에 해당된다.

문제 10

지난 수년간 A국 내 다양한 분야에서 산업스파이가 적발됨에 따라 A국은 경제, 사회, 문화 및 국내 전반에 걸쳐 외국 세력의 개입과 간첩 활동을 막기 위해 '외국인 내정간섭 금지법'을 제정하였다.

동 법은 A국 정부를 위해 활동하는 모든 외국인이 A국 관련 정부기관에 등록하도록 의무화 하였고, 외국인이 A국의 내정에 간섭했다고 판단되는 경우 최대 20년의 징역에 처하도록 규정하고 있다.

지난 2년간 A국에서 기소된 산업스파이의 90%가 B국 국적의 연구자들이었다는 언론보도에 따라 A국의 B국에 대한 여론이 악화되었다. B국 국적의 甲은 A국에서 오랜 유학생활을 마치고 A국 정부 산하 X 연구소에서 근무 중이었으나 산업스파이로 연구소를 그만두고 본국으로 귀국하였다. X 연구소는 A국의 최첨단 주력 산업의 연구개발을 맡아왔으며 조사결과 甲의 혐의는 상당 부분 사실로 밝혀졌다. A국 정부는 B국과 범죄인인도조약을 체결하지 않았지만 국제 예양상 甲을 인도해 줄 것을 요청하였으나 B국은 이를 거절하였다. A국 정부는 자국의 본질적 이익에 중대한 침해가 발생한 사실에 격분하며 자국의 정보요원에게 甲을 납치해 올 것을 지시하였고, 결국 甲은 A국의 법정에서 20년의 징역형을 선고받았다. B국은 A국에게 국가책임이 있음을 주장하며 즉시 甲을 석방할 것을 요구하고 있다.

2001년 ILC 국제위법행위에 대한 국가책임 초안을 근거로 B국 주장의 타당성과 A국이 항변할 수 있는 쟁점에 대하여 논하시오. (40점)

I. 쟁점 (2점)

A국 정보요원이 자국 연구소에서 산업스파이로 활동한 B국 갑을 납치하고, 재판을 통해 징역형을 선고한 행위에 대해 A국의 국가책임이 성립한다는 B국 주장의 타당성과 A국이 주장할 수 있는 위법성 조각사유 여부에 대한 검토가 필요하다.

II. A국 국가책임의 성립 여부 (18점)

1. 국가책임 성립요건

국가의 모든 국제위법행위는 그 국가의 국가책임을 발생시키며[국가책임 초안(이하 '초안') 제1조], 작위 또는 부작위를 구성하는 행위가 국제법상 국가의 행위로 귀속되고 국가의 국제의무 위반을 구성하는 경우 국제위법행위가 존재한다(초안 제2조).

2. 국가행위로의 귀속성

일반적으로 사인(私人)의 행위는 국가의 행위로 귀속되지 않지만, 초안 제4조~제11조는 사인(私人)의 행위가 국가행위로 귀속될 수 있는 경우를 나열하고 있다. 초안 제4조는 모든 국가기관의 행위와 그 국가의 국내법상 국가기관의 지위를 가진 모든 개인과 단체를 포함한다. 갑을 납치한 A국 정보요원은 그 지위상 초안 제4조의 국가기관의 지위를 가진 자에 해당되므로 A국의 행위로 귀속된다.

3. 국제의무 위반 여부

국가의 행위와 그 국가에 요구되는 국제의무와 일치되지 않는 경우 의무의 연원을 불문하고 그 국가의 국제의무 위반이 존재한다(초안 제12조). 또한, 국가의 행위는 행위발생 당시 그 국가가 문제의 의무에 구속되지 않는 한, 국제의무 위반에 해당되지 않는다(초안 제13조). 사안에서, A국 정보요원이 B국에 진입하여 갑을 납치해 온 행위는 타국에서의 집행관할권 행사로서 타국의 영토주권을 훼손하는 국제관습법에 위배되는 행위이다.

4. 소결

A국 정보요원의 행위는 A국에 귀속되고 국제관습법상 타국의 영토주권을 훼손하는 국제의무 위반에 해당하는 바, A국의 국제위법행위가 존재한다.

III. A국이 주장가능한 항변 (18점)

1. 위법성조각사유의 적용

초안은 제20조 내지 제25조에서 동의, 자위, 대응조치, 불가항력, 조난, 필요성(긴급피난)의 6가지 위법성 조각사유를 규정하고 있다. 위법성 조각사유가 존재하더라도 국가의 행위가 강행규범 위반에 해당하는 경우에는 위법성이 조각되지 않는다(초안 제26조).

2. 필요성(긴급조치) 원용 검토

초안 제25조는 필요성(긴급조치)은 행위가 그 국가에 있어 중대하고 급박한 위험으로부터 본질적 이익을 보호하기 위한 유일한 수단이거나, 국제공동체 전체의 본질적 이익을 중대하게 훼손하지 않는 경우 원용 가능하다. 다만 문제의 국제의무가 필요성의 원용가능성을 배제하거나, 해당 국가가 필요성의 상황 조성에 기여한 경우에는 위법성 조각사유로서 원용될 수 없다고 규정하고 있다.

동 사안에서 A국 정부는 자국의 본질적 이익이 침해당했다고 주장하며 B를 납치하여 재판하였다. 산업기밀이 유출된 X연구소는 A국 정부 산하 연구소로서 A국의 최첨단 주력산업의 연구개발을 해오고 있다. 이에 국가의 본질적 이익을 보호하기 위한 행위였고 A국이 조성한 상황이 아니라는 주장은 타당하지만, 그러한 이익을 보호하기 위한 유일한 수단이 자국 정보요원을 통한 갑의 납치행위라고는 볼 수 없다. A국은 B국에게 갑의 신병 인도를 국제예양상 요청하였고 B국이 이를 거절한 바 A국이 달리 갑의 신병을 확보할 방법이 없었다는 점도 사실이지만, 타국의 영토에 진입하여 갑을 납치해 온 행위가 정당화될 수는 없다. 또한, 유출된 기밀이 A국에게 있어 중대하고 급박한 위험에 해당하는지 여부는 드러나지 않았다. 결국 자국 정보요원을 통한 갑의 납치행위가 필요성 요건 중 하나인 유일한 수단이라고 보기 어려우며, 연구원에 의한 기술유출이 A국의 중대하고 급박한 위험에 해당한다고 보기 어려우므로, A국의 행위는 위법성 조각사유에 의해 정당화되지 않는다.

3. 소결

A국은 초안에 규정된 6가지 위법성 조각사유 중 제25조 필요성을 주장해 볼 수 있으나, 사안이 필요성 요건을 충족한다고 보기 어렵다.

IV. 결론 (2점)

A국이 주장 가능한 위법성 조각사유 필요성 요건이 충족되었다고 보기 어렵기 때문에 A국의 국가책임이 성립한다.

조약법에 관한
비엔나협약

조약법 개관

조약법의 구조

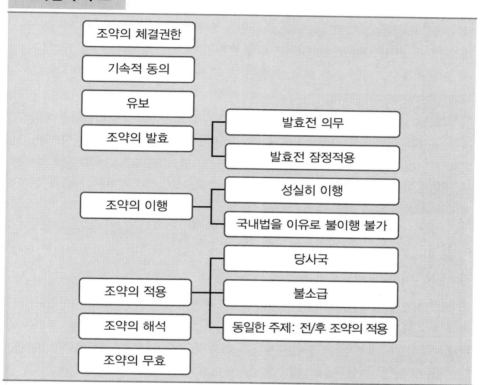

1. 조약의 의의

1969년 비엔나조약법협약(이하 '조약법'이라 함)의 적용 대상은 서면형식으로 국가 간
에 체결되며 국제법에 의하여 규율되는 국제적 합의이다(제2조). 국제법에 의한 규
율의 의미는 법적 구속력을 부여하려는 의도의 합의를 의미하는바, 법적 구속력이
없는 신사협정 또는 정치적 선언은 조약에 해당하지 않는다. 조약은 성실하게 이
행되어야 하며(제26조), 국내법을 원용하여 조약위반을 정당화할 수 없다(제27조).

2. 조약의 체결

국가는 조약체결권을 행사할 수 있다. 일반적으로 중앙정부가 체결권한을 행사하며, 예외적으로 권한이 부여되는 경우에는 지방정부 또한 체결권한을 행사할 수 있다. 단, 이러한 경우에도 조약의 효력은 국가 전체에 미친다. 전권위임장은 조약체결권한을 가진 자를 확인하는 것으로, 권한 있는 사람에 의한 조약 체결은 유효한 조약이 되나, 권한 없는 사람에 의한 조약 체결은 추인을 통해서만 유효한 것이 될 수 있다.

기속적 동의는 조약의 구속을 받겠다는 의사의 표명이다. 기속적 동의는 서명, 조약을 구성하는 문서의 교환, 비준, 수락, 승인 또는 가입이나 그 밖의 합의된 방법으로 표시된다. 서명과 발효와 관련하여, 조약의 발효 전 그 조약의 대상 및 목적을 훼손하지 아니할 의무(제18조)가 관련되며, 유보의 표명 시점이 기속적 동의를 표하는 시점이라는 점을 숙지해야 한다.

3. 유보

가. 유보의 의의

조약의 특정 규정을 배제하거나 변경하려는 국가의 일방적 성명을 의미한다(제2조 제1항 라). 명칭은 불문하는바, 양해나 해석선언 또한 위의 목적을 갖는 경우는 유보로 간주된다. 유보를 표명하는 시점은 기속적 동의를 표하는 시점이며, 언제라도 철회 가능하다. 단, 철회는 서면으로 형성되어야 한다.

나. 유보를 표명할 수 있는 경우

조약이 유보를 금지한 경우, 조약이 해당 유보를 포함하지 않는 특정 유보만을 행할 수 있다고 규정하는 경우는 이를 따라야 한다. 또한 유보가 조약의 대상 및 목적과 양립하지 않는 경우에도 유보를 표명할 수 없다(제19조).

다. 유보 및 유보의 이의의 법적 효과

유보의 목적은 특정 조항의 적용 배제이다. 유보표명국과 유보수락국 사이에 유보가 표명된 조항은 양국에게 적용되지 않는다. 유보표명국과 유보이의제기국 사이에도 유보가 표명된 조항은 양국에게 적용되지 않는다. 따라서, 상호원용 가능성은 유보표명국과 유보수락국 간에만 가능하다.

유보의 수락 또는 이의 - 유보규정의 배제

국　　가	법적 효과
유보국 vs 수락국	유보조항 적용제외
유보국 vs 이의국	유보조항 적용제외
유보국 이외의 국가 간	원조약 그대로 적용

4. 조약의 무효

가. 상대적 무효

조약 체결권에 관한 국내법 규정(제46조), 국가의 동의 표시 권한에 대한 특별한 제한(제47조), 착오(제48조), 기만(제49조), 국가 대표의 부정(제50조) 등이 조약의 상대적 무효 사유에 해당한다.

나. 절대적 무효

국가 대표에 대한 강박(제51조), 무력의 위협 또는 사용에 의한 국가에 대한 강박(제52조), 일반국제법의 절대규범(강행규범)과 상충되는 조약(제53조) 등이 조약의 절대적 무효 사유에 해당한다.

제 1 부

총강

1. 조약의 적용범위

제1조(협약의 적용범위) 이 협약은 국가 간 조약에 적용된다.

1969년 비엔나조약법협약(이하 '조약법')은 국가 간에 적용되는 조약을 다룬다. 국가와 비국가행위자, 국제기구 등의 국제적 합의는 국제법상 효력이 있지만, 이러한 유형의 조약은 조약법의 적용 대상이 아니다. 국가가 아닌 국제법 주체 간의 국제적 합의 또는 서면형식이 아닌 국제적 합의의 효력은 제3조(협약의 적용범위에 속하지 않는 국제 합의)에서 규정되고 있다.

2. 정의

가. 조약의 정의

제2조(용어 사용)
1. 이 협약의 목적상
   가. "조약"이란, 단일 문서에 또는 두 개 이상의 관련 문서에 구현되고 있는가에 관계없이 그리고 명칭이 어떠하든, 서면형식으로 국가 간에 체결되며 국제법에 따라 규율되는 국제 합의를 의미한다.

조약법의 대상인 조약은 다음의 세 가지 요건, 즉 주체(국가), 형식(서면 및 명칭불문), 규율법규(국제법)를 충족해야 한다. 따라서, 상기 요건을 충족하지 못하는 국제적 합의(국가와 비국가행위자, 구두합의, 규율법규로서 국내법)는 조약법의 대상인 조약으로 간주되지 않는다. 단, 상기에서 언급한 바와 같이 조약법의 대상이 아닌 국제적 합의의 법적 효력은 조약법이 영향을 주지 않는다. 국제법에 의한 규율이란 법적 구속력을 부여하려는 의도에 대한 합의를 의미한다. 따라서, 법적 구속력이 없는 신사협정, 정치적 선언은 조약에 해당하지 않는다.

🔨 쟁점검토

상기 요건을 충족하지 못하는 국제적 합의에 대하여 분쟁 당사국 일방이 조약으로 주장할 수 있다. 즉, 당사국 일방은 UN헌장 제102조(조약의 사무국 등록)를 원용하며, UN에 등록되었으므로 조약이라고 주장하는 경우이다. 이 경우, UN헌장 제102조에 따른 등록 여부는 조약법에 규정된 조약의 요건을 충족하는 것이 아니다.

- A국이 B국과 체결한 신사협정을 조약의 사무국에 등록하고 이를 B국에 대하여 조약이라고 주장하는 경우

📝 판례소개

ICJ 카타르 · 바레인 간 해양경계 및 영토 분쟁 사건 (1994)

1990년 12월 양국 외무장관이 서명하고 교환한 공문은 양국 간의 도서 및 해양경계 분쟁을 최종적으로 ICJ에 회부하기로 합의된 내용을 담고 있었다. 이후 정해진 기한 내에 분쟁이 해결되지 않자 카타르는 ICJ에 상기 분쟁을 제소하였다. 바레인은 교환공문은 단순한 회의기록이므로, 조약으로서의 법적 성격을 결여하며, UN 등록을 해태 및 지연하는 등 당사국의 태도로 비추어볼 때 조약으로 간주하지 않았다는 선결적 항변을 제시하였다. ICJ는 교환공문이 양국이 합의하였던 약속사항을 열거하고 있으며, 문서의 UN 등록 여부는 조약의 판단기준이 되는 것이 아니라는 점을 제시하며, 교환공문을 국제법상 권리 및 의무를 창출하는 조약으로 판단하였다.

나. 기속적 동의의 유형: 비준, 수락, 승인, 가입

제2조(용어 사용)
1. 이 협약의 목적상
   나. "비준", "수락", "승인" 및 "가입"이란, 국가가 국제적 측면에서 조약에 기속되겠다는 동의를 이를 통하여 확정하는 경우, 각 경우마다 그렇게 불리는 국제 행위를 의미한다.

조약에 규정된 권리를 행사하며, 의무를 이행한다는 의사를 표명하는 조약에 대한 기속적 동의의 다양한 유형을 설명하는 조항이다. 기속적 동의와 관련된 주요 내용은 제2조 1항 라(유보), 제11조(조약에 대한 기속적 동의의 표시방법), 제18조(조약의 발효 전 그 조약의 대상 및 목적을 훼손하지 아니할 의무), 제19조(유보의 표명), 제24조(발효) 등과 관련된 사항을 검토할 때 필요한 바, 내용을 숙지해야 한다.

다. 유보

제2조(용어 사용)
1. 이 협약의 목적상
   라. "유보"란, 문구 또는 명칭에 관계없이 국가가 조약의 특정 규정을 자국에 적용함에 있어서 이를 통해 그 법적 효력을 배제하거나 변경하고자 하는 경우, 조약의 서명, 비준, 수락, 승인 또는 가입 시 그 국가가 행하는 일방적 성명을 의미한다.

다자조약의 전반적 내용에는 동의하나, 일부 조항에 대하여 이견이 있는 국가들은 조약의 구속력 때문에 가입을 주저할 수 있다. 이러한 상황에서 유보는 보다 많은 국가들을 다자조약의 당사국이 되도록 유인하는 방법이다. 유보에 따라 조약 관계가 복잡해질 수 있으나, 조약의 적용 대상 및 범위를 확대시키는 효과를 기대할 수 있다.

⚖️ 쟁점검토

유보는 3개 국가 이상의 관계를 문제화하기에 적합한 쟁점으로 유보 문제가 출제될 경우, 유보 관련 조항(제19조~제23조)을 서술하기 전에 유보의 정의를 먼저 서술하는 것이 바람직하다. 또한, 유보는 기속적 동의를 표하는 시점에 국가가 행하는 일방적 성명이므로, 기속적 동의의 표시방법에 관한 조항(제11조)도 함께 제시해주는 것이 바람직하다. 유보 관련 문제는 최소한 3개국 이상이 문제에 제시되는 것이 일반적인 출제 유형이다. 유보국-유보수락국, 유보국-유보이의제기국, 유보수락국-유보이의제기국 등의 관계가 전형적인 유형으로 각각의 사례에 대한 법률관계를 숙지해야 한다.

■ 3개 국가 이상의 관계가 문제화될 수 있는 분야는 다음과 같다.
   ① 유보(제19조~제23조),
   ② 동일한 주제에 관한 전/후 조약의 적용(제30조),

③ 조약과 제3국(제34조~제38조),

④ 조약의 개정에 관한 일반 규칙 및 일부 당사자 간에만 다자조약을 변경하는 합의 (제39조~제41조)

라. 기타 정의

제2조(용어 사용)

1. 이 협약의 목적상

마. "교섭국"이란 조약문의 작성 및 채택에 참가한 국가를 의미한다.

바. "체약국"이란 조약의 발효 여부와 관계없이, 그 조약에 기속되기로 동의한 국가를 의미한다.

사. "당사자"란 조약에 기속되기로 동의하였고 자국에 대하여 그 조약이 발표 중인 국가를 의미한다.

아. "제3국"이란 조약의 당사자가 아닌 국가를 의미한다.

자. "국제기구"란 정부 간 기구를 의미한다.

교섭국, 체약국, 당사자 및 제3국의 개념을 숙지해야 한다. 특히, 조약의 당사자가 아닌 국가를 의미하는 제3국(제2조 1항 아)은 조약과 제3국(제34조~제38조)에 관한 문제를 다룰 시, 제3국에 대한 개념 설명에 필요한 조항이다.

3. 협약의 불소급

제4조(협약의 불소급) 이 협약과는 별도로 국제법에 따라 조약이 구속을 받는 이 협약상 규칙의 적용을 침해함이 없이, 이 협약은 국가에 대하여 발효한 후 해당 국가가 체결하는 조약에 대해서만 적용된다.

조약법은 1980년 1월 27일 발효한 바, 일반적으로 1980년 1월 27일 이후에 국가 간에 서면으로 국제법의 규율을 받는 조약에 대하여 조약법이 적용된다. 따라서, 특별한 조건이 없는 한, 1980년 1월 27일 이전에 체결된 조약에 대해서는 조약법이 적용되지 않는다. 조약법 제28조는 '조약의 불소급'을 규정하고 있는바, 양자의 차이점을 숙지해야 한다. 제4조(협약의 불소급)는 조약법 자체의 불소급을 규정한 것이다.

조약의 정의

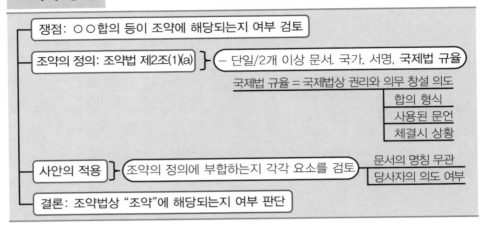

제1절 조약의 체결

1. 국가의 조약체결능력

제6조(국가의 조약체결능력) 모든 국가는 조약을 체결하는 능력을 가진다.

연방을 구성하는 구성국가의 조약체결 문제와 관련될 수 있다. 일반적으로 연방국가의 지방은 조약체결권이 인정되지 않으나, 연방국가의 중앙정부가 지방에게 조약체결권을 부여하는 것이 금지되는 것은 아니다. 즉, 예외적으로 국가의 기관, 지방정부 등에 조약체결권이 부여될 수 있다. 단, 조약에 특별히 달리 규정되지 않는한, 이러한 조약의 최종적인 이행 책임은 중앙정부가 지며, 조약법 제29조(조약의 영토적 범위)에 따라 조약은 국가 전체에 효력을 미친다.

⚖ 쟁점검토

연방국인 A국의 지방인 X가 B국과 조약을 체결한 경우(A국 헌법상 특정 분야에 관한 조약체결권이 X에 부여된 경우), 특정한 제한이나 조건이 없다면, A국은 조약의 효력이 X에만 미치는 것으로 주장할 수 없다.

2. 전권위임장

제7조(전권위임장)

1. 다음과 같은 경우의 사람은 조약문의 채택 또는 정본인증을 위한 목적이나 조약에 대한 국가의 기속적 동의를 표시하기 위한 목적에서 국가를 대표한다고 간주

된다.

　가. 적절한 전권위임장을 제시하는 경우, 또는

　나. 해당 국가의 관행 또는 그 밖의 사정으로 보아, 그 사람이 위의 목적을 위하여 국가를 대표한다고 간주되고 전권위임장의 생략이 그 국가의 의사로 보이는 경우

2. 다음의 사람은 전권위임장을 제시하지 않아도 자신의 직무상 자국을 대표한다고 간주된다.

　가. 조약 체결과 관련된 모든 행위를 수행할 목적상, 국가원수, 정부수반 및 외교장관

　나. 파견국과 접수국 간의 조약문을 채택할 목적상, 외교공관장

　다. 국제회의·국제기구 또는 국제기구 내 기관에서 조약문을 채택할 목적상, 국가가 그 국제회의, 국제기구 또는 국제기구 내 기관에 파견한 대표

전권위임장이란, 조약문을 교섭, 채택 또는 정본인증을 하거나, 조약에 대한 국가의 기속적 동의를 표시하거나, 조약에 관한 그 밖의 행위를 수행할 수 있도록, 국가의 권한 있는 당국이 자국을 대표하는 한 명 또는 복수의 사람을 지정하는 문서를 의미한다(제2조 1항 다). 전권위임장의 현대적 의미는 많이 퇴색되었지만, 이론상 전권위임장이 없는 자의 행위는 국가대표성이 부인되며, 제8조의 권한 없이 수행한 행위의 추인 문제와 연동될 수 있다.

3. 권한 없이 수행한 행위의 추인

제8조(권한 없이 수행한 행위의 추인)　제7조에 따라 조약체결 목적을 위하여 국가를 대표하는 권한을 부여받았다고 간주될 수 없는 사람이 수행한 조약체결과 관련된 행위는 그 국가가 추후 확인하지 않으면 법적 효력이 없다.

동 조항은 제7조에서 부여하는 권한을 가지지 않은 국가대표가 수행한 조약체결의 하자를 치유하는 규정이다. 예를 들어 국내에서 해당 조약을 비준하거나 해당 조약을 성실히 이행하는 경우 묵시적으로 확인한 것으로 간주될 수 있다.

참고로 조약의 무효 또는 종료를 주장할 수 있는 국가가 사후에 명시적 또는 묵시적으로 조약의 유효성에 동의한다면 그 하자는 치유되며, 이 경우는 조약의 상대적 무효사유를 원용할 수 없다(제45조 나). 상대적 무효사유 중 하나인 제47조는 기

속적 동의를 표시하는 대표의 권한에 대한 '특정의 제한을 부여한 경우', '상대국에
통고한 경우'를 조건으로 무효화 할 수 있음을 의미하므로, 제8조의 적용범위 및
요건과는 다르다는 점에 주의하여야 한다.

조약의 체결 주체·권한

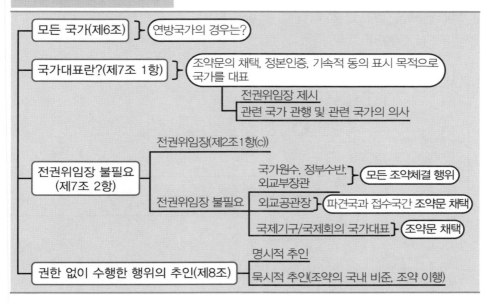

4. 조약에 대한 기속적 동의의 표시방법(제11조~제16조)

제11조(조약에 대한 기속적 동의의 표시방법) 조약에 대한 국가의 기속적 동의는
서명, 조약을 구성하는 문서의 교환, 비준, 수락, 승인 또는 가입이나 그 밖의 합의
된 방법으로 표시된다.

기속적 동의를 표하는 방법으로 특히 서명, 비준, 수락, 승인 또는 가입은 유보의
표명(제19조)과 밀접한 관련을 맺는데, 기속적 동의를 표하는 시점이 유보를 표명
할 수 있는 시점이기 때문이다. 유보 문제 출제 시, 유보의 표명 시점을 설명하면
서 제11조를 적시할 수 있다.
제12조(서명으로 표시되는 조약에 대한 기속적 동의), 제13조(조약을 구성하는 문서의 교환으

로 표시되는 조약에 대한 기속적 동의), 제14조(비준, 수락 또는 승인으로 표시되는 조약에 대한 기속적 동의), 제15조(가입으로 표시되는 조약에 대한 기속적 동의), 제16조(비준서, 수락서, 승인서 또는 가입서의 교환 또는 기탁) 등에 관한 문제가 출제되는 경우, 해당 조항을 정확히 제시하여야 한다.

조약의 채택·정본인증·기속적 동의 방법

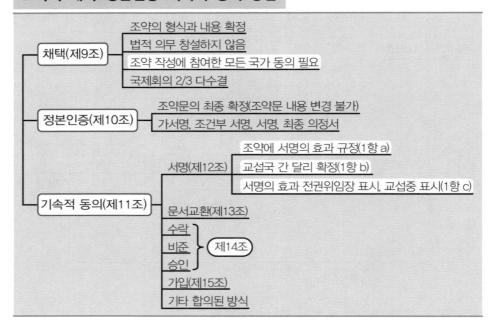

5. 국가의 의무

제18조(조약의 발효 전 그 조약의 대상 및 목적을 훼손하지 아니할 의무) 국가는 다음의 경우 조약의 대상 및 목적을 훼손하는 행위를 삼가야 할 의무를 진다.

　　가. 비준, 수락 또는 승인을 조건으로 조약에 서명하였거나 조약을 구성하는 문서를 교환한 경우, 그 조약의 당사자가 되지 않겠다는 의사를 명백히 할 때까지, 또는

　　나. 국가가 조약에 대한 기속적 동의를 표시한 경우, 발효가 부당하게 지연되지 않는다면 그 조약의 발효시까지

국가는 비준, 수락 또는 승인되어야 하는 조약에 서명하였거나 조약을 구성하는 문서를 교환한 경우, 그 조약의 당사국이 되지 아니하고자 하는 의사를 명백히 표시할 때까지는 조약의 대상과 목적을 저해하는 행위를 삼가야 하는 의무를 진다. 또한 국가가 조약에 대한 기속적 동의를 표시한 경우에는 그 발표가 부당하게 지연되지 않는다면 그 조약의 발효시까지 조약의 대상과 목적을 저해하는 행위를 삼가야 하는 의무를 진다. 즉, 가입의사를 명백히 밝힌 국가는 조약이 발효전이라도 조약의 대상과 목적을 해하지 않을 의무를 부담한다. 동 조항이 적용될 수 있는 사례로는 서명을 하였으나 아직 비준을 하지 않은 경우, 비준은 하였으나 가입국 수를 충족하지 못하여 조약이 발효가 되지 못한 경우 등을 생각할 수 있다.

🔨 쟁점검토

서명, 발효 등과 관련된 문제와 같이 각 단계별 시점이 쟁점이 되는 문제는 해당 시점에서 국가가 관련 조약에 구속되는지 여부를 통해서 접근해야 한다. 즉, 조약의 개정 및 변경, 전/후 조약 등에 관련된 문제가 이러한 유형의 대표적인 문제이다.

제18조의 대표적 사례는 다음과 같다.

- A국과 B국은 각각 핵무기 100기, 200기를 보유한 국가이다. 양국은 2020년 핵무기를 1/2로 감축하는 조약에 서명하였고, 이 조약은 2024년 발효하였다. A국은 2022년 추가로 100기의 핵무기를 비축하였다. 2024년 조약 발효로 인하여 A국은 100기, B국은 100기로 핵무기를 감축하였다.

- 조약의 서명과 발표 중간의 시점에서 A국이 조약의 당사국이 되지 아니하고자 한 의사를 명백히 표시하지 않고 핵무기를 추가로 비축한 행위는 핵무기의 1/2 감축이라는 조약의 대상과 목적을 저해한 행위이다. 단, 제18조는 제26조(약속은 준수하여야 한다)가 규정하는 정도의 이행을 요구하는 것은 아니다.

조약 발효전 국가의 의무

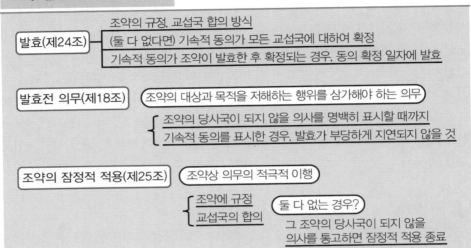

발효(제24조) ── 조약의 규정, 교섭국 합의 방식
(둘 다 없다면) 기속적 동의가 모든 교섭국에 대하여 확정
기속적 동의가 조약이 발효한 후 확정되는 경우, 동의 확정 일자에 발효

발효전 의무(제18조) ── 조약의 대상과 목적을 저해하는 행위를 삼가해야 하는 의무
조약의 당사국이 되지 않을 의사를 명백히 표시할 때까지
기속적 동의를 표시한 경우, 발효가 부당하게 지연되지 않을 것

조약의 잠정적 적용(제25조) ── 조약상 의무의 적극적 이행
조약에 규정
교섭국의 합의
둘 다 없는 경우?
그 조약의 당사국이 되지 않을
의사를 통고하면 잠정적 적용 종료

제 2 절 유보

1. 유보의 표명

제19조(유보의 표명) 국가는 다음의 경우에 해당하지 않으면, 조약에 서명, 비준, 수락, 승인 또는 가입 시 유보를 표명할 수 있다.
>   가. 조약이 유보를 금지한 경우
>   나. 조약이 해당 유보를 포함하지 않는 특정 유보만을 행할 수 있다고 규정하는 경우, 또는
>   다. 가호 및 나호에 해당되지 않더라도, 유보가 조약의 대상 및 목적과 양립하지 않는 경우

조약법은 제19조에서 유보의 표명에 관한 시점과 제약 조건을 규정하고 있다. 유보는 ① 조약이 유보를 금지한 경우에는 표명할 수 없으며, ② 조약이 특정의 유보만을 허용하고 있는 경우에는 이를 제외한 범위에서는 유보가 표명될 수 없으며, ③ 앞의 2개 요건에 해당하지 않더라도 조약의 대상 및 목적과 양립하지 않는 경우에는 유보가 표명될 수 없다.

유보는 조약에 서명, 비준, 수락, 승인 또는 가입 시에 표명할 수 있으므로, 제19조는 비준, 수락, 승인, 가입의 정의를 규정하고 있는 제2조 1항(b)호, 유보의 정의를 규정하고 있는 제2조 1항(d)호 및 조약에 대한 기속적 동의의 표시방법을 규정하고 있는 제11조와 연계하여 이해하여야 한다.

실제 유보 관련 문제는 3개국 이상의 국가 간의 법적 관계를 묻는 것이 일반적이므로, 유보의 표명에 관하여 간략히 설명한 후, 개별 국가 간의 관계를 서술하는 것이 바람직하다.

판례소개

ICJ 제노사이드방지 및 처벌에 관한 협약에 대한 권고적 의견 (1951)

유보의 표명이 조약의 대상 및 목적과 양립가능한지에 관련된 사건이다. 1948년 제노사이드방지협약은 유보 관련 조항이 없었던 바, 일부 국가들이 유보를 표명하여 비준하였다. 이러한 유보에 대하여 이를 수락한 국가도 있었고, 반대한 국가도 있었다. UN총회는 특정 국가의 유보에 일부 당사자가 반대를 표명하여도 유보 표명국이 조약의 당사자가

될 수 있는지 여부 및 유보를 표명한 국가와 다른 당사자 간의 법적 관계는 어떤 것인지에 대하여 ICJ에 권고적 의견을 요청하였다.

ICJ는 표명된 유보가 조약의 "대상 및 목적"과 양립가능하다면 일부 국가의 반대에도 불구하고 유보 표명국이 조약의 당사자가 될 수 있다고 판시하였다. 단, 표명된 유보가 조약의 대상 및 목적과 양립할 수 없다고 판단하는 당사자는 유보 표명국을 조약의 당사자로 간주하지 않을 수 있으며, 반대로 유보 표명국과 이를 수락한 국가와의 관계에서는 유보조항을 제외한 나머지 조항이 적용된다고 ICJ는 판시하였다.

2. 유보의 수락 및 유보에 대한 이의

제20조(유보의 수락 및 유보에 대한 이의)

1. 조약이 명시적으로 허용하는 유보는, 그 조약이 달리 규정하지 않으면, 다른 체약국의 추후 수락을 필요로 하지 않는다.
2. 교섭국의 한정된 수와 조약의 대상 및 목적에 비추어 조약 전체를 모든 당사자 간에 적용함이 그 조약에 대한 각 당사자의 기속적 동의의 필수 조건으로 보이는 경우, 유보는 모든 당사자의 수락을 필요로 한다.
3. 조약이 국제기구의 설립 문서인 경우 그 조약이 달리 규정하지 않으면, 유보는 그 기구의 권한 있는 기관의 수락을 필요로 한다.
4. 위 각 항에 해당되지 않는 경우로서 그 조약이 달리 규정하지 않으면, 다음에 따른다.
    가. 조약이 유보국과 다른 체약국에 대하여 발효한다면 또는 발효 중일 때, 그 다른 체약국에 의한 유보의 수락은 유보국을 그 체약국과의 관계에서 조약의 당사자가 되도록 한다.
    나. 유보에 대한 다른 체약국의 이의는, 이의제기국이 확정적으로 반대의사를 표시하지 않으면, 이의제기국과 유보국 간 조약의 발효를 방해하지 않는다.
    다. 조약에 대한 국가의 기속적 동의를 표시하며 유보를 포함하는 행위는 적어도 하나의 다른 체약국이 그 유보를 수락하는 즉시 유효하다.
5. 조약이 달리 규정하지 않으면 제2항 및 제4항의 목적상, 국가가 유보를 통보받은 후 12개월의 기간이 종료될 때 또는 그 국가가 조약에 대한 기속적 동의를 표시한 일자 중 어느 편이든 나중 시기까지 유보에 대하여 이의를 제기하지 않은 경우, 그 국가가 유보를 수락한 것으로 간주한다.

조약에 따라 명시적으로 인정된 유보에 있어서 추후 수락 필요성 여부, 조약의 전체를 모든 당사국 간에 적용하는 것이 조약에 대한 각 당사국의 기속적 동의의 필수적 조건인 경우 당사국의 수락 조건, 국제기구 설립문서인 조약에 대한 유보의 문제는 제20조 1항, 2항 및 3항에 따라 설명한다. 유보 및 유보에 대한 이의의 법적 효과는 제21조를 근거로 판단한다.

유보 표명국에 대하여 당사국들은 ① 유보를 수락하고 유보국을 당사자로 인정하는 입장, ② 유보에는 반대하나, 상호간 조약관계의 성립은 인정하는 입장, ③ 유보에 반대하며, 조약관계의 성립도 부인하는 입장을 제시할 수 있다. 각각의 관계에 대하여는 제21조(유보 및 유보에 대한 이의의 법적 효과)에서 규정한다. 제20조 5항에 따라 유보가 수락되는 경우를 간과하면 아니 된다. 조약에 다른 규정이 없는 한 유보를 통보받은 국가가 12개월의 기간이 종료될 때까지 또는 유보를 통보받은 국가가 조약에 대한 기속적 동의를 표시한 일자까지 중 어느 편이든 나중 시기까지 유보에 대하여 이의를 제기하지 않은 경우에는 그 국가가 유보를 수락한 것으로 간주한다.

⚖ 쟁점검토

유보에 관하여는 5개 국가가 관련된 문제 유형으로 출제 가능하다. 즉, A국(유보 표명국), B국(유보수락, 당사국 인정), C국(유보반대, 조약관계 인정), D국(유보반대, 조약관계 부인), E국(12개월이 도과하여 유보수락)으로 제시될 수 있고, 각각의 관계에 대하여 법적 관계를 묻는 문제가 제시될 수 있다. 중요한 점은 이러한 유형에서 A국을 제외한 B, C, D, E국 간의 관계는 유보가 표명된 조항의 배제 없이 모든 조항이 적용된다는 점이다.

조약의 유보

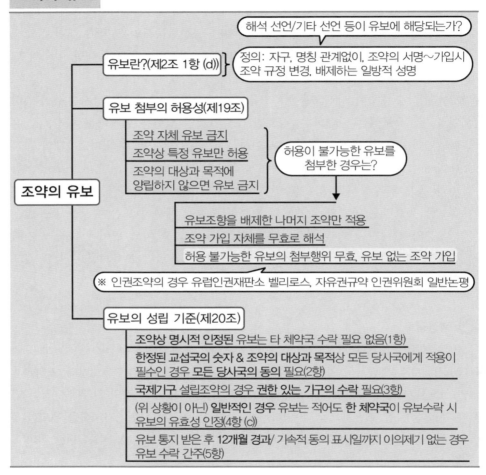

조약의 유보

유보란?(제2조 1항 (d))

해석 선언/기타 선언 등이 유보에 해당되는가?

정의: 자구, 명칭 관계없이, 조약의 서명~가입시 조약 규정 변경, 배제하는 일방적 성명

유보 첨부의 허용성(제19조)

조약 자체 유보 금지
조약상 특정 유보만 허용
조약의 대상과 목적에 양립하지 않으면 유보 금지

허용이 불가능한 유보를 첨부한 경우는?

유보조항을 배제한 나머지 조약만 적용
조약 가입 자체를 무효로 해석
허용 불가능한 유보의 첨부행위 무효, 유보 없는 조약 가입

※ 인권조약의 경우 유럽인권재판소 벨리로스, 자유권규약 인권위원회 일반논평

유보의 성립 기준(제20조)

조약상 명시적 인정된 유보는 타 체약국 수락 필요 없음(1항)
한정된 교섭국의 숫자 & 조약의 대상과 목적상 모든 당사국에게 적용이 필수인 경우 모든 당사국의 동의 필요(2항)
국제기구 설립조약의 경우 권한 있는 기구의 수락 필요(3항)
(위 상황이 아닌) 일반적인 경우 유보는 적어도 한 체약국이 유보수락 시 유보의 유효성 인정(4항 (c))
유보 통지 받은 후 12개월 경과/ 기속적 동의 표시일까지 이의제기 없는 경우 유보 수락 간주(5항)

3. 유보 및 유보에 대한 이의의 법적 효과

제21조(유보 및 유보에 대한 이의의 법적 효력)

1. 제19조, 제20조 및 제23조에 따라 다른 당사자에 대하여 성립된 유보는 다음의 법적 효력을 가진다.

   가. 유보국에 대해서는 다른 당사자와의 관계에 있어서 유보와 관련된 조약 규정을 그 유보의 범위에서 변경하며,

   나. 다른 당사자에 대해서는 유보국과의 관계에 있어서 이들 규정을 동일한 범

위에서 변경한다.

2. 유보는 조약의 다른 당사자 상호 간에는 그 조약 규정을 변경하지 않는다.

3. 유보에 이의가 있는 국가가 자국과 유보국 간의 조약 발효에 반대하지 않는 경우, 유보에 관련된 규정은 그 유보의 범위에서 양국 간에 적용되지 않는다.

- -

A국, B국, C국이 회원국인 X조약 제3조에 대하여 A국이 유보를 하였고, B국은 유보를 수락, C국은 이의를 제기하나 발효에 반대하지 아니한 경우, A국과 B국 사이에 제3조는 적용되지 않고, A국과 C국 사이에도 제3조는 적용되지 않는다. 즉, 유보표명국-유보수락국, 유보표명국-유보반대·법률관계 인정국의 관계에서 제3조는 모두 적용되지 않는다. 중요한 점은 B국(유보수락국)과 C국(유보반대·법률관계 인정국) 사이에 제3조는 적용된다는 점이다.

단, A국에 대하여 B국은 A국의 유보를 원용할 수 있지만, C국은 A국의 유보를 원용할 수 없다는 차이점을 숙지해야 한다.

📝 판례소개

ICJ 노르웨이 공채 사건 (1957)

노르웨이 정부가 발행한 공채의 변제조건에 관하여 프랑스가 첨부한 유보를 상대국인 노르웨이가 원용할 수 있음을 인정한 사건이다. 프랑스는 ICJ 규정의 선택조항 수락 당시, "이 선언은 프랑스 정부가 이해하는 대로 본질적으로 국내관할권에 속하는 사항에 관한 분쟁에는 적용되지 않는다"는 유보를 첨부하였는데, 노르웨이는 프랑스의 유보를 원용하여 이 사건 내용은 자신의 국내문제라며 ICJ의 관할권 불성립을 주장하였다. ICJ는 유보의 상호주의적 효과에 따라 노르웨이의 주장을 원용하였다.

⚖️ 쟁점검토

A국이 유보를 표명하고, B국은 이를 수락, C국은 이의를 제기한 경우, B국은 A국이 선언한 유보의 내용으로 C국에 대항할 수 없다. 유보표명국-유보수락국, 유보표명국-유보반대·법률관계인정국, 유보수락국-유보반대·법률관계인정국 간의 관계에 대한 숙지가 필요하다.

유보의 효과

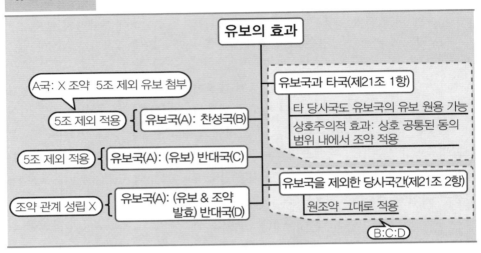

4. 유보의 철회 및 유보에 대한 이의의 철회, 유보에 관한 절차

제22조(유보의 철회 및 유보에 대한 이의의 철회)

1. 조약이 달리 규정하지 않으면, 유보는 언제든지 철회될 수 있으며, 그 철회를 위해서 유보를 수락한 국가의 동의는 필요하지 않다.
2. 조약이 달리 규정하지 않으면, 유보에 대한 이의는 언제든지 철회될 수 있다.
3. 조약이 달리 규정하거나 달리 합의되는 경우를 제외하고, 다음이 적용된다.
   가. 유보의 철회는 다른 체약국이 그 통보를 접수한 때에만 그 체약국에 관하여 효력이 발생한다.
   나. 유보에 대한 이의의 철회는 유보를 표명한 국가가 그 통보를 접수한 때에만 효력이 발생한다.

제23조(유보에 관한 절차)

1. 유보, 유보의 명시적 수락 및 유보에 대한 이의는 서면으로 표명되어야 하며, 체약국 및 조약의 당사자가 될 수 있는 자격을 가진 다른 국가에 통지되어야 한다.
2. 비준, 수락 또는 승인을 조건으로 조약에 서명할 때에 표명된 유보는 유보국이 그 조약에 대한 기속적 동의를 표시할 때에 유보국에 의하여 정식으로 확인되어야 한다. 그러한 경우 유보는 그 확인일자에 행해졌다고 간주된다.
3. 유보의 확인 이전에 행해진 유보의 명시적 수락 또는 유보에 대한 이의 자체는

확인을 필요로 하지 않는다.

4. 유보의 철회 또는 유보에 대한 이의의 철회는 서면으로 표명되어야 한다.

유보, 유보에 대한 이의의 철회, 유보에 관한 절차와 관련된 문제는 제22조(유보 및 유보에 대한 이의의 철회), 제23조(유보에 관한 절차)를 참조하여 접근하여야 한다. 특히, 서면으로 유보, 유보의 명시적 수락 및 유보에 대한 이의가 표명되어야 하는 점을 주목해야 한다.

유보 철회 절차(제22조)

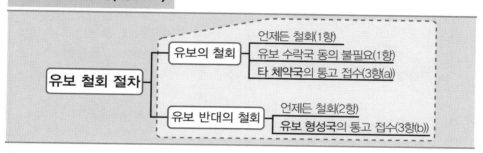

기타 유보에 관한 절차(제23조)

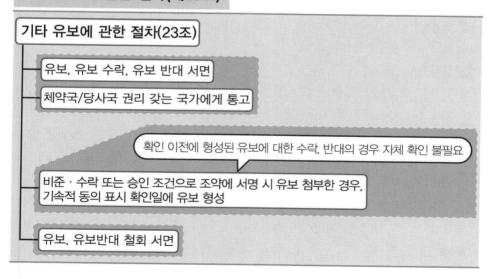

제 3 절   조약의 발효 및 잠정적용

1. 발효

제24조(발효)

1. 조약은 그 조약이 규정하거나 교섭국이 합의하는 방법과 일자에 따라 발효한다.
2. 그러한 규정 또는 합의가 없는 경우, 조약은 그 조약에 대한 기속적 동의가 모든 교섭국에 대하여 확정되는 즉시 발효한다.
3. 조약에 대한 국가의 기속적 동의가 그 조약이 발효한 이후 일자에 확정되는 경우, 그 조약이 달리 규정하지 않으면, 조약은 그 국가에 대하여 그 일자에 발효한다.
4. 조약문의 정본인증, 조약에 대한 국가의 기속적 동의의 확정, 조약 발효의 방법 또는 일자, 유보, 기탁처의 임무 및 조약 발효 전에 필연적으로 발생하는 그 밖의 사항을 규율하는 조약 규정은 조약문의 채택 시부터 적용된다.

제24조(발효)는 제18조(조약의 발효 전 그 조약의 대상 및 목적을 훼손하지 아니할 의무)에 관한 문제가 출제되는 경우와 관련이 있다. 시험범위는 아니지만, 제55조(다자조약의 발효에 필요한 수 미만으로의 당사자 감소)와 관련될 수 있으며, 제84조(발효)는 조약법의 자체의 발효에 관한 조항으로 의미상의 차이를 숙지하여야 한다. 이는 제4조(협약의 불소급)와 제28조(조약의 불소급)와의 차이점과 유사한 것이다.

⚖ 쟁점검토

무력행사금지를 내용으로 하는 X조약은 5개국의 비준서가 기탁되면 발효하는 조약이다. A국, B국, C국, D국, E국이 비준서를 기탁하여 2010년에 X조약은 발효되었다. 이후, F국, G국이 2012년에 X조약에 가입하였다. A국과 B국은 적대관계를 유지하고 있는 바, A국은 B국을 침략하려 하나 X조약 때문에 이를 꺼리고 있었다. 2023년 C국, D국 및 G국이 탈퇴하여 현재 X조약의 당사국은 A국, B국, E국 및 F국이다. 이에 A국은 발효에 필요한 5개국 이하로 당사국 수가 감소한 바, X조약이 종료되었다고 주장하며 B국을 침략하였다(UN헌장 관련 논의는 제외). 이러한 경우, X조약은 종료된 것이 아닌바, A국은 X조약을 위반한 것이 된다.

2. 잠정적용

제25조(잠정적용)

1. 다음의 경우 조약 또는 조약의 일부는 그 발효시까지 잠정적으로 적용된다.

    가. 조약 자체가 그렇게 규정하는 경우, 또는

    나. 교섭국이 그 밖의 방법으로 그렇게 합의한 경우

2. 조약이 달리 규정하거나 교섭국이 달리 합의한 경우를 제외하고, 어느 국가에 대한 조약 또는 조약 일부의 잠정적용은 그 국가가 조약이 잠정적으로 적용되고 있는 다른 국가에게 그 조약의 당사자가 되지 않겠다는 의사를 통보하는 경우 종료된다.

잠정적용의 경우, 당사국의 의사로서 잠정적용 가능 여부를 판단하여야 한다. 잠정적용의 의사를 철회하였거나, 의사가 없는 국가에 대하여 잠정적용은 불가능하다. 제18조(조약 발효 전 그 조약의 대상 및 목적을 훼손하지 아니할 의무)에 대한 문제가 출제되는 경우, 사실관계를 오인하여 제25조의 잠정적용으로 접근해서는 아니 된다.

제3부

조약의 준수, 적용 및 해석

제1절 조약의 준수

1. 조약의 준수의무

제26조(약속은 지켜져야 한다) 발효 중인 모든 조약은 당사자를 구속하며, 당사자
에 의하여 신의에 좇아 성실하게 이행되어야 한다.

의무이행의 정도와 관련하여 제26조(약속은 지켜져야 한다)는 제18조(조약의 발효 전 그
조약의 대상 및 목적을 훼손하지 아니할 의무)와 관련하여 문제로 출제될 수 있으나, 실
제로 출제되는 경우에 제18조와 달리 제19조(유보의 표명)의 유보가 없다면 당사국
은 조약의 모든 조항을 준수해야 하는 것으로 설명하면 충분하다.

2. 국내법과 조약의 준수

제27조(국내법과 조약의 준수) 당사자는 자신의 조약 불이행에 대한 정당화 근거
로서 자신의 국내법 규정을 원용할 수 없다. 이 규칙은 제46조의 적용을 방해하지
않는다.

제27조는 제46조(조약 체결권에 관한 국내법 규정)와 관련이 있으며, 국가책임법 초안
제4조(국가기관의 행위),[1] 국가책임법 초안 제32조(국내법과의 무관성)[2]와 관련이 있

---

1) 국가책임법 초안 제4조(국가기관의 행위): 1. 국가기관의 행위는 그 기관이 입법, 행정, 사법 또
   는 기타 어떠한 기능을 수행하든, 그 기관이 국가조직상 어떠한 지위를 차지하든, 그 기관의 성격
   이 중앙정부의 기관이든 또는 지방적 기관이든 상관없이, 국제법상 그 국가의 행위로 간주된다.
2) 국가책임법 초안 제32조(국내법과의 무관성): 책임국은 본 부의 의무의 불이행을 정당화하기 위
   하여 국내법 규정에 의존할 수 없다.

다. 제46조는 조약의 무효와 관련된 것으로, 조약 체결권에 관한 국내법 규정은 주로 헌법을 의미한다.

관련 1차 규범인 조약에 따라 국가가 입법을 할 의무를 이행하지 않거나, 조약과 상치되는 국내법을 입법하여 조약의 불이행을 정당화할 수 없다는 내용임을 숙지하여야 한다.

⚖️ 쟁점검토

온실가스배출감축에 관한 조약에 A국이 가입한 후, 「온실가스배출제한철폐법」을 국내법으로 제정하여 A국이 조약상 의무를 이행하지 않을 경우, A국의 행위는 조약법상 허용되는가?

- A국은 국내법을 온실가스배출감축에 관한 조약의 의무 불이행 정당화 사유로 주장할 수 없다.

조약의 이행

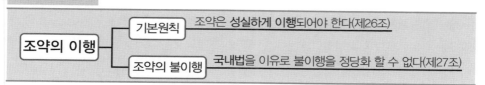

조약의 이행 ─┬─ 기본원칙 ── 조약은 성실하게 이행되어야 한다(제26조)
           └─ 조약의 불이행 ── 국내법을 이유로 불이행을 정당화 할 수 없다(제27조)

제 2 절 조약의 적용

1. 조약의 불소급

> 제28조(조약의 불소급) 다른 의사가 조약에 나타나거나 달리 증명되는 경우를 제
> 외하고, 조약 규정은 조약이 당사자에 대하여 발효한 일자 이전에 발생한 어떠한
> 행위나 사실 또는 종료된 상황과 관련하여 그 당사자를 구속하지 않는다.

제4조(협약의 불소급)와 의미상 차이를 숙지하여야 한다. 제28조는 조약법의 대상이
되는 조약이 체결된 경우, 다른 조건이 없다면 발효 이후의 사실이나 사태에 대해
서 당사국에 대하여 구속력을 갖는다는 의미이다.

📝 판례소개

ICJ 암바티엘로스 사건 (1952)

그리스는 1926년 조약의 내용이 1886년 체결된 조약과 유사하는 점을 이유로 1922~
1923년에 발생한 행위에 대해서도 적용 가능하다고 주장하였다. 이에 ICJ는 소급효를 인
정하는 특별한 조항이나 목적이 없는 한, 조약의 소급적용은 불가능한 것으로 판시하였다.

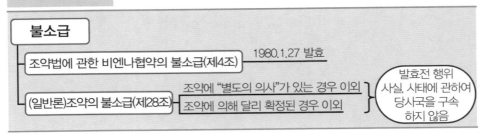

2. 조약의 영역적 범위

> 제29조(조약의 영역적 적용범위) 다른 의사가 조약에 나타나거나 달리 증명되는
> 경우를 제외하고, 조약은 각 당사자의 전체 영역에서 그 당사자를 구속한다.

제1조(협약의 적용범위), 제2조 1항 가(조약의 정의), 제6조(국가의 조약체결능력)에 규정된 '국가'와 관련 가능한 조항이다. 국가는 별도의 의사로 조약의 적용 범위를 제한할 수 있다. 그러나 별도의 의사가 없는 경우, 조약의 효력은 당사국 전체 영역에 미친다.

3. 동일한 주제에 관한 전/후 조약의 적용

제30조(동일한 주제에 관한 전/후 조약의 적용)

1. 「국제연합헌장」 제103조를 따른다는 조건으로 동일한 주제에 관한 전/후 조약의 당사국의 권리와 의무는 다음 각 항에 따라 결정된다.

2. 조약이 전 조약 또는 후 조약을 따른다고 명시하고 있거나, 전 조약 또는 후 조약과 양립하지 않는다고 간주되지 않음을 명시하고 있는 경우에는 그 다른 조약의 규정이 우선한다.

3. 전 조약의 모든 당사자가 동시에 후 조약의 당사자이지만, 전 조약이 제59조에 따라 종료 또는 시행정지 되지 않는 경우, 전 조약은 그 규정이 후 조약의 규정과 양립하는 범위 내에서만 적용된다.

4. 후 조약의 당사자가 전 조약의 모든 당사자를 포함하지 않는 경우, 다음이 적용된다.

    가. 양 조약 모두의 당사국 간에는 제3항과 동일한 규칙이 적용된다.

    나. 양 조약 모두의 당사국과 어느 한 조약만의 당사국 간에는, 양국 모두가 당사자인 조약이 그들 상호 간의 권리와 의무를 규율한다.

5. 제4항은 제41조를 침해하지 않거나, 제60조에 따른 조약의 종료나 시행정지에 관한 문제, 또는 어느 국가가 다른 조약에 따라 타국에 지는 의무와 양립하지 않도록 규정된 조약을 체결하거나 적용함으로써 자국에 대해 발생할 수 있는 책임 문제에 영향을 미치지 않는다.

제30조는 제40조(다자조약의 개정)와 연계하여 이해하여야 한다. 제30조와 제40조에 대한 근본적 이해는 국가는 자신이 동의한 의무에만 구속된다는 것이다. 특히 제40조가 제30조 제4항 나호를 명시하고 있는 바,[3] 이에 대한 숙지가 필요하다.

---

3) 제40조(다자조약의 개정): 4. 개정 합의는 그 합의의 당사자가 되지 않는 기존 조약의 당사자인 어느 국가도 구속하지 않는다. 그러한 국가에 대하여 제30조 제4항 나호가 적용된다.

⚖️ 쟁점검토

전 조약의 모든 당사국이 후 조약의 당사국인 경우, 가령 전 조약이 제1조~제20조이고, 후조약이 제1조~제10조인 경우에 조약의 효력을 살펴보면, 전 조약은 후 조약과 양립하는 범위 내에서만 적용되는바, 전 조약은 제1조~제10조만 적용된다.

전/후 조약의 적용(제30조)

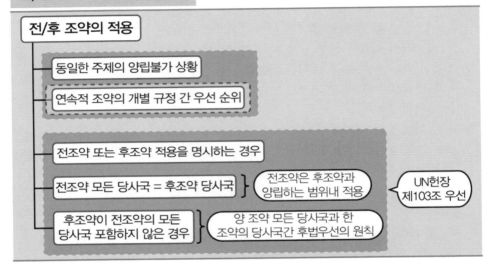

제3절 조약의 해석

1. 해석의 일반 규칙

제31조(해석의 일반 규칙)

1. 조약은 조약문의 문맥에서 그리고 조약의 대상 및 목적에 비추어, 그 조약의 문언에 부여되는 통상적 의미에 따라 신의에 좇아 성실하게 해석되어야 한다.

2. 조약 해석의 목적상, 문맥은 조약의 전문 및 부속서를 포함한 조약문에 추가하여 다음으로 구성된다.

   가. 조약 체결과 연계되어 모든 당사자 간에 이루어진 조약에 관한 합의

   나. 조약 체결과 연계되어 하나 또는 그 이상의 당사자가 작성하고, 다른 당사자가 모두 그 조약에 관련된 문서로 수락한 문서

3. 문맥과 함께 다음이 고려된다.

   가. 조약 해석 또는 조약 규정 적용에 관한 당사자 간 후속 합의

   나. 조약 해석에 관한 당사자의 합의를 증명하는 그 조약 적용에 있어서의 후속 관행

   다. 당사자 간의 관계에 적용될 수 있는 관련 국제법 규칙

4. 당사자가 특정 용어에 특별한 의미를 부여하기로 의도하였음이 증명되는 경우에는 그러한 의미가 부여된다.

조약의 해석 방법에 관하여 문언주의, 의사주의 및 목적주의가 제시되고 있다. 조약 해석과 관련된 문제는 일반적으로 제시된 특정 용어에 대한 해석을 어떻게 할 것인지에 관한 것이다. 특히, 당사자 간 후속 합의 또는 조약 적용에 있어서의 당사자의 후속 관행에 대한 이해가 요구된다.

제31조 제2항이 규정하고 있는 합의나 문서가 조약체결 시에 성립된 것을 의미한다면, 제31조 제3항에 규정된 후속 합의와 관행은 조약이 체결된 이후에 발생한 것을 의미한다. 후속 합의는 반드시 조약의 형식을 갖추어야 할 필요는 없으나, 당사국의 의사가 일치되었음을 증명할 수 있는 정도의 형식을 갖추어야 한다.

⚖ 쟁점검토

A국과 B국은 "고래보호에 관한 협약"을 체결하였다. 이후 A국과 B국의 국가기관은 '고래상어'를 보호대상인 '고래'에 포함하는 후속 관행을 유지해왔다. '고래상어'가 '고래'에 포함되는 것인지 여부에 관한 조약의 해석상 분쟁이 발생한 경우, 고래상어는 상기 조약의 적용 대상이 되는가?

■ '고래'의 범위에 관한 해석에 있어서 A국과 B국의 후속 관행은 추후 관행으로 고려될 수 있다.

2. 해석의 보충수단

제32조(해석의 보충수단) 제31조의 적용으로부터 나오는 의미를 확인하거나, 제31조에 따른 해석 시 다음과 같이 되는 경우 그 의미를 결정하기 위하여 조약의 준비작업 및 체결 시의 사정을 포함한 해석의 보충수단에 의존할 수 있다.
  가. 의미가 모호해지거나 불명확하게 되는 경우, 또는
  나. 명백히 부조리하거나 불합리한 결과를 초래하는 경우

해석의 보충수단으로서 조약의 교섭기록 및 체결 시의 사정이 활용될 수 있지만, 이는 어디까지나 조약 해석의 일반적 규칙을 따를 때 의미가 모호해지거나 애매하게 되는 경우 또는 명백히 불투명하거나 불합리한 결과를 초래하는 경우에 한정된다. 즉, 제31조의 해석의 일반 규칙을 따를 때, 상기의 문제가 발생하지 않으면, 제32조는 적용될 여지가 없다.

조약의 해석

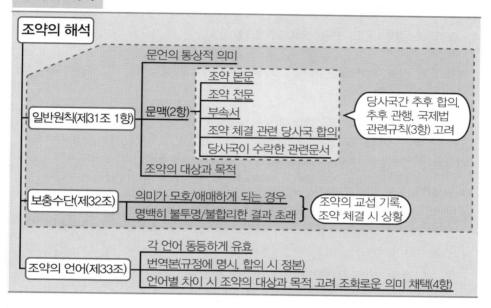

제 4 절 조약과 제3국

1. 제3국에 관한 권리 또는 의무의 일반 규칙

제34조(제3국에 관한 일반 규칙) 조약은 제3국의 동의 없이는 그 국가에 대하여 의무 또는 권리를 창설하지 않는다.

제35조(제3국의 의무를 규정하는 조약) 조약 당사자가 조약 규정을 제3국의 의무를 설정하는 수단으로 삼고자 의도하고 제3국이 서면으로 그 의무를 명시적으로 수락하는 경우, 그 규정으로부터 제3국의 의무가 발생한다.

제36조(제3국의 권리를 규정하는 조약)
1. 조약 당사자가 조약 규정으로 제3국 또는 제3국이 속한 국가 집단 또는 모든 국가에 대하여 권리를 부여할 것을 의도하고 제3국이 이에 동의하는 경우, 그 규정으로부터 제3국의 권리가 발생한다. 조약이 달리 규정하지 않으면, 반대의사가 표시되지 않는 한 제3국의 동의는 추정된다.
2. 제1항에 따라 권리를 행사하는 국가는 조약에 규정되어 있거나 조약에 합치되게 설정된 권리행사의 조건을 따른다.

조약과 제3국에 관한 문제가 출제되는 경우, 제2조 1항 아호에 규정된 제3국의 정의4)를 먼저 설명하고, 제3국에 권리를 부여하는 조약, 제3국에 의무를 부여하는 조약 등의 문제에 대한 서술을 진행하는 것이 바람직하다. 중요한 점은 제3국은 관련 조약의 당사자가 아니라는 점이다.

요약컨대, 제3국에 의무를 설정하는 조약 규정은 제3국이 서면으로 명시적으로 의무를 수락하는 경우에 효력이 있으며, 제3국에 권리를 설정하는 조약 규정은 제3국이 명시적으로 반대하지 않는 경우에 동의를 얻은 것으로 간주한다. 단, 제3국은 권리를 행사함에 있어서 관련 조건을 충족해야 한다.

제3국에 권리와 의무를 동시에 부과하는 조약 규정은 엄격한 원칙을 적용하여 서면동의가 필요하다는 견해가 있다.

----

4) "제3국"이란 조약의 당사자가 아닌 국가를 의미한다.

2. 제3국의 의무 또는 권리의 취소 또는 변경

> 제37조(제3국의 의무 또는 권리의 취소 또는 변경)
> 1. 제35조에 따라 제3국의 의무가 발생한 때에는 조약 당사자와 제3국이 달리 합의하였음이 증명되는 경우가 아니면, 그 의무는 조약 당사자와 제3국이 동의하는 경우에만 취소 또는 변경될 수 있다.
> 2. 제36조에 따라 제3국의 권리가 발생한 때에는, 그 권리가 제3국의 동의 없이 취소 또는 변경되지 않도록 의도되었음이 증명되는 경우, 그 권리는 당사자에 의하여 취소 또는 변경될 수 없다.

제37조는 제3국에 영향을 주는 조약 규정의 의무와 권리에 대한 조약법의 입장을 명백히 보여주고 있다. 즉, 제3국에 의무를 설정하는 조약규정은 제3국의 명시적 서면 동의를 요하는 바, 이에 대한 취소와 변경 또한 제3국의 동의를 얻어야 하는 것이다. 반면, 제3국에 권리를 설정하는 조약규정은 다른 조건이 없다면 제3국의 동의 없이 취소 또는 변경이 가능함을 보여준다.

3. 국제 관습을 통하여 제3국을 구속하게 되는 조약상 규칙

> 제38조(국제 관습을 통하여 제3국을 구속하게 되는 조약상 규칙) 제34조부터 제37조까지의 어떤 조도 조약에 규정된 규칙이 관습국제법 규칙으로 인정되어 제3국을 구속하게 됨을 방해하지 않는다.

조약상의 규칙이 관습국제법을 반영하고 있는 경우, 외견상 관련 규칙은 제3국에게까지 적용되는 것으로 보일 수 있다. 그러나, 이 경우에 제3국은 관습국제법의 구속을 받는 것이지 당해 조약의 구속을 받는 것은 아니다.

쟁점검토

X조약의 당사국은 A국, B국 및 C국이며, X조약 제3조는 관습국제법 규칙을 반영하고 있다. X조약의 당사국이 아닌 D국은 제3조가 규정하는 의무에 대하여 서면으로 명시적으로 동의하지 않은 상황에서 D국은 X조약 제3조에 구속되는가?
- X조약 제3조는 관습국제법 규칙을 반영하는바, X조약과 무관하게 D국을 구속한다.

조약과 제3국

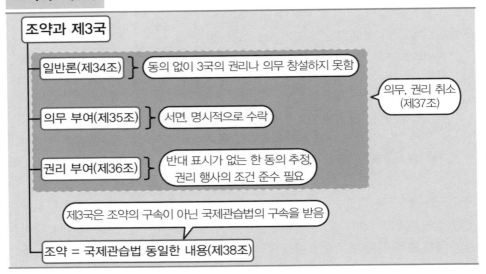

제4부

조약의 개정 및 변경

1. 다자조약의 개정

제40조(다자조약의 개정)

1. 조약이 달리 규정하지 않으면, 다자조약의 개정은 다음 각 항에 따라 규율된다.
2. 모든 당사자 간에 다자조약을 개정하기 위한 제의는 모든 체약국에 통보되어야 하며, 각 체약국은 다음에 참여할 권리를 가진다.
   가. 그러한 제의에 대해 취할 조치에 관한 결정
   나. 그 조약의 개정을 위한 합의의 교섭 및 성립
3. 조약 당사자가 될 수 있는 자격을 가진 모든 국가는 개정되는 조약의 당사자가 될 자격도 가진다.
4. 개정 합의는 그 합의의 당사자가 되지 않는 기존 조약의 당사자인 어느 국가도 구속하지 않는다. 그러한 국가에 대하여 제30조제4항나호가 적용된다.
5. 개정 합의의 발효 이후 조약의 당사자가 되는 국가는 다른 의사 표시를 하지 않는 경우, 다음과 같이 간주된다.
   가. 개정 조약의 당사자, 또한
   나. 개정 합의에 구속되지 않는 조약 당사자와의 관계에서는 개정되지 않은 조약의 당사자

조약의 개정은 3개 국가 이상의 국가들이 관련될 수 있는 문제로서 변시 문제로 출제될 가능성이 높은 분야이다. 조약의 개정에 관한 문제는 제30조에 대한 접근과 유사한 방법으로 접근해야 한다. 즉, 국가는 자신이 동의를 표시한 조약에 대해서만 권리를 행사하거나, 의무를 부담한다는 기본 원칙을 숙지하고 있으면 별다른 큰 어려움 없이 문제를 해결할 수 있다. 특별한 주의를 필요로 하는 조항은 제40조 4항 및 5항이다.

조약의 개정은 동의한 국가에게만 적용되며, 동의하지 않은 국가에게는 원조약이 적용된다. 개정 합의 발효 이후 조약 당사자가 되는 국가는 개정에 동의한 국가와의 관계에서는 개정 합의 발효 이후의 조약의 적용을 받는다. 그러나, 개정에 동의하지 않은 국가와의 관계에서는 개정되지 않은 조약의 당사자로 간주된다는 점을 숙지하여야 한다.

쟁점검토

X조약의 당사국은 A국, B국, C국 및 D국이다. A국이 개정 제의를 하였고, B국과 C국은 이 제의를 수락하였지만, D국은 제의를 거절하였다. A국, B국 및 C국은 X조약의 개정 조약인 Y조약의 당사국이 되었다. E국은 Y조약 발효 후에 Y조약에 가입하여 Y조약의 당사국이 되었다. 이 경우 다자조약인 X조약과 Y조약의 당사국의 범위 문제가 주로 출제된다.

- A국, B국 및 C국과 D국에 사이에는 X조약이 적용되며, A국, B국 및 C국과 E국 사이에는 Y조약이 적용된다. D국과 E국 사이에는 X조약이 적용된다.

2. 일부 당사자 간에만 다자조약을 변경하는 합의

제41조(일부 당사자 간에만 다자조약을 변경하는 합의)
1. 다자조약의 둘 또는 그 이상의 당사자는 다음의 경우 그들 간에만 조약을 변경하는 합의를 성립시킬 수 있다.
   가. 그러한 변경 가능성이 조약에 규정된 경우, 또는
   나. 해당 변경이 조약상 금지되지 않고,
      1) 다른 당사자가 그 조약에 따라 권리를 향유하거나 의무를 이행하는 데 영향을 주지 않으며,
      2) 어떤 규정으로부터의 이탈이 그 조약 전체의 대상 및 목적의 효과적인 수행과 양립하지 않을 때 그 규정과 관련되지 않은 경우
2. 제1항가호에 해당하는 경우 조약이 달리 규정하지 않으면, 해당 당사자는 그러한 합의를 성립시키고자 하는 의사와 그 합의가 규정하는 조약의 변경을 다른 당사자에 통보한다.

다자조약의 변경의 경우도 국가의 동의 여부를 중심으로 문제에 접근해야 한다. 다자조약의 변경에 있어서 중요한 점은 변경이 다자조약의 목적과 대상에 합치하여야 하며, 변경에 합의하지 않는 당사국에게 변경의 내용을 적용할 수 없다는 것이다.

⚖ 쟁점검토

X조약은 각 당사국에게 온실가스 배출을 20%로 제한할 것을 의무로 하고 있다. X조약의 당사국인 A국, B국, C국은 온실가스 배출을 30%로 제한하는 것을 내용으로 하는 변경에 합의하였다. 내용의 변경에 합의하지 않은 X조약의 당사국인 D국에 대하여 변경내용의 적용을 주장할 수 있는가?

- A국, B국 및 C국은 내용 변경에 합의하지 않은 D국에 대하여 온실가스 배출을 30%로 제한할 것을 주장할 수 없다.

조약의 개정 & 변경

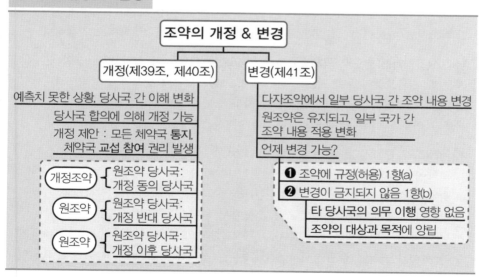

제5부

조약의 무효, 종료 또는 시행정지

제1절 일반규정

1. 조약의 유효성과 조약 규정의 분리가능성

제42조(조약의 유효성 및 효력의 지속)

1. 조약의 유효성 또는 조약에 대한 국가의 기속적 동의의 유효성은 이 협약의 적용을 통해서만 부정될 수 있다.
2. 조약의 종료, 폐기 또는 당사자의 탈퇴는 그 조약 규정 또는 이 협약의 적용 결과로서만 행하여질 수 있다. 동일한 규칙이 조약의 시행정지에도 적용된다.

제43조(조약과는 별도로 국제법에 따라 부과되는 의무) 이 협약 또는 조약 규정의 적용에 따른 조약의 무효, 종료 또는 폐기, 조약으로부터 당사자의 탈퇴 또는 시행정지는 그 조약과는 별도로 국제법에 따라 국가를 구속하는 의무로서 그 조약에 구현된 의무를 이행하는 국가의 책무에 어떠한 영향도 미치지 않는다.

제44조(조약 규정의 분리가분성)

1. 조약에 규정되어 있거나 제56조에 따라 발생하는, 조약을 폐기, 탈퇴 또는 시행정지 시킬 수 있는 당사자의 권리는, 조약이 달리 규정하거나 당사자들이 달리 합의하는 경우를 제외하고, 조약 전체에 관해서만 행사될 수 있다.
2. 이 협약에서 인정되는 조약의 무효, 종료, 탈퇴 또는 시행정지의 사유는, 다음의 각 항이나 제60조에 규정되어 있는 경우를 제외하고, 조약 전체에 관해서만 원용될 수 있다.
3. 그 사유가 특정 조항에만 관련된다면, 다음의 경우에는 그러한 조항에 관해서만 원용될 수 있다.
   가. 해당 조항이 그 적용과 관련하여 그 조약의 잔여부분으로부터 분리될 수 있고,
   나. 그 조항의 수락이 하나 또는 그 이상의 다른 당사자의 조약 전체에 대한 기

속적 동의의 필수적 기초가 아니었다는 점이 그 조약으로부터 나타나거나
달리 증명되며,

　다. 그 조약의 잔여부분의 계속적 이행이 부당하지 않은 경우
　4. 제49조 및 제50조에 해당하는 경우, 기만 또는 부정을 원용할 수 있는 권리를
　　가진 국가는 조약 전체에 관하여 이를 원용할 수도 있고, 또는 제3항을 따른다
　　는 조건으로 특정 조항에 관해서만 이를 원용할 수 있다.
　5. 제51조, 제52조 및 제53조에 해당하는 경우에는 조약 규정의 분리가 허용되지
　　않는다.

- -

조약의 유효성 및 효력의 계속은 조약법의 적용을 통해서만 부정될 수 있으며(제42
조), 조약과는 별도로 국제법에 의하여 부과되는 의무(제43조)는 조약법에 따른 조
약의 무효, 종료 또는 폐기, 탈퇴 및 시행정지에 영향을 받지 않는다. 조약 규정의
분리가능성은 조약의 무효 관련 문제를 해결하는 데 있어서 필요한 조항이다. 즉,
강학상 상대적 무효사유(제46조~제50조)와 절대적 무효사유(제51조~제53조)를 구분하
는 기준으로서 '분리가능성'이 제시될 수 있는데, 상대적 무효사유 중 기만(제49조)
및 국가 대표의 부정(제50조)에 해당하는 경우에는 조약규정의 분리가능성이 인정
되며, 절대적 무효사유에 해당하는 국가 대표의 강제(제51조), 국가의 강제(제52조),
강행규범 위반(제53조)의 경우에는 조약 규정의 분리가 허용되지 않는다.

⚖ 쟁점검토

A국과 B국이 당사국인 X조약은 전체 10개의 조항으로 구성되는 조약이다. 동조약 제3조
는 A국이 B국에 대한 무력의 위협으로 채택된 조항이다. X조약이 조약법 제52조에 따라
무효가 되자, A국은 제3조를 분리하여 X조약의 효력을 유지하고자 한다. X조약의 효력
은 유지될 수 있는가?

- X조약 제3조는 분리가능성이 없는 바, X조약은 전체로서 무효가 된다.

2. 조약의 무효, 종료, 탈퇴 또는 시행정지의 사유를 원용할 수 있는 권리의 상실

- -

제45조(조약의 무효, 종료, 탈퇴 또는 시행정지의 사유를 원용할 수 있는 권리의 상
실) 국가는 제46조부터 제50조 또는 제60조 및 제62조까지에 따른 조약의 무효,

종료, 탈퇴 또는 시행정지의 사유에 해당되는 사실을 알게 된 후, 다음의 경우에는 그 사유를 더 이상 원용할 수 없다.
  가. 그 조약이 유효하다거나, 계속 효력이 있다거나, 계속 시행된다는 것에 국가 가 명시적으로 동의한 경우, 또는
  나. 국가의 행동으로 보아 조약의 유효성 또는 그 효력이나 시행의 존속을 묵인 하였다고 간주되어야 하는 경우

제45조는 조약의 적법성, 유효성 또는 시행의 계속성에 대해 ① 그 국가가 명시적 으로 동의한 경우, 또는 ② 그 국가의 행동으로 보아 묵인한 것으로 간주되어야 하는 경우에 해당하는 사실을 알게 된 후에는 제46조 내지 제50조의 무효사유를 원용할 권리가 상실된다고 규정하고 있다. 동 조항은 상대적 무효사유에만 적용되 는 것임을 이해하여야 한다. 즉, 절대적 무효사유에는 적용되지 않는 바, 이 조항 또한 상대적 무효사유와 절대적 무효사유를 구분하는 기준으로 제시될 수 있다.

쟁점검토

A국은 자국 대표가 B국이 제공한 금품에 의하여 X조약을 체결하였음을 알고 있었다. X 조약은 20년의 기간 동안 B국이 A국에 통상 가격보다 저렴한 가격으로 군수품을 납품 하는 내용을 담고 있다. 18년 동안 납품에 대하여 어떠한 이견을 보이지 않던 A국이 B 국에게 제50조에 따라 X조약의 무효를 주장하는 경우, 동 주장은 수용될 수 있는가?
- A국은 제50조를 원용할 수 있으나, 제45조에 따라 부인될 가능성이 크다.

제 2 절 조약의 무효

1. 국내법 위반 또는 대표권 초과로 체결된 조약의 효력

제46조(조약 체결권에 관한 국내법 규정)
1. 조약체결권에 관한 국내법 규정의 위반이 명백하며 본질적으로 중요한 국내법 규칙에 관련된 경우가 아니면, 국가는 조약에 대한 자국의 기속적 동의가 그 국내법 규정에 위반하여 표시되었다는 사실을 그 동의를 무효로 하는 근거로 원용할 수 없다.
2. 통상의 관행 따라 신의에 좇아 성실하게 행동하는 어떠한 국가에 대해서도 위반이 객관적으로 분명한 경우에는 명백한 것이 된다.

제47조(국가의 동의 표시 권한에 대한 특별한 제한) 특정 조약에 대한 국가의 기속적 동의를 표시하는 대표의 권한이 특별한 제한을 따른다는 조건으로 부여된 경우, 대표가 그러한 동의를 표시하기 전에 그 제한이 다른 교섭국에 통보되지 않았다면, 대표가 제한을 준수하지 않은 사실은 그가 표시한 동의를 무효로 하는 근거로 원용될 수 없다.

제46조는 제27조(국내법과 조약의 준수)와 비교를 요한다. 조약 체결권에 관한 근본적으로 중요한 국내법 규정은 통상 헌법을 의미한다. 중요한 점은 조약 체결 시, 국가는 타국의 헌법 내용을 알아야 할 의무가 없다는 것이다. 국내법 관련 문제가 출제되는 경우, 제46조가 적용되기 위해서는 조약 체결권에 관한 국내법 규정에 국한된다는 점을 숙지하여야 한다.

📝 판례소개

ICJ 카메룬과 나이지리아 간의 육상 및 해양경계 사건 (2002)

자국 헌법상 요구되는 절차를 완료하지 못한 조약의 효력 문제와 관련된 사건이다. 나이지리아는 1975년 6월 양국 정상이 서명한 Maroua 선언이 자국 헌법상 요구되는 최고군사위원회의 승인을 받지 못하였기 때문에 발효되지 않았다고 주장하였고, 아울러 각국은 조약 체결권의 제한과 같은 국제관계에 영향을 미치는 인접국의 법제도를 알고 있어야 한다고 주장하였다. ICJ는 Maroua 선언이 비준의 필요 없이 서명만으로 발효되는 형태를 취하고 있다고 판단하고, 조약 체결권에 관한 나이지리아의 국내법상 제한이

Maroua 선언의 효력에 영향을 미치지 않는다고 판단하였다.

제47조(국가의 동의 표시 권한에 대한 특별한 제한) 또한 유사한 방법으로 접근해야 한다. 제46조와 제47조에 따른 조약의 무효를 주장하는 국가는 최소한 상대국이 조약 체결권에 관한 국내법 규정, 국가의 동의 표시 권한에 대한 특별한 제한이 있었음을 알고 있는 경우에 조약의 무효를 주장할 수 있을 것이다.

⚖ 쟁점검토

쿠데타로 정권을 잡은 A국의 甲은 A국 헌법이 조약 체결권을 '외교부장관'에게 부여하고 있음에도 불구하고, '육군 중령'의 신분으로 B국과 X조약을 체결하였는데, X조약은 A국에게 불리한 내용을 담고 있는 것이었다. 쿠데타로 전복된 정상 정부가 다시 복원되었고, A국 정부는 X조약이 A국에 불리하게 체결되었다는 사실을 알게 되었다. 이에 A국은 甲이 A국 헌법상 조약 체결권이 없는 사람으로 X조약이 A국 헌법을 위반해서 체결되었다는 점을 주장하며, X조약의 무효를 주장하였다. A국의 주장은 타당한가?

▪ B국은 A국 헌법을 알아야 할 의무는 없는 바, A국의 X조약 무효 주장은 원용되기 어려울 수 있다.

2. 착오

제48조(착오)

1. 국가가 조약의 체결 당시에 존재한다고 상정했던 사실 또는 상황으로서, 그 조약에 대한 국가의 기속적 동의의 필수적 기초를 형성했던 것과 관련된 착오일 경우, 국가는 그 조약상의 착오를 해당 조약에 대한 기속적 동의를 무효로 하는 근거로 원용할 수 있다.
2. 해당 국가가 자국의 행동을 통해 착오에 기여했거나 착오의 가능성을 알 수 있는 상황이었다면, 제1항은 적용되지 않는다.
3. 조약문의 자구에만 관련된 착오는 조약의 유효성에 영향을 미치지 않는다. 그 경우에는 제79조가 적용된다.

조약법의 무효 사유 중, 상대적 무효사유에서 착오는 사실 특별히 주목되는 쟁점은 아니지만, 착오에 관한 확립된 판례가 있기 때문에 무효사유 중에서 출제될 가능성이 높은 쟁점이다. 체결 당시에 존재한 사실 또는 상황, 기속적 동의의 필수적 기초 등의 요건을 충족하는 사실 관계의 파악이 필요하다.

중요한 점은 체결 당시 존재한다고 상정했던 기속적 동의의 필수적 기초를 형성했던 사실 또는 상황에 대한 착오로서 법률에 대한 착오는 포함되지 않는다는 점이다. 또한, 착오를 주장하는 국가가 착오에 기여했거나 착오의 가능성을 알 수 있는 상황이었다면, 착오를 조약의 무효 사유로 원용할 수 없다.

📝 판례소개

ICJ 프레비히어 사원 사건 (1962)

당사국이 착오를 이유로 조약의 무효를 주장한 사건으로 조약법 채택 이전의 사건이다. 프레비히어 사원은 태국과 캄보디아 국경지대에 위치하고 있었다. 1904년과 1907년 태국(구 샴)과 프랑스(당시 캄보디아 보호국)는 분수령에 따라 이 주변의 국경을 획정하는 조약을 체결하고, 구체적인 경계획정은 양국혼성위원회에서 결정하기로 합의하였다. 태국은 프랑스에 자세한 국경지도의 제작을 의뢰하였고, 프랑스는 1908년 제작한 지도를 태국에 전달하였다.

프레비히어 지역은 실제 분수령을 기준으로 할 때는 태국에 속하지만, 지도에서는 캄보디아령으로 표시되었다. 당시 태국은 별다른 이의 없이 지도를 수령하고, 국내적으로 활용하였다. 이후 태국은 지도상의 국경이 분수령과 일치하지 않음을 발견하고 동 지역이 태국령이라고 주장하였다. 태국은 재판에서 문제의 지도가 중대한 오류를 포함하고 있으며, 만약 태국이 이 지도를 수락한 이유는 지도상의 국경선이 분수령과 일치한다고 생각한 착오에서 비롯되었다는 점을 주장하며, 조약의 무효를 주장하였다.

ICJ는 여러 상황을 고려할 때, 태국이 지도상의 착오를 주장할 수 없다고 판단하였다. ICJ는 착오가 조약의 무효 사유가 될 수 있다는 점은 긍정하였으나, 태국의 태도(특히, 태국이 별다른 이의 없이 지도를 수령하고, 국내적으로 활용한 점)를 감안하여 태국의 주장을 배척하였다.

⚖️ 쟁점검토

착오 관련 문제가 출제되는 경우, 사실 또는 상황에 관련된 착오가 어떠한 시점에 발생되었는지 및 착오를 원용하는 국가가 착오에 기여하지 않았는지 여부를 상세히 검토해야 한다. 사실 또는 상황에 대한 착오를 제시하기 위하여 프레비히어 사원 사건과 같이 조약에 첨부된 지도가 제시될 수 있으며, 각종 통계자료, 지표, 보고서 등이 사실 또는 상황을 나타내는 것으로 제시될 수 있을 것이다.

■ A국이 B국과 C수역의 공동개발에 관한 X조약을 체결할 당시, C수역의 경제적 기대 효용 가능성에 대한 통계자료 또는 보고서의 내용에 오류가 있음을 A국이 인식했음 에도 불구하고 X조약을 체결하고 이를 이행한 경우, A국은 X조약의 무효 사유로 착 오를 원용할 수 없다.

3. 기만 및 국가 대표의 부정

제49조(기만) 국가가 다른 교섭국의 기만행위에 의하여 조약을 체결하도록 유인된 경우, 국가는 그 기만을 조약에 대한 자신의 기속적 동의를 무효로 하는 근거로 원 용할 수 있다.

제50조(국가 대표의 부정) 조약에 대한 국가의 기속적 동의 표시가 직접적 또는 간 접적으로 다른 교섭국이 그 대표로 하여금 부정을 저지르도록 하여 얻어진 경우, 국가는 그 부정을 조약에 대한 자신의 기속적 동의를 무효로 하는 근거로 원용할 수 있다.

제49조(기만) 및 제50조(국가 대표의 부정) 관련 문제는 설문에서 제시되는 사실 관계 에 따라 해결한다. 제49조 기만의 방법이 다양하게 제시될 수 있다는 점을 고려해 야 한다.

4. 국가 대표에 대한 강박 및 국가에 대한 강박

제51조(국가 대표에 대한 강박) 국가 대표에 대한 행동 또는 위협을 통하여 그 대 표를 강박하여 얻어진 조약에 대한 국가의 기속적 동의 표시는 어떠한 법적 효력 도 없다.

제52조(무력의 위협 또는 사용에 의한 국가에 대한 강박) 조약이 「국제연합헌장」에 구현된 국제법 원칙을 위반하는 무력의 위협 또는 사용에 의하여 체결된 경우, 그 조약은 무효이다.

제51조와 제52조는 강학상 절대적 무효사유를 규정하고 있다. 절대적 무효사유는 제44조 제4항 및 제5항에 따른 분리 가능성 허용 여부에 따라 상대적 무효사유와 구분된다.

절대적 무효사유는 "어떠한 법적 효력도 없다", "그 조약은 무효이다" 등으로 제시되며, 상대적 무효사유는 "근거로 원용할 수 없다" 또는 "근거로 원용될 수 없다" 등으로 제시된다.

제51조에서 규정되는 국가 대표에 대한 강박은 국가 대표는 물론이며, 국가 대표의 가족에 대한 협박 및 국가 대표 개인의 비리에 대한 폭로도 포함한다.

⚖ 쟁점검토

A국의 국가 대표는 B국과 X조약 체결 시, B국의 국가 대표로부터 정치자금을 수수하였다. 이후 B국이 A국 국가 대표에게 정치자금 수수를 이유로 X조약이 체결되었음을 폭로하겠다고 협박하여, 별도의 Y조약을 A국과 B국 간에 체결한 경우, X조약과 Y조약은 어떠한 무효 사유가 적용될 수 있는가?

- X조약은 제50조의 국가 대표의 부정으로 상대적 무효사유에 해당된다. 반면 Y조약은 제51조의 국가 대표에 대한 강박에 해당되어 절대적 무효사유에 해당된다.

제52조는 국가를 무력의 위협 또는 사용(the threat or use of force)으로 강박하여 조약을 체결하는 경우이다. 제52조에서 핵심 사항은 강박의 근거가 무력의 위협 또는 사용이라는 점이다. UN헌장 제2조 4항(the threat or use of force)에 규정된 무력과 동일한 의미로 보아도 무방하다. 따라서, 정치적 또는 경제적 강박을 포함하는 것이 아니라는 점을 이해하여야 한다. 한편, 국가책임법 초안 제18조(타국에 대한 강제: Coercion of another state)에 '강제(coercion)'라는 용어가 등장하는데, 이때 강제는 정치적 또는 경제적 강제를 포함한다. 즉, 조약법 제52조에 규정된 강박과 국가책임법 초안 제18조[1]에 규정된 강제의 범위가 상이하다는 점을 이해하여야 한다.

---

1) 국가책임법 초안 제18조(타국에 대한 강제) 타국에 대하여 어떠한 행위를 실행하도록 강제한 국가는 다음과 같은 경우 그 행위에 대하여 국제책임을 진다.
   (가) 강제가 없었다면 그 행위는 피강제국의 국제위법행위일 것; 그리고
   (나) 강제국은 그 행위의 사정을 알고 그 같이 행동하였을 것.

5. 일반국제법의 절대규범(강행규범)과 상충되는 조약

제53조(일반국제법의 절대규범(강행규범)과 상충되는 조약) 조약이 체결 당시 일반 국제법의 절대규범과 상충되는 경우 무효이다. 이 협약의 목적상 일반 국제법의 절대규범이란 어떠한 이탈도 허용되지 않으며, 동일한 성질을 가진 일반국제법의 후속 규범에 의해서만 변경될 수 있는 규범으로 국제공동체 전체가 수락하고 인정하는 규범이다.

강행규범이란 당사국의 합의를 통하여도 위반할 수 없는 근본적 성격의 규범을 의미한다. 강행규범을 위반하는 조약은 국제공동체의 기본 가치를 침해하기 때문에 무효이다. 조약법 제1조부터 제52조까지 어떠한 사항도 위반하지 않았더라도 조약의 내용이 강행규범을 위반하는 것이라면 이는 법적 효력을 가질 수 없다. 강행규범의 구체적 내용은 조약법에 규정되어 있지 않다.

ILC는 UN헌장에 위반되는 위법한 무력행사의 합의, 국제법상의 범죄를 수행하는 합의, 노예무역, 해적, 제노사이드와 같이 그 진압에 모든 국가의 협력이 요구되는 행위를 수행하자는 합의 등을 강행규범 위반 사례로 제시한 바 있다.

ICJ 판결 중 강행규범 위반의 사례로 볼 수 있는 사건의 예는 다음과 같다.

- 1970년 ICJ 바르셀로나 전력회사 사건(대세적 의무)
- 2001년 ECtHR Al-Adsani 사건(고문금지)
- 2006년 ICJ 콩고민주공화국-르완다 사건(제노사이드 금지)

⚖️ 쟁점검토

상기에서 언급한 강행규범의 위반을 주요 내용으로 하는 조약을 체결하는 경우가 제시될 수 있다. 조약법 분야에서 강행규범 문제가 출제되면 매우 쉬운 문제로서 출제될 것이다. 강행규범 관련 사항은 국가책임법 초안(ILC)에서 보다 폭넓게 다루어지고 있으므로, 국가책임법에 규정되고 있는 강행규범과 관련된 사항을 숙지해야 한다. 국가책임법 초안 관련 규정은 아래와 같다.

- 제26조(강행규범의 준수)
- 제33조(이 부에 규정된 국제의무의 범위)
- 제40조~제41조(일반국제법의 강행규범상의 의무의 중대한 위반)

- 제42조 (b)(피해국에 의한 책임추궁)
- 제48조 1항 (b)(피해국 이외의 국가에 의한 책임 추궁)
- 제50조 1항 (d)(대응조치에 의하여 영향을 받지 않는 의무)

조약의 무효

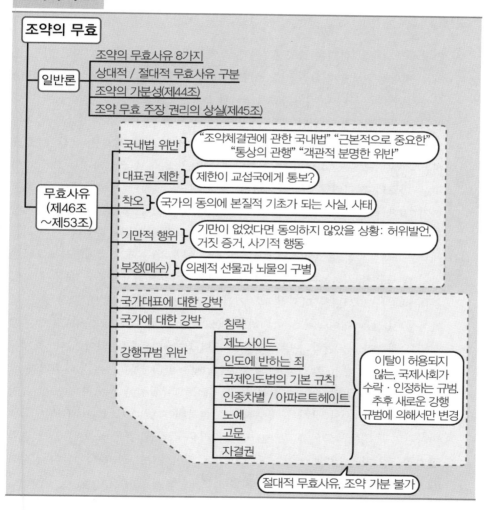

문제 1

(가) 연방국가 A국의 헌법은 중앙정부에게 조약체결권을 부여하고 있지만 환경 분야는 지방정부에게 배타적으로 조약체결권을 부여하고 있다. A국의 X지방정부는 X와 B국 사이에 위치하면서 A국과 B국 간 국경을 이루는 '하천의 수질을 보존 및 개선하기 위한 협약'(이하, "하천협약")을 체결하기로 B국과 합의하였다. 위 협약은 양국이 조약체결과 관련된 각각의 국내 절차를 마친 후 발효하는 것을 조건으로 하였다. 하천협약의 체결을 위해 A국에 파견된 B국 대사 甲은 별도의 전권위임장을 제시하지 않은 채 동 협약에 기속적 동의를 표시하기 위한 목적으로 서명을 하였다. 이후, A국과 B국 모두 하천협약의 이행을 위해 필요한 자국의 국내법상 의회의 비준 절차를 완료하였다.

(나) 세계문화재전시회는 5년마다 개최되는 최대 규모의 문화계 국제행사로 A국은 차기 행사를 유치하는데 성공하였다. B국은 수많은 목제유물을 보유하고 있는데, A국은 2025년 문화재전시회 기간 동안 B국 국립박물관이 소장 중인 목제유물 50점을 대여받기로 합의하고 2020.1 문화재 대여협약(이하, "협약")에 서명을 하였다. 동 협약의 발효일은 2025년 1월 1일로 규정되어 있다. 목제유물은 보관장에 넣지 않고 특별히 보관을 해야 한다. 특히, 유물에 먼지가 쌓이지 않도록 중성의 종이로 덮어 두고, 수장고의 일정한 온도와 습도를 유지하기 위해 공기순환 장치를 필수적으로 설치해야 했다. 2020.10 B국은 국립박물관의 운영에 어려움을 겪게 되면서 비용 절감을 위해 노후된 공기 순환 장치를 교체하지 않았다. 이로 인해 A국에 대여하기로 한 목제유물이 심각하게 손상되어 대여가 불가능하게 되었다.

※ A국과 B국은 '1969년 조약법에 관한 비엔나협약'(이하, "조약법")의 당사국이다.

문1. 지문(가)에서 X지방정부의 조약체결 능력에 대하여 논하시오. (20점)

문2. 甲이 하천협약에 서명한 행위의 법적 효력에 대하여 조약법에 기초하여
　　설명하시오. (40점)

문3. 지문(나)에서 B국이 박물관 내 공기 순환장치를 교체하지 않은 행위가
　　'조약법'상 정당화 되는지 논하시오. (20점)

문제 1 ▸ 채점기준표

[1] X지방정부의 조약체결 능력 (20점)

I. 쟁점 (2점)

연방국가 A국 X지방정부가 B국과 체결한 조약과 관련하여 X지방정부의 조약체결
능력에 대한 검토가 필요하다.

II. 조약법상 조약의 체결능력 (8점)

조약법 제6조는 모든 국가는 조약을 체결할 능력을 가진다고 규정하고 있다. 국제
법상 연방국가의 중앙정부가 지방정부에게 조약체결권을 부여하는 것은 금지되지
않으며, 지방정부의 조약체결능력 문제는 국내법의 문제에 속한다.

III. 사안의 적용 (8점)

일국의 중앙정부가 지방정부에게 조약체결권을 부여하는 문제는 해당 국가의 국내
법에 따라 행해져야 한다. 사안에서 A국의 헌법은 환경 분야에서 지방정부에게 조
약체결권을 허락하고 있다. A국의 X지방정부가 B국과 체결한 하천협약은 하천의
수질 보호를 목적으로 하고 있다. 이러한 환경 분야에서 지방정부가 조약을 체결할
권한이 A국 헌법에 명시되어 있기 때문에 X지방정부와 B국은 유효하게 조약을 체
결하였다.

IV. 결론 (2점)

A국 X지방정부가 B국과 체결한 하천협약은 A국의 국내법상 유효하게 체결되었다.

[2] 甲이 하천협약에 서명한 행위의 법적 효력 (40점)

I. 쟁점 (2점)

전권위임장 없이 B국 대사 갑이 조약에 서명한 행위의 법적 효력에 대해 검토할 필

요가 있다.

II. 전권위임장의 정의 (6점)

조약법 제2조 1항(c)호는 전권위임장을 조약문을 교섭, 채택 또는 정본인증하기 위한 목적으로 또는 조약에 기속적 동의를 표시하기 위한 목적으로, 또는 조약에 관한 기타의 행위를 달성하기 위한 목적으로, 국가를 대표하기 위해 국가의 권한 있는 당국이 1 또는 여러 명을 지정하는 문서로 정의하고 있다.

III. 전권위임장과 조약의 체결 (15점)

조약의 체결에 있어 전권위임장을 필요로 하지 않는 대상은 국가원수, 정부수반 및 외무부장관이다. 타국에 파견된 외교공관장의 경우, 조약법 제7조 2항(a)호는 조약문을 채택할 목적에 한해서 전권위임장을 제시하지 않아도 그 국가의 대표하는 것으로 간주된다고 규정하고 있다. 사안에서 대사 갑이 조약에 기속적 동의를 표시하는 목적으로 서명을 한 행위는 유효하지 않다.

IV. 권한없이 행한 행위의 추인 (15점)

조약법 제8조는 조약체결의 목적상 권한을 부여받지 못한 자가 행한 조약체결에 관한 행위는, 그 국가에 의하여 추후 확인되지 않는 한 법적 효과가 없음을 명시하고 있다. 사안에서, B국 대사는 전권위임장 없이 조약에 서명을 하였지만, B국이 갑 대사가 서명한 하천협약의 국내적 이행을 위한 절차를 완료하였기 때문에 이는 국가의 묵시적 추인에 해당하며 법적 효과를 갖게 된다.

V. 결론 (2점)

전권위임장 없이 대사가 조약에 서명한 행위는 권한없이 행한 자가 행위로서 유효하지 않지만, 권한없이 행한 자의 행위가 추후 국가에 의해 확인되었기 때문에 하천협약은 법적 효력이 있다.

[3] B국 행위의 정당성 (20점)

I. 쟁점 (2점)

A국과 B국이 체결한 문화재 대여협약이 발효 전임에도 불구하고 B국이 박물관 내 공기순환장치를 교체하지 않는 행위가 조약법상 정당화 되는지를 검토한다.

II. 조약의 발효 전 의무 (6점)

국가는 비준, 수락 또는 승인되어야 하는 조약에 서명하였거나 조약을 구성하는 문서를 교환한 경우, 그 조약의 당사국이 되지 아니하고자 하는 의사를 명백히 표시할 때까지는 조약의 대상과 목적을 저해하는 행위를 삼가야 하는 의무를 진다. 또한 국가가 조약에 대한 기속적 동의를 표시한 경우에는 그 발표가 부당하게 지연되지 않는다면 그 조약의 발효시까지 조약의 대상과 목적을 저해하는 행위를 삼가야 하는 의무를 진다(조약법 제18조).

III. 사안의 적용 (10점)

A국과 B국은 2020.1 협약에 서명하였고, 동 협약은 2025.1 발효된다고 규정되어 있다. 대여 대상 중 하나인 목제유물은 위 협약이 발효되기 전 노후된 순환장치를 교체하지 않아 손상되었다. 문화재를 대여해야 하는 B국은 협약의 대상과 목적을 훼손하지 않을 의무가 있었지만, 목제유물에 대한 관리를 소홀히 하여 유물을 훼손시키는 결과를 초래하였다. 공기순환장치가 필수인 목제유물 수장고의 특성상 차후 A국에게 대여를 약속했기 때문에 관리에 주의를 다했어야 했다. 이에 B국은 조약법 제18조상의 의무를 다하지 못했다. 조약법 제18조는 조약의 잠정적 적용을 규정하는 제25조와 달리 해당 협약상의 의무 위반이 아닌 조약법 제18조에 규정된 조약의 발효 전 의무를 위반했다는 점에서 차이가 있다.

IV. 결론 (2점)

A국과 B국이 체결한 협정은 발효 전이지만 B국은 동 협정의 대상과 목적, 즉 대여를 약속하기로 한 유물을 훼손시키지 않을 의무를 위반하였다.

문제 2

A, B, C, D, E국은 "X"지역을 공동으로 인접하고 있는 국가이다. 이들 국가는 2017. 1. 미래첨단산업에 쓰일 광물자원의 공동개발을 목적으로 지역 차원의 '자원개발조약'을 체결하였다. 자원개발조약 제20조에 따르면, 당사국들은 동 조약의 적용과 해석과 관련하여 분쟁이 발생하는 경우 일차적으로 협의를 개시해야 하고, 6개월 이내 협의가 이루어지지 않는 경우 분쟁의 일방 당사국은 중재재판을 요청할 수 있다. 또한 동 조약은 리튬, 아연, 구리, 망간, 희토류를 공동개발 대상이 되는 광물자원으로 열거하고 있다. A, B, C국은 위 자원개발조약에 대한 비준을 마쳤고, D국은 자원개발조약의 비준 시 "제20조에 규정된 분쟁해결수단에 구속받지 않는다."라는 유보를 조약에 서명 시 첨부하였다. 한편, IT가 주요산업인 E국은 자원개발조약에 열거된 5개의 특정 광물 중 전자제품에 활용되는 희토류에 대해 독점적 권한을 가짐을 선언하는 유보를 조약체결 시 첨부하였다.

2018. 8. 시점에서 A, B국은 D국과 E국의 유보에 대해 침묵하고 있는 반면, C국은 D국의 유보에 대해 강력히 항의하고 반대하였다. D국은 희토류에 대해 배타적 권리를 선언한 E국의 유보에 대해 강하게 반대하며 E국과는 그 어떠한 조약 관계를 맺지 않겠다고 선언하였다.

※ A, B, C, D, E국 모두 '1969년 조약법에 관한 비엔나협약'(이하, "조약법")의 당사국이다.

※ 자원개발조약은 "제20조"에 대한 유보를 금지하고 있다.

문1. D국과 E국이 첨부한 각 유보의 허용가능성에 대하여 조약법에 근거하여 논하시오. (30점)

문2. D국과 E국이 첨부한 유보에 대해 자원개발조약의 다른 당사국들의 수락이 필요한지 기술하시오. (10점)

문제 2 ▸ 채점기준표

[1] D국과 E국의 유보 허용가능성 (30점)

I. 쟁점 (2점)

D국과 E국이 지역적 차원에서 체결한 공동자원개발조약에 첨부한 유보가 허용되는지 여부에 대해 검토하기로 한다.

II. 유보의 의의 (4점)

조약법 제2조 1항(d)호에 의하면 유보는 조약의 서명, 비준, 수락, 승인 또는 가입 시에, 국가가 그 조약의 일부 규정을 자국에 적용함에 있어 일부 규정의 법적 효과를 배제하거나 변경시키고자 의도하는 경우 그 국가가 행하는 일방적 성명을 의미한다.

III. 유보의 허용가능성 (6점)

유보는 조약에 의하여 유보가 금지되거나[조약법 제19조(a)호], 특정 유보만을 허락하거나[제19조(b)호], 유보가 조약의 대상과 목적에 양립하지 않는 경우가[제19조(c)호] 아니라면 형성될 수 있다.

IV. D국의 유보에 대한 허용가능성 검토 (8점)

D국은 지역적 차원에서 공동자원개발조약을 체결하였고, 동 조약은 공동개발의 대상이 되는 광물을 명시하고 있다. D국은 위 조약의 비준 시 조약 제20조에 규정된 분쟁해결수단에 구속받지 않는다는 유보를 첨부하였는데, 특정 조항에 대한 적용을 배제하는 내용에 해당되어 유보의 정의에 부합한다. 다만, 공동자원개발조약에서 명시적으로 "제20조"에 대한 유보를 금지하고 있기 때문에 조약법 제19조(a)호에 따라 D국의 유보는 허용되지 않는 유보에 해당된다.

V. E국의 유보에 대한 허용가능성 검토 (8점)

E국은 공동자원개발조약에 명시된 자원 중 특정 광물에 대해 독점적 권한을 갖는다는 내용의 유보를 조약체결 시에 첨부하였다. 공동자원개발조약의 목적상 독점적 권한을 갖는다는 유보는 조약의 대상과 목적에 반하는 내용으로 조약법 제19조(c)호에 따라 허용되지 않는 유보에 해당된다.

VI. 결론 (2점)

조약법 제19조(a)호에 따라 D국의 유보는 허용되지 않으며, E국의 유보는 조약법 제19조(c)호에 따라 허용되지 않는다.

[2] 유보 첨부국과 다른 당사국의 수락 여부 (10점)

I. 쟁점 (2점)

D국과 E국의 유보가 타 당사국의 수락이 필요한지 아닌지를 검토한다.

II. 유보의 수락 (4점)

조약에 의해 명시적으로 인정된 유보는 다른 체약국의 추후 수락이 필요하다고 규정되지 않는 한 추후 수락을 필요로 하지 않는다(조약법 제20조 1항). 조약이 달리 규정하지 않는 한, 조약에 대한 국가의 기속적 동의를 표시하고 유보를 포함하는 행위는 적어도 하나의 다른 체약국이 그 유보를 수락한 경우에 유효하다[조약법 제20조 4항(b)호]. 하지만, 조약법 제20조 2항은 한정된 교섭국의 수 및 조약의 대상과 목적에 비추어 보아 모든 당사국 간에 적용하는 것이 조약에 대한 각 당사국의 기속적 동의와 필수적 조건으로 보이는 경우 유보는 모든 당사국의 수락을 필요로 한다(조약법 제20조 2항).

III. 사안의 적용 (4점)

D국의 유보는 공동자원개발조약 자체에서 금지하는 유보조항이기 때문에, 타 당사국인 A국과 B국의 수락 여부가 문제되지 않는다. E국의 유보는 지역 공동자원개발

조약의 특정상 교섭국의 한정된 수와 조약의 대상과 목적에 비추어 볼 때 모든 당사국의 수락을 필요로 한다(조약법 제20조 2항). 따라서 E국의 유보에 대해서는 모든 당사국의 수락을 필요로 한다.

문제 3

A국은 C국의 오랜 식민 지배로부터 1994년 독립하였다. 1985년 C국은 인접국인 B국과 국경 조약(이하, "1985년 조약")을 체결하였고, 이에 의해 양국은 양국 사이에 위치한 X분쟁지역을 요새화하지 않기로 합의하였다. A국은 C국으로부터 독립한 후 자국은 1985년 조약의 당사국이 아니라는 이유로 우세한 군사력을 바탕으로 X지역을 요새화하는 조치를 시행하기로 하였다. 이에 A국은 2015.1 국경에 대규모 병력을 집결시키고, B국의 주요 항구를 모두 봉쇄하여 해상 교통로를 차단하였다. 이어서 A국은 B국에게 X지역이 A국 영토임을 인정하는 조문을 포함하여 A국과 B국 사이 '다양한 경제적 및 문화적 협력 관계를 규율하는 새로운 조약'을 체결할 것을 강요하였다. A국의 군사적 압박에 굴복한 B국은 2015.12 A국이 요구하는 내용을 모두 반영한 조약(이하, "2015년 조약")을 체결하였다. A국은 1995년 '1969년 조약법에 관한 비엔나협약'(이하, "조약법")에 가입하였고, B국은 1969년 동 협약의 원당사국이다.

문1. B국과 C국이 체결한 '1985년 조약'에 구속받지 않는다는 A국 주장이 합당한지에 대하여 논하시오. (20점)

문2. B국은 "2015년 조약" 중 X지역에 관한 규정의 무효를 주장하고 나머지 조항은 유지하기를 원한다. 이러한 B국의 입장을 조약법상 관련 조문에 근거하여 논하시오. (20점)

문제 3 ▸ 채점기준표

[1] A국 주장의 합당성 여부 (20점)

I. 쟁점 (2점)

B국과 C국 간 체결된 조약의 비당사국인 A가 동 조약에 구속받는지를 조약과 제3 국의 관계를 중심으로 검토한다.

II. 조약과 제3국 (16점)

1. 제3국의 의무

조약법 제2조 1항(h)호는 제3국을 조약의 당사국이 아닌 국가로 정의하고 있다. 조약은 제3국에 대해 그 동의 없이는 의무 또는 권리를 창설하지 못한다(조약법 제34조). 조약이 제3국에게 의무를 부과할 경우 제3국이 서면으로 그 의무를 명시적으로 수락하는 경우, 그 조약의 규정으로부터 제3국에 대해 의무가 발생한다(조약법 제35조).

2. 사안의 적용

B국과 C국은 1985년 조약을 통해 양국 사이에 위치한 X지역의 비요새화에 대해 합의하였다. 이후 C국에서 독립한 A국은 1985년 조약의 비당사국으로서 X지역의 요새화를 시작하였다. 따라서 A국이 1985년 조약의 요새화 내용에 명시적으로 서면으로 수락하지 않는 이상 위 의무에 구속되지 않는다.

III. 결론 (2점)

조약법 제35조에 따라 1985년 조약에 구속받지 않는다는 A국의 주장은 타당하다.

[2] B국의 입장 (20점)

I. 쟁점 (2점)

조약의 일부 규정에 대해서만 무효를 주장할 있는지를 조약법상 무효사유를 중심으로 검토한다.

II. 조약의 무효사유 (16점)

1. 일반론

조약법상 조약의 무효사유는 조약법 제46조 내지 제53조에서 규정하고 있으며, 제51조, 제52조, 제53조에 해당하는 무효사유의 경우(국가 대표의 강제, 국가의 강제, 강행규범)는 절대적 무효사유로서 조약 전체에 대해서만 무효를 주장할 수 있다. 상대적 무효사유의 경우 일부 조항에 대해서만 무효를 주장할 수 있으며, 기만 또는 부정의 경우 조약전체 또는 일부조항에 대해서 무효원용을 선택할 수 있다.

조약의 무효사유는 이러한 조약의 가분성(조약법 제44조) 이외에도 조약의 무효원용을 주장할 권리의 상실 여부(조약법 제45조)와도 관련되며, 제46조 내지 제50조의 경우 국가가 조약의 적법성, 유효성 또는 시행의 계속성에 대해 명시적으로 또는 묵시적으로 동의한 경우 조약의 무효사유를 원용할 수 없다.

2. 국가의 강제

조약법 제52조는 UN헌장에 구현된 국제법의 제 원칙을 위반하여 힘의 위협 또는 사용에 의하여 조약이 체결된 경우 그 조약은 무효임을 규정하고 있다. 동 사안에서 A국은 대규모 병력을 동원시키고 군사력을 동원하여 B국을 압박하여 조약을 체결하였다. 이는 조약법 제52조에 따라 국가의 강제로서 조약의 무효사유에 해당한다. 국가의 강제로서 체결한 조약의 경우 조약규정의 분리는 허용되지 않는다(조약법 제44조 5항).

III. 결론 (2점)

2015년 조약에서 일부 규정의 무효를 주장하는 B국의 입장은 타당하지 않다.

문제 4

국제전기통신기구는 국가들이 자국에 이익이 되는 주파수 자원을 확보하기 위한 불필요한 경쟁을 막고 국가 간 지속적인 논의를 통해 공정하게 주파수 분배를 하기 위한 목적으로 설립되었다. 최근 세계적인 모바일 트래픽 급증 추세에 대응하기 위한 국제이동통신 주파수 추가 확보가 주요 의제로 부각되면서 국제 주파수 분배 및 국가 간 전파간섭 방지를 위한 국제적인 기준을 마련하기 위해 국제전파통신 회의("국제회의")가 2005.1 개최되었다. 동 회의에서 국가 간 공정한 주파수 분배를 위한 국제전파협약('전파협약')이 채택되었다. 동 협약의 교섭 과정에서 교섭국들은 서명만으로 동 협약에 기속적 동의를 부여하기로 합의하였다. 30개 당사국이 국내 비준을 마치면 발효되는 것을 조건으로 한 동 협약은 2015.1 발효하였다.

A국의 과학통신부 전파정책국장인 甲은 A국 수석대표로 국제회의에 파견되었고, 전권위임장을 제출하지 않고 전파협약에 서명하였다. A국은 2020.11 전파협약에 대해 국내비준을 완료하지 않은 상태이며 동 협약에 규정된 국가 간 주파수 분배 기준을 따르지 않고 있었다. B국은 정치인 乙을 자국의 공식적인 대표로 파견한 적은 없지만, 수년 동안 국제전파통신회의 및 국제전파협약의 교섭 과정에도 수차례 파견하였고 이에 대해 타 당사국들이 문제를 제기한 적이 없었다. 2005.1 회의에 B국의 대표와 함께 乙도 동반하였고, 전파협약의 서명을 앞두고 B국 대표가 연락이 되지 않자 乙이 전파협약에 서명을 하였다.

※ A국과 B국은 '조약법에 관한 비엔나협약'(이하, "조약법") 당사국이며, 甲과 乙 모두 서명 당시 전권위임장을 제시한 바 없다.

전권위임장 없이 A국의 甲과 B국의 乙이 행한 서명의 유효성에 대해 조약법의 관련 규정에 근거하여 논하시오. (40점)

문제 4 ▶ 채점기준표

I. 쟁점 (2점)

전권위임장 없이 갑과 을이 서명한 협약의 유효성에 대해 조약법 제7조를 중심으로 검토한다.

II. 전권위임장

1. 전권위임장 정의 (4점)

조약법 제2조 1항(c)호는 전권위임장을 조약문을 교섭, 채택 또는 정본인증하기 위한 목적으로 또는 조약에 기속적 동의를 표시하기 위한 목적으로, 또는 조약에 관한 기타의 행위를 달성하기 위한 목적으로, 국가를 대표하기 위해 국가의 권한 있는 당국이 1 또는 여러 명을 지정하는 문서로 정의하고 있다.

2. 전권위임장 없이 국가대표로 간주되는 경우 (16점)

조약의 체결에 있어 전권위임장이 필요하지 않은 대상은 국가원수, 정부수반 및 외무부장관이다[조약법 제7조 2항(a)호]. 타국에 파견된 외교공관장의 경우 조약문을 채택할 목적에 한하여 전권위임장을 제시하지 않아도 된다[조약법 제7조 2항(b)호]. 국제기구 및 국제기구의 기관 내에서 조약문을 채택할 목적으로 국가가 국제회의나 국제기구에 파견한 사람의 경우에는 전권위임장을 제시하지 않아도 된다[조약법 제7조 2항(c)호]. 이들은 전권위임장을 제시하지 않아도 자국의 대표로 간주된다(조약법 제7조 2항). 또한 관계 국가의 관행 등 기타 사정상 국가를 대표하는 것으로 간주되고 전권위임장이 필요하지 않다는 점이 관계 국가의 의사에 나타나는 경우 조약에 기속적 동의를 표시하기 위한 목적으로 국가를 대표하는 것으로 간주된다[조약법 제7조 1항(b)호].

1) A국 갑의 서명 행위

동 사안에서 A국의 갑은 과학통신부 국장이며 A국의 수석대표로 파견되어 전권위임장 없이 전파협약에 서명하였다. 따라서 국제기구 회의에 파견된 수석대표 갑은 조약법 제7조 2항(c)호에 해당되는 경우로, 갑은 전권위임장 없이 조약문을 채택할 수 있을 뿐, 서명과 같이 조약에 기속적 동의를 표시하기 위해서는 전권위임장 또는 관계국의 별도의 의사가 있어야 한다.

2) B국 을의 서명 행위

B국은 정치인 을을 국제기구 회의에 파견하였는 바, 을은 조약법 제7조 2항에 해당하는 사람이 아니다. 전권위임장이 없이 국가대표로 간주될 수 있는 경우는 조약법 제7조 1항(b)호에 근거할 수 있는데, 동 조항은 관계 국가의 관행 및 관계 국가의 의사에 전권위임장이 필요하지 않다는 점이 나타난 경우 조약에 대한 기속적 동의를 표시하기 위한 목적으로 국가대표로 간주된다. 을은 수년간 동 국제기구회의 및 교섭과정에 파견되었고 타 당사국이 이에 대해 문제를 제기한 적이 없다. 이에 비추어 볼 때 을이 별도의 전권위임장을 필요로 하지 않았던 것이 관계 국가의 의사에서 나타나는 경우에 해당된다.

[※ 조약법 제7조 1항(b)호에 대하여는 다음의 반론도 가능함.]

관련 국가가 문제를 제기한 적은 없지만, ① 전권위임장을 필요로 하지 않는다는 것이 관계 국가의 의사에서 나타나지 않았고, ② 관계 국가의 관행상 을은 B국의 공식대표로 파견된 적이 없이 국가의 공식대표와 회의에 동반하여 참석하였으며, ③ 을이 관계국가들 간 별도로 국가대표로 간주된다는 것이 사실관계에서 드러나지 않았기 때문에 을의 조약 서명 행위는 권한없는 자가 행한 행위에 해당한다.

3. 권한없이 행한 행위의 추인 여부 (16점)

1) A국 갑의 행위

조약법 제8조는 조약체결의 목적상 권한을 부여받지 못한 자가 행한 조약체결에 관한 행위는, 그 국가에 의하여 추후 확인되지 않는 한 법적 효과가 없음을 명시하고 있다. 사안에서, 갑이 권한 없이 행한 서명한 조약의 경우 A국이 해당 조약을 비준하지 않고 이행하고 있지 않기 때문에 조약법 제8조에 의해 국가가 추인했다고 보기 어렵다.

2) B국 을의 행위

(권한이 유추되는 경우로 판단한 경우)

조약법 제8조가 적용되지 않고 권한있는 자의 행위로서 을의 서명은 유효하다.

(권한없는 자의 행위로 판단한 경우)

조약 서명 이후 B국이 조약체결행위에 대해 추후 확인하지 않는 한 을의 서명은 법적 효력을 가지지 않는다.

III. 결론 (2점)

A국 갑의 조약 서명은 권한없이 행한 조약체결 행위이고 A국의 추인이 없었기 때문에 이러한 행위는 유효하지 않으며, B국 을의 서명행위는 조약법 제7조 1항(b)호에 의해 유효한 행위이다.

(※ 또는 B국 을의 서명행위 또한 권한없이 행해진 조약체결행위로써 B국의 추인이 없다면 을의 서명은 효력이 없다.)

문제 5

인접국가인 A국과 B국은 역사적으로 적대적인 관계를 유지해오고 있다. 최근 A 국의 국경수비대 대원 5명이 B국 국경을 넘어 무력 도발을 하여 B국 군인 3명이 사망하고 수십 명이 중상을 입은 사건이 발생하였다. 이에 대한 대응으로 B국은 전면적인 반격을 실시하여 한 달 만에 A국 국토의 2/3를 점령하였다. 결국 B국 의 점령 하에 A국은 B국과 A-B 협정을 체결하기로 하였고 위 협정의 주요 내 용은 다음과 같다: (a) A국과 B국은 모든 무력충돌을 종결한다. (b) A국은 영토 의 일부를 B에게 할양하도록 한다.

※ A국과 B국은 모두 UN회원국이다.

※ A국과 B국은 모두 1969년 조약법에 관한 비엔나협약(이하, "조약법")의 당사국 이다.

A국은 상기 A-B 협정의 내용 중 (a)조항은 유지한 채 (b)조항만을 무효화하고 자 한다. 이러한 A국의 입장을 조약법에 관한 비엔나협약에 비추어 평가하시오. (40점)

문제 5 ▸ 채점기준표

I. 쟁점 (2점)

A국이 A−B협정의 일부 규정에 대해서만 무효를 주장할 있는지 조약법상 무효사유를 중심으로 검토한다.

II. 조약의 무효사유 (36점)

1. 일반론

조약법상 조약의 무효사유는 조약법 제46조 내지 제53조에서 규정하고 있으며, 국가 대표의 강제(제51조), 국가의 강제(제52조), 강행규범에 반하는 조약(제53조)의 경우 조약 전체에 대해서만 무효를 주장할 수 있다(조약법 제44조 5항). 기만 또는 부정을 조약의 무효사유로 원용하는 경우 조약전체 또는 일부조항에 대해서 무효원용을 선택할 수 있다. 조약의 무효사유는 이러한 조약의 가분성(조약법 제44조)과 연관된다.

2. 강행규범에 반하는 조약

조약은 체결 당시 일반국제법의 강행규범과 충돌하는 경우 무효이다(조약법 제53조). 강행규범은 그 이탈이 허용되지 않으며 동일한 일반국제법상의 강행규범에 의해서만 변경될 수 있으며 전체로서의 국제공동사회가 수락하며 인정하는 규범이다. 강행규범의 예로 침략, 제노사이드, 인도에 반한 죄, 인종차별, 노예, 고문, 자결권 등을 들 수 있다.

3. 조약규정의 가분성 여부

조약법 제44조 5항은 조약의 무효사유 중 제51조(국가 대표의 강제), 제52조(힘의 위협 또는 사용에 의한 국가의 강제), 제53조(강행규범)에 해당되는 경우 조약규정의 분리는 허용되지 않음을 명시하고 있다.

4. 사안의 적용

A-B협정은 B국이 A국과의 국경 인근에서 발생한 사건에 대해 A국을 무력으로 점령하였고, B국의 점령 하에 체결된 조약이다. B국의 무력 점령은 강행규범에 해당하는 침략행위에 해당하므로, 조약법 제53조에 따라 강행규범에 반하는 A-B협정은 무효이다.

III. 결론 (2점)

A국은 조약법 제53조 무효사유를 원용하여 조약의 일부규정만 분리하여 무효를 주장할 수 없다.

문제 6

A국은 해군의 군사력 증강을 목표로 핵잠수함 기술도입 사업을 추진 중이다. 10년간 추진될 동 사업의 계약 규모는 수억 달러에 달하였다. A국은 여러 국가들의 제안서를 검토한 결과, B국과 C국을 최종 후보로 선정하고 이들 국가 중 한 국가와 최종협약을 체결하기로 하였다. B국은 C국과의 경쟁에서 우위를 차지하기 위하여, A국 관련 부처의 책임자 갑과 접촉하였다. B국은 갑에게 거래금액의 0.01%를 사례금으로 제공하는 것을 조건으로 제시하였고, 이에 갑은 B국을 우선 협상대상자로 선정하였다. B국이 우선 협상대상자로 선정된 것에 대해 의구심을 가진 C국은 자체조사를 통해 갑이 B국과 부적절한 거래가 있었음을 밝혀냈다. 그리고 C국은 위 조사결과를 A국에 통보하였다. 하지만, A국은 사안에 대해 아무런 조사를 진행하지 않고 B국과 '핵잠수함 사업 협정'(이하 "협정")을 체결하였다. A국과 B국은 매년 협정을 충실히 이행하였으나, 사업 8년 차에 이르러 양국 간의 기술이전 부분에서 이견이 발생하였다.

※ A, B, C, D국은 1969년 조약법에 관한 비엔나협약(이하, "조약법")의 당사국이다. 조약법에 근거하여 다음에 답하시오.

문1. A국은 B국과 체결한 협정의 유효성을 부인하고자 한다. A국 주장의 정당성에 대해 검토하시오. (20점)

문2. B국은 A국과 체결한 협정의 유효성을 주장하고자 한다. B국 주장의 정당성에 대해 검토하시오. (20점)

문제 6 ▸ 채점기준표

[1] A국 주장의 정당성: 조약의 부적법화(무효) 사유 (20점)

I. 쟁점 (2점)

A국이 국가 대표의 부정을 조약의 무효사유로서 원용 가능한지를 검토한다.

II. 조약의 무효사유 (16점)

1. 일반론

조약법상 조약의 무효사유는 조약법 제46조 내지 제53조에서 규정하고 있으며, 국가 대표의 강제(제51조), 국가의 강제(제52조), 강행규범에 반하는 조약(제53조)의 경우 조약 전체에 대해서만 무효를 주장할 수 있다(조약법 제44조 5항). 기만 또는 부정을 조약의 무효사유로 원용하는 경우 조약전체 또는 일부조항에 대해서 무효원용을 선택할 수 있다(조약법 44조 4항). 따라서, 조약의 무효사유는 조약의 가분성(조약법 제44조)과 연관된다.

2. A국의 입장에 대한 검토

조약에 대한 기속적 동의의 표시가 직간접적으로 자국대표의 부정을 통해 이루어진 경우 그 국가는 조약에 대한 자신의 기속적 동의를 부적법화하는 것으로 부정을 원용할 수 있다(조약법 제50조). 사안에서 A국은 B국이 거래금액의 일부를 자국대표 갑에게 사례금으로 제공하는 부적절한 거래를 통해 협정을 체결하였다는 사실을 토대로 자국대표 갑의 부정에 의한 조약의 무효를 주장할 수 있다.

III. 결론 (2점)

A국은 조약법 제50조에 근거하여 자국대표의 부정을 사유로 조약의 무효를 주장할 수 있다.

[2] B국 주장의 정당성: A국의 조약의 부적법화 사유의 상실 (20점)

I. 쟁점 (2점)

A국이 조약의 무효사유를 원용할 권리를 상실했다는 사유로 B국이 협정의 유효성을 주장할 수 있는지를 검토한다.

II. 조약 무효사유를 원용할 권리의 상실 (8점)

조약법 제45조는 조약의 유효에 대해 국가가 명시적으로 동의하거나, 조약의 효력을 묵시적으로 인정한 경우, 조약 무효사유를 원용할 수 없다고 규정하고 있다.

III. B국의 입장 검토 (8점)

조약법 제45조는 조약의 적법성, 유효성 또는 시행의 계속성에 대해 ① 그 국가가 명시적으로 동의한 경우(a호), 또는 ② 그 국가의 행동으로 보아 묵인한 것으로 간주되어야 하는 경우(b호)에 해당하는 사실을 알게 된 후에는 제46조 내지 제50조의 무효사유를 원용할 권리가 상실된다고 규정하고 있다.

A국과 B국은 8년에 걸쳐 충실히 조약을 이행하였으므로 A국가의 행동으로 보아 묵인한 것으로 간주되어야 하는 경우(b호)에 해당한다고 볼 수 있다. 따라서 8년이 지난 시점에서 A국이 조약의 무효를 주장하는 것은 A국이 조약의 부적법화 사유를 원용할 수 없는 경우에 해당하므로, B국은 조약의 유효성을 주장할 수 있다.

IV. 결론 (2점)

A국은 8년간 조약의 시행의 존속을 묵인하였고, 이로 인해 A국이 조약의 부적법화를 주장할 수 없다. 따라서 양국 간 체결한 협정이 유효하다는 B국의 주장은 타당하다.

문제 7

전 세계적으로 온실가스 감축을 위한 특별한 조치를 취하지 않으면 지구온난화의 피해가 극심할 것으로 예상되는 가운데, A, B, C, D국은 이산화탄소 및 기타 온실 가스를 감축시키면서 주로 기업이 소유하는 석탄화력 등 발전소들에 대한 손해배상을 목적으로 2008.10 '배기가스 감축 및 손해배상 협약'(이하 '협약')을 체결하였다. 동 협약은 위 4개국이 비준을 모두 마친 2010.10 발효되었다. 위 협약은 전문에서 이산화탄소 및 기타 대기 온실가스의 감축 및 포괄적인 손해배상을 핵심 목표로 언급하고 있다. 구체적으로 협약 제5조는 손해배상의 방법 및 감축량을 달성하기 위한 산출방식을 세부적으로 규정하고 있다. 이 산출방식은 특정 활동과 상품으로부터 발생하는 온실가스의 배출에 대한 일반적으로 수락된 과학적 증거를 기초로 하고 있다. 협약 제11조는 "모든 당사국은 온실가스배출량을 특정 수준으로 감축하고 이에 대하여 정기적으로 감독을 받아야 한다"고 명시하고 있으며, 제15조는 태양열발전과 산림조성을 제한할 것을 규정하고 있다. A국과 B국은 협약 제15조의 적용대상에 추가적으로 자동차 및 화석연료로 운행되는 기타 모든 교통수단의 사용을 제한하기로 합의하였다. 2020.10 저명한 과학학술지에 위 협약과 관련된 연구논문이 게재되었는데 과학자들의 연구에 의하면 가장 일반적으로 사용되는 손해배상방법과 온실가스감축량 달성의 산출방식에 과학적 실수가 있음이 지적되었다. 연구결과에 따르면 산출방식에 가장 중요한 생물연료의 효과가 전혀 고려되지 않아 산출결과에 중대한 오류가 발생한 것이었다. 위 논문이 발표된 후, C국 대통령은 학술지에 게재된 논문을 근거로 위 '협약'은 무효라고 주장하고 있다.

※ A, B, C, D국은 조약법에 관한 비엔나 협약(이하"조약법")의 당사국이다.
   조약법에 근거하여 다음에 답하시오.

문1. A국과 B국이 제15조의 내용을 변경하기로 한 합의가 유효한지 논하시오. (20점)

문2. C국 대통령의 주장이 타당한지에 대하여 논하시오. (20점)

문제 7 ▸ 채점기준표

[1] A국과 B국의 합의 유효성 (20점)

I. 쟁점 (2점)

다자조약에서 일부 당사국인 A국과 B국 간 조약 내용을 일부 변경하기로 한 합의가 유효한지를 조약법 제41조를 중심으로 검토한다.

II. 일부 당사국 간 다자조약을 변경하는 합의 (8점)

다자조약의 일부 당사국 간 조약을 변경하는 합의는 가능하다(조약법 제41조 1항). 다만 그러한 합의는 조약에 변경의 가능성이 규정된 경우이거나[조약법 제41조 1항(a)호], 문제의 변경이 조약에 의해 금지되지 않고 다른 당사국의 조약상 권리와 의무에 영향을 주지 않거나[조약법 제41조 1항(b)(i)호], 조약의 대상과 목적에 양립하는 경우[조약법 제41조 1항(b)(ii)호]에 가능하다. 조약 변경의 합의에 관련하여 조약에 달리 규정이 없는 경우 변경에 합의를 하는 당사국은 조약의 변경을 타 당사국에게 통고하여야 한다(조약법 제41조 2항).

III. 사안에의 적용 (8점)

동 사안에서 4개 국가가 체결한 협약은 다자조약으로서 A국과 B국은 배기가스 감축 및 손해배상 협약의 적용대상에 자동차와 화석연료로 운행되는 모든 교통수단을 포함하기로 합의하였다. 동 협약은 별도로 조약의 변경 가능성이 규정되어 있지 않기 때문에, 다자조약의 일부 당사국인 A국과 B국의 합의가 타 당사국의 권리와 의무에 영향을 미치는지 또는 조약 전체의 대상과 목적에 양립하는지를 검토해야 한다.

(합의가 유효하다고 판단하는 경우)
A국과 B국이 자동차와 화석연료로 운행되는 교통수단을 배기가스 감축 및 손해배상 협약의 적용대상에 추가한 것은 타국의 권리 향유와 의무 이행에 영향을 미치지 않으며, 협약의 목적인 대기 온실가스의 감축과도 양립하기 때문에 양국 간 합의는 유효하다.

(합의가 유효하지 않다고 판단하는 경우)

A국과 B국이 협약 대상에 자동차와 화석연료로 운행되는 교통수단을 추가하기로 합의한 것은 온실가스 감축이라는 협약의 목적에 반하지 않는다. 다만, 동 협약은 배기가스 감축과 더불어 포괄적인 손해배상도 핵심 목표로서 손해배상의 방법, 감축량을 달성하기 위한 산출방식을 세부적으로 규정하고 있다. 특정 교통수단을 배기가스 감축대상에 추가한 것은 온실가스 감소에 도움을 줄 수 있지만, 주로 기업 소유의 발전소 등에 대한 손해배상을 목적으로 하고 있으며 온실가스 감축량을 달성하는 전반적인 산출방식에 영향을 끼치고 결과적으로 타국의 권리 향유 및 의무 이행에 영향을 미칠 수도 있다[조약법 제41조 1항(b)(ii)호].

IV. 결론 (2점)

A국과 B국의 배기가스 감축 및 손해배상 협약의 적용대상을 추가하기로 한 합의는 유효하다.

(※ 또는 (사안의 적용 결과에 따라) 유효하지 않다.)

[2] C국 대통령의 주장 (조약의 무효) 타당성 (20점)

I. 쟁점 (2점)

C국 대통령이 착오를 이유로 협약의 무효를 주장할 수 있는지 검토한다.

II. 조약의 무효사유 (8점)

1. 일반론

조약법상 조약의 무효사유는 조약법 제46조 내지 제53조에서 규정하고 있으며, 제51조, 제52조, 제53조에 해당하는 무효사유의 경우(국가 대표의 강제, 국가의 강제, 강행규범) 절대적 무효사유로서 조약 전체에 대해서만 무효를 주장할 수 있다. 상대적 무효사유의 경우 일부 조항에 대해서만 무효를 주장할 수 있으며 기만 또는 부정의 경우 조약전체 또는 일부조항에 대해서 무효원용을 선택할 수 있다. 조약의 무효사유는 이러한 조약의 가분성(조약법 제44조)과 관련된다.

2. 착오로 인한 조약의 무효사유

조약상 착오는 조약이 체결된 당시 국가가 기속적 동의의 본질적 기초를 구성한 것에 관한 경우 국가는 그 조약에 대한 기속적 동의를 무효화하는 것으로 착오를 원용할 수 있다(조약법 제48조 1항). 다만, 문제의 국가가 스스로 착오를 유발한 경우 또는 착오를 감지할 수 있는 사정이 있는 경우 착오를 원용할 수 없으며(조약법 제48조 2항), 조약문의 자구에만 관련된 착오는 조약의 적법성에 영향을 미치지 않는다(조약법 제48조 3항).

III. 사안의 적용 (8점)

(착오로 인한 무효주장이 가능하지 않은 경우)
문제의 협약에서 배기가스 감축과 포괄적인 손해배상만이 기속적 동의의 본질일 뿐, 구체적인 손해의 선출방식은 협약 당사국들의 기속적 동의의 본질에 해당하지 않기 때문에 착오를 원용할 수 없다.

(착오로 인한 무효주장이 가능한 경우)
문제의 협약의 핵심 목표 중 하나인 손해배상은 주로 기업이 소유하는 석탄화력 발전소 등에 대한 손해배상이며, 배상 방식에 실수가 있는 경우 손해배상액의 산정에 결정적인 영향을 미칠 수 있다. 따라서 손해배상 방식은 문제의 협약에 대한 당사국의 기속적 동의의 본질과 연관될 수 있고, C국이 스스로 착오를 유발하지 않았고 C국이 착오를 감지할 수 있었던 사정이 존재하지 않기 때문에 조약법 제48조 착오를 이유로 무효주장이 가능하다.

IV. 결론 (2점)

착오를 이유로 협정이 무효라는 C국 대통령의 주장은 타당하다.
(※ 또는 (사안의 적용 결과에 따라) 타당하지 않다.)

문제 8

"X"강에 인접한 A국, B국, C국, D국은 국경지역 내 "X"강을 통한 마약 수송 등 마약밀매 범죄가 급증하자 2000년 1월 "ABC 공조조약"(이하, '공조조약')을 체결하고 마약범죄 근절을 위한 협력을 강화하기로 하였다. 공조조약에 따라 A국, B국, C국에게는 수사기관 간 긴밀한 공조와 정보제공을 통해 마약정보 공유시스템을 구축해야 할 의무와 공조조약 당사국의 국적을 가진 마약사범에 대한 신병 인도 요청에 응해야 할 의무가 부여되었다.

공조조약이 체결되었음에도 불구하고 "X"강은 마약과 총기의 불법거래 및 불법 이주자수송 등 조직범죄의 온상지가 되었다. 이로 인해 "X"강에 인접한 다수의 국가들인 A국, B국, D국, E국, F국은 국제적으로 연계된 범죄에 대응하고 지역안보협력을 강화하기 위해 2010년 1월 "X지역 범죄인인도조약"(이하, '인도조약')을 체결하였다. 인도조약은 마약범죄의 경우 인도를 요청하는 국가와 피요청국의 국내법상 모두 최소 10년 이상의 징역에 해당하는 경우에만 인도가 가능하다고 규정하고 있으며, 당사국이 자국민의 인도를 거절할 수 있는 권리도 포함하고 있다. A국과 D국의 「통제물질법」은 마약범죄에 대해 최소 5년 이상의 징역을 처하도록 규정하고 있으며, B국의 국내법상 마약범죄는 최소 10년 이상이 징역에 처해진다.

※ A국, B국, C국, D국, E국, F국 모두 "조약법에 관한 비엔나협약"(이하, '조약법') 의 당사국이다.

※ '공조조약'과 '인도조약'은 각각의 조약 규정에 따라 발효되었다.

조약법에 기초하여 다음에 답하시오.

문1. "공조조약" 및 "인도조약"에 대한 A국과 B국의 조약관계를 설명하시오. (20점)

문2. 2015년 1월 C국이 A국에게 A국적의 마약범죄자에 대한 인도를 청구하는 경우, A국이 이에 응할 의무가 있는지 "공조조약"과 "인도조약"의 조약 관계를 적용하여 설명하시오. (20점)

문제 8 ▸ 채점기준표

[1] 공조조약과 인도조약에 대한 조약관계 (20점)

I. 쟁점 (2점)

마약범죄 근절을 위해 각각 체결된 공조조약과 인도조약의 동일한 당사국 간에 적용되는 조약에 대해 조약법 제30조를 중심으로 검토해야 한다.

II. 동일한 주제에 관한 전/후 조약의 적용문제 (8점)

조약법 제30조는 동일한 주제에 관한 전/후 조약의 당사국의 권리와 의무를 규정하고 있으며, 동일한 문제는 제30조의 적용범위가 전 조약과 후 조약이 충돌하거나 양립이 불가한 상황에 한정된다. 제30조는 어느 한 조약 전체에 우위를 부여하거나 무효화 시키지 않으며 전/후 조약의 개별 규정 간의 우선 순위에 관해 규정하고 있다.

III. 사안의 적용 (8점)

공조조약과 인도조약이 동일한 주제이면서 서로 양립이 불가능한 조약인지를 검토한다. 공조조약은 마약범죄 근절을 위해 정보공유시스템을 구축하고 당사국의 국적을 가진 마약사범을 인도할 의무를 부여하고 있으며, 인도조약은 마약범죄의 경우 인도를 요청하는 국가와 피요청국 국내법상 10년 이상의 징역에 해당하는 경우에만 인도할 수 있다고 규정하고 있다. 공조조약이 조건 없이 마약사범을 인도할 의무를 부여하고 있는 반면, 후자의 경우 특정 조건을 충족한 경우에만 신병 인도가 가능하므로 양 조약은 동일한 주제이면서 동시에 양립할 수 없는 경우에 해당한다. 따라서 공조조약과 인도조약 양 조약 모두 당사국인 A국과 B국 간에는 전 조약인 공조조약 (2000년)이 후 조약인 인도조약(2010년)과 양립하는 범위 내에서만 적용되며(조약법 제30조 3항), 양 조약이 충돌하는 경우에는 후법 우선의 원칙이 적용된다.

IV. 결론 (2점)

공조조약과 인도조약에 대한 A국과 B국은 양 조약이 양립하는 범위 내에서만 적용된다.

[2] A국이 C국의 마약범죄자 인도청구에 응할 의무가 있는지 여부 (20점)

I. 쟁점 (2점)

공조조약의 당사국인 A국과 C국 및 인도조약의 당사국인 A국 간 적용 가능한 조약
여부를 조약법 제30조를 중심으로 검토해야 한다.

II. 동일한 주제에 관한 전/후 조약의 적용문제 (8점)

조약법 제30조는 동일한 주제에 관한 전/후 조약의 당사국의 권리와 의무를 규정하
고 있으며 동일한 문제는 제30조의 적용범위가 전 조약과 후 조약이 충돌하거나 양
립불가 상황에 한정된다. 제30조는 어느 한 조약 전체에 우위를 부여하거나 무효화
시키지 않으며 전/후 조약의 개별 규정 간의 우선 순위에 관해 규정하고 있다. 제30
조는 양 조약 모두 당사국인 경우와(조약법 제30조 3항) 양 조약과 어느 한 조약의 당
사국 간에 관계에 적용되는 경우를[조약법 제30조 4항(b)호] 구분하여 규정하고 있다.

III. 사안의 적용 (8점)

공조조약과 인도조약은 마약범죄 근절을 목표로 하는 동일한 주제를 다루고 있다.
다만, 공조조약이 조건 없이 마약범죄자를 인도할 의무를 부여하고 있는 반면, 인도
조약의 경우 특정 조건을 충족한 경우에만 신병 인도가 가능하기 때문에 양 조약은
동일한 주제이면서 동시에 양립할 수 없는 경우에 해당하며 조약법 제30조의 적용
대상이다.

사안에서 A국은 공조조약과 인도조약 모두 당사국이며, C국은 공조조약만 당사국이
다. 양 조약과 어느 한 조약의 당사국 간에는 양국이 다 같이 당사국인 조약이 그들
상호 간의 권리와 의무를 규율한다[조약법 제30조 4항(b)호]. 따라서, 양국이 모두 당
사국인 공조조약이 A국과 C국에 적용되기 때문에 공조조약에 따라 마약범죄자를
인도할 의무가 부여된 A국은 C국에게 마약범죄자를 인도해야 한다.

IV. 결론 (2점)

공조조약과 인도조약에 대한 A국과 C국 간의 관계에서는 공조조약이 적용되어 A국은 C국에게 마약범죄자를 인도해야 할 의무를 진다.

문제 9

A국, B국, C국은 세 국가를 관통하는 하천을 공동으로 관리하기 위해 2000년 "하천협약"을 체결하였고, 이 협약은 2002년 발효하였다. 하천협약에 따르면 당사국들은 산업용수의 연간 최대 사용량을 정해 하천을 효율적으로 관리하기로 하였다. 한편, A국의 공기업 공장에서 2012년 폐수를 위 하천에 무단으로 방류해왔다는 사실이 대외적으로 밝혀졌다. 이에 A국, B국, C국은 2010년 "수질관리협약"에 서명을 하였다.

수질관리협약은 농업용수도 산업용수와 마찬가지로 당사국의 연간 최대 사용량을 정하고 정해진 수질기준에 따라 하천을 공동 관리하는 것을 목적으로 하고 있다. 이 협약은 A, B, C국 모두 국내 비준을 마친 시점에 발효하는 것으로 규정하고 있으며, 2022년 4월을 기준으로 A국과 B국은 국내 비준절차를 마쳤지만, C국은 국내 비준절차를 거치지 못했다.

※ A, B, C국 모두 조약법에 관한 비엔나협약(이하, '조약법')의 당사국이다.

조약법에 근거하여 다음에 답하시오.

문1. 2012년 A국 공기업 공장의 폐수 무단 방류 행위가 "조약법"과 "수질관리협약"에 위반되는지 각각 논하시오. (20점)

문2. 2022년 5월 C국이 수질관리협약의 국내 비준을 마쳤다고 가정한다면, A국, B국, C국 간 "하천협약"과 "수질관리협약" 중 어떤 협약이 우선적으로 적용되는지 논하시오. (20점)

문제 9 ▸ 채점기준표

[1] 조약법과 수질관리협약상 의무 위반 여부 (20점)

I. 쟁점 (2점)

2012년 A국 공기업의 폐수 방류 행위가 미발효된 조약인 수질관리협약과 발효된 조약법에 관한 비엔나협약에 위반되는지 여부를 각각 검토한다.

II. 조약의 발효 전 의무 (8점)

국가는 비준, 수락 또는 승인되어야 하는 조약에 서명한 경우 그 조약의 당사국이 되지 아니하고자 하는 의사를 명백히 표시할 때까지 조약의 대상과 목적을 저해하는 행위를 삼가야 하는 의무를 진다(조약법 제18조).

III. 사안의 적용 (8점)

A국, B국 및 C국이 2010년 서명한 수질관리협약은 세 국가 모두 비준을 완료하는 것을 조건으로 발효되지만, C국이 비준을 거치지 못해 2022년 4월까지 발효되지 못한 상태이다. 수질관리협약은 농업용수의 연간 최대 사용량을 정하고 정해진 수질 기준에 따라 하천을 공동 관리하는 것을 목적으로 하고 있다. 2012년 시점에서 수질관리협약은 비록 발효되진 못했지만, 조약에 서명한 A국은 위 조약의 대상과 목적을 저해하는 행위를 삼가야 할 의무를 진다(조약법 제18조). A국은 수질관리협약의 국내 비준을 마쳤기 때문에 조약의 당사국이 될 의사를 밝힌 상태였고, A국의 공기업이 위 하천에 폐수를 무단 방류하는 행위는 하천의 수질에 중대한 영향을 미치는 바, 이러한 행위는 조약의 대상과 목적을 저해하는 행위에 해당되므로 조약법 제18조 상의 의무를 위반한 것이다. 반면 수질관리협약은 발효가 되지 않은 조약으로, 동 협약에 근거한 의무는 존재하지 않는다.

IV. 결론 (2점)

A국 공기업의 폐수 방류 행위는 수질관리협약의 위반은 아니지만, 조약법 제18조

상의 의무를 위반한 행위에 해당한다.

[2] 하천협약과 수질관리협약의 적용 순서 (20점)

I. 쟁점 (2점)

동일한 주제를 다루는 두 개의 조약 모두 당사국인 국가 사이에 적용되는 조약에 대해 조약법 제30조를 중심으로 검토해야 한다.

II. 동일한 주제에 관한 전/후 조약의 적용문제 (8점)

조약법 제30조는 동일한 주제에 관한 전/후 조약의 당사국의 권리와 의무를 규정하고 있으며 동일한 문제는 제30조의 적용범위가 전 조약과 후 조약이 충돌하거나 양립불가 상황에 한정된다. 제30조는 어느 한 조약 전체에 우위를 부여하거나 무효화시키지 않으며 전/후 조약의 개별 규정 간의 우선 순위에 관해 규정하고 있다.

III. 사안의 적용 (8점)

2002년 발효한 하천협약과 2022년 발효한 수질관리협약은 A국, B국 및 C국을 관통하는 하천을 공동으로 관리하기 위해 체결되었다. 하천협약은 산업용수의 연간 최대 사용량을 정해 하천을 공동으로 관리하는 것을 목적으로 하며, 수질관리협약은 농업용수의 연간 최대 사용량을 정하고, 당사국 간 정한 수질기준에 따라 하천을 공동 관리하는 것을 목적으로 한다. 이러한 점에서 볼 때, 양 조약 모두 특정 하천에 대한 공동관리라는 동일한 주제를 다루고 있다. 다만, 조약법 제30조는 동일한 주제를 다루는 조약 간에 충돌 또는 양립이 불가한 상황이 발생하는 경우에 적용될 수 있다.

(양 조약이 서로 충돌하지 않는다고 판단하는 경우)
조약법 제30조는 동일한 주제의 두 개의 조약이 서로 충돌하는 상황에서 적용되기 때문에, 하천협약과 수질관리협약의 내용상 서로 양립이 불가하는 내용이 존재하지 않으므로 조약법 제30조의 적용대상이 아니다. 따라서 하천협약과 수질관리협약은 각각 개별적으로 유효하게 적용된다.

(양 조약이 서로 충돌한다고 판단하는 경우)

전 조약의 모든 당사국이 후 조약의 당사국이기 때문에 하천협약은 수질관리협약의 규정과 양립하는 범위 내에서 적용된다.

IV. 결론 (2점)

(양 조약이 서로 충돌하지 않는다고 판단하는 경우)

하천협약과 수질관리협약은 조약법 제30조의 적용대상이 아니므로 각각 개별적으로 유효하게 적용된다.

(양 조약이 서로 충돌한다고 판단하는 경우)

하천협약은 수질관리협약의 규정과 양립하는 범위 내에서 적용된다.

문제 10

세계적으로 전기자동차와 같은 차세대 자동차 보급이 확산할 것으로 전망됨에 따라 전기자동차 제조에 필요한 희귀 금속에 대한 수요가 늘어나고 있다. A국은 희귀 금속 최대 매장국이며 광산업은 국가 수입의 50% 이상을 차지하는 A국 경제의 핵심 요소이다. A국은 신속한 광물 채굴을 위한 신기술이 부족하여 첨단 채굴 기술 보유국으로 알려진 B국과 천연자원 개발에 관한 협정(이하, "협정")을 체결하였다. 동 협정에 의하면 A국은 B국에게 독점으로 희귀 금속을 채굴할 권한을 20년간 부여하고, 위 기간 동안 매년 총 채굴량의 15%에 해당하는 금액을 B국에게 지급하기로 하였다. 협정이 체결되고 10년 후, 새롭게 출범한 A국 신정부는 위 "협정"의 내용이 일방적이고 불평등하다며 협정의 무효를 주장하고 있다.

※ A국과 B국 모두 1969년 조약법에 관한 비엔나협약(이하, "조약법")의 당사국이다.

문1. A국의 협정 무효에 대한 주장이 타당한지 조약법에 근거하여 논하시오.
  (20점)
문2. 만약 B국이 첨단 기술 보유국이라고 A국을 속였다는 사실이 밝혀지는 경우, A국이 조약법상 협정의 무효를 주장할 수 있는지 논하시오. (20점)

문제 10 ▸ 채점기준표

[1] A국 주장의 타당성 검토 (20점)

I. 쟁점 (2점)

A국은 B국과 체결한 협약의 내용이 불평등하다는 이유로 협정을 무효시키길 원하며 이러한 A국의 주장이 조약의 무효사유로써 원용될 수 있는지 검토한다.

II. 조약의 무효사유 (16점)

1. 일반론

조약법상 조약의 무효사유는 조약법 제46조 내지 제53조에서 총 8개의 사유를 규정하고 있다. 제51조, 제52조, 제53조에 해당하는 무효사유(국가 대표의 강제, 국가의 강제, 강행규범)는 절대적 무효사유로써 조약 전체에 대해서만 무효를 주장할 수 있다(조약법 제44조 5항). 상대적 무효사유의 경우 일부 조항에 대해서만 무효를 주장할 수 있으며 기만 또는 부정의 경우 조약 전체 또는 일부 조항에 대해서 무효원용을 선택할 수 있다(조약법 제44조 4항).

2. 사안의 적용

A국은 협약의 내용이 불평등하다는 이유로 협약을 무효화 할 것을 주장하지만, 조약법에서 제46조 내지 제53조에 언급된 8가지 조약의 무효사유에 해당하지 않는다. 따라서 단지 협약의 내용이 일방에 치우치거나 불평등하다는 이유만으로 협약의 무효를 주장할 수 없다.

III. 결론 (2점)

A국의 주장은 조약법상 명시된 조약의 무효사유에 해당되지 않기 때문에 타당하지 않다.

[2] A국의 조약의 무효 주장 검토 (20점)

I. 쟁점 (2점)

B국이 A국을 속여(기만하여) 협약을 체결한 경우, A국이 협정을 무효를 주장할 수 있는지 검토해야 한다.

II. 조약의 무효사유 (16점)

1. 조약의 무효사유와 조약규정의 가분성

조약법상 조약의 무효사유는 조약법 제46조 내지 제53조에서 총 8개의 사유를 규정하고 있다. 제51조, 제52조, 제53조에 해당하는 무효사유의 경우(국가 대표의 강제, 국가의 강제, 강행규범) 절대적 무효사유로서 조약 전체에 대해서만 무효를 주장할 수 있다(조약법 제44조 5항). 상대적 무효사유의 경우 일부 조항에 대해서만 무효를 주장할 수 있으며 기만 또는 부정의 경우 조약전체 또는 일부조항에 대해서 무효원용을 선택할 수 있다(조약법 제44조 4항).

2. 조약 무효사유를 원용할 권리의 상실

조약법 제45조는 조약의 적법성, 유효성 또는 시행의 계속성에 대해 ① 그 국가가 명시적으로 동의한 경우(a호), 또는 ② 그 국가의 행동으로 보아 묵인한 것으로 간주되어야 하는 경우(b호)에 해당하는 사실을 알게 된 후에는 제46조 내지 제50조의 무효사유를 원용할 권리가 상실된다고 규정하고 있다.

3. 기만으로 인한 조약의 무효

조약법 제49조는 국가가 다른 교섭국의 기만적 행위에 의하여 조약을 체결하도록 유인된 경우, 그 국가는 기만을 원용하여 조약에 대한 자신의 기속적 동의를 무효로 할 수 있다고 규정하고 있다.

4. 사안의 적용

A국과 자국에 매장된 광물 채굴이 부족하여 채굴을 위한 첨단 기술이 필요한 상황

이었고, B국은 첨단기술국이라고 A국을 속인 채 협정을 체결하였다. B국은 A국과 협정을 체결하기 위한 목적으로 A국을 기만했기 때문에, A국의 기만을 무효사유로 원용할 수 있다. 다만, A국이 B국의 기만적 목적을 알고서도 양국 간의 협정을 10년간 이행했다면 A국이 협정의 효력을 묵인한 것으로 간주될 수 있다. 이 경우 A국은 조약법 제45조(b)호에 따라 기만을 사유로 조약의 무효를 원용할 권리를 상실하게 된다.

III. 결론 (2점)

A국은 기만을 사유로 하여 B국과의 협정이 무효라고 주장할 수 있지만, B국의 기만적 행위를 인지한 상태에서 협약을 10년간 시행한 경우 조약의 무효를 원용할 권리를 상실하게 되어 협정의 무효를 주장할 수 없다.

제 3 편

1994년 관세 및 무역에 관한 일반협정

국제경제법 개관

기본원칙

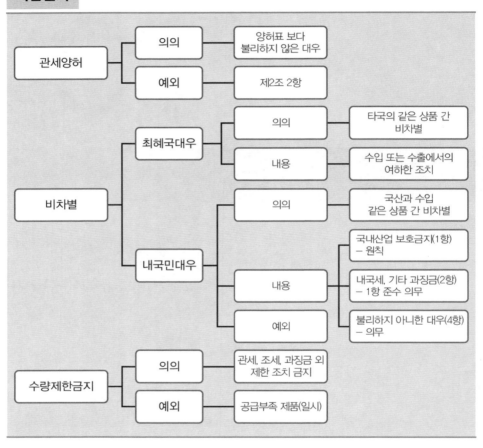

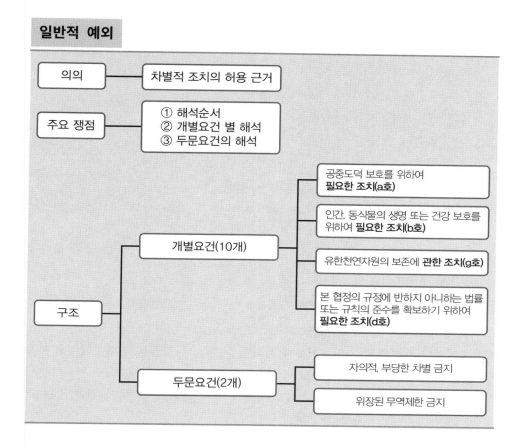

1. 회원국의 의무

가. 관세양허

GATT/WTO회원국은 GATT/WTO 가입 시에 무역상대국 간의 협상을 통해 교역
제품별로 관세율의 상한선(양허세율)을 정하여 이를 각각 자국의 관세양허표에 기
재한 후, 이 양허표를 GATT 제2조에 첨부하는데 이를 관세양허라 한다. 관세는
관세양허율 이하로 부과되어야 하며, 최혜국대우 원칙에 따라야 한다.

나. 최혜국대우

GATT 제3조와 더불어 WTO 비차별주의 원칙을 선언한 기본 조항이다. 동 비차별
에는 법률상(*de jure*)의 비차별뿐만 아니라 사실상(*de facto*)의 비차별도 포함된다.
최혜국대우 의무는 '수입'영역에만 적용되는 것이 아니고 '수출'영역에도 적용될 수

있다. 이는 수량제한의 원칙과 연계하여 검토할 필요가 있다.

국가가 자국영역 내에 있는 외국의 같은 상품(like product)에 대해서는 WTO회원국들 사이에서 어떠한 특혜도 창출하지 않는 것을 내용으로 하며, 같은 상품의 분류기준은 내국민대우 기준과 동일하게 적용된다.

최혜국대우의 대상조치는 다음과 같다.

① 수출입시의 관세 및 과징금,

② 수출입대금의 국제이체에 대한 관세 및 과징금,

③ 이러한 관세 및 과징금의 부과방법,

④ 수출입과 관련한 모든 규칙 및 절차,

⑤ 수입품에 대한 직간접의 내국세 및 부과금,

⑥ 수입품의 국내 판매·판매제의·구매·운송·유통·사용에 관한 국내 법규나 요건 등

다. 내국민대우

최혜국대우 원칙이 타국 제품들에 대한 대우에 있어서의 비차별을 내용으로 하는 반면, 내국민대우 원칙은 타국제품과 국산제품 간의 비차별을 의미한다. 동 비차별에는 법률상의 비차별뿐만 아니라 사실상의 비차별도 포함된다.

내국세 및 내국과징금의 부여(재정적 조치)에서의 적용기준은 다음과 같다.

① 같은 상품(like product)의 경우

초과과세 금지(2항 1문) - 국내산업 보호요건 검토 불필요

② 직접경쟁 또는 대체관계 제품

유사하지 않은 과세는 2항 2문 위반으로 간주(제3조 2항 주해) - 국내산업보호요건 검토 필요

내국민대우의 대상조치는 다음과 같다.

① 내국세 및 기타 모든 종류의 내국과징금

② 상품의 국내판매, 판매를 위한 제공, 구매, 운송, 유통 또는 사용에 영향을 주는 법률·규정·요건

③ 특정 수량 또는 비율로 상품을 혼합하거나 가공 또는 사용하도록 요구하는 내국의 수량적 규정

※ 같은 상품(like product)에 대한 관한 구분이론

패널 및 상소기구에서는 사안별로 접근하여 판단함.

1. 제품성질설: 제품의 물리적 특성, 성질, 최종용도, 관세분류 등의 객관적 요소 고려

   ※ 일본 주세분쟁 패널: 소주와 보드카의 물리적 특성, 최종용도, 관세분류, 시장여건 등을 고려

2. 목적효과설: 해당 조치를 통해 달성하고자 하는 목적 고려

   ※ 종이컵과 플라스틱컵의 차별과세(환경보호),

   　 맥주의 알콜도수에 따른 차별과세(건강보호)

3. 시장기반설: 두 상품이 놓여 있는 객관적인 시장여건 고려. 소비자의 기호 및 습관 등 시장환경적 요소 반영

   ※ EC 석면사건 상소기구: 발암물질의 함유량의 차이가 있는 물품에 대한 시장의 인식 - 같은 상품(like product) 불인정

라. 수량제한금지

수량제한금지 원칙은 수출입상품에 대한 수량할당, 수출입허가 등 그 형태에 상관 없이 관세나 조세 또는 기타 과징금을 제외한 금지 또는 제한을 수출입상품에 부과하는 것을 금지하는 원칙이다.

GATT 제11조 1항 위반 여부는 다음 두 가지 요건에 따라 판단된다.

① '다른 체약국 영토의 상품의 수입' 또는 '다른 체약국 영토로 향하는 상품의 수출 또는 수출을 위한 판매'가 존재하는지 여부,

② 관세, 조세 또는 그 밖의 과징금 이외의 어떠한 금지 또는 제한이 존재하는지 여부

수량제한금지원칙의 금지되는 조치의 유형은 다음과 같다.

① 수출입할당이나 수출입 허가 등 수량제한적 조치,

② 상품무관련 공정 및 생산방법에 따른 수입제한조치(참치-돌고래)

2. 일반적 예외

가. 개관

GATT 제1조 최혜국대우 원칙, 제2조 관세양허, 제3조 내국민대우 원칙, 제11조

수량제한금지 원칙 등이 GATT의 기본적인 의무규정이라면, 이들 조항에 대한 예외를 정당화하는 법적 근거를 제공해 주는 것이 바로 일반적 예외에 대해 규정하고 있는 GATT 제20조이다.

GATT 제20조는 회원국이 특정한 상황에서 일반적인 의무에서 면제되는 것을 허용하며 두문(chapeau)과 10가지 예외조치(개별요건)로 구성되어 있다.

10가지 예외조치는 '동일한 조건'하에 있는 국가 간에 '자의적(임의적)이거나 부당한 차별의 수단' 또는 '국제무역에 대한 위장된 제한'을 가하는 방법으로 적용되어서는 안 된다는 두문요건도 충족하여야 한다. 이때 예외조항의 분석은 개별요건 분석 후 두문요건 충족여부를 검토한다(2단계 분석법).

나. 개별요건

☐ 공중도덕 보호를 위하여 필요한 조치(a호)
- 개념
  공동체 또는 국가에 의해서 공동체 또는 국가를 대신해서 유지되는 옳고 그른 행위의 기준
- 요건검토
  ① 회원국의 공중도덕에의 부정적 영향 여부
  ② 회원국의 조치가 공중도덕에 대한 부정적 영향을 감소시키는지
- 필요성 테스트: 필요불가결한의 의미로 해석(덜 무역제한적 조치의 존재)

☐ 인간, 동식물의 생명 또는 건강 보호를 위하여 필요한 조치(b호)
- 요건검토
  ① 인간, 동식물의 생명 및 건강의 보호에 해당하는지(목적)
  ② 인간, 동식물의 생명 및 건강의 보호에 필요한 조치인지(필요성)
- 필요성 테스트: 규제 이익과 손해를 비교형량(덜 무역제한적 조치의 존재)

☐ 유한천연자원의 보존에 관한 조치(g호)
- 요건검토
  ① 자원의 유한성(유한자원의 개념 - 광의로 해석: 생물, 비생물 포함 예-청정공기, 바다거북 등)
  ② 보존과 관련된 조치 여부(주된 목적에서 관련된 조치로 완화)
  ③ 국내생산 또는 소비에 대한 제한과의 결부 여부(국내제품에도 동등하게 적용되는지)

▫ 본 협정의 규정에 반하지 아니하는 법률 또는 규칙의 준수를 확보하기 위하여 필요한 조치(d호)

- ■ 개념: 저작권, 기만적 관행의 방지 등
- ■ 요건검토
  - ① 법률 또는 규정 해당여부(국내법만 포함)
  - ② 준수의 확보: 준수 확보에 기여할 정도면 충분(강제성, 확실성을 의미하지 않음)
- ■ 필요성 테스트: 규제 이익과 손해를 비교형량(덜 무역제한적 조치의 존재)

다. 두문요건

▫ 자의적, 부당한 차별 금지

- ■ 요건검토
  - ① 차별의 예견가능성, 교섭 등 해결노력의 존재 여부
  - ② 일방적 질문, 심리 반론기회의 미제공, 개별적 서면통보절차의 미비, 재심 및 상소의 부정 등은 자의적 차별에 해당

▫ 위장된 무역제한 금지

- ■ 요건검토
  - ① 조치의 경직성, 조치의 공개성, 교역제한 의도의 존재 여부
  - ② 조치가 적용되는 방식, 국제무역에 제한이 되는 방식으로의 적용 여부

제1부

기본원칙

제1절 일반적 최혜국대우

제1조 (일반적 최혜국대우)

1. 수입 또는 수출에 대하여 또는 수입 또는 수출과 관련하여 부과되거나 수입 또는 수출에 대한 지급의 국제적 이전에 대하여 부과되는 관세 및 모든 종류의 과징금에 관하여, 동 관세 및 과징금의 부과방법에 관하여, 수입 또는 수출과 관련된 모든 규칙 및 절차에 관하여, 그리고 제3조 제2항 및 제4항에 언급된 모든 사항에 관하여 체약당사자가 타국을 원산지로 하거나 행선지로 하는 상품에 대하여 부여하는 제반 편의, 호의, 특권 또는 면제는 다른 모든 체약당사자의 영토를 원산지로 하거나 행선지로 하는 동종 상품에 대하여 즉시 그리고 무조건적으로 부여되어야 한다.

1. 최혜국대우의 의의

GATT 제1조 1항은 최혜국대우 의무를 의미하며 GATT 제3조와 더불어 WTO비차별주의 원칙을 선언한 기본 조항이다. 비차별 개념에는 형식상(*de jure*) 비차별뿐만 아니라 사실상(*de facto*) 비차별도 포함된다.[1] 국가가 자국영역 내에 있는 외국의 '같은 상품'(like product)[2]에 대해서는 WTO회원국들 사이에서 어떠한 특혜도 창출

---

1) 국제통상법에서 차별(discrimination)개념은 형식상(*de jure*) 차별과 실질적(*de facto*) 차별로 구분된다. 전자는 통상규제 조치의 외형을 기준으로 한 개념이며 후자는 실질적 효과까지 감안한 개념이다. 이러한 용어가 그동안 국내에서는 "법률상 차별, 사실상 차별"이라는 용어로 통용되어 온 바가 있다. 따라서 본서에서의 용어는 "*de jure* discrimination"을 "형식상/법률상 차별"로, "*de facto* discrimination"은 "실질적/사실상 차별"로 혼용하여 사용하기로 한다.

2) 같은 상품("like product")의 개념은 지금까지는 "동종 상품" 또는 "동질·동종 상품" 등으로 불리어왔다. 그럼에도 "동종"이란 말은 종류가 같다는 말인바, 실제로 "like products"의 개념이 종류를 기준으로 구분하는 말이 아님을 주의해야 한다. 즉, 종류가 같은 상품의 범위는 너무 광

하지 않는 것을 목표로 하고 있는 것이다. 무역정책의 목적상, 최혜국대우는 관세양허의 가치를 보호하게 되고 관세양허의 결과를 다자 무역체제를 위해 일반화시키게 된다. 예를 들어 같은 상품(like products)인데도 A국이 C국의 상품에 대해서만 특혜대우를 부여하면, A국 시장에서 C국 상품이 부당하게 많이 팔리게 되어, 같은 상품(like product)을 A국에 대해 수출해오고 있는 B국이 A국과의 관세양허협상을 통해 얻어낸 양허의 가치는 크게 상실되게 된다. 같은 상품(like product)의 개념은 후술하는 내국민대우 부분에서 상술하기로 한다.

2. GATT의 최혜국대우의 적용범위 및 방식

GATT 제1조 1항에서는 아래의 사항에 관하여, 한 국가에 대한 특혜(편의, 호의, 특권, 면제)는 다른 WTO회원국의 같은 상품(like products)에 대해 즉각적이고 무조건적으로 부여되어야 한다고 규정하고 있다.

① 수출입시의 관세 및 과징금
② 수출입 대금의 국제 이체에 대한 관세 및 과징금
③ 이러한 관세 및 과징금의 부과 방법
④ 수출입과 관련한 모든 규칙 및 절차
⑤ 수입품에 대한 직간접의 내국세 및 부과금
⑥ 수입품의 국내 판매·판매제의·구매·운송·유통·사용에 관한 국내 법규나
　요건 등

주의할 점은 최혜국대우 의무는 '수입' 영역에만 적용되는 것이 아니고 '수출' 영역에도 적용될 수 있다는 것이다. 예를 들어 미국이 대 이스라엘 수출에만 특정한 상품 또는 서비스에 대해 특혜를 부여하는 것은 다른 WTO회원국들과의 관계에 있어서 최혜국대우 의무를 위반하게 되는 것이다. 아울러 주의할 점은 WTO회원국이 WTO비회원국에 부여한 특혜의 경우에도 WTO협정상의 최혜국대우 의무 위반이 성립할 수 있다는 것이다. 예를 들어 우리가 북한산 제품에 대해 부여하는

범위한바, "like product"이 비교 대상 제품의 성질, 관세분류, 용도, 시장에서의 소비자의 대체가능 인식 정도를 비교하여 유사성이 농후한지 여부를 기준으로 정의된 개념임을 감안할 때 "동종상품"이란 번역은 타당하지 않은 것이다. 국제통상법에서 말하는 "like products"의 개념은 결국 무엇이 "같고" 무엇이 "다른" 제품인가라는 구분을 통해 "같은" 것으로 판정되는 제품 간에는 차별을 금지하고, "다른" 것으로 판정되는 제품 간에는 비차별원칙의 적용을 배제함으로써 비차별대우 원칙의 한계를 설정하려는 취지의 소산인 것이다. 따라서 앞으로는 "like products"를 "같은 상품"으로 번역하는 것이 바람직하다. 본서에서는 "동종상품"이란 용어는 "같은 상품"(like products)을 의미하는 것으로 양해하기로 한다.

특혜에 대해 다른 WTO회원국들이 최혜국대우 의무 위반을 주장할 수 있게 된다. 이는 우리가 북한산 제품에 대한 무관세 수입허용 등의 햇볕정책을 펼침에 있어서 같은 제품(like products)을 한국에 수출해오고 있는 WTO회원국들에 대해 주의를 기울여야 함을 의미한다.

📝 사건소개

스페인-커피 사건 (1981)

1981년 스페인은 수입커피를 여러 종류로 나누어 차등 관세(마일드 커피 0%, 아라비카/로버스타 등의 커피 7%)를 부과하였다. 이에 브라질이 스페인의 조치가 GATT 제1조의 최혜국대우 위반임을 이유로 GATT 분쟁해결절차에 제소하였다.

스페인은 이들 제품의 질적 차이와 소비자의 인식을 이유로 차등과세의 정당성을 주장하였으나, GATT 패널은 각국이 관세분류의 권한이 있더라도 같은 상품(like product)에 대해서는 동일한 관세율이 적용되어야 한다고 판정하였다.

인도네시아-자동차 사건 (1998)

1997년 당시 인도네시아는 자동차를 국내생산하기 위해 외국의 자동차 생산업체와의 제휴 및 국내투자를 희망하였다. 이에 한국의 기아자동차가 인도네시아 국내기업과 제휴계약을 체결하고 인도네시아 정부는 이들이 생산한 국산자동차 및 이를 위한 수입부품에 대해 관세 및 조세상의 특혜를 부여하는 한편 국민차 생산업체에 거액의 특혜금융을 지원하였다. 이에 대해, 이러한 특혜로부터 배제된 EU, 미국 및 일본의 자동차업체들은 자국 정부를 통해 이 문제를 WTO에 제소하였다.

WTO 패널은 '국산차 및 그 부품'과 '여타 중소형차 및 그 부품'을 같은 상품(like product)으로 판단하고, 인도네시아 정부의 조치는 조세율의 차이에 의한 차별조치에 해당하므로 비차별원칙 의무를 위반한다고 판정하였다.

최혜국대우

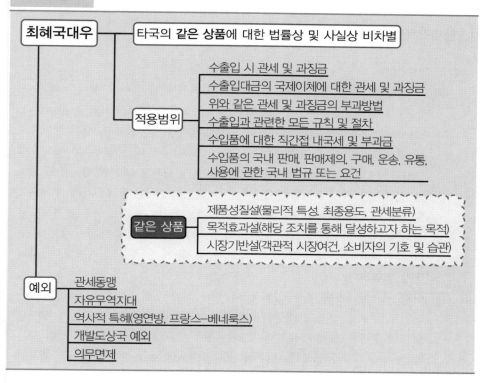

최혜국대우 ── 타국의 **같은 상품**에 대한 법률상 및 사실상 비차별

적용범위
- 수출입 시 관세 및 과징금
- 수출입대금의 국제이체에 대한 관세 및 과징금
- 위와 같은 관세 및 과징금의 부과방법
- 수출입과 관련한 모든 규칙 및 절차
- 수입품에 대한 직간접 내국세 및 부과금
- 수입품의 국내 판매, 판매제의, 구매, 운송, 유통, 사용에 관한 국내 법규 또는 요건

같은 상품
- 제품성질설(물리적 특성, 최종용도, 관세분류)
- 목적효과설(해당 조치를 통해 달성하고자 하는 목적)
- 시장기반설(객관적 시장여건, 소비자의 기호 및 습관)

예외
- 관세동맹
- 자유무역지대
- 역사적 특혜(영연방, 프랑스–베네룩스)
- 개발도상국 예외
- 의무면제

제 2 절   양허표

1. 관세양허의 원칙

제2조 (양허표)

1. (a) 각 체약당사자는 다른 체약당사자의 상거래에 대하여 이 협정에 부속된 해당 양허표의 해당 부에 제시된 대우보다 불리하지 아니한 대우를 부여한다.

   (b) 어떤 체약당사자에 관한 양허표 제1부에 기재된 상품으로서, 다른 체약당사자 영토의 상품이 동 양허표에 관련된 영토로 수입되는 경우, 동 양허표에 명시된 조건 또는 제한에 따라 동 양허표에 명시되고 제시된 관세를 초과하는 통상적인 관세로부터 면제된다. 이러한 상품은 이 협정일자에 부과되고 있거나 이 협정일자에 수입영토에서 유효한 법령에 의하여 이후 부과되도록 직접적이고 의무적으로 요구되는 한도를 초과하여 수입에 대하여 또는 수입과 관련하여 부과되는 모든 그 밖의 관세 및 모든 종류의 과징금으로부터 또한 면제된다.

   (c) 어떤 체약당사자에 관한 양허표 제2부에 기재된 상품으로서, 동 양허표에 관련된 영토로 수입될 때 제1조에 의하여 특혜대우를 받을 권리가 부여된 영토의 상품이 당해 영토로 수입되는 경우, 동 양허표에 명시된 조건 또는 제한에 따르되 동 양허표 제2부에 명시된 관세를 초과하는 통상적인 관세로부터 면제된다. 이러한 상품은 또한 이 협정일자에 부과되고 있거나 이 협정일자에 수입영토에서 유효한 법령에 의하여 이후 부과되도록 직접적 또는 의무적으로 요구되는 한도를 초과하여 수입에 대하여 또는 수입과 관련하여 부과되는 모든 그 밖의 관세 및 모든 종류의 과징금으로부터 또한 면제된다. 이 조의 어떠한 규정도 체약당사자가 특혜관세율에 의한 수입을 위한 재화의 적격성에 관하여 이 협정일자에 존재하는 요건을 유지하는 것을 방해하지 아니한다.

2. 이 조의 어떠한 규정도 체약당사자가 상품의 수입에 대하여 언제든지 다음을 부과하는 것을 방해하지 아니한다.

   (a) 동종의 국내상품에 대하여 또는 당해 수입상품의 제조 또는 생산에 전부 또는 일부 기여한 물품에 대하여 제3조 제2항의 규정에 합치되게 부과하는 내국세에 상당하는 과징금

   (b) 제6조의 규정에 합치되게 적용되는 반덤핑 또는 상계 관세

   (c) 제공된 용역의 비용에 상응하는 수수료 및 그 밖의 과징금

GATT/WTO회원국은 GATT/WTO 가입 시에 무역상대국 간의 협상을 통해 교역제품별로 관세율의 상한선(양허세율)을 정하여 이를 각각 자국의 관세양허표에 기재한 후, 이 양허표를 GATT 제2조에 첨부하는데 이를 관세양허라 한다. 회원국이 관세를 부과함에 있어, 실제로 부과하는 관세율(실행관세율)은 양허세율 이하로 부과해야할 의무를 GATT 제2조가 규정하고 있는 것이다. 아울러 관세부과에 있어서는 GATT 제1조의 최혜국대우 원칙도 따라야 하기에 수입국별 같은 상품(like products) 간에 실행관세율의 차이를 두어 부과하게 되면 GATT 제1조를 위반하게 된다.

이러한 관세양허 의무가 적용되지 않는 관세의 종류도 있음을 주의해야 하는바, GATT 제2조 2항은 조세(tax), 반덤핑관세 및 상계관세, 그리고 수입관련 서비스 수수료를 들고 있다. 단, 수입관련 서비스 수수료와 관련하여서는 실제로 제공된 용역의 가치 이상의 과도한 사용료를 부과하게 되면 그 차액은 "기타 부과금"(other charges of any kind)에 해당하게 되어 관세양허의무가 적용되게 되므로, 이러한 차액만큼은 양허관세율을 초과하였는지를 판단하는 관세율 총액을 계산하는데 합산되게 됨을 유의해야 한다.

관세란 수입품에 대해 수입시점에 부과되는 재정적 부과금을 말하는바, 일정한 수입물량을 정하여 일정량까지는 저율의 관세를 부과하고 그 이상의 수입량에 대해서는 고율의 관세를 부과하는 방식의 관세할당 또는 관세쿼터제도(tariff rate quota, TRQ)가 실제로 활용되는 경우도 있다. 이는 사실상 일정 물량만큼의 수입만 장려하여 과도한 수입을 방지하고 국내산업을 보호하기 위해 사용되는 제도다. 이러한 관세할당제도는 관세로서의 성격과 쿼터로서의 성격을 함께 가지므로 후술하는 수량제한금지 원칙과도 관련하여 문제시되고 있다.

2. 관세평가와 관세결정 방식의 공정성

3. 어떠한 체약당사자도 이 협정에 부속된 해당 양허표에 제시된 양허의 가치를 침해하도록 관세평가가격의 결정방법 또는 통화환산방법을 변경하여서는 아니 된다.

4. 체약당사자가 이 협정에 부속된 해당 양허표에 기재된 상품의 수입에 대한 독점을 공식적으로 또는 사실상 설정, 유지 또는 승인하는 경우, 이러한 독점은 동 양허표에 제시되어 있거나 당해 양허를 최초로 협상한 당사자 간에 달리 합의된 경우를 제외하고는, 평균하여 동 양허표에 제시된 보호의 정도를 초과하여 보호를 부여하도록 운영되어서는 아니 된다. 이 항의 규정은 체약당사자가 이 협정의 다른 규정에 의하여 허용되는, 국내생산자에 대한 제반 형태의 지원을 사용

하는 것을 제한하지 아니한다.

5. 체약당사자는 어떤 상품이 이 협정에 부속된 해당 양허표에 제시된 양허에 의하여 의도되었다고 믿는 대우를 다른 체약당사자로부터 받지 못하고 있다고 간주하는 경우 동 문제에 대하여 직접 상대체약당사자의 주의를 환기한다. 상대체약당사자가 상정된 대우가 주의를 환기한 체약당사자가 주장한 대우라는 점에는 동의하나 법원 또는 그 밖의 관계당국이 당해 상품은 동 체약당사자의 관세법상 이 협정에서 의도된 대우가 허용되도록 분류될 수 없다는 취지로 판정하였기 때문에 동 대우를 부여할 수 없다고 선언하는 경우, 이들 두 체약당사자는 실질적인 이해관계가 있는 다른 체약당사자와 함께 동 문제의 보상조정을 목적으로 추가협상을 신속히 개시한다.

관세분류란 관세부과의 목적으로 수입품이 품목분류표상에서 어떠한 품목에 해당하는지를 정하는 절차이다. 관세분류에 대한 GATT체약국 간 이견이 있는 경우 양국이 협의해야 한다. 만일 수입국이 관세분류에 오류가 있음을 인정하나 자국의 사법적 기관에 의해 판정이 이미 내려졌기에 오류를 수정할 수 없다고 선언하는 경우에는 실질적 이해관계가 있는 제3국의 참여하에 보상을 위한 협상을 즉시 개시할 수 있는 절차적 권리가 있다. 이러한 규정은 체약국 내의 관세분류관련 사법적 판정의 효력을 존중하는 한편, 국제적 관세양허의 효과를 보호하기 위한 보상절차를 마련한 것이라 평가할 수 있다. 이러한 협상을 통해 적절한 보상이 이루어지지 않는 경우, 수출국은 GATT 제22조에 따른 협의를 요청할 수 있다.

관세평가란 수입품의 정당한 가격을 확정하는 절차인바, 수입자가 정상가격보다 가격을 일부러 낮추어 기재하여 수입함으로써 관세 부담을 경감시키는 식의 행태를 보일 수도 있고, 수입국 관세당국이 정상가격보다 부풀려 관세평가가격을 산정하여 관세양허 가치를 저해할 수도 있기에, 이러한 행위를 견제하기 위해 수입국이 실제거래가격을 기초로 관세평가가격을 산정하도록 별도의 WTO 관세평가협정이 체결되어 있다.

📝 사건소개

EC-컴퓨터 장비 사건 (1998)

EC는 LAN(Local Area Network) 어답터 부품과 멀티미디어 PC를 UR협상 동안에는 자동정보처리(ADP) 기기 또는 그 부품으로(양허 관세율 2.5%-0%), 1995년에는 정보통신기기(양허 관세율 3.6%-0%)로 분류하였하였다. 1996년에는 영국 법원이 PC를 TV수신기(양허율 14-8%)로 재분류하여 PC에 높은 관세를 부과토록 하였다. 이에 미국은 GATT 제2조 위반을 주장하며 WTO에 제소하였다.

WTO 패널은 양허표의 문구만 가지고는 해당 PC제품이 ADP인지 TV수신기인지를 판정하는 것은 불가능한바, 이런 경우에는 관세양허표의 품목분류를 해석할 때, 수출국이 가졌던 합리적 기대가 중요한 기준이 되어야 함을 판시하였다. 또한 관세양허의 범위에 대해 명확히 해야 할 의무가 수입국 측에 있음도 판시하였다. 이에 따라 수출국인 미국 입장에서 EC가 LAN장비를 ADP로 계속 분류할 것이라는 정당한 기대를 갖는 것은 합리적이라고 보고, 이러한 기대를 저해하며 높은 관세를 부과한 EC에 대해 패소판정을 내렸다. 그러나 WTO 상소기구는 양허표의 해석이 조약의 해석의 원칙을 따라야 하고(주관적 기준인 수출국의 합리적 기대가 해석기준이 될 수 없음), HS 표준 분류표와 회원국들의 후속관행을 고려하여 객관적으로 해석해야 하는바, 패널이 수출국인 미국이 가졌던 기대를 주로 고려하여 양허표를 해석한 것은 잘못된 것이고, 관세양허의 범위에 대한 명확화의 책임도 모든 이해관계국이 공동으로 지는 것이지 수출국에게만 이러한 책임을 면제해주는 식으로 해석할 수는 없음을 판시하고, EC가 GATT 제2조를 위반하여 관세를 과도하게 부과했다는 패널결정을 번복하였다.

아르헨티나-섬유제품 사건 (1998)

아르헨티나는 섬유류 및 신발류에 대해 35%의 종가세를 부과하기로 양허하였으나, 실제로는 35%의 종가세와 최소특정수입세 제도를 병행하여 이 중 높은 관세를 실제로 부과하였다. 이에 미국은 최소특정수입세가 35%보다 더 높게 산정되는 경우는 GATT 제2조를 위반한다며 WTO에 제소하였다.

WTO 패널은 관세양허표의 내용과 다른 유형의 관세를 마련한 점과, 최소특정수입세 적용으로 인하여 징수되는 관세가 35%보다 높은 경우가 발생할 수 있어 제2조 1항 (b)의 위반이 성립한다고 판시하였다.

그러나 WTO 상소기구는 GATT 제2조 1항 (b) 자체는 관세양허표에서 양허한 것을 초과하여 통상적인 관세부과를 하지 않도록 의무화하고 있는 것이지, 그 자체가 관세양허표의 내용과 다른 형태의 관세제도를 도입한 것 자체까지 금지하는 조항은 아님을 판시하고, 다른 형태의 관세부과가 양허한 관세율을 초과하여 부과된 경우에 한해 그 초과 범위가 GATT 제2조 1항 (b)를 위반한다고 판시하였다.

제 3 절 내국민대우

제3조 (내국과세 및 규칙에 관한 내국민대우)

1. 체약당사자들은 내국세 및 그 밖의 내국과징금과 상품의 국내판매, 판매를 위한 제공, 구매, 운송, 유통 또는 사용에 영향을 주는 법률·규정·요건과 특정 수량 또는 비율로 상품을 혼합하거나 가공 또는 사용하도록 요구하는 내국의 수량적 규정이 국내생산을 보호하기 위하여 수입상품 또는 국내상품에 적용되어서는 아니 된다는 것을 인정한다.

2. 다른 체약당사자의 영토내로 수입되는 체약당사자 영토의 상품은 동종의 국내 상품에 직접적 또는 간접적으로 적용되는 내국세 또는 그 밖의 모든 종류의 내국과징금을 초과하는 내국세 또는 그 밖의 모든 종류의 내국과징금의 부과대상이 직접적으로든 간접적으로든 되지 아니한다. 또한, 어떠한 체약당사자도 제1항에 명시된 원칙에 반하는 방식으로 수입 또는 국내 상품에 내국세 또는 그 밖의 내국과징금을 달리 적용하지 아니한다.

제3조 2항에 관한 주해: 제2항 첫번째 문장의 요건에 합치되는 조세는 과세된 상품을 일방으로 하고 유사하게 과세되지 아니한 직접적으로 경쟁적이거나 대체가능한 상품을 타방으로 하여 양자 간에 경쟁이 수반된 경우에만 두번째 문장의 규정에 불합치되는 것으로 간주된다.

4. 다른 체약당사자의 영토내로 수입되는 체약당사자 영토의 상품은 그 국내판매, 판매를 위한 제공, 구매, 운송, 유통 또는 사용에 영향을 주는 모든 법률, 규정, 요건에 관하여 국내원산의 같은 상품에 부여되는 대우보다 불리하지 않은 대우를 부여받아야 한다. 이 항의 규정은 상품의 국적에 기초하지 아니하고 전적으로 운송수단의 경제적 운영에 기초한 차등적 국내운임의 적용을 방해하지 아니한다.

5. 어떠한 체약당사자도 특정 수량 또는 비율로 상품을 혼합, 가공 또는 사용하는 것에 관련된 내국의 수량적 규정으로서, 그 적용을 받는 특정 수량 또는 비율의 상품이 국내공급원으로부터 공급되어야 함을 직접적 또는 간접적으로 요구하는 규정을 설정하거나 유지하지 아니한다. 또한 어떠한 체약당사자도 제1항에 명시된 원칙에 반하는 방식으로 내국의 수량적 규칙을 달리 적용하지 아니한다.

7. 특정 수량 또는 비율로 상품을 혼합하거나 가공 또는 사용하는 것에 관련된 어떠한 내국의 수량적 규정도 동 수량 또는 비율을 국외공급원 간에 할당하는 방식으로 적용되어서는 아니 된다.

1. 내국민대우의 의의 및 구조

최혜국대우 원칙이 여러 타국 제품들에 대한 대우에 있어서의 비차별을 내용으로 하는 반면, 내국민대우 원칙은 타국제품과 국산제품 간의 비차별을 요구한다. 이러한 비차별에는 형식상(*de jure*) 비차별뿐만 아니라 사실상(*de facto*) 비차별도 포함된다.

WTO회원국은 아래의 국내조치가 국내 생산을 보호하도록 적용되지 않도록 해야 할 원칙적인 책임이 있음을 인정한다(1항).

　① 내국세 및 기타 모든 종류의 내국과징금

　② 상품의 국내판매, 판매를 위한 제공, 구매, 운송, 유통 또는 사용에 영향을 주는 법률·규정·요건

　③ 특정 수량 또는 비율로 상품을 혼합하거나 가공 또는 사용하도록 요구하는 국내의 수량적 규제

다른 회원국에 수입되는 WTO회원국의 상품은 국내 판매, 판매를 위한 제공, 구매, 운송, 소비를 위한 유통 또는 사용에 영향을 미치는 모든 법규 및 요건에 관하여 수입국내의 같은 상품(like product)에 부여된 대우보다 덜 유리한 대우(less favourable treatment)를 받는 것이 금지된다(4항).

국내조치 중에서 내국세 또는 기타 과징금의 형태로 부과되는 재정조치에 대해서는 2항이 적용된다. WTO회원국의 상품이 다른 회원국에 수입될 경우 수입국 내의 같은 상품(like product)에 부과된 조세 또는 기타 과징금을 '초과하여' 과세되지 않으며(2항 1문), 1항에 규정된 원칙에 반하여 과세되지 않는다(2항 2문). 즉, 2항 1문에 합치되는 조세부과라도, '직접적인 경쟁 또는 대체관계(directly competitive or substitutable)'에 있는 제품에 대해서는 '유사하게' 과세되지 않은 경우 2항 2문의 규정을 위반한 것으로 간주된다(제3조 2항에 관한 주해).

이때 2항 1문의 위반 여부를 검토할 경우에는 1항의 원칙인 국내생산의 보호 여부가 요건에 포함되지 않지만, 직접적인 경쟁 또는 대체 관계의 상품 간 유사하지 않은 과세를 부여하여 내국민대우 위반 여부를 가리기 위해 2항 2문을 적용할 경우에는 국내생산에 대한 보호 요건까지 함께 고려하여 최종 위반 여부를 검토하여야 한다.

2항 1문의 "초과하는"과 2문의 "유사하게"의 의미에 대해 상소기구는 최소허용기준(*de minimis* level)의 적용 여부에 차이점을 두고 있다. 즉, 1문은 어떠한 조세율의

차이도 허용하지 않겠다는 의지의 표현이며, 2문은 최소허용기준을 넘지 않는 조세율의 미소한 차이는 유사하게 부과되지 않은 것은 아니므로 위반이 아니라는 입장이다. 결과적으로 같은 상품(like products) 간에는 정확하게 같은 조세가 적용되어야 하는 의무가 부과되는 것이고, 직접 대체 또는 경쟁 상품 간에는 미소한 과세율의 차이 이상의 차이가 있는 경우에 비로소 내국민대우 위반이 성립되게 된다.

조세제도의 차이가 있는 국가들간에 형평성을 유지하기 위해 수출국 내에서 없는 조세제도를 수입국은 도입하고 있는 경우에, 이로 인해 수입품이 국내상품에 비해 유리한 대우를 누릴 수 없도록 하기 위해 국경세조정(국가간 과세제도의 차이를 조정하는 차원에서 부과되는 세금, Border Tax Adjustment)을 통해 일정한 세금을 수입품에 부과하는 것은 내국민대우 의무와 충돌되는가? 해당 제품의 제품으로서의 성격에 직접 또는 간접적으로 연관된 세금의 경우에는(예, 철강 수입국의 수입 철강제품의 판매에 대한 탄소세 부과와 같은 간접세) 이러한 세금을 부담하는 국산제품과 경쟁하는 수입제품에 대해 동등한 액수만큼 부과하더라도 그것은 국산의 같은 상품(like domestic product)에 대한 부과를 초과하는 부과에 해당하지는 않게 되므로, 내국민대우 체제하에서 이러한 식의 국경세조정은 인정될 수 있는 셈이다.

📝 사건소개

멕시코-소프트드링크 사건 (2006)

멕시코는 사탕수수당을 첨가하지 않은 청량음료의 수입에 대해서는 가액의 20%에 해당하는 음료세 부과하고, 운송/유통과 관련된 각종 서비스에 대해서도 20%의 유통세 부과하였지만, 사탕무당을 첨가한 제품에 대해서는 세금을 미부과하였다. 그런데 사탕수수당을 첨가한 것은 대부분 수입산이며, 사탕무당을 첨가한 것은 대부분 국내산이었다. 이에 미국은 멕시코의 조치가 결과적으로 국내산 음료의 생산 및 판매를 촉진함을 이유로 내국민대우 위반을 주장하였다.

WTO 패널은 '제3조 2항 첫 번째 문장'의 경우 같은 상품(like product) 여부, 내국세 및 내국과징금 여부, 초과과세 여부, 직접 또는 간접 부과 여부를 검토하였다. WTO 패널은 '제3조 2항 두 번째 문장'의 경우 직접적으로 경쟁가능 또는 대체가능 여부, 유사하게 과세되었는지 여부, 국내생산보호 목적 여부를 검토하였다. WTO 패널은 '제3조 4항'의 경우 같은 상품(like product) 여부, 법령 및 규정, 요건해당 여부, 국내 판매 및 구매 등에 영향을 미치는지 여부, 덜 유리한 대우 여부를 검토하였다.

2. 같은 상품(like product)에 대한 판단

같은 상품(like product) 판정에 대한 방법론은 크게 제품성질설, 목적효과설(또는 조치목적설), 그리고 시장기반설이 있다.

제품성질설(BTA Approach)은 제품의 물리적 특성, 최종용도, 관세분류 등의 객관적 요소에서의 유사성을 판정기준으로 삼고 있다. 일본 주세분쟁에서 패널과 상소기구는 소주와 보드카의 물리적 특성, 최종용도, 관세분류, 시장 여건 등을 고려하여 같은 제품(like products)으로 판단하였다. 이러한 방법론은 대체로 WTO 상소기구에 의해 일관되게 지지되고 있다.

목적효과설(Aim and Effect Approach)은 해당 조치를 통해 달성하고자 하는 규제목적을 먼저 고려한 후, 이러한 목적에 입각하여 규제의 효과를 고려하여 그 유사성 여부를 판정하는 견해이다. 환경보호를 위하여 종이컵과 플라스틱컵에 대한 차별과세, 청소년의 건강보호를 위하여 맥주의 알콜도수에 따른 차별과세, 환경보호를 위하여 고급승용차와 저가승용차 간의 조세차별 등을 하는 경우, 그러한 규제 목적 하에서는 비교대상 제품들이 서로 다른 제품(not like products)이라 판정된다.

시장기반설(Market-Based Approach)은 두 상품이 거래되고 있는 객관적인 시장여건의 차이까지 고려하여, 그러한 차이를 반영한 상태에서 실제로 한 제품에 대한 규제가 다른 비교대상 제품의 거래에 유의미한 영향을 미치는지 여부를 판단하여, 두 제품 간의 같은 상품(like products) 관계를 결정하자는 이론이다. 대상 시장에서 안정적으로 유지되어 온 소비자의 기호 및 습관 등 시장 환경적 요소를 정당한 고려요소로 포함시키게 된다. EC-석면사건(2001)에서 상소기구는 소비자들의 기호와 습관을 고려하여 발암물질의 함유량의 차이가 있는 물품은 같은 상품(like products)에 해당하지 않는 것으로 판단하였는바, 이는 석면이 거래되고 있는 해당 시장의 여건 하에서 다른 요소들을 고려한 결과이다. 이러한 시장기반 요소들을 상소기구가 암암리에 고려하게 됨에 따라, 시장기반설은 제품성질설의 변화에도 상당한 영향을 미치고 있는 것으로 볼 수 있다.

3. 내국민대우의 예외

8. (a) 이 조의 규정은 상업적 재판매 또는 상업적 판매를 위한 재화의 생산에 사용할 목적이 아닌, 정부기관에 의하여 정부의 목적을 위하여 구매되는 상품

의 조달을 규율하는 법률, 규정 또는 요건에는 적용되지 아니한다.

(b) 이 조의 규정은 이 조의 규정에 합치되게 적용된 내국 세금 또는 과징금의 수익으로부터 발생한 국내생산자에 대한 지급금 및 정부의 국내상품 구매를 통하여 실현된 보조금을 포함하여 보조금을 국내생산자에게 배타적으로 지급하는 것을 방해하지 아니한다.

9. 체약당사자들은 내국의 최고가격 통제조치가 이 조의 다른 규정에는 합치한다 하더라도 수입상품을 공급하는 체약당사자의 이익을 저해하는 효과를 가질 수 있다는 것을 인정한다. 따라서 이러한 조치를 적용하는 체약당사자는 이러한 저해효과를 가능한 한 최대한도로 피할 목적으로 수출체약당사자의 이익을 고려한다.

10. 이 조의 규정은 체약당사자가 노출영화필름에 관한 것으로서 제4조의 요건을 충족하는 내국의 수량적 규정을 설정하거나 유지하는 것을 방해하지 아니한다.

정부조달(government procurement)에 있어서는 GATT상의 내국민대우 조항의 적용을 배제시키고 있는 바[8항(a)호], 정부조달협정의 가입국에 한해 '정부조달협정'상의 자체적인 내국민대우 조항이 적용되게 된다. 또한 국내생산자에 대해 보조금을 금전적으로 지급(payment)하는 조치도 내국민대우 의무가 적용되지 않는다[8항(b)호]. 또한 영화필름 상영에 대한 양적 제한조치를 내국민대우 조항의 예외사유로 선언하고 있으며(10항), GATT 제4조가 이를 상세히 규정하고 있다. 이는 수입영화와 국산영화 간의 차별조치를 일정한 조건에 따라 허용하기 위한 예외조항이다(스크린쿼터 제도의 적법성 근거).

🖉 사건소개

한국-주세 사건 (1998)

한국의 주세는 소주의 경우 증류식 50%, 희석식 35% 부과, 보드카·진·럼의 경우 80%, 위스키·브랜디는 100% 종가세(ad valorem tax)를 적용하였다. 이에 EU·미국·캐나다 측은 주세제도의 협정위반을 주장하며 WTO에 제소하였다. WTO 패널과 상소기구는 다음의 이유로 GATT 제3조 2항 위반을 평결하였다. ① 소주(희석식/증류식)와 위스키, 브랜디, 코냑, 럼, 진, 보드카, 데킬라, 리큐르(liqueurs) 및 혼합주 등 수입주류 간에는 "직접 경쟁 또는 대체관계"가 존재하고(제품특성, 소비용도, 음용장소, 가격차이, 잠재적 경쟁관계 등 고려), ② 한국은 수입상품에 대해 "유사하지 않은 방식(not similarly)"으로 과세하였고, 즉, 이러한 차별적 과세가 미소한 차이(de minimis)를 넘고 있고, ③ 그로 인해 "국내생산에 보호를 제공하도록 적용"되고 있다.

칠레-주세 사건 (1999)

한국과 일본이 술의 '종류'에 따라 차등과세를 하고 있었던 반면, 칠레는 술의 '도수'와 가격에 따른 차등과세를 부과하였다. 동 조치는 자국주인 pisco가 속해있는 35°와 대부분의 수입주류들이 속해있는 39° 사이에 급격한 세율의 격차를 두어 pisco를 보호하는 효과를 거두었다. WTO 패널 및 상소기구는 일본/한국 소주 평결을 참조하여 칠레 주세제도가 사실상의 차별을 가하고 있으므로 GATT 제3조 2항 위반으로 판정하였다.

필리핀-증류주 사건 (2012)

필리핀은 증류주에 대해 유형별로 차등세율을 적용하여, 지정된 원재료(니파, 코코넛, 카사바, 카모트 등)로 생산된 증류주에는 알코올 함량 리터당 낮은 세율을 적용하였다. 이에 높은 소비세 적용 주류를 대부분 수출하고 있었던 미국과 EU는 필리핀 내국세법의 GATT 제3조 2항 위반을 이유로 WTO에 제소하였다. 선행 유사 분쟁인 한국 소주분쟁 및 일본 소주분쟁에서는 한국과 일본이 술의 '종류'에 따른 차등과세, 칠레 피스코 분쟁에서는 술의 '도수'와 가격에 따른 차등과세, 필리핀의 주세제도는 지정된 원재료를 사용했는지 여부에 따라 차등과세 부과하였다는 점에서 차이가 있다. 이러한 차이점에도 불구하고, WTO 패널은 선행 사례들과 같이 '사실상의 차별'에 해당하는 것으로 일관되게 판정하였다. 즉, 같은 상품(like product)에 대한 경쟁조건의 차이가 구조적으로 창출되게 되면 GATT 내국민대우 원칙을 위반한다는 기존의 WTO 판시내용을 확인하고 있다.

태국-담배 사건 (2011)

태국 정부는 수입담배의 관세평가에 있어 거래가격(transaction value)을 부인하고 구성가격(deductive value)을 사용하고, 담배제품을 포함한 일정한 상품의 판매에 대해 부가가치세(VAT)를 부과하면서 태국의 국산담배의 판매에 대해서는 이를 면제하는 조치를 취하였다. 이에 다국적 담배회사인 필립모리스의 투자를 유치하여 담배를 태국에 수출하고 있었던 필리핀은 2008년 태국을 WTO에 제소하였다.
WTO 패널 및 상소기구는 태국이 국내담배 재판매업자들을 VAT 의무로부터 면제시키고 수입담배에 대하여는 국내담배와 다른 VAT를 부과하는 조치는 GATT 제3조 2항 1문을 위반한다고 평결하였다. WTO 패널 및 상소기구는 태국이 자국산 담배에 대해서는 일반적인 마케팅 비용 결정방법을 사용하였지만 수입산에는 일반적 방법을 적용하지 않아 마케팅 비용이 증가하게 되었는바, 결과적으로 국내산 담배에 적용하는 기준을 초과하여 VAT를 적용하였다고 판단하였다.

WTO 상소기구는 GATT 제3조 4항 위반의 요건 중 "덜 유리한 대우"의 판단기준이 "경쟁조건"이라는 점을 다시 한번 확인시키고, 경쟁조건에 대한 영향 심사는 그러한 영향의 "개연성의 정도"에 대한 심사가 아니고, 해당조치와 경쟁조건 간의 "진정한 관계"에 대한 분석임을 강조하였다. 이는 영향 관련성만 입증이 되면 그 영향 발생의 개연성의 정도까지 입증할 필요는 없다는 점에서 내국민대우 위반에 대한 입증을 수월하게 하는 측면이 있다.

WTO 상소기구는 수입담배 판매자들이 VAT공제를 위해서는 신청절차를 밟아야 하므로 자동적으로 VAT면제혜택을 받는 국산 담배업자에 비해 일정한 절차적 부담이 가해지게 되고, 이것은 경쟁조건에 부정적 영향을 미치므로 GATT 제3조 4항을 위반한다고 판시하였다. 즉, 문제가 되는 조치와 수입품·국산품 간의 경쟁조건 간의 영향 관련성만 입증된다면, 그 영향 발생의 개연성의 정도와 관계없이 덜 유리한 대우가 성립될 수 있다는 것이다.

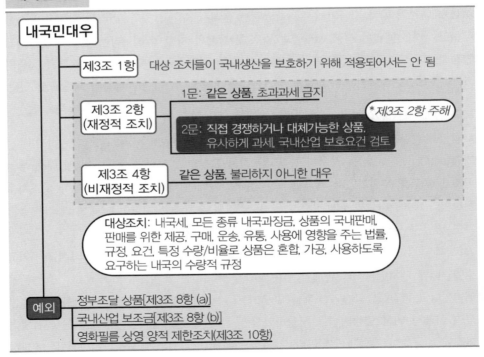

내국민대우

※ 같은 상품(like product)에 관한 내용은 최혜국대우와 동일

제 4 절   수량제한금지

제11조 (수량제한의 일반적 폐지)

1. 다른 체약당사자 영토의 상품의 수입에 대하여 또는 다른 체약당사자 영토로 향하는 상품의 수출 또는 수출을 위한 판매에 대하여, 쿼터, 수입 또는 수출 허가 또는 그 밖의 조치 중 어느 것을 통하여 시행되는지를 불문하고, 관세, 조세 또는 그 밖의 과징금 이외의 어떠한 금지 또는 제한도 체약당사자에 의하여 설정되거나 유지되어서는 아니 된다.

2. 이 조 제1항의 규정은 다음에 대하여는 적용되지 아니한다.

   (a) 식품 또는 수출체약당사자에게 불가결한 그 밖의 상품의 중대한 부족을 방지 또는 완화하기 위하여 일시적으로 적용되는 수출의 금지 또는 제한

   (b) 국제무역에 있어서 산품의 분류, 등급부여 또는 판매를 위한 표준 또는 규정의 적용에 필요한 수입 및 수출의 금지 또는 제한

   (c) 다음 목적을 위하여 운영되는 정부조치의 시행에 필요한 것으로서 어떤 형태로든 수입되는 농산물 또는 수산물에 대한 수입의 제한

      (i) 판매 또는 생산되도록 허용된 같은(like) 국내상품의 수량 또는 같은 상품의 실질적인 국내생산이 없는 경우에는 동 수입상품이 직접적으로 대체할 수 있는 국내상품의 수량을 제한하기 위한 것 또는

      (ii) 동종 국내상품의 일시적인 과잉상태 또는 같은 상품의 실질적인 국내생산이 없는 경우에는 동 수입상품이 직접적으로 대체할 수 있는 국내상품의 일시적인 과잉상태를 무상 또는 당시의 시장수준보다 낮은 가격으로 일정한 국내소비자집단에 이용가능하게 함으로써 제거하기 위한 것 또는

      (iii) 어떤 산품의 국내생산이 상대적으로 경미한 경우에 생산의 전부 또는 대부분을 그 수입산품에 직접적으로 의존하는 동물성 상품의 생산이 허용되는 물량을 제한하기 위한 것

   이 항 (c)호에 따라 상품의 수입에 대한 제한을 적용하는 체약당사자는 특정한 장래의 기간 중에 수입이 허용될 상품의 총량 또는 총액과 이러한 물량 또는 금액에 있어서의 변경을 공고하여야 한다. 또한, 위 (i)에 의하여 적용되는 제한은, 제한이 없을 경우 양자 간에 성립될 것이 합리적으로 기대되는 총국내생산에 대한 총수입의 비율과 비교하여 동 비율을 감소시키는 것이어서는 아니 된다. 체약당사자는 동 비율을 결정함에 있어서 과거의 대표적인 기간 동안 우세하였던 비율과 당해 상품의 무역에 영향을 주었을 수도 있거나 영향을 주고 있을 수도

있는 특별한 요소에 대하여 적절한 고려를 한다.

1. 의의

수량제한금지 원칙이란 수출입상품에 대한 수량할당, 수출입허가 등 그 형태에 상관없이 관세나 조세 또는 기타 과징금을 제외한 금지 또는 제한을 수출입상품에 부과하는 것을 금지하는 원칙이다. 수량제한의 경우 수출국이 어느 나라에 대하여 상품을 수출하기 위한 어떠한 노력을 하더라도 정해진 수량 이상으로 수출하는 것이 불가능하므로 무역확대라는 GATT의 기본목적을 심각하게 침해할 수 있기에 원칙적으로 수량제한조치는 금지된다.

2. 적용

GATT 제11조 1항 위반 여부는 다음 두 가지 요건에 따라 판단된다.

① '다른 체약국 영토의 상품의 수입' 또는 '다른 체약국 영토로 향하는 상품의 수출 또는 수출을 위한 판매'가 존재하는지 여부,

② 관세, 조세 또는 그 밖의 과징금 이외의 어떠한 금지 또는 제한이 존재하는지 여부

수량제한 금지는 수출, 수출을 위한 판매와 수입 모두 적용되며, 관세, 조세 또는 그 밖의 과징금 이외의 어떠한 금지 또는 제한도 실시하지 않을 의무를 당사국에게 부여한다. "수출을 위한 판매"에 대한 규제도 금지되므로 국경조치뿐만 아니라 일정한 국내조치에도 GATT 제11조 원칙이 적용되는 셈이다. 이러한 제한은 형식적 제한뿐만 아니라 형식은 수량제한의 형태를 지니고 있지 않을지라도 그 실질적 효과가 수량제한과 다를 바가 없는 경우, 즉 사실상의 수량제한 조치에도 적용되게 된다.

📝 사건소개

아르헨티나-피혁 사건 (2001)

아르헨티나가 수출용 소가죽의 통관절차에 국내피혁업계 대표의 입회를 승인한 것이 GATT 제11조 1항에 위배되는지 여부가 문제가 되었다. EU는 아르헨티나가 GATT 제11조 1항에 위배되는 방식으로 소가죽 수출에 대한 사실상의 제한을 부과하였다고 주장하

였다. WTO 패널은 GATT 제11조 1항이 사실상의 제한조치에도 적용된다고 판단하였다. 다만, WTO 패널은 수출통관절차에 국내피혁업계의 대표를 입회시키라고 규정한 아르헨티나의 법규가 GATT 제11조 1항과 일치하지 않는 수출제한으로서 실제로 작용하였다는 충분한 증거가 없다고 결정하였다.

GATT 제11조 1항에 의하면 수량제한은 쿼터나 수출입허가뿐만 아니라 '그 밖의 조치'를 통해서 시행되는 것까지 금지된다. 일반적으로 어떠한 조치가 수량제한조치인지는 그 효과에 의해 판단하는 것이지 형태에 의해 판단하는 것이 아닌 것으로 해석된다. 따라서 수입 또는 수출을 금지하기 위해 고안된 각종 요건이나 규칙은 수출입을 직접 제한하는 경우는 물론이고, 수출입에 이러한 효과로 영향을 미치는 경우에도 모두 수량제한조치에 해당된다고 볼 수 있다. 금지되는 조치의 형태는 아래와 같은 것들을 들 수 있다.

① 수출입할당이나 수출입허가 등 수량제한적 조치: 2019년 일본이 수출통제법제를 운영하면서, 한국만 화이트리스트 국가에서 제외하여 해당 품목의 한국으로 수출시에 개별수출허가를 받도록 한 조치(절차의 복잡성으로 신속한 수출을 방해하여 사실상 수량제한의 효과 창출)에 대해 한국은 수량제한금지 원칙 위반을 주장한 바 있다.

② 상품 무관련 공정 및 생산방법(NPR‐PPMs: Non‐Product‐Related Process and Production Methods)을 요건화 하는 수입제한조치: 미국‐참치수입금지 사건(1991)에서 미국은 자국의 해양포유동물보호법에 따라 의무화된 돌고래 탈출장치 사용기준을 준수하지 않은 멕시코산 참치의 수입을 금지하는 조치를 취했는데, 패널은 이러한 조치가 GATT 제11조 1항에 의해 금지되는 수량제한조치에 해당된다고 평결하였다.

③ 국영무역기업이나 수입독점을 통한 제한: 일본의 농산품수입제한에 관한 사건(1988)에서 GATT 패널은 GATT 제11조 1항의 금지되는 수량제한조치는 수입독점이나 국영무역상 가해지는 수입제한에도 적용된다고 판정하였다.

④ 자동적이지 않은 수입면허제도: 인도의 수량제한조치에 관한 사건(1999)에서 WTO 패널은 자동적이지 않은 수입면허제도(네거티브 리스트 방식 운영, 실적 등에 비례한 특별면허)는 GATT 제11조 1항에 의해 금지되는 수량제한조치라고 판정하였다.

⑤ 최저수입가격제도: EEC의 가공청과류에 대한 최저수입가에 관한 분쟁사건 (1978)에서, GATT 패널은 일정한 최저수입가격 제도가 해당 사안에서 최저가격 이하로 수입하려는 업자들이 있는 점과 최저가격 이하로 수입된 제품에 대한 가격상승 요인으로 작용하는 점 등을 감안할 때, 최저가격제도가 수입제한 효과를 야기하고 있으므로 GATT 제11조 1항에 규정된 수량제한금지 원칙의 적용대상이라고 평결하였다.

3. 예외

수량제한금지 원칙이 적용되지 않는 예외조치들은 아래와 같다(제11조 2항).
① 식료품 또는 수출체약국에 불가결한 산품의 위급한 부족을 방지하거나 완화하기 위하여 일시적으로 취해지는 수출제한[제11조 2항(a)호]
② 국제무역에 있어 상품의 분류, 등급 또는 판매에 관한 기준 또는 규칙의 적용을 위해 필요한 수출입제한[제11조 2항(b)호]
③ 국내농산물시장의 안정을 위한 정부조치로서 필요한 농수산물 수입에 대한 제한[제11조 2항(c)호]

물론, 이밖에도 일반적 예외조항 및 국가안보 예외조항에 근거한 수출입제한도 예외에 해당할 것이다(제20조, 제21조).

🖉 사건소개

중국-원재료 사건 (2012)

미국, EU, 멕시코는 2009년 6월 23일 중국이 보크사이트, 마그네슘, 망간, 아연 등 총 9종의 원재료에 대해 부과한 수출세, 수출쿼터, 수출허가, 최저수출가격요건 등 4가지 형태의 32건의 '수출제한조치'가 GATT 제11조 및 중국의 WTO 가입의정서 제11조 3항에 불일치함을 주장하였다. 반면 중국은 자국산 특정 원재료에 대한 해외수요 급증, 고갈 가능성 때문에 특정 원재료에 대한 수출제한조치는 정당화된다고 주장하였다. WTO 패널은 GATT 제11조 1항은 "어떤 상품의 수출쿼터를 통해 시행되는 조치를 포함하여 수입 및 수출의 금지 또는 제한을 불허"하고 있다고 언급하며, 중국의 원재료에 대한 수출쿼터는 수출을 억제하거나 제한하는 효과를 가지므로 GATT 제11조 1항에 합치하지 않는다고 결정하였다. WTO 패널은 원재료에 대한 수출제한조치가 GATT 제11조 2항(a)호의 '중대한 부족'을 방지 또는 완화하기 위하여 '일시적으로 적용된' 조치였다는 것을 중국이 입증하지 못하였다고 평결하였으며, 중국의 수출제한조치가 일반적 예외규정인 GATT 제20조 (b)호, (g)호의 적법성 요건을 충족하지 못하고 있다고 평결하였다. WTO 상소기구도 패널의 판정을 지지하였다.

미국-참치수입제한 사건 (1991)

참치잡이 어선들의 유자망 방식 조업으로 인해 돌고래가 죽는 사태 발생하자, 미국은 해양포유동물보호법을 제정하였다. 동 법은 태평양 동부 적도지역에서 참치조업을 하는 어선들의 돌고래 탈출장치 사용을 의무화하는 것을 내용으로 하며, 미국 어선에 의해 우연히 돌고래가 포획되는 비율을 기준으로 1.25배가 넘는 어선 보유국으로부터의 참치 및 참치제품 수입을 전면 금지하는 조치를 부과한다. 동 법에 따라 멕시코 어선에 의해 포획된 참치 및 참치제품은 미국으로 수출이 사실상 봉쇄됐고, 이에 멕시코는 GATT에 제소하였다.

GATT 패널은 같은 상품(like product)에 해당하는지 여부는 공정 및 생산방법이 아니라 상품 그 자체의 특성에 의하여 결정해야 한다고 보았다. 그런데 돌고래의 생명과 안전을 위협하는 방법으로 포획된 참치의 수입을 규제하는 미국의 조치는 상품으로서의 참치 자체가 아닌 공정 및 생산방법을 규제하는 것이므로, 어획방법을 이유로 한 수입제한조치는 상품에 대한 조치로 볼 수 없으므로 내국민대우 원칙 위반이 적용되지 않는다고 판단하였다. 반면 수입에 대한 양적제한은 GATT 제11조 1항에 의해 금지되므로 멕시코산 참치 및 참치제품에 대한 직접 수입금지조치와 해양포유동물법 규정은 GATT 제11조 1항에 위반된다고 평결하였다.

동 사건은 GATT 제20조 (b)호, (g)호에 의해 정당화되는지에 대해서도 검토가 이루어졌다. 패널은 동 조항이 영토 관할권 밖에 대해서는 적용될 수 없다고 판단하였다. 즉, 한 체약국이 다른 체약국들로 하여금 자국이 만든 보존정책을 일방적으로 준수하도록 강요할 수는 없다고 판단하였다. 유사사건으로 미국-새우 사건 (1998)이 있다.

※ GATT 제20조의 해석순서 등에 대해서는 후술하는 사건소개 참조(제2부 일반적 예외 참조).

수량제한금지

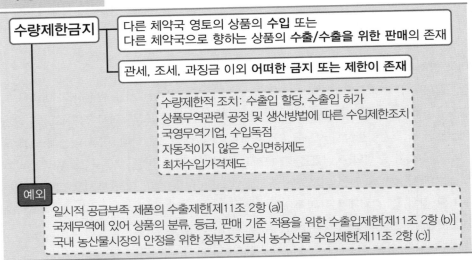

제20조 (일반적 예외)

다음의 조치가 동일한 여건이 지배적인 국가 간에 자의적이거나 정당화할 수 없는 차별의 수단을 구성하거나 국제무역에 대한 위장된 제한을 구성하는 방식으로 적용되지 아니한다는 요건을 조건으로, 이 협정의 어떠한 규정도 체약당사자가 이러한 조치를 채택하거나 시행하는 것을 방해하는 것으로 해석되지 아니한다.

(a) 공중도덕을 보호하기 위하여 필요한 조치

(b) 인간, 동물 또는 식물의 생명 또는 건강을 보호하기 위하여 필요한 조치

(c) 금 또는 은의 수입 또는 수출과 관련된 조치

(d) 통관의 시행, 제2조 제4항 및 제17조 하에서 운영되는 독점의 시행, 특허권·상표권·저작권의 보호, 그리고 기만적 관행의 방지와 관련된 법률 또는 규정을 포함하여 이 협정의 규정에 불합치되지 아니하는 법률 또는 규정의 준수를 확보하기 위하여 필요한 조치

(e) 교도소노동상품과 관련된 조치

(f) 예술적, 역사적 또는 고고학적 가치가 있는 국보의 보호를 위하여 부과되는 조치

(g) 고갈될 수 있는 천연자원의 보존과 관련된 조치로서 국내 생산 또는 소비에 대한 제한과 결부되어 유효하게 되는 경우

(h) 체약당사자단에 제출되어 그에 의하여 불승인되지 아니한 기준에 합치되는 정부 간 상품협정 또는 그 자체가 체약당사자단에 제출되어 그에 의하여 불승인되지 아니한 정부 간 상품협정 하의 의무에 따라 취하여지는 조치

(i) 정부의 안정화계획의 일부로서 국내원료의 국내가격이 국제가격 미만으로 유지되는 기간 동안 국내가공산업에 필수적인 물량의 국내원료를 확보하기 위하여 필요한 국내원료의 수출에 대한 제한을 수반하는 조치. 단, 동 제한은 이러한 국내산업의 수출 또는 이러한 국내산업에 부여되는 보호를 증가

시키도록 운영되어서는 아니 되며 무차별과 관련된 이 협정의 규정으로부터 이탈하여서는 아니 된다.

(j) 일반적 또는 지역적으로 공급이 부족한 상품의 획득 또는 분배에 필수적인 조치. 단, 동 조치는 모든 체약당사자가 동 상품의 국제적 공급의 공평한 몫에 대한 권리를 가진다는 원칙에 합치되어야 하며, 이 협정의 다른 규정에 불합치되는 동 조치를 야기한 조건이 존재하지 아니하게 된 즉시 중단되어야 한다. 체약당사자단은 1960년 6월 30일 이전에 이 호의 필요성을 검토한다.

1. 법적 성질과 기능

GATT 제1조 최혜국대우 원칙, 제2조 관세양허, 제3조 내국민대우 원칙, 제11조 수량제한금지 원칙 등이 GATT의 기본적인 의무규정이라면, 이들 조항에 대한 예외를 정당화하는 법적 근거를 제공해 주는 것이 바로 일반적 예외에 대해 규정하고 있는 제20조이다. GATT 제1조, 제2조, 제3조, 제11조 등은 자유무역을 확보하기 위한 WTO협정의 기본 원칙인데, 회원국들은 자국의 환경·노동·인권에 관한 국내 정책적 필요에 따라 자유무역에 위반되는 국내규정을 제정할 필요성이 생길 수 있다. 이에 대한 법적 근거를 제공해 주는 것이 바로 GATT 제20조에 규정되어 있는 일반적 예외조항인 것이다.

10가지 예외조치 중 (e)호는 노동(조건)을 무역과 연계시키고 있는 GATT의 유일한 조항이며, (b)호와 (g)호는 '환경보호'를 목적으로 하는 수출입제한조치를 정당화하는 국제법적 근거가 되는 조항이다. GATT 제20조는 GATT 일반의무에 대한 예외규정인 것이므로 그 정당성에 대한 입증책임은 GATT 제20조를 원용하는 국가에 있는 것이다.

2. GATT 제20조의 해석원칙

GATT 제20조는 회원국이 특정한 상황에서 일반적인 의무에서 면제되는 것을 허용하며 두문(chapeau)과 10가지 예외로 구성되어 있다. 10가지 예외는 예시가 아닌 열거조항임을 주의해야 한다. 이러한 10가지 예외조치는 '동일한 조건'하에 있는 국가 간에 '자의적(임의적)이거나 부당한 차별의 수단' 또는 '국제무역에 대한 위장된 제한'을 가하는 방법으로 적용되어서는 안 된다. 즉 특정의 무역규제조치가 상기 일반적 예외에 해당하는 경우라도 자의적 차별금지 원칙과 위장된 무역제한금지 원칙을 준수하여야 한다는 말이다.

이러한 예외조항 상의 요건을 이해함에 있어서, 미국－가솔린 사건(1996)에서 상소기구가 '2단계 분석법'을 해석기준으로 제시한 이후, '2단계 분석법'은 WTO 패널 및 상소기구 보고서의 관행으로 확립되었다. '2단계 분석법'에 따르면, GATT에 부합되지 않는 회원국의 조치가 GATT 제20조에 의해 정당화되기 위해서는 먼저 GATT 제20조 (a)~(j)호에 해당하는 예외조치인지 여부를 심사해야 하고, 그에 해당할 경우에 그 다음으로 GATT 제20조 두문의 요건 충족여부를 심사하는 순서를 거쳐야 한다. GATT 제20조의 두문은 일반적 예외 규정의 남용을 방지하기 위한 것이 목적이므로, 각 예외 항목들의 성격에 따른 남용여부를 판단해주어야 하기 때문이다.

3. 개별요건의 검토

가. 인간 및 동식물의 생명 또는 건강을 보호하기 위하여 필요한 조치

1) 의의

GATT 제20조 (b)호는 '인간 및 동식물의 생명 또는 건강을 보호하기 위하여 필요한 조치'를 취하는 것을 일반적으로 허용하고 있다. 이는 WTO회원국이 국내 정책적 필요에 따라 무역자유화보다 공중보건에 우선권을 부여할 수 있도록 허용하는 조항인 것이다. 제품의 속성으로부터 야기되는 인체 및 생태계의 생명 또는 건강에 대한 위해를 회피하기 위한 수입제한 및 무역장벽이 이에 해당한다. 또한 청정대기를 보호하기 위한 가솔린 기준과 석면과 같은 발암성 위해물질에 대한 무역제한에 대해서도 적용될 것이다. 이 조항 적용의 검토순서는 다음과 같다.

  ① 인간, 동식물의 생명 및 건강의 보호에 해당하는지(목적),
  ② 인간, 동식물의 생명 및 건강의 보호에 필요한 조치인지(필요성),

2) 요건

인간 및 동식물의 생명 또는 건강을 보호하기 위한 것인지 여부는 해당 조치의 정책적 목적이 인간 및 동식물의 건강 또는 생명을 보호하기 위한 범주에 속하는지의 문제이다. 이 요건은 상대적으로 그 인정의 폭이 넓은데, 해당 조치가 표면적으로 정책적 목적에 해당하는 한 GATT나 WTO 패널은 이 단계의 통과 요건을 까다롭게 요구하지는 않는 것으로 보인다.

그 다음으로 조치의 필요성 요건이 부과된다. 이른바 '필요성 테스트'라고도 불리는 본 요건은 대체로 GATT에 합치되는 다른 조치가 있는지 혹은 본질적으로 목적을 성취할 수 있는 덜 침해적이고 덜 무역제한적인 방법이 있는지의 문제로 귀착된다. 원래 필요성 요건의 판단은 '필요불가결성'으로 해석하여 엄격한 필요성을 요구한 바가 있다. 그 후 US-Section 337 사건(2000)과 태국-담배 사건(1990)에서 "그 목적을 달성하기 위해 합리적으로 적용할 수 있으며 덜 교역제한적인 다른 대안이 없는 경우"라는 기준이 수립되기에 이르렀다. 이렇게 합리적으로 이용 가능한 대안이 있는지 여부를 판단함에 있어, 한국-쇠고기(Korea-Beef) 사건(2001)에서 상소기구는 GATT 제20조 (d)호의 '필요성' 테스트 맥락에서 보다 미묘한 차이가 있는 해석을 제공한 바가 있다. 해당 조치의 필요성 여부는 다수의 요소에 대한 평가 및 균형(weighing and balancing)의 결과 판단되는 결론이라고 언급하였던 것이다. 이러한 다수의 요소에는 보호되는 이익 또는 가치의 중요성, 조치가 정책목적의 실현에 기여하는 정도 그리고 그러한 조치가 국제무역을 제한하는 정도가 포함된다. 이러한 심사방식을 "균형론적 접근(weighing and balancing approach)"이라 명명할 수 있을 것이다. 이러한 균형론적 접근방식이 그 이전의 방식과 근본적으로 다른 점은 이전의 접근방식이 국제교역에 대한 저해효과(비용) 측면만을 교려했는데 반해, 해당 조치가 사회에 기여하는 이익인 가치증진을 함께 보아, 후자가 전자보다 더 큰 경우에 대해 국제규범 위반 행위의 필요성을 인정했다는 점이다. 브라질-재생타이어 사건(2007)에서는 조치가 목표로 하는 가치나 이익의 사회적 중요도, 조치가 목적에 기여하는 정도 그리고 조치가 결과하는 교역제한 효과를 비교형량하여 해당 조치의 필요성에 대한 "예비적 결론"(preliminary conclusion)을 도출해야 하며, 그 결론이 긍정적이면, 다음 단계로 "제소국측이 해당 목적에 동일한 기여를 하면서도 교역제한 효과가 덜한 대안을 제시하는 경우 이러한 대안과의 비교심리를 진행해야 하는바, 이러한 비교는 해당 가치와 이익의 중요성 정도를 고려한 상태 하에서 이루어져야 한다"는 판시를 했다. 이렇게 브라질-재생타이어 사건(2007)의 상소기구는 해당 조치의 가치, 목적달성에의 기여도, 교역제한 효과 간의 비교형량을 거친 후 이용 가능한 대안조치와의 비교까지 진행하여, 전체적인(holistic) 분석을 통해 필요성 여부를 평가하는 기준을 제시한 점에서 이를 "전체 균형론적 접근"이라 명명할 수 있을 것이다.

사건소개

태국-담배 사건 (1990)

미국산 담배는 태국산 담배보다 인체에 더 해롭고, 특히 미국산 담배는 태국산 담배보다 명성이 있어서 사람들이 더 많이 찾기 때문에 미국산 담배의 수입금지는 국민건강을 보호하기 위하여 필요한 조치라고 태국은 주장하였다. 반면 미국은 태국의 조치가 자국 담배에 대한 차별적 조치이며, GATT 제20조에 정당화 되지 않음을 주장하였다. GATT 패널은 표지부착의무, 재정적 조치, 광고금지, 금연교육 및 공공장소금연 등과 같은 GATT 규정에 부합되는 다른 대체수단이 존재한다는 이유로 태국정부에 의한 차별적인 담배수입제한과 내국세부과는 GATT 제20조 (b)호상의 필요성 요건을 충족하지 못했다고 결정하였다.

브라질-재생타이어 사건 (2007)

브라질은 일정한 재생타이어에 대한 수입금지 조치를 취하였는데, 동 조치가 GATT 제20조 (b)호상의 필요성 요건을 충족하는지가 핵심 논점이 되었다. WTO 상소기구는 브라질이 추구하는 정책목표인 재생타이어로부터 초래되는 댕기열과 말라리아의 위험으로부터 인간의 건강을 보호하는 가치는 최고수준의 중요성을 지니고 있는바, 재생타이어의 수입금지 조치가 이러한 목적에 기여하는 정도도 큰 만큼, 목적달성에 기여하는 바가 교역제한 효과를 능가하고 있다고 판시하였다. 그런 다음 EC측이 제시하는 대안조치인 토지매립, 체계적 보관조치, 소각조치 및 소재재사용 방안을 수입금지 조치와 비교하면서, 이러한 대안조치들이 일부는 브라질의 조치에 포함되어 있고 일부는 수입금지 조치만큼 보호효과가 확실하게 나타나지는 않으므로 보호수준 자체가 차이가 나서 모두 수입금지 조치에 대한 대안으로 합리적으로 이용가능하지 않음을 판시하였다. 이러한 비교형량의 과정은 "모든 변수들을 각각 개별적으로 분석한 후, 이들 모두를 함께 비교하여 최종 결론을 도출하는 전체적인 과정이어야 함"을 판시하였다.

나. 유한천연자원의 보존에 관한 조치

1) 의의

GATT 제20조 (g)호는 WTO회원국이 국내 정책적 필요에 따라 무역자유화보다 환경권에 우선권을 부여할 수 있도록 허용하고 있는 조항이다. GATT 제20조 (b)호와 함께 환경보호에 적용되는 대표적인 조항이라 볼 수 있다. 이 조항 적용의 검토순서는 다음과 같다.

　① 고갈가능한 천연자원인지(유한성)

　② 유한천연자원의 보존에 관련된 조치인지(관련성)

　③ 국내생산 또는 소비에 대한 제한과 결부되어 유효하게 되는 경우인지

2) 요건

가) '유한천연자원' 여부

WTO협정에는 '유한천연자원'이 무엇인지에 대한 정의규정이 없다. 유한천연자원의 정의에 대해 WTO 패널 및 상소기구는 광의로 해석하고 있다. 유한천연자원에는 생물 또는 비생물 자원이 모두 포함되며, 희귀할 필요도 없고 멸종위기에 처할 가능성이 있을 필요도 없기 때문에, 청정공기, 돌고래, 바다거북, 희소자원 등이 모두 유한 천연자원에 해당되는 것으로 판정된 바가 있다.

'유한성'의 의미에 대해, 미국-가솔린 사건(1996)에서 패널은 어느 자원이 재생 가능하다고 하여 무한하다는 것을 의미하는 것은 아니라고 전제한 후, "대기는 재생 가능한 천연자원이기는 하나 유한한 천연자원이므로 고갈될 수 있다"고 판단하였다. 또한 미국-새우 사건(1998)에서 상소기구는 "설사 문제가 된 천연자원이 기본적으로 재생 가능한 천연자원이라고 하더라도, 특정상황 하에서 고갈되기 쉬운 것이라면 유한천연자원에 포함된다"고 판단하였다.

'천연자원'의 의미에 대해, 미국-새우 사건(1998)에서 상소기구는 "천연자원이란 단어 자체도 진화적인 과정을 거친 것으로 타 국제기구에서 천연자원이란 용어를 비생물자원뿐만 아니라 생물자원을 모두 포함하는 개념으로 사용하고 있으며, 패널도 어류를 천연자원으로 보고 GATT 제20조 (g)호의 적용여부를 검토하였음을 환기시키면서 GATT 제20조 (g)호에 규정되어 있는 유한천연자원에는 비생물자원뿐만 아니라 생물자원도 포함된다"고 판단하였다.

나) 유한천연자원의 '보존에 관련된 것'인지 여부

'관련된'의 의미에 관해, '관련된(relating to)'이란 문제의 조치가 보존을 '주된 목적(primarily aimed)'으로 하는 것인 바, 미국-가솔린 사건(1996), 미국-새우 사건(1998) 등을 통해 패널과 상소기구는 조치와 목적 간의 "밀접하고 실제적인 관련성"만 성립되는지를 심사하는 것으로 해석하였다.

다) 국내생산 또는 소비에 대한 제한과 결부되어 있는지 여부

'국내생산 또는 소비에 대한 제한'의 의미와 관련, 문제되는 조치에 대한 유사한 제한이 국내상품에도 적용되어야 한다는 것을 뜻한다. 즉, 국내생산 또는 소비에 대한 제한과 관련하여 효과적이어야 한다는 것은 문제된 조치가 외국제품이나 조치에만 적용되는 것이 아니라 국내생산이나 소비에도 동등하게 적용되어야 한다는 것을 의미한다. WTO 분쟁해결기구는 미국-가솔린 사건(1996)과 미국-새우 사건(1998)을 통해 동등하게 적용되어야 한다는 것은 국내제품에도 공평하게 적용된다는 의미로 해석하고 있다.

📝 사건소개

미국-가솔린 사건 (1996)

미국은 대기오염문제를 해결하기 위한 방안으로 대기청정법 개정을 통해 오염이 심한 일부지역에서는 오염물질을 덜 배출하는 개질유만을 판매하도록 하고, 여타지역에서는 기존 휘발유도 계속 판매할 수 있도록 하였다. 동 법에서는 개질유와 기존 휘발유의 구분 기준을 혼합 및 연료효율 규격으로 하였고, 이에 대한 판단은 미국 환경보호국에게 부여하였다. 구분을 위한 기준치 설정방식은 회사별 과거 기준으로 정하였고(개별기준), 자료가 없거나 과거자료를 신뢰할 수 없는 기업의 경우는 1990년 생산한 휘발유의 평균 품질을 일괄적으로 적용하였다(법정기준). 동 규정을 적용할 경우 개별기준이 적용될 경우에는 개질유로 인정받을 가능성이 높으나, 법정기준이 적용될 경우에는 개질유로 인정받기 어렵게 되었다. 또한 법령의 적용요건에서 미국기업은 법정기준의 이용이 금지되었으며, 외국기업의 경우는 캐나다를 제외하고는 법정기준이 적용되었다.

동 사건에서 WTO 패널은 외국 휘발유와 국내 휘발유는 동일한 물리적 특성, 최종소비자, 대체성 등을 고려할 때 같은 상품(like product)에 해당한다고 판단하였다. WTO 패널은 대기오염은 대기상태를 나타내는 것이라는 제소국의 주장을 받아들이지 않고, 천연자원인 대기가 고갈될 수 있다고 판단하였다. '관련된'의 의미에 대해 WTO 상소기구는 기준치 설정방식은 청정대기보존을 주된 목적으로 하는 것이어야 한다는 패널의 결정을 기각하고, 관련된 조치로 요건을 완화하였다. 또한 WTO 상소기구는 '국내생산 또는 소비에 대한 제한과 결부되어 있는지 여부'는 해당 자원의 국내 소비와 생산을 제한하는 조치와 함께 운영되어야 한다는 공평성 요건으로 해석하였으며, 반드시 동일한 조치일 필요는 없다고 부연하였다. 다만 WTO 상소기구는 GATT 제20조의 적용에 대해 수입 휘발유에 대해서도 품질 검증이 가능했음에도 미국이 노력하지 않았음을 이유로 부당한 차별과 위장된 제한에 해당한다고 판단하였다.

다. 공중도덕을 보호하기 위하여 필요한 조치

1) 의의

GATT 제20조 (a)호는 WTO회원국이 국내 정책적 필요에 따라 무역자유화보다 공중도덕 보호에 우선권을 부여할 수 있도록 허용하고 있는 조항이다.

2) 요건

가) 공중도덕을 보호하기 위한 것인지 여부

동 조항 적용의 검토요건 및 순서 같다.

① 문제된 상품이 회원국의 공중도덕에 부정적 영향을 주는지,

② 회원국의 조치가 공중도덕에 대한 부정적 영향을 방지 또는 감소시키는지

'공중도덕'의 의미와 관련, 공중도덕 예외를 최초로 심리한 미국-갬블링 사건(2013)에서 WTO 패널은 GATT 제20조 (a)호에 상응하는 GATS 제14조 (a)호 상 '공중도덕'의 개념을 "공동체 또는 국가에 의해서 공동체 또는 국가를 대신해서 유지되는 옳고 그른 행위의 기준"으로 해석하였고, 중국-출판물 및 시청각 제품 사건(2012)에서도 GATT 제20조 (a)호 상의 '공중도덕'에 대한 상기 해석을 동일한 방식으로 채택했다. 중국-출판물 및 시청각 제품 사건(2012)에서 중국은 "문화상품은 다른 문화적 가치의 매개물로서 사회적 및 개인적 도덕에 잠재적으로 심각한 영향을 끼므로 중국의 공중도덕과 충돌할 수 있음"을 주장했다. 패널도 이 주장을 수용하여 중국이 콘텐츠 심의제도를 통해 문화상품의 수입을 금지하거나 유통을 제한하는 것은 수입문화상품의 부정적 영향으로부터 중국의 공중도덕을 보호하기 위한 목적 범위 내의 조치임을 인정하였다.

나) 필요한 조치일 것

'필요한'의 의미와 관련, WTO 분쟁해결기구는 GATT 제20조 (a)호에서의 필요성 요건의 해석과 관련하여, 필요성 테스트를 통해 문제의 조치가 공중도덕을 보호하기 위해 필요한지 여부를 판단하였다.

📝 **사건소개**

EU-바다표범 제품 사건 (2013)

2009년 EU는 토착민이 생존을 위해 사냥한 바다표범 제품 또는 해양자원관리차원에서 사냥한 바다표범으로 만든 제품이 아닌 제품에 대해 판매를 금지하는 조치를 실시하였다. 이에 캐나다·노르웨이산 제품의 수입을 제한하는 결과가 발생하였고, 캐나다 및 노르웨이는 최혜국대우, 내국민대우 위반을 이유로 WTO 제소하였다.

WTO 패널은 필요성 요건 충족 여부는 "조치의 목적을 달성하는 데 있어서의 기여의 정도"와 "무역제한성" 등 모든 관련요소들을 검토하여 결정하는 것이라고 하였다. 또한, 문제된 조치가 필요하다는 예비결론에 도달하면 "덜 무역 제한적"이면서 목적 달성에 동등한 기여를 할 수 있는 "가능한 대안"이 있는지도 검토하여야 한다고 하였다. 이를 바탕으로 WTO 패널은 우선 EU의 바다표범 규제조치의 목적이 바다표범의 보호에 대한 "EU 공공의 도덕적 관심을 표명"하기 위한 것으로써, GATT 제20조 (a)호에서 제시하는 공중도덕을 보호하기 위하여 "필요한" 조치에 해당한다는 점을 확인하였다.

"조치의 목적을 달성하는 데 있어서의 기여의 정도"와 "무역제한성"을 검토함에 있어, 만약 문제된 조치가 국제무역에 제한적인 효과를 야기한다면 그 조치가 목적을 달성하는 데 있어 "실질적인 기여"를 하지 않는 한, 여기서 의미하는 "필요한" 조치라고 보기는 어렵다고 하였다.

이를 기초로 WTO 패널은 EU의 바다표범 규제조치가 바다표범 제품에 대한 세계적 수요를 줄이고, EU 공중이 비인도적으로 사냥한 바다표범으로 만든 제품으로부터 노출되는 것을 저감할 수 있도록 한다는 점에서 목적을 달성하는데 "실질적인 기여"를 한다고 보았다. 그리고 제소국이 제시한 동물보호 요건에 부합하는지 확인하는 인증제도 등의 대안조치는 실질적인 이행의 어려움 등 EU에게 합리적으로 이용가능하지 않다고 결정하였다. 동 검토 의견에 따라, WTO 패널은 EU의 바다표범 규제조치가 GATT 제20조 (a)호에서 의미하는 "필요한" 조치라고 판정하였다.

라. 법령준수를 위하여 필요한 조치

1) 의의

GATT 제20조 (d)호는 WTO회원국이 국내 정책적 필요에 따라 무역자유화보다 법령준수에 우선권을 부여할 수 있도록 허용하고 있는 조항이다. GATT 제20조 (d)호는 관세의 실시, 제2조 4항 및 제17조에 의해 운영되는 독점의 실시, 특허권,

상표권 및 저작권의 보호, 기만적 관행의 방지에 관한 법령의 시행과 같이 GATT 에 부합되는 특정 법규의 이행을 확보하는 데 필요한 조치들을 허용하고 있다.

2) 요건

GATT 협정에 위배되지 않는 법률 또는 규정의 준수를 확보하기 위한 것인지 여부 가 핵심이다. '법률 또는 규정' 해당 여부와 관련, 준수가 강제되는 법률 또는 규정 은 ① 자국 정부와 시민 또는 기업 간의 관계에서 적용될 수 있는 국내법 또는 ② 국내이행에 따라 통합되거나 '직접효(direct effect)'가 발생하여 국내법의 일부를 형 성하는 국제법규를 의미한다. 따라서 해당국의 국내법의 일부로써 형성되지 아니 한 "타국의" 국제법적 의무까지 GATT 제20조 (d)호의 법률 또는 규정에 포함되는 것은 아님이 판시된 바 있다[멕시코–소프트드링크 사건(2007)]. 그리고 이러한 "법률 또는 규정"은 GATT에 위반되지 않는 것이어야 하므로, 국내법규 자체가 GATT 위 반사항을 포함하고 있는 경우(예를 들어 국내법에 외국상품에 대한 차별을 의무화하고 있는 조항이 있는 경우)에는 위 예외를 원용할 수 없게 됨을 주의해야 한다.

'준수를 확보하다'의 의미와 관련, 법률 또는 규정의 준수를 확보한다는 의미는 법 률과 규정의 목적 달성을 보장한다는 것이 아니라, 법률이나 규정 하의 의무를 강 제한다는 것을 의미한다. 이 경우 반드시 준수를 확실하게 하는 확실성 또는 강제 성을 포함해야 하는 것은 아니며, 준수를 확보하는 데 기여할 수 있는 정도면 충 분하다[EEC-컴퓨터 부품 등의 수입규제 사건(1990), 멕시코-소프트드링크 사건(2007)].

문제의 조치가 법률 또는 규정의 준수를 확보하기 위해 필요한지 여부와 관련하 여, WTO 분쟁해결기구는 동 조치의 법집행에 있어서의 기여도, 준수되어야 할 법 률이나 규정에 의하여 보호되는 공동 이해와 가치의 중요성, 그리고 당해조치의 무역제한효과 등 일련의 요소들을 비교형량하여 검토하는 방식이 적용되고 있음 은 전술한 바와 같다.

📝 사건소개

도미니카-담배 분쟁 (2005)

도미니카공화국은 수입 담배에 대해서는 통과세, 모든 담배에 대해서는 납세필증을 부 착하도록 하였다. 동 조치로 인해 도미니카 국내업체는 납세필증을 구매하여 일괄부착 이 가능하지만, 수출국들은 대형포장을 푼 뒤 다시 납세필증을 부착하여야 하므로 비용 증가 등의 문제가 발생하게 되었다. 이에 수출국인 온두라스는 양허표, 내국민대우, 수량제한금지 등을 위반하였음을 이유로 도미니카공화국을 WTO 제소하였다.

WTO 패널은 통과세는 통상의 관세에 추가하여 징수되는 국경조치이며, 그 밖의 관세 또는 과징금에 해당한다고 결정하였다. 또한 도미니카공화국의 통과세는 양허표에 기재되지 않은 것이므로 양허표(제2조)를 위반하였음을 결정하였다.

도미니카공화국은 납세필증 부착이 밀수방지를 위한 도미니카공화국 조세법규의 준수를 확보하기 위한 것이므로 GATT 제20조 (d)호에 의해 정당화된다고 주장하였다. 동 주장에 대해 WTO 패널은 납세필증 부착을 제품의 생산공정 과정에서 부착해도 동일한 목표를 달성할 수 있으며, 국내부착제도를 운영해야 하는 이유에 대해 도미니카공화국이 납득할 만한 설명을 하지 못했음을 이유로 GATT 제20조 (d)호에 의해 정당화되지 못한다고 평결하였다. WTO 상소기구도 과세지불을 확인하는 수입담배에 부착된 납세필증을 최종포장 이전에 도미니카공화국 내에서 부착되어야 한다는 요건은 불필요하다고 판단하였다.

4. GATT 제20조 두문 합치 여부

문제의 조치가 GATT 제20조 (a)~(j)호의 요건을 충족시켰다고 하더라도 두문규정에 합치하지 않으면 GATT 제20조에 따른 정당화 조치로 인정받을 수 없다. 두문규정의 역할이자 기능은 GATT 제20조가 예외규정이라는 점에서 발생할 수 있는 남용 및 오용을 방지하는 데 있다.

두문은 조치 그 자체를 대상으로 한 것이 아니라 그 조치의 '적용방법'에 관한 것이다. GATT 제20조 각 호에 해당되어 일견 정당화된 회원국의 조치라 하더라도, 그 적용방법에 있어서 동일한 조건하에 있는 국가 간에 자의적이거나 정당화될 수 없는 차별의 수단으로 활용되거나 또는 국제무역에 있어 위장된 제한을 부과하는 방법으로 적용된다면 정당화될 수 없도록 하여, GATT 제20조가 보호주의적으로 남용되는 것을 방지하고 있는 것이다.

이 조항의 검토요소는 다음과 같다.

　가. 자의적이거나 정당화할 수 없는 차별의 수단이 아닐 것(차별의 예견가능성, 교섭 등 해결노력)

　　① 조치의 적용이 차별을 야기해야 하고,

　　② 차별은 그 성질상 자의적이고 정당화될 수 없어야 하며,

③ 그러한 차별은 동등한 조건 하에 있는 국가들 간에 발생하여야 한다는 요소가 모두 존재해야 한다고 판단

※ 일방적 질문, 심리 반론기회의 미제공, 개별적 서면통보절차의 미비, 재심 및 상소의 부정 등은 자의적 차별에 해당[미국-새우 사건(1998)]

나. 국제무역에 대한 위장된 제한을 구성하는 방식으로 적용되지 않을 것(조치의 경직성, 조치의 공개성, 교역제한 의도의 존재 여부)

① 조치가 적용되는 방식 평가,

② 조치가 국제무역에 제한이 되는 방식으로 적용,

③ 그러한 제한이 위장된 것

※ 조치의 공개성, 해당 조치의 디자인, 구조, 형태 등을 고려하여 교역의 제한의도의 존재 여부로 판정함.

가. 자의적이거나 정당화할 수 없는 차별의 금지

자의적인지 여부는 문제의 조치가 엄격(경직)하게 적용되는지, 여러 수출당사국의 의견을 적절하게 수렴하였는지 등을 고려하여 판단한다[미국-새우 사건(1998)]. 정당화할 수 없는 차별은 우연이나 불가피한 사정이 아닌 충분히 예견될 수 있었던 차별인가 하는 것이며[미국-가솔린 사건(1996)], 또한 이러한 우려에 대하여 국제협정으로 해결하기 위한 진지한 노력(교섭)이 있었는지를 판단요소로 본다[미국-새우 사건(1998)]. 미국-새우 사건(1998)에서 WTO 패널은 당사국 간 문제해결(새우잡이 방법의 제한)을 위한 진지한 선의의 노력이 계속되어야 할 것임을 특히 강조하면서, 다자협정에 이르기 위한 노력 여부를 정당화할 수 없는 차별 여부를 판단하는 요소 중 특히 중요한 것으로 인정하고 있다. 상소기구 역시 다자 협정 교섭을 위한 진지하고 선의의 노력 등이 충족된 상태로 있는 것을 조건으로 이행 조치가 GATT 제20조에 의해 정당화된다고 판정했다.

본 조항은 자의적이거나 정당화할 수 없는 차별만 금지하고 있으므로, 조문의 구조상 자의적이지 않고 정당화할 수 있는 차별은 허용된다는 반대해석이 가능하다. 따라서 GATT 제20조가 금지하고 있는 차별은 완전한 무조건적 비차별을 요구하고 있는 GATT 제1조 또는 제3조가 금지하고 있는 차별과는 다름을 주의해야 한다.

나. 국제무역에 대한 위장된 제한을 구성하는 방식의 금지

예외조치는 국제무역에 위장된 제한을 구성하는 방식으로 적용되어서는 안 된다.

위장된 제한이란 위장된 차별을 포함하는 것으로 국제무역에 있어서 숨겨진 또는 비공개된 제한이나 차별을 의미하는 것이다[미국-가솔린 사건(1996)]. 위장된 제한을 구성하는지 여부에 대해서는 조치의 공개성, 자의적이거나 정당화할 수 없는 차별 가능성, 해당 조치의 디자인, 구조, 형태 등을 고려하여 판정한다.

📝 사건소개

태국-담배 분쟁 (1990)

미국은 태국의 담배수입금지가 GATT 제11조 1항에 위반된다고 주장하였고, 이에 대해 태국은 당해 수입금지가 GATT 제20조 (b)호에 기해 공공의 건강보호를 위하여 필요한 조치라고 항변하였다.

GATT 패널은 공공의 건강목적을 실현하기 위하여 다른 비무역제한적 조치가 사용될 수 없는 경우에 한하여 당해 수입금지가 GATT 제20조 (b)호에 기하여 공공의 건강보호를 위해 필요한 것으로 간주될 것이라고 해석하였다. GATT 패널은 국산담배와 수입담배 모두에 대하여 비차별적으로 적용되는 광고, 상표, 성분과 관련한 요건에 대한 제한 또는 금지가 수입금지의 대안이 될 것이며(대체수단의 존재), 따라서 당해 수입금지조치는 필요성 요건을 충족하지 못하여 정당화될 수 없다고 평결하였다.

EC-석면사건 (2001)

석면은 사람에게 암을 유발하는 위해물질로 알려져 있다. 이에 프랑스 정부는 1996년 12월 24일 모든 종류의 석면 및 석면제품의 생산, 가공, 판매, 수입, 유통을 전면 금지하는 법안(Decree No.96-1133)을 채택하여 1997년 1월 1일 시행하였다. 다만 백석면의 경우 직업병 유발 위험이 보다 낮거나 안전을 보장하여 주는 대체 물질이 없는 경우에 금지 대상에서 잠정적으로 제외하였다. 캐나다는 상기 법률이 GATT 제3조 4항 및 기술무역장벽협정 제2조 등에 위반된다고 주장하면서 WTO에 제소하였다.

WTO 패널은 인체위해성에 대한 과학적 증거가 있는 경우 회원국은 위해성의 질 또는 양에 입각하여 적절하다고 간주되는 적정보호수준을 결정할 권리를 갖는다고 평결하였다. WTO 패널은 석면제품의 인체에 대한 중대하고도 고도로 심각한 위해성을 고려해 볼 때, 캐나다산 석면제품에 대한 프랑스의 수입 및 판매금지조치는, 인체건강을 보호하기 위해 필요하고, 합리적으로 이용가능한 대체수단이 존재하지 아니한다고 평결하였다. WTO 패널은 동 법안이 프랑스를 포함한 모든 국가를 대상으로 하므로 차별이 존재하지 않는다고 판단하였다. 이에 GATT 제20조 두문규정에도 부합되기 때문에 제20조 (b)호에 따라 정당화된다고 평결하였다.

다만 동 사건은 같은 상품(like product)과 관련하여 WTO 패널과 상소기구가 다른 판단을 내렸다는 점에서 의미를 찾을 수 있다. WTO 패널은 ① 상품의 특성, 본질, 속성, ② 최종 소비자, ③ 소비자의 기호 및 습관, ④ 세번 분류 등을 고려하여 다른 제품을 대체할 수 있을 정도로 동일한 정도면 같은 상품(like product)이 된다고 판단하였다. 반면 WTO 상소기구에서는 '문제된 조항의 문맥', '조항이나 협정의 대상과 목적'에 따라 같은 상품(like product)의 범위를 해석하여야 하며, GATT 제3조 4항의 'like'는 제3조 1항의 의미에 따라 경쟁 관계에 있는 상품에 적용되는 것으로 보아야 하기에 두 제품은 같은 상품(like product)이 아니라고 평결하였다.

미국-새우 사건 (1998)

미국은 멸종위기동물보호법에 따라, 1987년 미국 새우잡이 어선이 새우 어획 과정 중 우연히 포획되어 죽는 바다거북을 안전하게 보호하기 위한 거북제외장치(Turtle Excluder Device: TED)를 의무적으로 사용하도록 하였다. 1989년에 제정된 Public Law 101-102 제609조(Section 609)는 바다거북에 부정적 영향을 미치는 기술로 어획된 새우 및 새우 제품은 일정한 예외(새우어획국의 바다거북 우발적 포획률이 미국과 유사하거나 포획국의 어업환경상 바다거북에 대해 특별한 위협을 가하지 않는 경우)를 제외하고는 미국 내 수입을 금지시켰다. Section 609의 이행지침(1991년, 1996년)은 미국 내로 새우 및 새우 제품을 수출할 경우에는 그 새우가 바다거북에 부정적 영향을 미지 않는 방식으로 어획되었거나 Section 609에 의해 인가받은 국가관할권내에서 어획되었다는 신고서를 제출하도록 하였다. Section 609에 의한 '인가'는 미국의 TED와 사실상 동등한 조치를 취하고 있는 국가에 한해 발급되는 것이었다.

인도, 말레이시아, 파키스탄, 태국은 상기와 같은 Section 609 및 관련 지침은 GATT 제11조 위반임을 주장하였다. 반면 미국은 GATT 제20조 (b)호와 (g)호에 따라 정당화된다고 주장하였다.

바다거북이 유한천연자원에 해당하는지에 대해 WTO 상소기구는 GATT 제20조 (b)호가 보호하고자 하는 천연자원은 비생물자원으로 한정되는 것이 아니라 생물자원도 포함되는 것으로 판단하였다. GATT 제20조 (g)호 단서 요건인 "국내의 생산 또는 소비에 대한 제한과 관련하여 실시되는 경우에 해당하는지"에 대해 WTO 상소기구는 Section 609의

미국 내 부과의무를 검토하여 미 국내적으로 의무화된 TED 사용 위반 시에 금전제재와 민사처벌을 하고 있는 점에서 동 조항은 국산품과 수입품 모두에 동등하게 적용된다고 판단하였다.

WTO 상소기구는 미국의 조치가 GATT 제20조 (g)호의 범위 내에 해당하므로 GATT 제20조 (b)호에 해당하는지 여부는 더 이상 검토할 필요가 없다고 보고 GATT 제20조 두문에 해당되는지 여부를 검토하였다. WTO 상소기구는 GATT 제20조 분석의 적정 순서는 GATT 제20조 (a)~(j)호 예외조치에 해당되는지 여부를 먼저 검토한 이후에 GATT 제20조 두문 상의 요건을 충족하는지 여부를 검토하여야 한다고 해석하였다. 동 분석 방식에 대해, WTO 상소기구는 어떤 조치가 동등한 조건 하에 있는 국가들 간에 자의적이고 부당한 차별을 구성하려면 세 가지 요소, 즉 ① 조치의 적용이 차별을 야기해야 하고, ② 차별은 그 성질상 자의적이고 정당화될 수 없어야 하며, ③ 그러한 차별은 동등한 조건 하에 있는 국가들 간에 발생하여야 한다는 요소가 모두 존재해야 한다고 판단하였다. WTO 상소기구는 같은(like) 새우를 어획방법과 어획국의 보존정책 차이로 수입을 금지하여 차별하는 것은 GATT 제11조를 위반한 것이고, TED를 사용하여 어획하더라도 미인가국가로부터의 바다거북 수입을 금지하는 것은 국가 간에 정당화될 수 없는 '부당한 차별'이며, 미국 국내법(Section 609)상의 인가부여에 있어 일방적 질문, 심리 반론 기회의 미제공, 개별적 서면통보절차의 미비, 재심 및 상소의 부정 등은 '자의적 차별'에 해당된다고 평결하였다.

일반적 예외

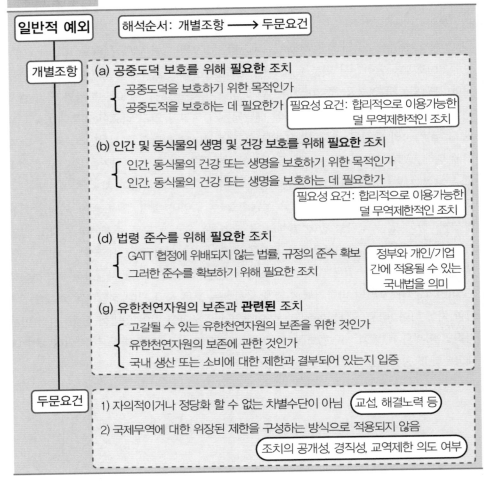

문제 1

WTO회원국인 A국은 위스키와 소주를 생산하지 않고 보드카만 생산한다. WTO 회원국인 B국과 C국은 위스키와 소주를 각각 생산하여 A국에 수출해오고 있다. A국의 WTO 관세양허표에는 모든 종류의 술에 대한 양허관세율이 50%로 기재되어 있다. 이러한 상태에서, A국 정부는 다음과 같은 조치들을 취하고 있다.

　가. 위스키는 50%의 관세(tariff)율로 수입을 하고, 소주에 대해서는 20%의 관세율을 부과

　나. 보드카에 대해서는 주세(tax)를 면제하고, 위스키에 대해서는 50%의 주세를 부과하며, 소주에 대해서는 20%의 주세를 부과

이러한 조치에 대해 B국과 C국의 정부는 공동으로 A국을 상대로 WTO분쟁해결 절차에 제소를 하였다. 이에 대해 A국은 위스키와 소주는 전혀 다른 특성의 술이므로 상이한 관세(tariff)를 부과하는 것은 전혀 문제되지 않으며, 위스키, 소주 및 보드카는 상호 경쟁관계에 있지 않으므로 상이한 주세(tax)를 부과하는 것은 문제되지 않는다고 주장하고 있다.

이러한 A국 정부의 주장에 대해 B국과 C국이 대응할 수 있는 국제통상법적 논리를 제시하시오. (40점)

문제 1 ▸ 채점기준표

Ⅰ. 쟁점의 제시 (2점)

A국은 위스키와 소주에 대한 차별적인 관세 및 주세 부과를 하였으나, 위스키와 소주는 같은 상품이 아니며 상호 경쟁관계에도 있지 않으므로 차별적인 조치가 문제되지 않음을 주장한다. 이에 차별적 관세부과에 대해 B국은 최혜국대우원칙 위반을 주장할 수 있으며, 차별적인 주세 부과에 대해서는 B국과 C국이 내국민대우 원칙에 위반을 주장할 수 있다.

Ⅱ. 차별적 관세부과 조치에 대한 주장 (12점)

1. 제1조 위반 (6점)

B국은 GATT 제1조 위반을 주장할 수 있다. 최혜국대우 의무란 타국의 같은 상품에 대한 법률상 및 사실상 비차별행위의 의무이다. GATT 제1조 1항에 의하면 수출입시의 관세 및 과징금, 수출입대금의 국제이체에 대한 관세 및 과징금, 관세 및 과징금의 부과방법, 수출입과 관련된 모든 절차, 수입품의 국내 판매, 판매 제의, 구매, 운송, 유통, 사용에 관한 국내 법규나 요건 등에 관하여 모든 국가의 같은 상품에 대한 제반, 편의, 호의, 특권 또는 면제가 즉시 그리고 무조건적으로 부여되어야 한다.
같은 상품에 대한 기준은 크게 제품성질설(제품의 물리적 특성, 성질, 최종용도, 관세분류 등)과 목적효과설(조치의 목적) 및 시장기반설(소비자의 기호 및 습관 등)로 구분되는데, WTO 패널과 상소기구는 같은 상품의 판단에 대해서는 일관된 기준의 적용이 아닌, 사안별 검토를 진행하고 있다. 일반적인 접근은 제품성질설과 시장기반설에 근거한 접근이다. 술의 경우 국제적 관세분류, 물리적 성질, 제품용도가 동일하며, 시장에서의 소비자의 인식과 제품소비에서의 교차탄력성이 유사하므로 위스키와 소주는 같은 상품(like products)에 해당한다.

2. 사안에의 적용 (6점)

제품성질설 및 시장기반설에 따를 경우 위스키와 소주는 같은 상품에 해당한다. 같은 상품에 대해 A국은 B국산 위스키에 대해서는 50%의 관세를 부과한 반면, C국산 소주에 대해서는 20%의 관세를 부과하고 있으므로, A국의 조치는 최혜국대우 원칙을 위반한 것이다.

Ⅲ. 차별적 주세부과 조치에 대한 주장 (24점)

1. 제3조 2항 1문 위반 검토 (10점)

보드카도 술의 종류이므로 앞에서 살펴본 제품성질설 및 시장기반설에 따라, 위스키 및 소주와 같이 같은 상품에 해당한다. 같은 상품에 대해서는 초과하지 않은 과세를 부과하여야 하며, 이는 미세한 차이도 허용하지 않는다.

사안에서 A국은 자국산 보드카에 대해서는 주세를 면제한 반면 B국산 위스키에 대해서는 50%의 주세를 부과하고 C국산 소주에게는 20%의 주세를 부과하고 있다. 이에 B국과 C국은 같은 상품에 대하여 초과한 과세를 부과하고 있으므로 GATT 제3조 2항 1문 위반을 주장할 수 있다.

2. 제3조 2항 2문 위반 (10점)

GATT 제3조 2항 2문은 같은 상품이 아니더라도 직접경쟁 또는 대체가능한 제품에 대한 유사하지 아니한 과세 부과를 금지하고 있다(GATT 제3조 2항에 관한 주해). 직접경쟁 또는 대체가능한 제품 여부는 상품의 시장에서의 경쟁성, 최종 소비자 등을 고려하여 결정한다. GATT 제3조는 '초과하는'과 '유사한'의 의미를 달리 사용하고 있다. '초과하지 않는 과세'의 의미는 어떠한 차이도 허용하지 않는 것이며, '유사하지 아니한 과세'는 최소허용 기준(de minimis level)을 넘는 것을 의미하는 것이다. 따라서 직접경쟁 또는 대체가능한 제품에 대해서는 미세한 차이의 과세는 허용이 된다. 다만 이러한 과세(직접경쟁 또는 대체가능한 제품에 대한 과세)는 국내생산을 보호하기 위한 목적으로 적용되어서는 안 된다.

사안에서 B국과 C국은 ① 위스키와 소주가 보드카와 직접 경쟁하거나 대체가능한 상품관계임에도 불구하고 A국이 차별적인 주세를 부과하고 있고, ② 이들 주세는 A국 보드카 면제, B국 위스키 50%, C국 소주 20%로 각각 부과하므로 최소허용기준을 벗어난 것이며, ③ 동 조치는 A국이 생산하지 않는 술의 가격경쟁력을 현저히 악화시켜 국내산업을 보호하는 목적에 해당하므로 GATT 제3조 2항 2문 위반을 주장할 수 있다.

3. 제1조 위반 (4점)

B국은 위스키와 소주가 같은 상품임에도, A국이 위스키에 대해서는 50%의 주세를 부과하고 소주에 대해서는 20%의 주세를 차별적으로 부과하고 있으므로 최혜국대우 의무 위반을 주장할 수 있다.

Ⅳ. 결론 (2점)

위스키와 소주에 대한 A국의 차별적인 관세부과 및 차별적인 주세 부과조치에 대해서는 B국은 최혜국대우 의무 위반과 내국민대우 의무 위반을 주장할 수 있다. 보드카에 비해 위스키와 소주에 대한 A국의 차별적인 주세 부과조치는 내국민대우 위반으로 주장할 수 있다.

※ 추가검토 사항 : 일반적 예외 해당 여부

- A국이 일반적 예외에 해당함을 주장할 수 있음.
- 주장가능한 개별요건으로는 GATT 제20조 (a)호의 공중도덕(public morals) 보호에 필요한 조치 또는 (b)호의 인간의 건강 보호를 위해 필요한 조치가 있음.
  - 공중도덕의 개념에의 해당 여부 검토 및 필요성 테스트 진행
  - 인간의 건강보호 목적의 조치 여부 검토 및 필요성 테스트 진행
- 두문요건 검토: 설령 GATT 제20조 (a)호나 (b)호에 해당하더라도, 제20조 두문상의 "동일조건이 지배하는 국가 간에 자의적 차별을 가하지 말 것"과 "국제교역에 위장된 제한을 가하지 말 것"이라는 추가적 요건을 충족시키는지 검토
  - 50%: 20% 관세차별은 동일조건 간의 자의적 차별에 해당
  - 0%: 50/20% 조세차별은 국내산업 보호를 위해 교역을 제한하려는 의도가 추정되므로 위장된 무역제한 조치에 해당

문제 2

중국은 인삼주, 소주 및 포도주를 생산하지 않고 고량주만 생산한다고 가정한다. 북한은 인삼주를 생산하여 중국에 수출해오고 있으며, 한국은 소주를 중국에 수출하고 있고, 유럽 국가들은 포도주를 주로 중국에 수출하고 있다. 이러한 상태에서, 중국 정부는 다음과 같은 조치들을 취하고 있다.

　가. 인삼주는 무관세로 수입을 하고, 소주에 대해서는 20%의 관세(tariff)를 부과하며, 포도주에 대해서는 50%의 관세를 부과

　나. 인삼주에 대해서는 주세(tax)를 면제하고, 소주에 대해서는 20%, 포도주에 대해서는 50%의 주세(tax)를 각각 부과. 한편, 고량주에 대해서는 20%의 주세를 부과

이러한 중국 측의 조치에 대해 EU는 중국을 상대로 WTO 분쟁해결절차에 제소를 하였다. EU의 제소에 대해 중국은 아래와 같은 주장을 펼치고 있다.

　가. 북한은 WTO회원국이 아니므로 북한산 인삼주에 대한 특별대우는 문제될 것이 없음.

　나. 포도주는 고량주 및 소주와는 전혀 다른 특성의 술임. 또한 포도주는 주요 소비계층이 경제적 여력이 있는 사람들이 소비하므로 소주에 대한 관세보다 높은 관세율을 포도주에 적용하는 조치와, 소주 및 고량주보다 높은 조세율을 포도주에 적용하는 조치는 사회적 형평(또는 소득분배) 정책추진 및 중국인민들의 정서상 불가피함.

이러한 중국 측의 주장을 WTO협정 합치성 관점에서 평가하시오. (40점)

문제 2 ▸ 채점기준표

I. 쟁점 (2점)

인삼주, 소주, 포도주에 대한 차별적인 관세 및 주세 부과 조치가 최혜국대우 원칙에 위반되는지 여부, 고량주와 포도주에 대한 상이한 주세가 내국민대우 원칙에 위반되는지를 검토한다. 다음으로 비회원국에게는 WTO협정이 적용되지 않는지와 중국의 차별적인 조치가 일반적 예외사유에 의해 정당화되는지를 검토한다.

II. 최혜국대우 원칙 (GATT 제1조) (12점)

1. 의의

타국의 같은 상품에 대한 법률상 및 사실상 비차별원칙으로서 최혜국대우 의무는 수입과 수출 영역에 모두 적용되고, WTO 비회원국에게 부여된 특혜에 대해서도 최혜국대우 의무 위반이 성립될 수 있다.

2. 적용대상 조치 및 요건

GATT 제1조 1항에 의하면 수출입 시의 관세 및 과징금, 수출입대금의 국제이체에 대한 관세 및 과징금, 관세 및 과징금의 부과방법, 수출입과 관련된 모든 절차, 수입품의 국내 판매, 판매 제의, 구매, 운송, 유통, 사용에 관한 국내 법규나 요건 등에 관하여 모든 국가의 같은 상품에 대한 제반, 편의, 호의, 특권 또는 면제가 즉시 그리고 무조건적으로 부여되어야 한다.

3. 같은 상품 판단기준

같은 상품에 대한 기준은 크게 제품성질설(제품의 물리적 특성, 성질, 최종용도, 관세분류 등)과 목적효과설(조치의 목적) 및 시장기반설(소비자의 기호 및 습관등)로 구분되는데, WTO 패널과 상소기구는 같은 상품의 판단에 대해서는 일관된 기준의 적용이 아닌, 사안별 검토를 진행하고 있다. 일반적인 접근은 제품성질설과 시장기반설에 근거한 접근이다.

4. 사안의 적용

사안에서 중국은 북한산 인삼주에 대해서는 무관세, 소주는 20%, 포도주는 50%의 관세를 각각 부과하였다. 인삼주, 소주, 포도주는 제품의 최종용도와 주류라는 물리적 특성상 같은 상품에 해당된다. 북한은 WTO 비회원국이며 비회원국에게 부여된 무관세 혜택은 같은 상품을 수출하는 한국과 EU에 대해서도 즉각적으로 부여되어야 한다. 한국의 소주와 EU의 포도주에 대한 관세의 차별과 주세의 차별은 최혜국대우 원칙에 위반된다.

III. 내국민대우 원칙 (GATT 제3조) (12점)

1. 의의 및 적용대상

최혜국대우 원칙이 여러 타국 제품들에 대한 대우에 있어서의 비차별을 내용으로 하는 반면, 내국민대우 원칙은 타국제품과 국산제품 간의 비차별을 요구한다. 이러한 비차별에는 형식적인(*de jure*) 비차별뿐만 아니라 실질적인(*de facto*) 비차별도 포함된다. WTO회원국은 제1항에 규정된 국내조치가 국내 생산을 보호하도록 적용되지 않도록 해야할 원칙적인 책임이 있음을 인정한다(제3조 1항). 회원국의 조치 중 세금 등과 같은 재정적 조치에 대해서는 GATT 제3조 2항이 적용되는데, 같은 상품에 대해서는 GATT 제3조 2항 1문이 적용되며 직접경쟁 및 대체가능한 제품에 대해서는 GATT 제3조 2항 2문이 적용된다. 같은 상품에 대한 비재정적 조치에 대해서는 GATT 제3조 4항이 적용된다.

2. GATT 제3조 제2항 1문 위반 여부

1) 같은 상품 해당 여부

같은 상품에 대한 기준은 크게 제품성질설(제품의 물리적 특성, 성질, 최종용도, 관세분류 등)과 목적효과설(조치의 목적) 및 시장기반설(소비자의 기호 및 습관 등)로 구분되는데, WTO 패널과 상소기구는 같은 상품의 판단에 대해서는 일관된 기준의 적용이 아닌, 사안별 검토를 진행하고 있다. 일반적인 접근은 제품성질설과 시장기반설에 근거한 접근이다. 사안에서 고량주와 포도주는 국제적 관세분류, 물리적 성질, 제품용도가 동일하며, 시장에서의 소비자의 인식과 제품소비에서의 교차탄력성이 유사하므로 같은 상품에 해당한다.

2) 수입상품에 대한 불리한 대우 존재 여부

중국에서 생산되는 고량주에 대해서는 20%의 주세를 부과하고 EU에서 수출하는 포도주에 대해서는 50%의 주세를 부과함으로써 초과하지 않게 과세할 의무를 위반하였다. 수입품에 대한 불리한 대우가 존재하였기 때문에 같은 상품으로 판단하는 경우 GATT 제3조 2항 1문에 위반된다.

3. GATT 제3조 제2항 2문 위반 여부

고량주와 포도주가 설령 같은 상품이 아니더라도 상품의 시장에서의 경쟁성, 최종 소비자 등을 고려할 때 직접 경쟁 또는 대체가능한 상품에 해당된다. 이 경우 수입품에 대해서 유사하게 과세하였는지 여부(제3조 2항에 관한 주해)와 국산품 보호효과가 발생했는지 여부(제3조 2항 2문) 등을 검토해야 한다. 고량주에 대해서는 20%의 주세, 포도주에 대해서는 50%의 주세를 부과한 것은 '미세한 차이'에 해당되지 않으며, 동 차이는 국내산업을 보호하기 위한 목적으로 보이므로 중국의 주세 부과 조치는 GATT 제3조 2항 2문에 위반된다.

IV. 일반적 예외사유 해당 여부 (12점)

1. 제20조 해석의 일반원칙

GATT 제20조는 일반적 예외사유로서 두문과 10개의 개별조항으로 이루어졌으며 GATT 제20조의 해석은 개별조항을 먼저 검토한 뒤 두문의 요건을 검토하는 2단계 해석방법을 적용한다.

2. 개별조항 (a)호 해당 여부

GATT 제20조 (a)호는 공중도덕을 보호하기 위해 필요한 조치로서 덜 무역제한적이고 합리적으로 기대할 수 있는 실행가능한 조치가 있는지 검토가 필요하다. '공중도덕'의 개념은 "공동체 또는 국가에 의해서 공동체 또는 국가를 대신해서 유지되는 옳고 그른 행위의 기준"으로 해석된다[중국-출판물 및 시청각 제품 사건(2012)]. 동 개념을 고려할 때, 사안의 "사회적 형평"에 대한 고려는 (a)호에 해당되는 조치로 보기 어렵다. 또한 중국민들의 정서가 공중도덕에 해당된다고 하더라도 세금 부과가 유일한 합법적인 대안은 아니기 때문에 필요성 테스트를 충족하였다고 보기 어렵다.

3. 두문의 요건 충족 여부

두문은 ① 자의적이거나 정당화할 수 없는 차별의 수단이 아니어야 하고, ② 국제무역에 대한 위장된 제한을 구성하는 방식으로 적용되지 말 것을 규정하고 있다. ①의 자의적이거나 정당화할 수 없는 차별 여부는 차별은 충분히 예견가능한 차별인지, 해결을 위하여 교섭 등의 노력이 진지하게 있었는지 등을 고려하여 판단한다. ②의 국제무역에 대한 위장된 무역제한은 조치의 경직성, 조치의 공개성, 교역제한의 의도 존재여부 등을 고려하여 판단한다.

사안에서 중국이 관련 국가 적절히 의견을 수렴하였는지 여부 등이 나타나지 않았기 때문에 두문 위반 여부는 판단하기 어렵다. 또한 개별조항을 충족하지 못했기 때문에 두문에 대한 요건 충족 여부를 검토할 필요가 없다.

V. 결론 (2점)

중국이 취한 조치는 최혜국대우와 내국민대우 위반에 해당된다. 일반적 예외사유로 GATT 제20조 (a)호 요건을 충족하지 못하였기 때문에 중국의 주장은 타당하지 않다.

문제 3

(가) 태평양 동부 적도 부근에 사는 돌고래는 참치 떼 위를 헤엄쳐 다니는 습성이 있기 때문에 그 지역에서 조업을 하는 참치잡이 어선들은 돌고래를 발견하면 그 주위에 유자망을 쳐서 참치를 잡는 방법을 사용하였으며 그 과정에서 많은 돌고래들이 참치와 함께 잡혀 죽는 사태가 발생하였다.

(나) 이 문제를 해결하기 위해 A국은 해양포유동물보호법을 제정하여 태평양 동부 적도지역에서 참치조업을 하는 어부들로 하여금 참치 조업 시 돌고래 탈출장치 사용하는 것을 의무화하였고, 돌고래 탈출장치를 사용하지 않고 유자망을 쳐서 잡은 참치 및 참치가공제품에 대해서는 A국내 판매를 금지하였다.

(다) 이에 유자망을 쳐서 참치잡이를 하여 주로 A국으로 참치를 수출하던 B국은 참치 및 참치가공제품의 A국 수출을 제한받게 되었다.

(라) 이해관계국의 반발을 우려하여 A국은 법률안 제정을 극비리에 신속하게 추진하였는데, 법률안 제정까지의 기간은 총 90일이었다. 이 기간 동안 타국은 A국의 법률제정 정보를 전혀 얻지 못하였다.

(마) A국의 법제정으로 큰 타격을 입게 된 B국은 아래의 이유로 A국의 조치가 '관세 및 무역에 관한 일반협정(The General Agreement on Tariffs and Trade, 이하 "GATT")'에 위반된다고 주장하면서 A국을 상대로 WTO 분쟁해결기구에 제소하려고 한다.

＜이유＞

가. GATT 제3조 4항 위반

나. GATT 제11조 1항 위반

한편, A국과 B국 모두 WTO회원국이다.

문1. B국의 입장에서 〈이유〉 '가'와 '나'에 근거한 청구 중 어떤 경우가 유리한지를 설명하시오. (20점)

문2. A국은 GATT 제20조에 따라 자국의 조치가 정당하다고 항변하려고 한다. A국의 항변이 정당한지 설명하시오. (20점)

문제 3 ▸ 채점기준표

[1] 내국민대우 및 수량제한금지 위반 여부 (20점)

Ⅰ. 쟁점의 제기 (1점)

A국의 수입제한조치가 상품 그 자체에 대한 차별조치에 해당하여 내국민대우 의무를 위반하는지 또는 제품 및 공정방법에 대한 제한에 해당하여 수량제한금지 원칙을 위반하는지에 대한 검토가 필요하다.

Ⅱ. GATT 제3조 4항 위반 여부 (9점)

1. GATT 제3조 4항(내국민대우 의무)의 의의

GATT 제3조 4항은 비재정적 조치에서의 내국민대우 의무를 규정한다. 수입국은 수입제품의 국내판매, 판매를 위한 제공, 구매, 운송, 유통 또는 사용에 영향을 주는 모든 법률, 규정, 요건에 관하여 국내원산의 같은 상품에 부여되는 대우보다 불리하지 않은 대우를 부여하여야 한다.

같은 상품에 대한 기준은 크게 제품성질설(제품의 물리적 특성, 성질, 최종용도, 관세분류 등)과 목적효과설(조치의 목적) 및 시장기반설(소비자의 기호 및 습관 등)로 구분되는데, WTO 패널과 상소기구는 같은 상품의 판단에 대해서는 일관된 기준의 적용이 아닌, 사안별 검토를 진행하고 있다. 일반적인 접근은 제품성질설과 시장기반설에 근거한 접근이다.

2. 사안에의 적용

돌고래 탈출장치를 사용하여 포획한 참치와 그렇지 않은 방법으로 포획한 참치가 같은 상품인지, 만약 같은 상품에 해당된다면 A국이 B국산 참치 및 참치가공제품에 대해 조치를 취한 것이 수입품과 국산품 간의 차별 대우를 금지하고 있는 내국민대우 원칙에 위배되는지가 문제된다. 유사사례인 미국－참치수입금지 사건(1991)에서 패널은 같은 상품에 해당하는지 여부는 공정 및 생산방법이 아니라 상품 그 자체의 특성에 의하여 결정해야 하는 것으로 보았다. 즉, 돌고래의 생명과 안전을 위협하는 방법으로 포획된 참치의 수입을 규제하는 것은 상품으로서의 참치 자체에 대한 규제 조치가 아니라, 공정 및 생산방법인 어획 방법에 대한 규제에 해당하므로 GATT 제3조가 적용될 수 없다고 판정하였다.

사안에서 A국의 조치는 공정 및 생산방법에 해당하는 조업방법에 대한 것이므로 GATT 제3조 4항에 근거해 제소하더라도 청구가 받아들여지기는 어려울 것으로 판단된다.

(이에 대해서는 다음과 같은 반대논거 제시도 가능)

참치는 그 자체가 상품으로 유통이 되므로, A국의 참치에 대한 조치에 대해 GATT 제3조 4항을 주장할 수 있다.

III. GATT 제11조 1항 위반 여부 (9점)

1. 의의

수량제한금지 원칙이란 수출입상품에 대한 수량할당, 수출입허가 등 그 형태에 상관없이 관세나 조세 또는 기타 과징금을 제외한 금지 또는 제한을 수출입상품에 부과하는 것을 금지하는 원칙이다. 수량제한 금지는 수출, 수출을 위한 판매와 수입 모두 적용되며, 관세, 조세 또는 그 밖의 과징금 이외의 어떠한 금지 또는 제한도 실시하지 않을 의무를 당사국에게 부여한다. 구제적인 요건으로는 i) '다른 체약당사자 영토의 상품의 수입' 또는 '다른 체약당사자 영토로 향하는 상품의 수출 또는 수출을 위한 판매'가 존재하여야 하며, ii) 관세, 조세 또는 그 밖의 과징금 이외의 어떠한 금지 또는 제한이 존재하여야 한다. 동 의무는 사실상의 수량제한 조치에도 적용된다. 수량제한금지 원칙은 일정한 요건(공급부족제품 등) 하에서는 예외조치가 허용된다(제11조 2항).

2. 사안에의 적용

돌고래의 생명과 안전을 위협하는 방법으로 포획된 참치의 수입을 규제하는 것은 상품으로서의 참치 자체에 대한 규제 조치가 아니라, 공정 및 생산방법인 어획 방법에 대한 규제이므로 GATT 제11조가 적용된다. GATT 제11조 1항은 수입에 대한 양적 제한을 금지하므로, B국산 참치 및 참치가공제품에 대한 수입금지조치는

GATT 제11조 1항에 위반된다.

IV. 결론 (1점)

B국의 입장에서는 GATT 제3조 4항보다 GATT 제11조 1항에 근거한 청구가 유리하다.

[2] 일반예외 해당 여부 (20점)

Ⅰ. 쟁점의 제기 (1점)

A국의 참치어획방법을 이유로 한 차별적인 규제조치가 GATT 제20조 (b)호, (g)호의 개별요건과 두문요건을 충족하는지가 쟁점이 된다. GATT 제20조는 일반적 예외사유로서 두문과 10개의 개별조항으로 이루어져 있다. 동 조항의 해석에 관하여 WTO 상소기구는 2단계 분석법을 적용하고 있는데, 이에 따라 GATT 제20조 (a)~(j)호까지의 개별요건 해당여부를 먼저 검토한 후 두문요건 충족 여부를 검토한다.

Ⅱ. GATT 제20조 (b)호에 의해 정당화되는지 여부 (6점)

인간 및 동식물의 건강 또는 생명을 보호하기 위해 필요한 조치인 경우 GATT 상의 의무로부터의 면제가 허용된다. 해당 조치가 표면적으로 정책적 목표에 해당하는 경우 보호를 위한 조치로 인정된다. 동 조치는 필요한 조치여야 하는데, 필요한 조치에 대한 결정은 본질적으로 목적을 성취할 수 있는 덜 침해적이고 덜 무역제한적인 방법이 있는지를 기준으로 한다(필요성 테스트). 브라질 – 재생타이어 사건에서 상소기구는 대안조치가 "합리적으로 이용가능하지 않는 경우"에는 '필요성' 요건이 충족된 것으로 보았다.

사안에서 A국의 조치는 돌고래의 생명을 보호하기 위한 조치인 것이 분명하지만, 참치의 수입을 금지하는 것 외에도 이용가능한 대체수단이 존재한다고 보이므로 필요한 조치로 인정받기는 어려울 것으로 판단된다. 유사사례인 미국 – 참치수입금지 사건에서 패널은 미국이 돌고래 보호목적을 추구하기 위하여 합리적으로 이용가능한 모든 수단, 특히 국제협정을 체결하여 이를 해결하려는 협상에 대한 노력을 하지 않고 수입을 금지한 것은 필요한 조치가 아니었다고 판정하였다.

Ⅲ. GATT 제20조 (g)호에 의해 정당화되는지 여부 (6점)

피소국이 GATT 제20조 (g)호를 원용하기 위해서는 문제가 된 조치가, ① 고갈될 수 있는 유한천연자원의 보존을 위한 것인지 여부, ② 유한천연자원의 보존에 관련된 것인지 여부, ③ 국내 생산 또는 소비에 대한 제한과 결부되어 있는지 여부 등을 입증해야 한다. 미국-새우 사건(1998)에서 WTO 상소기구는 계속 생성될 수 있는 자원이라도 오랫동안 방치할 경우 고갈될 가능성이 있다면 이는 유한천연자원에 해당되며, 유한천연자원에는 비생물자원뿐만 아니라 생물자원도 포함된다고 판단하였다. 상기 요건에 따를 경우 돌고래는 유한천연자원에 해당된다.

보존과 '관련된'의 의미는 필요성보다 넓은 개념으로 유한천연자원의 보존을 목적으로 하는 거의 모든 무역제한조치에 적용될 수 있다. 국내생산 또는 소비에 대한 제한과 결부되어 있는지 여부는 문제의 조치로 인한 국내 생산 또는 소비에 대한 제한이 수입품에만 적용되는 것이 아니라 동종의 국내상품에도 공평하게 적용되어야 한다는 것을 의미한다.

이에 A국의 조치는 일응 GATT 제20조 (g)호에 해당하는 조치로 판단된다.

Ⅳ. GATT 제20조의 두문요건을 충족하는지 여부 (6점)

GATT 제20조 두문은 ① 자의적이거나 정당화할 수 없는 차별의 수단이 아니어야 하고, ② 국제무역에 대한 위장된 제한을 구성하는 방식으로 적용되지 말 것을 규정하고 있다. ①의 자의적이거나 정당화할 수 없는 차별 여부는 차별은 충분히 예견가능한 차별인지, 해결을 위하여 교섭 등의 노력이 진지하게 있었는지 등을 고려하여 판단한다. ②의 국제무역에 대한 위장된 무역제한은 조치의 경직성, 조치의 공개성, 교역제한의 의도 존재 여부 등을 고려하여 판단한다.

사안에서 A국의 조치는 극비리에 신속하게 추진되어 타국에게 정보가 제공되지 않았으며, 이 기간 동안 교섭 등의 노력도 확인되지 않으므로, 국제무역에 대한 위장된 무역제한 조치 및 자의적이거나 정당화할 수 없는 차별의 수단에 해당한다. 따라서 A국의 조치는 GATT 제20조에 의해 정당화되지 않는다.

Ⅴ. 결론 (1점)

A국의 조치는 GATT 제20조 (b)호의 필요성 요건을 충족하지 못하며, GATT 제20조 (g)호의 개별요건을 충족하더라도, GATT 제20조 두문요건을 위반한다.

문제 4

(가) P물질은 마그네슘과 규소를 포함하고 있는 광물질로서 솜과 같이 부드러운 섬유로 되어 있고, 내화성이 강하고 마찰에 잘 견딜 수 있으며 화학약품에 대한 저항성이 강하고 전기에 대한 절연성이 있으므로 여러 업종에서 많이 쓰이고 있다. 그러나 공기 중의 P물질은 육안으로는 볼 수 없고, P물질을 사람이 흡입할 경우 암을 유발시킨다고 알려져 있다.

(나) P물질의 인체 유해성을 염려한 A국은 자국 내에서 모든 종류의 P물질 및 P물질이 포함된 제품의 생산, 수입, 유통, 판매, 사용을 금지하는 X법률을 제정하여 시행하였다. X법률의 시행으로 인해 P물질의 최대 생산국인 B국은 P물질을 더 이상 A국에 수출할 수 없게 되었다.

(다) B국은 A국이 P물질의 대체물인 Q물질의 생산, 수입, 유통, 판매, 사용은 금지하지 않았기 때문에 차별이 존재하며, A국이 자국산 Q물질을 보호하기 위하여 X법률을 제정하여 시행하고 있다고 주장하고 있다.

(라) Q물질의 주요 생산국은 A국인 바, P물질의 대체물인 Q물질은 과학적 조사 결과 인체에 무해한 것으로 알려져 있다.

(마) A국에서 Q물질은 단열재로 쓰이지만 주로 건축업계에서 사용하고 있고, B국의 P제품 역시 단열재로 쓰이지만 중화학공장 생산품의 마감재로 사용되고 있다.

A국과 B국은 모두 WTO회원국이다.

문1. B국이 A국을 「관세 및 무역에 관한 일반협정」(The General Agreement on Tariffs and Trade, 이하 "GATT")에 위반된다고 주장하면서 WTO 분쟁해결기구에 제소하고자 할 때 주장할 수 있는 위반사항에 대하여 검토하시오. (20점)

문2. B국의 주장에 대하여 A국이 펼칠 수 있는 반대주장에 대하여 검토하시오. (20점)

문제 4 ▸ 채점기준표

[1] B국의 주장 (20점)

Ⅰ. 쟁점의 제기 (1점)

암을 유발하는 것으로 알려진 P물질에 대해 A국이 실시한 규제조치가 수량제한금지 원칙(제11조)을 위반하는지와 위반을 하더라도 일반적 예외(제20조)에 의해 정당화 되는지에 대해 검토한다.

Ⅱ. 수량제한금지 원칙(GATT 제11조 1항) 위반 주장 (9점)

1. 의의

수량제한금지 원칙이란 수출입상품에 대한 수량할당, 수출입허가 등 그 형태에 상관없이 관세나 조세 또는 기타 과징금을 제외한 금지 또는 제한을 수출입상품에 부과하는 것을 금지하는 원칙이다. 수량제한금지는 수출, 수출을 위한 판매와 수입 모두 적용되며, 관세, 조세 또는 그 밖의 과징금 이외의 어떠한 금지 또는 제한도 실시하지 않을 의무를 당사국에게 부여한다. 구체적인 요건으로는 i) '다른 체약당사자 영토의 상품의 수입' 또는 '다른 체약당사자 영토로 향하는 상품의 수출 또는 수출을 위한 판매'가 존재하여야 하며, ii) 관세, 조세 또는 그 밖의 과징금 이외의 어떠한 금지 또는 제한이 존재하여야 한다. 동 의무는 사실상의 수량제한 조치에도 적용된다. 수량제한금지 원칙은 일정한 요건(공급부족제품 등) 하에서는 예외조치가 허용된다.

2. 사안에의 적용

사안에서 B국은 A국의 X법률 시행으로 인해 P물질의 최대 생산국인 B국은 P물질을 더 이상 A국에 수출할 수 없게 되었으므로 A국의 조치 전까지는 상품의 수출이 있었음이 확인된다. 또한 X법률로 인해 A국 내에서는 P물질 및 P물질이 포함된 제품의 생산 등을 금지·제한되었다. 이에 B국은 A국의 조치가 GATT 제11조 1항에 위반된다고 주장할 수 있다.

III. 내국민대우 원칙(GATT 제3조 4항) 위반 주장 (9점)

1. 의의

GATT 제3조 4항은 비재정적 조치에서의 내국민대우 의무를 규정한다. 수입국은 수입제품의 국내판매, 판매를 위한 제공, 구매, 운송, 유통 또는 사용에 영향을 주는 모든 법률, 규정, 요건에 관하여 국내원산의 같은 상품에 부여되는 대우보다 불리하지 않은 대우를 부여하여야 한다. GATT 제3조 4항이 적용되기 위해서는 첫째, 비재정조치가 존재하고, 둘째, 국산품과 수입품이 같은 상품이어야 한다. 두 개의 요건을 충족한 경우, 수입품이 국산품에 비해 불리한 대우가 있으면 내국민대우 위반이 된다.

같은 상품에 대한 기준은 크게 제품성질설(제품의 물리적 특성, 성질, 최종용도, 관세분류 등)과 목적효과설(조치의 목적) 및 시장기반설(소비자의 기호 및 습관 등)로 구분되는데, WTO 패널과 상소기구는 같은 상품의 판단에 대해서는 일관된 기준의 적용이 아닌, 사안별 검토를 진행하고 있다. 일반적인 접근은 제품성질설과 시장기반설에 근거한 접근이다.

2. 사안에의 적용

P물질과 Q물질은 상품의 특성이 동일하지는 않지만 용도에 있어 대체가능성이 있고, 최종 소비자가 유사하기 때문에 같은 상품으로 볼 수 있다. A국은 P물질과 Q물질이 같은 상품임에도 불구하고 Q물질에 대해서는 P물질과 동일한 금지 조치를 부과하지 않았으므로 불리한 대우가 존재한다. 즉, A국의 조치는 내국민대우 의무를 위반한 조치이다.

IV. 결론 (1점)

B국은 A국의 조치는 수입 등에서의 제한 및 금지에 해당하므로 GATT 제11조 1항(수량제한금지)에 위반되고, 불리한 대우를 부과하는 비재정조치에 해당하므로 GATT 제3조 4항(내국민대우 의무)에 위반된다고 주장할 수 있다.

[2] A국의 주장 (20점)

Ⅰ. 쟁점의 제기 (1점)

A국은 자국의 조치가 GATT 제3조 4항, GATT 제11조 1항을 위반한다는 B국의 주장에 대하여, 우선 P물질과 Q물질이 같은 상품이 아니므로 차별조치가 가능함을 항변한다. 가사 같은 상품에 해당하여 자국의 조치가 GATT 제3조 4항을 위반하거나 또는 GATT 제11조 1항에 위배된다고 하더라도 GATT 제20조 (b)호에 의해 정당화되는 조치임을 주장한다.

Ⅱ. 내국민대우 원칙 위반의 성립 여부 (9점)

1. 같은 상품 여부 검토

같은 상품에 대한 기준은 크게 제품성질설(제품의 물리적 특성, 성질, 최종용도, 관세분류 등)과 목적효과설(조치의 목적) 및 시장기반설(소비자의 기호 및 습관 등)로 구분되는데, WTO 패널과 상소기구는 같은 상품의 판단에 대해서는 일관된 기준의 적용이 아닌, 사안별 검토를 진행하고 있다.

2. 사안에의 적용

P물질에 대한 조치는 국민의 생명과 건강을 보호하기 위한 목적으로 부과한 것이므로, 조치의 목적을 고려할 때(목적효과설) 양 제품은 같은 상품에 해당하지 않는다. 또한 시장에서 소비자는 상품의 유해성을 고려하여 소비하므로(소비자의 기호) P물질과 Q물질은 같은 상품으로 볼 수 없다(시장기반설). 유사사례인 EC-석면 사건(2001)의 WTO 상소기구에서도 발암물질을 유발하는 제품과 그렇지 않은 제품을 같은 상품으로 판단하지 않았다.

Ⅲ. GATT 제20조 (b)호에 의해 정당화되는지 여부 (9점)

1. 해석순서

GATT 제20조는 일반적 예외사유로서 두문과 10개의 개별조항으로 이루어져 있다. 동 조항의 해석에 관하여 WTO 상소기구는 2단계 분석법을 적용하고 있는데, 이에 따라 GATT 제20조 (a)~(j)호까지의 개별요건 해당여부를 먼저 검토한 후 두문요건 충족 여부를 검토한다.

2. 개별요건의 검토

피소국이 GATT 제20조 (b)호를 원용하기 위해서는 먼저 문제가 된 조치가 ① 인간 및 동식물의 건강 또는 생명을 보호하기 위한 것이어야 한다. 해당 조치가 표면적으로 정책적 목표에 해당하는 경우 보호를 위한 조치로 인정된다. 다음으로 동 조치는 ② 인간 및 동식물의 건강 또는 생명을 보호하는 데 필요한 조치여야 한다. 필요한 조치에 대한 결정은 본질적으로 목적을 성취할 수 있는 덜 침해적이고 덜 무역제한적인 방법이 있는지를 기준으로 한다(필요성 테스트). 브라질―재생타이어 사건(2007)에서 상소기구는 대안조치가 "합리적으로 이용가능하지 않는 경우"에는 '필요성' 요건이 충족된 것으로 보았다.

사안에서 A국의 조치는 인간 및 동식물의 건강 또는 생명을 보호하기 위한 것이고, 발암물질의 유통을 금지하는 것 이외에 합리적으로 이용가능한 덜 무역제한적인 조치는 확인되지 않으므로, 동 조항에 의해 정당화된다.

3. 두문요건의 검토

GATT 제20조 두문은 ① 자의적이거나 정당화할 수 없는 차별의 수단이 아니어야 하고, ② 국제무역에 대한 위장된 제한을 구성하는 방식으로 적용되지 말 것을 규정하고 있다. ①의 자의적이거나 정당화할 수 없는 차별 여부는 차별은 충분히 예견가능한 차별인지, 해결을 위하여 교섭 등의 노력이 진지하게 있었는지 등을 고려하여 판단한다. ②의 국제무역에 대한 위장된 무역제한은 조치의 경직성, 조치의 공개성, 교역제한의 의도 존재 여부 등을 고려하여 판단한다.

사안에서 X법률은 A국을 포함 모든 국가의 P물질 및 P물질이 포함된 제품 여부를 기준으로 제한을 하고 있으며 입법목적을 고려할 때 예견가능한 차별에도 해당하지 않으므로 자의적인 조치로 볼 수 없고, 대체물질의 안정성이 과학적으로 입증되었고, 적용되는 조치도 입법목적을 고려할 때 교역제한의 의도가 확인되지 않으므로 국제무역을 제한하려는 위장된 방법이라고도 볼 수 없다. 이에 A국의 조치는 GATT 제20조 (b)호에 의해 정당화된다.

IV. 결론 (1점)

우선 A국은 P물질과 Q물질은 목적효과설, 시장기반설 등을 기준으로 검토한 결과 같은 상품에 해당하지 않으므로 GATT 제3조 4항 적용대상이 아니다.

가사 P물질과 Q물질이 같은 상품에 해당하더라도 A국은 GATT 제20조 (b)호에 의해 정당화된다고 항변할 수 있다. 또한 자국의 조치가 GATT 제11조 1항에 위배된다고 하더라도 GATT 제20조 (b)호에 의해 정당화된다고 항변할 수 있다.

문제 5

(가) A국은 사탕수수를 가당제로 사용하지 않은 음료와 청량음료의 수입에 대해서는 가액의 20%에 해당하는 음료세를 부과하였으며, 이러한 음료의 운송·유통과 관련된 각종 서비스에 대해서도 20%의 유통세를 부과하였다. A국의 음료세와 유통세는 형식상으로는 음료에 부과되는 것이기는 했지만, 실질적으로는 음료에 첨가되는 가당제에 부과되는 것이었다. 아울러 해당 조세 납부 의무자에 대해 각종 장부를 기록 유지해야 하는 부기(bookkeeping)요건도 부과하였다.

(나) 음료에 첨가되는 가당제에는 사탕수수당과 사탕무당 그리고 고과당옥수수시럽(High Fructose Corn Syrup)이 있는데, B국에서 A국으로 수입되는 음료는 거의 전부가 사탕무당과 고과당옥수수시럽을 가당제로 사용하는 반면, A국 국내산 음료는 대부분 사탕수수당을 가당제로 사용하고 있었다. 따라서, 사탕수수당을 가당제로 사용하지 않는 음료에 국한하여 음료세와 유통세를 부과하는 조치는 A국내 사탕수수당의 생산 및 판매를 촉진하는 결과를 초래하고 있었다.

(다) 설탕의 공업적 생산원료식물은 사탕수수와 사탕무 두 가지가 대표적인 것이다. 사탕수수로부터 얻어지는 사탕수수당과 사탕무로부터 얻어지는 사탕무당은 본질적으로 같다. 다만 사탕수수는 기온이 높은 곳에서 재배되지만, 사탕무는 기온이 높은 곳에서는 병충해에 침범되기 쉬우므로 일반적으로 기온이 서늘한 지역에서 재배된다. 반면, 고과당옥수수시럽은 옥수수 전분에서 얻어지는 과당으로 설탕보다 75% 정도 더 달고, 음료, 제과, 제빵산업에 광범위하게 사용되며 흔히 설탕의 대체용품으로 쓰인다.

(라) A국이 위와 같은 차별적 조세 조치를 취한 배경에는 자국산 사탕수수의 B국 시장에서의 판매문제를 해결하려는 의도가 숨어 있었다. 즉, A국과 B국이 체결한 FTA에 따라 B국은 A국산 사탕수수의 수입을 개방할 의무를 부담하게 되었으나 그 이행을 지체하자, A국은 이를 이유로 B국산 음료에 추가 조세를 부과함으로써 B국으로 하여금 사탕수수당 시장을 개방하도록 압력을 가하려는 의도에서 차별적 조치를 취하게 된 것이었다.

A국과 B국은 모두 WTO회원국이다.

문1. B국은 A국의 조치가 「관세 및 무역에 관한 일반협정」(The General Agree-
ment on Tariffs and Trade, 이하 "GATT")에 위반된다고 주장하면서 A국
을 상대로 제소하려고 한다. B국이 주장할 수 있는 제소 사유를 설명하시
오. (25점)

문2. A국은 GATT 제20조에 따라 자국의 조치가 정당하다고 항변하려고 한다.
A국의 항변이 정당한지 설명하시오. (15점)

문제 5 ▸ 채점기준표

[1] B국의 주장 (25점)

Ⅰ. 쟁점의 제기 (1점)

사안에서 A국의 국내에서 생산되는 청량음료는 대부분 사탕수수당을 가당제로 사용하는 제품이고, A국이 B국으로부터 수입하는 청량음료는 거의 전부가 사탕무당 또는 고과당옥수수시럽을 가당제로 사용하는 제품이다. A국이 음료에 첨가되는 가당제를 기준으로 차등적인 음료세와 유통세를 부과한 행위(재정적 조치)와 조세 납부의무자에게 각종 장부의 기록 및 유지 의무 요건을 부과한 것(비재정적 조치)이 내국민대우 의무 위반인지가 문제가 된다.

Ⅱ. 내국민대우 원칙 위반 여부 검토 (23점)

1. 의의 (2점)

최혜국대우 원칙이 여러 타국 제품들에 대한 대우에 있어서의 비차별을 내용으로 하는 반면, 내국민대우 원칙은 타국제품과 국산제품 간의 비차별을 요구한다. 이러한 비차별에는 형식적인(de jure) 비차별뿐만 아니라 실질적인(de facto) 비차별도 포함된다. WTO회원국은 1항에 규정된 국내조치가 국내 생산을 보호하도록 적용되지 않도록 해야 할 원칙적인 책임이 있음을 인정한다(제3조 1항). 회원국의 조치 중 세금 등과 같은 재정적 조치에 대해서는 제3조 2항이 적용되는데, 같은 상품에 대해서는 GATT 제3조 2항 1문이 적용되며 직접경쟁 및 대체가능한 제품에 대해서는 GATT 제3조 2항 2문이 적용된다. 같은 상품에 대한 비재정적 조치에 대해서는 GATT 제3조 4항이 적용된다.

2. GATT 제3조 2항 1문 위반 여부 (7점)

GATT 제3조 2항 1문은 같은 상품에 대해서는 초과하지 않는 과세를 부과할 것을 규정한다. 같은 상품에 대한 기준은 크게 제품성질설(제품의 물리적 특성, 성질, 최종용도, 관세분류 등)과 목적효과설(조치의 목적) 및 시장기반설(소비자의 기호 및 습관 등)로 구분되는데, WTO 패널과 상소기구는 같은 상품의 판단에 대해서는 일관된 기준의 적용이 아닌, 사안별 검토를 진행하고 있다. 일반적인 접근은 제품성질설과 시장기반설에 근거한 접근이다.

사안에서 사탕수수로부터 얻어지는 사탕수수당과 사탕무로부터 얻어지는 사탕무당은 특성이 본질적으로 같음을 설시하고 있으며, 최종용도도 동일하게 사용되므로 같은 상품에 해당한다. 그럼에도 A국은 거의 대부분이 B국으로부터 수입되는 사탕수수당을 가당제로 사용하지 않는 청량음료에 대해서만 20%의 음료세를 부과하고, 유통세도 20%를 부과하고 있다. 이는 같은 상품에 대해 초과하지 않는 과세를 부여할 의무를 규정하는 GATT 제3조 2항 1문을 위반한다.

3. GATT 제3조 2항 2문 위반 여부 (7점)

GATT 제3조 2항 2문은 같은 상품이 아니더라도 직접 경쟁하거나 대체가능한 상품에 해당하는 경우에는 유사하게 과세할 것을 규정한다. 사탕수수와 사탕무가 재배되는 조건이 서로 상이하므로 같은 상품으로 볼 수 없다고 하더라도, 동일한 용도인 청량음료의 가당제로 사용되기에 직접경쟁 및 대체관계에 있는 것으로 볼 수 있다. 또한 사탕수수와 고과당옥수수시럽도 당분함유, 제품원료, 사용산업에서의 차이가 있어 같은 상품이 아니라고 하더라도, 흔히 설탕의 대용품으로 사용되고 있으므로 직접경쟁 및 대체관계에 있음이 확인된다. 따라서 이들 제품에 대해서는 유사하게 과세되어야 한다.

'유사하지 아니한 과세'는 최소허용 기준(de minimis level)을 넘는 것을 의미하는데, 0%와 20%의 차이는 최소허용기준에 해당한다고 볼 수 없으므로 A국은 유사하지 않은 과세를 부과한 것이다. GATT 제3조 2항 2문은 제1항에서 규정하는 국내산업을 보호하지 않을 것도 요건으로 하고 있다.

사안에서 A국의 차별적 조치의 배경이 자국산 사탕수수의 B국 시장에서의 판매문제를 해결하려는 의도를 가지고, 자국산에 대해 유리한 조세를 부과한 것이므로 국내 생산 보호를 위해 의도된 조치에 해당한다. 이에 A국의 조치는 GATT 제3조 2항 2문에 위반된다.

4. GATT 제3조 4항 위반 여부 (7점)

GATT 제3조 4항은 비재정적 조치에서의 내국민대우 의무를 규정한다. 수입국은 수입제품의 국내판매, 판매를 위한 제공, 구매, 운송, 유통 또는 사용에 영향을 주는 모든 법률, 규정, 요건에 관하여 국내원산의 같은 상품에 부여되는 대우보다 불리하지 않은 대우를 부여하여야 한다. 사안에서 A국은 부기요건을 사탕수수당 사용자에게는 부과되지 않고, 사탕무당 사용자에게만 차별적으로 부과하였다. 위에서 살펴본 바와 같이 사탕수수와 사탕무당은 같은 상품에 해당하므로 A국은 조치는 GATT 제3조 4항을 위반된다.

III. 결론 (1점)

B국이 주장할 수 있는 제소 사유는 다음과 같다. 사탕수수와 사탕무는 같은 상품에 해당하므로, 같은 상품을 가당제로 사용한 청량음료에 대해 차별적인 유통세와 음료세를 부과한 행위는 GATT 제3조 2항 1문을 위반한 것이며, 사탕무당 사용자에게만 부기의무를 부여한 것은 GATT 제3조 4항을 위반한 것이다.
사탕수수와 고과당옥수수시럽은 같은 상품은 아니나 직접경쟁 또는 대체관계에 있으므로, 이들에 대하여 국내산업 보호를 목적으로 유사하지 않은 과세를 부여한 A국의 행위는 GATT 제3조 2항 2문을 위반한 것이다.

[2] A국의 항변 (15점)

I. 쟁점의 제기 (1점)

A국은 문제가 된 조치가 내국민대우 원칙을 위반했다고 하더라도 GATT 제20조 (d)호에 의해 정당화될 수 있다는 주장이 가능하다.

II. 적용순서 (2점)

GATT 제20조는 일반적 예외사유로서 두문과 10개의 개별조항으로 이루어져 있다. 동 조항의 해석에 관하여 WTO 상소기구는 2단계 분석법을 적용하고 있는데, 이에 따라 GATT 제20조 (d)호의 개별요건 해당여부를 먼저 검토한 후 두문요건 충족 여부를 검토한다.

III. GATT 제20조 (d)호에 의해 정당화되는지 여부 (5점)

A국이 GATT 제20조 (d)호를 원용하기 위해서는 취해진 당해 무역제한조치가, ① GATT 협정에 위배되지 않는 법률 또는 규정의 준수를 확보하기 위한 것인지 여부와 ② 그러한 준수를 확보하기 위해 필요한지 여부를 입증해야 한다. 먼저 준수가 강제되는 법률 또는 규정은 위계질서가 있는 국내적 차원에서 정부와 시민 또는 기업 간의 관계에서 적용될 수 있는 국내법을 의미한다. 또한 FTA와 같은 조약이나 국제협정은 그 자체가 GATT 제20조 (d)호의 법령이나 규정에 해당하지 않으며, 해당되기 위해서는 '자국(A국)'의 국제법적 의무의 준수와 관련되어야 한다.

사안에서 B국이 A국과 체결한 FTA상의 의무를 이행하지 않자 이를 준수하도록 위하여 취한 조치이므로, 자국의 국제법적 의무 준수와는 관련이 없기에 GATT 제20조 (d)호의 법률이나 규정에 해당하지 않는다. 또한 필요한 조치인지는 덜 무역제한적인 조치의 존재 여부로 결정을 하는데, A국 내의 제품에 대한 차별적인 조세조치 및 부기요건 부과 이외에 B국 내에서의 이행준수를 위한 다른 조치를 추진할 수 있으므로 필요성 요건도 충족하지 못한다.

IV. 두문요건 (5점)

가사 GATT 제20조 (d)호의 개별요건을 충족하더라도 GATT 제20조의 두문요건도 함께 충족하여야 한다. GATT 제20조 두문은 ① 자의적이거나 정당화할 수 없는 차별의 수단이 아니어야 하고, ② 국제무역에 대한 위장된 제한을 구성하는 방식으로 적용되지 말 것을 규정하고 있다. ①의 자의적이거나 정당화할 수 없는 차별 여부는 차별은 충분히 예견가능한 차별인지, 해결을 위하여 교섭 등의 노력이 진지하게 있었는지 등을 고려하여 판단한다. ②의 국제무역에 대한 위장된 무역제한은 조치의 경직성, 조치의 공개성, 교역제한의 의도 존재 여부 등을 고려하여 판단한다.

동 사안에서는 A국의 조치로 인해 사탕무당 및 고과당옥수수시럽에 대한 차별적인 조치가 예견되고 있으며, B국 내에서의 사탕수수 판매촉진을 목적으로 B국에게 압력을 가하기 위해 A국이 조치를 취하였기에 교역제한의 의도가 있은 위장된 무역제한 조치에 해당한다. 따라서 A국의 조치는 두문요건을 충족하지 못한다.

V. 결론 (2점)

A국의 조치는 자국의 법률준수를 대상으로 하지 않기에 GATT 제20조 (d)호의 개별요건을 충족하지 못하며, 조치의 차별성과 무역제한성으로 인해 두문요건도 충족하지 못한다.

문제 6

(가) A국은 대기오염방지법을 제정하여 대기오염이 심한 일부 지역에는 오염 물질을 덜 배출하는 개질유만 판매하도록 하였고 여타 지역에서는 기존 휘발유도 계속 판매할 수 있도록 하였다.

(나) 이와 함께 개질유와 기존 휘발유의 기준치와 관련해서 휘발유 규칙(Gasoline Rule)도 마련하였다. 동 규칙은 기존 휘발유에 대해서는 2015년 A국 내에서 판매된 휘발유만큼 청정하여야 한다고 규정하였다. 그런데 그 기준을 정함에 있어 국내 정유업자에게는 2015년에 판매된 휘발유의 자료를 이용하여 개별적 기준치를 정하여 따르도록 하고, 수입업자에게는 법규상의 기준치를 따르도록 이원화하였다.

(다) 그러나 법규상의 기준치는 개별적 기준치보다 엄격할 수밖에 없어서 대부분의 수입 휘발유는 A국산 휘발유와 혼합하여 기준을 맞출 수밖에 없었다.

(라) 결국 외국산 휘발유는 사실상 A국산 휘발유와 동종 품질임에도 불구하고 미완성품 상태로 낮은 가격에 팔릴 수밖에 없게 되어 수입업자들은 불리한 입장에 놓이게 되었다.

A국과 B국은 모두 WTO회원국이다.

문1. 휘발유를 A국에 수출하는 B국은 A국의 조치가 「관세 및 무역에 관한 일반협정」(The General Agreement on Tariffs and Trade, 이하 "GATT")에 위반된다고 주장하면서 A국을 상대로 제소하려고 한다. B국이 주장할 수 있는 제소 사유를 설명하시오. (15점)

문2. A국은 GATT 제20조에 따라 자국의 조치가 정당하다고 항변하려고 한다. A국의 항변이 정당한지 설명하시오. (25점)

문제 6 ▸ 채점기준표

[1] B국의 제소 사유 (15점)

Ⅰ. 쟁점의 제시 (1점)

A국은 대기오염방지법을 제정하여 새롭게 적용한 휘발유 규칙은 국내 정유업자와 수입업자에게 상이한 기준을 적용하고 있는데, 동 규칙은 수입업자에게 보다 엄격한 기준을 적용하고 있다. 이에 대해 B국은 A국의 조치가 내국민대우 의무를 위반함을 주장할 수 있다.

Ⅱ. GATT 제3조 4항 위반 여부 (13점)

최혜국대우 원칙이 여러 타국 제품들에 대한 대우에 있어서의 비차별을 내용으로 하는 반면, 내국민대우 원칙은 타국제품과 국산제품 간의 비차별을 요구한다. 이러한 비차별에는 형식상(de jure) 비차별뿐만 아니라 사실상(de facto) 비차별도 포함된다. WTO회원국은 1항에 규정된 국내조치가 국내 생산을 보호하도록 적용되지 않도록 해야 할 원칙적인 책임이 있음을 인정한다(제3조 1항). 회원국의 조치 중 세금 등과 같은 재정적 조치에 대해서는 GATT 제3조 2항이 적용되는데, 같은 상품에 대해서는 GATT 제3조 2항 1문이 적용되며 직접경쟁 및 대체가능한 제품에 대해서는 GATT 제3조 2항 2문이 적용된다. 같은 상품에 대한 비재정적 조치에 대해서는 GATT 제3조 4항이 적용된다. 비재정적 조치와 관련하여 수입국은 수입제품의 국내판매, 판매를 위한 제공, 구매, 운송, 유통 또는 사용에 영향을 주는 모든 법률, 규정, 요건에 관하여 국내원산의 같은 상품에 부여되는 대우보다 불리하지 않은 대우를 부여하여야 한다.

같은 상품에 대한 기준은 크게 제품성질설(제품의 물리적 특성, 성질, 최종용도, 관세분류 등)과 목적효과설(조치의 목적) 및 시장기반설(소비자의 기호 및 습관 등)로 구분되는데, WTO 패널과 상소기구는 같은 상품의 판단에 대해서는 일관된 기준의 적용이 아닌, 사안별 검토를 진행하고 있다. 일반적인 접근은 제품성질설과 시장기반설에 근거한 접근이다.

사안에서 외국산 휘발유와 A국산 휘발유는 동종품질이며, 물리적 특성이 동일하고,

최종 소비자가 같으며, 완전한 대체 관계에 있는 같은 상품이다. 휘발유 규칙이 국내 정유업자에게는 개별적 기준치를 사용하도록 한 반면 수입업자에게는 보다 엄격한 법규상의 기준치를 적용하는 차별적 조치가 있다. 이러한 차별적 조치로 인해 외국산 휘발유는 미완성품 상태로 낮은 가격에 팔리도록 하는 불리한 대우를 받게 되었다. 따라서 A국의 조치는 GATT 제3조 4항에 위배된다.

III. 결론 (1점)

B국은 GATT 제3조 4항 위반을 이유로 A국을 제소할 수 있다.

[2] A국의 항변 (25점)

I. 쟁점의 제기 (1점)

A국은 자국의 조치가 내국민대우를 위반하더라도 GATT 제20조 (b)호와 (g)호를 이유로 자국조치의 정당성을 항변할 수 있다.

II. 적용순서 (2점)

GATT 제20조는 일반적 예외사유로서 두문과 10개의 개별조항으로 이루어져 있다. 동 조항의 해석에 관하여 WTO 상소기구는 2단계 분석법을 적용하고 있는데, 이에 따라 GATT 제20조 (b)호와 (g)호의 개별요건 해당여부를 먼저 검토한 후 두문요건 충족 여부를 검토한다.

III. 인간 및 동식물의 건강 또는 생명을 보호하기 위해 필요한 조치 [GATT 제20조 (b)호] (7점)

피소국이 GATT 제20조 (b)호를 원용하기 위해서는 먼저 문제가 된 조치가 ① 인간 및 동식물의 건강 또는 생명을 보호하기 위한 것이어야 한다. 해당 조치가 표면적으로 정책적 목표에 해당하는 경우 보호를 위한 조치로 인정된다. 다음으로 동 조치는 ② 인간 및 동식물의 건강 또는 생명을 보호하는 데 필요한 조치여야 한다. 필요한 조치에 대한 결정은 본질적으로 목적을 성취할 수 있는 덜 침해적이고 덜 무역제한적인 방법이 있는지를 기준으로 한다(필요성 테스트). 브라질–재생타이어 사건(2007)

에서 WTO 상소기구는 대안조치가 "합리적으로 이용가능하지 않는 경우"에는 '필요성' 요건이 충족된 것으로 보았다.

사안에서 A국의 조치는 대기오염의 방지를 목적으로 하고 있는데 오염물질의 방출은 인간의 건강을 해칠 수 있으므로, 동 조치는 목적에 부합하는 조치로 볼 수 있으나, 국산과 수입산 휘발유에 대해 이중적 기준을 적용하는 것보다 덜 무역제한적인 조치가 모색될 수 있으므로 필요성 요건에는 부합하지 않는다.

IV. 유한천연자원의 보존과 관련된 조치 [GATT 제20조 (g)호] (7점)

GATT 제20조 (g)호는 WTO회원국이 국내 정책적 필요에 따라 무역자유화보다 환경권에 우선권을 부여할 수 있도록 허용하고 있는 조항이다. GATT 제20조 (b)호와 함께 환경보호에 적용되는 대표적인 조항이라 볼 수 있다. 동 조항은 적용되기 위해서는 ① 고갈가능한 천연자원이어야 하며(유한성), ② 유한천연자원의 보존에 관련된 조치(관련성)여야 하며, ③ 국내생산 또는 소비에 대한 제한과 결부되어 있는지 여부를 고려하여야 한다. 유한천연자원에는 생물 또는 비생물 자원이 모두 포함되며, 희귀할 필요도 없고 멸종위기에 처할 가능성이 있을 필요도 없기 때문에, 청정공기, 돌고래, 바다거북, 희소자원 등이 모두 유한 천연자원에 해당되는 것으로 판정된 바가 있다. 천연자원이 기본적으로 재생 가능한 천연자원이라고 하더라도, 특정상황 하에서 고갈되기 쉬운 것이라면 유한천연자원에 포함된다[미국–새우 사건(1998) 상소기구]. '관련된' 의미는 조치와 목적간의 "밀접하고 실제적인 관련성"만 성립되는지를 심사하는 것으로 해석되어 왔다. 국내생산 또는 소비에 대한 제한과 결부되어 있는지는 국내상품에도 생산 또는 소비에서 유사한 제한이 적용되고 있어야 함을 의미한다.

사안에서 맑은 대기는 유한 천연자원에 해당하며, A국의 조치는 유한 천연자원을 보호하기 위한 목적과 실질적인 관련성을 가지고 있으며, 휘발유 규칙의 적용은 국산 휘발유에게도 공평하게 적용되고 있으므로(반드시 동일한 제한일 필요는 없음), 동 요건에 부합함을 주장할 수 있다.

V. 두문요건 검토 (7점)

GATT 제20조의 개별요건을 충족하더라도 GATT 제20조의 두문도 함께 충족하여야 한다. GATT 제20조 두문은 ① 자의적이거나 정당화할 수 없는 차별의 수단이 아니어야 하고, ② 국제무역에 대한 위장된 제한을 구성하는 방식으로 적용되지 말 것을 규정하고 있다. ①의 자의적이거나 정당화할 수 없는 차별 여부는 차별은 충분히 예견가능한 차별인지, 해결을 위하여 교섭 등의 노력이 진지하게 있었는지 등을 고려하여 판단한다. ②의 국제무역에 대한 위장된 무역제한은 조치의 경직성, 조치의 공개성, 교역제한의 의도 존재여부 등을 고려하여 판단한다.

사안에서 A국은 국산 휘발유와 수입 휘발유에 동일한 기준을 적용할 수 있었음에도 그러하지 않은 것은 충분히 예견가능한 차별에 해당하며, 동 문제를 해결하기 위한 타국과의 협의 등의 노력도 확인되지 않으므로 자의적이거나 정당화할 수 없는 차별에 해당한다. 또한 동 조치로 인하여 외국산 휘발유는 사실상 A국 시장 내에서 낮은 가격에 팔릴 수밖에 없는 구조가 형성되었으므로 국제무역에 대한 위장된 제한에 해당한다. 따라서 A국의 조치는 두문요건을 충족하지 못한다.

VI. 결론 (1점)

A국은 자국의 조치가 GATT 제20조 (b)호와 (g)호에 의해 정당화된다고 항변할 수 있다. 그러나 A국의 조치는 GATT 제20조 (b)호의 필요성 요건을 충족하지 못하고 있으며, GATT 제20조 (g)호의 요건을 충족하고 있다고 하더라도 GATT 제20조 두문요건을 충족하지 못하고 있으므로, A국의 주장은 GATT 제20조에 의해 정당화될 수 없다.

문제 7

(가) 바다표범 사냥은 머리를 몽둥이로 가격하고 피를 흘린 채로 갈고리로 끌고 다니는 잔인한 방식으로 이루어지는 것으로 알려져 있고, 이러한 잔인성으로 인해 동물복지단체는 바다표범 사냥에 반대해 왔다.

(나) 동물복지와 생물다양성보호를 국가정책으로 추진하는 A국은 주변국인 B국 및 C국과 위 문제를 해결하기 위해 3국이 공동으로 국내규범을 제정하는 방안에 대해 수년간 협의하였으나, 자국 영리기업의 전방위적 로비를 받은 B국의 미온적 태도로 인해 합의에 이르지 못하였다.

(다) 이에 A국은 「바다표범 제품 유통제한 규정」을 먼저 제정하여, A국 내에서만이라도 바다표범 제품 유통을 원칙적으로 금지하기로 하였다. 동 규정에 따르면 A국 내 토착민들이 생존을 위해 사냥한 바다표범으로 만든 제품(Indigenous Communities exception, IC 예외)이거나 개체보존을 위한 해양자원관리 연구목적으로 사냥한 바다표범으로 만든 제품(Marine Resource Management exception, 이하 "MRM 예외") 등에 대해서만 예외적으로 유통을 허용하였다.

(라) B국은 바다표범 제품의 주요 수출국으로 자국에서 생산되는 바다표범 제품의 75%를 A국에 수출하고 있었다. 그러나 A국이 조치를 단행하게 되자 주로 상업적 용도로 바다표범을 사냥하는 B국은 A국으로 수출이 어려워졌다.

(마) MRM 예외에 따라, 개체보존을 위한 해양자원관리 연구목적 차원에서 사냥한 바다표범으로 생산된 C국산 바다표범 제품은 사실상 모두 A국 내에서 유통될 수 있는 반면, 상업적 용도로 사냥되는 바다표범으로 만들어진 B국산 바다표범 제품은 동 예외 규정에 부합되지 않아 A국 내에서 판매될 수 없었다.

A, B, C국은 모두 WTO회원국이다.

문1. B국은 A국의 조치가 「관세 및 무역에 관한 일반협정」(The General Agreement on Tariffs and Trade, 이하 "GATT")에 위반된다고 주장하면서 A국을 상대로 제소하려고 한다. B국이 주장할 수 있는 제소 사유를 설명하시오. (25점)

문2. A국은 GATT 제20조에 따라 자국의 조치가 정당하다고 항변하려고 한다. A국의 항변이 정당한지 설명하시오. (15점)

문제 7 ▸ 채점기준표

[1] B국의 제소 사유 (20점)

Ⅰ. 쟁점의 제기 (1점)

A국은 「바다표범 제품 유통제한 규정」을 제정하였다. 이로 인해 B국은 자국에서 생산되는 바다표범 제품을 A국으로 수출하는 것이 어려워지게 되었지만, A국 내에서는 동 규정의 IC 예외 및 MRM 예외에 따라 A국산 제품과 C국산 제품이 유통되고 있다. 이에 B국은 자국 제품과 C국 제품과의 차별적인 조치를 이유로 최혜국대우 의무 위반을, 자국 제품과 A국 제품과의 차별적인 조치를 이유로 내국민대우 의무 위반을 주장할 수 있다.

Ⅱ. 최혜국대우 원칙(GATT 제1조) 위반 여부 (9점)

1. 의의

타국의 같은 상품에 대한 법률상 및 사실상 비차별원칙으로서 최혜국대우 의무는 수입과 수출 영역에 모두 적용되고, WTO 비회원국에게 부여된 특혜에 대해서도 최혜국대우 의무 위반이 성립될 수 있다.

2. 적용대상 조치 및 요건

GATT 제1조 제1항에 의하면 수출입시의 관세 및 과징금, 수출입대금의 국제이체에 대한 관세 및 과징금, 관세 및 과징금의 부과방법, 수출입과 관련된 모든 절차, 수입품의 국내 판매, 판매 제의, 구매, 운송, 유통, 사용에 관한 국내 법규나 요건 등에 관하여 모든 국가의 같은 상품에 대한 제반, 편의, 호의, 특권 또는 면제가 즉시 그리고 무조건적으로 부여되어야 한다.

3. 같은 상품 판단기준

같은 상품에 대한 기준은 크게 제품성질설(제품의 물리적 특성, 성질, 최종용도, 관세분류 등)과 목적효과설(조치의 목적) 및 시장기반설(소비자의 기호 및 습관 등)로 구분되는데,

WTO 패널과 상소기구는 같은 상품의 판단에 대해서는 일관된 기준의 적용이 아닌, 사안별 검토를 진행하고 있다. 일반적인 접근은 제품성질설과 시장기반설에 근거한 접근이다.

4. 사안에의 적용

사안에서 A국은 바다표범 제품에 대해서는 유통을 금지하되, IC 예외 및 MRM 예외에 해당하는 경우에만 유통을 허용하고 있다. 이러한 점을 볼 때 사안에서 언급되는 모든 바다표범 제품은 같은 상품에 해당한다. B국과 C국산 바다표범 제품이 같은 상품임에도 불구하고, C국산 바다표범 제품이 MRM 예외 규정에 따라 사실상 모두 A국 시장 내에서 판매될 수 있었던 반면, B국산 바다표범 제품은 동 규정의 요건에 부합되지 않아 판매될 수 없다는 점에서 동등한 시장접근의 편의가 제공되지 않았다. 이에 A국의 MRM 예외 조치는 최혜국대우 의무를 위반하는 차별적인 조치이다.

III. 내국민대우 원칙(GATT 제3조 4항) 위반 여부 (9점)

1. 의의

GATT 제3조 4항은 비재정적 조치에서의 내국민대우 의무를 규정한다. 수입국은 수입제품의 국내판매, 판매를 위한 제공, 구매, 운송, 유통 또는 사용에 영향을 주는 모든 법률, 규정, 요건에 관하여 국내원산의 같은 상품에 부여되는 대우보다 불리하지 않은 대우를 부여하여야 한다. GATT 제3조 4항의 적용을 위해서는 ① 비재정조치의 존재 여부, ② 같은 상품 여부, ③ 불리한 대우의 존재 여부를 검토하여야 한다.

2. 사안에의 적용

A국의 「바다표범 제품 유통제한 규정」은 B국 바다표범 제품의 A국 내에서의 유통에 영향을 주는 규정으로 비재정조치에 해당한다. A국 바다표범 제품과 B국 바다표범 제품은 같은 상품에 해당하며, A국의 IC 예외 조치로 인해 경쟁기회의 변경에 따른 유해한 효과가 야기되었으므로 B국산 바다표범 제품에 대하여 불리한 대우가 부여되었다.

IV. 결론 (1점)

A국의 「바다표범 제품 유통제한 규정」에서 MRM 예외의 적용은 GATT 제1조의 최혜국대우 의무를 위반한 것이며, IC 예외의 적용은 GATT 제3조 4항의 내국민대우 의무를 위반한 것이다.

[2] A국의 항변 (20점)

Ⅰ. 쟁점의 제기 (1점)

B국의 주장에 대해, A국은 자국의 조치는 GATT 제20조 일반적 예외사유 중 (a)호 '공중도덕을 보호하기 위하여 필요한 조치'에 의해 정당화됨을 주장할 수 있다.

Ⅱ. 적용순서 (2점)

GATT 제20조는 일반적 예외사유로서 두문과 10개의 개별조항으로 이루어졌으며 GATT 제20조의 해석은 개별조항을 먼저 검토한 뒤 두문의 요건을 검토하는 2단계 해석방법을 적용한다.

Ⅲ. GATT 제20조 (a)호에 의해 정당화되는지 여부 (8점)

GATT 제20조 (a)호는 WTO회원국이 국내 정책적 필요에 따라 무역자유화보다 공중도덕 보호에 우선권을 부여할 수 있도록 허용하고 있는 조항이다. 동 조항의 적용을 위해서는 ① 문제된 상품이 회원국의 공중도덕에 부정적 영향을 주는지, ② 회원국의 조치가 공중도덕에 대한 부정적 영향을 방지 또는 감소시키는지, ③ 동 조치가 필요한 조치인지가 검토되어야 한다.

공중도덕이란 "공동체 또는 국가에 의해서 공동체 또는 국가를 대신해서 유지되는 옳고 그른 행위의 기준"으로 해석된다[중국－출판물 및 시청각 제품 사건(2012)]. A국의 바다표범 제품 유통제한 규정의 목적이 잔인한 방식으로 이루어지는 바다표범 사냥을 막기 위한 것으로 보이고, 이는 동물복지 등에 대한 A국 공공의 도덕적 관심을 표명하기 위한 수단으로 보여진다. A국의 바다표범 규제조치가 바다표범 제품에 대한 세계의 수요를 줄이고, A국 공중이 비인도적으로 사냥한 바다표범으로 만든 제품에 노출되는 것을 저감할 수 있도록 한다는 점에서 목적을 달성하는 데 실질적인 기여를 한다. 또한 동 조치 이외에 제시될 수 있는 대안조치는 합리적으로 이용가능하지 않은 것으로 보여진다. 이에 A국의 조치는 GATT 제20조 (a)호의 개별요건을 충족한다.

Ⅳ. 두문요건 (8점)

GATT 제20조의 개별요건을 충족하더라도 GATT 제20조의 두문도 함께 충족하여야 한다. GATT 제20조 두문은 ① 자의적이거나 정당화할 수 없는 차별의 수단이 아니어야 하고, ② 국제무역에 대한 위장된 제한을 구성하는 방식으로 적용되지 말 것을 규정하고 있다. ①의 자의적이거나 정당화할 수 없는 차별 여부는 차별은 충분히 예견가능한 차별인지, 해결을 위하여 교섭 등의 노력이 진지하게 있었는지 등을 고려하여 판단한다. ②의 국제무역에 대한 위장된 무역제한은 조치의 경직성, 조치의 공개성, 교역제한의 의도 존재여부 등을 고려하여 판단한다.

사안에서 개체보존을 위한 해양자원관리 연구목적으로 사냥한 바다표범으로 만든 제품에 대한 예외 규정은 A국의 바다표범 규제조치의 목적과 합리적인 연관성이 존재하며, 규정 도입 이전부터 잔인한 바다표범 사냥문제를 해결하기 위한 교섭이 진지하게 있었음이 확인된다. 또한 해당 규정은 충분히 공개되어 있었으며 자국산업을 보호하기 위한 교역제한의 목적으로 제정되지 않았음도 확인된다. 따라서 A국의 조치는 자의적이거나 정당화할 수 없는 차별의 수단에 해당하지 않으며, 국제무역에 대한 위장된 무역제한 조치에 해당하지 않는다.

Ⅴ. 결론 (1점)

A국의 조치는 GATT 제20조 일반적 예외사유 중 (a)호 '공중도덕을 보호하기 위하여 필요한 조치'의 개별요건과 두문요건을 충족하고 있으므로, A국 조치의 정당성은 인정된다.

문제 8

A국은 각종 지하자원의 매장량이 풍부한 국가이다. 특히, A국 영토에는 반도체 생산의 원재료인 X물질을 대량으로 채굴하여 수출하고 있는데, 전 세계에 유통되는 X물질의 95%는 A국에서 생산되고 있다. X물질은 다양한 전자제품의 부품을 생산하는데 필수적인 물질이기에, 수입국의 수요가 지속적으로 유지되고 있는 상황이다.

A국은 자국의 X물질 생산량이 현 상태로 지속될 경우 언젠가는 X물질의 고갈문제가 제기될 것을 우려하였다. 또한 A국은 지하광구에서 채굴하여야 하는 노동환경으로 인해 장시간 작업환경에 노출되어 있는 노동자들의 건강이 악화되는 것을 우려하였다. 이에 A국은 「대외무역법」을 개정하여 수출쿼터제와 최저수출가격제를 도입하기로 하였다. 동 개정안에서는 수출쿼터를 할당받기 위해서는 최근 3년간 X물질을 수출한 실적이 A국 수출량의 5% 이상을 차지할 것을 요건으로 하였다. 또한 정부가 정한 최저수출가격 이상으로 수출하도록 하고 이를 위반하는 기업에 대해서는 수출쿼터 할당취소라는 행정제재를 부과하기로 하였다. A국 X물질의 주요 수입국인 B국과 C국은 A국의 「대외무역법」 개정 정보를 사전 입수하였다. 이에 B국과 C국은 동 문제의 해결을 위한 협의를 A국에 요청하였으나, A국은 법령의 개정은 자국 경제주권의 영역이라는 이유로 협의를 거부하였다.

A국은 법령개정 정보가 외부에 공개될 경우, 자국 기업이 수출실적을 갖추기 위해 과도한 가격인하 수출이 발생하여 A국 산업에 부정적 영향을 미칠 것을 우려하였다. 이에 A국은 「대외무역법」을 기습적으로 공포하였다. 「대외무역법」 개정 이후, X물질을 수출할 수 있는 자격을 갖출 수 있는 기업은 100개 기업에서 20개 기업으로 줄어들게 되었다.

A국의 「대외무역법」 개정 조치로 인해 B국, C국은 생산원가의 급격한 상승이 발생하였고, 이들 국가의 산업은 심각한 타격을 입게 되었다. B국, C국은 A국의 조치로 인한 자국 산업의 피해를 전달하고 대안 제시를 통한 해결책 모색을 위해 A국과의 협의를 다시 요청하였으나, A국은 이미 공포된 내용이므로 협의가 불가함을 통보하였다.

※ A국, B국, C국 모두 WTO회원국이다.

문1. B국, C국은 A국의 조치가 「관세 및 무역에 관한 일반협정」(The General Agreement on Tariffs and Trade, 이하 "GATT"라고 함)에 위반된다고 주장하면서 A국을 WTO에 제소하려고 한다. B국과 C국이 주장할 수 있는 위반 사유에 대해 검토하시오. (15점)

문2. A국은 GATT 제20조에 의해 자국의 조치가 정당하다고 항변하려고 한다. A국의 항변이 정당한지 설명하시오. (25점)

문제 8 ▸ 채점기준표

[1] 제소 사유 검토: 수량제한금지 원칙 위반 (15점)

Ⅰ. 쟁점의 제기 (1점)

B국과 C국은 A국의 수출쿼터제 및 최저수출가격제 조치가 GATT 제11조 수량제한 금지 원칙을 위반하는 조치이며, 동 조치는 GATT 제20조에 의해서도 정당화되지 않음을 주장할 수 있다.

Ⅱ. 수량제한금지 원칙의 내용 (7점)

수량제한금지 원칙이란 수출입상품에 대한 수량할당, 수출입허가 등 그 형태에 상관없이 관세나 조세 또는 기타 과징금을 제외한 금지 또는 제한을 수출입상품에 부과하는 것을 금지하는 원칙이다. 수량제한 금지는 수출, 수출을 위한 판매와 수입 모두 적용되며, 관세, 조세 또는 그 밖의 과징금 이외의 어떠한 금지 또는 제한도 실시하지 않을 의무를 당사국에게 부여한다. 구체적인 요건으로는 ① '다른 체약당사자 영토의 상품의 수입' 또는 '다른 체약당사자 영토로 향하는 상품의 수출 또는 수출을 위한 판매'가 존재하여야 하며, ② 관세, 조세 또는 그 밖의 과징금 이외의 어떠한 금지 또는 제한이 존재하여야 한다. 동 의무는 사실상의 수량제한 조치에도 적용된다. 수량제한금지 원칙의 예외로 GATT 제11조는 불가결한 산품의 위급한 부족을 방지 또는 완화하기 위한 일시적 조치일 경우를 규정한다[제11조 2항(a)호].

Ⅲ. 사안에의 적용 (7점)

A국은 「대외무역법」을 개정하여 수출쿼터제와 최저수출가격제를 적용하고 있는데, 이는 관세, 조세, 과징금 이외의 제한조치에 해당한다. 또한 최근 3년간의 실적을 기준으로 하고 있는 바, 이는 B국과 C국으로의 수출이 존재하였음을 의미한다. 또한 A국의 조치는 불가결한 산품의 위급한 부족을 방지하거나 완화하기 위하여 일시적으로 부과되어야 하는데, X물질이 자국에게 꼭 필요한 불가결한 상품이라는 조건은 제시되지 않고 있는 점, 언젠가는 고갈될 문제는 위급한 부족을 의미하지 않는 점, 동 조치의 일시성에 대해서도 A국은 밝히고 있지 않는 점을 고려할 때 A국의

조치는 GATT 제11조의 예외조항이 적용되지 않는 조치이다.

[2] A국의 항변사유 검토 (25점)

Ⅰ. 쟁점의 제기 (1점)

A국은 자국의 조치가 GATT 제20조 (b)호와 (g)호에 의해 정당화되는 조치임을 주장할 수 있다.

Ⅱ. 검토순서 (2점)

GATT 제20조는 일반적 예외사유로서 두문과 10개의 개별조항으로 이루어져 있다. 동 조항의 해석에 관하여 WTO 상소기구는 2단계 분석법을 적용하고 있는데, 이에 따라 GATT 제20조 (a)~(j)호까지의 개별요건 해당여부를 먼저 검토한 후 두문요건 충족여부를 검토한다.

Ⅲ. GATT 제20조 (b)호 (7점)

피소국이 GATT 제20조 (b)호를 원용하기 위해서는 먼저 문제된 조치가 ① 인간 및 동식물의 건강 또는 생명을 보호하기 위한 것이어야 한다. 해당 조치가 표면적으로 정책적 목표에 해당하는 경우 보호를 위한 조치로 인정된다. 다음으로 동 조치는 ② 인간 및 동식물의 건강 또는 생명을 보호하는 데 필요한 조치여야 한다. 필요한 조치에 대한 결정은 본질적으로 목적을 성취할 수 있는 덜 침해적이고 덜 무역제한적인 방법이 있는지를 기준으로 한다(필요성 테스트). 브라질-재생타이어 사건(2007)에서 WTO 상소기구는 대안조치가 "합리적으로 이용가능하지 않는 경우"에는 '필요성' 요건이 충족된 것으로 보았다.

사안에서 A국은 노동자들의 건강이 악화되는 것을 우려하여 조치를 취하였음을 밝히고 있으므로 정책적 목표에 부합하는 조치로 인정된다. 그러나 필요한 조치인지에 대해서는 다른 대안적인 조치의 존재 여부로 결정하는데, 무역에 직접적으로 영향을 미치는 수량제한조치 외에 보다 직접적으로 노동자의 건강을 보호하는 조치들을 고려할 수 있을 것이므로 필요성 요건을 충족하지는 못한다.

IV. GATT 제20조 (g)호 (7점)

GATT 제20조 (g)호는 WTO회원국이 국내 정책적 필요에 따라 무역자유화보다 환경권에 우선권을 부여할 수 있도록 허용하고 있는 조항이다. GATT 제20조 (b)호와 함께 환경보호에 적용되는 대표적인 조항이라 볼 수 있다. 동 조항은 적용되기 위해서는 ① 고갈가능한 천연자원이어야 하며(유한성), ② 유한천연자원의 보존에 관련된 조치(관련성)여야 하며, ③ 국내생산 또는 소비에 대한 제한과 결부되어 있는지 여부를 고려하여야 한다. 유한천연자원에는 생물 또는 비생물 자원이 모두 포함되며, 희귀할 필요도 없고 멸종위기에 처할 가능성이 있을 필요도 없기 때문에, 청정공기, 돌고래, 바다거북, 희소자원 등이 모두 유한 천연자원에 해당되는 것으로 판정된 바가 있다. 천연자원이 기본적으로 재생 가능한 천연자원이라고 하더라도, 특정상황 하에서 고갈되기 쉬운 것이라면 유한천연자원에 포함된다[미국 – 새우 사건(1998) 상소기구]. '관련된' 의미는 조치와 목적 간의 "밀접하고 실제적인 관련성"만 성립되는지를 심사하는 것으로 해석되어 왔다. 국내생산 또는 소비에 대한 제한과 결부되어 있는지는 국내상품에도 생산 또는 소비에서 유사한 제한이 적용되고 있어야 함을 의미한다.

사안에서 X물질은 매장량에 제한이 있으므로 유한성이 확인되며, 비생물 자원도 천연자원에 포함하므로 천연자원에도 해당된다. 노동자의 건강보호를 위한 수단으로 채굴량을 제한하는 효과를 가지는 수출쿼터제를 도입한 것이므로 조치의 관련성도 인정되며, 국내생산에서의 제한과도 결부되어 있다.

V. GATT 제20조 두문 (7점)

GATT 제20조의 개별요건을 충족하더라도 GATT 제20조의 두문요건도 함께 충족하여야 한다. GATT 제20조 두문은 ① 자의적이거나 정당화할 수 없는 차별의 수단이 아니어야 하고, ② 국제무역에 대한 위장된 제한을 구성하는 방식으로 적용되지 말 것을 규정하고 있다. ①의 자의적이거나 정당화할 수 없는 차별 여부는 차별은 충분히 예견가능한 차별인지, 해결을 위하여 교섭 등의 노력이 진지하게 있었는지 등을 고려하여 판단한다. ②의 국제무역에 대한 위장된 무역제한은 조치의 경직성, 조치의 공개성, 교역제한의 의도 존재 여부 등을 고려하여 판단한다.

사안에서 A국은 「대외무역법」 개정 문제를 해결하기 위하여 B국과 C국의 사전 및 사후 협의요청에 대해 협의를 거부하였는바, 이는 해결을 위한 교섭 등의 노력을 진지하게 시도하지 않은 것으로 판단된다. 또한 A국은 「대외무역법」을 기습적으로 공포하였을 뿐만 아니라, 동 법령의 공포 결과 수출자격을 갖춘 기업의 수가 100개에서 20개로 현저하게 줄어들게 되었다. 특히 최저수출가격제도는 A국 산업에 대한 피해를 줄이기 위한 목적으로 도입된 것이고, 실제 A국의 조치로 인해 B국과 C국의 국내산업은 심각한 피해를 입게 되었으므로, 동 조치는 국제무역에 대한 위장된 무역제한 조치에 해당한다.

VI. 결론 (1점)

A국은 GATT 제20조 (b)호와 (g)호에 근거하여 자국조치의 정당성을 주장할 수 있다. 그러나 A국의 조치는 GATT 제20조 (b)호의 필요성 요건을 충족하지 못하며, GATT 제20조 (g)호의 요건은 충족하더라도 GATT 제20조 두문요건을 충족하지 못하므로 정당한 조치로 볼 수 없다.

문제 9

(가) 세계 최대 자동차 시장인 A국은 내연기관차를 전기차로 대체함으로써 A국 전기차 산업을 육성하여 자국의 심각한 대기오염 문제를 해결하고, 이와 함께 고용의 증대를 유도하여 소비를 활성화시키고자 하였다. A국 산업부와 환경부가 소비자를 대상으로 「전기차 산업 활성화와 일자리 확충을 위한 소비자 의견조사」 설문지를 통해 합동시장조사를 실시한 결과, 고가의 전기차 가격으로 인하여 A국 소비자가 전기차 구매를 주저하고 있음이 나타났다.

(나) 이에 A국은 전기차 가격 인하 효과를 창출하는 강력한 세제 지원 정책을 준비 중이다. A국의 「세법」 개정안의 주요 내용은 다음과 같다.

1. 전기차 구매 시 자동차 취등록세(세율: 차량가격의 20%) 면제
2. 노조가 결성된 A국 국내 공장에서 생산한 전기차에 대해서는 1에서 면제된 취등록세의 50% 추가 공제
3. 1, 2의 공제액은 중복 적용

(다) 자국 공장에서 생산한 내연기관차를 A국으로 수출하고 있는 B국은 동 법이 통과될 경우 '노조가 결성된 A국 공장' 요건을 충족할 수 없는 모든 외국계 제조사에게 불리하게 작동될 것이라는 우려를 표명하였다. 이에 B국은 주행거리별 지원제도 등 다른 친환경적인 제도 반영을 위한 협의를 A국에 요청하였으나, A국은 모든 협의를 거부하였다.

※ A국, B국, C국 모두 WTO회원국이다.

문1. B국은 개정 「세법」의 내용이 「관세 및 무역에 관한 일반협정」(The General Agreement on Tariffs and Trade, 이하 "GATT"라고 함)을 위반하고 있음을 주장하고자 한다. B국의 입장에서 주장할 수 있는 GATT 협정상의 쟁점들을 서술하시오. (20점)

문2. A국은 GATT 협정에 근거하여 자국 행위의 정당성을 주장하고자 한다. B국의 주장을 반박하는 A국의 주장을 서술하고, A국 주장의 정당성을 논하시오. (20점)

문제 9 ▶ 채점기준표

[1] B국의 주장 (20점)

I. 쟁점 (1점)

B국이 A국「세법」의 차별적 세제 조치에 대해 내국민대우 원칙 위반이라고 주장할 수 있는지 검토가 필요하다.

II. 내국민대우 원칙 (GATT 제3조) (3점)

1. 의의

GATT 제3조에 규정된 내국민대우는 수입상품 또는 국내상품에 적용되는 국내 조치가 국내생산을 보호할 목적으로 적용되지 않을 것을 규정하고 있다(제3조 1항). 내국민대우는 수입상품에 대하여 동종의 국내상품에 부과된 내국세나 기타 과징금을 초과하여 부과하지 않을 것을 요구하고 있다.

2. 대상

내국민대우는 내국세, 국내 과징금, 국내 판매 등에 영향을 끼치는 법규나 요건, 수량적 규제를 대상으로 한다. GATT 제3조 2항은 세금 등과 같은 재정적 조치, 4항은 비재정적 조치에 관한 규정이다.

III. GATT 제3조 제2항 1문 위반 여부 (같은 상품의 경우) (8점)

1. 같은 상품에 대한 판단

같은 상품에 대한 기준은 크게 제품성질설(제품의 물리적 특성, 성질, 최종용도, 관세분류 등)과 목적효과설(조치의 목적) 및 시장기반설(소비자의 기호 및 습관 등)로 구분되어 왔다. 사안에서 전기차와 내연기관차는 제품의 물리적 특성, 최종용도 및 조치의 목적에 비추어 볼 때 같은 상품에 해당한다.

2. 수입상품에 대한 불리한 대우

A국의 조치는 같은 상품임에도 불구하고 노조가 결성된 A국 공장에서 생산된 전기
차에 대한 세금 면제 혜택은 외국 제조업자는 누릴 수 없다. 이는 B국 자동차에 대
한 불리한 조치로서 내국민대우 위반에 해당한다.

3. 소결

같은 상품에 대한 A국의 차별적 과세 조치는 GATT 제3조 2항 1문에 위반된다.

IV. GATT 제3조 제2항 2문 위반 여부 (직접경쟁 또는 대체가능한 상품) (8점)

1. 직접경쟁 또는 대체가능상품 상품 여부

직접경쟁 또는 대체가능상품인 경우 유사하지 않은 과세의 경우에만 내국민대우 위
반이며 미세한 과세 차이는 인정되고 있다. 사안의 경우 내연기관차와 전기차가 같
은 상품은 아니더라도 세계 최대 자동차 시장인 A국은 내연기관차를 전기차로 대체
하는 것을 고려하였으며 설문의 시장조사 결과에 따른 소비자 인식을 살펴보면 소
비자의 전기차 구매 주저가 가격에 국한되어 있다는 점에서 내연기관차와 전기차는
직접경쟁 또는 대체가능한 제품에 해당한다고 볼 수 있다.

2. 유사하게 부여되지 않은 과세 여부

사안에서 내연기관차를 수출하는 B국에게는 차량가격의 20%에 해당하는 취등록세
면제를 부여되지 않고 노조가 결성된 A국 국내 공장에서 생산된 전기차에 대한 취
등록세의 50% 추가 공제가 부여되지 않았기 때문에, A국의 조치는 유사하게 부여
되지 않은 조치에 해당한다.

3. 국내생산 보호요건

A국의 세법 개정안은 노조가 결성된 A국 공장에서 생산된 전기차에 대한 면세가 외
국 제조사에게 부여되지 않기 때문에 B국에게 불리하게 작용하며 이는 A국 국내생
산제품에 대한 보호효과를 초래한다.

4. 소결

전기차와 내연기관차는 대체가능한 상품으로서 국내생산 보호를 목적으로 양 제품에 대해 유사하지 않게 부여된 과세 부여는 GATT 제3조 2항 2문에 위반된다.

[2] A국의 주장 (20점)

I. 쟁점 (1점)

GATT 제3조 위반이라는 B국의 주장에 대해 A국이 반박할 수 있는 주장 및 A국이 GATT 제20조 일반적 예외를 원용하여 정당성을 주장할 수 있는지 검토가 필요하다.

II. 내국민대우 위반에 대한 A국의 반박 가능한 주장 (3점)

A국은 전기차와 내연기관차의 경우 목적효과설에 따라 같은 상품이 아니라고 주장할 수 있다. 전기차의 경우 대기오염 문제 등을 해결하기 위한 환경보호 목적이 있기에 양 제품은 같은 상품에 해당하지 않고, 같은 상품이 아닌 이상 차별적 조치가 가능하다. 설령 전기차와 내연기관차가 같은 상품이 아니더라도 시장에서 직접경쟁 또는 대체가능한지 여부와 관련하여 A국 소비자의 인식은 고가의 전기차에 대한 구매를 꺼려하기 때문에 고가의 전기차와 내연기관차가 시장에서 직접경쟁하거나 대체가능하다고 보기 어렵다.

III. GATT 제20조 일반적 예외 원용가능성 (15점)

1. 일반론

GATT 제20조는 일반적 예외사유로서 두문과 10개의 개별조항으로 이루어졌으며 GATT 제20조의 해석은 개별조항을 먼저 검토한 뒤 두문의 요건을 검토하는 2단계 해석방법을 적용한다.

2. GATT 제20조 (b)호 해당 여부

인간 및 동식물의 건강 또는 생명을 보호하기 위해 필요한 조치인 경우 GATT 상의 의무로부터의 면제가 허용된다. 해당 조치가 표면적으로 정책적 목표에 해당하는 경우 보호를 위한 조치로 인정된다. 동 조치는 필요한 조치여야 하는데, 필요한 조치에 대한 결정은 본질적으로 목적을 성취할 수 있는 덜 침해적이고 덜 무역제한적인 방법이 있는지를 기준으로 한다(필요성 테스트). 브라질－재생타이어 사건(2007)에서 WTO 상소기구는 대안조치가 "합리적으로 이용가능하지 않는 경우"에는 '필요성' 요건이 충족된 것으로 보았다.

사안에서, A국의 심각한 대기오염 문제는 A국 국민의 생명 또는 건강에 영향을 끼칠 수 있는 문제이기에, 대기오염 문제를 해결하기 위하여 전기자동차에 대한 지원정책을 추진하는 것은 표면적으로 정책적 목표에 해당하는 조치로 볼 수 있다. 그러나 이러한 조치는 필요성 테스트를 충족하여야 하는데, 전기차에 대한 차별적인 지원정책 이외에도 대기오염 해결을 위한 덜 무역제한적인 조치를 고려할 수 있는 바, A국의 조치는 GATT 제20조 (b)호를 충족하지 못한다.

3. GATT 제20조 (g)호 해당 여부

피소국이 GATT 제20조 (g)호를 원용하기 위해서는 문제가 된 조치가, ① 고갈될 수 있는 유한천연자원의 보존을 위한 것인지 여부, ② 유한천연자원의 보존에 관련된 것인지 여부, ③ 국내 생산 또는 소비에 대한 제한과 결부되어 있는지 여부 등을 입증해야 한다. 미국-새우 사건(1998)에서 WTO 상소기구는 계속 생성될 수 있는 자원이라도 오랫동안 방치할 경우 고갈될 가능성이 있다면 이는 유한천연자원에 해당된다고 보았으며, 유한천연자원에는 비생물자원뿐만 아니라 생물자원도 포함된다고 판단하였다. 유사사건인 미국－가솔린 사건(1996)에서 WTO 패널은 대기는 재생 가능한 천연자원이지만 유한한 천연자원이며 고갈될 수 있다고 판단한 바 있다. 상기 요건에 따라 검토한 바, 사안에서 보호대상인 청정대기는 유한천연자원에 해당된다.

보존과 '관련된'의 의미는 필요성보다 넓은 개념으로 유한천연자원의 보존을 목적으로 하는 거의 모든 무역제한조치에 적용될 수 있다. 사안에서 A국은 내연기관차를 전기차로 대체함으로써 A국 전기차 산업을 육성하여 자국의 심각한 대기오염 문제를 해결하는 목적으로 입법을 추진하였으므로, 관련된 조치로 판단된다.

국내생산 또는 소비에 대한 제한과 결부되어 있는지 여부는 문제의 조치로 인한 국내 생산 또는 소비에 대한 제한이 수입품에만 적용되는 것이 아니라 동종의 국내상품에도 공평하게 적용되어야 한다는 것을 의미한다. 여기서의 공평하게는 반드시 동일한 조치를 취할 것을 의미하는 것은 아닌 것으로 해석된다. 사안에서 A국의 세금면제 방식의 세제 지원 정책은 전기차의 국내생산 및 소비와 관련되며, 국산전기차와 수입전기차 구분없이 모든 전기차에 공평하게 적용되므로 (g)호에 의해 정당화되는 조치에 해당한다.

4. 두문의 요건 충족 여부

GATT 제20조의 개별요건을 충족한다고 하더라도, GATT 제20조의 두문요건도 충족하여야 정당화되는 조치에 해당한다. GATT 제20조 두문은 ① 자의적이거나 정당화할 수 없는 차별의 수단이 아니어야 하고, ② 국제무역에 대한 위장된 제한을 구성하는 방식으로 적용되지 말 것을 규정하고 있다. ①의 자의적이거나 정당화할 수 없는 차별 여부는 차별은 충분히 예견가능한 차별인지, 해결을 위하여 교섭 등의 노력이 진지하게 있었는지 등을 고려하여 판단한다. ②의 국제무역에 대한 위장된 무역제한은 조치의 경직성, 조치의 공개성, 교역제한의 의도 존재여부 등을 고려하여 판단한다.

사안에서 A국의 조치는 환경과 무관한 노조의 존재 여부를 기준으로 세금을 면제했기 때문에 차별의 예견이 가능하며, B국의 합리적인 대안에 대한 협의 요청을 거부하였기 때문에 자의적인 조치에 해당한다고 볼 수 있다. 또한, 입법목적이 자국내 공장건설을 유도하여 고용의 증대 및 소비활성화에 있고, 고가의 전기차와 가격경쟁력이 있는 내연기관차의 시장구조상 내연기관차에 대한 교역을 제한할 의도도 존재한다고 볼 수 있어 국제무역에 대한 위장된 제한으로 적용될 소지가 있다.

IV. 결론 (1점)

A국은 전기차와 내연기관차가 같은 상품 또는 직접경쟁 및 대체가능한 상품이 아니기 때문에 내국민대우 위반이 아니라는 주장이 가능하며, 설령 내국민대우 위반이라 하더라도 일반적 예외 사유 중 GATT 제20조 (b)호와 (g)호를 원용하여 자국 조치에 대한 정당성을 주장할 수 있다. 그러나 A국의 조치는 GATT 제20조 (b)호 요건 중 필요성 요건을 충족하지 못한다. A국의 조치는 GATT 제20조 (g)호의 유한천연자원 보호와 관련된 조치에 해당할 수는 있지만, GATT 제20조 두문요건을 충족하지 못해 A국의 주장은 정당화될 수 없다.

문제 10

A국은 주로 외국산 반도체 부품을 수입·사용하여 반도체를 생산·수출하는 국가
이다. 최근 반도체 공급망이 불안정함에 따라 해외로부터의 반도체 부품 수입이
원활하지 않게 되자 A국 내 반도체 생산업체들의 도산위험이 증가하였다. 이에
A국 정부는 자국의 반도체 및 반도체 부품 제조산업 육성을 목적으로 「반도체
산업 진흥법」을 제정하고 다음의 조치들을 시행하였다.

(가) A국 반도체 생산업체는 일정 기간 내에 A국산 부품을 일정 비율 사용(국산부
　　 품 사용요건, local content requirement)하여야 할 의무를 부담하며(이하 '국산화율
　　 달성 의무'), 국산 부품을 사용한 반도체를 생산하여 국내에 판매할 시에는 국
　　 산화율 달성 정도에 따라 단계별로 판매세를 감면하였다(제1조치).

(나) A국 반도체 생산업체들은 수입하는 부품의 가액에 상응하는 금액의 반도체
　　 를 수출해야 하는 수출수입균형의무(이하, '무역균형의무')를 부담하며, 무역균
　　 형의무를 이행하지 못하는 경우에는 외국산 반도체 부품을 수입하지 못하도
　　 록 하였다(제2조치).

※ B국, C국은 반도체와 반도체 부품을 생산하여 A국에 수출하는 국가이다.

※ A국산, B국산 및 C국산 반도체와 부품은 각각 같은 상품이다.

※ A국, B국, C국 모두 WTO회원국이다.

문1. B국은 A국의 조치가 「관세 및 무역에 관한 일반협정」(The General Agree-
　　 ment on Tariffs and Trade, 이하 "GATT")에 위반된다고 주장하면서 A국
　　 을 상대로 제소하려고 한다. B국이 주장할 수 있는 제소 사유를 설명하시
　　 오. (25점)

문2. A국은 아래와 같이 자국의 조치가 정당하다고 항변하려고 한다. A국의 항
　　 변이 정당한지 설명하시오. (15점)

[제1항변] 판매세 감면은 GATT 제3조 8항(b)호에 따른 내국민대우의무의 예외
　　　　　이다.

[제2항변] '무역균형의무'는 국경조치가 아니므로 국경조치를 특정하여 규제하
　　　　　는 GATT 제11조의 적용대상이 아니다.

문제 10 ▸ 채점기준표

[1] B국의 제소 사유 (25점)

Ⅰ. 쟁점의 제시 (2점)

A국이 실시한 국산부품 사용요건 충족 시 판매세 감면 조치(제1조치)가 내국민대우 의무 위반를 위반하는지와 무역균형의무(제2조치)가 내국민대우 의무 및 수량제한금지 의무를 위반하는지가 쟁점이 된다.

Ⅱ. 제1조치에 대한 제소 사유: 내국민대우(GATT 제3조 2항 1문) 위반 (7점)

1. 의의

최혜국대우 원칙이 여러 타국 제품들에 대한 대우에 있어서의 비차별을 내용으로 하는 반면, 내국민대우 원칙은 타국제품과 국산제품 간의 비차별을 요구한다. 이러한 비차별에는 형식상(*de jure*) 비차별뿐만 아니라 사실상(*de facto*) 비차별도 포함된다. WTO회원국은 제1항에 규정된 국내조치가 국내 생산을 보호하도록 적용되지 않도록 해야 할 원칙적인 책임이 있음을 인정한다(제3조 1항). 회원국의 조치 중 세금 등과 같은 재정적 조치에 대해서는 GATT 제3조 2항이 적용되는데, 같은 상품에 대해서는 GATT 제3조 2항 1문이 적용되며 직접경쟁 및 대체가능한 제품에 대해서는 GATT 제3조 2항 2문이 적용된다. 같은 상품에 대한 비재정적 조치에 대해서는 GATT 제3조 4항이 적용된다.

2. 사안에의 적용

GATT 제3조 2항 1문은 같은 상품에 대해서는 초과하지 않는 과세를 부과할 것을 규정한다. 자국산 부품을 '사용한 반도체에만 판매세를 감면한 조치'는 같은 상품인 B국산 및 C국산 반도체에 대한 차별적 과세로서 GATT 제3조 2항 1문의 내국민대우의무 위반에 해당에 해당한다.

III. 제2조치에 대한 제소 사유: 내국민대우(GATT 제3조 4항) 위반 (8점)

1. 의의

비재정적 조치와 관련하여 수입국은 수입제품의 국내판매, 판매를 위한 제공, 구매, 운송, 유통 또는 사용에 영향을 주는 모든 법률, 규정, 요건에 관하여 국내원산의 같은 상품에 부여되는 대우보다 불리하지 않은 대우를 부여하여야 한다. GATT 제3조 4항이 적용되기 위해서는 첫째, 비재정조치가 존재하고, 둘째, 국산품과 수입품이 같은 상품이어야 한다. 두 개의 요건을 충족한 경우, 수입품이 국산품에 비해 불리한 대우가 있으면 내국민대우 위반이 된다.

2. 사안에의 적용

A국 반도체 생산업체는 무역균형의무로 인해 A국 내 시장에서 B국산 및 C국산 반도체 부품을 수입(또는 수입된 부품을 구매)하는 경우 그 가액만큼 수출의무를 부담하게 될 것이다. 또한 B국산 및 C국산 부품을 수입(또는 구매)하지 않을 것이다. 이는 수입 상품에 대해 불리한 대우를 부과하는 것이므로 내국민대우의무(제3조 4항) 위반에 해당한다[인도 - 자동차 사건(2002) WTO 패널 판정 참고].

IV. 제2조치에 대한 제소 사유: 수량제한금지(GATT 제11조 1항) 의무 위반 (8점)

1. 의의

수량제한금지 원칙이란 수출입상품에 대한 수량할당, 수출입허가 등 그 형태에 상관없이 관세나 조세 또는 기타 과징금을 제외한 금지 또는 제한을 수출입상품에 부과하는 것을 금지하는 원칙이다. 수량제한금지는 수출, 수출을 위한 판매와 수입 모두 적용되며, 관세, 조세 또는 그 밖의 과징금 이외의 어떠한 금지 또는 제한도 실시하지 않을 의무를 당사국에게 부여한다. 구체적인 요건으로는 ① '다른 체약당사자 영토의 상품의 수입' 또는 '다른 체약당사자 영토로 향하는 상품의 수출 또는 수출을 위한 판매'가 존재하여야 하며, ② 관세, 조세 또는 그 밖의 과징금 이외의 어떠한 금지 또는 제한이 존재하여야 한다. 동 의무는 사실상의 수량제한 조치에도 적용된다. 수량제한금지 원칙은 일정한 요건(공급부족제품 등) 하에서는 예외조치가 허용된다.

2. 사안에의 적용

A국은 수입에 관하여 수치상의 제한을 부과하지 않더라도 수입에 조건을 부과하고 있으며, 반도체 부품 수입가액을 반도체 수출가액의 범위 내로 제한하는 것이기에, 이는 수량제한에 해당한다[인도-자동차 사건(2002) WTO 패널 판정 참고]. 또한 GATT 제11조 1항에서는 의무의 적용범위를 'measures'라고 규정하여, GATT의 다른 조항에서 'laws 또는 regulations'로 한정한 것과는 달리, 그 범위를 폭넓게 규정하고 있으므로 A국의 조치는 동 범위에 포함된다.

[2] A국의 항변 (15점)

Ⅰ. 제1항변의 정당성 검토 (6점)

1. 쟁점의 제시

A국의 반도체 생산업체에 대해 국산화율에 따른 판매세 감면조치가 내국민대우의 예외[제3조 8항(b)호]인지 여부가 쟁점이 된다.

2. GATT 제3조 8항 (b)호의 의의

동 조항은 "정부의 국내상품 구매를 통하여 실현된 보조금을 포함하여 보조금을 국내생산자에게 배타적으로 지급하는 것을 방해하지 아니하"는 바, 이는 국내생산자에 대해 보조금을 금전적으로 지급하는 조치는 내국민대우 의무가 적용되지 않음을 의미한다.

3. 사안에의 적용

GATT 제3조 8항(b)호는 국내생산업체에 직접 제공되는 보조금에만 국한되는 것이며 조세 혜택은 이에 해당하지 않는다[인도-자동차 사건(2002) WTO 패널 판정]. 따라서 판매세를 감면한 조치는 위 보조금에 해당하지 않으므로 내국민대우의 예외에 해당하지 않는다.

II. 제2항변의 정당성 검토 (9점)

1. 쟁점의 제시

A국의 '무역균형의무'는 국경 조치가 아니므로 수량제한금지(제11조 1항)의 예외인지 여부가 쟁점이 된다.

2. 수량제한금지 원칙의 적용

수량제한금지의 원칙은 ① '다른 체약당사자 영토의 상품의 수입' 또는 '다른 체약당사자 영토로 향하는 상품의 수출 또는 수출을 위한 판매'가 존재하여야 하며, ② 관세, 조세 또는 그 밖의 과징금 이외의 어떠한 금지 또는 제한이 존재하여야 한다. '수출을 위한 판매' 조항으로 인하여 국경조치뿐만 아니라 국내조치에도 적용된다. 또한 동 의무는 수량제한의 형식을 띠고 있지 않더라도 사실상의 제한효과가 있는 경우에도 적용된다.

수량제한금지 원칙은 단일한 조치라 하더라도 조치의 여러 다른 측면으로 인해 수입 상품의 경쟁기회가 다르게 영향을 받을 수 있음을 고려하여야 한다. 국내시장에서의 경쟁 기회에 영향을 미쳐 GATT 제3조(내국민대우)의 적용 대상이 될 수도 있고, 시장접근에 영향을 미쳐 GATT 제11조(수량제한 금지)의 적용 대상이 될 수 있다. 또한 GATT 제3조와 제11조가 모두 적용되는 중첩되는 효과를 발생할 수 있다[인도-자동차사건(2002) WTO 패널 판정].

3. 사안에의 적용

사안에서 A국은 자국 반도체 생산업체들이 무역균형의무를 이행하지 못하는 경우에는 외국산 반도체 부품의 수입을 금지하고 있다. 동 조치가 국내시장에서 적용되는 조치이지만 사실상 외국산 반도체 부품의 수입을 제한하는 효과를 야기하는데, 이는 '수출을 위한 판매'에서의 제한에 해당한다. 수출을 위한 판매의 제한은 국경조치뿐만 아니라 국내조치에도 적용된다. 따라서 국경조치가 아니므로 GATT 제11조가 적용되지 않는다는 A국의 항변은 타당하지 않다.

제 **4** 편

변호사시험 사례형
선택과목 기출문제

변호사시험

제 1 문

태평양과 인도양을 잇는 운하를 건설할 수 있는 곳에 위치하고 있는 A국은 그 전략적, 경제적 가치로 말미암아 강대국들의 이해관계가 집중된 곳이었다. A국의 인접 국가인 군사강국 B국은 1960년부터 1990년까지 A국의 해안지역을 무력으로 점령하였다. 또한, A국은 A국의 또 다른 인접국인 C국과 도서(島嶼) 갑(甲)을 둘러싸고 영유권 분쟁 중에 있었다. 이런 상황에서 B국은 C국과 협력하여 A국에 대해 여러 강압적인 조치를 취하였다. 이러한 조치의 목적은 A국이 갑(甲)에 대한 C국의 주권을 승인하도록 하는 내용의 조약을 C국과 체결하도록 하는 것이었다.

갑(甲)에 대한 영유권을 강력하게 주장하는 A국의 강한 반대로 해당 조약은 체결되지 못하다가, 해안지역에 주둔하고 있던 B국의 군대가 C국의 무기지원 하에 A국 수도에 있는 대통령 집무실을 목표로 진군하는 상황에서 A국과 C국 간의 A－C조약이 결국 1985년에 체결되었다. 동 조약에는 갑(甲)에 대한 C국의 주권을 A국이 승인한다는 조항을 명시하고 있다. 그 후, B국은 C국과 갑(甲)이 위치한 해당 해역을 포함하여 양(兩) 국가 간의 해양경계를 획정하는 B－C조약을 1988년에 체결하였다.

1990년 좌익혁명의 성공으로 수립된 A국 신(新)정부는 갑(甲) 주변 근해에서 막대한 양의 석유가 발견되자, 갑(甲)에 대한 C국의 주권을 승인한 1985년 A－C조약이 B국의 군사점령 및 B국과 C국의 공동 무력사용의 위협 하에서 불법적으로 체결된 것이라고 주장하며, 1991년 해당 조약의 무효를 일방적으로 선언하였다. A국의 A－C조약의 무효 주장에 대해, C국이 강력하게 반발하면서 양(兩) 국가 간의 분쟁이 촉발되었다.

A－C조약의 무효주장으로 양(兩) 국가 간의 분쟁이 촉발하자, 동 사안의 해결을 위해 A국은 1992년 C국을 국제사법재판소에 제소하였다. A국이 동 사건을 국

제사법재판소에 제소한 이후에도, C국은 갑(甲) 주변 해역에서 석유 시추작업을 계속하였다. 이에 격분한 A국 민간단체인 'A국 민족해방전선' 소속 회원들이 갑(甲) 주변 해역에서 석유 시추작업을 수행하고 있는 C국 석유시추선에 침입하여 주요 시설을 파손한 후, A국 정보기관의 도움을 받아 제3국으로 도주하는 사건이 발생하였다.

1. 1985년 A-C조약이 B국과 C국의 군사적 강박에 의해 체결된 것이기 때문에 국제법적 효력을 결여하였다고 주장하는 A국 신(新)정부의 법리를 전개하시오. (30점)
2. A국의 국제사법재판소 제소와 관련, 국제사법재판소의 관할권이 성립하기 위한 조건을 설명하고, B국이 소송에 참가할 수 있는 조건에 대해 논하시오. A, B, C국 모두 국제사법재판소 규정 당사국이다. (30점)
3. A국 민간단체 회원들의 행위와 관련한 A국의 국가책임 성립요건을 논하시오. (20점)

🔧 CHECK POINT

❖ 제1문의 1은 군사적 강박이 조약의 무효사유 중 무력사용 또는 무력사용의 위협을 통한 국가에 대한 강박(조약법 제52조)에 해당되는지 검토를 요함. 이러한 강박에 의한 조약은 일부를 분리하여 무효화할 수 없고 조약 전체가 무효임. (※주의: 본 설문에 제시된 상황에는 적용되지 않지만, UN헌장 제2조 4항은 무력의 위협이나 사용을 금지하지만, 모든 일체의 무력사용이 금지되는 것은 아님. UN헌장상 자위권 또는 UN안전보장이사회가 UN헌장 제7장을 근거로 채택한 결의에 기초한 합법적인 무력사용으로 인해 체결된 조약은 강박을 통한 조약에 해당되지 않음)

❖ 제1문의 2 국제사법재판소(ICJ)의 관할권이 성립하기 위한 조건으로서 ICJ규정 당사국은 ICJ규정 제36조 2항을 통해 재판소의 관할권을 수락해야 함. 선택사항을 수락할 시 당사국은 유보를 첨부할 수 있기 때문에, 재판관할권은 양 당사국이 공통적으로 수락한 범위 내에서 성립됨. B국의 소송 참가와 관련하여 ICJ 결정으로 인해 영향을 받을 수 있는 법적 이해관계가 있는 국가가 소송참가를 요청하는 경우 재판소의 허가를 필요로 함(ICJ규정 제62조).

❖ 제1문의 3은 국가책임의 성립요건 중 민간단체의 행위가 국가행위로 귀속될 수

있는지 판단을 요하는 문제이며, 설문에서는 주요 시설의 파괴가 정부의 지시나 통제 하에 수행된 행위(국가책임법 초안 제8조)인지는 언급되지 않았지만, 민간단체가 문제의 행위를 수행한 후 국가 정보기관의 도움으로 도주하였다는 점을 유추할 때 국가에 귀속되지는 않지만 국가가 문제된 행위를 스스로의 행위로 승인하고 채택하는 경우 그 범위 내에서 국제법상 국가의 책임이 발생(국가책임법 초안 제11조) 가능.

제 2 문

제 2 문의 1

　　A국은 차기 올림픽을 유치하기로 결정된 국가이다. A국 정부는 성공적인 올림픽 개최를 위하여 주요 국가의 현지에서 A국에 대한 적극적인 관광 홍보를 통하여 올림픽 관광객의 수를 증가시키는 것이 중요하다고 보았다. 이에 따라 A국 정부 소속기관인 A국 관광청은 B국의 광고 제작사인 갑(甲)과 계약을 체결하고 A국을 홍보하는 TV광고 제작을 부탁하였다. 갑(甲)이 제작한 TV광고는 B국 각 방송사를 통하여 주요 시간에 방송되었다. A국 관광청이 TV광고에 대한 B국 국민의 반응을 조사한 결과, 동 광고에서 지나치게 A국의 쇼핑지역과 외국인카지노 지역이 홍보되어 오히려 올림픽 취지를 반감시킨다는 지적이 있었다. 이에 따라 A국 관광청은 당초 계약금액의 50%만을 지급하고 나머지는 지급을 거절하였다. 이에 갑(甲)은 B국의 법원에 A국 정부를 상대로 나머지 계약금액의 지급을 구하는 소송을 제기하였다. B국 법률에 따르면 외국의 주권을 존중하여 관할권을 면제하는 경우에는 국제법의 일반원칙에 따른다고 하고 있다.

1. A국 정부는 이 소송이 외국의 정부에 대한 소송이므로 각하하여 줄 것을 요청하였다. B국의 법원은 이에 대해 어떻게 판단해야 하는가? (24점)
2. B국 법원이 동 소송에 대하여 재판 관할권이 있다고 판단한 후 갑(甲)의 청구를 인용하여 A국 정부에 대하여 패소판결을 내렸다고 가정한다. 갑(甲)은 동 판결의 강제집행허가를 받아 B국 내 K은행에 A국 관광청 출장소가 보유하는 출장소 운영경비 관리계좌의 예금을 압류하였다. 이에 A국 정부는 B국의 법원에 강제집행에 대한 이의를 제출하였다. B국의 법원은 이에 대해 어

떻게 판단해야 하는가? (14점)

🔖 CHECK POINT

❖ 제2문의 1 – 1은 주권면제에 관한 국제법의 일반원칙은 국제관습법에 기초하여 판단하며, UN주권면제협약은 아직 발효되지 않았지만, 동 협약을 근거로 설문에 답을 하기 위해서는 관련 국제관습법과 UN주권면제협약이 유사하다는 전제가 필요함. 오늘날 다수의 국가들은 과거의 절대적 주권면제론에서 탈피하여 일반적으로 제한적 주권면제론을 따르고 있으며, 국가의 행위를 주권적 행위와 상업적 행위로 구분하여 후자의 경우 면제를 인정하지 않음. 설문에서 A국이 체결한 광고 제작 계약이 상업적 행위에 해당되는지 여부를 검토한 후, 해당되지 않는 경우 면제를 인정하여 소송을 각하하는 것이 타당할 것임.

❖ 제2문의 1 – 2도 마찬가지로 UN주권면제협약이 국제관습법과 유사하다는 전제 하에, 동 협약에 따르면 재판관할권의 성립이 자동적으로 그 외국의 재산에 대한 강제집행 관할권의 성립을 의미하지 않음. 즉, 판결이 내려진 이후에도 문제의 외국 국가가 별도로 동의를 하거나 비상업적 용도 이외의 재산에 대해서만 강제집행이 가능하며, 소송의 대상이 된 실체와 관련이 있는 재산에 대해서만 강제조치가 가능함.

제 2 문의 2

　A국 정부는 위스키의 수입가격을 리터당 20달러 이상으로 제한하는 최저수입가격(minimum import price)제도를 시행하고 있다. 아울러 위스키의 시장판매가격도 리터당 25달러 이상으로 제한하는 최저판매가격(minimum sale price)제도도 시행하고 있다. A국에는 전통적으로 소주를 생산하여 국내에서 판매하고 있는 기업이 많으며, 위스키 생산업자는 극소수가 존재하고 있다. A국 정부는 이러한 최저수입가격과 최저판매가격제도의 시행이 청소년 건강 보호를 위해 필요하다고 주장하고 있다. 즉, 일반적으로 돈이 없는 청소년들은 저가의 주류를 찾기 마련인데, 이 제도의 시행으로 위스키의 시장가격이 리터당 25달러 이상으로 유지되므로, 청소년들의 위스키 소비를 줄여 건강증진에 기여할 수 있다는 것이다.

　이러한 조치는 전통적으로 위스키를 A국으로 수출하고 있는 B국의 위스키 생산업자들에게 상당한 타격을 줄 것으로 보인다. B국 위스키 생산업자들은 위스키를 대량생산하여 리터당 20달러보다 상당히 저렴한 가격으로 해외에 수출해오고 있는바, A국의 최저수입가격제도 및 최저판매가격제도의 시행으로 인해 A국으로의 수출 및 판매가격을 부득이 인상할 수밖에 없으므로 가격경쟁력이 타격을 받을 것으로 전망된다.

B국 정부는 A국 정부의 조치를 WTO에 제소하기로 하고, 최저수입가격제도와 최저판매가격제도가 각각 수량제한금지 원칙(GATT 제11조)과 내국민대우 원칙(GATT 제3조)을 위반하며, 일반적 예외조항(GATT 제20조)에 따라 정당화되지 못한다는 논지를 펼치기로 했다. B국 정부의 법률대리인 입장에서 이러한 취지로 사안을 분석하시오. A국과 B국은 WTO회원국이다. (42점)

 CHECK POINT

❖ B국은 A국의 최저수입가격제도 시행으로 인해 A국으로의 수출가격을 부득이 인상할 수밖에 없으므로 가격경쟁력이 타격을 받게 되어 수출이 제한되는 효과가 생길 수 있음을 이유로 GATT 제11조 수량제한금지 원칙 위반을 주장할 수 있음.

❖ B국은 소주와 위스키가 같은 상품임에도 불구하고 A국 정부의 최저판매가격제도 시행으로 인해 자국산 위스키가 사실상 차별 대우를 받고 있음을 이유로 GATT 제3조 4항 위반을 주장할 수 있음.

  ■ 사안에서는 먼저 소주와 위스키가 같은 상품에 해당하는지를 검토하여 같은 상품으로 판단되면 내국민대우원칙 위반 여부를 검토함. 같은 상품 여부 판단 방법론은 크게, 제품성질설, 목적효과설(또는 조치목적설), 시장기반설이 있음. WTO 패널 및 상소기구에서는 사안별로 접근하여 판단함.

❖ A국이 GATT 제20조 (b)호를 이유로 자국 조치의 정당성을 주장한다면, B국은 엄격한 신분확인을 통해 청소년에게 판매를 금지시키는 등 무역제한효과가 덜한 합리적 대안조치가 존재하기 때문에 필요성 요건을 충족시키지 못한다고 반박할 수 있음. '필요성 테스트'라고도 불리는 본 요건은 대체로 GATT에 합치되는 다른 조치가 있는지 혹은 본질적으로 목적을 성취할 수 있는 덜 침해적이고 덜 무역제한적인 방법이 있는지, 합리적으로 이용가능한 대안조치가 존재하는지 여부를 검토함.

제 2 회

변호사시험

제 1 문

2000년 5월 A국에서는 R이라는 단체가 반란을 일으켰다. A국 정부는 반란의 진압에 최선의 노력을 기울였으나 반란을 진압하지 못하고, 2003년 5월까지 반란단체 R은 A국 영토의 3분의 1을 지배·통치하기에 이르렀다. 이후 반란단체가 A국 영토의 3분의 1을 지배·통치하는 상태에서 반란군과 정부군의 대치는 교착상태에 빠졌다. 2008년 5월, R의 총공세에 의하여 A국의 합법정부는 붕괴되고 2008년 6월부터 R이 A국을 대표하는 신정부를 구성하였다.

B국 국민 T는 2000년 5월 이래 반란단체 R이 지배하는 지역에서 슈퍼마켓을 운영하고 있었다. 2005년 3월, 반란단체 R에 소속된 무장 병사들이 R에 비협조적인 외국인 T를 혼내주라고 하는 상부의 지시에 따라 T의 상점에 난입하여 상점에 진열된 상품을 약탈하고 이를 제지하는 T를 폭행하였다.

T는 자신이 입은 재산상·신체상의 손해에 관하여 2009년에 A국의 신정부를 상대로 손해배상소송을 제기하였으나 2010년 9월의 최고법원 판결에 이르기까지 모든 심급의 재판에서 패소하였다.

2010년 10월에 B국은 자국민 T가 입은 손해에 관하여 A국을 상대로 국제청구를 제기하였으나 A국은 책임을 부정하였다. 2010년 11월에 B국은 A국이 국제법을 위반하여 자국 국민 T에게 재산상·신체상의 가해행위를 하였다고 비난하면서, A국에 대하여 대응조치(countermeasures)를 취한다는 결정을 통보함과 동시에 문제 해결을 위한 교섭을 제의하였다. 그리고 대응조치라고 주장하면서 자국 내에 있는 A국 국민 5명을 영장 없이 체포하여 구금하였다.

T의 B국 국적은 변경된 적이 없으며, T는 자신이 입은 손해에 관하여 A국의 국내구제절차를 완료한 것으로 본다.

아래 물음에 대하여 2001년 국제연합 국제법위원회의 '국제위법행위에 대한 국가책임 조문 초안'(이하, "2001년 국가책임법 초안")에 근거하여 답하시오.

1. 2005년 3월에 반란단체 R에 소속된 무장 병사들이 T의 상점을 약탈하고 T를 폭행한 행위가 그 행위 당시에 A국에 귀속되는지를 2001년 국가책임법 초안 제4조, 제5조, 제8조, 제9조의 규정에 비추어 판단하시오. (30점)

2. 2005년 3월에 반란단체 R에 소속된 무장 병사들이 T의 상점을 약탈하고 T를 폭행한 행위에 대하여 2010년 10월의 시점에서 A국이 국가책임을 지는지를 판단하시오. (20점)

3. 2010년 11월에 B국이 대응조치(countermeasures)라고 주장하면서 자국 내에 있는 A국 국민 5명을 영장 없이 체포하여 구금한 행위의 합법성 또는 위법성 여부를 2001년 국가책임법 초안의 대응조치에 관한 규정(제49조~제54조)에 비추어 판단하시오. (30점)

🎖 CHECK POINT

❖ 제1문의 1은 2005년 3월을 기준으로 R소속 무장 병사들의 행위가 A국에 귀속되는지를 묻고 있으며, 위 시점은 반란단체 R이 신정부를 아직 수립하기 이전이라는 사실에 중점을 둬야 함.

■ 국가책임법 초안 제4조(국가기관의 행위), 제5조(국가로부터 권한을 위임받아 정부권한을 행사하는 개인 또는 단체의 행위), 제8조(국가의 지휘 및 통제하에 수행된 행위) 및 제9조(공적 기관의 부재 또는 흠결 시에 수행된 행위)인지 각각 검토를 요하며, 반란단체 소속 병사들의 행위는 상기 조문들의 적용 대상이 아님.

❖ 제1문의 2는 2010년 10월의 시점에서 A국의 국가책임 성립 여부를 묻고 있으며, 이 시점은 반란단체가 신정부 수립에 성공한 (2008년 6월) 이후이기 때문에, 이 경우 반란단체는 문제의 행위에 대해 소급하여 책임을 부담함(초안 제10조).

❖ 제1문의 3은 B국의 대응조치에 대해 국가책임법 초안 제49조 내지 54조를 근거로 합법성 또는 위법성 여부를 판단할 것을 요구하고 있음.

■ 대응조치의 대상과 제한(제49조), 대응조치에 의해 영향받지 않은 의무(제50조), 비례성(제51조), 대응조치를 취함에 있어 절차적 요건(제52조)를 검토해야 함. B국의 A국 국민에 대한 영장없는 체포 및 구금은 제50조 1항 (b)에 규정된 기본적 인권의 보호 의무에 반함.

제 2 문

A, B, C, D, E 5개국의 국경 지대에는 1973년 '멸종위기에 처한 야생동식물종의 국제거래에 관한 협약'(CITES)이 멸종위기종으로 지정한 여러 종의 동물들이 서식하고 있는, 5천 제곱 킬로미터의 열대우림지역인 레포 삼림지역이 존재한다. 이들 5개국은 레포 삼림지역에 서식하는 멸종위기 동물들의 서식환경을 보호하기 위하여, 2010년 10월에 '레포우림보호협약'을 체결하였다. 이 협약은 레포 삼림지역 내의 멸종위기 동물의 보호를 협약의 목적으로 규정하고, 이 목적을 달성하기 위하여 레포 삼림지역에서의 삼림 벌채를 금지하고 있다. 협약에 의하면, 협약에 서명한 국가는 서명일부터 3년 안에 협약을 비준할 의무를 지며, 5개국 정부 모두가 협약의 수탁국인 A국에 비준서를 기탁한 날부터 3개월 이후에 발효하도록 되어 있다. 2011년 12월 현재 A, B, C, D 4개국은 레포우림보호협약을 비준하고 비준서를 기탁하였으나, E국은 아직 비준을 마치지 않아서 협약은 미발효의 상태에 있다.

B국은 전통적으로 자국 내의 레포 삼림지역에서 벌채된 목재를 원료로 생산된 가구를 A국에 수출해 왔다. B국은 2010년 10월에 레포우림보호협약에 서명하였으며 같은 해 11월에 협약을 비준하고 비준서를 A국에 기탁하였다. 그러나 레포우림보호협약을 비준한 이후에도 B국은 협약의 미발효를 이유로 레포 삼림지역에서의 목재 벌채를 계속하여 왔다.

A국은 레포우림보호협약과는 별개로 2012년 1월에 레포 삼림지역에 서식하는 멸종위기 동물을 보호하기 위한 국내법을 제정하였다. 이 법은 A국 국내의 레포 삼림지역에서의 목재 벌채와 이 지역에서 벌채된 목재를 원료로 한 모든 생산품의 A국 국내 판매를 금지하고 있으며, 동시에 레포우림보호협약의 보호 대상인 삼림지역에서 벌채된 목재를 원료로 생산된 모든 가구의 수입을 금지하고 있다. 이 법에 근거한 A국의 수입금지조치에 의하여, 2012년 1월부터 B국에서 A국으로 수출되는 가구 중 레포 삼림지역에서 벌채된 목재를 원료로 생산된 모든 제품의 A국 수입이 중단되었다.

A, B, C, D, E국은 모두 1969년 조약법에 관한 비엔나협약과 1994년 WTO협정의 당사국이다.

1. 2012년 1월부터 시행된 A국의 B국 가구 수입금지조치에 관하여 B국은 A국의 조치가 1994년 GATT 위반이라고 주장하였다. 이에 대하여 A국은 자국의 조

치가 GATT 제20조 (g)의 일반적 예외에 해당하는 것으로 1994년 GATT 위반이 아니라고 항변하였다. 1994년 GATT의 규정에 비추어, 국내법을 근거로 한 2012년 1월 이후의 A국의 가구수입금지조치의 합법성 또는 위법성을 판단하시오. (40점)

2. B국이 레포우림보호협약을 비준한 이후에 레포 삼림지역에서 목재를 벌채하는 행위가 국제법상 위법한지를 1969년 조약법에 관한 비엔나협약상의 관련 규정에 비추어 판단하시오. (40점)

✏️ CHECK POINT

❖ 제2문의 1의 A국의 조치는 레포 삼림지역 내에서 벌채된 목재를 원료로 한 B국 산 가구의 수입을 제한하는 조치로서 GATT 제11조에 위배됨.

■ 그러나 A국의 조치는 유한천연자원인 삼림의 보존과 관련된 조치로서 B국산 제품에만 적용되는 것이 아니라 A국 국내생산이나 소비에도 동등하게 적용 되어 GATT 제20조 (g)호에 해당되는 조치임.

■ GATT 제20조 (g)호에서 규정하고 있는 "국내생산 또는 소비에 대한 제한" 의 의미를 문제된 조치에 대한 유사한 제한이 국내제품에도 동등하게 적용 되어야 한다는 것을 의미하는 것이며, WTO 분쟁해결기구는 "동등하게 적 용"의 의미를 국내제품에도 공평하게 적용된다는 것으로 해석하고 있음[미 국-가솔린 사건(1996), 미국-새우 사건(1998)].

■ A국의 조치는 두문요건도 충족하고 있어 GATT 제20조의 일반적 예외사유 에 해당됨. 따라서 A국의 조치는 GATT 제11조 수량제한금지 원칙에 위반되 나, GATT 제20조 (g)호에 의해 정당화됨.

❖ 제2문의 2는 미발효된 조약에 대한 문제로서, 이와 관련된 쟁점은 서명/비준국 의 의무와 조약의 잠정적 적용 문제임.

■ 레포우림보호협약에 서명 및 비준을 완료한 B국은 동 조약이 아직 발효되기 전이라 할지라도 조약의 대상과 목적을 훼손하지 않을 의무를 가짐(조약법 제18조).

■ 반면, 조약의 잠정적 적용(조약법 제25조)과 관련하여, 조약은 조약 자체에 서 규정하거나 교섭국이 합의하는 경우 조약의 일부 또는 전체가 적용가능 하지만, 설문에서 위 두 가지 요건에 대해 언급이 없으므로 조약이 잠정적으 로 적용된다고 유추하기 어려움.

제 1 문

(가) 국제하천인 아로스강은 A국과 B국을 관류하고 있는데, A국은 아로스강의 상류국이고, B국은 하류국이다. 2007년 3월 1일 A국과 B국은 아로스강의 종합개발을 위하여 '아로스강 개발협정'(이하, "협정")을 체결하였는데, 그 후 서명과 함께 발효되었다. 이 '협정'은 아로스강의 홍수 조절, 항행 관련 상황의 개선, 수력발전 등을 위해서 댐을 공동으로 건설하기로 하고 이에 대한 비용, 관리 그리고 그 혜택을 양국이 공동으로 분배하기로 하는 내용을 담고 있다. 특히 A국 영역 내에 있는 아로스강의 M지점에 X댐을 건설하고, B국 영역 내에 있는 아로스강의 N지점에 Y댐을 건설하기로 하였으며, 두 댐에서 생산되는 전기를 공동으로 사용하기로 하는 합의를 담고 있다.

(나) A국과 B국은 2008년 1월부터 각각 자신의 영역에서 댐 건설을 시작하였다. 그런데 2009년 5월 B국에서는 총선거가 실시되었고, 그 결과 환경을 중시하는 진보적 정치세력으로 정권이 교체되었다. 정권 교체 후, B국 내에서 아로스강 개발사업 및 댐 건설에 반대하는 환경보호운동이 거세게 일어나자 이러한 여론을 반영한 B국의 신정부는 건설 공정이 10% 정도 진척된 Y댐의 건설을 일방적으로 포기하고 이를 A국에 통보하였다. 이에 대해 A국은 이미 X댐의 건설공정이 80%이상 진척된 상태이고, B국의 Y댐 건설 포기로 인하여 '협정' 체결 당시 A국이 이용할 수 있을 것으로 예상된 용수량의 확보가 어렵게 되었다고 강력하게 항의하면서 '협정'의 이행을 촉구하였다. 동시에 A국은 '협정' 체결시 양국이 합의한 것보다 X댐의 높이를 5m 높여 하류로 방류되는 수량을 줄이는 프로젝트를 수립하고 이를 시행하였다. 이에 대해 B국은 A국에 대해 X댐을 높여 하류국인 B국의 용수량 부족 사태를 초래하는 것은 '협정' 위반이라고 주장하면서 프로젝트 시행을 당장 중단할 것을 요구하였다. 이로 인해 A국과 B국은 서로 '협정'의 위반을 주장하는 분

쟁상태에 놓이게 되었다. ['협정'은 그 위반에 대하여 당사국 사이에 분쟁이 발생하는 경우 유엔국제법위원회(ILC)의 2001년 '국제위법행위에 대한 국가책임 초안'에 따라 해결하기로 하는 규정을 포함하고 있다.]

1. A국은 B국이 Y댐 건설을 일방적으로 포기한 것은 '협정' 위반에 해당하여 국가책임이 성립한다고 주장하나 B국은 Y댐 건설을 포기한 것이 환경보호를 위한 것이기 때문에 위법성이 조각된다고 주장한다. 이러한 주장에 대해 A국은 위법성 조각사유를 원용할 수 없다고 반박한다. 위 사안에서 B국이 원용할 수 있는 위법성 조각사유를 설명하고, A국의 입장에서 이를 반박하시오. (30점)

2. B국도 A국의 프로젝트가 '협정'을 위반한 것이라고 주장하나, A국은 '협정'에서 합의한 높이보다 높게 댐을 건설한 것이 B국의 선행적인 위법행위에 대하여 자국에서 필요한 용수 확보를 위해 불가피한 선택이었고, 이는 위법성이 조각된다고 주장한다. A국이 원용할 수 있는 위법성 조각사유를 설명하고, 그 사유가 허용될 수 있는 요건 및 절차에 대해서 논하시오. (30점)

3. B국의 일방적인 댐 건설 포기가 위법성 조각사유에 해당하지 않는다면, B국은 '협정' 위반에 대한 국가책임을 부담하게 된다. 이 경우에 B국의 국가책임에 따른 배상방법을 설명하시오. (20점)

- -

🖐 CHECK POINT

❖ 제1문의 1은 B국이 주장하는 환경보호를 위한 협정위반이 위법성 조각사유로 원용될 수 있는지 여부와 A국이 반박할 수 있는 쟁점의 검토를 요하고 있음.
  - 국가책임법 초안은 제5장(제20조~제25조)에서 6가지의 위법성 조각사유[동의, 자위, 대응조치, 불가항력, 조난, 필요성(긴급피난)]를 규정하고 있음.
  - B국은 필요성(긴급피난)에 의해(국가책임법 초안 제25조 1항) 위법성이 조각됨을 주장할 수 있으며, A국은 이에 대해 동조 제2항의 예외사유를 원용할 수 있음.
❖ 제1문의 2는 A국이 B국의 '선행적인 위법행위'에 대한 조치였다고 언급하고 있기 때문에 대응조치(국가책임법 초안 제22조)를 원용할 수 있음. 대응조치가 허용되기 위해서는 대응조치의 대상 및 제한(국가책임법 초안 제49조), 대응조치에 의해 영향받지 않는 의무(국가책임법 초안 제50조), 비례성(국가책임법 초안

제51조) 및 절차적 요건(국가책임법 초안 제52조) 등을 검토해야 함.

❖ 제1문의 3은 국가책임에 의해 발생한 손해에 대한 배상형식으로서 국가책임법 초안 제2장에 규정된 원상회복(국가책임법 초안 제35조), 금전배상(국가책임법 초안 제36조), 만족(국가책임법 초안 제37조)에 대한 검토 필요.

제 2 문

(가) A, B, C, D, E국은 황새, 두루미 등 철새의 계절별 서식지가 있는 국가이다. 개체수 감소로 멸종위기에 처하게 된 철새를 보호하기 위해 이들 5개국은 1980년 3월 1일, '철새보호협약'(이하, "협약")을 체결하였다. '협약'은 모든 국가의 비준을 거쳐 1983년 2월 1일 발효되었고, 유보에 대한 규정을 두지 않았다. '협약' 제3조에 따르면, 일정한 개체수 이상의 철새 서식지를 '보호지역'으로 지정하고 적절한 보호조치를 취하여야 한다. A국은 본토 내에 있는 군사용 항공사격장에 대한 민원을 해결하기 위해 본토에서 멀리 떨어진 주요 철새 서식지 중 하나인 유토피아섬을 항공사격장으로 사용해야 할 형편을 고려하여, 1982년 4월 6일 '협약'을 비준하면서, "국가안전보장상 긴요한 필요가 있는 지역은 제3조를 적용하지 아니한다."는 유보를 서면으로 표명하였다.

A국의 유보에 대하여, B국은 1982년 8월 15일 "A국의 유보는 '협약'의 목적과 양립하지 않는 것으로서 무효이며, 이를 철회하지 아니하는 한 A국과 B국 사이에 '협약'이 발효하는 것에 반대한다."는 의사를 A국에 서면으로 통보하였다. C국은 1982년 9월 8일 '협약'을 비준하면서, A국의 유보에 이의가 있지만 '협약'의 발효 자체에는 반대하지 않는다는 의사를 A국에 서면으로 통보하였다. D국은 1982년 10월 3일 '협약'을 비준하면서 A국의 유보를 수락한다는 의사를 A국에 서면으로 통보하였다. E국은 1982년 10월 18일 '협약'을 비준하였지만, A국의 유보에 관해서는 어떤 의사도 표시한 바가 없다. (A, B, C, D, E국은 모두 '협약' 발효 이전부터 1969년 '조약법에 관한 비엔나협약'의 당사국이다.)

(나) A국은 B, C, D, E국으로부터 쇠고기를 수입하여 국내 소비의 대부분을 충당하고 있었다. A국산 쇠고기의 가격은 수입 쇠고기보다 훨씬 높았기 때문에 A국의 정육점 등에서 수입 쇠고기를 국산 쇠고기로 속여 판매하는 경우가 자주 발생하였다. 따라서 A국은 원산지를 허위로 표시하는 불법행위를 방지하기 위해 정

육점 등에서 판매하는 쇠고기를 포함하여 돼지고기, 해산물 등 다른 품목들에 대해서도 원산지를 표시하도록 의무화하고 위반자에 대하여 영업정지, 과징금 부과 또는 형사처벌까지 가능하도록 관계 법령을 제정하였다. 그러나 상황은 개선되지 않았고 A국은 법령을 개정하여 정육점에 대해서는 쇠고기 구분판매제를 추가로 시행하였다.

쇠고기 구분판매제에 따르면, 일정한 면적 이하의 정육점에서는 국산 쇠고기와 수입 쇠고기 중 한 가지만을 선택하여 판매하도록 의무화하였다. 그 결과 대형 정육점을 제외한 대부분의 정육점에서는 국산 쇠고기와 수입 쇠고기 중 하나를 선택해야 했고, 정육점의 70%가 국산 쇠고기를 판매하기로 결정하였다. 한편, 이러한 형태의 구분판매제는 다른 품목에서는 시행된 사례가 없었다. [A, B, C, D, E국은 모두 WTO의 회원국이다. 그리고 A국과 B국은 자유무역협정(FTA)을 체결하였고, 이 FTA는 협정 당사국에 대해 반덤핑관세를 부과하지 않기로 규정하고 있으며 이미 발효되었다.

1. 위 (가)에서, A국의 유보가 가능한지를 판단하고, 1983년 3월 1일의 시점에서 A국과 B, C, D, E국과의 조약 관계와 유보의 효과를 설명하시오. (40점)

2. 위 (나)에서, B국은 A국의 구분판매제가 내국민대우를 규정한 '1994년 GATT' (이하, "GATT") 제3조 4항 위반이라고 주장하면서 A국을 WTO에 제소하였다. 이에 대해 A국은 정육점의 70%가 국산 쇠고기를 판매하기로 결정한 것은 그들 스스로의 판단에 의한 것으로 자국 정부와는 무관한 것이며, 설사 자국의 조치가 GATT 위반이라고 하더라도 이는 GATT 제20조 (d)에 따라 정당하다고 반박하였다. A국의 위 조치가 GATT 규정에 비추어 정당화되는지를 설명하시오. (32점)

3. 위 (나)에서, A국은 C, D, E국으로부터 정상가격 이하로 수입되는 쇠고기로 인하여 자국 내 동종산업이 실질적 피해를 입었다고 판단하여 C, D, E국으로부터 수입되는 쇠고기에 대하여 반덤핑관세를 부과하였다. A국으로의 수입량이 가장 많으며 또한 정상가격 이하로 수입되는 B국의 쇠고기를 제외하고 C, D, E국의 쇠고기에 대해서만 반덤핑관세를 부과한 것은 '1994년 GATT' (이하, "GATT") 제1조 위반이라고 C, D, E국은 주장한다. A국이 B국을 제외하고 반덤핑관세를 부과한 조치가 최혜국대우 원칙에 위반한 것인지를

GATT 제24조에 비추어 판단하시오. (8점)

 CHECK POINT

❖ 제2문의 1은 A국 유보의 허용가능성에 대해 조약에 의해 유보가 금지되었는지, 특정 유보만 허용하는지, 조약의 대상과 목적에 반하지 않는지(조약법 제19조)에 대한 검토를 요하고 있음.

■ A국과 유보반대국/조약관계 부인(B국), 유보반대국(C국), 유보수락국(D국), 침묵국(E국)과의 조약관계는 조약법 제20조와 제21조를 적용하여 설명.

■ 다만, 설문에서 제시된 1983년 3월 1일은 E국이 협약을 비준한 1982년 10월 18일 시점과 연계하여 볼 때, 조약법 제20조 5항에 규정된 12개월이 도래하지 않았기 때문에, E국이 수락을 간주한 것으로 보기는 어려운 시점임.

❖ 제2문의 2는 A국의 구분판매제도가 GATT 제3조 4항에 위배되는지 여부가 문제되며, 설사 A국의 구분판매제도가 GATT 제3조 4항에 위반된다고 하더라도 GATT 제20조 (d)호에 의해 정당화될 수 있는지가 문제됨.

■ 본 사안과 유사한 한국–쇠고기 사건(2001)에서 WTO 패널은 같은 상품을 원산지에 따라 분리했다는 사실 자체만으로 구분판매제도가 수입품과 국산품간의 경쟁조건을 불리한 방향으로 변경시켰다고 판시했으나, 상소기구는 외형상의 분리 그 자체만으로 반드시 수입품이 불리하게 대우받는 것이 아니라, 동 제도가 수입 쇠고기 판매에 있어서 '불리한 경쟁조건'을 제공했느냐에 따라 내국민대우 위반 여부를 판단해야 한다고 판시함.

■ A국이 구분판매제도를 시행한 결과 정육점의 70%가 국산 쇠고기를 판매하기로 결정하였고, 이는 수입쇠고기에 대해 불리하게 경쟁조건을 변경시켰기 때문에 GATT 제3조 4항에 위반됨. 본 사안과 유사한 한국–쇠고기 사건(2001)에서 상소기구는 구분 판매의 강제로 인해 수입 쇠고기가 소비자에게 판매될 수 있는 상업적 기회의 극적인 감소가 구분판매제도의 주요 결과이며 동 제도는 내국민대우 원칙에 위반된다고 판정함.

■ GATT 위반이라고 하더라도 GATT 제20조 (d)호에 따라 정당화된다는 A국 주장에 대해, B국은 A국이 돼지고기, 해산물 등 다른 품목에 대해서는 구분판매제도를 도입하고 있지 않으며, WTO협정에 합치되는 대안적 조치들도 둔갑판매를 억제할 수 있기 때문에 A국의 구분판매제도는 필요성 요건을 충족시키지 못한다는 반박이 가능함.

■ 따라서 A국의 구분판매제도는 GATT 제3조 4항에 위반되며, GATT 제20조

(d)호에 의해 정당화되지 않음.

❖ 제2문의 3은 A국이 B국을 제외하고 C, D, E국산 쇠고기에 대해서만 반덤핑관 세를 부과한 것은 최혜국대우 원칙을 위반한 것임. 그러나 GATT 제24조상 합 법성 요건을 갖춘 FTA는 최혜국대우 원칙의 예외에 해당됨.

  ■ A국과 B국이 FTA를 체결하면서 상호 간에 반덤핑관세를 부과하지 않기로 하였고, 양국 간에 체결한 FTA가 GATT 제24조상 합법성 요건을 충족시킨 경우라면, A국이 B국을 제외하고 C, D, E국산 쇠고기에 대해서만 반덤핑관 세를 부과한 것은 적법임.

  ■ 참고로, WTO회원국들이 GATT 제24조에 따라 지역무역협정, 즉 '자유무역 지대(Free Trade Area)'나 '관세동맹(Customs Union)'을 맺는 경우 최혜국대 우 원칙의 예외가 인정되어 동 지역협정의 회원국끼리만 특혜를 주고 받는 것이 일정 요건 하에 허용됨. 이러한 예외가 허용되는 요건(합법성 요건)으 로는 지역협정 회원국 상호간 무역장벽을 철폐해야 한다는 대내적 조건과 당해 지역협정 회원국이 아닌 국가에 대해서 무역장벽을 더 높이지 말아야 한다는 대외적 조건이 부가됨. 또한 지역협정은 WTO에 통보되어야 하며 일 정한 심사를 받아야 함.

제 1 문

군소도서(群小島嶼) 국가인 B국과 C국은 역내 최대 무역국인 A국의 경제지원에 절대적으로 의존하고 있다. 지구 온난화 현상에 따른 해수면 상승이라는 역내 위기상황에 효율적으로 대처하기 위해 이들 국가는 A국의 주도로 2014. 8. 4. 「ABC 해양환경 보존협정」(이하, "협정"이라 함)을 체결하였다. 위 협정은 같은 날 발효하였다.

표면상 해양환경보호가 목적인 위 협정을 통해 역내 유일(唯一)의 경제대국의 지위를 유지하고자 한 A국은 위 협정의 협상 과정에서 B, C국의 강한 반발이 있었음에도 불구하고, 협정 미체결 시 경제지원 중단 가능성을 암시하며 위 협정 제2조에 "체약 당사국은 해수면 상승을 유발할 수 있는 특정 자원(資源)을 비체약국에서 수입하는 경우 체약 당사국 전원의 사전 동의를 얻어야 한다."라는 조항을 포함시켰다.

A국에 대한 경제의존도가 가속될 것을 우려한 B국은 위 협정이 발효되기 직전인 2014. 7. 17. 「특정자원수입법」을 제정하고, 위 법에 "B국은 특정 자원이 해수면 상승을 유발하는지의 판단에 대한 최종 결정권을 가진다."라는 조항을 명시하였다. 한편, A, B, C국은 모두 「조약법에 관한 비엔나협약」의 체약 당사국이다.

아래 물음에 대하여 「조약법에 관한 비엔나협약」에 근거하여 답하시오.
1. B, C국은 위 협정의 무효를 주장할 수 있는가? (30점)
2. 위 협정의 체약국 간 '해수면 상승을 유발할 수 있는 특정 자원'과 관련한 해석이 쟁점이 된 경우, 그 조약문 해석의 일반적인 방법은? (25점)
3. B국이 자국의 국내법인 「특정자원수입법」에 근거해 위 협정의 적용을 배제할 수 있는가? (25점)

제 2 문

제 2 문의 1

A국은 서로 다른 종교를 믿는 X민족과 Y민족으로 구성되어 있으며, Y민족과 같은 종교가 국교인 B국은 A국의 Y민족 거주지역과 국경선을 접하고 있다. 최근 Y민족은 A국 정부가 자신들이 믿는 종교를 탄압하고 있다는 이유로 반군을 조직하고 A국 정부로부터 분리 독립을 추구하는 무장투쟁을 전개하였다. 그런 와중에, C국의 민간항공기가 A국 내 Y민족 반군이 점령한 지역 영공을 비행하다가 반군의 미사일에 의해 격추되어 탑승자 전원이 사망하였다.

아래 물음에 대하여 국제연합 국제법위원회(ILC)의 2001년 「국제위법행위에 대한 국가책임 초안」에 근거하여 답하시오.

1. 위 항공기 격추사건 직후 A국 정부는 "이번 항공기 격추행위는 비록 반군의 행위이지만, C국 항공기의 첩보수집활동에 대한 정당한 대응조치로 향후에도 예고 없이 격추될 수 있다"는 성명을 발표하였다. A국의 국가책임을 논하시오. (30점)

2. 만일 위 반군의 미사일이 B국으로부터 제공받은 무기로 밝혀졌을 경우, B국의 무기제공을 위 항공기 격추에 대한 지원(aid) 내지 원조(assistance) 행위로 보아 B국에 국제법상 국가책임을 물을 수 있는가? (10점)

CHECK POINT

❖ 제2문의 1−1은 설문에서 문제된 반군의 행위는 A국의 행위로 귀속되지 않지
만, A국의 성명 발표로 인해 국가 스스로 승인하고 채택하는 행위로 간주될 수
있는지(국가책임법 초안 제11조) 여부를 검토해야 함.
❖ 제2문의 1−2는 국가책임법 초안 제4장 타국의 행위와 관련된 국가책임과 관련
되며, 국제위법행위에 대한 지원 또는 원조(국가책임법 초안 제16조)로 인해 국
가책임이 발생하기 위한 두 가지 요건, 즉 국가가 국제위법행위의 상황을 인식
했는지와 그 행위를 원조/지원국이 스스로 했더라도 국제적으로 위법한 경우에
해당되는지에 대한 검토를 요하고 있음.

제 2 문의 2

WTO회원국인 A국은 개발도상국으로서 국민 대다수가 자전거를 교통수단으
로 사용하고 있다. A국은 자국 내의 심각한 대기오염을 예방하기 위하여 오염을
유발하는 자동차에 대해 엄청난 소비세와 부가가치세를 부과하기 때문에 일반 국
민의 자동차 이용은 사실상 불가능에 가깝다.

2014. 1. A국은 자국의 국내법을 제정하여 자국민의 건강을 보호하고 대기오
염 상태를 개선하기 위하여 일반 무동력자전거에 대해서는 3%의 소비세를 부과하
는 반면에, 가솔린자전거와 전기자전거에 대해서는 각각 300%와 500%의 소비세
를 부과하였다. 한편, WTO회원국인 B국은 2000년 초부터 가솔린자전거와 전기자
전거를 생산하여 A국에 수출하였고, 무동력자전거는 생산하지 않고 있다. 따라서
A국이 2014. 1.부터 부과하는 차별적인 소비세로 인하여 B국의 A국에 대한 자전
거 수출이 사실상 전면 중단되었다.

B국은 A국이 가솔린자전거, 전기자전거와 무동력자전거에 차별적으로 소비세를
부과한 조치가 「관세 및 무역에 관한 일반협정」(General Agreement on Tariffs
and Trade, 이하 "GATT"라 함)에 위반된다고 주장하면서 위 조치를 WTO에
제소하려고 한다. 한편, A국은 GATT 제20조에 따라 자국의 조치가 정당하다고
항변하려고 한다. 각국 주장의 정당성을 평가하시오. (40점)

CHECK POINT

❖ 제2문의 2는 A국이 무동력자전거를 생산하고 있다는 것을 전제로, A국의 소비
세 부과에 있어서의 차별은 GATT 제3조 2항에 위반될 여지가 있음.

- 여기서 문제는 무동력자전거와 동력자전거(가솔린자전거와 전기자전거)를
같은 상품으로 볼 것인지 아니면 직접 경쟁하거나 대체가능한 상품으로 볼
것인지에 따라 GATT 제3조 2항 1문 내지 GATT 제3조 2항 2문 적용문제가
발생함. 그러나, 내국민대우 원칙 위반이라는 결론은 달라지지 않음.

- 즉, 같은 상품은 GATT 제3조 2항 1문이 적용되어 수입품에 대해 국산품보
다 "초과하여(in excessive of)" 과세하지 말 것을 요구하고 있고, 직접 경쟁
하거나 대체가능한 상품은 GATT 제3조 2항 2문이 적용되어 "유사하게
(similarly)" 과세할 것을 요구하고 있음. 결과적으로 '같은 상품'끼리는 정확
하게 같은 조세가 적용되어야 하는 의무가 부과되는 것이고, '직접 경쟁 또
는 대체 상품'끼리는 미소한 과세율 이상의 차이가 있는 경우에 내국민대우
원칙 위반이 성립.

- A국은 문제가 되는 조치가 내국민대우 원칙에 위반된다고 하더라도 GATT
제20조 (b)호, (g)호에 의해 정당화됨을 주장할 수 있음.

- 그러나, 인간의 건강을 보호하기 위해 소비세를 부과하는 것보다는 무역제한
효과가 덜한 합리적인 대체수단이 A국에 존재한다고 보이므로 필요성 요건
을 충족시키지 못해 GATT 제20조 (b)호 예외사유에 해당된다고 할 수 없음.

- 또한, 대기오염 상태를 개선하기 위해서 오염물질을 배출하는 가솔린자전거
에 대해서는 300%, 환경 친화적인 전기자전거에 대해서는 500%의 소비세를
부과한 것은 (오히려 친환경 전기자전거에 높은 세율을 부과한 점에서) 그
주된 목적이 대기오염개선과 관련이 없는 것으로 보이므로 GATT 제20조
(g)호 예외사유에 해당된다고 할 수 없음.

- 따라서, A국의 소비세 부과조치는 GATT 제3조 2항에 위반되며, GATT 제20
조 (b)호나 (g)호에 의해 정당화되지 않음.

제 1 문

제 1 문의 1

A, B, C, D국은 성소수자의 인권을 보편적인 인권보호 차원에서 보장하기 위한 「성소수자의 지위와 권리보호에 관한 협약」(이하, "협약")의 당사국이다. 이 '협약' 비준 당시 A국은 "'협약'에 규정된 성소수자 중 A국의 수도에 거주하는 성소수자는 제외한다."는 유보를 문서로 첨부하였고, 다른 국가들은 특정한 유보 없이 이 '협약'의 당사국이 되었다. 한편, C국은 A국의 유보를 수락하였으나, 다른 국가들은 A국의 유보에 대해 이의를 제기하였다. 이 '협약'은 2010. 8. 발효되었다.

A국은 2010. 8.부터 2016. 1. 현재까지 자국이 첨부한 유보에 따라 수도에 거주하는 성소수자에 대해서는 이 '협약'이 규정하는 인권보호를 위한 적절한 조치를 취하지 않고 있다. 한편 성소수자인 B국 국민인 甲은 2014. 3.부터 C국의 수도에 거주하고 있으며, C국은 甲에 대해 이 '협약'이 성소수자에게 부여하는 인권보호를 위한 조치를 취하지 않고 있다. 이에 B국이 C국에 성소수자의 인권보호를 위한 조치를 취하도록 항의하자 C국은 A국의 유보를 수락하였음을 이유로 甲에 대해 적절한 조치를 취하지 않은 것은 정당한 것이라 주장하였다. A, B, C, D국은 1969년 「조약법에 관한 비엔나협약」(이하, "조약법")의 당사국이다.

B국은 C국의 甲에 대한 조치에 대하여 어떠한 주장을 제기할 수 있는지 '조약법'의 관련 규정에 비추어 논하시오. (30점)

....

🔧 **CHECK POINT**

❖ 제1문의 1은 먼저 조약에 대한 유보의 허용가능성을 묻는 문제로서, 특히 설문

에 제시된 협약은 인권조약이라는 점에 주목해야 함.

■ 조약법은 인권조약에 대한 유보와 관련하여 별도의 규정을 포함하지 않으며 유보가 금지되는 경우를 조약법 제19조에서 명시하고 있음.

■ 본 사안과 관련하여 A국의 유보가 해당 조약의 대상과 목적에 양립하는지에 대한 검토가 필요함.

■ 또한, A국의 유보에 대해 B국은 유보를 반대하였으나 C국은 수락을 하였기 때문에, 유보의 법적 효과(조약법 제21조)를 논해야 함.

제 1 문의 2

A, B, C, D, E국은 국제적으로 멸종위기에 처한 동물의 밀렵 및 국제거래를 금지하는 X조약에 2009. 3. 서명하였다. X조약은 밀렵 및 국제거래가 금지되는 동물로 20개 종(種)을 열거하고 있으며, 여기에 속하는 대표적인 동물로는 여우, 악어, 족제비 등이 있다. 한편, B국 국민의 대다수는 전통적으로 악어가공업에 종사해왔는바 X조약의 서명으로 인해 B국의 여론이 악화되었다. 2010. 3. B국은 국내 상황을 타개하기 위하여 인접국인 F국과 「악어가공품의 국제거래에 관한 관세면제협정」(이하, "협정")을 체결하였다. 하지만 여전히 국내여론이 진정될 기미가 보이지 않자 2012. 3. B국 외교부장관은 X조약의 서명국을 상대로 X조약의 당사국이 될 의사가 없음을 서면으로 통지하였다.

X조약은 2014. 3.에 발효되었으며, A, C, D, E국은 X조약의 당사국이 되었다. 한편, A국은 2015. 3. X조약에서 보호되는 동물의 종(種)에 천산갑, 망구스를 추가하는 X조약의 개정에 대한 합의를 모든 당사국에게 제의하였다. 이후, D국과 E국은 X조약의 개정에 대한 A국의 제의에 동의하였지만, C국은 동 제의에 반대하였다. 2015. 10. X조약 개정에 대한 합의의 발효 후, 2015. 12. G국과 H국이 가입하여 개정된 X조약의 당사국이 되었다. A, B, C, D, E, F, G, H국은 모두 1969년 「조약법에 관한 비엔나협약」(이하, "조약법")의 당사국이다. '조약법'에 근거하여 답하시오.

1. 2011. 6.을 기준으로 볼 때, 2010. 3. 당시 B국이 F국과 '협정'을 체결한 행위가 X조약상 B국의 의무를 위반한 것인지 여부에 대하여 논하시오. (20점)

2. 2016. 1. C국과 G국은 「천산갑의 국제거래 촉진에 관한 합의」(이하, "합의")를 체결하였다. 이에 A국은 G국이 C국과 '합의'를 체결한 행위가 개정된 X조약상의 의무를 위반한 것이라고 주장하고 있다. A국 주장의 타당성 여부를 논하시오. (30점)

🏅 CHECK POINT

❖ 제1문의 2-1은 2011년 6월은 X조약이 발효되기 이전이며, 위 기간에 서명국으로서 B국의 의무를 묻는 문제임.

　■ B국이 협정을 체결한 자체는 '조약'상의 의무 위반은 아니지만, 2010년 3월 B국이 체결한 조약은 X조약에서 국제거래를 금지하는 악어를 포함하고 있음.

　■ B국이 F국과 체결한 이 조약은 악어가공품의 국제거래를 촉진시키는 내용을 담고 있으며, 이는 X조약이 발효되기 전이라도 X조약의 대상과 목적을 훼손시키지 않을 의무의 위반(조약법 제18조)이라고 볼 수 있음.

❖ 제1문의 2-2는 다자조약의 개정문제와 관련하여 조약법 제40조와 제41조를 중심으로 설명을 요하는, 특히 제40조 5항 (b)호의 검토를 요함.

제 2 문

제 2 문의 1

　A, B, C국은 「불법감금 및 강제노역 금지협약」(이하, '협약') 및 「인종, 국적 및 종교에 근거한 차별금지규약」(이하, "규약")의 당사국이다. A국 남부지역에 위치한 X사의 노동자들은 A, B, C국 국민이다. 임금인상과 직원복지향상을 요구하며 사내에서 시위하던 A, B, C국 노동자들이 공장시설을 파손하는 과격한 행위를 시작하자, A국 경찰책임자는 진압을 명하면서 국적에 따라 차별하여 진압하지 말 것을 지시하였다. 그럼에도 불구하고 A국 경찰은 진압과정에서 B국 노동자들에게만 가혹한 폭력을 행사하여 B국 노동자들에게 중상해를 입혔다. B국은 이에 관하여 A국에게 책임자 처벌과 재발방지약속 등을 요구하였으나, A국은 A국 경찰의 폭력행위는 상부의 지시를 준수하지 않았다는 이유를 근거로 A국에게 국가책임이 귀속되지 않는다고 주장하고 있다. B국은 이에 B국내 Y사에 근무하는 A, B, C국 노동자들 중 A국 노동자만을 감금하고 강제적으로 노역을 부과하는 조치를 취하였

다. 2001년 국제연합 국제법위원회의 「국제위법행위에 대한 국가책임 초안」에 근
거하여 답하시오.

1. B국의 요구에 대한 A국의 주장이 정당화될 수 있는지 여부와 그 근거를 설
   명하시오. (20점)
2. A국 노동자들에 대한 B국의 감금 및 강제노역 조치가 허용될 수 있는지 여
   부와 그 근거를 설명하시오. (20점)

 CHECK POINT

❖ 제2문의 1－1은 A국이 경찰들의 행위가 A국의 행위로 귀속되는가에 대한 검토
  를 요함.
  ■ 경찰의 행위는 국가기관의 행위(국가책임법 초안 제4조)이며, 상부의 지시를
    준수하지 않은 행위에 대해서는 월권 또는 지시 위반(국가책임법 초안 제7
    조)의 행위로 간주됨. 따라서 경찰의 행위는 국가의 행위로 귀속됨.
❖ 제2문의 2－2는 A국 대응조치의 합법성 여부에 대해 묻고 있으며, 대응조치에
  영향 받지 않는 의무(국가책임법 초안 제50조)를 중점적으로 검토를 요하는 문
  제임.
  ■ 감금 및 강제노역은 기본적인 인권보호 의무에 반하는 조치이므로 적법한
    대응조치라 보기 어려움.

제 2 문의 2

황지느러미 참치의 돌고래 떼 아래에서 헤엄치는 습성으로 인하여, 참치어획
과정에서 돌고래가 포획되어 죽는 경우가 빈발하였다. A국은 멸종위기에 처한 돌
고래를 보호하기 위하여 어망에 포획된 돌고래가 빠져나갈 수 있도록 어망에 개폐
장치(이하, '돌고래 탈출장치')를 부착하도록 의무화하였다. 또한 A국은 다음과 같이
국내법을 제정하였다.

　　(가) '돌고래 탈출장치'를 사용하지 않고 참치를 포획하거나, 돌고래 포획률이
　　　　 자국의 참치 어선에 의하여 잡히는 돌고래 평균 포획률보다 1.2배 이상
　　　　 인 국가들로부터의 참치 및 참치가공제품의 수입 금지.

(나) 참치가공제품을 생산하는 자국기업들의 수출을 촉진하기 위하여 참치가
　　 공제품 수출실적에 따라 자국기업들에게 보조금 지급.
A국과 B국은 모두 WTO회원국이다.

1. A국은 위 법 (가)에 근거하여 B국으로부터 참치 및 참치가공제품의 수입을
금지하였다. B국은 A국의 수입금지조치가 「관세 및 무역에 관한 일반협정」
(The General Agreement on Tariffs and Trade, 이하, "GATT") 위반이라고
주장하면서 A국을 상대로 WTO에 제소하였다. 이에 대해 A국은 자국의 조치
가 GATT 제20조 (b)호와 (g)호에 해당되는 예외사유라고 항변하였다. B국이
주장할 수 있는 제소사유와 A국의 항변이 정당화되는지를 설명하시오. (35점)
2. A국이 위 법 (나)에 근거하여 보조금을 지급하는 조치의 합법성 여부를 GATT
제16조에 비추어 판단하시오. (5점)

- -

 CHECK POINT

❖ 제2문의 2-1에서, 동 사안에서 문제가 되는 것은 돌고래 탈출장치를 사용하여
　포획한 참치와 그렇지 않은 방법으로 포획한 참치가 같은 상품인지, 만약 같은
　상품에 해당된다면 A국이 B국산 참치 및 참치가공제품에 대해 조치를 취한 것
　이 수입품과 국산품 간의 차별 대우를 금지하고 있는 내국민대우 원칙에 위배
　되는지가 문제됨.
　■ 참치는 그 자체가 상품으로 유통이 되므로, 같은 상품인 참치에 대한 수입금
　　 지일 경우 GATT 제3조가 적용될 수 있음.
　■ 다른 측면에서는 돌고래 탈출장치를 사용하여 포획한 참치에 대한 규제는
　　 공정 및 생산방법에 대한 규제에 해당하므로 GATT 제3조가 적용되지 않고
　　 GATT 제11조가 적용되어야 함. GATT 제11조 제1항은 수입에 대한 양적제
　　 한을 금지하므로, B국산 참치 및 참치가공제품에 대한 수입금지조치는
　　 GATT 제11조 1항에 위반된다고 주장 가능함.
　■ A국은 B국 주장에 대해 자국의 조치가 GATT 제11조를 위반하더라도 GATT
　　 제20조 (b)호와 (g)호에 의해 정당화될 수 있다고 항변 가능함.
　■ GATT 제20조 (b)호와 관련하여 A국의 조치는 돌고래의 생명을 보호하기 위
　　 한 조치인 것이 분명하지만, 참치의 수입을 금지하는 것 외에도 이용가능한
　　 대체수단이 존재한다고 보이므로 필요한 조치로 인정받을 수는 없음.

- GATT 제20조 (g)호와 관련하여, 멸종위기에 해당하는 돌고래는 유한천연자 원에 해당함. A국이 돌고래를 보호하기 위하여 실시한 (가)내용은 '관련된' 조치에 해당함. 반면 (나)내용은 유한천연자원의 보호와는 관련된 내용에 해 당하지 않음. 또한 제20조 두문요건을 검토하더라도 수출을 촉진하기 위한 보조금 지급은 무역제한의 의도가 확인되며, 1.2배 이상의 기준도 특별한 설 명이 없으므로 자의적이고 정당화할 수 없는 차별수단에 해당함.
- 따라서 B국은 A국의 수입금지조치에 대해 GATT 제11조 위반을 주장할 수 있으며, A국의 조치는 GATT 제20조 (b)호나 (g)호에 의해 정당화되지 않음.
❖ 제2문의 2－2에서 제16조는 수출실적에 따른 보조금지급은 금지하고 있음.

제 1 문

　강대국인 A국과 인구 300여만 명이며 영토가 작은 국가인 B국은 서로 인접하고 있는 국가로서 양국 사이에는 오랫동안 적대관계가 지속되어 왔다. 호전적 성향을 지닌 甲은 A국 대통령으로 선출된 후, B국에 괴뢰정부를 수립할 계획을 세우고, 그 방법으로 무력행사를 기도하였다.

　그러나 A국은 국제 사회의 여론을 의식하여 직접적인 침략 대신에 제3국인 C국을 이용하여 침략 계획을 수행하는 방법을 택하였다. A국은 자국의 경제적 원조에 전적으로 의존하고 있는 C국에게 B국을 침략할 것을 요구하였다. A국은 C국에게 동 요구를 수락하지 않을 경우에 경제적 원조를 중단할 것이라고 통고하면서 A국 요구에 관하여 C국이 다른 어떠한 대안을 제시하더라도 A국은 이를 수용하지 않을 것이라는 입장을 전달하였다. A국이 경제적 원조를 중단할 경우, C국의 경제가 회복 불가능한 상태로 붕괴될 것이라는 점은 의문의 여지가 없는 상황이었다.

　한편, A국은 전통적으로 우호관계를 유지하고 있는 D국에게 C국 폭격기가 B국을 효과적으로 폭격할 수 있도록 D국 공군기지 및 급유 시설을 제공해줄 것을 요청하였다. D국은 B국에 괴뢰정부를 수립하고자 하는 A국의 의도에 동의하며 이를 수락하였다. 결국, C국 폭격기가 D국 공군기지에서 발진하여 B국에 폭격을 가했으며, 이에 B국은 막대한 피해를 입게 되었다. 국제연합 국제법위원회의 2001년 「국제위법행위에 대한 국가책임 초안」에 근거하여 다음 질문에 답하시오.

1. C국의 폭격행위에 대해서 B국이 C국에 국가책임을 추궁하자 C국은 이를 부정하고 있다. B국의 국가책임추궁에 대하여 C국이 항변할 수 있는 논거를 제시하시오. (30점)
2. B국이 C국에게 공군기지 및 급유 시설을 제공한 D국에 대하여 국가책임을

추궁할 수 있는지 여부를 판단하시오. (25점)

3. C국 폭격기가 B국을 폭격한 사건에 대하여 A국은 B국에 대하여 국가책임을 부담하는지 여부를 판단하시오. (25점)

🏅 CHECK POINT

❖ 제1문의 1은 C국의 B국에 대한 폭격행위는 당연히 국가책임이 성립하지만, A 국의 C국에 대한 경제 원조 중단이 C국 경제의 붕괴로 이어질 것이라는 상황에 서 C국이 위법성 조각사유로서 불가항력(국가책임법 초안 제23조)을 원용할 수 있는지 검토를 필요로 함.

❖ 제1문의 2는 D국의 국제위법행위에 대한 지원 또는 원조(국가책임법 초안 제 16조)행위로 인한 국가책임 성립 여부를 검토해야 하며, 피해국인 B국은 폭격 을 직접 자행한 C국 이외에도 이를 지원한 D국에게도 책임을 추궁할 수 있음 (국가책임법 초안 제47조)

❖ 제1문의 3은 타국으로 하여금 특정 행위를 강제한 국가의 국가책임 성립 여부 (국가책임법 초안 제18조)와 관련된 문제이며 동 조에 규정된 두 가지 요건이 충족되고 결과적으로 국가책임이 성립될 수 있는지 여부를 검토해야 함.

제 2 문

제 2 문의 1

역사문화유산이 풍부한 X국과 해변휴양지로 유명한 Y국은 「양국 간 관광산업 교류 활성화를 위한 상호협력조약」(이하, "조약")의 체결을 위해 교섭을 시작하였으 며, 이 '조약'은 양국 간 항공편 운항 횟수 증가 및 무비자입국 확대 등의 내용을 포함하고 있다.

X국은 '조약'을 체결하기 위해 자국 교섭단 대표로 외교부장관 A를 파견하면 서, '조약'에 '문화재 임대'를 허용하는 조항이 포함되는 경우 서명을 금지하는 훈 령을 내렸지만 이러한 훈령은 Y국에게 통고되지는 않았다.

한편, 교섭을 위해 전권위임장을 받은 Y국의 B는, X국 교섭단 숙소에 몰래 도 청장치를 설치하였으며 이를 통해 '문화재 임대 조항' 삽입이 X국의 훈령에 의해 금지되었다는 사실 및 최근 몇 년간 극심한 경기침체로 X국에게 당장 Y국과의 항공편 운항 횟수 증가가 절실하다는 사실을 파악하고 이를 Y국의 외교부장관에게 보고하였다. 보고를 받은 Y국 외교부장관은, X국 교섭단 대표인 A에게 '조약'에 '문화재 임대 조항'이 포함되어야 X국에게 유리한 '항공편 운항 횟수 증가 조항'을 반영할 수 있다고 주장하였고, 결국 A는 최대 10년간 '문화재 임대'를 허용하는 조항이 들어간 '조약'에 최종 서명하였다.

이후 X국은 Y국의 도청사실을 뒤늦게 알고, 위 '조약' 중 '문화재 임대 조항'만 무효화시키고 나머지 조항은 유지할 것을 주장하는 반면, Y국은 "X국의 훈령이 Y국에게 통고되지 않았으므로 X국은 조약의 무효를 주장할 수 없다."라고 항변한다.

X국과 Y국은 1969년 「조약법에 관한 비엔나협약」(이하, "조약법")의 당사국이다.

위 '조약법'의 관련 규정에 비추어, X국 주장과 Y국 항변의 타당성에 대해 논하시오. (40점)

- -

🖎 CHECK POINT

❖ 제2문의 1은 조약의 무효사유로서 도청을 통해 조약체결을 유인한 행위가 기만적 행위에(조약법 제49조) 해당되는지, 국가의 동의표시 권한에 대한 특정한 제한이 다른 교섭국에게 통고되지 않으면 조약의 무효를 원용할 수 없는지 여부(조약법 제47조) 및 조약 규정의 가분성(조약법 제44조)에 대한 검토를 필요로함. 특히, 제44조와 관련하여 제51조, 제52조, 제53조로 인해 조약이 무효인 경우 조약의 일부 규정만 무효로 하는 것은 허용되지 않음.

- -

제 2 문의 2

A국 의회는 담뱃갑에 "지나친 흡연은 건강에 해롭습니다."라는 경고문을 부착하도록 하는 이른바 '금연법'을 제정하였다. 같은 법에 의하면 이러한 경고문은 보건당국에서 발행하는 스티커 형태로 만들어져 담뱃갑마다 잘 보이는 곳에 부착되어야 한다. 그리고 같은 법 시행령에 의하면 수입 담배는 통관 시 컨테이너에 실려 온 대형 화물을 풀어서 세관 직원이 담뱃갑마다 스티커를 일일이 부착하고 작업을 마치면 통관필증을 발급하도록 규정하였다. 다른 한편으로 국내 생산 담배에

는 생산자가 미리 스티커를 일괄적으로 구입하여 생산공정에서 이를 부착할 수 있었다. 결과적으로 수입 담배는 통관과정에서 포장 해체, 스티커 부착, 재포장이라는 추가적 절차를 거쳐야 했고, 이에 따라 A국에 담배를 수출하는 회사에 시간적·금전적 비용이 발생하였다.

이에 대해 담배 수출국인 B국과 C국은 A국의 조치가 수입품에 대한 차별로서「관세 및 무역에 관한 일반협정」(The General Agreement on Tariffs and Trade, 이하, "GATT") 제3조 위반이라고 주장하면서 A국의 보건당국이 발행한 스티커를 부착하는 대신 자국 내에서 경고문을 담뱃갑에 인쇄할 수 있게 해줄 것을 요구하였다. A, B, C국은 모두 WTO의 회원국이다.

1. A국의 조치가 GATT 제3조를 위반하는지 여부를 판단하시오. (20점)
2. A국은 경고문 부착을 국민의 건강 보호를 위한 불가피한 조치라고 주장하였다. GATT 규정에 비추어 A국 주장의 합법성을 판단하시오. (20점)

✦ CHECK POINT

❖ 제2문의 2-1은 같은 상품인 수입담배의 경우 금연법 시행령에 따라 통관절차에서 담뱃갑마다 경고문을 부착해야 통관필증을 발급하는 조치는 수출업자에게 추가적인 시간과 비용을 발생하게 하는 불리한 대우이므로 GATT 제3조 4항에 위반됨.

❖ 제2문의 2-2는 경고문 스티커를 붙이는 행위가 인간, 동식물의 생명 또는 건강을 보호하기 위한 조치라고는 할 수 있지만 이러한 목적은 수출국의 제조과정에서 담뱃갑에 경고문 문구를 인쇄하는 방법에 의하더라도 그 목적을 달성할 수 있으므로 필요한 조치라고 보기 어려움.

  ■ '필요성 테스트'라고도 불리는 요건은 대체로 GATT에 합치되는 다른 조치가 있는지 혹은 본질적으로 목적을 성취할 수 있는 덜 침해적이고 덜 무역제한적인 방법이 있는지, 합리적으로 이용가능한 대안조치가 존재하는지 여부를 검토함. 따라서 GATT 제20조 (b)호의 요건을 충족하지 못하는 것으로 판단됨.

  ■ 개별요건을 충족한다고 하더라도 GATT 제20조 두문의 요건에 대한 검토가 필요한 바, B국과 C국이 요청하는 내용이 적절하게 수렴되지 않은 점과 A국 조치로 인하여 수출회사의 시간적 금전적 비용이 발생하고 있는 점으로 볼 때 두문의 요건을 충족하지 못하고 있음.

제 1 문

최근 A국에서 강진으로 인해 심각한 인명 피해가 발생하였다. B국은 A국의 지원 요청에 의해 재난구조전문가인 소방공무원 甲을 A국에 파견하였다. 甲은 A국 국가재난안전부에 배정되었고 A국의 지시와 통제하에 구조작업을 진행하였다. A국은 재난으로 인해 피해자가 급증함에 따라 이들을 수용할 의료시설이 부족하게 되었다. 이에 따라 A국은 피해자들을 인접국인 B국으로 이동시켜 치료하기로 결정하였다.

A국은 원자력선(船)을 이용해 피해자들을 신속하게 이동시키기로 하였다. A국은 동 선박이 최근 기계결함으로 인해 수차례 점검을 받은 사실을 알고 있었으나, 고장이 수리되었고 B국까지의 거리도 가깝기 때문에 항행에 큰 문제가 없다고 판단하였다. 甲은 피해자 운송 책임자로 동 선박에 승선하였고, 비상상황 발생 시 A국에 즉시 보고해야 할 의무를 지고 있었다. 그러나 A국을 떠나 항행 중이던 동 선박의 엔진에서 심각한 문제가 발생하면서 방사능 유출이 진행되었고 선박의 침몰도 우려되는 상황이 발생하였다.

甲은 탑승객들의 생명을 구하기 위해 사고 당시 가장 인접한 C국의 X항구로 대피하기로 결정하였다. X항구에는 C국 전체 국민의 약 25%가 거주하고 있었다. C국은 방사능 유출 피해를 막기 위해 동 선박의 입항을 허가하지 않았지만 甲은 침몰이 임박한 동 선박을 C국에 강제로 진입시켰다. 이로 인해 X항구에 대량의 방사능이 유출되면서 대규모의 재산 및 인명 피해가 발생하였다. 이에 대해 C국은 A국에게 손해배상을 요구하였다. 한편, 전통적인 어업국가인 D국은 인근 해역에서 발생한 A국 원자력선(船)의 방사능 유출 사고로 인해 D국 어장에 피해가 우려되었지만, 재난으로 악화된 A국의 상황을 고려하여 손해배상청구를 하지 않겠다고 선언하였다.

UN 국제법위원회의 2001년 「국제위법행위에 대한 국가책임 초안」에 근거하여 다음에 답하시오.

1. 甲의 행위로 인한 A국의 국가책임 성립 여부와 위법성 조각사유의 원용 가능성에 대해 논하시오. (40점)
2. C국과 D국이 A국에 대해 국가책임을 추궁할 수 있는지에 대해 논하시오. (40점)

🖐️ CHECK POINT

❖ 제1문의 1은 A국의 국가책임 성립 여부를 판단함에 있어 A국 행위로의 귀속성 및 국제의무 위반, 위법성 조각사유를 종합적으로 판단해야 함.

■ 문제된 甲의 행위는 타국에 의하여 한 국가의 처분에 맡겨진 기관의 행위(국가책임 초안 제6조)를 중심으로 검토해야 하며, C국의 허가 없이 영토 진입한 행위는 명백히 국제의무 위반임.

■ 다만 A국은 조난(국가책임 초안 제24조)을 위법성 조각사유로 원용할 수 있을 것임. A국이 조난을 원용하기 위한 요건을 충족하였는지에 대한 검토가 필요함.

❖ 제1문의 2는 국가책임의 추궁과 관련하여 책임 추궁의 주체와 절차 등을 묻는 문제임.

■ 피해국인 C국이(국가책임 초안 제42조)은 청구의 수리가능성 요건(국가책임 초안 제44조)을 충족했다면 국가책임을 추궁할 수 있음.

■ D국이 비피해국으로서(국가책임 초안 제48조) 국가책임을 추궁하기 위해서는 위반된 의무가 D국을 포함한 국가집단에 대해 부담하며, 국제공동체 전체에 대한 의무인지에 대한 판단이 필요할 것임.

■ 국가책임을 추궁할 권리는 피해국이 스스로 청구를 포기하거나, 청구권 소멸을 묵인한 경우 상실(국가책임 초안 제45조)된다는 점을 사안에 적용해야 함.

제 2 문

제 2 문의 1

A국은 과거 100년 동안 인접국인 B국을 식민지배한 바 있다. 당시의 참혹했

던 식민지배와 관련된 과거사 문제로 B국 국민의 A국에 대한 인식은 매우 적대적이며, 이로 인해 양국은 오랜 외교적 분쟁을 겪고 있다. 한편, B국의 또 다른 인접국인 C국은 양국 간 국경분쟁을 이유로 3개국 가운데 군사력이 가장 약한 B국에 대한 침략을 시도하고 있다.

이에 B국 대통령 甲은 외교부장관 乙을 A국에 급파하여 A국의 군사지원 방안을 협의하게 하였다. 지역 내 주도권 확보 문제로 B국과의 조속한 관계 정상화가 필요했던 A국은 협의 중에 C국의 B국에 대한 침략이 급박하다는 정보를 乙에게 제공하였다. 이에 乙은 국가안보의 시급성을 이유로 A국의 B국에 대한 식민지배와 관련한 과거사 문제해결과 A국의 B국에 대한 군사지원을 약속하는 소위 'A－B 조약'에 서명하였다. 동 조약은 서명과 동시에 발효하였다. 한편, A국과 B국은 모두 「조약법에 관한 비엔나협약」의 당사국이다.

1. 만약 乙이 국가안보와 관련된 조약의 체결 이전에 국회의 동의를 받아야만 한다는 B국의 국내법을 무시하고 'A－B 조약'을 체결하였다면, B국은 이 사실을 근거로 동 조약의 무효를 주장할 수 있는가? (25점)
2. 만약 A국이 乙에게 제공한 C국의 B국에 대한 정보가 A국에 의해 조작된 것임이 밝혀졌다면, B국은 이 사실을 근거로 동 조약의 무효를 주장할 수 있는가? (15점)

✎ CHECK POINT

❖ 제2문의 1－1은 조약의 무효사유 중 조약체결권에 관한 국내법 규정과 관련된 부분(조약법 제46조)을 중심으로 검토하고, 국내법 규정을 이유로 조약상의 의무를 불이행할 수 없는 경우(조약법 제27조)에 대한 설명이 필요함.
❖ 제2문의 1－2는 조약의 무효사유 중 설문에 언급된 정보의 조작행위가 국가의 기만적 행위에 의해 조약을 체결하도록 유인한 행위(조약법 제49조)인지에 대한 검토가 필요.

제 2 문의 2

A국은 종이의 국내 수요 대부분을 수입에 의존하고 있으며, 자국 내에서는 소량의 종이만 생산하고 있다. B국과 C국은 A국에 종이를 수출하는 대표적인 국가이다. B국은 재활용 펄프를 원료로 종이를 생산하는 반면, C국은 자국의 열대우림에서 벌목한 천연나무를 원료로 종이를 생산하고 있다.

과거 A국은 수입 종이에 대해 종이의 원료, 생산방법 및 그 유형 등과 관계없이 동일한 관세 및 내국세를 부과하였다. 그런데 A국이 열대우림의 보호를 목적으로 하는 '열대우림보호협약'에 가입한 후, 열대우림을 훼손할 우려가 있는 행위를 규제할 필요성을 느끼면서 열대우림에서 벌목한 천연나무를 원료로 생산한 종이에 대해 다음과 같은 규제조치를 도입하였다.

한편, A, B, C국은 모두 WTO의 회원국이다.

(가) 관세 관련 조치
   ① 재활용 펄프를 원료로 생산한 종이에 대한 무관세 혜택 부여
   ② 열대우림에서 벌목한 천연나무를 원료로 생산한 종이에 대한 20% 관세 부과
(나) 소비세 관련 조치
   ① 재활용 펄프를 원료로 생산한 종이에 대한 10% 소비세 부과
   ② 열대우림에서 벌목한 천연나무를 원료로 생산한 종이에 대한 30% 소비세 부과

1. C국은 A국의 조치가 「관세 및 무역에 관한 일반협정」(The General Agreement on Tariffs and Trade, 이하 "GATT"라고 함)에 위반된다고 주장하면서 A국을 상대로 WTO에 제소하려고 한다. C국이 주장할 수 있는 제소사유를 설명하시오. (25점)
2. A국은 GATT 제20조에 따라 자국의 조치가 정당하다고 항변하려고 한다. A국의 항변이 정당한지 설명하시오. (15점)

CHECK POINT

❖ 제2문의 2−1에서는 B국산 종이와 C국산 종이가 같은 상품임에도 불구하고 B 국산 종이에 대해 관세 및 소비세 부과에 있어서 특혜를 부여했다면 C국은 A국 의 조치가 GATT 제1조 1항(최혜국대우의무)에 위반된다고 주장하며 WTO에 제소 가능함.

- A국 내에서 재활용 펄프를 원료로 한 종이가 생산되고 있고, A국이 재활용 펄프를 원료로 생산한 종이에 대해서는 10%의 소비세를 부과한 반면, 열대 우림에서 벌목한 천연나무를 원료로 생산한 종이에 대해서는 30%의 소비세 를 부과하고 있다면, C국은 이러한 A국의 조치가 GATT 제3조 2항에 위반된 다고 주장하며 WTO에 제소 가능함.

- 최혜국대우의무는 관세에만 국한되지 않고, 수출입절차를 포함한 대상 제품 에 대한 모든 운영적 측면에 적용됨.

❖ 제2문의 2−2에서 A국은 자국의 조치가 GATT에 위반되지만 GATT 제20조의 일반적 예외사유 중 (g)호에 따라 정당하다는 항변이 가능함.

- GATT 제20조의 해석은 미국−가솔린 사건(1996)에서 WTO 상소기구가 2단 계 분석법을 해석기준으로 제시한 이후, WTO 패널 및 상소기구의 해석 관 행으로 확립된 것으로 확인됨[미국−새우 사건(1998)에서도 적용]. 2단계 분 석법에 따르면, GATT에 부합되지 않는 회원국의 조치가 GATT 제20조에 의 해 정당화되기 위해서는 ① GATT 제20조 (a)~(j)호에 해당하는 예외조치이 어야 하고, ② GATT 제20조 두문 상의 요건을 충족시켜야 함.

- 본 사안에서 A국의 조치는 유한천연자원인 열대우림의 보존과 관련된 조치 로서 C국산 종이에만 적용되는 것이 아니라 A국산 종이에도 동등하게 적용 되어 GATT 제20조 (g)호에 해당되는 조치이며, 또한 두문요건도 충족하고 있어 GATT 제20조 (g)호에 의해 정당화된다고 할 수 있음.

제 8 회

변호사시험

제 1 문

오랜 식민지배하에 있던 A국은 국제사회의 탈식민화 정책에 힘입어 1962. 1. 1. 독립하였다. 독립 이후 A국에는 독재정권이 줄곧 집권하여 국민들의 자유를 억압함에 따라, 반정부시위가 끊이지 않았다. 2018. 1. 1. 무장단체 X가 A국 정부의 독재, 무능 및 부패로 인한 폐해를 더 이상 견디지 못하고 A국 정부에 대하여 반란을 일으켰다. 반란 상황에 직면한 A국 정부는 반란을 일으킨 무장단체 X를 진압하기 위하여 모든 노력을 다하였으나 진압에 실패하였다.

이에 2018. 1. 20. A국 정부에 우호적인 인접국 B국의 국가원수는 A국 정부가 요청할 경우, 경찰을 파견하여 A국의 질서 회복을 지원할 의향이 있음을 선언하였다. 이러한 B국의 의사표명이 있은 후, 지휘부의 지시를 받은 무장단체 X의 비밀 조직원들이 B국에 잠입하여 B국 소재 경찰서 한 곳을 폭파하였다. 그로 인하여 경찰서 건물이 파손되고 인명 피해가 발생하였다.

한편 2018. 2. 1. A국 내에서 A국의 군 지휘부가 무장단체 X를 지지한다는 선언을 하고 기존 정부에 반기를 듦에 따라, 무장단체 X는 A국의 기존 정부를 붕괴시키고, A국 영토의 대부분을 사실상 지배하게 되었다. 이후 무장단체 X가 A국을 대표하는 신정부 수립을 선언하자, B국은 A국에 위 경찰서 폭파에 대한 피해보상과 사과를 요구하였다. 그러나 A국의 신정부는 책임을 부정하면서 B국의 요구에 응하지 않았다. 이에 B국은 2018. 2. 20. A국에 대하여 대응조치를 취하겠다는 결정을 통보하고, 즉시 자국 군사기지에서 무인폭격기를 발진하여 A국 내 경찰서 한 곳을 폭격하였다.

이러한 B국에 의한 폭격사태가 발생하자, C국을 중심으로 한 국제사회가 B국의 행위를 비난하기 시작하였다. C국은, B국의 행위는 위법한 무력사용으로 국제법상 강행규범에 반하는 것이라고 주장하면서, B국에게 국가책임을 추궁하겠다고 발표하였다.

국제연합 국제법위원회의 「국제위법행위에 대한 국가책임 초안」에 근거하여 아래 설문에 답하시오.

1. B국에 잠입한 무장단체 X의 비밀조직원들이 행한 경찰서 폭파행위에 대하여 A국은 국가책임을 부담하는지 논하시오. (30점)
2. B국이 대응조치라고 주장하면서 취한 무인폭격기에 의한 경찰서 폭격행위는 적법한지 논하시오. (30점)
3. 직접적인 피해국이 아닌 C국은 B국에 대하여 국가책임을 추궁할 수 있는지 논하시오. (20점)

🎯 CHECK POINT

❖ 제1문의 1은 무장단체의 행위가 국가책임 초안 제10조에서 규정하는 신정부를 수립한 반란단체의 행위로서 국제법상 그 국가의 행위로 간주되는지 여부를 묻고 있음. 무장단체가 신정부를 수립하기 이전의 시점에서는 A국의 행위로 귀속될 수 없기 때문에, 신정부 수립 시점 이전과 이후를 구분하여 검토할 필요가 있음.

❖ 제1문의 2는 B국 대응조치의 적법성을 묻고 있으며 국가책임 초안 제49조, 제50조 내지 제52조에서 규정하는 대응조치의 요건(실체적 및 절차적 요건)을 적용하여 검토해야 함.

❖ 제1문의 3은 비피해국으로서 국가책임 추궁을 묻고 있으며 국가책임 초안 제48조의 요건을 검토해야 함.

제 2 문

제 2 문의 1

A국과 B국은 해양경계획정 문제를 해결하기 위한 해양경계협정(이하 "협정"이라 함)을 체결하고자 교섭을 시작하였다. 그러나 양국의 주장이 극심히 대립하여 교섭은 교착상태에 놓였다. 이에 A국은 동 협정이 체결되지 않는다면 B국의 모든 농산물의 수입을 즉시 중단하겠다고 선언하였다. 한편 B국은 자국이 생산하는 농

산물의 80% 이상을 A국에 수출하고 있고, 이러한 교역은 B국 GDP의 대부분을 차지하고 있었다. A국의 입장 발표 후 B국의 양보로 B국에 불리한 내용의 협정이 체결되었다. 양국의 외교부장관은 2015. 9. 4. 양국 간 협정에 서명하였고, 동 협정은 2016. 5. 15. 발효되었다. B국의 「조약체결절차법」에 따르면, B국 「정부조직법」상 특정한 업무에 대한 주무부서가 있는 경우에는 그 주무부서와 관련한 조약체결에 관하여는 외교부장관이 국가원수인 대통령의 전권위임장을 발부 받아 관련 업무를 수행하도록 하고 있다. B국의 「정부조직법」상 해양경계획정 문제를 포함한 해양업무를 담당하는 부서로는 '해양부'가 있다.

A국과 B국은 모두 「조약법에 관한 비엔나협약」 당사국이다.

1. B국은 B국 외교부장관이 해양경계획정의 주무장관이 아니고, 전권위임장 없이 조약을 체결하였으므로 동 협정이 무효라 주장한다. B국 주장의 당부를 판단하시오. (20점)

2. B국은 자국이 협정을 체결한 것이 자국산 농산물 수입을 전면 금지하겠다는 A국의 위협에 따른 것이므로, 동 협정은 무효라 주장한다. B국 주장의 당부를 판단하시오. (10점)

3. B국은 A국이 사실을 왜곡하여 제작한 해양지도를 B국에게 제공하여 협정 체결에 상당한 영향을 미쳤으므로 이는 기만에 해당하여 동 협정은 무효라고 주장한다. B국 주장의 당부를 판단하시오. (10점)

✎ CHECK POINT

✤ 제2문의 1−1은 조약의 체결과 관련한 국내법을 위반하여 조약을 체결한 경우 조약의 무효사유(제46조)를 주장할 수 있는지 검토가 필요함.

✤ 제2문의 1−2는 조약의 무효사유로서 국가에 대한 강박(제52조)에 해당되는지 여부에 대한 검토가 필요함.

✤ 제2문의 1−3은 조약의 무효사유 중 기만(제49조)에 해당되는지 여부에 대하여 검토가 필요함.

제 2 문의 2

A국은 자국민의 건강과 환경을 보호하기 위한 조치 중 하나로 2018. 1.「태양광 특별환경세법」을 제정하여 2018. 2.부터 개발도상국인 B, C국으로부터 수입되는 '고탄소 태양광모듈판'에 대해 30%의 특별환경세를 부과하였다. 반면 선진국인 D, E, F국에서 수입되는 '저탄소 태양광모듈판'에 대해서는 20%의 특별환경세를 부과하였다. 한편 A국은 자국에서 생산되는 '저탄소 태양광모듈판'에 대해서는 20%의 특별환경세를 부과하였고, '고탄소 태양광모듈판'은 자국 내에서 생산을 하고 있지 않다. 이러한 A국의 조치로 인하여 B, C국으로부터 A국으로의 태양광모듈판 수출이 현저하게 감소하였다.

A, B, C, D, E, F국은 모두 WTO회원국이다.

1. B, C국은 A국의 조치가 「관세 및 무역에 관한 일반협정」(The General Agreement on Tariffs and Trade, 이하 "GATT"라고 함)위반이라고 주장하며 WTO에 제소하였다. A국의 조치가 GATT 제1조, 제3조, 제11조를 위반하는지 여부를 논하시오. (25점)
2. A국은 자국의 조치가 국민의 건강과 환경보호를 위해 정당한 조치라고 항변하였다. GATT 제20조 (b)호에 비추어 A국의 항변이 정당한지 여부를 논하시오. (15점)

🖐 CHECK POINT

❖ 제2문의 1-1은 A국의 재정조치(특별환경세 부과)가 GATT 제1조, 제3조, 제11조(최혜국대우, 내국민대우, 수량제한금지)에 위반되는지 검토를 필요로 함.

  ■ 저탄소 태양광모듈판과 고탄소 태양광모듈판이 같은 상품인지 여부에 대한 판단 필요. 같은 상품이라고 판단하는 경우 차별적 관세는 최혜국대우 위반에 해당되며, 동일한 맥락에서 같은 상품에 대한 국내상품과 수입상품에 대한 과세율의 차이는 그 차이가 미소하더라도 내국민대우 위반(GATT 제3조 2항 1문)에 해당됨.

  ■ 사안에서 문제가 된 특별환경세부과라는 재정조치는 GATT 제11조의 적용대상이 아님. GATT 제11조는 금지되는 수량제한조치로서 '관세, 조세, 그 밖의 과징금(duties, taxes, other charges)'은 제외하고 있으므로 GATT 제

11조 위반 여부가 문제되지 않음.

❖ 제2문의 1－2는 일반적 예외사유로서 GATT 제20조 (b)호의 필요성 테스트 충족 여부를 검토할 것을 요구하고 있음.

- GATT 제20조 (b)호는 인간 및 동식물의 생명 또는 건강을 보호하기 위해 필요한 조치에 해당되는지에 대한 요건을 검토가 필요함.

- 개별 요건을 충족하더라도 GATT 제20조의 두문요건인 자의적이거나 정당화될 수 없는 차별, 국제무역에 위장된 제한 여부에 해당되는지 살펴볼 필요가 있음(2단계 분석법).

제 1 문

(가) A, B, C국은 지역 내 군사력 경쟁을 완화하고 세계평화에 기여하고자 각 국이 보유하고 있는 생화학무기를 단계적으로 감축하고 종국적으로는 폐기하는 내용의 「생화학무기 감축 및 폐기를 위한 협정」(이하 "협정"이라 함)을 체결하였다. 각국 대표는 2005. 3. 1. 위 협정에 서명하였으며, 3개국이 비준서를 모두 기탁한 날로부터 6개월 이후에 효력이 발생하는 것으로 규정하였다. 위 협정 제5조는 "협 정 발효 후 10년 내에 당사국이 보유하고 있는 생화학무기를 50% 이하로 감축한 다."라고 규정하고 있고, 제6조는 "협정 발효 후 20년 내에 당사국이 보유하고 있 는 생화학무기를 완전 폐기한다."라고 규정하고 있다. 위 협정 서명 당시 A국은 6,000톤, B국은 1,000톤, C국은 800톤의 생화학무기를 보유하고 있었다.

(나) 인접한 X국과 군사적 갈등을 겪고 있는 A국은 X국과의 관계에서 군사적 우위를 확보하고자, 2007. 3. ~ 2008. 2. 자국의 생화학무기 보유량을 9,000톤으로 늘렸다. 이후 국제정세가 변화하면서 X국과의 갈등이 진정되었고, A국은 자국법에 규정된 의회의 비준 동의를 얻고자 위 협정을 의회에 제출하였다. 그러나 A국 의 회는 재래식 무기에 의존하고 있는 자국의 군사력을 고려할 때, 생화학무기를 보 유하는 것이 자국의 안보에 도움이 될 것이라고 판단하여 협정의 비준 동의를 거 부하였다. 그러나 A국은 2009. 5. 20. 자국 의회가 비준 동의를 거부하였음에도 불 구하고 이를 무시하고 비준서를 기탁하였다.

(다) 한편, B국은 협정을 비준하면서, "국가안보상 긴요한 필요가 있는 경우에 는 감축시한과 감축량에 대해 규정하고 있는 제5조를 적용하지 아니한다."라는 유 보를 첨부하여 2009. 5. 30. 비준서를 기탁하였다. 이러한 B국의 유보에 대해 A국 은 B국의 유보를 수락하였으나, C국은 이의를 제기하였다.

(라) C국은 협정을 비준하면서, B국의 유보에는 이의가 있지만 협정의 발효

자체에는 반대하지 않는다는 의사를 B국에 서면으로 통보하였다. C국이 2009. 6. 30. 비준서를 기탁함에 따라 위 협정은 2010. 1. 1.자로 발효되었다.

A, B, C국은 모두 「1969년 조약법에 관한 비엔나협약」(이하 "비엔나협약"이라 함)의 당사국이다.

1. 2012. 7. A국에서 총선거가 실시되었고, 그 결과 협정의 비준 동의를 거부했던 정치세력으로 정권이 교체되었다. 정권 교체 후, A국의 신정부는 자국법을 위반해서 위 협정이 체결되었으므로 위 협정은 무효라고 주장한다. A국 주장의 당부를 판단하시오. (30점)

2. A국이 생화학무기 보유량을 9,000톤으로 늘린 행위가 위법한지 여부를 비엔나협약상 규정에 비추어 판단하시오. (20점)

3. 위 (다)에서, B국의 '유보'의 허용가능성에 대해 논하고, B국과 A, C국과의 관계에 대해 설명하시오. (30점)

🗒️ CHECK POINT

❖ 제1문의 1-1은 조약체결권에 관한 국내법 규정을 위반한 경우 조약의 무효사유로서(제46조) 원용할 수 있는지 검토를 요함.

❖ 제1문의 1-2는 A국이 생화학무기 보유량을 늘린 시점이 화학무기 감축 및 폐기를 위한 협정의 발효 전이라는 점에서 조약법 제18조 발효 전 의무에 대한 검토가 필요.

❖ 제1문의 1-3 B국 유보의 허용가능성은 조약에서 달리 규정하지 않는 한 조약의 대상과 목적에 비추어 판단이 필요하며, 유보수락국과 반대국과의 관계 측면에서 논의 필요.

   ■ 단, 문제의 조약이 지역내 군사력 경쟁을 완화하는 군축조약이라는 점을 고려할 때, 해당 조약의 본질상 한정된 교섭국의 수와 조약의 대상과 목적상 조약전체를 모든 당사국 간에 적용하는 것이 조약에 대한 기속적 동의의 필수 조건인 경우 유보는 모든 당사국의 동의가 필요.

   ■ 유보의 수락과 반대, 관련 당사국과의 관계를 조약법 제20조 4항에 기초하여 서술.

제 2 문

제 2 문의 1

세계적인 환경보호단체인 녹색지구는 자신들이 보유한 선박 하나호를 A국의 핵무기 실험에 반대하는 해상 시위에 참여시키기로 결정하였다. 이 정보를 입수한 A국은 당시 B국 항구에 정박 중인 하나호를 폭파시키기 위해 B국에 비밀요원 甲을 파견하였다. 甲은 탑승객들이 모두 외출한 틈을 타 하나호를 폭파시키는 데 성공하였지만 출국 전에 체포되었다. B국의 수사를 통해 甲이 A국의 군인이며 당국의 지시에 따라 폭파시켰다는 사실이 전 세계에 알려지게 되었다.

B국은 자국의 주권을 침해한 A국에 강력하게 항의하였다. 그리고 B국은 A국에게 금전배상뿐만 아니라 甲을 3년 동안 A국의 두리섬에 있도록 요구하였고 B국의 승인이 있는 경우에만 두리섬을 떠날 수 있다는 단서를 덧붙였다. A국은 B국의 요구를 모두 수용하였다.

두리섬에 머문 지 1년이 지난 후 甲에게는 원인을 알 수 없는 복통이 발생하였고 증상이 악화되어 두리섬의 의료시설로는 치료를 할 수 없었다. A국은 甲을 자국의 수도로 데려와 치료하기로 결정하였고 B국의 동의를 요청하였지만 B국은 이를 승인하지 않았다. 그러나 甲의 증상이 계속 악화되자 A국은 일방적으로 甲을 자국의 수도로 데려와 치료하였고 완치 후 甲을 다시 두리섬으로 돌려보내지 않았다.

국제연합 국제법위원회의 「국제위법행위에 대한 국가책임 초안」(이하, "초안"이라 함)에 근거하여 아래의 설문에 답하시오.

1. A국의 국가책임이 성립하는지를 설명하고 금전배상 외에 甲을 3년 동안 두리섬에 있게 하는 조치도 배상의 방법이 될 수 있는지를 논하시오. (20점)
2. A국이 B국의 동의 없이 甲을 수도로 데려와 치료한 후 두리섬으로 돌려보내지 않은 행위가 위법성 조각사유로 정당화될 수 있는지를 논하시오. (20점)

🔏 CHECK POINT

❖ 제2문의 1-1은 A국이 국가기관에 해당하는 비밀요원을 파견하여(초안 제4조) B국에 정박된 선박을 폭파시킨 행위는 UN헌장 제2조 4항 무력사용금지의 원칙 및 영토주권을 훼손하는 국제관습법에 위반되는 행위로서 A국의 국가책임

이 성립함.

- 손해배상의 방법으로서 금전배상 외에 초안에서 규정하는 배상 방법인 원상 회복 또는 사죄에 해당되는지 검토를 요함.
- ❖ 제2문의 1-2는 B국의 동의 없이 甲을 수도로 데려온 행위가 조난, 불가항력, 또는 긴급피난에 해당하는지 검토 필요.

- -

제 2 문의 2

X국은 자국의 자동차산업을 육성하기 위하여 아래와 같은 2가지 조치를 「자동차산업육성법」에 차례로 도입하여 시행하였다.

(가) 2019. 2. X국은 자국의 생산시설에서 자동차를 생산하고 자국 국민이 소유하는 브랜드를 부착할 경우 그 자동차회사에 '국민차 회사'라는 지위를 부여하였다. A국의 자동차회사인 Auto사(社)는 X국의 자동차회사와 제휴하여 자동차를 생산하였고, X국의 국민차 회사로 지정되었다. X국은 위 국민차 회사가 자동차 생산에 소요되는 자동차부품을 수입하는 경우에는 관세를 면제하였고, 자동차를 판매하는 경우에는 내국세인 사치세를 면제하였다(이하 '제1조치'라고 함).

(나) 2019. 6. X국은 X국산 자동차 부품의 사용비율을 일정하게 충족하여 생산된 자동차를 국민차와 동등하게 취급하였다. 따라서 이와 같이 국산화 부품비율을 충족하여 생산된 자동차를 판매하는 경우에는 사치세를 면제하였다(이하 '제2조치'라고 함).

X국에 자동차 및 그 부품을 수출하는 B국은 X국의 위 조치들이 「관세 및 무역에 관한 일반협정」(The General Agreement on Tariffs and Trade, 이하 "GATT"라 함)에 위반된다고 주장하며 WTO 분쟁해결기구에 제소하였다. X, A, B국은 모두 WTO 회원국이다.

1. 제1조치가 GATT 제1조에 위반하는지를 논하시오. (20점)
2. 제2조치가 GATT 제3조에 위반하는지를 논하시오. (20점)

CHECK POINT

❖ 제2문의 2−1은 국민차 생산에 사용하기 위하여 수입하는 자동차 부품에 대해 X국의 '관세와 내국세인 사치세 면제'가 최혜국대우에 위반에 해당하는지 검토를 요함.

  ■ 국민차 부품과 다른 자동차의 부품은 같은 상품에 해당하고, Auto사에 대해서만 부여되는 차별적 관세 및 내국세 부과(제1조치)는 무조건적으로 부여되는 조치가 아니므로 최혜국대우 의무를 위반함.

❖ 제2문의 2−2는 국산 부품을 일정비율 사용한 자동차에 대하여 관세 및 사치세를 면제하는 조치(제2조치)가 내국민대우 위반에 해당하는지 검토를 요함.

  ■ 자동차 부품은 같은 상품에 해당함. 인도네시아-자동차 사건(1998)에서 패널은 원산지 또는 국산화율을 토대로 차별적인 조세를 부과하는 것은 그 자체로 내국민대우(제3조 2항) 위반이라고 판단하였음.

  ■ 국산부품을 사용하여 세제혜택을 받은 국산차와 세제혜택을 받지 못한 수입차는 직접경쟁 또는 대체관계에 있고 유사한 과세가 아니므로 내국민대우 위반에 해당함(제3조 2항 2문).

  ■ 제2문의 2−2는 국산 부품을 일정비율 사용한 자동차와 그렇지 않은 자동차의 국내 판매에 영향을 미치는 조치(제3조 4항)에도 해당할 수 있음.

제 1 문

A국과 B국은 인접국가로서 풍부한 어족(魚族)자원으로 유명한 X해(海)를 사이에 두고 있다. X해의 양국 간 해양경계획정은 아직 이루어지지 않았고, 이에 따라 양국은 양국 어민들의 어로활동과 관련하여 여러 차례의 분쟁을 겪어 왔다. 양국 어민들의 무차별한 남획에 따른 어족자원 고갈 및 해양생태계 파괴 우려를 둘러싼 양국 어민들 간의 갈등이 점차 심화되자, A국과 B국은 2000년 7월 17일 X해에 공동어로수역을 설정하여 어족자원 관리와 양국 어민들의 안전한 어로활동을 보장하기 위한 'A−B협약'을 체결하였다. 동 협약의 제3조는 "1. 각국의 해양경찰은 X해의 해양환경에 심각한 피해를 야기할 수 있는 행위에 대하여 적절한 조치를 취할 수 있다. 2. 해당 조치의 요청을 받은 자(者)는 이에 적극적으로 협조하여야 한다."라고 규정하고 있다.

2010년 8월 4일 A국 해양경비정은 B국 어민 甲이 X해에서 야간 어로활동을 하면서 법정기준을 초과하는 폐유(廢油)를 X해로 방출하는 것을 발견하고, 甲에게 폐유방출 중단 조치를 요구하였다. 이 과정에서 甲이 격렬하게 저항하면서 B국 해역으로 도주하자, A국 해양경비정이 총기를 발사하여 甲이 사망하는 사건이 발생하였다. 이 소식을 접한 B국은 자국 해군을 급파하여 사건 발생지역에 있던 해당 A국 해양경비정에 포격을 가해 격침시켰다.

B국 甲의 사망 사건과 A국 해양경비정의 격침 사건에 대한 양국의 입장과 관련하여 국제연합 국제법위원회의 '2001년 국제위법행위에 대한 국가책임 초안'을 근거로 아래의 질문에 답하시오.

1. B국 甲의 사망 사건에 대한 A국의 국가책임 성립 여부와 위법성 조각사유의 원용가능성에 대하여 논하시오. (50점)

2. B국이 A국 해양경비정을 격침시킨 대응조치가 적법한지에 대하여 논하시오.
   (30점)

🔧 CHECK POINT

❖ 제1문의 1은 해양경비정의 총기 발사로 인해 B국 甲이 사망한 사건에 대해 A국
  의 국가책임이 성립하는지 검토.

  ■ 해양경비정은 국가기관에 해당되기 때문에 국가책임 초안 제4조에 의해 A국
    이 행위로 귀속됨.

  ■ 국제위법행위의 성립요건으로서 국제의무 위반과 관련하여 甲의 폐유방출
    중단 조치에 대한 甲의 저항과 도주가 A−B협약에 위법했는지 와는 별개로
    상기 총기 발사 행위는 A−B협약에 규정된 적절한 조치에 해당되지 않음.

  ■ 위법성 조각사유로서 동의, 자위, 국제위법행위에 대한 대응조치, 불가항력을
    중점으로 검토 가능하며, 동 사안에 적용 가능한 위법성 조각사유는 없음.

❖ 제1문의 2는 대응조치의 적법성에 대해 묻고 있으며, 대응조치의 요건(대상과
  범위, 제49조), 절차적 요건(제52조), 실체적 요건(제50조, 제51조)을 적용해 볼
  때, 해양경비정의 격침 대응조치는 적법하지 않음.

제 2 문

제 2 문의 1

　　A국과 B국 사이에 위치하고 있는 X지역은 오랫동안 양국의 영토 분쟁의 대상
이었고, 그동안 A국이 X지역을 관할하였다. 그러나 B국은 X지역이 역사적으로 볼
때 자국의 영토에 속한다고 주장하며 이 지역을 무력으로 점령하고 5만 명의 군대
가 주둔할 수 있는 시설을 설치하여 운영하였다. B국은 자국의 경제 상황이 악화
되자 C국에 X지역을 20년 동안 임대하는 협정(이하, "협정")을 C국과 체결하였다.
이 협정 제3조는 "X지역 내에는 시설의 유지와 관리를 위해 민간인만 주둔할 수
있다."라고 규정하고 있다. 한편, C국은 협정 체결 이후 자국의 관할하에 위치한
모든 시설의 경비를 위하여 무장 군인을 파견할 수 있는 「시설관리·경비법」을 제
정하고, X지역의 시설에 군인을 파견하였다. 이에 대하여 B국이 C국의 군인 파견
행위가 협정 위반이라고 주장하자, C국은 자국의 국내법에 근거한 행위라는 점을

들어 그 정당성을 주장하고 있다.

※ A, B, C국은 「1969년 조약법에 관한 비엔나협약」(이하, "조약법")의 당사국이다. 조약법의 관련 규정을 근거로 아래의 질문에 답하시오.

1. B국과 C국이 체결한 협정의 유효성에 대하여 논하시오. (25점)
2. B국과 C국이 체결한 협정이 유효하다고 가정하고, C국 주장의 타당성에 대하여 논하시오. (15점)

🖋 CHECK POINT

❖ 제2문의 1−1은 조약의 무효사유로서 제53조 강행규범에 반하는 조약에 해당되는지 검토를 요하는 문제임
  ■ B−C협정이 강행규범위반에 해당하는 무력사용을 통해 점령한 영토와 관련되어 체결된 협정이라고 주장하는 경우 B−C협정은 강행규범에 위반되는 조약으로 무효라는 주장이 가능함.
  ■ 단, B−C협정 자체만을 검토한다면 강행규범에 위반되는 사유를 찾을 수 없기 때문에 협정 자체가 무효는 아니라는 논리도 전개 가능함.
❖ 제2문의 1−2은 유효한 모든 조약은 성실하게 이행되어야 하며(조약법 제26조), 조약의 불이행에 대해 국내법 규정을 원용해서는 안 된다는 조약법 제27조의 내용을 묻고 있음.

제 2 문의 2

「1973년 멸종위기에 처한 야생동식물종의 국제거래에 관한 협약」 당사국인 A국은 「멸종위기동물보호법」을 제정하여 새우 조업 시 바다거북이 어망에 걸려 익사하는 것을 방지할 수 있도록 어망에 바다거북 탈출 장치(Turtle Excluder Device, 이하, "TED")의 부착을 의무화하고, 이를 위반하여 어획한 새우에 대해서는 수입을 금지하였다.

B국은 자국의 연안에서만 새우를 어획하여 수출하는 개발도상국가이다. 그러나 B국의 연안에는 그동안 바다거북이 멸종되어 TED의 부착이 필요 없게 되었다. 또한 B국의 어민은 대체로 영세하여 TED를 부착할 재정적 여유도 없는 상황이다.

나아가 B국의 연안을 관할하는 지역수산관리기구조차 B국 연안의 해양생태계는 변화하여 바다거북이 더 이상 존재할 수 없다고 선언하였다. 이에 B국은 A국에 자국 연안의 특유한 상황과 해양생태계를 설명하며 예외를 요구하였다. 그러나 A국은 "미안해요! 우리는 절대로 이 기준을 변경할 계획이 없어요. 우리 의회에 있는 분들이 이 부분에 대해서는 분명히 하고 있어요. 그냥 우리의 기준을 따르기나 하세요!"라며 단호하게 거절하고 B국과의 대화조차 거부하였다. 이후 B국은 A국에 새우를 전혀 수출할 수 없게 되었다.

B국이 A국의 조치에 대해 「1994년 관세와 무역에 관한 일반협정」(이하, "GATT 1994") 위반이라고 주장하는 경우

1. A국의 항변사유를 GATT 1994 제20조에 따라 논하시오. (10점)
2. B국의 재항변사유를 GATT 1994 제20조에 따라 논하시오. (30점)

🏆 CHECK POINT

❖ 제2문의 2는 GATT 제20조에 근거하여 A국의 항변사유를 GATT 제20조 개별조항 (b)호 및 (g)호에 비추어 검토하고, B국의 재항변 사유는 GATT 제20조 두문요건 충족 여부 검토 필요.

❖ 제2문의 2 − 1은 A국이 TED 방식의 적용을 의무화하여 TED 방식의 적용없이 포획한 새우의 수입을 금지한 조치가 GATT 제3조 4항(내국민대우) 및 제11조 (수량제한금지) 위반인지를 검토함.

  ■ GATT 제3조 4항의 내국민대우의무는 같은 상품에 대해 적용되는 것이므로 의무 위반 여부를 논하기 전에 'TED 방식을 적용하여 포획한 새우'와 'TED 방식을 적용하지 않고 포획한 새우'가 같은 상품인지 검토 필요.

  ■ 미국-참치수입제한사건(1991)에서 패널은 같은 상품 여부는 공정 및 생산방법이 아니라 상품 그 자체의 특성에 의하여 결정되는 것으로 판정함.

  ■ 그런데 A국의 조치는 상품으로서의 새우 자체가 아닌 공정 및 생산방법을 규제하는 것이므로 TED 방식의 적용 여부에 근거한 수입제한조치는 상품에 대한 조치로 볼 수 없으므로 GATT 제3조 4항(내국민대우) 위반이 아님.

  ■ 반면 A국이 새우 수입을 금지한 조치는 GATT 제11조(수량제한금지)의 1항을 위반함.

  ■ A국이 GATT 제20조 일반적 예외사유 중 (b)호 또는 (g)호를 근거로 항변

가능한지 각 개별요건을 통해 살펴본 후, 두문의 요건 충족 여부 검토 필요. 예컨대, GATT 제20조 (b)호 예외사유에서 '필요성' 요건은 GATT에 합치되는 다른 조치가 있는지 여부 및 목적을 성취할 수 있는 덜 침해적이고 덜 무역제한적인 방법이 있는지 여부를 검토해야 함(필요성 테스트). 사안에서는 TED 방식을 적용한 A국의 조치는 바다거북을 보호하기 위한 조치로 보이지만, 새우 수입을 금지하는 것 이외에도 이용가능한 대체수단이 존재하는지를 검토해야 함.

- GATT 제20조 (g)호 예외사유에서 "유한천연자원의 보존에 관련된 것인지 여부"를 검토하기 위해서, 먼저 유한천연자원에 생물자원이 포함되는지를 살펴보아야 함. '관련성'은 문제의 조치가 보존을 '주된 목적(primarily aimed)'으로 하는 것으로 해석되는데, 미국-가솔린 사건(1996), 미국-새우 사건(1998) 등을 통해 WTO 패널과 상소기구는 조치와 목적 간의 "밀접하고 실제적인 관련성"만 성립되는지를 심사하는 것으로 해석함. 일반적으로 GATT 제20조 (g)호의 관련성은 GATT 제20조 (b)호의 필요성보다는 넓은 의미로 해석됨.

❖ 제2문의 2-2에서는 A국의 항변이 GATT 제20조 (b)호 또는 (g)호의 개별요건을 충족하였다면, B국은 두문요건이 충족되지 않았음을 이유로 재항변 가능함.

- GATT 제20조 두문의 요건은 자의적이고 정당화할 수 없는 차별의 수단이 아닐 것과 국제무역에 대한 위장된 제한을 구성하는 방식으로 적용되지 않을 것을 요구함.

- 본 사안에서는 지역수산관리기구가 'B국 연안은 바다거북이 더 이상 존재할 수 없다고 선언'한 점, B국의 대화 요청을 일방적으로 거절한 점 등을 고려하여 GATT 제20조 두문요건의 충족 여부를 판단함.

제 1 문

(1) A국과 B국은 X민족, Y민족, Z민족으로 구성되어 있다. A국에서는 X민족이 정권을 잡고 있고, B국에서는 Z민족이 다수민으로서 정권을 잡고 있다. Y민족은 B국에서 소수민으로 생활하고 있다. A국 정부는 자국이 운영하는 사이버 부대를 통해 B국 내에서 Y민족이 반란을 계획하고 있다는 가짜 뉴스를 광범위하게 유포했다. 이로 인하여 B국에서는 Y민족에 대한 국민들의 혐오 감정이 극에 달하였고, 실제 B국에서 Y민족 다수가 집단학살 당하는 참사가 벌어졌으며, 이 와중에 B국에 집단 거주하는 D국 국민 다수도 학살당했다. 이러한 사태에 대해서 B국은 방관하여 왔으며 B국 대통령 甲은 비로소 국민 통합의 길이 열렸다는 성명을 발표했다. C국은 A국의 선동 행위 및 B국 내에서 벌어지는 집단학살 행위를 중단하도록 촉구하였다.

A, B, C, D국 모두가 당사국인 「집단학살 방지를 위한 지역협정」 제1조의 규정은 다음과 같다.

"체약국은 집단학살 및 그 선동 행위를 방지하고 책임자를 처벌할 의무가 있다."

(2) A국은 A국 내 테러 단체 T의 활동으로 인해서 안보가 위태로워졌고 외국인 투자가 현저히 줄어들어 막대한 경제적 손실을 입고 있었다. A국은 C국 내에 있는 테러 단체 T의 본부 건물을 표적 공격하기로 결정하였다. A국은 공격의 성공률을 높이기 위하여 자국에 우호적인 E국의 공군기지에서 연료를 보급받기로 했다. A국과 E국은 「군사시설이용협정」을 체결하였다. 며칠 후, A국은 E국의 공군기지를 이용한 군사 작전을 실시하여 C국 내 테러 단체 T의 본부를 파괴한 결과 사실상 이 단체를 괴멸하는 성과를 달성하였다.

1. 위 사안 (1)에서, 국제연합 국제법위원회(ILC)의 "2001년 국제위법행위에 대한 국가책임 초안"에 근거하여 B국이 D국에 대해서 국가책임을 부담하는지를 논하고, C국이 A국과 B국에 대해서 국가책임을 추궁할 수 있는지를 판단하시오. (40점)

2. 위 사안 (2)에서, A국은 테러 단체 T의 본부 건물을 C국 내에서 폭파한 것이 국제연합 국제법위원회(ILC)의 "2001년 국제위법행위에 대한 국가책임 초안"에 근거한 적법 조치임을 주장하고 있다. A국의 주장이 정당한지를 논하시오. (25점)

3. 위 사안 (2)에서, 국제연합 국제법위원회(ILC)의 "2001년 국제위법행위에 대한 국가책임 초안"에 따라 E국이 C국에 대해서 국가책임을 부담하는지를 논하시오. (15점)

- -

CHECK POINT

❖ 제1문의 1은 B국의 국가책임 성립 및 C국의 국가책임 추궁 여부를 묻는 문제로서 각각 구분하여 접근할 필요가 있음.

■ B국의 경우 자국의 영토 내에서 발생한 집단 학살 행위에 대해서 상당한 주의 의무를 지며, 해당 행위에 대한 B국의 방관과 B국 대통령의 성명서 발표는 초안 제11조에 근거한 B국 스스로의 행위로 인정하는 행위로 볼 수 있음. B국은 지문에서 주어진 '집단학살 방지를 위한 지역협정'의 당사자로서 선동행위를 방지할 의무가 부여되었지만 집단학살 행위를 방관함으로써 조약상 의무를 위반함. B국의 국제위법행위에 대한 위법성 조각사유는 존재하지 않으며 B국의 국가책임이 발생함.

■ C국의 A국과 B국에 대해 각각 국가책임을 추궁할 수 있는지와 관련하여, A국은 '집단학살 방지를 위한 지역협정'상 A국 정부의 사이버 부대를 활용했기 때문에 A국의 행위로 귀속이 되며, A국도 B국과 마찬가지로 상기 지역협정의 당사국으로서 의무를 위반했기 때문에 A국에게 국가책임이 발생함. 국가책임 초안은 피해국과 비피해국 모두 국가책임을 추궁할 수 있으며, 비피해국이라도 '집단학살 방지를 위한 지역협정'과 같이 일정 국가군의 집단적 이익 침해에 대한 의무를 위반하거나[제48조 1항(a)호], 국제공동체 전체에 대한 대세적 의무를 위반한 경우[제48조 1항(b)호]가 이에 해당됨. 비피해국은 위법행위의 중지와 재발방지의 보장을 요구하거나, 피해자에게 손해배상

을 청구하도록 요구할 수 있음(제48조).
❖ 제1문의 2는 A국의 군사작전을 통한 C국 내 테러 단체 본부의 폭파행위가 위법
   성 조각사유에 해당될 수 있는지 검토하기 위해 먼저 A국의 국제위법행위 여부
   를 판단할 필요가 있음.
   ■ A국이 군사력을 동원하여 타국의 영토 내 건물을 폭파한 행위는 UN헌장 제
      2조 4항의 무력사용금지원칙과 국제관습법에 위반되며, 이러한 무력사용이
      위법성 조각사유로서 UN헌장상 자위권에 해당하는지, 적법한 대응조치인지,
      필요성(긴급피난)에 해당하는지 등을 중점으로 검토할 필요가 있음.
❖ 제1문의 3은 타국의 국제위법행위에 대한 원조와 관련된 문제로서 E국의 공군
   기지 제공이 초안 제16조에 위반되는지 여부를 검토해야 하며 특히 A국과 E국
   이 체결한 '군사시설 이용협정'을 통해 E국이 해당 상황의 위법성에 대해 인식
   을 했는지 여부가 중요함.

제 2 문

제 2 문의 1

   지리적 인접국인 A, B, C, D국은 이들 국가가 위치한 지역의 궁극적 비핵화를
달성하기 위하여 「핵확산 금지 및 핵무기의 점진적 폐기 협약」(이하 '협약'이라 함)을
체결하였다. 이 '협약'의 핵심 내용은 핵물질의 평화적 이용을 제외하고 핵물질의
군사적 목적에의 사용 또는 사용을 위한 준비에 해당하는 어떠한 행위도 금지하
며, 핵무기와 핵무기용 농축우라늄을 단계적으로 감축하여 '협약' 발효 후 20년 이
내에 완전 폐기하여야 한다는 것이었다. 또한 '협약'은 위 4개 국가의 비준서가 모
두 기탁된 날로부터 3개월 후에 발효되는 것으로 규정하였고 유보에 관한 조항은
두지 않았다. A, B, C, D국 모두 위 '협약'에 서명하였으며, 서명 당시 A국은 1t,
B국은 500kg, C국은 100kg의 핵무기용 농축우라늄을 각각 보유하고 있었다.
   B국은 '협약' 비준 시 "자국의 핵무기 폐기는 조약에 규정된 핵무기의 폐기일
정표에도 불구하고 다른 모든 당사국의 이행과 같은 수준을 유지할 것"이라고 선언
하였다. 한편 D국은 비준 시 "자위적 목적의 핵무기 개발과 사용은 국가의 본질적
권리로 자국의 이러한 권리를 제한하지 않는 것으로 해석한다."라고 선언하였다.
   C국은 '협약' 서명 후 비준하지 않은 상태에서 군사적 열세를 극복하기 위하
여 핵무기용 농축우라늄 보유를 500kg으로 확대하였다.

* A, B, C, D국은 모두 1969년 「조약법에 관한 비엔나 협약」(이하 '조약법협약'이라 함)의 당사국이다.

1. B국과 D국의 일방적 선언은 '조약법협약'상 유보로 평가될 수 있는지를 논하고, 이들 국가가 해당 선언을 포기하지 않은 채 '협약'의 당사국이 될 수 있는지를 판단하시오. (25점)

2. C국의 핵무기용 농축우라늄 보유 확대 조치는 '조약법협약'상 정당성을 인정받을 수 있는지를 판단하시오. (15점)

🔌 CHECK POINT

❖ 제2문의 1−1은 일방적 선언이 유보에 해당되는지 여부를 묻고 있으며 이는 조약법상 유보의 정의를 토대로 판단해야 함.

- 조약법 제2조 1항(d)호에 따르면 조약의 일부 규정의 법적 효과를 배제하거나 변경하고자 하는 의도하고자 하는 국가의 일방적 성명을 의미함. B국의 선언은 관련 협약의 내용을 일부 변경하고 있으며 D국의 선언은 협약의 법적 효과를 배제하는 결과를 초래하기 때문에 사실상 유보에 해당됨.

- 해당 선언이 유보에 해당된다면, 이러한 유보를 첨부하고 협약의 당사국이 될 수 있는지 여부는 유보가 조약에 의해 금지되거나[제19조 (a)], 특정 유보만 허용되거나[제19조 (b)], 조약의 대상과 목적에 양립할 것[제19조 (c)]을 조건으로 하고 있음.

- 지문에서 유보에 관한 조항은 존재하지 않기 때문에 B국과 D국의 유보가 협약의 대상과 목적에 양립하는지 여부를 검토해야 하며 문제의 협약이 해당 지역의 비핵화라는 점에서 제19조 (c)의 조건을 충족한다고 보기 어려움.

- 제19조에서 허용되지 않는 유보를 첨부한 경우, 협약의 당사국이 될 수 있는지 또는 허용되지 않는 유보를 제외하고 조약의 당사국이 될 수 있는지 여부에 대해서 조약법에서는 명문의 규정은 존재하지 않음. 다만, ICJ는 제노사이드협약의 유보 사건에서는 제19조에서 허용되지 않는 유보를 첨부한 국가의 경우 조약의 당사국으로 간주되어서는 안 된다는 견해를 채택하였고, 유럽인권재판소 및 시민적·정치적권리에 관한 국제규약의 인권위원회에서는 문제의 유보만 제외하고 조약의 당사국으로 간주된다는 견해를 제시함.

❖ 제2문의 1−2는 지문의 4개 국가의 비준서가 모두 기탁되어야 협약이 발효하는데 현재 C국이 서명만 한 채 비준을 하지 않은 상태이기 때문에 협약은 미발효

상태임. 이러한 상황에서 C국의 농축우라늄 확대가 조약의 발효 전 조약의 대상과 목적을 저해하지 않을 의무(조약법 제18조) 위반에 해당되는지 검토가 필요함.

■ 문제의 협약은 비핵화를 목적으로 하기 때문에 C국의 행위는 조약의 대상과 목적에 명백히 반하는 행위임.

제 2 문의 2

A국에서는 최근 세계적으로 치사율이 상당히 높은 독감이 유행하여 마스크 사용이 급증하였다. A국 정부는 A국 내 마스크 생산 공장이 부족하여 마스크 공급이 상당히 부족해지자 자국산 마스크 수출 시에 수출세를 부과하는 동시에 수출량을 제한하는 조치를 일시적으로 시행하였다.

한편 A국 정부는 국민의 보건과 건강상의 이유로 마스크에 특별건강세를 부과하기로 하고 이중 필터가 부착된 X마스크에는 5%, 단면 필터가 부착된 Y마스크에는 10%를 부과하였다.

이에 A국에서 대부분의 마스크를 수입하던 B국은 A국으로부터의 마스크 수입이 어려워지자 A국의 마스크 수출세 부과 및 수출물량제한조치가 「관세 및 무역에 관한 일반협정」(General Agreement on Tariffs and Trade, 이하 'GATT'라 함) 위반이라고 주장하고 있다. A국에 주로 단면 필터가 부착된 Y마스크를 수출하는 C국은 A국의 조치로 인해 A국으로의 마스크 수출량이 급감하자 A국의 조치가 GATT 위반이라고 주장하고 있다. D국은 A국에 주로 이중 필터가 부착된 X마스크를 수출하고 있다.

* A, B, C, D국은 모두 WTO회원국이다.

1. A국의 수출세 부과 및 수출물량제한조치가 GATT를 위반하였는지를 논하시오. (10점)
2. C국은 A국의 X, Y마스크에 대한 특별건강세 부과조치가 GATT 위반이라고 주장하면서 A국을 상대로 WTO에 제소하려고 한다. C국이 주장할 수 있는 제소사유를 설명하시오. (15점)

3. A국은 C국에 대해 자국의 조치가 GATT 제20조에 따라 정당하다고 항변하려고 한다. A국의 항변이 정당한지를 논하시오. (15점)

- -

🎖 CHECK POINT

❖ 제2문의 2-1의 수출세 및 수출물량제한조치는 GATT 제11조 수량제한의 일반적 폐지 의무에 위반되는지 검토를 요함.

■ A국 정부가 A국 내 마스크 공급이 상당히 부족해지자 수출제한조치를 일시적으로 시행한 것이 GATT 제11조 2항(a)의 예외 사유에 해당하는지 검토 필요.

❖ 제2문의 2-2의 경우, A국이 이중 필터가 부착된 마스크와 단면 필터가 부착된 마스크에 대해 각각 다른 특별건강세를 부과한 조치에 대해 C국(단면 필터 마스크 수출국)이 D국(이중 필터 마스크 수출국)보다 불리한 대우를 받았는지는 단면 필터와 이중 필터 마스크가 같은 상품인지 판단을 하고 최혜국대우(GATT 제1조) 위반 여부를 검토해야 함.

❖ 제2문의 2-3은 A국이 GATT 제20조를 원용할 수 있는지 묻고 있으며 A국 정부가 국민의 보건과 건강상의 이유로 부과한 조치라고 언급했기 때문에 GATT 제20조 (b)호의 필요성 테스트를 검토한 후, 두문의 요건도 충족하였는지 최종 검토가 필요함.

■ '필요성 테스트'라고도 불리는 요건은 대체로 GATT에 합치되는 다른 조치가 있는지 혹은 본질적으로 목적을 성취할 수 있는 덜 침해적이고 덜 무역제한적인 방법이 있는지, 합리적으로 이용가능한 대안조치가 존재하는지 여부를 검토함.

- -

제 1 문

　　지난 몇 년 동안 A국에서는 극단주의 국제테러단체에 의한 동시다발적 테러로 인해 수많은 희생자가 수시로 발생하였다. A국에 체류 중인 일부 외국인들이 국제테러단체에 자금을 지원한다는 사실이 밝혀지자 A국은 「테러방지법」을 제정하였다. 동 법은 테러리스트로 추정되거나 의심되는 외국인 용의자에 한하여 무기한 구금을 허용하고 있으며, 국가안보에 관한 정보를 얻는 데 필요한 모든 수단을 활용할 수 있다고 규정하고 있다.

　　최근 A국의 공항을 비롯한 여러 곳에서 사제폭탄을 이용한 테러가 발생하여 수많은 인명이 희생되고 건물이 파괴되었다. 테러 발생 후 B국의 화학자인 갑은 A국에서 개최되는 국제화학학술대회에 참석하기 위해 A국에 입국하였는데, 공항에 도착하자마자 공항의 보안직원들에 의해 체포되어 구금되었다. 공항의 보안직원들은 A국 정부로부터 공항의 보안업무를 위임받은 민간회사 직원들이다. 이들 보안직원들은 A국 공항에서 발생한 사제폭탄 테러의 배후로 갑을 지목하고 체포·구금한 것이다. 보안직원들은 「테러방지법」에 따라 갑을 구금하고 그 상태에서 테러 관련 정보를 얻기 위해 갑을 고문하였다. 하지만 A국 정보기관의 조사결과 갑은 사제폭탄 테러와 무관하다는 사실이 밝혀지면서 갑은 석방되었고 곧바로 B국으로 귀국하였다.

　　갑은 귀국 후 국내외 언론사와의 기자회견을 통하여 자신이 겪었던 고문에 대해서 상세하게 폭로하였다. 이에 많은 국제인권단체와 이른바 인권선진국으로 알려진 C국은 A국에서 행해진 고문행위를 강력하게 비난하였다.

* A국은 「고문금지협약」의 비당사국이다.

2001년 국제연합 국제법위원회의 「국제위법행위에 대한 국가책임 초안」을 바탕
으로 다음 질문에 답하시오.

1. 「테러방지법」을 근거로 행해진 갑에 대한 고문행위에 대해 A국의 국가책임이
   성립하는지 판단하시오. (40점)

2. 자국민이 고문 피해를 당한 B국과 피해국이 아닌 C국이 A국에 대해 국가책
   임을 추궁할 수 있는지 논하시오. (40점)

. . . .

CHECK POINT

❖ 제1문의 1은 A국의 국가책임 성립 여부를 판단하기 위해 A국 민간회사의 직원
  행위가 국가로 귀속되는지, 고문금지협약의 비당사국에게도 고문금지의무가 부
  여되어 국제의무 위반에 해당되는지 및 위법성 조각사유의 존재 여부를 검토해
  야 함.

  ■ 민간회사 소속의 공항 보안직원들은 정부로부터 공항의 보안업무라는 정부
    권한(공권력)을 위임받았기 때문에 국가책임초안 제5조에 따라 A국 행위로
    귀속됨.

  ■ 고문행위가 국제의무 위반에 해당하는지에 대한 판단은 고문금지의무는 국
    제관습법상 확립된 규범이기 때문에 모든 국가가 부담해야 하는 의무임. 고
    문금지는 강행규범 위반으로도 검토 가능함.

  ■ 위법성 조각사유의 존재 여부와 관련해서 문제에서는 자국내 발생한 테러행
    위로 인해 A국은 위법성 조각사유 중 긴급피난으로 주장은 가능할 수 있지
    만 위법성 조각사유로 원용되기 어려우며, 설령 위법성 조각사유에 해당된다
    하더라도 고문이라는 강행규범 위반으로 인해 위법성 조각사유를 적용할 수
    없음.

❖ 제1문의 2는 자국민이 피해를 입은 B국과 비피해국인 C국이 책임국인 A국에
  대해 국가책임을 추궁할 수 있는지 검토를 요하고 있음.

  ■ 국가책임초안상 국가책임을 추궁할 수 있는 주체는 피해국(초안 제42조)과
    비피해국(초안 제48조) 모두 가능함. 따라서 B국은 피해국으로서, C국은 비
    피해국으로서 각각 A국에 대해 국가책임을 추궁할 수 있음.

  ■ 문제에서 B국의 경우에는 "자국민"이 입은 간접피해에 대한 추궁, 즉 외교적
    보호권의 행사이기 때문에 초안 제44조의 요건인 청구국적의 원칙과 국내구
    제수단을 완료해야 A국에 대해 국가책임을 추궁할 수 있음.

  ■ C국의 경우 비피해국으로서 국가책임을 추궁하기 위한 요건은 초안 제48조

1항을 적용하여 검토해야 함. 초안 제48조 1항에서는 대세적 의무에 해당하는 경우 비피해국도 국가책임을 추궁할 수 있다고 규정하고 있음. 대세적 의무는 국제공동체 전체에 대한 의무로서 노예행위, 침략행위, 제노사이드, 인종차별제도 및 고문의 금지 등을 포함함.

■ C국은 비피해국임에도 A국에서 발생한 고문행위에 대해 국가책임을 추궁할 수 있음. C국은 다만 피해국이 아니기 때문에 초안 제48조 2항에 따라 A국에 대해 직접적인 손해배상을 요구할 수 없으나, 국제위법행위의 중지, 재발방지의 확보 및 보장을 요구할 수는 있고, 피해국과 위반된 의무의 수익주체를 위해 책임국이 배상의무를 이행할 것을 요구할 수 있음.

제 2 문

제 2 문의 1

AB해(海)에 인접한 A국과 B국은 오랜 기간 동안 AB해(海)에서의 어로(漁撈)행위를 둘러싸고 심각한 분쟁관계에 있다. A국 어민들은 A국이 관련 해역의 70%를 차지하고 있음에도 불구하고, 양국의 어획량을 동일하게 규정한 「AB어업협정」때문에 부당하게 어획량이 줄어들었다고 주장한다.

마침 군사적 소요사태가 발생하여 국내 정치적인 상황이 매우 불안정해진 B국은 A국과의 안정적인 관계설정이 필요해짐에 따라 'A국과 B국은 AB해(海)에서의 어획량을 관련 해역의 비율에 따라 조정한다'라는 내용을 중심으로 하는 'AB합의'를 채택하였다.

결국 B국에서는 정권교체가 이루어졌는데, 그 후 B국은 지난 정권에서 이루어진 'AB합의'는 첫째, 조약이 아니어서 법적인 구속력이 없으며, 둘째, 설령 조약이라고 하더라도 B국 헌법의 "국회는 주권의 제약에 관한 조약의 체결·비준에 대한 동의권을 가진다."라는 조항을 위반하여 무효라고 주장하게 되면서 양국 간에 외교적 갈등이 발생하였다.

A. B국은 모두 「조약법에 관한 비엔나협약」의 당사국이다.

1. 'AB합의'와 관련한 B국의 두 가지 주장에 대해 「조약법에 관한 비엔나협약」에 근거하여 논하시오. (40점)

CHECK POINT

❖ 제2문의 1은 B국의 두 가지 주장에 대해 ① AB합의가 조약에 해당되는지 여부
및 조약 인정에 따른 구속력에 대한 판단과, ② 조약의 체결권에 관한 국내법
규정 위반을 사유로 한 조약의 무효 주장에 대해 각각 판단을 요하는 문제임.

■ 먼저, 제시문에 주어진 AB합의가 조약에 해당되는지 여부는 조약법 제2조 1
항(a)에 규정된 조약의 정의에 따라 검토를 해야 하며, 동 조항에서는 조약
법의 목적상 조약은 국가 간 그 명칭을 불문하고 서면으로 작성되어 국제법
에 의해 규율되는 국제적 합의라는 정의를 사안에 적용해야 함.

■ 법적 구속력이 없는 신사협정, 정치적 선언은 조약에 해당하지 않음. 조약법
제3조는 조약법의 범위에 속하지 않는 국제적 합의의 법적 효력[조약법 제3
조(a)]에 영향을 주지 않는다고 규정하고 있으며, 이 조항은 구두조약 성립
도 가능하다는 근거조항으로 해석 가능함.

■ 다음으로 B국의 조약 무효주장에 대해서는 조약의 무효에 대한 일반론에 대
한 종합적인 검토를 해야 함. 무효사유의 일반론에는 조약의 무효사유를 절
대적 무효사유와 상대적 무효사유를 구분하여, 그러한 구분 이유로서 각각
조약규정의 가분성과 무효주장 상실권과 연계하여 언급할 필요가 있음.

■ 조약법은 8가지의 무효사유를 규정하고 있으며, 제46조는 조약체결권에 관
한 국내규정 위반과 관련됨. 조약체결권에 관한 근본적으로 중요한 규칙은
통상적으로 해당 국가의 헌법을 의미하며 조약체결 시 국가는 타국의 헌법
내용을 알아야 할 의무가 없음은 ICJ 카메룬과 나이지리아 간의 육상 및 해
양경계사건 등을 통해 확인됨.

■ 조약법 제27조는 국내법 규정을 원용하여 조약의 불이행을 정당화할 수 없
다고 규정하며, 이 규칙은 조약법 제46조를 침해하지 않음.

■ 제시문에서 AB합의가 조약이라고 가정하는 경우라 할지라도, A국은 조약체
결 시 B국의 헌법을 알아야 할 의무가 없기에 제46조를 근거로 한 B국의 주
장은 타당하지 않음.

제 2 문의 2

A국은 세계적인 소 원피 공급국이며 가죽 생산국이다. A국은 대외무역법상
최저수출가격제도에 따라 자국 피혁산업에 원피를 안정적으로 공급하기 위해 원

피를 수출할 때에는 킬로그램당 일정 금액 이상이 되는 경우에만 수출을 허가하는 조치를 시행하였다.

또한 A국은 탈세 방지를 위해 피혁제품의 판매 수입(收入)에 대해 내국세의 일정액을 사전에 납부하게 하는 선납제도를 운영하고 있었는데 A국산 제품은 3%를 선납하도록 하고, B국산 제품은 3.1%, C국산 제품은 3%를 각각 선납하도록 세법을 개정하였다. 이 세법을 개정하였지만 A국산 제품, B국산 제품, C국산 제품이 A국 시장에서 차지하는 시장점유율은 세법 개정 전과 비교하면 변동이 없었다.

B국은 A국이 시행한 최저수출가격제도에 따른 수출허가조치 및 선납제도가「관세 및 무역에 관한 일반협정」(General Agreement on Tariffs and Trade, 이하 'GATT'라 함)에 위반된다고 주장하면서 A국을 상대로 WTO에 제소하였다.

* A, B, C국은 WTO회원국이다. 그리고 A국산, B국산 및 C국산 제품은 동종상품 (like products)이다.

1. B국이 주장할 수 있는 제소사유를 설명하시오. (30점)
2. A국은 위와 같이 일정 금액 이상의 경우에만 수출을 허가한 조치는 원재료의 안정적인 공급을 위해 대외무역법상의 최저수출가격제도를 시행하기 위한 것이므로 GATT 제20조 (d)호에 해당된다고 항변하였다. A국의 항변이 정당한지 설명하시오. (10점)

. . . .

🗳 CHECK POINT

❖ 제2문의 2-1은 제소사유로 ① 최저수출가격에 따른 수출허가조치의 GATT 제11조(수량제한금지원칙) 위반 여부, ② 내국세 선납제도의 GATT 제1조 1항(최혜국대우의무) 및 제3조 2항(조세조치의 내국민대우의무) 위반 여부를 검토함.

- ①과 관련, GATT 제11조(수량제한금지원칙)는 수출, 수입 모두에 적용되며 관세, 조세 또는 그 밖의 과징금 이외에 어떠한 금지 또는 제한도 금지되므로 최저수출가격에 따른 수출허가조치는 원피 수출가격의 상승을 초래해 사실상 수출이 제한되는 효과를 가져옴.

- ②와 관련, A국이 탈세방지를 목적으로 세법을 개정하여 내국세 선납률을 B국산 제품에 3.1%, C국산 제품에 3.0%로 변경한 것은 C국산에 비해 B국산을 불리하게 차별하고 있으므로 GATT 제1조 1항(최혜국대우의무) 위반 성립 가능.

- ▪ ②와 관련, 같은 상품에 대한 조세조치는 GATT 제3조 2항 1문(내국민대우 의무)이 적용되어 수입품에 대해 국산품보다 "초과하여(in excessive of)" 과세하는 것을 금지하고 있음. 직접 경쟁하거나 대체가능한 상품은 GATT 제3조 2항 2문이 적용되어 "유사하게(similarly)" 과세하여야 함.

- ▪ 결과적으로 '같은 상품'끼리는 정확하게 같은 조세가 적용되어야 하는 의무가 부과되는 것임을 고려하여 제소사유 검토 필요.

❖ 제2문의 2-2는 GATT 제20조 (d)호의 항변이 정당화되기 위해서는 GATT 제20조 (d)호의 개별요건을 검토한 후에 두문요건 충족 여부를 검토함(미국-가솔린 사건(1996), 미국-새우 사건(1998) 등에서 WTO 상소기구가 GATT 제20조 해석기준으로 제시한 2단계 분석법).

- ▪ GATT 제20조 (d)호 요건을 충족하기 위해서는 먼저 '해당 조치가 GATT 협정에 위배되지 않는 법이나 규정의 준수를 확보하기 위한 필요한 조치'여야 함. A국의 대외무역법상 최저수출가격제에 따른 수출허가조치가 비록 원재료의 안정적 공급이라는 자국 정책적 목적을 가지고 있으나 이 요건에 해당하는지 검토 필요.

- ▪ 또한 GATT 제20조 (d)호는 "필요한 조치"임을 요건으로 하고 있으므로, 필요성 테스트를 진행하여 덜 무역제한적인 조치가 존재하는지도 검토하여야 함.

제 1 문

(가) A국과 B국은 하나강에 위치한 동동섬의 영유권 문제를 해결하기 위해 'AB협약'을 체결하였고, AB협약은 2000년 12월 발효하였다. AB협약에서 양국은 동동섬을 A국의 영토에 속하는 것으로 결정하였고, 이를 지도에 반영하여 AB협약에 첨부하기로 하였다. 양국 대표로 구성된 혼합위원회는 지도 제작을 B국에 의뢰하였다. B국이 제작한 지도에는 동동섬이 B국의 영토로 표시되어 있었지만 A국과 B국은 그 사실을 발견하지 못하고, 이의 없이 그 지도를 최종적으로 첨부하였다. 한편, 2002년 12월 A국 대통령 甲은 B국과의 정상회담에 참석하기 위해 이동하다가 자국의 영토인 동동섬에 B국 국기가 게양된 것을 목격하였다. 이에 甲은 정상회담에서 동동섬이 지도에 잘못 표시되었다는 사실을 언급하며 AB협약의 무효를 주장하였다.

(나) 양국 정상회담 이후에도 A국은 AB협약의 무효를 주장하였지만, B국은 아무런 반응을 보이지 않았다. 이에 A국은 2020년 12월 새로운 대통령 乙이 선출될 때까지 더 이상 동동섬 문제를 B국에 제기하지 않았다. 또한, 2022년 12월 乙은 동동섬을 방문할 당시 B국 국민들에게 국빈대우를 받았으며 최근 우호적인 관계를 유지하고 있는 B국과 외교적 마찰을 피하고자 자국 영토인 동동섬에 대해 B국에 아무런 조치를 취하지 않았다. 이러한 乙의 태도에 A국 국민의 여론이 악화되자 2023년 12월 A국은 AB협약이 무효라고 다시 주장하였다.

(다) A국, B국, C국, D국, E국은 두리강을 공동으로 관리하기 위해 '하천협약'을 체결하였고, 동 협약은 2022년 12월 발효하였다. 하천협약은 개정에 관하여 별도의 규정을 마련하지 않았다. 최근 두리강 상류에서 방출된 폐수로 인해 생물의 서식지에 막대한 피해가 발생하였다. 두리강의 생태계 보호를 위해 하천 폐기물 관리를 강화하고자 A국은 외교적으로 갈등 관계에 있는 D국을 제외한 나머지 국

가에게 하천협약의 개정을 제의하였다. C국은 개정 협약이 당사국의 의무를 강화하는 것에 부담을 느껴 A국의 개정 제의에 반대하였다. 2023년 1월 A국, B국, E국은 '신(新)하천협약'을 체결하였다. 이 협약이 발효한 후인 2023년 12월 F국이 가입함에 따라 A국, B국, E국, F국이 '신(新)하천협약'의 당사국이 되었다.

※ A국, B국, C국, D국, E국, F국 모두 '조약법에 관한 비엔나협약'(이하 '조약법협약')의 당사국이며, 조약법협약에 근거하여 다음에 답하시오.

1. 지문(가)에서 AB협약이 무효라는 甲의 주장이 타당한지 논하시오. (20점)
2. 지문(나)에서 AB협약이 무효라는 A국의 주장이 타당한지 논하시오. (20점)
3. 지문(다)에서 1) 하천협약의 개정절차가 적법한지 판단하고, 2) 개정이 적법하다면, F국과 A국 및 F국과 C국 간 적용되는 하천협약과 신(新)하천협약의 당사국 관계에 대하여 각각 논하시오. (40점)

- -

🔖 CHECK POINT

❖ 제1문의 1은 조약의 무효사유 중 착오를 적용하는 문제이며, 제48조 1항과 2항에 대한 검토가 각각 필요함. 지문(가)에서 A국의 착오는 동동섬의 영유권을 결정한 AB협약에 대한 A국의 기속적 동의의 본질적 기초를 구성하는 경우에 해당됨. 다만, 제2항에서 착오를 감지할 수 있는 등의 사정이 있는 경우 1항이 적용되지 않는다는 점을 사안에 포섭해야 함.

❖ 제1문의 2는 지문(나)에 주어진 사실관계에 비추어 볼 때 A국이 2020년까지 지도에 잘못 표기된 동동섬 문제에 대해 이의를 제기하지 않았으며, 동동섬 방문시 B국 국민들로부터 국빈대우를 받았다는 사실 등이 제45조에 규정된 조약의 효력이나 시행의 존속의 묵인으로 간주될 수 있는지 검토가 필요함.

❖ 제1문의 3은 기본적으로 다자조약의 개정에 관한 문제로서 제40조를 적용하여 검토가 필요함. 동 문제는 두개의 파트로 구분되며, 먼저 하천협약의 개정절차의 적법성 여부는 제40조 2항에 따라 모든 체약국에 통고되어야 한다는 점을 중점으로 판단해야 함. 하천협약의 개정이 적법하게 이루어졌다고 가정한 두번째 파트에서는 제40조 5항을 적용하여 하천협약과 개정된 신하천협약의 당사국 관계를 살펴봐야 함.

제 2 문

제 2 문의 1

　　(가) A국과 B국은 국경을 맞대고 있다. B국의 인구 분포는 甲민족 35%, 乙민족 55%, 丙민족 10%로 이루어져 있다. 1992년 3월 무렵부터 B국 내에서 甲민족이 분리독립을 목적으로 B국 정부군과 무장 투쟁을 벌이기 시작하였다. 2012년 4월 甲민족은 B국 동부 돈스카 지역 내에서 Y국을 선포하였다. 2014년 1월 국제사회 대부분의 국가들이 Y국을 국가로 승인하였다.

　　(나) 2022년 10월 Y국 군대는 돈스카 지역 내에서 乙민족을 집단 살해하였다. 이때 A국 군사령관이 Y국 군대를 지시하고 통제하였다. '집단 살해'는 일반국제법상의 강행규범을 중대하게 위반하는 행위이다. 2001년 국제연합 국제법위원회(ILC)의 '국제위법행위에 대한 국가책임 초안'에 근거하여 다음에 답하시오.

1. 돈스카 지역 내 Y국의 행위에 대해서 A국의 국가책임이 성립하는지를 판단하시오. (20점)
2. C국은 지문(나)에 기술된 Y국의 행위로 전혀 피해를 입지 않았다. C국이 Y국의 국가책임을 추궁할 수 있는지 판단하고, Y국에게 요구할 수 있는 내용을 설명하시오. (20점)

- -

🔧 CHECK POINT

❖ 제2문의 1-1은 지문에서 국제사회에서 사실상 국가로 간주되는 Y국과 A국의 관계를 토대로 살펴봐야 함. Y국은 집단 살해를 함으로써 일반국제법상의 강행규범을 위반하였으며, 이는 명백히 Y국의 국제위법행위에 해당함. A국이 타국인 Y국의 그러한 국제위법행위의 자행을 지시하고 통제하였다는 사실이 주어졌기 때문에 국가책임초안 제17조에 근거하여 검토할 필요가 있음.

❖ 제2문의 1-2는 비피해국인 C국이 집단 살해를 자행한 Y국에게 국가책임을 추궁할 수 있는지 묻고 있으며, 첫번재 파트에서 국가추궁 여부에 대한 판단은 집단살해가 제48조 1항에 규정된 국제공동체 전체를 상대로 한 대세적 의무에 해당하는지 검토를 해야 함. Y국에게 요구할 수 있는 내용은 제48조 2항에 따라 Y국에게 국제위법행위의 중지 및 제30조에 따른 재발방지의 확보 및 보장, 피해국을 위해 배상의무를 이행할 것을 요구할 수 있다는 점을 언급할 필요가 있음.

- -

제 2 문의 2

A국에서는 석탄재가 포함된 시멘트 블록(이하 '석탄재 블록')이 건축 자재로 사용되는 경우 미세먼지가 발생하여 인체에 해롭고, 대기질 오염의 원인이 된다는 연구 결과가 나오면서 석탄재 블록의 사용을 반대하는 여론이 높아졌다. 이에 그동안 석탄재 블록을 생산하던 A국의 시멘트 업체들은 석탄재 블록의 생산을 전면 중단하고, 석탄재를 대체하는 인체에 무해한 원료를 사용한 친환경 시멘트 블록(이하 '친환경 블록')만을 생산·판매하기 시작하였다. A국 정부는 석탄재 블록의 사용을 억제하기 위하여 석탄재 블록에 대해서는 20%의 건강세를 부과하고, 친환경 블록에 대해서는 건강세를 면제해 주는 제도를 시행하였다. A국에 석탄재 블록을 수출하는 B국은 A국의 조치가 '관세 및 무역에 관한 일반협정'(이하 'GATT')에 위반된다고 주장하면서 A국을 상대로 WTO에 제소하였다.

※ A국과 B국은 WTO회원국이다. GATT에 근거하여 다음에 답하시오.

1. B국이 주장할 수 있는 제소사유를 설명하시오. (15점)
2. A국이 주장할 수 있는 항변사유를 설명하시오. (25점)

- -

CHECK POINT

❖ 제2문의 2-1은 A국이 건강세에 취한 조치에 대하여 B국이 제소할 수 있는 사유로서 내국민대우 위반인 GATT 제3조 2항을 적용하여 검토해야 함. 석탄재 블록과 친환경 블록이 같은 상품 또는 직접 경쟁/대체상품인지에 따라 GATT 제3조 2항 1문 또는 제3조 2항 2문 위반 여부를 판단해야 함.

❖ 제2문의 2-2는 시멘트 블록이 인체에 해롭고 대기질 오염의 원인이라는 연구 결과로 인해 시멘트 블록 사용의 반대 여론이 높아졌다는 사실관계에 따라, GATT 제20조 일반적 예외사유로서 (b)호와 (g)호를 각각 검토할 필요가 있음. (※ A국은 석탁재 블록과 친환경 블록이 같은 상품 또는 직접 경쟁/대체상품이 아니기 때문에 내국민대우 위반이 아니라는 주장도 가능함)

- -

제 5 편

로스쿨 국제법: 이론과 사례

법학전문대학원협의회
변호사시험 모의시험

제 2 문의 1

　　WTO회원국인 A국은 위스키와 소주를 생산하지 않고 보드카만 생산한다. WTO회원국인 B국과 C국은 위스키와 소주를 각각 생산하여 A국에 수출해오고 있다. A국의 WTO 관세양허표에는 모든 종류의 술에 대한 양허관세율이 50%로 기재되어 있다. 이러한 상태에서, A국 정부는 다음과 같은 조치들을 취하고 있다.

　　가. 위스키는 50%의 관세(tariff)율로 수입을 하고, 소주에 대해서는 20%의 관세율을 부과

　　나. 보드카에 대해서는 주세(tax)를 면제하고, 위스키에 대해서는 50%의 주세를 부과하며, 소주에 대해서는 20%의 주세를 부과

　　이러한 조치에 대해 B국과 C국의 정부는 공동으로 A국을 상대로 WTO 분쟁해결절차에 제소를 하였다. 이에 대해 A국은 위스키와 소주는 전혀 다른 특성의 술이므로 상이한 관세(tariff)를 부과하는 것은 전혀 문제되지 않으며, 위스키, 소주 및 보드카는 상호 경쟁관계에 있지 않으므로 상이한 주세(tax)를 부과하는 것 또한 문제되지 않는다고 주장하고 있다.

이러한 A국 정부의 주장에 대해 B국과 C국이 대응할 수 있는 국제통상법적 논리를 제시하시오. (40점)

- -

✖ CHECK POINT

❖ B국은 위스키와 소주가 같은 상품임에도 불구하고 A국이 B국산 위스키에 대해서는 50%의 관세와 50%의 주세를 부과한 반면, C국산 소주에 대해서는 20%의 관세와 20%의 주세를 부과한 것은 최혜국대우 원칙에 위배된다고 주장할 수 있음.

❖ B국은 보드카와 위스키가 직접 경쟁하거나 대체가능한 상품임에도 불구하고 보드카에 대해서는 주세를 면제한 반면, 위스키에 대해서는 50%의 주세를 부과한 것은 GATT 제3조 2항 2문 위반이라는 주장이 가능함.

❖ C국은 보드카와 소주가 같은 상품임에도 불구하고 보드카에 대해서는 주세를 면제한 반면, 소주에 대해서는 20%의 주세를 부과한 것은 GATT 제3조 2항 1문 위반이라는 주장이 가능함.

제 1 문

(가) 인접국인 A국과 B국 간에는 국경획정을 둘러싸고 오랜 동안 긴장이 계속되었다. 1995년 9월 A국은 B국내의 정정 불안을 기화로 같은 해 11월 육군 4개 사단 병력을 B국내로 투입하여 B국 영역 일부를 점령하였다. 1996년 2월 B국 영토에 대한 점령이 계속되고 있는 상태에서 A국 정부는 B국에 대해 양국 간의 오래된 외교적 현안인 국경회담의 재개를 요구하자, B국 정부는 이에 응하였다. 협상 과정에서 A국 대표단은 자국에게 유리한 협상안을 제시하였고, B국이 이를 수용하지 않을 경우 B국 영토로부터 군대를 철수하지 않을 방침임을 천명하였다.

(나) 협상의 결과, 양국 협상 대표는 양국 간 국경을 표시한 지도가 첨부된 조약안에 서명하였다. 이 조약안은 양국의 비준절차를 마치고 1997년 2월 발효하였다. 국경조약이 발효하고 난 후, B국 일부에서는 국경조약체결과정 및 내용상의 문제점과 관련하여 많은 비판이 제기되었다. 그러나 B국 정부는 양국 간 안정적 관계를 위해 아무런 이의를 제기하지 않았을 뿐만 아니라 이 조약에 첨부된 지도를 국내외적으로 널리 배포하였다.

(다) 국경조약 발효 후 상당기간이 지난 2012년 봄 B국의 민간단체에서 이 지도상의 오류를 발견하였다. 두 나라는 X라고 하는 국경지대에서 분수령을 양국 간 국경으로 합의하였는데, 첨부된 지도에는 이 합의와 달리 국경이 표시됨으로써 B국은 약 3㎢에 해당하는 영역을 잃게 되었다. 이러한 사실이 밝혀지자, B국 정부는 자국내 비판적인 여론을 의식하여 A국 정부에 국경조약의 문제점을 지적하면서 원점에서 다시 협상을 재개할 것을 촉구하였다.

(참고사항: A국과 B국 모두 1990년 이래 조약법에 관한 비엔나협약의 당사국이다.)

1. (가)의 사실을 배경으로 체결된 국경조약의 효력에 대해 논하시오. (40점)
2. (가)의 사실과 관련하여, 직접적 피해국이 아닌 C국이 A국에 대하여 국제적인 책임을 추궁할 수 있는지를 2001년 ILC 국가책임법 초안에 기초하여 논하시오. (40점)
3. (가)의 사실이 없이 (나)와 (다)의 사실만 있다고 전제할 경우, 위 국경조약의 효력에 대해 논하시오. (40점)

🖱 CHECK POINT

❖ 제1문의 1은 조약의 무효사유 중 강박에 의한 조약의 효력을 묻고 있는 문제임.
❖ 제1문의 2는 피해국과 비피해국에 의한 국가책임의 추궁(ILC 국가책임법 초안 제42조 및 제48조) 문제와 관련됨.
❖ 제1문의 3은 ICJ 프레비히어 사건과 유사한 사례로 착오에 의한 조약의 효력 및 B국 정부가 아무런 이의를 제기하지 않음에 대한 묵인의 효과를 묻는 문제임.

제 2 문

A, B, C국은 모두 WTO회원국이며, B국과 C국은 자유무역협정을 체결하여 상호 간에 관세상의 특혜를 부여하고 있다. 승용차는 생산하지만 트럭은 생산하지 않는 C국의 자동차에 대한 WTO 양허관세는 현재 10%이다.

C국은 A국과 B국으로부터 자동차를 수입하고 있는데, B국에서 수입되는 모든 자동차에 대해서는 무관세, A국으로부터 수입되는 승용차에 대해서는 수입가격의 5%, 트럭에 대해서는 수입가격의 15%의 관세를 부과하고 있다.

C국은 관세와는 별개로 승용차에 대해서는 매년 차량가격의 3%, 트럭에 대해서는 차량가격의 5%에 해당하는 국내 자동차세를 부과하고 있다.

1. 관세양허 측면에서 C국의 A국에 대한 관세부과조치의 정당성에 대하여 검토하시오. (10점)
2. 최혜국대우 원칙의 측면에서 C국의 B국에 대한 관세부과조치의 정당성을 검토하시오. (10점)

3. 내국민대우 원칙의 측면에서 C국의 국내 자동차세 부과조치의 정당성을 검토하시오. (20점)

🧩 CHECK POINT

❖ 제2문의 1의 트럭에 대한 15%의 관세는 양허관세율보다 높으므로 GATT 제2조에 위배됨.

❖ 제2문의 2에서 B국과 C국 간 체결된 FTA가 GATT 제24조상 합법성 요건을 충족하는 한, B국산 자동차에 대한 C국의 무관세조치는 최혜국대우 원칙에 위배되지 않음.

❖ 제2문의 3에서 C국이 자국에서 생산하고 있는 승용차에 대해서는 3%의 자동차세를 부과하고, 자국에서 생산하지 않는 트럭에 대해서는 5%의 자동차세를 부과한 것은 내국민대우 원칙에 위반됨.

  ■ 승용차와 트럭을 같은 상품으로 볼 것인가 아니면 직접 경쟁하거나 대체가 능한 상품으로 볼 것인가에 따라 제3조 2항 1문 내지 2문 적용 문제가 발생함.

제 1 문

(가) 동일한 지역에 위치한 A, B, C, D 4개국은 2005년 10월 역내 해양환경보호를 위해 조약을 체결하였다. 2005년 10월 현재 4개국 모두 1969년 조약법에 관한 비엔나협약의 당사국이며, 이 환경조약은 B, C, D국의 비준에 의해 2006년 6월 발효하였다. 이 환경조약에는 유보(reservation)에 관한 조항이 포함되어 있지 않다. A국은 이 조약을 비준하면서 "해석적 선언"(interpretative declaration)을 행하였다. 이 선언에는 조약상의 분쟁해결조항인 제23조의 내용을 일부 변경하는 내용이 포함되었다. C국은 A국의 선언을 수락하였고, B국은 별다른 설명 없이 이 선언을 거절한다는 성명을 발표하였다.

(나) 한편 2006년 8월 A국과 B국 사이에 국경문제가 발생하여 국경에서 양국 국경수비대가 총격을 교환하였고, 이 과정에서 B국 병사 15명이 사망하였다. 그러자 B국 비정부단체 X의 주도 하에 B국 국민 100여 명이 B국 수도에 소재한 A국 대사관에 난입하여 A국 외교관 15명을 인질로 억류하였다. A국은 즉각 이러한 행위가 관련 국제법에 위반된다고 비난하면서 B국 정부에 적절한 조치를 취할 것을 요구하였다. 그러나 B국 정부는 아무런 조치를 취하지 않았을 뿐만 아니라, 정부 성명을 통해 A국 대사관에 난입한 B국 국민을 진정한 애국시민이라고 칭송하면서 A국의 협상 요구를 거부하였다.

(다) 대사관 점거 및 인질 억류사태가 장기화되자 A국내에서 정부를 비판하는 여론이 비등하였다. A국 정부는 고심 끝에 A국 수도에 소재한 B국 대사관을 점령하고 같은 수(즉 15명)의 B국 외교관을 억류하면서, 이러한 조치를 B국 정부가 사태를 해결할 때까지 지속할 것임을 천명하였다.

1. (가)에서 A국과 B국, A국과 C국 간의 조약관계에 대해 각각 논하시오. (50점)
2. (나)의 사실 중 대사관 점거 및 인질억류행위가 1961년 외교관계에 관한 비엔나협약 관련 조항 위반임을 전제로 이들 행위가 B국에 귀속되는지 여부를 2001년 ILC 국가책임법 초안에 기초하여 논하시오. (30점)
3. (다)의 사실과 관련하여 A국 정부가 취한 조치의 국제법상 합법성 여부를 2001년 ILC 국가책임법 초안에 기초하여 논하시오. (40점)

🏴 CHECK POINT

❖ 제1문의 1은 조약의 유보문제로서 A국의 해석적 선언이 조약의 일부 내용을 변경하는 경우 사실상 유보에 해당될 수 있는지 여부 및 조약과 해석적 선언의 차이점을 묻고 있으며 유보에 대한 수락(C국)과 반대(B국)의 효과를 묻고 있음.

❖ 제1문의 2는 국가책임의 성립요건 중 국가로의 귀속성 중 ILC 국가책임법 초안 제11조가 쟁점이 된 문제임.

❖ 제1문의 3은 A국의 대응조치가 ILC 국가책임 초안에 규정된 대응조치의 개념과 대상(제22조, 제49조), 실체적 요건(제51조), 절차적 요건(제52조) 및 대응조치에 영향을 받지 않은 의무(제50조)의 대상인지를 검토.

제 2 문

A, B, C국은 WTO회원국이자 1997년 채택되어 2005년 발효한 교토의정서의 당사국이다. 이 중에서 A국 및 C국은 교토의정서의 온실가스 의무감축 대상국가이다. B국은 곧 의무감축 대상국가가 될 것이 확실해 보인다. B국 정부는 이에 대비하여 '온실가스배출규제법'을 제정하여 하이브리드카를 구입하는 고객에 대해서는 자동차 취득세의 50%를 감면해주고 있다.

B국에 자동차를 수출하는 국가는 A국과 C국을 비롯해 다수이지만, 이 중 A국 및 B국만이 하이브리드카 생산 및 수출능력을 보유하고 있다. C국은 이러한 B국의 조치가 GATT 협정에 불합치된다고 주장하고 있다.

1. B국의 조치와 관련하여, GATT 최혜국대우 원칙과 내국민대우 원칙에 비추어 C국의 입장에서 다툴 수 있는 논거를 제시하시오. (20점)

2. C국의 주장에 대해 B국은 어떠한 항변을 제기할 수 있는지 GATT 규정에 근거하여 서술하시오. (20점)

 CHECK POINT

❖ C국은 하이브리드카와 일반자동차가 같은 상품임에도 불구하고 B국이 A국산 하이브리드카에 대해서는 취득세의 50%를 감면해 주는 반면, 자국산 자동차는 이러한 감면 혜택을 받지 못하는 것은 동종 외국제품 간 차별을 금지하는 최혜국대우 원칙에 위반된다고 주장할 수 있음.

❖ C국은 하이브리드카와 일반자동차가 같은 상품임에도 불구하고 B국이 자국산 하이브리드카에 대해서는 취득세의 50%를 감면해 주는 반면, 수입 일반 자동차는 이러한 감면 혜택을 받지 못하는 것은 수입품과 같은 국산품 간에 차별을 하지 말라는 내국민대우 원칙에 위반된다고 주장할 수 있음.

❖ B국은 자국의 조치가 GATT 제20조 (b)호와 (g)호에 의해 정당화된다고 주장할 수 있음.

제 1 문

(가) B국에 있는 A국 대사관에는 평소 A국으로의 망명을 요구하는 C국 국민이 들어가 대사관의 비호를 요구하는 일이 빈발하였다.

(나) 2012년 3월에 일단의 C국 국민이 A국 대사관에 들어가자 A국 대사관을 경비하던 B국 경찰 5인이 B국 주재 A국 대사의 동의도 얻지 아니하고 A국 대사관에 들어가 A국 대사관에 들어간 C국 국민들을 연행하여 나옴으로써 1961년 외교관계에 관한 비엔나협약 제22조를 위반하였다.

(다) 1966년 UN에 의해 채택된 '시민적·정치적 권리에 관한 국제규약'(International Covenant on Civil and Political Rights)은 35개국이 비준서를 기탁한 후 3개월이 경과한 다음 발효한다는 규정(제49조)에 따라 1976년 3월 23일 발효하였다. B국은 2007년 5월 10일 이 조약을 비준하면서 자국의 '종교법'을 이유로 제14조 5항의 상소권 보장 조항과 제18조의 종교의 자유 보장 조항에 관하여 다음과 같은 유보를 하였다.

"B국은 '시민적·정치적 권리에 관한 국제규약'의 당사국이 됨에 있어서 제18조에 규정된 종교의 자유에 관한 사항은 적용을 배제할 것이며, 국내에서 '종교법'을 위반한 자에게는 제14조 5항의 상소권 보장 규정 조항의 적용이 국내법의 허용 범위 내에서만 적용될 것임을 선언한다."

(A, B, C국은 모두 1961년 '외교관계에 대한 비엔나협약'과 1969년 '조약법에 관한 비엔나협약'의 당사국이다).

1. A국은 B국 경찰이 1961년 외교관계에 관한 비엔나협약 제22조의 공관 불가침의무를 위반하자 그에 대응하기 위하여 자국 주재 B국 대사 甲을 강제로 연행하여 구금하였다. 이와 같은 A국의 행위를 2001년 국제법위원회의 국가

책임법 초안의 관련 조문에 근거하여 평가하시오. (40점)

2. 1984년부터 이미 '시민적 · 정치적 권리에 관한 국제규약'의 당사국이었던 A국
   은 2008년 8월 15일자로 동 규약 제14조 5항과 제18조에 대한 B국의 유보는
   규약의 대상 및 목적에 반하는 유보이므로 이를 수락할 수 없다고 선언하였
   다. 다만 이와 같은 유보반대(objection)는 B국을 동 규약의 당사국으로 인정
   하지 않겠다는 의사표시는 아니라는 입장을 표명하였다. 그리고 1995년부터
   동 규약의 당사국이었던 C국은 B국의 유보를 수락하였다. 이 경우 B국의 유
   보와 A국의 유보반대, C국의 유보수락의 법적 효과를 논하시오. (40점)

📡 CHECK POINT

❖ 제1문의 1은 A국의 행위를 국가책임법 초안의 위법성 조각사유인 대응조치에
  관한 문제로서 대응조치에 대한 개념(제22조, 제49조) 및 사안에서 외교관 및
  외교공관의 불가침성이 대응조치가 영향을 미치지 못하는 의무(제50조)에 해당
  하는지 여부를 검토.

❖ 제1문의 2는 조약의 유보에 관한 문제로서 조약의 유보에 대한 제한 중 조약법
  제19조 (c)호를 근거로 문제의 유보가 조약의 대상과 목적에 합치하는지를 검
  토한 후, 유보에 대한 수락과 반대에 대한 효과를 설명(조약법 제20조 5항).

제 2 문

(가) 1965년 5월 23일 A국은 B국을 침략하여 강제로 합병하고 주변의 여러 국가
    들과 전쟁을 일으켰다. 이러한 전쟁의 수행을 위한 인력과 물자가 부족하자
    A국은 '국민징용령'을 포함한 국가총동원법을 제정하고 이에 따라 B국에서
    식량, 고철 등의 자원을 수탈하였다. 또한 B국 사람을 대상으로 하는 국민징
    용령이 B국 영역에도 적용되어, B국 사람들을 강제로 A국으로 이주시키는
    정책이 적극적이고 조직적으로 추진되었다. 그 결과 B국 사람 수백 명이 국
    민징용령에 의하여 강제징용장을 받은 다음 A국 정부가 운용하는 연락선과
    기차를 타고 A국에 도착, 군수물품을 생산하는 甲회사의 기계제작소와 조선
    소에 배치되어 강제노동에 종사하였다. 이러한 이송 및 배치 등의 과정은 A

국의 군인 및 경찰, 그리고 이들의 통제를 받은 甲회사의 담당자에 의해 이루어졌다. 유엔을 비롯한 국제사회의 적극적인 개입으로 1971년 3월 1일 B국은 A국으로부터 독립하였다. 그 이후 피징용자들은 자신들을 사용한 사업주 甲회사를 상대로 A국 국내에서 임금을 청구하였으나 임금을 전혀 받지 못한 상태에서 1974년 8월 B국으로 귀국하였다.

(나) 이후 B국은 위의 강제동원과 강제노동은 국제법 위반이라고 하면서 A국을 상대로 국가책임을 주장하나 이에 대해 A국은 피징용자들을 A국으로 이송하고 작업장에 배치한 것은 A국의 말단 계급의 군인과 경찰에 의해서 이루어졌고 이에 관여한 甲회사의 담당자는 A국의 국가기관에 속하는 자가 아니기 때문에 국가책임은 발생하지 않는다고 대응하였다.

(다) 세계보건기구(WHO)는 P제품이 건강에 유해하며 특히 발암물질을 포함하고 있다는 보고서를 지난 10년 전부터 잇달아 공시하였다. 이에 수 개 국가들이 P제품의 생산을 금지하는 법령을 제정하여 시행하고 있다. B국은 P제품을 생산하여 오래 전부터 A국에 수출해 왔다. 세계보건기구(WHO)에서 P제품의 인체 유해성을 경고하는 보고서를 잇달아 내놓자 B국은 국내법을 제정하여 P제품을 특정 산업 분야에 한정해서 사용하도록 하고, 취급시 근로자들이 지켜야 할 여러 가지 보건 조치를 잘 시행하고 있다. 2010년부터 A국은 WHO 보고서 등을 근거로 P제품을 포함하여 근로 환경에서 부적절하다고 여겨지는 여러 가지 제품의 제조, 판매, 수입, 매매, 유통을 금지하는 법을 제정하여 시행하고 있다. B국은 A국의 법제정으로 인하여 자국산 P제품이 A국으로 전혀 수출되지 않자 P제품의 A국 수입 금지조치에 대하여 A국에게 이의를 제기하였으며, 양자 간 협의가 효과를 얻지 못하자 A국을 상대로 WTO DSB 절차에 따른 분쟁해결을 시도하고자 한다. B국이 파악한 P제품 관련한 현황은 다음과 같다.

첫째, B국의 P제품 수출업자는 A국이 자국의 Q제품을 보호하기 위하여 P제품 관련 법을 제정하여 시행하고 있다고 확신한다.

둘째, A국에서 Q제품은 단열재로 쓰이지만 주로 건축업계에서 사용하고 있고, B국의 P제품 역시 단열재로 쓰이지만, 중화학공장 생산품의 마감재로 사용되고 있다.

셋째, B국에서 P제품은 근로자의 작업환경에 직접적인 영향을 미치는 경우는 거의 없고, P제품은 매우 특수한 산업부문에서 사용되며, 취급에 관한 규제도 엄격하여 통상적인 작업공정에서 다른 제품과 비교했을 때 인체에 대한 위험성이 더 낮다.

1. 이 경우 甲회사 담당자의 행위에 대하여 A국은 국가책임을 지는가? 국제법위원회의 2001년 국가책임법 초안에 근거하여 답하시오. (40점)
2. A국을 상대로 WTO DSB 절차에 따른 분쟁해결을 준비할 때, B국이 자국의 P제품 수출업자를 위하여 A국의 P제품 수입금지조치의 위법성을 주장할 수 있는 논거를 GATT 1994 규정을 근거로 작성하시오. (40점)

🎯 CHECK POINT

❖ 제2문의 1은 국가책임의 성립요건 중 사인의 행위가 국가로 귀속될 수 있는 있는 경우를 묻고 있으며 국가의 지시 또는 통제에 의한 행위(국가책임법 초안 제8조) 또는 공적 기관의 부재 또는 흠결 시에 수행된 행위(국가책임법 초안 제9조)에 해당되는지 검토.

❖ 제2문의 2는 B국은 P제품과 Q제품이 같은 상품임에도 불구하고 A국이 자국의 Q제품을 보호하기 위해 P제품 관련법을 제정·시행하고 있으므로 A국의 조치는 GATT 제3조 4항에 위배된다고 주장할 수 있음.

　■ B국은 A국이 P제품의 수입을 금지하였으므로 A국의 조치가 GATT 제11조 1항에 위배된다고 주장할 수 있음.

　■ A국이 자국의 조치가 GATT 제20조 (b)호에 의해 정당화된다고 주장한다면, B국은 P제품의 사용을 전면 금지하는 대신 통제 하에 사용하도록 하는 등 무역제한효과가 덜한 합리적 대체수단이 A국에 존재한다고 보이므로 필요성 요건을 충족시키지 못한다고 반박할 수 있음.

제 1 문

(가) A국은 자신의 원자력발전소에서 사용된 핵연료를 B국에서 재처리하고 있다.

(나) 원자력발전소의 가동에 반대하고 핵연료 재처리물질을 선박으로 운반하는 것을 반대하는 국제환경단체 甲은 공해상에서 A국의 핵연료 재처리물질 운반 선박의 운항을 방해하는 시위를 해왔다. A국이 여러 차례 甲의 시위 중단을 요청했음에도 불구하고 甲이 시위를 그치지 않자, A국은 자국의 특수부대 소속 군인 3명에게 방해활동에 사용된 甲의 선박 乙호를 폭파하도록 명령을 내렸다.

(다) 乙호가 C국 항구에 입항하였을 때 A국 특수부대원들은 잠수를 하여 폭발물을 부착하는 방법으로 乙호를 폭파하였으며, 乙호는 완전히 침몰하였다. 乙호는 D국 선적의 선박으로서 폭파 당시 여러 국적의 환경보호활동가들이 타고 있었고 그들 중 다수가 사망하였다. 사망자 중에는 E국 국적의 사람도 3인이 포함되어 있으며, 이들의 E국 국적은 변경된 일이 없다.

(라) 乙호를 폭파시킨 A국의 특수부대 군인 3인은 C국을 출국하기 전에 C국 경찰에 의하여 체포되었으며, A국 정부의 지시에 의하여 乙호를 폭파하였다고 자백하였다.

1. 乙호 폭파에 관하여 A국이 C국에 대하여 국가책임을 지는지를 국제법위원회의 2001년 국가책임법 초안에 근거하여 답하시오. (40점)

2. 乙호 폭파로 인하여 사망한 E국 국적 환경보호활동가 3인의 피해에 관하여 A국이 E국에게 지는 국가책임을 국제법위원회의 2001년 국가책임법 초안에 근거하여 답하시오. (40점)

CHECK POINT

❖ 제1문의 1은 A국의 국가책임 성립요건과 관련하여 A국의 특수부대 군인의 행위가 국가기관의 행위(국가책임법 초안 제4조)로의 귀속성 및 월권 또는 지시위반(국가책임법 초안 제7조) 행위가 있었는지를 중심으로 검토.

❖ 제1문의 2는 A국의 E국 국민에 대한 간접침해와 관련된 국가책임 문제로서, '국가책임법 초안'에 근거한 답을 요구하고 있음.

　■ A국의 국가책임 성립요건을 검토하고 A국 군인의 행위가 국가기관의 행위로서(국가책임법 초안 제4조) A국에게 귀속되는 점과 E국 국민의 생명에 대한 침해로 인한 국제의무 위반 여부를 검토.

　■ 또한, A국의 국가책임 추궁 절차와 관련하여 청구의 수리가능성(국가책임법 초안 제44조) 요건에 대한 설명 필요.

❖ 본 문제는 2001년 국가책임법 초안에 근거하여 답을 제시하도록 묻고 있으나 기본적으로 외교적 보호와 관련된 문제임.

　■ 2006년 외교적 보호에 관한 초안에 근거하면 E국 국민에 대한 간접침해의 경우 피해자의 국적국가가 가해국에 대해 외교적 보호권을 행사하기 위한 요건으로 청국국적의 계속원칙과 국내구제절차가 완료되어야 하지만, 간접침해의 경우 국내구제절차가 요구되지 않는다는 쟁점이 포함된 문제임.

제 2 문

(가) A국의 국토 중 남부지역은 국제교통의 요지에 해당하는 곳이다. A국의 인접국으로서 내륙국인 B국은 A국의 남부지역을 통과하지 않으면 해양으로 접근할 수 없으며, C국과 D국은 B국의 특히 중요한 교역 상대국이다.

(나) A, B 양국은 2009년 1월에 다음과 같은 내용이 포함된 양국 간의 우호협력조약을 체결하였다.

"제5조 A국 남부지역의 개방

1. A국은 B, C, D국의 통행을 위하여 남부지역을 개방한다.

2. B, C, D국은 개방된 남부지역에서 방사능물질을 운송하여서는 아니 된다."

(다) 위의 A, B 양국 간 우호협력조약에는 A국 남부지역의 개방에 관한 다른 규정은 없으며, 2010년 1월에 조약은 정식으로 발효하였다.

(라) 조약이 발효하자 C국은 "C국은 2009년 A·B국 간 우호협력조약 제5조상의 권리를 수락한다."고 하는 짧은 통지문을 A, B 양국에게 발송하였다. 그러나 D국은 조약 발효 이후 제5조상의 자국의 권리에 관하여 어떠한 의사표시도 하지 않았다.

(마) A국은 일상생활용품 및 전자, 철강 등 각종 산업제품에 활용되는 보크사이트, 코크스, 망간, 마그네슘 등("원자재") 자원을 다량 보유한 국가이다.

(바) 이들 원자재를 채굴하는 과정에서는 다량의 분진이 발생하여 채굴노동자뿐만 아니라 인근 주민에게 대해서도 심각한 건강상의 위해를 초래하고 있다.

(사) A국은 2008년부터 원자재 수출 시 일괄적으로 수출가격 기준 50%의 특별수출세를 부과하였다. 아울러, A국 정부는 원자재 수출량을 보크사이트의 경우 90만 미터톤, 망간의 경우 45만 미터톤, 주석의 경우 70만 미터톤으로 제한하고, 이들 원자재에 대해서는 사적 단체인 원자재수출입연합회(Association for Exports and Imports of Raw Materials: AEIRM)가 주관하는 공개입찰방식에 의하여만 수출하도록 하였다.

(아) 세계 유수의 언론사가 작성한 원자재 관련 최신 자료에 의하면, A국의 조치는 자국과 군사적 그리고 경제적으로 경쟁관계에 있는 B국을 외교적으로 압박하기 위한 조치라고 한다. 사실, B국은 A국의 원자재를 산업부문에 적극적으로 활용하고 있었는데, A국의 조치 이후 일부 업종에서는 해당 원자재 부족현상에 시달리게 되었다.

(자) A국은 자신이 취한 조치는 국내 원자재의 고갈을 막기 위한 것이고, 원자재 채굴과정에서 발생하는 분진으로부터 국민의 건강을 보호하기 위한 불가피한 조치라고 한다. 하지만, B국이 파악한 바로는 2009년 A국의 조치가 처음 시행된 이후 해당 원자재의 A국내 공급량은 이전과 변동이 없고, 공급가격 역시 국제시장가격에 비해서 낮으면서도 안정적인 상태를 유지하고 있다.

(차) A, B, C, D는 1980년 이래 현재까지 1969년 조약법에 관한 비엔나협약의 당사국이며, 현재 A국과 B국은 WTO회원국이다.

1. 2011년 3월에 C국의 종합상사가 B국으로 수출할 목적으로 핵발전소 연료로 쓰일 우라늄연료봉 화물을 A국의 남부지역에 통과시키려고 하였다. C국의 종합상사의 우라늄연료봉 화물 통과를 A국이 금지할 수 있는지를 1969년 조약

법에 관한 비엔나협약상의 규정에 비추어 판단하시오. (20점)

2. 2011년 3월에 D국의 종합상사가 B국으로 수출할 목적으로 컴퓨터를 실은 화물을 A국의 남부지역에 통과시키려고 하였다. D국의 종합상사의 컴퓨터 화물 통과를 A국이 금지할 수 있는지를 1969년 조약법에 관한 비엔나협약상의 규정에 비추어 판단하시오. (20점)

3. B국은 A국이 원자재에 대하여 수출세를 부과하고 공개입찰방식에 의하여만 수출량을 정하여 수출할 수 있도록 한 조치를 WTO 규정 위반으로 주장하려고 한다. B국 주장의 근거를 GATT 1994에 입각하여 설명하시오. (40점)

🧩 CHECK POINT

❖ 제2문의 1과 제2문의 2는 조약과 제3국과의 관계를 규정한 조약법 제4절에 근거한 문제로서 구체적으로 제3국에 권리를 부여하는 조약과 관련된 조약법 제36조의 각 항을 중심으로 한 검토가 필요.

 ■ 조약법 제36조 1항에 따르면, 제3국에 권리를 부여하는 조약의 경우 제3국이 동의하는 경우 제3국에 대한 권리가 발생하며, 조약에 달리 규정되지 않는 이상 제3국이 반대의 표시가 없는 경우 제3국의 동의는 추정됨.

 ■ 또한 동조 제2항은 상기 1항에 의거하여 권리를 행사하는 국가는 조약에 규정된 권리행사의 조건을 준수할 것을 명시하고 있음.

❖ 제2문의 3에서 B국은 A국이 원자재에 대하여 수출세를 부과하고 공개입찰방식에 의하여만 수출량을 정하여 수출할 수 있도록 한 조치는 GATT 제11조 수량제한금지의 원칙에 위배되는 조치이며, GATT 제20조 (b)호와 (g)호에 의해 정당화될 수 없다는 주장이 가능함.

제1문

A국 국적을 소지하고 있는 甲은 1979년 1월 B국에 소재하고 있는 KJP라는 A국 회사에 근무하고 있었다. 1979년 2월 3일 B국에서 혁명이 발생하여 혁명정부가 정권을 장악하였으나 실효적인 통제를 발휘하지 못한 상황이었다. 이런 와중에 1979년 2월 13일 이른바 혁명수호대(Revolutionary Guards) 소속 대원들이 甲의 아파트에 진입하여 재산을 빼앗고 甲을 어디론가 강제로 끌고 가서 며칠 동안 감금하였다. 혁명수호대는 혁명정부를 지지하는 자들에 의해 자생적으로 조직된 단체이다. 그 후 甲은 A국의 구출작전에 의해 겨우 B국에서 A국으로 나올 수 있었다.

A국은 B국의 혁명수호대 소속 대원의 행위는 B국의 행위로서 B국은 국가책임을 부담하여야 한다고 주장하였다.

이에 B국은 혁명수호대는 자국법에 의해 공식적으로 인정되지 않은 집단으로 정부와 연관되어 있지 않다는 이유로 이들의 행위에 대한 책임을 부인하였다.

B국이 책임을 부인하자 A국은 이에 대한 대응조치(coutermeasures)로 자국 영토 내에 있는 B국인 乙을 감금하고 고문을 자행하였다. 그러면서 동시에 이러한 대응조치는 위법성 조각사유에 해당한다고 주장하였다.

1. 국내법에 의해서 공식적으로 인정되지 않은 집단, 즉 B국의 혁명수호대의 행위를 B국의 행위로 귀속시킬 수 있는지에 대해서 ILC의 2001년 「국제위법행위에 대한 국가책임조문 초안」을 바탕으로 판단하시오. (40점)
2. A국이 B국인 乙에 대하여 행한 행위를 대응조치라고 주장하는 것은 정당한가? ILC의 2001년 「국제위법행위에 대한 국가책임조문 초안」을 바탕으로 판단하시오. (40점)

CHECK POINT

❖ 제1문의 1은 국가책임의 성립요건 중 사인에 해당되는 B국의 혁명수호대의 행
 위가 B국의 행위로 귀속될수 있는지 여부를 묻고 있음.

  ■ 사인의 행위는 일반적으로 국가의 행위로 귀속되지 않지만, 공권력의 부재 또
   는 흠결 시에 수행된 행위(국가책임법 초안 제9조) 및 국가 스스로가 자신의
   행위로 승인하고 채택한 행위(국가책임법 초안 제11조)에 대한 검토 필요.

❖ 제1문의 2는 국가책임의 위법성 조각사유인 대응조치에 대한 개념과 대상을 정
 리하고(국가책임법 초안 제22조, 제49조), 대응조치의 비례성(국가책임법 초안
 제51조) 및 대응조치에 의해 영향을 받지 않는 의무(국가책임법 초안 제50조)
 에 해당되는지 여부의 검토 필요.

제 2 문

가) 최근 A국은 정부의 소수민 정책에 불만을 가지고 있는 저항단체들에 의하여
 몇몇 대도시에 자살 폭탄 공격이 잇따르고 인명이 살상되는 사건이 비일비재
 하게 발생하고 있다. 이러한 상황 속에서 A국 정부는 유엔 인권이사회(UNHRC)
 의 보편적 정례검토(UPR) 회의에서 제시된 권고에 따라「고문 및 그 밖의 잔
 혹한, 비인도적인 또는 굴욕적인 대우나 처벌의 방지에 관한 협약」(The Convention
 Against Torture and Other Cruel, Inhumane or Degrading Treatment or Punishment, 이
 하 "고문방지협약")에 가입하기로 결정하였다.

 A국은 가입서를 제출하면서 고문방지협약 제2조 제2항의 이행과 관련하여 "A
 국은 테러범의 공격으로부터 자국민을 보호하기 위하여 필요한 모든 조치를
 사용할 수 있는 권리를 보유한다."라는 문안의 '양해사항(understandings)'을 첨
 부하였으며, 이미 B국과 체결한「범죄인인도협정」의 적용과 관련해서는 '정치
 범불인도 조항' 상 '정치범'의 범주 속에 '테러범'은 포함되지 않음을 확인하는
 '양해사항'을 B국에 통지하였다.

 고문방지협약 제2조 제2항은 "전쟁상태, 전쟁의 위협, 국내의 정치 불안정 또
 는 그 밖의 사회적 긴급상황 등 어떠한 예외적인 상황도 고문을 정당화하기
 위하여 원용할 수 없다."고 규정하고 있으나, A국이 고문방지협약에 가입하면
 서 첨부한 양해사항의 문안 중 "필요한 모든 조치"의 범위에는 일반적으로 테

러범에 대한 고문이나 가혹한 처벌이 포함되는 것으로 간주된다. B국은 이미 고문방지협약에 가입한 당사국이다.

나) A국은 자국의 전통주인 막걸리를 B국에 수출하였다. 막걸리의 소비가 증가하자 B국의 국내기업도 막걸리를 생산하게 되었다. 결국 수입된 지 5년 만에 막걸리는 B국의 전체 주류시장에서 5%를 상회하는 점유율을 차지하게 되었다. 이는 상대적으로 B국에서 가장 많이 소비되는 청주의 시장점유율이 3% 감소하는 결과를 초래하였다.

이러한 상황에서 B국은 자국의 주세법을 개정하였다. 구법에서는 청주와 막걸리 모두 20%의 주세가 부과되었는데, 신법에서는 막걸리의 경우 22%의 주세가 부과되었다(청주는 종전과 동일). 그러자 A국은 B국의 조치가 WTO협정 위반이라고 판단하고 철회를 요구하였다. A, B국은 모두 WTO회원국이다.

1문과 2문은 1969년 「조약법에 관한 비엔나협약」을 중심으로 답하시오.

1. 제시문 가)에서, A국이 고문방지협약에 가입하면서 첨부한 '양해사항'과 범죄인인도협정의 적용과 관련하여 B국에 통지한 '양해사항'은 각각 어떠한 법적 성격을 갖는지 설명하시오. (10점)

2. 제시문 가)에서, 고문방지협약과 관련한 A국의 '양해사항'이 유보에 해당한다고 보는 경우, 그 허용 가능성에 관하여 설명하고, 만일 고문방지협약 가입서에 첨부된 A국의 '양해사항'이 허용되지 않는 유보에 해당하는 경우, A국은 고문방지협약의 당사국이 될 수 있는지 설명하시오. (30점)

3. 제시문 나)의 사례에서 내국민대우 원칙상 같은 상품(like product)의 판단기준을 설명하시오. (15점)

4. 제시문 나)와 관련하여 내국민대우 원칙상 B국의 조세 조치의 타당성을 판단하시오. (25점)

✔ CHECK POINT

❖ 제2문의 1은 조약의 유보와 해석선언의 차이에 대한 이해를 요하는 문제임.

   ■ A국이 첨부한 2개의 '양해사항'이 각각 해석선언 또는 유보에 해당되는지[조약법 제2조 1항 (d)] 검토 필요.

❖ 제2문의 2는 허용되지 않는 유보와 관련하여, 유보가 조약의 대상과 목적과 양

립하지 않는 경우 금지된다는 규정[조약법 제19조 (c)항]을 중심으로, 제19조 (c)항에 의해 금지되는 유보를 첨부한 국가의 조약당사국으로서의 지위(조약법 제20조)에 대한 논의 필요.

❖ 제2문의 3은 같은 상품인지 여부를 판단하는 기준으로는 제품성질설, 조치목적 설, 시장기반설 등의 방법론이 제시되며, WTO 패널 및 상소기구는 같은 상품 인지 여부를 판정하면서, 상품의 특성, 용도, 소비자의 기호와 소비관행, 관세분 류번호 등을 종합적으로 고려하여 사건별로 판단함.

❖ 제2문의 4는 B국이 청주를 생산하고 있다는 것을 전제로, B국의 주세 부과에 있어서의 차별은 GATT 제3조 2항에 위반될 여지가 있음.

■ 청주와 막걸리를 같은 상품으로 볼 것인가 아니면 직접 경쟁하거나 대체가 능한 상품으로 볼 것인가에 따라 제3조 2항 1문 내지 2문 적용 문제가 발생함.

■ 청주와 막걸리를 같은 상품으로 보았을 때, 조세 부과에 있어서 약간의 차이 라도 불허하기 때문에 B국의 조치는 GATT 제3조 2항 1문에 위배됨. 청주와 막걸리를 직접 경쟁하거나 대체가능한 상품으로 본다면 GATT 제3조 2항 2 문 위반 여부를 검토해야 함.

■ GATT 제3조 2항 2문에 위반되는지 여부를 판단하기 위해서는, 첫째, 재정조 치가 존재하는지 여부, 둘째, 국산품과 수입품이 직접 경쟁하거나 대체가능 한 상품인지 여부, 셋째, 수입품에 유사하게 과세하였는지 여부, 넷째, 국산 품이 보호되는 효과가 발생했는지 여부 등을 검토해야 함. 유사하게 과세한 다는 것은 최소허용기준을 넘지 않는 조세율의 미소한 차이는 허용된다는 것임. 양 상품 간의 주세 차이가 최소허용기준에 포함된다고 볼 수 있다면 GATT 제3조 2항 2문 위반이 아님.

제 1 문

A국의 국영 에이스(Ace) 석유회사는 A국 에너지부(部)가 직접 관리·운영하고 있다. 얼마 전부터 이 회사는 델타해(Delta Sea)의 일부인 A국 영해에 위치한 유정(油井)에서 원유 채굴작업을 하고 있었다. 델타해는 A국을 포함하여 B국과 C국 등을 그 연안국으로 두고 있다. A국, B국, 그리고 C국 등 연안국들은 델타해의 오염방지 및 환경보호를 위해 긴밀히 협력하는 것을 내용으로 하는 조약을 체결하였다.

최근 에이스 석유회사의 관리 잘못으로 원유채굴 시설이 붕괴되는 사고가 발생하였으며, 시설 관리자 및 직원 10여 명이 실종되고 막대한 양의 원유가 델타해 속으로 분출되기 시작하였다. A국의 해양경찰 함정이 급하게 실종자를 찾는 과정에서 B국의 영해를 무단히 침범하는 일이 발생하였으며, 에이스 석유회사는 스스로 원유 분출을 차단하기 위하여 노력하였으나 실패로 끝났다.

이에 A국 에너지부는 C국 등과의 조약에 근거하여 C국에 긴급 지원을 요청하였다. C국은 자국의 오염방지 전문 공기업인 클린업(Cleanup) 센터 기술진을 파견하여 A국을 지원하기로 약속하였다. 이에 따라 A국은 C국의 클린업 센터와 계약을 체결하고 그 계약서에 "델타해로의 원유 유입을 차단하는 데 필요한 모든 수단을 다 해줄 것"을 특별히 명시하였다. 클린업 센터는 가능한 몇몇 방법을 시도해 보았으나 소용이 없자, 마지막으로 대규모 폭파를 통하여 유출된 원유를 소각하고 유정을 봉쇄하는 방법을 사용하기로 결론을 내렸다.

폭파를 위해 클린업 센터 기술자들은 유정 부근에 많은 양의 폭약을 설치하였다. 유정 폭파로 인하여 피해가 생길 것으로 예상되는, 인근 A국, B국, C국의 모든 주민들에게 경고가 발령되었으며, 이들은 모두 소개(疏開)되었다. 그러나 대규모 폭파로 인하여 유정이 봉쇄되기는커녕 오히려 더 많은 양의 원유가 델타해로 분출·유입되기 시작하였으며, 소개 지역 바깥에 거주하고 있던 B국과 C국의 주민 다수가 사망하거나 다치는 피해가 발생하였다. 클린업 센터가 다른 방식을 사용하여 원유의 분출을 완전히 차단하는 데는 2개월이 더 소요되었다. 이 때문에 델타해는 완전히 원유로 뒤덮이게 되었으며, 그로 인한 오염 때문에 어떠한 동·식물도 살아남지 못할 것으로 예측되고 있다.

※ 다음의 질문에 대하여 2001년 유엔국제법위원회(ILC)의 「국제위법행위에 대한 국가책임조문 초안」을 근거로 답하시오.
1. 에이스 석유회사와 클린업 센터의 행위로 인한 해양오염 및 인명 피해에 대한 A국과 C국의 국가책임 여하에 관하여 설명하시오. (40점)
2. 실종자를 구조하기 위해 자국 해경 함정이 B국 영해를 무단 침범한 데 대한 A국의 국가책임 여하에 관하여 설명하시오. (20점)
3. B국과 C국은 그 영역 내에서 자국민이 당한 피해와 관련하여 A국을 상대로 국가책임을 추궁할 수 있는가? 이때 국내구제완료의 원칙은 적용되는가? (20점)

🏴 CHECK POINT

❖ 제1문의 1은 A국과 C국의 국가책임 성립 여부와 관련하여 먼저 국가행위로의 귀속성의 검토가 필요함.
- 일반적으로 사인의 행위는 국가행위로 귀속되지 않지만 국가책임법 초안상 에이스 석유회사와 클린업 센터의 행위가 국가로부터 정부권한을 행사하도록 위임받은 개인 또는 단체의 행위(국가책임법 초안 제5조) 및 타국에 의해 한 국가의 처분에 맡겨진 행위(국가책임법 초안 제6조)에 해당되는지 여부 검토.
- 특히, C국과 관련하여 본문에 언급된 내용 중 A국이 C국에 긴급 지원을 요청한 건과 관련하여 국가책임법 초안 제16조의 적용가능성 설명.
❖ 제1문의 2는 A국의 B국에 대한 영해 침범에 대해 A국의 국제의무위반(국가책임법 초안 제12조)이 쟁점이 되며, A국이 위법성 조각사유로서 조난(국가책임법 초안 제24조)을 원용할 수 있는지 설명.
❖ 제1문의 3은 B국과 C국이 피해자의 국적국가로서 A국에 대해 외교적 보호를 행사할 수 있는지 여부가 쟁점이 되며, 국가책임법 초안의 제3부 제1장 국가책임의 추궁과 관련하여 청구의 수리가능성(국가책임법 초안 제44조) 여부 검토.

제 2 문

가) 인접국인 A국과 B국 간에는 도서(島嶼) 및 해양경계에 관한 분쟁이 있었다. 이에 양국 외무장관은 1990년 12월 25일에 회의록(Minutes)을 작성하여 서명하고 이를 교환하였다.

이 회의록(Minute)에는 다음과 같은 내용이 포함되어 있었다.

"양 당사국은 이미 합의된 바를 재확인한다. 그리고 C국 왕의 주선(good offices)은 1991년 5월 31일까지 계속된다. 이 기간 이후에는, 두 당사국들은 그 문제를 국제사법재판소(ICJ)에 부탁한다"(The two Parties submit the matter to the International Court of Justice).

1991년 5월 말까지 분쟁이 해결되지 않자 A국은 이 사건을 ICJ에 제소하였다.

나) 이에 B국은 1990년 12월 25일의 회의록은 조약으로 법적 성격을 지니지 못한 단순한 회의기록에 불과하기 때문에 이를 근거로 한 A국의 제소에 대하여 ICJ의 관할권이 성립하지 않는다는 선결적 항변(Preliminary Objections)을 제기하였다.

B국의 주장에 의하면, 자국의 외무장관은 해당 문서를 정치적 양해사항의 기록으로만 이해하고 서명하였으며 조약으로 의도하고 서명한 것은 아니라고 한다. 추가적으로 B국은 또한 이 문서를 유엔 사무국에 등록하지 않았기 때문에 이를 조약으로 볼 수 없다라고 주장하였다.

다) A국, B국은 C국에게 타이어 제품을 수출하고 있다. C국은 양국 제품에 대하여 10%의 관세양허를 하고 있었으나, A국과 FTA를 체결하면서 A국에서 수입되는 타이어 제품에만 5% 관세를 부과하기로 합의하였다. B국은 자국산 타이어에 대해서도 동일한 혜택을 요구하였다.

또한 C국은 친환경적인 타이어 제품에 대하여 환경부담금 감면혜택을 주는 법률을 제정하였다.

A, B, C국은 모두 WTO회원국이다.

1. 제시문 가)와 나)를 바탕으로 B국의 주장에 대하여 「조약법에 관한 비엔나협약」에 근거하여 판단하시오. (40점)
2. 다음은 제시문 다)를 바탕으로 질문에 답하시오.
   1) 최혜국대우 원칙의 측면에서 C국 관세 조치의 타당성을 판단하시오. (20점)

2) 내국민대우 원칙의 측면에서 C국 법률의 타당성을 판단하시오. (20점)

. . . .

🏀 CHECK POINT

❖ 제2문의 1은 ICJ 카타르-바레인 사건을 기초로 한 문제로서 설문에서 언급된 '회의록'이 조약법의 목적상 조약에 해당되는지 여부의 검토가 주요 쟁점임.
   ■ 동 문제는 조약법에 관한 비엔나협약에 근거하여 답을 하도록 요구하고 있기 때문에 조약법상 규정된 조약의 정의[조약법 제2조 1항 (a)호]를 설명하고 사안에 적용 필요.
   ■ 조약법상 규정된 조약의 정의와 일반국제법상 조약의 차이점에 대한 이해가 필요함.
   ■ 구체적 권리와 의무 등을 명시함으로써 당사국이 조약으로 의도하였는지 검토가 필요하며, 문제의 회의록이 UN에 등록되지 않았다는 사실 자체만으로는 조약이 아니라고 판단할 수 없음을 명시해야 함.
❖ 제2문의 2-1)은 C국과 A국이 체결한 FTA가 GATT 제24조상 합법성 요건을 충족한 경우 C국이 A국산 타이어에 대해서만 5%의 관세를 부과한 것은 최혜국대우 원칙에 위배되지 않음.
❖ 제2문의 2-2)는 C국이 친환경적인 타이어 제품에 대해 환경부담금 감면혜택을 주는 법률의 GATT 제3조 4항 위반 가능성에 대해 검토하는 문제임.
   ■ C국이 친환경적인 타이어 제품을 생산한다는 것을 전제로, 친환경적인 타이어 제품과 일반타이어가 같은 상품이라면 C국 조치는 GATT 제3조 4항에 위배됨.
   ■ 다만, 친환경적인 타이어 제품에 대한 환경부담금 감면혜택이 GATT 제20조 (b)호에 따라 정당화되는지 검토가능함.

. . . .

제 1 문

(가) '우라해'를 둘러싸고 있는 A, B, C국은 상호 간 국가들의 갈등을 최소화하기 위하여 역내 지역기구인 LMU(League of Maritime Utopia)를 1965년에 설치하였고, LMU의 사무국은 C국 수도 탈루 시에 있다. 1965년 LMU 설립문서 제1조에 따르면 모든 회원국은 상호 간에 전쟁을 포기하고, LMU 당사국이 아닌 국가와 무력충돌을 포함한 분쟁이 있을 경우 외교적 차원의 공동협력을 하기로 하였다.

A국과 B국 사이에는 20㎢에 달하는 면적의 '킵부' 섬이 있다. 이 섬에는 약 2000명의 주민이 살고 있는데, 이들 대부분은 수백 년 전 A국에서 이주한 사람들의 후손들이다. 1985년에 A국과 B국은 킵부섬을 B국에 귀속시키는 조약을 체결한 바 있다. 이 조약은 B국과 우호적인 C국의 경제적·정치적 위협으로 인하여 당시 A국의 마루 총리가 조약에 서명할 수밖에 없었다. 행정수반으로서 마루 총리는 '최고인민회의'의 동의를 받지 않은 상태에서 서명하였다. A국 헌법에 의하면 국가적 의무를 초래하는 모든 합의서는 A국 최고인민회의의 동의를 받아야만 국내법으로서 효력을 갖는다. 2013년 4월 7일, A국 총리 알쑹은 킵부 섬을 B국에 귀속시켰던 1985년 조약의 무효를 처음으로 주장하였다. 그동안 A국은 1985년 조약의 무효를 주장한 적이 없었으며, 이는 1990년 유엔에 가입할 때도 마찬가지였다.

(나) LMU 조약의 느슨함에 불만을 품은 B국과 C국은 강대국인 D국과 함께 2013년 8월 15일 다음과 같은 내용의 공동성명을 채택하였다. "B, C, D국은 2014년 1월 1일부터 상호방위체제를 형성하기로 합의하였다. 당사국 중 어느 한 국가에 대하여 외부 국가의 공격이 있을 경우 직접 공격받지 않은 당사국도 다른 국가의 공격을 자신에 대한 공격으로 간주하여 공동대응하기로 합의하

였다."

B, C, D국은 2013년 8월 15일의 공동성명을 기본 틀로 하여 2013년 12월 12
일 상호방위조약을 체결하였다.

◎ 참고사항: A, B, C, D국은 모두 1980년 이래 조약법에 관한 비엔나협약의 당사
국이다.

1. A국은 1985년 조약의 무효를 주장하고 B국은 이에 반대하고 있다. 제시문의
(가)를 바탕으로, A국과 B국이 1969년 조약법 협약에 비추어 각각 주장할 수
있는 사항을 설명하고 자신의 입장을 설명하시오. (40점)
2. 제시문의 (나)를 바탕으로, LMU 조약과 2013년 상호방위 조약의 효력관계에
대해서 설명하고, 제3국인 E국이 A, B, D국 중 어느 한 나라에 대해서 무력
공격을 한다면, 각각의 경우에 어느 조약이 적용되는지를 설명하시오. (40점)

- -

✎ CHECK POINT

❖ 제1문의 1은 A국이 조약체결권한에 대한 국내법 규정(조약법 제46조)과 강박에
의한 조약의 무효를 주장할 수 있는지 여부와 이에 대한 B국의 반박을 묻고 있음.
  ■ B국은 총리의 직함은 전권위임장이 필요없으며(조약법 제7조), 문제의 사안
  이 조약법 제46조 2항의 예외사유에 해당되지 않고 정치적 및 경제적 위협
  은 강박에 해당되지 않는다는 주장 가능.
❖ 제1문의 2는 동일한 주제에 관한 전/후 조약의 적용문제(조약법 제30조)가 주
요 쟁점임.

- -

제 2 문

(가) A국에 주재하고 있는 B국의 외교공관에 외부로부터 투척된 것으로 보이는
폭발물이 터지는 사고가 발생하여 공관 건물이 일부 파괴되고 공관직원을 비
롯한 수십 명의 사상자가 발생하였다. 폭발 사고 발생 시 A국 당국은 B국 외
교공관에 대하여 1961년 외교관계에 관한 비엔나협약 제22조에서 요구하는
고도의 경계 수준을 취하고 있었으며 사고에 즈음하여 특별한 정황이 포착된

바도 전혀 없었다. 예측이 불가능했던 상황 속에서 발생한 B국 외교공관 내 폭발 사고 후 A국 당국은 신속하게 사고의 원인 조사 및 용의자 검거에 착수하여 3명의 테러 용의자를 체포하였다. 이들은 모두 A국의 국민으로서 B국과 적대관계에 있는 C국 정부의 자금 지원을 받고 그 지시에 따라 행동하였음이 밝혀졌다. 이에 C국은, B국과 C국의 국경에서, B국이 무력도발을 했기에 그에 대한 정당한 대응조치(countermeasure)로써 B국 외교공관을 폭파시킨 것이라고 주장했다.

(나) D국은 최근 멸종위기에 빠진 붉은바다거북을 멸종위기동물법에 등록하였다. 이 종은 멸종위기동식물국제무역협약(CITES) 제2부속서에 등재되어 있어 수출을 하기 위해서는 사전승인을 얻어야 하는데, 이 또한 일정한 조건하에서만 가능하다. D국은 국내 새우잡이어선에게 붉은바다거북을 보호하기 위한 TED(Turtle Excluder Device) 방식을 적용하여 어로작업을 하도록 정하였다. 아울러 D국은 이 방식에 따르지 않은 방법으로 포획한 새우의 수입을 금지하였다. 이에 E국은 D국이 일방적으로 새우포획방법을 정한 것이 세계무역기구(WTO) 협정 위반이라고 주장하고 있다. D, E국은 모두 멸종위기동식물국제무역협약(CITES)과 WTO회원국이다.

1. 제시문 (가)와 관련하여 공관의 폭파 및 인명의 살상에 대한 A국의 책임 여하에 관하여 국제법위원회(ILC)의 국제위법행위에 대한 국가책임법 초안을 근거로 설명하시오. (20점)
2. 제시문 (가)와 관련하여 ILC의 국제위법행위에 대한 국가책임법 초안을 근거로 C국 주장의 타당성 및 국가책임 여하에 관하여 설명하시오. (20점)
3. 제시문 (나)와 관련하여 D국의 조치를 최혜국대우 원칙, 내국민대우 원칙, 수량제한금지 원칙에 따라서 평가하시오. (20점)
4. 제시문 (나)와 관련하여 GATT 1994 제20조에 의할 때, D국의 조치가 정당화될 수 있는지를 평가하시오. (20점)

CHECK POINT

❖ 제2문의 1은 국가의 국가책임의 요건 중 국제의무의 위반 여부 및 테러공격이 국가책임법 초안에 규정된 위법성 조각사유인 불가항력(국가책임법 초안 제23조)에 해당될 수 있는지 검토를 필요로 함.

  ■ 국가책임법 초안은 주석에서 예측하지 못한 우발적 상황과 사고와 연관된 자연재해와 인간행위의 개입도 불가항력의 범주에 포함될 수 있음을 설명하고 있음.

❖ 제2문의 2는 A국 국적의 테러 용의자들이 C국 정부의 지시에 의해 행동하였다는 점을 근거로 C국 행위로의 귀속성 여부를 검토해야 하며, C국의 대응조치가 (국가책임법 초안 제22조) 위법성 조각사유로 그 대상과 제한(국가책임법 초안 제49조)요건을 충족하였는지 설명 필요.

❖ 제2문의 3 최혜국대우 원칙, 내국민대우 원칙, 수량제한금지 원칙의 적용가능성 검토

  ■ 최혜국대우 원칙은 원산지가 다른 같은 상품 간 차별을 금지하는 것이므로 동 사안에 해당 없음.

  ■ 내국민대우 원칙은 상품에 적용되는 것이며, TED 방식에 따르지 않은 방법으로 포획한 새우의 수입을 금지한 D국의 조치는 상품에 대한 조치로 볼 수 없기 때문에 E국은 D국의 조치에 대해 내국민대우 원칙 위반을 주장할 수 없음.

  ■ 수입에 대한 양적제한은 GATT 제11조 1항에 의해 금지되므로 E국산 새우에 대한 수입금지조치는 GATT 제11조 1항에 위배된다고 주장할 수 있음.

❖ 제2문의 4에서 D국은 E국 주장에 대해 자국의 조치가 GATT 위반이라고 하더라도 GATT 제20조 (b)호와 (g)호에 의해 정당화된다고 항변할 수 있음.

  ■ GATT 제20조 (b)호에 의해 정당화될 수 있는지 여부와 관련해서, D국의 조치는 바다거북의 생명을 보호하기 위한 조치인 것이 분명하지만, 바다거북의 수입을 금지하는 것 외에도 이용가능한 대체수단이 존재한다고 보이므로 GATT 제20조 (b)호의 필요성 요건을 충족시키지 못함. 따라서 두문요건을 검토할 필요 없이 GATT 제20조 예외에 해당되지 않음.

  ■ GATT 제20조 (g)호에 의해 정당화될 수 있는지 여부와 관련해서, D국의 조치는 일응 GATT 제20조 (g)호에 해당되는 조치이기는 하지만, 두문조항에 위반되는 자의적이고 정당화할 수 없는 차별, 위장된 무역제한의 가능성 등으로 GATT 협정상 정당화되기 어려움.

제1문

(가) A국은 공해상에서 핵실험을 하기로 국무회의에서 결정하였다. 이를 알게 된 환경단체 SOWN(Save Our World from Nukes)은 A국의 핵실험이 예정된 지역의 해상에 캐써린 호(M/V Catherine)를 파견하여 국제사회의 이목을 집중시키기로 하였다. 캐써린 호는 B국 최대 항구 몰타프항에 정박 중이었는데 A국 비밀요원이 폭발물을 장치하여 캐써린 호를 침몰시켜 버렸다. 캐써린 호가 폭파하면서 몰타프항의 접안시설이 크게 파손되었고, 정박 중인 다른 선박도 손상을 입었으며 산책 중이던 B국민 한 명이 사망하였다. 전술한 비밀 요원은 B국 경찰에 긴급체포된 후 구속되었고, 재판에 회부되었다. B국 법원은 형사재판을 통하여 피고인에 대해서 각각 7년 형, 10년 형을 선고하였다. 전통우방국이면서 천주교 국가인 A국과 B국의 관계가 날로 악화되자 지역 내 안전에도 심각한 위협요인이 되었다. 이에 유엔사무총장의 주선으로 A국과 B국은 2012년 10월 2일 교황을 중재인으로 하는 취지의 중재합의를 하였다.

(나) 2013년 7월 1일, 교황의 위임을 받은 추기경 윌리엄 박(William Park)은 B국 수용소에 수감 중인 2명의 A국 요원을 A국이 통치하는 태평양의 외진 섬 구파라도에 3년간 연금시키고, 3년 이내에 연금을 해제하려면 A국과 B국 양국의 합의가 있어야 한다는 취지의 중재판정을 내렸다. 2013년 12월 12일, 양국은 중재판정의 내용을 근거로 양자협정을 체결하였고, B국에 수감 중이던 2명의 A국 요원은 구파라도로 이송되었다.

2014년 5월 7일, A국은 2명의 자국 요원 중 한 명이 현지에서 치료할 수 없는 질병에 걸려서 본국에서 치료받아야 한다는 이유로 연금을 해제하기로 결정하고 2명 모두 본국으로 이송 조치하였다. 이때 다른 한명은 건강한 상태였다. 이에 대하여 B국은 A국이 2013년 12월 12일의 양자협정을 위반한 것

이라고 주장하면서 B국이 A국과 2010년에 체결한 경제협력 협정을 이행하지
않기로 하였다. 이 경제협력협정에 따르면 B국은 A국에 대해서 2010년부터
5년 동안 B국산 쌀과 밀가루, 의약품, 농약 그리고 사회기반시설 구축에 필
요한 기자재를 매년 일정금액씩 무상으로 총 3억 달러 제공하기로 합의하고,
특별한 사정이 없다면 같은 조건으로 5년 더 연장하기로 되어 있다. B국의
무상원조제공은 A국의 집권 정부가 정국을 안정적으로 유지하는 데 큰 도움
이 되었다.

◎ A국과 B국은 모두 1969년 조약법에 관한 비엔나협약의 당사국이다.

1. 제시문 (가)를 바탕으로, A국 요원 두 명의 폭파행위와 관련하여 B국에 대한
   A국의 책임 여부를 국제법위원회(ILC)의 국제위법행위에 대한 국가책임법 초
   안을 근거로 논하시오. (40점)
2. 제시문 (나)를 바탕으로, B국의 2010년 경제협력협정의 불이행 조치를 ILC의
   국제위법행위에 대한 국가책임법 초안을 근거로 평가하시오. (20점)
3. 제시문 (나)를 바탕으로, A국의 자국 요원 두 명의 본국 이송 조치를 ILC의
   국제위법행위에 대한 국가책임법 초안을 근거로 평가하시오. (20점)

CHECK POINT

❖ 제1문의 1은 국가책임의 성립 여부에 대한 종합적인 검토를 필요로 하는 문제임.
   ■ 국가행위로의 귀속성 중 월권 또는 지시 위반(국가책임법 초안 제7조)의 행
     위에 해당되는지, 국제의무 위반의 존재(국제관습법 또는 UN헌장 위반 등)
     하는지, 위법성 조각사유의 적용이 가능한지를 판단.
❖ 제1문의 2는 대응조치의 대상과 제한(국가책임법 초안 제49조), 대응조치의 절
   차적 요건(국가책임법 초안 제52조)와 대응조치에 의해 영향받지 않은 의무(국
   가책임법 초안 제50조)에 해당되는지가 주요 쟁점임.
❖ 제1문의 3은 위법성 조각사유로인 불가항력(국가책임법 초안 제23조)의 원용가
   능성 검토를 요함.

제 2 문

(가) A국은 평소 자국의 안전을 위협할 수 있는 테러 가능성에 관한 정보를 입수하고 그 대책에 골몰하고 있다. 그런데 A국은 고문방지협약(Convention against Torture and Other Cruel, Inhuman or Degrading Treatment or Punishment)을 비롯한 대부분의 국제인권 조약에 가입하고 있으며 또한 최상위 수준의 언론의 자유가 보장되고 있는 자유민주주의 국가이다. 최근 A국 당국은 테러 용의자들을 체포하였으나 이들을 수사하여 그 혐의를 입증하는 데 어려움이 많다. A국 당국은 고문을 써서라도 용의자들의 테러 혐의를 입증하고 이들로부터 테러 예방에 유용한 정보를 입수하고 싶지만 혹시라도 언론에 노출되어 여론이 나빠질 수 있다는 점을 우려하고 있다. 그래서 A국은 인접국인 B국과 치안정보 교환협정을 체결하기로 하였다.

B국은 국제사회에서 인권 문제로 많은 비판을 받고 있는 독재국가로서 고문 방지협약에도 가입하지 않고 있다. A국은 B국과의 협정을 통하여 테러용의자들을 B국으로 이송하고 B국으로부터 테러관련 정보를 전달받는 대가로 매년 25만 달러를 지급하기로 하였다. 또한 이 협정에 따르면 B국은 "스스로 선택할 수 있는 모든 수단"을 활용하여 용의자들로부터 정보를 입수할 수 있다. 고문방지협약의 관련 조문은 다음과 같다.

　제2조 제2항: "전쟁상태, 전쟁의 위협, 국내의 정치적 불안정 또는 그 밖의 사회적 긴급상황 등 어떠한 예외적인 상황도 고문을 정당화하기 위하여 원용될 수 없다."

　제3조 제1항: "어떠한 당사국도 고문 받을 위험이 있다고 믿을 만한 상당한 근거가 있는 다른 나라로 개인을 추방, 송환 또는 인도하여서는 아니 된다."

(나) C국은 금년 1월부터 저탄소차 협력금 제도를 시행하고 있다. 이 제도는 이산화탄소(CO_2)를 많이 배출하는 차량을 구매하는 소비자에게는 부담금을 부과하고, 이산화탄소를 적게 배출하는 차량을 구매하는 소비자에게는 여러 가지 혜택을 주는 제도이다. 하지만 C국은 궁극적으로 전국의 자동차를 전기차로 전환시킨다는 이유로 한시적으로 순수 전기차에 대해서만 혜택을 제공하고 있다. 이 제도에 따라 모든 하이브리드 자동차는 일반 자동차와 거의 구별없이 부담금을 납부해야 한다. 이에 C국에 하이브리드 자동차를 수출하는 D국

은 C국을 상대로 세계무역기구(WTO)에 제소하고자 한다. C국은 전기차만을 생산하고 있으며, 하이브리드 자동차를 생산하지 않고 있는 상황이다.

C, D국은 모두 WTO회원국이다.

1. 1969년 비엔나 조약법 협약에 따른 조약의 무효사유에 관하여 설명하시오. (10점)
2. 제시문 (가)를 바탕으로 1969년 비엔나 조약법 협약에 근거하여 A국과 B국이 체결한 협정의 유효 여부에 관하여 설명하시오. (30점)
3. 제시문 (나)를 바탕으로 C국의 조치가 GATT 1994 제1조, 제3조를 위반하는지 설명하시오. (20점)
4. 제시문 (나)를 바탕으로 C국의 조치가 GATT 1994 제20조를 위반하는지 설명하시오. (20점)

🎖 CHECK POINT

❖ 제2문의 1은 조약법 제5부 중 제46조~제53조에 규정된 조약의 무효사유에 대한 설명을 요하고 있음.
❖ 제2문의 2는 고문금지 원칙과 강제송환금지 원칙이 강행규범의 위반에 해당되는지 여부와 이로 인하여 조약이 무효인지(조약법 제53조) 여부 검토 필요
❖ 제2문의 3은 최혜국대우 원칙은 원산지가 다른 같은 상품 간 차별을 금지하는 것이므로 동 사안에 해당 없으며, 내국민대우 원칙 위반이 문제됨.
  ■ 순수전기자동차와 하이브리드 자동차는 같은 상품임.
  ■ 순수전기자동차는 배제하고, 전량 수입되는 하이브리드 자동차에게만 일반 자동차와 거의 구별 없이 부담금을 부과하는 것은 GATT 제3조 2항 1문에 위배됨.
  ■ 저탄소차협력금제도는 이산화탄소를 적게 배출하는 차량을 구매하는 소비자에게 여러 가지 혜택을 주는 제도인데, D국산 하이브리드 자동차가 전혀 혜택을 받지 못하고 있으므로 불리한 대우가 부여되고 있음.
  ■ 따라서 C국의 조치는 GATT 제3조 2항과 4항에 위배됨.
❖ 제2문의 4는 C국의 조치는 일응 GATT 제20조 (b)호와 (g)호에 해당하는 조치라고 보여짐. 그러나 GATT 제20조 두문조항에 위반되는 자의적이고 정당화할 수 없는 차별, 위장된 무역제한의 가능성 등으로 GATT 협정에 위반됨.

제 2 문의 2

　　녹색당이 집권하는 A국은 수입품에 관세를 부과함에 있어 유기농산물에 대해서는 무관세혜택을 주었다. 무관세혜택을 받기 위해서는 유기농증명서를 제출해야 한다. 유기농증명서가 없는 경우에는 30%의 관세를 부과하였다. 또한, 농약잔류치가 국제식품규격위원회(Codex)기준 최고허용치의 50% 이하인 경우에는 농어촌특별세를 면제하고, 최고허용치의 50% 이상인 경우에는 유통은 허용하되 20%의 농어촌특별세를 부과하였다. 농약잔류치가 Codex 최고허용치 대비 50% 이상의 산품은 선진국으로부터는 수입하지 않는다. 열대지방에 위치한 개도국 B국 식품업자는 수확 후 부패에 대한 내성강화를 위하여 화학비료, 살충제 등의 처리를 하는 결과 국제식품규격위원회의 최고허용치 기준은 맞출 수 있지만 50% 이하로 농약잔류치를 낮출 수 없기 때문에 30%의 관세와 20%의 농어촌특별세를 납부하여야 했다. 자국 관련업계의 A국에 대한 수출 급감에 직면한 B국이 A국을 WTO에 제소하려고 한다. A, B 모두 WTO회원국이다.

이 가상 사례에서 A국 조치의 정당성을 「관세 및 무역에 관한 일반협정(General Agreement on Tariffs and Trade, GATT)」 최혜국대우 원칙, 내국민대우 원칙, 수량제한금지 원칙, 일반예외의 적용이라는 차원에서 평가하라. (40점)

✎ CHECK POINT

❖ 유기농증명서를 제출하지 못하는 B국의 농산물은 타 수출국에 부여되는 무관세혜택을 받지 못하므로 최혜국대우 위반 여부가 검토됨.

　■ 이 경우 B국의 농산물과 유기농증명서가 부여된 농산물이 같은 상품인지가

고려되어야 함.

❖ 농약잔류치가 Codex 최고허용치 대비 50% 이상이 검출되는 B국의 농산물에 대해서는 20%의 농어촌특별세를 부과하고 있는 것에 대해서는 내국민대우 위반 여부가 검토됨.

   ■ 같은 상품인지에 대한 검토와, 내국세의 부과이므로 직접경쟁 및 대체가능성에 대한 검토가 필요함.

❖ B국의 농산물의 수입은 허용하고 있으므로 수량제한금지 원칙에는 해당하지 않음.

❖ 최혜국대우 및 내국민대우의 위반에 해당하더라도 GATT 제20조에 의해 정당화되는지에 대한 검토 필요.

   ■ 인간의 생명 및 건강에 해당하는 조치이므로 GATT 제20조 (b)호에 의해 정당화되는지에 대한 검토와 두문요건의 충족에 대한 검토가 필요.

제 2 문의 1

동아시아에 위치한 A, B, C, D, E, F국은 지역적 차원에서 개인의 인권을 보장하는 자유권협약을 2010년('2010년 협약')에 채택하였다.

'2010년 협약' 제33조는 "이 협약은 비준되어야 한다. 비준서는 A국 외교부에 기탁한다."고 규정하였고 제35조는 "이 협약은 세 번째의 비준서가 기탁된 날로부터 30일 후에 발효한다. 세 번째 비준서가 기탁된 후 이 협약을 비준하는 국가에 대하여 이 협약은 그 국가에 의한 비준서가 기탁된 날로부터 30일 후에 발효한다."고 규정하였다. 그 후 '2010년 협약'은 A, B, C국이 비준하여 2012년에 발효하였지만 D, E국은 서명만 한 상태이고 F국은 서명도 하지 않았다. 최근에 비준을 촉구하는 국내 인권 단체의 요청을 고려하여 D국은 '2010년 협약'의 비준서를 A국 외교부에 기탁하면서 "'2010년 협약'은 자국의 헌법과 종교율법에 위배되지 않는 범위 내에서 적용된다."라는 유보를 행하였다. '2010년 협약'에는 유보를 허용하거나 금지하는 아무런 규정도 없다. 각 국의 입장은 다양하였다. A, B국은 유보를 수락하였고 C, E, F국은 유보를 거절하였다. A, B, C, D, E, F국은 모두 1969년 조약법에 관한 비엔나협약의 당사국이다.

1. 유보의 정의와 기능은 무엇인가? D국의 유보는 허용되는가? (10점)
2. 유보수락국인 A국 또는 B국과 유보국인 D국의 법률관계는 무엇인가? 유보거절국인 C국과 유보국인 D국의 법률관계는 무엇인가? (20점)
3. '2010년 협약'에 단지 서명만 한 E국과 서명조차 하지 않은 F국의 유보거절은 법적으로 유효한가? (10점)

❖ 제2문의 1−1은 조약법상 유보의 정의[조약법 제2조 1항 (d)호]와 유보의 허용
  여부와 관련하여 조약법 제19조의 검토를 요함.
❖ 제2문의 1−2는 유보국과 유보수락국 및 유보반대국과의 관계를 규정한 조약법
  제20조와 제21조를 중심으로 설명 필요.
❖ 제2문의 1−3은 서명국과 비서명국이 유보에 반대한 경우 법적 효과를 묻는 문
  제이며 후자의 경우 법적 효력이 발생하지 않음.

제 2 문의 2

밀가루가 동남아인의 체질에 맞지 않아서 건강에 해롭다는 대체의학자들의
지적에 따라 동남아 A국 정부는 자국에서 판매되는 식품 및 수입되는 식품 중 밀
가루의 함량이 전체 중량대비 30% 이상인 경우에는 유해식품표시를 포장의 5분의
1 이상의 크기로 하도록 입법으로 요구하였다. 이를 지키지 않는 제품은 국내 판
매 및 수입이 금지되었다.

A국은 쌀을 재배하지만 밀을 재배하지 않는다. 밀 생산국인 B국은 종래 A국
에 밀가루와 이를 포함한 제품을 수출하여 왔으나 A국의 위와 같은 조치로 인하여
A국으로의 밀가루 수출량이 50% 감소, 밀가루 포함제품 수출량이 30% 감소하게 되
었다. B국은 A국의 조치를 WTO에 제소하려고 한다. A, B 모두 WTO회원국이다.

이 가상 사례에서 A국 조치의 정당성을 「관세 및 무역에 관한 일반협정(General
Agreement on Tariffs and Trade, GATT)」의 기본원칙 및 예외의 적용이라는
차원에서 평가하라. (40점)

❖ 설문에서 A국과 B국과의 관계에 관한 평가를 요청하고 있으므로 최혜국대우
  원칙은 적용되지 않음.
❖ A국의 조치가 내국민대우 위반이 되기 위해서는 같은 상품에 해당하여야 함.
  ■ 설문은 내국세 부과에 관한 사항이 아니므로 직접경쟁 및 대체가능성에 대

한 검토는 불필요함.

❖ A국은 포장표기를 이유로 국내판매 및 수입을 금지하므로 수량제한금지 원칙 위반하고 있음.

❖ 수량제한 조치가 정당성을 가지기 위해서는 GATT 제20조의 요건을 충족하여 야 함.

■ 인간의 생명 및 건강에 해당하는 조치이므로 GATT 제20조 (b)호 요건의 충 족과 함께, 두문요건의 충족에 대한 검토가 필요.

제 2 문의 1

(가) 인접국인 A국과 B국은 이전부터 불편한 관계가 계속되어 왔으며, 최근 들어 양국 간에 무력충돌의 위기가 도래하였다. 이에 대응하기 위하여 A국은 자국 및 B국과 인접하고 있는 C국과 일종의 군사동맹조약인 상호방위조약을 체결하였다. C국은 오랫동안 정치적·경제적으로 A국에 의존해 왔으며, 근래 들어 발생한 가뭄으로 심각한 식량난에 봉착하는 등 국가적 위기 상황이어서 A국의 조약체결 요청을 거절하기가 힘든 입장이었다. 이 조약에 따르면 C국이 A국을 위하여 B국에 인접한 C국 내 군사기지를 이용할 수 있도록 하는 대가로 A국은 C국에 대하여 국가방위를 분담할 뿐만 아니라 식량 제공 등 경제지원을 하여야 한다.

(나) A국은 B국과의 국경에서 상호 간 충돌시 B국 군대가 국지적인 위협사격을 감행한 것을 빌미로 발생한 후방 기지 점령을 포함한 대규모 군사작전을 감행하였다. 군사작전을 수행하는 과정에서 A국은 C국으로 하여금 일정 수의 병력을 동원하여 B국의 후방기지를 점거해 줄 것을 요구하면서 이에 불응하는 경우 즉각 식량제공을 중단하겠다고 통보하였다. 이에 C국은 부득이하게 자국 군대를 이용한 작전 수행을 허용할 수밖에 없는 상황이 되었다. A국 및 C국의 군사작전은 결국 실패로 끝났으나 이 과정에서 B국은 막대한 인명·재산상의 손해를 입게 되었다. 1969년 조약법에 관한 비엔나협약 및 2001년 ILC 국가책임법 초안에 의거, 다음 문제에 답하시오.

1. A국의 B국에 대한 무력공격 및 C국에 대한 군사작전 요구와 관련하여 A국의 국가책임에 관하여 설명하시오. (20점)

2. A국에 대하여 자국 내 군사기지의 이용을 허가하고, A국의 요구에 따라 B국의 후방기지의 점거를 시도한 C국의 국가책임에 관하여 설명하시오. (20점)

⚙ CHECK POINT

❖ 제2문의 1－1은 A국이 취한 두 가지의 조치에 대한 각각의 분석을 요구함.

■ A국의 B국에 대한 무력공격은 A국 국가기관에 의한 국제의무 위반(UN헌장 제2조 사항의 무력사용금지의 원칙에 위반)되는 행위로써 A국의 국가책임이 성립함.

■ 다만, B국의 위협사격으로 인해 A국이 위법성 조각사유로서 자위(국가책임법 초안 제21조) 또는 대응조치(국가책임법 초안 제22조) 원용 가능성에 대한 검토가 필요함.

■ A국의 타국(C국)에 대한 군사작전 요구와 관련된 쟁점은 국가책임법 초안 제17조 및 제18조이며 사안에서 해당 조문의 요건이 충족되었는지 검토 필요.

❖ 제2문의 1－2는 C국이 취한 각각의 행위(A국에 대해 자국내 군사기지 이용 허락과 B국의 후방기지 점거)에 대한 검토를 통해 C국의 국가책임 성립가능성을 설명해야 함.

■ A국에 대한 행위는 국가책임법 초안 제16조, C국에 대한 행위는 국가책임법 초안 제17조 및 제18조에 비추어 검토 필요.

제1문

(가) A국과 B국은 서로 이웃한 국가이다. A국은 원래 B국의 일부였으나 약 10년 전에 B국으로부터 분리독립하였다. A국의 '갑' 지역은 B국의 국경에 접해 있는데, 갑지역 지도자 알버트의 주도하에 2014년 7월 20일 갑지역의 분리독립이 일방적으로 선언되었다.

(나) 갑지역의 일방적 독립선언에 B국 의회는 지지성명을 내었고, B국 수상 슈페른도 직접 알버트에게 지지한다는 입장을 전달하였다. 갑지역 내에서는 분리독립을 지지하는 집단과 이에 반대하는 집단들 사이에 연일 충돌이 이어졌다. 이 와중에 갑지역 내 거주하는 C국민을 위시한 다수의 외국인들이 피해를 당했다. 갑지역 내 상황은 B국이 갑지역에 무기 등을 지원하면서 더욱 악화되었다.

(다) 알버트는 2015년 1월 2일 신년 축하연에서 주요 지휘관들과 2개월 이내에 갑지역 내 소수민인 골트인 중 성인 남자 전원을 제거하는 마지막 해결책(final solution)을 수행하겠다고 공언하였다. 한편 이 소식을 접한 B국 수상은 알버트에게 갑지역의 분리독립선언이 국제사회의 지지를 받지 못하고 있는 실정이기에 조심하도록 주의를 주었다.

(라) 2015년 2월 11일부터 23일까지 뽀슬카 지역 내 공설운동장에서는 4만명에 달하는 골트인들이 집단적으로 피살되었다. 이러한 '뽀슬카 집단살해 사건' 발생시 갑지역에서 20㎞ 떨어진 B국 영역 내에는 사단 규모의 육군병력이 주둔하고 있었다.

(마) 갑지역에서 활동하는 국제적십자위원회(ICRC) 및 다수의 구호단체 대원들에 따르면 알버트가 2014년 10월 하순부터 군복차림으로 무장단체를 지도하는 모습을 자주 볼 수 있었다고 한다. 2015년 7월 안보리는 갑지역 사태를 진정

시키기 위하여 유엔이 관리하는 취지의 결의를 채택하였다. 한편, 2015년 8월 20일 기자회견에서 B국 대변인은 알버트가 자국에 거주하고 있다는 사실을 확인해 주었다.

(바) A, B, C국을 포함한 20여 개국들은 2002년 미노트 조약을 체결하였다. 미노트 조약에 따르면 당사국은 지역 내에서 발생할 수 있는 모든 형태의 집단살해를 예방하고 처벌할 의무를 부담하도록 규정하고 있다(제1조). 아울러, 당사국들끼리는 각자의 영역 내에서 집단살해를 야기하는 모든 행위와 이를 원조, 방조, 후원, 통제하거나, 영향을 미치는 모든 행위를 예방하고 처벌하도록 규정하고 있다(제2조). 무엇보다도 미노트 조약의 당사국들은 각자의 영역에서 제2조의 행위를 저지른 자는 누구든지 당사국의 관할 법원에서 재판받도록 할 것이며, 상대방 국가의 영역 내에서 발생한 제2조의 행위와 관련해서 누구든지 자국 영역에서 발견될 경우 행위지 국가에 인도하도록 규정하고 있다(제3조).

(사) A국은 알버트가 2015년 2월 '뽀슬카 집단살해 사건'의 주도자로서 국제범죄를 저질렀다는 입장이며 B국에 대해서 미노트조약에 따라서 알버트를 인도하도록 요청한 상태이다. 2001년 ILC 국가책임협약 초안에 근거하여 아래 물음에 답하시오.

1. A국은 알버트의 행위에 대해서 국제책임을 부담하는가? (10점)
2. B국의 집단살해 예방의무 위반 여부를 판단하시오. (25점)
3. B국이 알버트를 범죄인으로서 인도하지 않은 결과로 국제의무 위반이 발생하는지 여부를 설명하시오. (15점)
4. C국은 미노트 조약의 당사국으로서 B국의 국제책임을 추궁하기 위한 통고(notice)를 발송하고자 한다. C국이 B국을 상대로 발송할 통고의 주요 내용을 작성하시오. (30점)

....

🖋 **CHECK POINT**

❖ 제1문의 1은 알버트의 행위가 국가책임의 성립요건 중 국가행위로의 귀속성과 관련하여 반란단체 및 기타 단체의 행위(국가책임법 초안 제10조)에 해당되는지 검토가 필요.

❖ 제1문의 2는 집단살해를 방지하기 위한 예방의무 위반 여부가 주요 쟁점임.
  ■ 이와 관련하여 B국이 설문 (바)에 제시된 조약상 의무를 위반했는지 여부에 대해 사안을 적용하여 검토.
  ■ 예방의무의 지속성과 관련하여 국가책임법 초안 제14조 3항의 적용가능성에 대한 논의가 필요.
❖ 제1문의 3은 범죄인인도의 거부가 설문 (바)에 제시된 조약상 의무의 위반인지에 대한 검토 및 인도에 반하는 범죄에 대한 처벌 문제는 국가책임법 초안 제2부 제3장(제40조, 제41조)을 근거로 설명 필요.
❖ 제1문의 4는 피해국에 의한 손해배상 청구의 통지(제43조)에 관한 것으로, 중지를 위해 책임국이 취하여야 할 행위와 손해배상의 형식이 특정되어야 함.

제 2 문의 1

 A국과 B국은 양국 간 경제협력을 목적으로 8개의 조문으로 구성된 양자조약을 체결하기로 하였다. 이 조약은 국가의 중대한 재정적 부담을 초래하는 성격의 조약으로서 양국의 헌법에 의하면 그 비준을 위하여 의회의 동의를 얻도록 되어 있다. B국은 아무런 논란 없이 헌법 절차에 따른 의회의 동의를 거쳐 비준하였으나, A국의 경우는 의회가 제8조의 규정이 경제민주화를 규정하고 있는 자국 헌법 조항과 상충된다는 의견을 제시하여 이를 배제하는 조건부로 비준동의안을 처리하였다. 이에 A국은 B국과 비준서를 교환하는 과정에서 제8조의 적용을 배제한다는 내용의 '양해'(understanding)를 첨부하였다. 1969년 조약법에 관한 비엔나협약을 참고하여 다음 문제에 답하시오.

1. A국이 첨부한 '양해'는 어떠한 의미를 가지며, 이 과정에서 B국이 취할 수 있는 대응방안에 대해서 설명하시오. (15점)
2. 만일 A국이 '양해'를 첨부하지 않은 채 비준서를 교환했다면, 그 후 조약의 이행과정에서 B국에 대하여 자국 헌법과 조약 제8조가 상충된다는 이유로 조약의 무효를 주장하거나 그 불이행을 정당화할 수 있는가? (25점)

🎯 CHECK POINT

❖ 제2문의 1 – 1은 설문에 제시된 '양해'가 유보에 해당될 수 있는지에 유보에 대한 정의[조약법 제2조 1항 (d)호]에 비추어 살펴보고, 동 양해가 양자조약에 첨부되었다는 점에서 양자조약에 유보의 첨부 가능성 및 양자조약상 유보의 의미에 대한 설명이 필요함.

❖ 제2문의 1 – 2는 조약의 무효사유 중 조약법 제46조의 원용가능성 및 조약법 제27조와 제26조에 대한 설명을 요함.

제 2 문의 2

(가) A국은 기후변화에 효과적으로 대응하고, 교토의정서상의 온실가스 감축의무 이행을 위하여 온실가스를 적게 배출하는 친환경 자동차정책을 강력하게 추진하기로 하였다. 저탄소차협력금제도는 소비자가 자동차 구입시 이산화탄소를 많이 배출하는 차에는 부담금을 부과하고, 적게 배출하는 차에는 보조금을 주는 제도이다. 지난 2008년부터 이 제도를 도입한 프랑스는 온실가스를 적게 배출하는 중소형차 판매비율이 50%가 넘는 시장으로 탈바꿈했다.

(나) A국 정부는 프랑스 정부가 시행하고 있는 저탄소차협력금제도가 온실가스 감축에 매우 효과가 있다는 사실을 파악하여 저탄소차협력금제도를 시행하기로 하고 제도설계에 들어갔다. 이 소식이 알려지자 주로 온실가스를 많이 배출하는 중대형차를 생산하는 B국은 저탄소차협력금제도가 GATT 규정 등 주요 통상규범에 위반될 수 있다고 외교적 경로를 통하여 항의의 뜻을 전달하였다. [A국과 B국은 모두 WTO회원국이며, 교토의정서상의 온실가스 의무감축 대상국이다.]

(다) 이에 A국 정부는 국내 대학의 C교수에게 통상법적 이슈에 대하여 자문을 구하였더니, 교토의정서는 2005년 발효된 조약이고, WTO 규범은 1995년 발효하였으므로 설사 B국이 문제제기를 한다고 하더라도 교토의정서가 우선적으로 적용되므로 별 문제가 없다는 입장이다.[본 사안에서 교토의정서는 2020년까지 계속 효력을 갖는다고 가정한다.]

1. 기후변화대응을 위한 저탄소차협력금제도의 시행에 대비하여 A국의 환경부 담당공무원인 귀하는 이 제도의 설계와 관련하여 GATT 제1조 최혜국대우 원칙과 GATT 제3조 내국민대우 원칙의 위반 가능성에 대한 회피방안을 검토하고 있다. 어떠한 사항을 검토하고 고려해야 할 것인가? (30점)

2. 위 지문 (다)에서 C교수의 견해 중 WTO 규범과 교토의정서의 적용관계에 대한 귀하의 견해를 1969년 조약법에 관한 비엔나협약 제30조를 중심으로 논하시오. (10점)

 CHECK POINT

❖ 제2문의 2−1은 A국이 저탄소차협력금제도를 도입하게 되면 B국은 사실상 불리한 대우를 받는 결과가 초래되어 최혜국대우 원칙 위반 문제가 발생할 수 있음. 이에 대해 저탄소차와 탄소를 많이 배출하는 차량이 같은 상품이 아니라고 주장할 수 있도록 논리를 개발하고 제도를 설계해야 함.

  ■ 저탄소차협력금제도를 도입함에 있어서 국산차와 수입차에 대하여 동등하게 대우하는지 여부가 문제가 될 수 있음.

  ■ 이에 대해서 국산차와 수입차에 대하여 동일하게 적용되는, 합리적으로 설정된 온실가스 배출 구간에 따라 부과금을 내야하는 온실가스 배출 범위, 내지도 받지도 않는 중립적 범위, 보조금을 지급받는 온실가스 배출범위를 설정해야 할 것임.

  ■ 온실가스 감축을 위한 효과적 결과를 갖기 위해서는 온실가스 배출의 정도에 따라 부과금이나 보조금의 액수가 달라져야 함. 이 구간을 설정하는 과정에서 차종에 따라 국산차의 생산업자들을 지나치게 고려하는 방식으로 구간을 설정하게 되면 사실상의 차별을 야기하게 될 수 있음.

❖ 제2문의 2−2는 동일한 주제에 대한 전/후 조약에 있어서 후 조약은 선 조약에 우선 적용됨. WTO 규범과 교토의정서가 동일한 주제에 대한 전/후 조약인지 여부를 살펴보아야 함.

제1문

(가) 아시아 지역에 위치하고 있는 A국은 유구한 역사와 전통을 지니고 있었으나 20세기 초 서구 열강의 침략으로 주권을 상실하고 식민 지배를 받았다. 제2차 세계 대전 이후 식민지지배로부터 독립하여 독자적인 정치체제를 유지해 오던 A국은 1970년 이후 유엔을 중심으로 국제인권에 대한 보편적 가치를 실현하는 움직임이 확산되자 자국의 전통적인 고유한 문화와 독자적인 정치질서를 강조하며 이러한 국제인권의 주류화에 반대하는 정책을 더욱 강하게 시행하였다.

(나) 국제인권단체인 Human Rights Warrior(일명 HRW)는 A국의 이러한 인권정책에 반대하며, 국제사회에 A국의 인권상황을 유엔을 비롯한 국제사회에 고발하는 활동을 적극적으로 전개하였다. 2015년 3월 HRW 소속으로 세계적인 인권활동가인 B국 국민인 甲은 A국의 인권상황을 국제사회에 알리기 위해 A국에 입국하여 조사활동을 하던 중 A국의 공안당국에 의해 내란 음모 및 선동을 이유로 체포되었다. 이후 A국 공안당국의 수사관인 乙은 A국 내에서의 활동 등에 대해 甲을 심문하는 과정에 주도적으로 참여하면서 생명이 위독할 정도로 甲에게 심한 고문을 자행하였다. 이러한 사실이 국제사회에 알려지면서 HRW를 비롯한 국제인권단체들은 인류의 보편적 가치인 고문금지를 심각하게 위반한 乙을 엄정하게 처벌하라고 강력하게 요구하였다.

(다) 국내외 인권단체로부터 엄벌하라는 압력이 거세지자 乙은 처벌을 피하기 위해 C국으로 도주하였다. 고문 피해자 甲의 국적국인 B국은 C국에 대하여 乙을 인도해 줄 것을 요청하였지만 C국은 이를 거절하였다. 인접국가인 B국과 C국 사이에는 종교적 갈등과 영토분쟁으로 인하여 오랫동안 적대적 관계를 보여 왔다. 乙의 인도문제와 관련한 B국과 C국 간의 협상에 진전이 없던 상

황에서 자국민 甲에 대한 고문에 분노하던 B국인 丙과 丁은 C국으로 건너가 C국 정부 몰래 乙을 강제로 납치하여 B국으로 데려왔다. 丙과 丁의 신분에 대해서는 B국의 정보기관 소속 비밀요원이라는 소문이 있었으나 B국은 기자 회견을 통해 이를 부인하였다.

(라) 乙의 강제납치 사실이 알려지자 C국 정부는 B국 정부에 乙을 C국으로 송환 하여 줄 것을 강력하게 요청하였다. C국의 송환 요구를 거절한 B국 사법당국 은 도리어 丙과 丁으로부터 乙의 신병을 인도받아 고문범죄로 자국의 법정에 세워 재판을 진행하여 징역 15년의 형벌을 부과하였다. B국은 丙과 丁에게 아무런 처벌을 하지 않았고, 현재 乙은 수감 중에 있다.

2001년 국제법위원회(ILC)의 '국제위법행위에 대한 국가책임 초안'을 바탕으로 다음에 답하시오.

1. B국은 자국민 甲이 입은 고문피해에 대해서 A국에게 국가책임을 추궁하고자 한다. B국이 자국민 甲의 고문피해에 대해서 A국을 상대로 외교적 보호권을 행사하기 위한 요건을 설명하시오. (20점)

2. C국은 乙을 강제로 납치하여 재판한 사안에 대하여 B국에게 국가책임이 있 다고 주장하나 B국은 乙을 납치한 행위는 사인(私人)에 의한 행위이기 때문 에 국가책임이 성립되지 않는다고 주장한다. 2001년 ILC의 '국제위법행위에 대한 국가책임 초안'을 바탕으로 B국과 C국의 주장을 판단하시오. (30점)

3. A국은 자국민 乙을 강제로 납치한 행위에 대해서 B국에게 책임이 있다고 주 장한다. 이에 대해서 B국은 乙을 납치한 행위가 사인(私人)에 의해 행해졌을 뿐만 아니라, 설령 B국에게 책임이 있다고 하더라도 납치가 A국의 고문행위 에 대한 대응조치(countermeasure)로 볼 수 있기 때문에 위법성이 조각된다 고 주장하였다. 2001년 ILC의 '국제위법행위에 대한 국가책임 초안'을 바탕으 로, B국이 주장하는 대응조치가 정당한가에 대해서 논하시오. (30점)

🔧 CHECK POINT

❖ 제1문의 1은 B국이 자국민의 피해에 대해 가해국에 대해 국가책임을 추궁할 수 있는지를 묻는 문제로서 B국이 외교적 보호권을 행사함에 있어 국가책임법 초 안 제44조상 청구의 수리가능성 요건에 대한 설명 필요.

❖ 제1문의 2는 국가책임의 성립요건 중 국가행위로의 귀속성과 관련하여 사인의 행위는 일반적으로 국가행위로 귀속되지 않지만, 국가책임법 초안상 사인의 행위가 국가의 행위로 귀속될 수 있는 관련 조문(국가책임법 초안 제8조, 제9조, 제10조) 및 사인의 행위에 대해 국가가 스스로 승인하고 채택한 행위(국가책임법 초안 제11조)의 적용 가능성에 대한 검토 필요.

❖ 제1문의 3은 대응조치의 적법성과 관련된 문제이며 위법성 조각사유로서 대응조치(국가책임법 초안 제22조), 대응조치의 대상과 한계(국가책임법 초안 제49조) 및 대응조치에 의해 영향 받지 않는 의무(국가책임법 초안 제50조)를 설명.

제 1 문

(가) A국은 B, C국과 더불어 1960년에 설립된 '지역경제통합기구'(DECA: Dongari Economic Cooperation Authority)의 회원국이다. DECA 덕분에 회원국들은 경제적 번영과 더불어 튼튼한 안보도 부수적으로 확립하게 되었다. 그러나 최근의 글로벌 금융위기로 DECA회원국들도 타격을 받았고, 상대적으로 가난한 B국민들은 좋은 직장을 찾아 A국으로 이주하는 인구가 증가하였다. 그래서 A국에서는 DECA에 대하여 회의적인 여론이 확산되고 있는 중이다. 게다가 엎친 데 덮친 격으로 이웃 대륙의 내란으로 생명의 위협을 느끼는 소수민족과 소수파 종교인들이 무작정 배를 타고 DECA회원국 영토에 들어오기 시작하였다. DECA는 외곽에 있는 C국 국경에서 난민을 통제하고 엄격한 심사를 거쳐 소수의 합법적 난민에게만 체류허가를 부여하고 있다.

(나) 오랫동안 DECA에 가입하기를 원한 D국은 DECA 영역으로 들어가는 길목에서 난민들을 잠정 수용하여 DECA의 난민정책이 원활하게 집행될 수 있도록 협조할 것을 DECA와 합의하였고, DECA는 D국의 가입을 우호적으로 검토하기로 결정하였다. 그동안 종교적 이유 등으로 D국의 가입을 반대하였던 A국의 저지에도 불구하고 결국 2016년 1월 D국은 A, B, C국의 비준 동의하에 DECA에 가입하였다.

(다) D국의 가입협정이 발효한 후, 자국의 가입에 동의하도록 D국이 DECA회원국들에게 행한 일련의 행동이 밝혀졌다. 먼저 B국에게는 외교채널을 통하여 가입에 협조하지 않으면 안전상의 이유로 자국민의 관광을 억제하겠다고 은밀히 통지하였는데, B국에게 D국민의 관광입국은 매우 중요한 자원이다. 또한 D국 정보기관은 여러 단계의 자금 세탁을 거쳐 조세피난처 미국령 버진 아일랜드에 있는 C국 대통령의 사위가 소유한 페이퍼 컴퍼니 계좌에 거액의 자금

을 입금하였다는 것이다.

(라) D국은 1980년에 E, F국과 '군사동맹조약'「MDT: Mutual Defense Treaty」를 체결하여 유지하고 있다. 그 안에는 '회원국의 군사안보정책과 경제정책이 충돌하면 본 군사안보동맹조약이 우선한다'는 규정이 있다.

상기 국가들은 모두 1969년 조약법에 관한 비엔나협약의 당사국이고 UN회원국이다.

1. (나)에서 만일 D국 대통령이 DECA에 가입할 때 헌법상 요구되는 국민투표 절차를 의도적으로 경유하지 않았다면, D국의 가입 동의는 유효한지에 대하여 판단하시오. (20점)
2. (다)에서 D국이 자국의 가입을 용이하게 하기 위하여 B국과 C국에 대하여 행한 행위의 국제법적 효과를 논하시오. (40점)
3. D국의 가입 후, (라)의 MDT 회원국 E국과 DECA 회원국 A국이 무력충돌 상태에 들어간다면 D국에게 어떤 조약이 우선 적용되어야 할 것인지에 판단하시오. (20점)

📋 CHECK POINT

❖ 제1문의 1은 조약법 제27조에 규정된 국내법 규정을 원용하여 조약의 불이행을 정당화할 수 없다는 원칙과 조약의 무효사유인 제46조와 연계한 검토가 필요함. 조약의 무효사유를 원용할 수 있는 권리의 상실(조약법 제45조) 여부도 판단할 필요가 있음.

❖ 제1문의 2는 조약의 무효사유로서 B국에 대한 행위인 국가대표의 강제(조약법 제51조)와 국가의 강제(조약법 제52조) 및 C국에 대한 행위로 국가대표의 부정(조약법 제50조)의 적용 가능성에 대한 논의가 필요.

❖ 제1문의 3은 조약이 서로 상충되는 경우, 조약법상에서 관련 규정을 찾는다면 해당 조약들이 동일 주제를 다루고 있다면 조약법 제30조가 적용될 가능성이 있으며, 동일한 주제가 아니라면 각각의 조약은 독립적으로 존재하고 유효함.

  ■ 이 경우 조약 해석의 일반적인 규칙(조약법 제31조)을 적용한다면 일반적으로 신법 우선의 원칙 또는 특별법 우선의 원칙 등이 적용가능함.

제 2 문의 1

(가) A국과 B국은 바다를 가운데 두고 대향하고 있다. 수년 전부터 서쪽에 있는 A
국에서 동쪽의 B국에게 사막으로부터 발원한 황사바람이 불어 B국민은 매우
불편해 하고 있다. 더욱이 최근에는 A국의 산업화로 인해 발생한 대기 중 중
금속과 초미세먼지(PM 2.5)와 같은 오염물질이 포함되어 여러 가지로 폐해를
끼치고 있는 실정이다. 이에 A국과 B국은 인접국 C국을 포함하여 「대기환경
보호와 악화방지를 위한 협정」(이하 협정이라 함)을 체결하였고 협정은 2015년
부터 발효하였다. 당사국들은 대기오염물질에 대한 규제는 2020년부터 시행
하기로 하고 일단 온실가스에만 즉시 적용하기로 합의하였다.

(나) 협정에 의하면, 당사국들은 각국 영역 내에서 최근 5년간 배출한 온실가스의
이산화탄소 환산(CDE: Carbon Dioxide Equivalent)배출총량을 합동으로 조사한
후, 이를 기초로 각 당사국의 연간 허용배출총량을 결정하였다. 당사국들은
할당된 배출총량을 초과하여 온실가스를 배출할 수 없고, 이러한 약속 이행
을 위한 산업 및 에너지 정책을 세우고 집행할 의무가 있다. 배출총량은 협정
과 동일한 효력을 갖는 부속서에 명시하였다.

(다) 또한 협정에서는 'A국과 C국내에서 사막화 방지를 위한 공동 식수 사업'에 합
의하였고, 분쟁해결을 위하여 '의무 위반의 사실의 존부를 결정하는 심사판정
단', '일방당사국의 요청으로 절차를 개시할 수 있는 중재위원회'의 설치에 관
한 규정을 두고 있다.

A, B, C 3국은 1969년 조약법에 관한 비엔나협약의 당사국이다.

아래 질문에 대하여 국제법위원회(ILC)의 '국제위법행위에 대한 국가책임 초안'
(2001년)에 근거하여 답하시오.

1. A국 내에서 협정에서 약속한 연간 배출총량을 초과하는 온실가스의 방출이
이뤄지고 있으며, A국 정부가 이를 방치하고 있다는 사실이 국제환경단체에
의하여 확인되었다. B국은 즉각 '심사판정단'과 '중재위원회'의 설치를 요청하
였다. 그 이외 B국이 취할 수 있는 조치에 대하여 서술하시오. (20점)

2. 협정 발효 후 A국 국영 철강기업(甲)은 생산 증설을 위하여 대규모 공장을
C국에 건설하고 가동을 시작하였다. C국 정부는 약속한 배출총량 때문에 더

이상 대규모 공장을 건설할 수 없음을 알면서도, 자국 내 철강수요를 충족하도록 A국에게 공장 건설을 요청하였고, A국 정부는 이에 응하여 (甲)의 해외진출을 적극적으로 유도하고 인센티브를 제공한 것이다. 이로 인해 A국의 협정상 배출총량은 초과하지 않았지만, C국은 초과하게 되었다. A국의 협정 의무 위반 여부를 논하시오. (20점)

CHECK POINT

❖ 제2문의 1-1은 국가책임의 성립요건에 대한 기본적인 검토가 필요하며, 국가책임 발생으로 인해 피해국의 권리와 위반국의 의무에 대한 설명을 요하는 문제임.

■ 피해국의 권리는 국가책임법 초안 제42조를 근거로 대응조치를 취함에 있어 대상과 목적, 한계(국가책임법 초안 제49조, 제50조, 제51조) 등을 충족하였는지에 대한 검토가 필요함.

■ 위반국은 위법한 행위의 중단과 재발 방지의 약속(국가책임법 초안 제30조) 및 국가책임법 초안 제2장의 손해배상 의무에 대한 설명이 필요함.

❖ 제2문의 1-2는 타국의 행위와 관련된 국가책임 여부가 관련되며 타국의 국제위법행위 실행에 대한 지원과 원조(국가책임법 초안 제16조) 및 국제위법행위의 자행에 대해 이루어진 지시 및 통제(국가책임법 초안 제17조)에 대한 검토가 필요.

제 2 문의 2

WTO회원국인 EU는 EU회원국 내로 수입되는 모든 상품에 대하여, 그 이동거리에 따라 단계별로 액수를 달리하는 환경부담금을 부과하기로 하였다. 이는 EU가 기후변화협약과 교토의정서상의 온실가스감축의무를 다하기 위하여 배출권거래제를 항공분야에도 적용하고자 하였으나 다른 나라들이 반발하자, 환경조약상의 의무를 다하기 위하여 EU내에서 판매되는 모든 상품에 대하여 이동거리에 따라 환경부담금을 부과하기로 한 것이다. 즉 상품의 이동거리가 100마일 미만 이동제품은 환경부담금을 면제하고, 그 이상은 6단계로 구분하여 아래와 같이 환경부담금을 부과하였다.

1단계(100 – 1000마일 미만) ~ ton 당 1유로

2단계(1000 – 2000마일 미만) ~ ton 당 2유로

3단계(2000 – 3000마일 미만) ~ ton 당 3유로

4단계(3000 – 4000마일 미만) ~ ton 당 4유로

5단계(4000 – 5000마일 미만) ~ ton 당 5유로

6단계(5000마일 이상) ~ ton 당 6유로

EU가 이 조치의 시행에 들어가자, 다른 WTO회원국들은 일제히 반발하면서 EU의 이 조치가 GATT 규정 위반이라고 주장하면서 WTO에 공동으로 제소하겠다고 논의를 진행하고 있다.

1. 이 조치의 시행에 반발하는 다른 WTO회원국들은 GATT의 어떤 규정 위반을 주장할 수 있을 것인가? 그 근거를 제시하여 설명하시오. (20점)
2. 다른 WTO회원국들의 이러한 주장에 대하여, EU는 어떠한 주장을 하면서 자신의 입장을 방어할 수 있겠는가? (20점)

🎖 CHECK POINT

❖ 제2문의 2 – 1에서 다른 WTO회원국은 EU가 부과하는 환경부담금이 사실상 관세에 해당되어 관세양허 위반에 해당한다는 주장, 이동거리에 따라 다른 요율의 환경부담금 부과가 최혜국대우 원칙을 위반한다는 주장, EU 역외국가 제품은 역내국가 제품에 비해 이동거리가 길어 더 많은 부담을 지게 되므로 내국민대우 원칙 위반이라는 주장 등을 제시할 수 있음.

❖ 제2문의 2 – 2에서 EU는 GATT 제1조, 제2조, 제3조 위반 주장에 반박하거나 EU의 조치가 GATT 위반이라고 하더라도 GATT 제20조 (b)호와 (g)호에 의해 정당화된다고 주장할 수 있음.

제 1 문

(가) A국은 지역 인권협약(이하, '인권협약')의 당사국이다. 협약 서문에 따르면 이 협약은 '지역 내 인권상황을 증진시키기 위하여' 채택되었다. 인권협약에 따르면 협약위원회를 설치하여 당사국의 협약 위반 여부를 판단하도록 하였는데 협약위원회의 판단은 권고적 효력만 갖는다.

(나) A국의 국민인 甲은 지자체의 장례식장 설치 계획에 대하여 반대 시위를 하다가 경찰에 체포되었다. A국 형법에 따르면 甲의 행위는 경범죄에 해당하여 지자체 경찰위원회에서 약식으로 벌금 등을 부과할 수 있다. 이에 대하여 위반자는 관할 지방법원에 이의제기할 수 있고 법원의 판단에 불복할 경우, A국 대법원이 서면심리 절차에 의하여 이를 최종 결정한다. 甲은 두 차례 반대 시위로 인하여 경범죄로 50만 프릴의 벌금처분을 당했다(1프릴은 대한민국 화폐로 1000원에 해당함). 한편, 지난 5년간 20여 건의 이의제기가 있었지만 인용된 경우는 6건 정도였다.

(다) 2014년 A국은 인권협약의 당사국이 되면서 제12조에 대해서 다음과 같은 '해석선언'문을 비준서에 첨부하여 제출하였다. "인권협약 제12조에서 '공개법정에서 적절한 기간 내에 재판 받을 권리'라 함은 지자체에서 설치한 위원회의 결정에 대해서 사법부의 최종적 판단을 받을 수 있는 권리를 의미한다." 인권협약 제12조는 다음과 같이 규정하고 있다. "모든 사람은 자신의 형사사건에 대해서 공개법정에서 적절한 기간 내에 재판 받을 권리를 향유한다."

(라) 2016년 10월 20일 현재까지 A국의 해석선언에 대해서 B국과 C국이 A국의 입장을 지지한다고 선언하였다. D국과 F국은 자국의 비준서를 제출하면서 A국 해석선언에 대하여 이의를 제기하였다. G국은 A국의 해석선언을 이유로 양국 간에 조약이 발효되는 것을 반대한다는 성명을 발표하였다.

(마) 甲은 자신에게 벌금을 부과한 경찰위원회는 행정기관이기에 이에 의하여 심판받는 것은 인권협약에 따른 자신의 권리를 침해하는 것이라고 생각하여 협약위원회에 청원하였다. 협약위원회는 甲의 청원사항을 인용하면서 A국이 인권협약을 위반하였고, 甲에 대해서 A국이 적절한 배상을 포함한 효과적인 구제조치를 해야 한다고 결정하였다.

(바) 甲은 협약위원회의 결정을 근거로 A국 법원에 A국 정부를 상대로 하는 국가배상청구소송을 제기하였지만, A국의 대법원은 최종적으로 손해배상청구를 기각하였다. 한편, 인권협약 제2조의 규정은 다음과 같다. "제2조 모든 당사국은 이 협약에서 인정되는 권리를 침해당한 사람에 대해서 효과적인 구제조치를 받을 수 있도록 조치를 취할 것을 서약한다." A국을 포함하여 인권협약 당사국은 모두 1969년 「조약법에 관한 비엔나협약」(이하 '조약법협약')의 당사국이다.

1. A국은 협약위원회의 결정에 대해서 자국은 협약 제12조 규정을 위반하지 않았다고 주장하고자 한다. A국이 원용할 수 있는 국제법적 논리를 설명하시오. (30점)
2. B국, D국, G국 각 국과 A국 간의 법률관계를 각각 설명하시오. (25점)
3. A국은 협약위원회의 결정을 국내적으로 이행하지 않는다는 다른 협약 당사국의 비난에 대하여 인권협약 제2조의 해석상 협약 위반이 아니라고 주장하고자 한다. 조약법협약 제31조에 따라 인권협약 제2조를 해석하고, A국 주장이 타당한지 여부를 설명하시오. (25점)

- -

🏅 CHECK POINT

❖ 제1문의 1은 설문에 제시된 해석선언이 사실상 유보에 해당되는지에[조약법 제2조 1항 (d)호] 대한 검토가 필요함.
❖ 제1문의 2는 설문의 해석선언이 유보에 해당된다는 전제하에 유보국(A국)과 유보수락국(B국), 유보반대국(D국), 유보반대 및 조약관계형성 반대국(G국)과의 관계를 조약법 제19조~제21조에 근거하여 설명.
❖ 제1문의 3은 조약법상 조약의 해석에 관한 기본원칙인 제31조를 기초로 하여 설문에 제시된 인권협약 제2조상의 문구를 해석할 것을 요함.

- -

제 2 문의 1

(가) A국의 쓰르부족과 마시루족은 항상 긴장 관계에 있었다. 1999년 마시루족은 쓰르부족이 주도하는 중앙정부에 무력으로써 대항하였다. A국의 내란 상황에 대해 UN안전보장이사회는 A국에 평화유지군을 파견하기로 결의하였다. 이에 UN회원국인 B국, C국, D국이 자국 군대를 파병하였다. B국 군인은 400명이 었으며, 민간인 거주지와 구별되는 병영을 마련하여 F국과 접경한 A국 북쪽 지역에 주둔하였다.

(나) 2002년 4월 20일 B국 군인이 주둔하는 병영 내로 쓰르부족 마을 주민 100여 명이 피신하고자 하였다. B국 군인은 B국 국방부로부터 전반적인 지휘를 받 지만, 세부적인 사항은 A국 주둔 UN특별대표부의 지휘를 받았다. B국 군인 을 지휘하는 甲은 자국 국방부 혹은 UN특별대표부의 지휘도 받지 않은 상태 에서, 쓰르부족 주민들이 영내로 들어오지 못하도록 막았고, 이미 병영 내에 들어와 있었던 쓰르부족 주민 50명을 영외로 쫓아내도록 지시하였다. 甲은 마시루족 민병대가 혹시라도 B국 병사들에게 위해를 가할 빌미를 제공하지 않을까 우려하였던 것이다.

(다) 그 날 저녁과 다음날 저녁까지 마시루족 민병대는 B국 군인이 거주하는 병영 으로부터 얼마 떨어지지 않은 운동장에서 쓰르부족 8000명을 학살하였다(이 하, '2002년 사건'). B국 군인이 주둔하는 병영에 피신하였다가 바깥으로 내몰렸 던 주민 50명 중 40명 이상이 이때 함께 피해를 당하였다.

(라) 2013년 7월 21일 A국내에서 발생한 집단살해(genocide) 문제를 다루기 위하여 특별재판소가 UN안전보장이사회결의로 설치되었다. 2015년 4월 2일 개시된 재판에 피소된 마시루족 민병대의 지휘관 乙은 법정 증언에서 2001년 1월 이 후 F국으로부터 피복, 의약품, 식량, 현금을 지원받았다고 하였다. 2002년 사 건 직전 '마지막 결행'(final solution)을 위한 작전을 상의했지만, F국에게서 구 체적인 작전지시는 받지 않았다고 진술하였다.

(마) 2016년 12월 1일 현재 마시루족이 A국의 주요 요직을 독차지하고 있다. 일각 에서는 여전히 쓰르부족에 대한 차별이 계속되고 있고, 집단살해로 피해를 당 한 가족들은 아무런 배상도 받지 못한 채 육체적 정신적 고통을 받고 있다. 무엇보다도 최근 A국 최고법원은 2002년 사건에 대해서 A국의 책임을 인정 할만한 증거가 없다는 이유로 피해자 가족들의 손해배상청구를 기각하였다.

아래 물음에 대하여 2001년 국제연합 국제법위원회의 「국제위법행위에 대한 국가책임 초안」에 근거하여 답하시오.

1. 2002년 사건과 관련한 F국의 책임 여부에 대해서 설명하시오. (20점)

2. G국은 A국에 대해서 국가책임을 묻고자 한다. G국이 취할 수 있는 조치, 책임 추궁의 근거 및 내용을 정리하여 서술하시오. (20점)

🐾 CHECK POINT

❖ 제2문의 1−1은 국가책임의 성립요건 중 국가행위로의 귀속성과 관련하여 국가책임법 초안 제8조와 관련된 사안임.

  ■ 국가의 지시 및 통제여부에 대한 기준은 실효적 통제(ICJ 기준)와 전반적 통제(ICTY) 등으로 국제재판소마다 다른 기준을 제시하고 있지만, 후자의 경우 국제형사재판소에서 개인이 기소된 경우이기 때문에, 국가 간 책임을 다루는 동 문제에 적용하는 것은 적절하지 않음.

❖ 제2문의 1−2는 국가책임법 초안 제3부 제1장에 규정된 국가책임 추궁 부분에서 국가책임 추궁의 주체로서 피해국 이외에도 비피해국이 강행규범의 위반을 근거로 국가책임을 추궁할 수 있는지(국가책임법 초안 제48조)와 동 조를 근거로 비피해국이 취할 수 있는 조치(국가책임법 초안 제54조)에 대한 검토 필요.

제 2 문의 2

(가) 오토바이를 주된 교통수단으로 사용하는 A국은 국내 공기 오염을 방지하기 위하여 오토바이 연료의 품질을 규제하는 「공기 오염 방지법」을 제정하였다. A국의 오토바이 연료의 일부는 A국에서 생산되고 있으며, 나머지는 B국, C국, D국으로부터 수입하고 있다.

(나) 「공기 오염 방지법」에 따르면, A국의 환경보호국에서 오토바이 연료로 적합한 연료 기준(이하, '품질기준')을 설정하고, 품질기준을 충족시키는 연료만이 A국 내에서 판매, 수입, 유통, 사용될 수 있다. 품질기준을 충족하기 위한 방법으로 A국 국내 연료 생산업자 및 외국 연료 생산업자 중 당해 연도 생산한 연료의 75%를 A국으로 수출하는 B국의 연료 생산업자는 세 가지 방법을 활용할 수 있다. 반면, 당해 연도 생산한 연료의 75%를 A국으로 수출하지 않는

C국과 D국의 연료 생산업자는 A국 환경보호국이 정하는 별도의 한 가지 방법을 활용하여 품질기준을 충족하여야 한다.

(다) 「공기 오염 방지법」을 적용한 결과 A국과 B국의 연료 생산업자들은 비교적 쉽게 품질기준에 적합한 연료를 생산·판매할 수 있었으나, C국과 D국의 연료 생산업자들은 품질기준을 충족하지 못하여 A국에 수출하는 것이 어려워졌다. A국, B국, C국, D국 모두 WTO회원국이다.

C국과 D국은 A국의 조치가 GATT협정 위반이라고 주장하고 있다. 이 주장이 타당한지 여부를 검토하시오. (40점)

✍ CHECK POINT

❖ 최혜국대우의무 위반 여부, 내국민대우의무 위반 여부, GATT 제20조 (b)호 및 (g)호에 의해 정당화되는지 여부가 문제됨.

- B국의 연료 생산업자는 C국과 D국의 연료 생산업자와 비교하여 비교적 쉽게 품질기준을 충족할 수 있으므로 국가 간 차별이 존재한다고 볼 수 있음. 따라서 A국의 조치는 최혜국대우 원칙에 위배됨.

- A국산 오토바이 연료와 외국산 오토바이 연료가 같은 상품임에도 불구하고, A국 국내 연료 생산업자는 품질기준을 충족하기 위한 방법으로 세 가지 방법을 활용할 수 있는 반면, C국과 D국 연료 생산업자는 A국 환경보호국이 정하는 별도의 한 가지 방법을 활용하여 품질기준을 충족하여야 하므로 차별이 존재한다고 할 수 있음. 따라서 A국의 조치는 비재정조치를 취함에 있어 국산품과 수입품 간의 차별을 금지하고 있는 GATT 제3조 4항에 위배됨.

- A국의 조치는 GATT 제20조 (b)호 및 (g)호의 요건에 해당하는 조치이기는 하지만, 타국과의 협정체결 등을 통하여 해결하려는 노력 없이 일방적으로 조치를 시행하였으므로 자의적 차별 내지는 국제무역에 대한 위장된 제한으로 볼 수 있어 두문요건을 충족시키지 못하므로 GATT 제20조에 의해 정당화되지 않음.

제1문

(가) A국의 X지역은 쓰나미의 발생으로 막대한 피해를 입었다. X지역의 경찰서가 쓰나미에 완파되어 X지역은 경찰행정이 부재한 상황이다. 이에 치안확보를 위하여 X지역에 거주하는 개인들이 자경단을 조직하여 치안을 담당하였다.

(나) A국과 B국이 당사국인 "재난 시 구호협약"(이하, '협약')에 따라 B국 구호단체가 X지역의 피해복구를 위하여 활동하고 있었다. 협약에 따르면 재난피해국인 당사국은 원조부여국인 당사국의 구호활동을 방해하지 말아야 하며 이에 대한 유보도 금지되어 있다. X지역의 자경단은 B국 구호단체의 활동을 폭력적으로 방해하였고, 이에 항의하던 B국 구호단체의 일원이 사망하였다. 자경단의 구호활동 방해 행위에 대하여 B국은 A국의 국가책임을 추궁하자, A국은 자경단의 행위가 사인의 행위라는 점을 이유로 국가책임을 부인하였다.

(다) 한편, A국 영해를 항행 중이던 C국 유조선이 좌초되었다. A국 재난안전처의 모든 노력에도 불구하고 기름유출의 확산을 막을 수 없었던 A국은 공군기를 급파하여 C국 유조선을 폭파시켰으나, 인명피해는 발생하지 않았다. A국은 C국에게 적절한 금액의 금전배상을 제안하였다. C국은 A국 대통령이 국제사회 전체를 대상으로 A국을 "반인도적인 범죄국가"로 선언하고 사죄사절단을 파견하는 것만이 C국이 수용할 수 있는 유일한 손해배상임을 주장하였다.

(라) A국이 별다른 반응을 보이지 않자 C국은 파괴된 유조선에 상응하는 A국 선박을 파괴하기 위한 비밀작전을 결정하였다. C국은 국제사회의 비난을 피하기 위하여 D국에게 A국 선박을 파괴할 것을 요청하였다. D국은 자국 경제의 90% 이상을 C국의 경제원조에 의존하고 있는 바, C국의 요청을 거부할 방법이 달리 없다고 판단하여 A국 선박을 파괴하였다. A국은 자국 선박의 파괴에 대하여 D국에게 국가책임을 추궁하게 되었다.

아래 물음에 대하여 2001년 국제연합 국제법위원회의 「국제위법행위에 대한 국가책임 초안」에 근거하여 답하시오.

1. A국의 X지역에서 발생한 자경단의 구호활동 방해 행위에 대한 A국의 주장이 정당화될 수 있는지 여부와 그 근거를 설명하시오. (25점)
2. C국이 A국에게 주장한 손해배상의 방식이 정당화될 수 있는지 여부와 그 근거를 설명하시오. (25점)
3. D국은 A국에게 국가책임을 부담하는지를 설명하시오. (30점)

CHECK POINT

- 제1문의 1의 주요 쟁점은 국가책임의 성립요건 중 국가행위로의 귀속과 관련하여 공권력의 부재 또는 흠결 시에 수행된 행위(국가책임법 초안 제9조)에 해당하는지에 대한 검토가 필요.
- 제1문의 2는 설문에 제시된 방식이 손해배상의 방식 중 만족(국가책임법 초안 제37조)의 요건을 충족하였는지 여부에 대한 판단을 해야 함.
- 제1문의 3은 타국의 행위와 관련된 국가책임에 대한 문제로서 타국에 대한 강제(국가책임법 초안 제18조)를 중심으로 사안을 적용하고 위법성 조각사유로 불가항력(국가책임법 초안 제23조)에 해당되는지에 대한 검토가 필요.

제 2 문의 1

(가) X반도는 A국, B국, C국 및 D국으로 구성되어 있다. 다수의 인권협약은 종교상의 차별을 금지하는 규정을 두고 있으며, 이러한 규정은 국제관습법의 지위를 갖게 되었다. A국, B국, C국 및 D국은 X반도에서 "포괄적인종차별철폐협약"(이하, '협약')의 체결을 위한 외교교섭을 진행했다. 그 결과 A국, B국 및 C국은 협약 당사국이 되었지만, D국은 종교상의 이유로 협약 체결에 반대하여 결국 당사국이 되지 않았다. 협약 제7조는 종교적 차별을 금지하는 내용을 규정하고 있다.

(나) D국은 다른 종교를 믿고 있는 자국 내 소수인종 블룸족에 대하여 국가종교법에 따라 심각한 차별을 가하였고, 이러한 탄압을 피하기 위하여 블룸족은 주변국인 A국, B국 및 C국으로 대규모 탈출을 감행하였다. 그 결과 X반도 전체

의 평화와 안전에 심각한 위협이 발생하게 되었는바, 이에 협약 당사국인 A국, B국 및 C국은 D국에게 협약 제7조에 따라 국가종교법을 이유로 한 인종차별조치를 중단할 것을 요청했다. D국은 중단조치 요청을 거부하였다.

(다) 한편, D국은 E국과 향후 10년간 매년 전폭기 30대를 구매하기로 하는 "전폭기거래조약"(이하, '조약')의 체결을 논의 중이다. F국과 무력충돌 중인 D국은 공군력 열세의 만회가 시급한 상황이었다. D국은 거래가격을 낮추기 위하여 조약체결권한을 갖는 E국의 특명전권대사인 甲과 비밀리에 접촉한 결과 甲에게 상당한 수준의 사례금을 지급하고 조약체결을 성사시켰다.

(라) E국 정부는 甲의 부정행위를 인지하였음에도 불구하고 조약의 내용을 매년 이행하였다. 한편, 조약 발효 후 9년이 경과한 시점에서 D국과의 관계가 악화되자 E국은 조약이 국가대표 甲의 부정으로 체결된 것임을 이유로 조약의 부적법화를 주장하였다.

D국은 F국과 여전히 무력충돌 중이다.

아래 물음에 대하여 1969년 「조약법에 관한 비엔나협약」(이하, '조약법협약')에 근거하여 답하시오. A국, B국, C국, D국, E국 및 F국은 모두 조약법협약의 당사국이다.

1. D국에 대하여 협약 제7조가 적용될 수 있는지 여부를 설명하시오. (20점)
2. 조약의 부적법화에 대한 E국의 주장이 정당화될 수 있는지 여부와 그 근거를 설명하시오.

CHECK POINT

❖ 제2문의 1−1은 조약의 당사국이 아닌 제3국이 국제관습법을 통해 조약에 구속될 수 있는지 여부를 판단하는 문제이며 조약과 제3국에 대한 개관과 함께 조약법 제38조의 적용가능성을 설명해야 함.

❖ 제2문의 1−2는 조약의 무효사유(조약법 제46조 내지 제53조) 중 절대적 무효와 상대적 무효사유의 구분과 조약의 무효사유를 원용할 권리가 상실(조약법 제45조)되었는지 여부를 검토할 필요가 있음.

제 2 문의 2

(가) A물질은 공업용, 가정용 제품 및 건축물의 재료로 다양하게 사용되는 편리한 물질이지만, 유해 미세먼지가 포함되어 있다. 이 미세먼지를 사람이 흡입할 경우 암을 유발할 수 있다.

(나) A물질의 인체 유해성을 염려한 F국은 자국 내에서 A물질 및 A물질이 포함된 제품의 생산, 수입, 유통, 판매, 사용을 금지하는 L&C법률을 제정하여 시행하였다. L&C법률의 시행으로 A물질의 최대 생산국이자 F국에 A물질을 최다 수출해왔던 C국은 A물질을 더 이상 F국에 수출할 수 없게 되었다.

(다) 이러한 상황에서 C국은 A물질의 제한적인 사용과 A물질에서 나오는 미세먼지의 배출량을 줄이는 효과적인 방법을 사용함으로써 A물질의 사용과 관련하여 인간의 건강 보호 측면이 충분하게 보장되고 있으며, F국은 A물질의 대체물인 P물질의 생산, 사용, 수입, 판매는 금지하지 않았기 때문에 차별이 존재한다고 주장하고 있다.

(라) P물질의 주요 생산국은 F국인 바, A물질의 대체물질인 P물질은 과학적 조사 결과 인체에 무해한 것으로 알려져 있다.

C국과 F국 모두 WTO회원국이다.

1. C국이 F국을 GATT규정 위반으로 WTO에 제소하고자 할 때 주장할 수 있는 위반사항에 대하여 검토하시오. (20점)
2. C국의 주장에 대하여 F국이 펼칠 수 있는 반대주장에 대하여 검토하시오. (20점)

CHECK POINT

❖ 제2문의 2−1은 F국의 조치가 수량제한금지 원칙과 내국민대우 원칙에 위반된다고 C국이 주장할 수 있는지 여부에 대한 검토가 필요함.

- 사안의 경우 F국이 A물질 및 A물질이 포함된 제품의 수입을 금지하였으므로 이는 수입수량을 금지한 것으로 보임. 따라서 C국은 F국의 조치가 GATT 제11조 1항에 위반된다고 주장할 수 있음.

- 사안의 경우 A물질과 P물질은 상품의 특성이 동일하지는 않지만 용도에 있어 대체가능성이 있고, 최종소비자가 유사하기 때문에 같은 상품으로 볼 수 있음.
- F국은 A물질과 P물질이 같은 상품임에도 불구하고 P물질에 대해서는 A물질과 동일한 금지 조치를 부과하지 않았으므로 A물질에 대해서 불리한 대우를 하였음. 따라서 C국은 F국의 조치가 GATT 제3조 4항에 위반된다고 주장할 수 있음.
- ❖ 제2문의 2−2는 내국민대우의무 위반이 성립하는지, GATT 제20조 (b)호에 따라 F국의 조치가 정당화되는지 검토가 필요함.
  - 상품의 특성을 판단함에 있어 상품의 유해성이 포함된다고 할 것이므로 이를 고려할 때 A물질과 P물질은 같은 상품으로 볼 수 없음. 따라서 내국민대우의무 적용대상이 아님.
  - F국의 조치가 수량제한금지 원칙에 위반되더라도 GATT 제20조 (b)호에 의해 정당화될 수 있는지 여부를 검토.
  - A물질의 인체 유해성과 일반 대중에의 광범위한 영향 가능성에 비추어 볼 때, F국의 수입 및 판매 금지조치는 합리적으로 이용가능한 대체수단이 존재하지 아니하므로 인간의 건강을 보호하기 위해 필요한 조치라고 할 수 있음. 또한, 두문요건도 충족하고 있으므로 F국의 조치는 GATT 제20조에 의해 정당화된다는 주장이 가능함.

제1문

(가) A국과 B국 간에 발효된 투자보장협정은 각 당사국에 투자한 상대방 당사국 의 자연인 또는 기업에 대하여 투자자와 투자재산의 보호와 안전, 투자기업 의 경영과 통제보장, 자의적 차별조치금지 및 국적국에 의한 외교적 보호 등 을 규정하였다.

(나) 의료전기제품을 생산하는 A국의 SAM사는 B국에 동기업이 100%지분을 갖는 전기부품생산기업 SAMB사를 설립하고 1,000명의 노동자를 고용하여 운영하 였으나 판매부진으로 파산신청을 해야 하는 상황에 이르렀다. SAMB사가 위 치한 B국의 지방도시는 이전에 발생한 지진으로 지역경제가 어려움에 처해 있었다. 이 지역 지방자치단체장은 SAMB사가 파산할 경우 실업자 증가로 지 역경제상황이 더욱 악화될 것을 우려하여 국가적 비상상황에서 사유재산의 수용을 허용하고 있는 B국 국내법에 근거하여 SAMB사를 6개월간 수용하는 조치를 취하였다. 하지만 유사한 상황에 있던 B국인이 소유한 기업들에 대하 여는 그러한 조치를 취하지 않았다.

(다) SAMB사 경영진은 수용조치에 대하여 B국 법원에 제소하였고 동법원은 자치 단체장의 조치가 정당하다고 판결하였다. 이 기간 동안 자치단체장의 소극적 대처로 회사 경영상황은 더욱 악화되었고 결국 파산절차를 밟게 되었는데 수 용전 모기업 SAM사의 동종업계에서의 좋은 평판과 기술력으로 인수의향을 밝혔던 여러 기업들도 인수를 꺼리게 되어 수차례 유찰 끝에 장부상 가격보 다 훨씬 적은 액수에 B국 국영기업에 매각되었다. SAMB사 경영진은 이러한 파산절차진행으로 입은 손해에 대한 배상을 구하는 소송을 제기하였으나 일 심에서 패소하였고 이는 대법원에서 확정되었다.

(라) A국은 B국의 부당한 조치로 자국투자기업 SAM사가 손해를 입었다고 주장하

면서 배상을 요구하였으나 B국이 이를 거부하자 양국 간에 발효 중인 비자면 제협정상의 혜택을 중단하는 조치를 취하였다. (※ 이하 2001년 국제연합 국제법 위원회(ILC)의 「국제위법행위에 대한 국가책임 초안」에 근거하여 답하시오)

1. 제시문 (가), (나), (다)를 바탕으로 B국은 A국에 대하여 국가책임을 부담하는 지 판단하시오. (40점)
2. A국의 B국에 대한 비자면제협정상의 혜택 중단 조치는 정당한지 판단하시오. (20점)
3. B국의 A국에 대한 책임이 인정되는 경우 A국이 책임을 추궁하기 위한 요건 을 설명하시오. (20점)

CHECK POINT

❖ 제1문의 1은 B국의 국가책임 성립가능성에 대해 국가책임의 성립요건에 대한 종합적인 설명을 필요로 하는 문제임.
   ■ 국가행위로의 귀속성(제4조~제11조), 국제의무위반 여부(제12조~제15조)에 대한 검토가 필요함.
   ■ 특히 국가 행위의 국제위법성은 국내법에 의해 영향받지 않고 국제법에 의해 결정(국가책임법 초안 제3조)된다는 점을 언급할 필요가 있음.
   ■ 위법성 조각사유로서 필요성(긴급피난에 해당되는지) 검토가 필요함.
❖ 제1문의 2는 A국의 조치가 국가책임을 발생시키는지에 대한 판단이 필요하며 앞서 언급한 국가책임의 성립요건과 위법성 조각사유를 같이 검토하여 국가책 임 성립 여부를 판단해야 함.
❖ 제1문의 3은 국가책임 추궁의 주체, 절차(국가책임법 초안 제43조), 청구의 수 리가능성(국가책임법 초안 제44조) 등을 설명해야 함.

제 2 문의 1

(가) 1958년 6월 10일 뉴욕에서 채택된 「외국 중재판정의 승인 및 집행에 관한 협약」(이하 '뉴욕협약'이라 함)의 당사국 간에는 외국중재판정을 상호 간 승인하고 강제집행도 보장된다. 뉴욕협약에 따르면 당사국인 외국에서 집행판결을 받

으면 또 다른 당사국의 국내 판결과 같은 법적 강제성을 갖는다. 이러한 뉴욕 협약은 상호주의(reciprocity), 상사(commercial), 소급적용(retroactive) 및 부동산 (improvable property) 등과 관련한 유보(reservation)를 허용하는 조항을 명문으로 두고 있다.

(나) A국은 2013년 6월 26일 뉴욕협약에 가입하기 위하여 국내법률 제419호를 제정·공포하였다. 이 법률은 A국이 뉴욕협약을 가입하는 경우, 가입 시에 뉴욕협약의 규정에 따라 상호주의, 상사, 소급적용 및 부동산 등과 관련한 유보를 첨부하도록 하는 내용을 포함하고 있었다. 그런데 2014년 11월 5일 A국이 뉴욕협약을 가입하기 위해서 기탁한 가입의정서에는 그 어떤 유보도 첨부되지 않았다.

A국은 1969년 「조약법에 관한 비엔나협약」의 당사국이다.

1. A국은 국내법률 제419호를 근거로 뉴욕협약의 다른 당사국들에 대하여 상호주의, 상사, 소급적용 및 부동산 등과 관련한 유보를 주장하면서 관련 의무의 이행을 거절할 수 있는지를 판단하시오. (20점)
2. A국은 뉴욕협약 가입의정서가 자국의 국내법률을 위반하여 기탁되었다는 사실을 근거로 뉴욕협약 가입의 무효를 주장할 수 있는지 판단하시오. (20점)

CHECK POINT

❖ 제2문의 1−1은 이미 유효하게 발효된 조약에 대한 당사국의 의무와 관련된 문제로서 조약은 성실하게 이행되어야 한다는 원칙(조약법 제26조)과 국내법을 근거로 조약의 불이행을 정당화할 수 없는 조약법 제27조의 내용을 사안에 적용하여 설명해야 함.
❖ 제2문의 1−2는 조약의 무효사유 중 조약법 제46조의 적용가능성을 판단해야 함.

제 2 문의 2

(가) B국은 A국과 체결한 FTA에 따라 A국산 사탕수수의 수입을 개방할 의무를 부담하게 되었으나 그 이행을 지체하였다. 이에 A국은 B국으로 하여금 사탕

수수당 시장을 개방하도록 압력을 가하려는 의도에서 다음과 같은 조치를 취하였다.

(나) A국은 사탕수수를 가당제로 사용하지 않은 음료와 청량음료의 수입에 대해서는 가액의 20%에 해당하는 음료세를 부과하였으며, 이러한 음료의 운송·유통과 관련된 각종 서비스에 대해서도 20%의 유통세를 부과하였다. 이러한 A국의 음료세와 유통세는 형식상으로는 음료에 부과되는 것이기는 했지만, 실질적으로는 음료에 첨가되는 가당제에 부과되는 것이었다. 아울러 해당 조세 납부 의무자에 대해 각종 장부를 기록 유지해야 하는 부기(bookkeeping) 요건도 부과하였다.

(다) 음료에 첨가되는 가당제에는 사탕수수당과 사탕무당 그리고 고과당옥수수시럽(High Fructose Corn Syrup)이 있다. B국에서 A국으로 수입되는 음료는 거의 전부가 사탕무당과 고과당옥수수시럽을 가당제로 사용하는 반면, A국 국내산 음료는 대부분 사탕수수당을 가당제로 사용하고 있었다. 사탕수수당을 가당제로 사용하지 않는 음료에 국한하여 음료세와 유통세를 부과하는 조치는 A국내 사탕수수당의 생산 및 판매를 촉진하는 결과를 초래하고 있었다.

A국과 B국은 모두 세계무역기구(WTO)의 회원국이다.

1. B국은 A국의 조치가 「관세 및 무역에 관한 일반협정」(General Agreement on Tariffs and Trade, GATT)에 위배된다고 주장하면서 위 조치를 WTO에 제소하려고 한다. B국 주장의 정당성을 평가하시오. (25점)

2. A국은 자국의 조치가 FTA상 B국의 의무준수를 확보하기 위하여 취해진 대응조치로 GATT 제20조에 따라 정당하다고 주장한다. A국 주장의 정당성을 평가하시오. (15점)

✎ CHECK POINT

❖ 제2문의 2−1은 음료세와 유통세의 GATT 제3조 2항 위반 여부와 부기요건의 GATT 제3조 4항 위반 여부가 쟁점이 됨.

- 사탕수수당과 사탕무당이 같은 상품임에도 불구하고 사탕무당에 간접적으로 부과된 음료세와 유통세는 국내 같은 상품인 사탕수수당에 부과된 것을 초과하여 부과되었음. 따라서 GATT 제3조 2항 1문에 위반됨.

- 사탕수수당과 고과당옥수수시럽은 직접 경쟁하거나 대체가능한 상품임.
- 음료세와 유통세는 수입 가당제에만 영향을 미치고 그 조세 차이가 크므로 국내 생산 보호를 위해 의도된 조치임. 따라서 GATT 제3조 2항 2문에 위반됨.
- 부기요건은 사탕수수당 사용자에게는 부과되지 않고 사탕무당 사용자에게만 부과되므로 사탕무당의 사용, 판매, 구매, 운송 등에 영향을 미치는 것임. 따라서 GATT 제3조 4항에 위반됨.

❖ 제2문의 2−2는 A국이 GATT 제20조 (d)호를 원용하기 위해서는 취해진 당해 무역제한조치가, ① GATT 협정에 위배되지 않는 법률 또는 규정의 준수를 확보하기 위한 것인지 여부와 ② 그러한 준수를 확보하기 위해 필요한지 여부를 입증해야 함.

- 준수가 강제되는 법률 또는 규정은 위계질서가 있는 국내적 차원에서 정부와 시민 또는 기업 간의 관계에서 적용될 수 있는 국내법만을 의미함. 따라서 FTA와 같은 조약이나 국제협정은 GATT 제20조 (d)호의 법률이나 규정에 포함되지 않음.
- 따라서 A국의 조치는 GATT 제20조 (d)호에 해당되지 않음.

제 2 문

국경을 인접한 A, B, C국은 비상시 동 지역내의 민간인 보호를 위한 '지역난민보호협정'을 체결하였다. 동 협정 제9조는 "이 협정상 난민은 비국제적 무력충돌의 결과로 본국에서 신체적·정신적 고통을 받거나 받을 우려가 있는 자"라고 규정하고 있고 협정내 유보에 관한 어떤 규정도 두고 있지 않고 있다. 한편 D국 또한 동 '지역난민보호협정'에 가입하고 비준서를 기탁하면서 '지역난민보호협정'은 "C국 이외 지역의 민간인에게는 적용하지 아니한다."라는 유보를 하였다. 이에 대해 B, C국은 그 유보를 수락하였고, A국은 이의를 제기하였다(관련 국가들은 모두 1969년 조약법에 관한 비엔나협약의 당사국이다).

1. 1969년 조약법에 관한 비엔나협약('조약법협약')에 의하여 유보수락국인 B, C국과 D국 및 유보에 이의를 제기한 A국과 D국 간의 법률 관계를 설명하시오. (30점)
2. 국제사법재판소(ICJ)의 유보 관련 판례에 따른 '양립성 접근'에 따르면 D국의 유보는 어떻게 평가될 수 있는가? (10점)

- -

✍ CHECK POINT

❖ 유보국과 유보수락국 및 유보반대국 간의 법적 관계에 관한 문제로서 먼저 조약법 제20조에 대한 검토를 필요로 함. 특히 제20조 2항에서 한정된 교섭국의 수와 조약의 본질상 조약이 모든 당사국에게 통일적으로 적용되는 것이 조약에 의해 구속을 받는다는 각국의 동의의 본질적 기초를 구성하여 유보에 대해 모든 당사국의 동의를 필요로 한다고 규정하고 있는 바, 이에 해당되는지에 대한 검토가 필요.

❖ 제2문의 1은 지역난민보호협정은 그 본질상 인권의 보호와 관련되며 제20조 2
항에 해당되는 조약이 아님. 따라서, 유보를 수락한 B, C국과 D국 간에 유보가
유효하며, 유보를 반대한 A국과 D국(유보국)과의 관계에서 A국이 조약의 발효
자체에도 반대하는 경우, 양국 간 조약관계가 성립되지 않음. 하지만 유보 반대
국이 조약의 발효에는 반대하지 않는 경우, 유보조항은 양국 간만 적용되지 않음.

❖ 제2문의 2는 조약법협약 제19조 (c)호에서 조약의 대상과 목적에 비추어 판단
하는 양립성 기준이 제시되어 있으며, D국의 유보는 지역난민보호협약의 목적
에 반하는 내용임.

제2문

국제사회는 지구온난화에 따른 기후변화 문제에 대응하기 위하여 1992년 5월 UN기후변화기본협약을 채택하였고, 국제사회의 지지에 힘입어 1994년 발효하였다. 나아가 1997년에는 주요선진국을 포함한 38개 국가들에게 의무적인 온실가스 감축을 규정한 교토의정서를 채택하였고, 교토의정서는 2005년 발효하였다. 그러나 교토의정서의 경우, 일부 국가들에게만 온실가스 감축의무를 부여하고 있을 뿐, 중국, 인도 등 주요개도국을 비롯한 대다수의 국가들에 대해서는 그러한 의무를 부과하지 않음으로써 선진국들의 불만이 제기되었다.

이에 따라 국제사회는 새로운 협상을 개시하여 2015년 12월 파리협정을 채택하였고, 채택 후 1년도 경과하지 않은 지난 2016년 11월 발효하게 되었으며, 우리나라도 이 조약에 가입하고 있다. 파리협정은 선진국과 개도국 모두를 포함하는 기후변화협약 당사국인 모든 국가들이 자발적으로 국가별 기여방안(NDC)을 제출하고, 자신들이 제시한 기후변화대응을 위한 목표를 달성하기 위하여 최선의 노력을 다할 것을 규정하고 있다.

지구온난화의 심각성을 이해하고, 기후변화에 대응하기 위하여 세계 각국들은 이와 같이 새로운 조약을 채택하였을 뿐만 아니라, 여러 가지 다양한 노력들을 기울이고 있다. 우리나라도 기후변화에 대응하기 위하여 온실가스 배출권거래제를 시행하고 있으며, 각종 환경 규제를 강화하는 추세에 있다. 우리나라 기업들은 정부의 이러한 강력한 환경규제들로 인하여 국제통상에 있어서 외국 기업들에 비하여 불리한 상황에 처하게 되었다고 불만을 토로하고 있는 실정이다.

1. 국제환경조약들에서는 처음에 기본협약을 채택하고, 추후 추가적인 합의에 따라 후속적인 조약들을 채택하는 일반적인 양상을 보이고 있다. 교토의정서와

파리협정은 UN기후변화협약의 울타리 안에서 채택된 조약들이다. 주요 선진국 위주로 온실가스 의무감축을 규정한 교토의정서나 모든 국가들에게 자발적으로 약속한 국가별 기여방안을 달성하도록 노력할 것을 규정한 파리협정은 모두 UN기후변화협약 하에서 채택된 조약의 형태를 취하고 있다. 그렇다면 교토의정서와 파리협정은 선조약과 후조약의 관계인가? 아니면 앞으로 두 조약이 병존하면서 두 조약 모두에 당사자인 국가들은 두 조약을 모두 준수하여야 하는가? 1969년 조약법에 관한 비엔나협약 제30조에 근거하여 두 조약의 관계를 논하시오. (30점)

 CHECK POINT

❖ 조약법에 관한 비엔나협약 제30조는 동일한 주제에 대한 전/후 조약의 적용 문제를 다루고 있음. 교토의정서와 파리협정이 동일주제에 관한 조약인지에 대한 판단 필요.

❖ 양 조약 모두 기후변화문제를 다루고 있으며 동일한 주제에 관한 조약이지만 교토의정서는 일부 국가에게만 감축의무를 부과한 반면, 파리협정은 모든 국가의 자발적 기여를 추구한다는 측면에서는 전/후 조약에 해당되지 않는다고 판단할 수 있음.

 ■ 반면 양 조약의 내용을 비교 분석하여 전/후 조약에 해당된다는 결론도 내릴 수 있음.

제 1 문

(가) A국과 B국은 국경선 문제로 두 번의 전쟁을 치루었지만 결국 국경을 획정하
지 못하고 양국 간 통제선을 설정해 사실상 국경으로 운용해오고 있다. A국
은 세계 20위 석유생산국이면서 국가 경제의 80%가 석유 수출에 의존하고
있다. 한편, B국은 항만 시설을 비롯하여 석유 수출을 위한 최첨단 파이프라
인 등의 시설을 갖추고 있다. 최근 B국은 자치주 설립을 요구하는 자국 내 X
소수민족의 폭동이 주요 도시를 중심으로 빈번히 발생하자 A국과 인접한 지
역에 소위 '난민캠프'를 설치한 뒤 X소수민족들을 난민캠프로 강제이주시켰
다. 캠프의 수용인원이 부족해지자 B국은 캠프를 확장시키기 위해 A국 영토
일부를 난민캠프로 사용하는 대신 A국이 석유수출을 위해 B국의 항만과 해
상 파이프라인을 사용할 것을 A국에게 제안하였다. A국은 위 캠프가 대외적
으로는 '난민캠프'로 알려졌지만, 사실 소수민족을 탄압하기 위한 목적으로
사용되는 사실을 알고 있었기 때문에 자국 내 '난민캠프'의 설립을 허락하는
것에 대해 부담이 컸다. B국은 A국이 영토 사용 허락에 소극적인 태도를 보
이자, 양국 간 연결된 석유수출용 파이프라인을 폐쇄하겠다고 언급하였다. A
국은 자국의 수출생산에 미칠 중대한 영향을 우려하여 B국의 제안을 즉시 받
아들였다. A국과 B국은 캠프로 강제이주된 X소수민족들을 공동으로 감시하
고 외부의 접촉을 차단한 채 다른 지역으로 이동을 금지시켰다. 한편, B국은
C국에게 최근 건설된 난민 캠프에 대한 지원을 요구하였고, C국은 난민캠프
내 X소수민족의 상황은 모른 채 인도적인 목적으로 B국에게 식량 및 의료품
을 지원하였다. 하지만, B국은 C국으로부터 지원받은 물품을 X소수민족을 진
압하고 강제이주 시킨 자국의 군대에게 보급하였다.

(나) 한편, A국과 B국은 최근 일련의 사건으로 인해 외교 관계가 악화되었고, 이

로 인해 A국이 양국의 통제선을 넘어 B국 내 군대를 배치함으로써 양국 간
국경문제를 둘러싸고 다시 긴장 상황이 조성되었다. B국은 A국에게 즉각 항
의하고 병력을 철회할 것을 요구하였으나 오히려 A국은 배치 규모를 증강하
였다. 이에 B국은 A국 국민의 B국 입국을 전면 금지 시키고, B국 내 최대 휴
양지이자 가장 큰 Y섬에 현재 거주하거나 체류 중인 A국 국민의 출도를 제
한하였다.

A, B, C국은 모두 국제연합의 회원국이며, "이주 및 거주의 자유를 보장하는 Z 조
약"의 당사국이다.

2001년 국제연합 국제법위원회(ILC) 국가책임 초안에 근거하여 다음에 답하시오.
1. 지문(가)에서 A국과 C국의 국가책임 '성립 여부'에 대해 각각 논하시오. (50점)
2. 지문(나)에서 B국의 대응조치가 적법한지 여부에 대해 논하시오. (30점)

- -

🧩 CHECK POINT

❖ 제1문의 1은 국가행위의 귀속성 여부는 문제가 되지 않으며, 제1문은 타국에
  의한 국제위법행위와 관련된 국가책임법 초안 제16조~제18조의 적용 문제임.

- 타국에 의한 국제위법행위를 살펴보기 위해서는 B국의 국가책임 성립 여부
  를 검토해야 함.

- B국은 난민캠프로 위장해 소수민족을 탄압하고 이동을 제한하는 것에 대해
  인지하고 있었으며 '이주 및 거주의 자유에 관한 국제인권규약'의 당사국으
  로서 해당 조약을 위반함.

- A국도 상기 인권조약의 당사국으로서 국가책임이 발생함.

- C국은 B국의 국제위법행위에 지원을 하였으나, C국은 인도적인 목적 하에
  물품을 지원하였고, 자국이 지원한 물품이 국제위법행위에 사용되었다는 사
  실을 인식했다는 정황이 언급되지 않았기 때문에 국가책임법 초안 제16조
  (a)항의 요건은 충족하지 못함.

❖ 제1문의 2는 대응조치의 실체적 및 절차적 요건에(제49조, 제50조, 제51조, 제
  52조) 대한 검토가 필요.

- 사안의 경우 국가의 입국 금지 조치는 출입국을 관리하는 국가의 권리로서
  국제법상 위반되는 행위는 아니지만, 대응조치로서 A국 국민의 입국 전면
  금지 조치는 기본적 인권 보호 의무에 위반에 해당되는지 여부에 대해 검토

가 필요함.

■ 예컨대, 가족의 방문 등 입국 금지 조치에 아무런 예외 조항을 두지 않는 경
우 A국 국민의 기본적 인권 보호 의무에 위반될 소지가 있으며 A국 국민에
대한 출도 제한 조치는 거주와 이동을 제한하는 대응조치로서 기본적 인권
의 보호 의무에 위반됨.

제 2 문의 1

1992년 브라질 리우 데자네이루에서 개최된 유엔환경개발회의(UNCED)에서 모
든 종류의 생물 다양성을 보존하기 위하여 '생물다양성협약'(Convention on Biological
Diversity, 이하 '협약'이라 함)이 채택되었다. 이 협약은 발효에 필요한 비준서 수가 충
족되어 발효되었다. 그런데 이 협약은 당사국에게 구체적인 의무를 부과하고 있지
않은 골격조약(framework treaty)이다. 그리하여 협약 당사국들은 이 협약의 제1조와
제15조를 이행하기 위해 2010년 '유전자원에 대한 접근 및 그 이용으로부터 발생
하는 이익의 공정하고 공평한 공유에 관한 나고야 의정서'(이하 '의정서'라 함)를 채택
하였다. 의정서의 당사국이 되고자 하는 국가는 국내비준절차를 완료하여 비준서
를 협약 사무국에 기탁하여야 한다. 의정서 제33조에 따르면, 의정서는 50번째 비
준서가 기탁된 날로부터 90일 이후에 발효된다. 이 의정서는 이러한 발효 요건을
충족하여 2014년 10월 발효되었다.

1. A국은 협약과 의정서의 당사국이고, B국은 협약의 당사국이며 현재 의정서에
   는 서명만 마친 상태이다. C국은 협약의 당사국이지만 의정서에는 서명을 하
   지 않은 상태이다. A국, B국, C국의 '협약' 및 '의정서'에 대한 조약관계를 설
   명하시오. (20점)
2. D국은 의정서를 교섭하고 채택할 당시 대학교수인 甲을 자국의 협상 대표로
   파견하였으나 전권위임장이 없었다. D국은 의정서에 서명을 한 후 발효에 필
   요한 국내 비준절차를 완료하여 비준서를 협약 사무국에 제출하였고, 이후
   의정서는 발효하였다. 甲이 행한 조약체결에 관한 행위가 법적 효과가 있는
   지 설명하시오. (20점)

CHECK POINT

❖ 제2문의 1-1은 동일한 주제에 관한 전/후 조약의 적용문제를 다루고 있으며 전 조약과 후 조약이 동일한 주제를 다루고 있으면서 각 조약에서 충돌하는 규정이 없는 경우에는 각 조약의 당사국 간에는 각각의 조약관계가 성립함. 하지만, 전 조약과 후 조약이 양립 불가한 경우 전 조약과 후 조약이 동일한 주제에 대해 서로 다르게 규정하고 있는 경우 전 조약과 후 조약 중 어느 조약이 우선하는지에 대해서는 조약법에 관한 비엔나협약 제30조의 규정에 따름.

- 제30조가 적용되는 상황은 전 조약과 후 조약이 '충돌' 내지는 '양립 불가'한 상황임.
- 먼저 UN헌장 제103조가 우선 적용되며(1항), 또한 당사국의 합의에 따라 우선 적용되는 조약을 정하며(2항), 전 조약의 모든 당사국이 후 조약의 당사국이 된 경우에는 신법우선 원칙이 적용됨(3항).
- 후 조약이 전 조약의 모든 당사국을 포함하지 않은 경우에는 a) 두 조약 모두의 당사국 사이에서는 3항과 같이 후 조약 우선원칙이 적용되고, b) 두 조약 모두 당사국과 어느 한 조약만 당사국인 경우에는 양 국이 모두 당사국인 조약이 적용됨.

❖ 제2문의 1-2는 권한없이 행한 행위의 효력에 관한 문제임.

- 전권위임장이란 조약문을 교섭 채택 또는 정본인증하기 위한 목적으로 또는 조약에 대한 국가의 기속적 동의를 표시하기 위한 목적으로 또는 조약에 관한 기타의 행위를 달성하기 위한 목적으로 국가를 대표하기 위하여 국가의 권한 있는 당국이 1 또는 수 명을 지정하는 문서를 의미함[조약법 제2조 1항 (c)].
- 전권위임장이 필요한 자가 전권위임장 없이 행한 조약체결에 관한 행위는 법적 효과가 없음. 단, 조약체결의 목적으로 전권위임장이 필요한 자가 전권위임장 없이 행한 조약체결에 관한 행위라고 하더라도 추후에 이를 승인하는 행위가 있는 경우에는 그 행위의 법적 효과가 발생함.

제 2 문의 2

설탕과 액상과당은 청량음료에 사용되는 대표적인 감미료이다. 설탕은 사탕수수 또는 사탕무를 원료로 사용하는 데 반하여 액상과당은 옥수수 전분으로 만든

다. 또한 액상과당은 설탕과 달리 포만감을 느끼게 하는 호르몬의 생성을 억제하여 계속 먹을 수 있다. 액상과당이 개발되기 전에는 청량음료의 감미료로 설탕을 주로 사용하였으나 오늘날에는 상대적으로 생산비가 낮은 액상과당이 널리 사용된다. 사탕수수의 주생산지인 가국은 사탕수수 이외의 감미료에 대해 20%의 소비세를 부과하는 새로운 조치를 시행하였다. 반면에 나국은 사탕수수 또는 사탕무로 만든 설탕도 생산하지만 주로 액상과당을 생산하며 액상과당 또는 사탕무로 만든 감미료를 가국에 수출해왔다. 가국과 나국은 모두 WTO의 회원국이다.

가국의 조치에 대해 나국은 1) 사탕무에 대한 소비세의 부과는 GATT 제3조 제2항 제1문 위반이고, 2) 액상과당에 대한 소비세의 부과는 GATT 제3조 제2항 제2문 위반이며, 3) 사탕무와 액상과당에 대한 소비세의 부과는 또한 국내에서의 판매에 관한 법규의 적용에 관련되므로 GATT 제3조 제4항도 위반하였다고 주장하면서 WTO에 제소하였다. 이에 대해 가국은 소비세의 부과는 재정조치이므로 제3조 제4항은 적용되지 않으며 자국의 조치가 제3조 제2항을 위반했다 하더라도 GATT 제20조 (d)가 적용된다고 주장하였다. 가국은 자신의 조치가 나국과 체결한 양자조약을 나국이 준수하도록 하기 위한 것이며, 나국이 양자조약을 위반하여 가국에서 생산되는 사탕수수의 공급 과잉이 초래되었고 소비세의 부과는 이를 해결하기 위한 불가피한 조치라고 설명하였다.

1. 가국의 조치가 GATT 제3조 위반이라는 나국의 주장에 대해 논하시오. (30점)
2. GATT 제20조 (d)가 자국의 조치에 적용된다는 가국의 주장에 대해 논하시오. (10점)

🔖 CHECK POINT

❖ 제2문의 2-1은 가국의 설탕과 액상과당에 대한 소비세 부과조치가 설탕과 액상과당이 같은 상품에 해당하는 경우 GATT 제3조 2항 1문의 위반 여부를 검토해야 하며, 같은 상품은 아니라 하더라도 직접 경쟁 또는 대체상품이라고 판단하는 경우 국내산업 보호 목적과 연계하여 GATT 제3조 2항 2문의 위반 여부 등에 대한 검토 필요.

❖ 제2문의 2-2는 GATT 제20조 (d)호, 이 협정의 규정에 반하지 않는 법규의 준수 보장 필요 여부에 대한 검토 필요.

제 2 문

　A, B, C국은 "X"만을 둘러싸고 있는 연안국이며, 지난 수십년 동안 "X"만내 해양경계획정 문제를 해결하고자 노력해왔다. 최근 위 3개국은 "X"만을 공동관리 수역으로 지정하고, 해당 수역에 매장된 천연자원의 공동탐사·개발하기로 합의하였고 "X만 협정"에 서명하였다. 동 협정 전문에서는 A, B, C국은 해양자원의 지속 가능한 개발을 위한 목적으로 X만을 공동으로 관리하고자 함이 명시되었으며, 제2조는 동 합의와 관련하여 분쟁이 발생하는 경우 3개월 이내에 협의하지 못하는 경우 분쟁의 일방 당사국은 해당 분쟁을 국제사법재판부에 회부해야 한다고 규정하고 있다. A국은 제2조에 유보를 첨부하였으며, C국은 어업활동은 공동관리에 포함되지 않는다고 선언하였다. A국의 유보에 대해 B국과 C국은 별도로 입장을 표명하지 않았으나, C국의 선언에 대해 A, B국은 반대를 표명하였다. 동 협정에 의하면 A, B, C국은 당사국들의 합의하에 X만의 천연자원의 개발에 참여하고 이익을 공유할 수 있는 국가를 선정할 수 있으며, 이 규정에 의해 첨단 해양장비와 기술을 보유한 D국을 X만의 공동개발 대상국으로 결정하였다.

　또한, 동 협정은 X만의 공동개발에 참여하는 모든 국가들은 정기적으로 자국의 개발활동에 관한 정보를 공유해야 할 의무를 부과하였다. D국은 A, B, C국으로부터 X만 공동개발에 참여하도록 요청을 받았지만, 별도의 의사표현을 하지 않은 상태이다.

A, B, C국은 조약법에 관한 비엔나협약('조약법')의 당사국이다. X만 협정은 유보를 명시적으로 금지하는 조문이 포함되지 않았다.

1. 조약법의 관련 규정에 비추어, A국의 유보와 C국의 선언이 유효한지 여부를
   검토하시오. (20점)
2. D국이 별도의 의사표현 없이 X만 공공탐사 및 개발에 참여할 수 있는지 여부
   에 대해 논하시오. 만약, D국이 공동개발에 참여한 이후 개발활동에 관한 정
   보를 공유하지 않기로 단독으로 결정할 수 있는지 여부를 논하시오. (20점)

CHECK POINT

❖ 제2문의 1은 조약법 제20조 2항을 중심으로 A국 유보의 유효성에 대해 검토가
  필요함.
  - 먼저 조약법 제19조는 유보의 형성과 관련하여 조약이 명시적으로 유보를
    금지하거나[제19조 (a)항], 특정 유보만을 허락하거나[제19조 (b)항] 또는
    조약의 대상과 목적에 양립하는 경우[제19조 (c)항], 유보가 유효하게 형성
    될 수 있음을 규정하고 있음.
  - 또한, 조약법 제20조 2항은 교섭국의 한정된 수와 조약의 대상과 목적에 비
    추어 볼 때, 그 조약의 전체를 모든 당사국 간에 적용하는 것이 조약에 대한
    각 당사국의 기속적 동의의 필수적 조건으로 보이는 경우, 유보는 모든 당사
    국에 의한 수락을 필요로 한다고 규정하고 있음.
  - "Y협정"은 A, B, C국이 특정 지역 "X만"을 공동으로 관리하고 위 지역 내
    천연자원을 보존 및 탐사하기로 합의하였으며, 협정의 한정된 수와, 협정의
    목적에 비추어 볼 때, 위 지역 내 천연자원의 보전과 탐사에 영향을 미칠 수
    있는 해상활동과 어업활동은 Y협정 모든 당사국의 동의를 필요로 함.
  - 동 문제는 유보와 관련하여 1개국 이상의 동의를 필요로 한다는 점과 A국의
    유보가 Y협정의 대상과 목적에 반하지 않기 때문에 유효하다는 주장도 가능
    함.
  - A국의 유보는 조약법 제20조 2항에 의해 모든 당사국이 A국의 유보를 수락
    하지 않았기 때문에 유효한 유보가 아님.
❖ 제2문의 2는 조약법 제36조를 중점으로 조약의 비당사국인 D국이 제3국으로서
  권리가 발생하는지 여부에 대해 검토.
  - D국이 "X"만 공동탐사 및 개발에 참여할 권리가 있는지 여부.
  - 조약은 제3국에 대하여 그 동의 없이는 의무 또는 권리를 창설하지 않음(제
    34조). 조약이 제3국에 대해 권리를 규정하는 경우 제3국이 이에 동의하는
    경우 조약의 규정으로부터 그 제3국에 대해 권리가 발생하며, 조약이 달리

규정하지 않는 한 제3국의 동의는 반대의 표시가 없는 동안 있는 것으로 추
정됨(제36조 1항).

■ 따라서, 동 사안에서 조약의 당사국인 A, B, C국이 조약의 비당사국인 D국
에게 X만의 천연자원의 탐사와 개발에 참여하고 이익을 공유할 수 있는 권
리를 부여하고 있기 때문에 D국이 달리 반대의 의사를 표명하지 않는 한 공
동탐사 및 개발에 참여할 권리가 있음.

■ 또한 조약법 제36조 2항은 권리를 행사하는 국가는 조약에 규정되어 있거나
또는 조약에 의거하여 확정되는 그 권리행사의 조건에 따라야 함을 규정하
고 있음. 이에 D국은 X만 개발활동에 참여한 이후, 위 권리에 수반되는 조건
을 따르지 않는 경우 X만 공동탐사 및 개발에 참여할 권리가 없음.

제 1 문

A국과 B국은 국경을 맞대고 있으면서 역사적으로 오랫동안 적대적 관계에 놓여 있었다. 양국은 경제적 교류뿐만 아니라 인적 교류도 거의 이루어지지 않을 정도로 폐쇄적이고 국경에서는 크고 작은 충돌이 빈번하게 발생하였다. 최근 B국의 범죄조직이 국경에서 A국의 범죄조직에게 무기를 불법적으로 거래하는 행위가 증가하였다. 이에 A국의 군대가 B국의 무기 밀거래 조직을 소탕하고자 국경을 넘어 B국에 진입하여 군사적 활동을 수행하였다. 이러한 급변사태가 발생하자 B국의 육군 해군 공군이 전면적인 반격을 개시하여 A국 영토의 일부를 점령하였다. 이후 B국은 평화협정 체결을 제안하였다. B국의 군사적 위협에 처한 A국은 B국의 협상 제안을 수락하였고 결국 평화협정을 체결할 수밖에 없었다. 이 평화협정은 총 15개 조항으로 구성되어 있으며, 특히 제2조에는 A국의 군대가 범죄조직을 소탕하기 위해 B국으로 불법 진입한 행위에 대해서 배상 책임을 부담하는 내용을 담고 있고, 제3조에는 B국이 점령한 일부 지역을 B국에게 할양한다라는 내용을 담고 있다.

A국과 B국은 1969년 조약법에 관한 비엔나협약의 당사국이다.

평화협정 체결 후 A국에서는 영토 일부를 할양하기로 한 합의에 대한 국민들의 저항이 거세게 일어났다. 그래서 A국은 B국과의 외교관계를 고려하고, 또한 B국과의 관계에 파국에 이르는 것을 피하고자 평화협정의 제3조만을 무효로 하고, 나머지 조항은 유효한 합의로 유지하려는 입장을 보이고 있다. 1969년 '조약법에 관한 비엔나협약'에 근거하여 A국의 입장을 평가하시오. (40점)

CHECK POINT

❖ 조약의 무효사유를 절대적 무효사유와 상대적 무효사유로 구별하고, 조약의 무효의 가분성과 불가분성을 연계하여 조약의 무효의 경우 조약 전체가 무효인지 아니면 특정 조항만 무효인지를 판단 필요.

❖ 절대적 무효사유가 존재하는 경우 조약 내용의 일부만 분리하여 무효화할 수 없으며 조약 전부가 무효임(조약법 제44조 5항).

❖ 동 사안에서 군사적 위협에 의해 평화조약이 체결되었기 때문에 국가에 대한 강박으로서 제52조의 적용이 가능하며, 무력을 사용한 침략전쟁은 강행규범을 위반한 조약은 절대적 무효사유로서 일부 조항만을 무효로 할 수 없으며 조약 전체가 무효임.

제 1 문

A국과 B국은 경계획정 문제로 오랜 기간 동안 적대적인 관계를 유지해왔다. 2015년 양국정상은 양국 간 경계를 획정하는 "경계획정조약"(이하 '조약'이라 함)에 서명하였다. 2019년 B국은 조약이 B국의 헌법에서 규정하고 있는 국가최고평의회의 승인을 받지 못하였기 때문에 조약에 대한 B국의 기속적 동의는 부적법한 것이며, 조약체결 과정에서 교섭국은 각 교섭국의 헌법에 명시되어 있는 조약체결권에 관한 제한을 알고 있어야 한다고 언급하며 조약의 무효를 주장하고 있다. 또한, B국은 설령 B국의 조약에 대한 무효주장이 원용되지 않는다 하여도 B국의 국내법인 "영토경계변경제한법"에 따라 조약은 사실상 B국에서 효력을 갖지 못하는 바, B국의 조약에 대한 불이행은 정당화될 수 있다고 주장하고 있다.

1979년 A국, B국 및 C국은 "무력충돌시 상호지원협정"(이하 '협정'이라 함)을 체결하였다. 2019년 A국은 B국의 우방국인 C국의 군사적 위협 때문에 A국이 불가피하게 협정을 체결할 수밖에 없었다는 점을 폭로하며 협정의 무효를 주장하고 있다. 이에 대하여 B국과 C국은 A국이 2019년 협정의 무효를 주장하기 전까지 40년의 기간 동안 협정의 무효를 주장하지 않고 유효한 협정으로 취급해왔다는 점을 제시하며 A국의 협정 무효 주장을 일축하고 있다. (A국, B국 및 C국은 모두 1969년 조약법에 관한 비엔나협약의 당사국이다.)

1. 조약체결권에 관한 헌법규정의 위반을 근거로 한 B국의 "경계획정조약"의 무효 주장은 원용될 수 있는가? (30점)
2. B국의 "영토경계변경제한법"을 이유로 한 경계획정조약의 불이행은 정당화될 수 있는가? (20점)
3. A국의 "무력충돌 시 상호지원협정"의 무효 주장은 정당화될 수 있는가? (30점)

CHECK POINT

❖ 제1문의 1은 조약의 무효사유 중 제46조와 관련되며 일반적으로 헌법의 중대한
위반의 경우, 조약의 부적법화 사유로 원용할 수 있음.
- A국은 B국의 헌법을 알아야 할 의무는 없기 때문에 B국의 주장은 제46조에
  따라 조약의 무효사유로서 원용될 수 없음.
❖ 제1문의 2는 "영토경계변경제한법"은 B국의 국내법으로 이는 경계획정조약의
이행을 실질적으로 불가능하게 하는 효력을 가지고 있는 바, 경계획정조약의
불이행의 근거로 주장될 수 없음(조약법 제27조).
❖ 제1문의 3은 조약법 제52조 국가에 대한 강박에서 의미하는 "힘"은 무력행사로
제한되며 C국의 군사적 위협은 제52조상의 힘에 해당됨.
- 조약법 제45조는 조약의 부적법화 사유를 원용하는 권리가 상실될 수 있다
  고 규정하고 있지만, 이 조항은 상대적 무효사유에 한정되므로 사안에는 적
  용되지 않음.

제 2 문

A국은 2018년 3월에 성장촉진을 목적으로 특정호르몬을 투여하여 동식물을
사육·재배하는 것을 제한 및 금지하는 내용의 "동식물호르몬금지 특별법"(이하 '금
지특별법')을 채택하여 시행하였다. 동 '금지특별법'에 의하면 인체에 위해하다고 국
제적으로 인정된 'X 호르몬'이 투여된 동식물 또는 동식물의 가공품을 수입하는
것이 전면 금지되었고, 'X 호르몬'이 포함되지 않은 '기타 호르몬'이 투여되어 사육
·재배된 동식물의 수입가공품에 대해서는 국내제품과는 달리 특별히 지정된 매장
에서만 판매하도록 하였다. 이에 대해 A국에 'X 호르몬'이 투여된 동식물과 동식물
및 동식물의 가공품을 수출하고 있는 B국은 큰 타격을 입게 되었다. 또한 A국에
'기타 호르몬'이 투여되어 사육·재배된 동식물의 가공품을 수출하는 C국 또한 A
국의 국내구분판매제로 인하여 수출이 현저하게 감소되었고 수출에 어려움을 겪
게 되었다.

A국, B국, C국은 모두 WTO회원국이다.

1. B국과 C국은 A국의 조치가 「관세 및 무역에 관한 일반협정」(The General Agreement on Tariffs and Trade, 이하 'GATT'라고 함)위반이라고 주장하며 WTO에 제소하였다. B국 및 C국 주장의 당부를 GATT 제1조, 제3조, 제11조에 비추어 판단하시오. (25점)
2. A국은 자국의 조치가 국민의 건강과 환경을 보호하기 위한 조치라고 항변하였다. A국의 항변이 정당한지 GATT 규정에 비추어 논하시오. (15점)

🖋 CHECK POINT

❖ 제2문의 1은 GATT 제1조, 제3조, 제11조의 원용가능성에 관한 문제임.
- A국의 B국에 대한 조치(수입금지조치) 및 A국의 C국에 대한 조치(국내구분판매조치)를 GATT 제1조 위반이라고 보기 어려움.
- 'X 호르몬'이 포함되지 않은 '기타 호르몬'이 투여되어 사육·재배된 동식물의 수입가공품에 대해서는 국내제품과는 달리 특별히 지정된 매장에서만 판매하도록 하는 구분판매제는 GATT 제3조 4항에 대한 위반이라고 결론을 내리는 것이 타당함.
- A국의 조치(수입금지조치)는 수량제한금지 원칙을 위반하였음.
❖ 제2문의 2는 GATT 제20조 (b)호의 적용에 관한 문제임.
- GATT 제20조 예외조항에서 '필요성' 요건은 GATT에 합치되는 다른 조치가 있는지 여부 및 목적을 성취할 수 있는 덜 침해적이고 덜 무역제한적인 방법이 있는지 여부를 검토해야 함.
- 두문의 요건으로서 자의적이고 정당화할 수 없는 차별의 수단이 아닐 것과 국제무역에 대한 위장된 제한을 구성하는 방식으로 적용되지 않을 것을 요구함.
- A국의 수입금지조치는 GATT 제20조에 의해 정당화될 수 있다고 판단이 가능하며, 국내구분판매제는 두문의 요건을 충족하지 못하여 GATT 제20조에 의해 정당화될 될 수 없다고 판단하는 것이 타당함.

2021년
제 1 차

제 1 문

(가) B국인 甲은 A국의 X市에서 자국의 전통음식점을 운영하고 있었다. X市 경찰서에서 근무하던 경찰관 乙은 B국의 전통음식을 좋아하여 甲이 운영하는 음식점을 자주 이용하였다. 그런데 乙은 甲의 서비스 태도에 불만이 많았다.

(나) 2016년 12월 24일 乙은 甲이 운영하는 전통음식점에서 식사를 하던 중 서비스에 대한 불만이 폭발하여 甲을 폭행하고 영업을 못하게 하겠다고 위협하였고, 심지어 살해하겠다는 협박을 가하는 사건이 발생하였다.

(다) 그 후에도 X市 경찰서에서 근무하던 乙은 2018년 5월 5일 퇴근 후에, 甲이 운영하는 음식점 근처에서 가족과 여행을 가려던 甲을 발견하자, 甲과 그 가족이 타고 있던 승용차를 강제로 정차시키고, 심한 욕설과 함께 신체에 상해를 입히는 폭력을 행사하였다. 또한 운행이 불가능할 정도로 승용차를 파손하였다. 이러한 乙의 행위로 인하여 甲은 3개월 동안 음식점 영업을 중단할 수밖에 없었다.

2001년 국제연합 국제법위원회(ILC)의 '국제위법행위에 대한 국가책임 초안'에 근거하여 아래 물음에 답하시오.

1. 乙의 행위에 대하여 A국의 국가책임이 성립하는가? (30점)
2. B국이 자국민 甲의 피해에 대해서 A국에게 국가책임을 추궁하고자 하는 경우 이에 필요한 요건을 설명하시오. (20점)
3. A국의 국가책임이 성립하는 경우, A국이 부담하는 국가책임의 내용(국가책임의 해제방법)을 설명하시오. (30점)

CHECK POINT

❖ 제1문의 1은 국가기관에 속하는 공무원의 행위가 직무와 관계없는 경우에 국가 책임이 발생하는지 묻고 있음.

- 일반적으로 국가책임 초안 제4조에 의해 모든 공무원의 행위는 국가의 행위로 귀속됨.
- 하지만 공무원의 행위임에도 불구하고 사적인 영역에서 행한 행위에 대해서는 국가책임이 발생하지 않음.

❖ 제1문의 2는 국가책임의 추궁을 위한 전제조건으로서 피해를 입은 자국민에 대해서 B국이 외교적 보호권을 행사하기 위한 요건을 초안 제44조를 토대로 검토해야 함.

❖ 제1문의 3은 국가책임의 해제방법으로서 손해배상의 유형을 묻는 문제로서 국가책임 초안 제35조 내지 제29조에 규정된 세 가지 손해배상 방법(원상회복, 금전배상, 사죄/만족)을 사례에 비추어 설명해야 함.

제 2 문의 1

(가) A국은 1990년 4월 10일 '시민적 및 정치적 권리에 관한 국제규약'(자유권 규약, International Covenant on Civil and Political Rights, ICCPR)에 대한 비준서를 기탁하면서 다음과 같은 내용을 첨부하였다.

"The Government of the Republic of A declares that the provision of article 22 of the Covenant shall be so applied as to be in conformity with the provisions of the local laws including the Constitution of the Republic of A."

(나) A국의 이 같은 입장표명에 대하여 B국은 1990년 5월 15일에, C국은 1991년 6월 7일에, D국은 1991년 6월 10일에 각각 정부 대변인을 통하여 자유권 규약 제22조에 대한 A국의 유보가 규약의 대상 및 목적과 양립할 수 없으므로 수락할 수 없다는 입장을 밝혔다. 그런데 B국과 C국은 이러한 입장만을 밝힌 반면에 D국은 유보에 대한 반대의사와 더불어 이러한 반대가 A국과 자유권 규약의 발효를 방해하지 않는다고 선언하였다.

A, B, C국은 1969년 '조약법에 관한 비엔나협약'의 당사국이다.

1. A국이 자유권 규약의 기탁서에서 표명한 내용은 유보에 해당하는지 판단하시오. (10점)

2. B, C, D국의 유보 반대의사 표시는 조약법에 관한 비엔나협약상 유효한지 여부를 판단하시오. (10점)

3. (B, C, D국의 유보 반대가 유효하다고 가정한다) A국과 B국, A국과 C국, A국과 D국, 그리고 B, C, D국 간의 조약관계를 설명하시오. (20점)

✏️ CHECK POINT

❖ 제2문의 1-1은 A국은 기탁서에서 자유권규약 제22조가 A국의 헌법을 포함한 국내법에 부합하는 경우 적용한다고 입장을 표명함. 위 내용이 유보에 대한 정의가 규정된 조약법 제2조 1항 (d)호에서 조항의 변경과 배제에 해당하는지 검토 필요.

❖ 제2문의 1-2는 유보에 대한 반대표시와 관련된 절차를 충족했는지 묻는 문제로서 유보에 대해 12개월 이내에 이의제기를 하지 않는 경우 수락으로 간주된다는 점(제20조 5항), 정부 대변인을 통한 입장 표명이 서면을 통해 이루어졌는지(제23조)를 중심으로 검토 필요.

❖ 제2문의 1-3은 조약법 제20조 4항 (b)를 근거로 유보국과 유보반대국 간의 당사국 관계가 성립하는지 검토를 요하는 문제임.

  ■ 유보에 대해 반대를 하는 경우는 유보 자체에 대한 반대를 하는 경우와 조약의 발효를 반대하는 경우로 구분해서 생각해 볼 수 있음.

  ■ 사안에서는 자유권 규약의 발효는 반대하지 않았다는 점을 비추어 조약법 제22조의 적용 여부를 판단.

제 2 문의 2

(가) WTO회원국인 A국은 환경보호와 기후변화대응에 매우 커다란 관심을 기울이고 있는 국가이다. 새로이 당선된 A국의 대통령은 환경보호와 기후변화 문제에 적극적으로 대응하기 위하여 다음과 같은 정책을 발표하고, 이에 따라 의회가 즉각 새로운 입법을 하여 2021년 1월 1일부로 다음과 같은 조치를 시행하고 있다.

(나) A국은 자동차가 1km를 달릴 때마다 배출하는 온실가스의 양이 95그램을 초과하는 차량의 경우, 온실가스 배출량의 수치가 1그램이 증가할 때마다 200 유로의 부담금을 부과하기로 한다. 1km당 배출량이 120그램을 초과하는 차량은 운행을 하다가 단속에서 적발시 즉시 운행정지 처분을 내린다.

(다) A국의 자동차 생산업체들은 1km당 온실가스 배출량 95그램 기준을 충족시키는 차량을 생산할 수 있는 능력을 갖추고 있으나, 이웃하고 있는 WTO회원국인 B국의 자동차 생산업체들은 그러한 능력을 갖추고 있지 못하다.

(라) A국은 수입 자동차의 관세율에 있어서도 위 1km당 95그램기준을 충족하는 자동차에 대해서는 5%의 관세를 부과하지만, 그렇지 못한 경우에는 20%의 관세를 부과하고 있다.

1. B국은 A국의 조치들이 GATT 제1조, 제3조, 제11조 위반에 해당한다고 주장한다. B국의 주장이 정당한지 판단하시오. (20점)

2. A국은 이러한 조치들이 어떠한 GATT 규정도 위반하지 않는다고 주장하면서, 설령 위반이 있다고 하더라도 GATT 제20조에 의하여 정당화할 수 있다고 주장한다. A국의 주장이 정당한지 판단하시오. (20점)

🧭 CHECK POINT

❖ 제2문의 2−1는 GATT 제1조, 제3조, 제11조 적용의 정당성 판단 문제임.

 ■ GATT 제1조 위반 여부는 지문에 언급된 환경요건을 충족한 자동차와 그렇지 못한 자동차가 같은 상품인지 검토한 후, 관세와 부과금 조치에 대해 최혜국대우 위반 여부를 검토.

 ■ GATT 제3조와 관련하여 A국 자국에서 생산하는 자동차는 환경요건을 충족하기 때문에 부담금이 부과되지 않지만 B국의 자동차는 친환경 자동차의 생산능력이 부족하여 부담금을 지불해야 하는 조치가 GATT 제3조 2항 또는 제3조 4항에 해당하는지 검토 필요.

 ■ GATT 제11조와 관련해서는 km당 부과되는 부담금과 운행정지 처분이 사실상 수량제한 및 수입금지에 각각 해당하는지 검토 필요.

❖ 제2문의 2−2는 환경보호와 기후변화대응을 이유로 GATT 제20조 일반적 예외 사유에 해당되는지 (b) 또는 (g)호를 중심으로 검토 후 두문의 요건을 충족했는지 판단.

제 1 문

(가) A국, B국, C국, D국, E국은 남부아시아에 위치하는 국제하천 R의 연안국들이다. R은 거의 비가 내리지 않는 남부아시아 지역에서 연안국들에게는 생명줄과 같은 하천이다. R의 오염도는 매년 심각해졌는데, 특히 D국은 특정 종교 단체의 영향으로 각종 폐기물을 R에 흘려보내는 관행이 있어서 R의 오염도를 높이는 데 가장 큰 역할을 하고 있다.

(나) 위기의식을 느낀 연안국들은 R의 수질보호를 위하여 R의 통항 및 이용에 관한 규칙을 담은 「R 보호조약」을 체결하였다. 다만, D국은 국내적 반대로 인하여 참여하지 못하였고, A국, B국, C국, E국 국가 간에만 「R 보호조약」이 발효되었다.

A국, B국, C국, D국, E국은 「1969년 조약법에 관한 비엔나협약」의 당사국들이다.

1. 「R 보호조약」의 당사국들은 제3국인 D국에 대해서 자유통항권을 인정하고, 동시에 수질보호를 위한 의무 또한 부과하는 내용의 조약 규정을 추가하고자 한다. 이러한 내용의 조약 규정에 의하여 제3국인 D국의 권리 또는 의무가 발생하는지 여부에 대하여 판단하시오. (30점)

2. 「R 보호조약」에 근거하지 않고서도 제3국인 D국이 R의 수질을 악화시키는 행위를 하지 말아야 할 의무를 부담할 수 있는지에 대해서 논하시오. (20점)

3. 당사들 중 B국, C국은 발효한 「R 보호조약」의 내용보다 더 강력한 형태의 R의 수질보호를 위한 의무를 조약에 포함시키는 것에 합의하고, 이러한 내용으로 조약을 변경하고자 한다. 이러한 조약의 변경이 가능한지 여부를 조약의 개정과 비교하여 논하시오. (30점)

✎ **CHECK POINT**

❖ 제1문의 1은 조약법 제34조 내지 제36조에 규정된 조약과 제3국의 관계를 중점으로 검토 필요.

  ■ 일반원칙으로서 조약은 제3국에 대해 동의 없이 의무나 권리를 창설하지 못함.

  ■ 의무를 부여하는 경우 제3국이 명시적으로 서면을 통해 의무를 수락하는 경우 의무가 발생하며, 권리를 부여하는 경우 제3국이 명시적으로 반대 표시가 없는 한 동의가 있는 것으로 추정되며, 권리를 부여 받은 제3국은 조약에 따른 권리행사의 조건을 따라야 함.

  ■ 권리와 의무를 동시에 부여하는 경우 의무에 부합하는 기준을 적용할 필요가 있음.

❖ 제1문의 2는 조약의 내용이 국제관습법에서 인정된 의무일 경우 제3국은 조약 자체에 구속되지 않지만 국제관습법상 의무에 구속됨(조약법 제38조).

❖ 제1문의 3은 조약의 개정(제39조, 제40조)과 조약의 변경(제41조) 조문의 내용에 대한 비교 검토를 요하는 문제로 다자조약인 R 보호조약의 수질보호 의무를 일부 당사국 간 합의하여 강화시킬 수 있는지를 묻고 있음.

  ■ 다자조약의 일부 당사국 간 조약의 내용을 유효하게 변경하기 위해서는 제41조 1항과 2항에 규정된 조건을 준수해야 함.

제 2 문의 1

(가) A국과 B국은 국경을 맞대고 있는 인접한 국가이다. A국에 소재하고 있는 사기업인 T제련소는 많은 아황산가스를 배출하여 이웃하고 있는 B국의 과수작물과 다른 농작물에 많은 부정적인 피해를 주고 있다. 이에 B국은 A국 정부가 동 제련소를 철저히 감독하여 이와 같은 피해를 방지하기 위한 조치를 취할 것을 수차례 요청하였으나, A국은 별다른 조치를 취하지 아니하고 있다.

(나) 이러한 와중에 B국의 영해를 지나 A국으로 향하던 A국 국적의 선박이 B국 연안에서 암초에 부딪혀 좌초하고 말았다. 좌초된 선박의 오염수 및 기름 유출이 나날이 증가하게 되자, B국은 A국에게 오염방지를 위한 강력한 조치를 신속하게 취할 것을 요청하였으나, A국 정부는 기술적인 어려움을 호소하면서 차일피일 미루고 있었다. A국의 결정을 기다리던 B국은 상황이 날로 악화

되자, 해안의 오염방지 및 피해의 최소화와 연안 주민들의 안전을 위하여 좌
초하여 불타고 있던 A국의 선박을 폭격하여 불태우고 말았다.

2001년 국제연합 국제법위원회(ILC)의 '국제위법행위에 대한 국가책임 초안'에 근
거하여 아래 물음에 답하시오.

1. (가)의 사건에서 A국의 사기업인 T제련소의 경제활동으로 인하여 발생한 B국
   주민들이 입은 피해에 대하여 A국의 국가책임이 성립하는가? (20점)
2. (나)의 사건에서 B국의 A국 선박의 폭파행위에 대하여 A국은 B국에게 국가
   책임을 추궁할 수 있는가? 있는 경우 B의 방어 논리는 무엇인가? (20점)

- -

CHECK POINT

❖ 제2문의 1−1은 사기업의 행위에 대해 국가책임이 발생하는지를 묻고 있음.
- 일반적으로 사인 또는 사기업의 행위는 국가의 행위로 귀속되지 않음.
- 문제에서 A국은 국경을 넘어 B국에 발생한 피해에 대해 아무런 조치를 취하
  지 않았는데 이는 부작위에 해당되고, 한 국가 내에서 발생한 활동으로 인해
  타국에 피해를 방지해야 할 의무는 국제관습법으로 인정되고 있다는 점에서
  A국의 국가책임이 발생함.
❖ 제2문의 1−2는 B국이 타국의 선박을 격침시킨 국제위법행위가 국가책임의 위
  법성 조각사유에 해당하는지 필요성(긴급피난)을 중심으로 검토를 요함.

- -

제 2 문의 2

(가) 닭고기 판매의 70% 이상이 전통 시장에서 이루어지고 있는 A국은 수입산 냉
동 닭고기의 판매를 오로지 냉동시설이 갖추어진 호텔, 레스토랑, 음식을 공
급하는 업체(Catering 업체)에만 가능하도록 하는 법을 제정하여 이를 시행하고
있다. 열대기후인 A국에서 이러한 조치를 시행하는 이유는 적절한 냉동시설
이 없는 야외 전통 시장에서 냉동 닭고기를 판매할 경우 발생할 수 있는 식중
독 등을 방지하기 위한 것이다.

(나) 이에 대하여 주로 A국에 냉동 닭고기를 수출하는 B국은 해당 조치가 GATT
1994 규정을 위반하였다고 주장하며 WTO에 제소하고자 한다. 위와 같은 조

치는 A국산 닭고기에 대해서는 적용되지 않으며, A국은 '수입식품은 안전해
야 한다.'는 내용의 「식품안전보장법」을 시행 중에 있다. A국과 B국은 모두
WTO의 회원국이다.

1. B국은 GATT 1994 제3조 제4항 및 제11조 제1항에 따라 A국 조치가 부당하
   다고 주장한다. 이러한 B국의 주장이 타당한지 여부에 대하여 판단하시오.
   (20점)
2. B국의 주장에 대응하여, A국이 자국 조치의 정당성을 주장할 때에 근거할
   수 있는 GATT 1994 조항이 무엇인지 논하시오. (20점)

🖐 CHECK POINT

❖ 제2문의 2−1은 GATT 제3조 4항(내국민대우)과 제11조(수량제한금지) 위반 여
  부를 검토.
  - GATT 제3조 4항 위반 여부는 A국산 닭고기와 B국산 냉동 닭고기의 같은
    상품 여부를 검토한 후, A국의 조치가 국내판매에 있어서 불리한 대우를 부
    과하는지 검토.
  - GATT 제11조 위반 여부는 A국의 조치가 사실상 B국의 닭고기 수입수량을
    제한하는지에 대한 검토 필요.
❖ 제2문의 2−2는 GATT 제20조 일반적 예외사유 중 (b)호와 (d)호를 중심으로
  항변 가능함.
  - 식중독 방지를 위한 목적(b호), 현재 시행 중인 「식품안전보장법」(d호)의 개
    별요건 검토. 두 개별요건 모두 필요성 요건을 충족하는지에 대한 검토가 필
    요함.
  - 개별요건 검토 후 두문요건의 충족에 대한 검토 필요.

제 1 문

장기독재체제를 유지해 오고 있는 A국은 제한된 범위 내에서나마 외국과의 교류를 허락하고 외국 언론인의 입국 및 취재를 허용하였다. 그러나 A국 주재 B국 기자 갑이 지속적으로 A국을 비판하는 기사를 B국 언론에 송출하자 애국교육으로 인해 자국에 대한 자긍심이 강한 A국의 청년연합 회원 3명이 B국 기자 갑을 납치·감금하고 그에게 각종 폭행 및 가혹행위를 가하였다. 이를 계기로 다수의 A국 대학생들은 이러한 B국 언론사의 행위가 사실상 오랜 기간 역사적 긴장관계에 있던 인접국 B국 정부와의 교감 속에 계획적으로 이루어진 것으로 보고, A국 소재 B국 대사관으로 몰려가 화염병을 던지며 대사관을 방화하였다. A국 정부는 이를 막기는커녕 A국 대통령이 오히려 당일 TV에서 이러한 행위를 유발한 B국 정부 및 언론사를 비난하며 자국 대학생들의 이러한 행동이 매우 애국적인 행동으로 A국 정부와 국민은 이러한 대학생과 언제나 한마음 한뜻으로 굳건히 행동해 나갈 것임을 천명하였다.

이에 B국은 A국이 양국 모두 당사국인 "외교관계에 관한 비엔나협약"을 위반했음을 주장하여 관련 사안을 ICJ에 회부하기로 A국과 합의하고 ICJ에 회부하였다. 이러한 사법적 조치에도 불구하고, A국 내 B국 언론인 갑의 안위가 불확실하고 자국 대사관의 불안정한 상황이 지속되자, B국은 B국 내에 소재하는 A국의 외교관들을 전격 구금하고 이들 중 일부에 대해 고문 행위까지 가하였다. 한편, B국은 구금한 A국 외교관을 신문하는 과정에서 B국 기자 갑을 납치·감금하고 폭행한 A국 청년연합 회원들이 A국 정보요원들의 실질적 지시 하에서 행동한 것이었음을 확인하였다.

A국과 B국은 모두 "시민적·정치적 권리에 관한 국제규약"의 당사국이며, 동 조약은 신체의 자유 등 기본적 자유권을 폭넓게 보장하고 있다. "2001년 ILC 국제

위법행위에 대한 국가책임 초안"을 근거로 아래 질문에 답하시오.

1. A국 내에서 발생한 B국 기자 갑의 감금·폭행 사건 및 B국 대사관 방화 사건에 대해 A국의 국가책임이 성립하는지 각각 논하시오. (40점)
2. B국의 대응조치가 정당화될 수 있는지 논하시오. (40점)

✏️ CHECK POINT

❖ 제1문의 1은 B국 기자의 감금 및 폭행사건과 B국 대사관 방화사건의 각각의 행위에 대해 A국이 국가책임을 부담하는지 검토.

- 기자에 대한 감금·폭행은 A국 정보요원의 지시 하에 A국 청년연합 회원의 행위로서 국가의 지시 및 통제에 해당되므로 초안 제8조에 의해 국가의 행위로 귀속되며, 이러한 행위는 문제에 언급된 신체적 자유를 포함한 기본적 자유권을 보장하는 시민적·정치적 권리에 관한 국제규약의 의무를 위반한 행위로서 A국의 국가책임이 성립함.

- B국 대사관 방화사건의 경우 사인인 대학생들의 행위가 A국의 행위로 귀속되지 않지만, A국 대통령이 이들 행위에 대해 공개적으로 지지한 행위는 A국이 스스로의 행위로 승인 및 채택한 것으로 볼 수 있음(초안 제11조). 대사관 방화의 경우 A국과 B국이 모두 당사국인 외교관계에 관한 비엔나협약상 의무 위반에 해당됨. A국의 위 두 가지 행위에 대해 적용 가능한 위법성 조각사유는 없음.

❖ 제1문의 2는 대응조치의 적법성과 관련하여 실체적 요건과 절차적 요건을 충족하였는지 검토를 요하는 문제임.

- 대응조치의 대상과 목적(초안 제49조) 및 일반적 한계와 절차(제50조 내지 제54조)를 설명.

- 지문에서 외교관 감금은 외교관에 대한 신체불가침 의무 위반인지[제50조 2항 (b)] 및 고문행위가 기본적 인권보호에 대한 위반인지 판단 필요.

- B국이 양자조약에 의거해 국제사법재판소에 사건을 회부한 상태이기 때문에 초안 제52조 3항 (b)호를 중심으로 검토 필요.

제 2 문의 1

　A, B, C국의 해양 접경지역은 다양한 생물종이 서식하고 있어 세계자연유산으로 지정되었다. 2019년 1월 A, B, C국은 위 접경지역의 생태계 보전 및 관리를 위한 생태환경협약에 (이하, "생태협약") 서명하였고, 동 협약의 발효일은 2022년 1월로 규정하였다. 동 협약은 접경 해양보호구역의 생태계 조사·연구 및 해양환경 자료수집에 협력할 의무와 해양생물종을 보호하기 위해 국내적 조치를 취할 의무는 규정하고 있지만, 별도로 어업 활동을 규제할 의무는 규정하지 않았다. 2020년 1월 세계 주요 수산물 수출국인 C국은 위 해양 접경지역에서 멸종위기에 처한 상어를 대량으로 포획하였다. C국의 상어 포획행위에 대해 관련 국제환경단체들의 비난이 이어지자, A, B, C국은 2021년 1월 "생태협약"을 잠정적으로 적용하기로 합의하였다. 위 합의 이후에도, C국이 여전히 상어를 포획하자, 2021년 8월 A국과 B국은 C국의 행위가 "생태협약"상 의무위반이라고 주장하며 즉시 포획행위를 중단할 것을 요구하였다.

　A, B, C국은 "조약법에 관한 비엔나협약"(이하, "조약법")의 당사국이다.

1. C국이 2020년 1월 행한 상어 포획행위가 조약법상 유효한지 논하시오. (20점)
2. A국과 B국이 2021년 8월에 제기한 주장이 조약법상 정당한지 논하시오. (20점)

- -

🐾 CHECK POINT

❖ 제2문의 1-1은 조약의 발효 전 의무를 묻는 문제로서 협약의 발효는 2022년이며, 문제가 된 행위는 발효 전인 2020년에 행해짐. C국의 어획행위가 조약의 대상과 목적에 반하는지 검토를 요함.

　■ 다만, 조약이 아직 발효 전이라는 점에서 B국은 문제에서 언급된 생태협약상의 이행 의무를 위반한 것이 아니라 조약법 제18조를 위반한 것임.

❖ 제2문의 1-2는 조약의 잠정적 적용(제25조)을 묻고 있으며, 당사국들이 모두 생태협약이 발효되지 않았지만, 잠정적으로 적용하기로 합의했다는 점에서 제25조 적용 가능성 검토 필요.

- -

제 2 문의 2

희토류는 화학적, 전기적, 자성적 성질로 인해 하이브리드 자동차, 태양열발전 등 녹색성장에 필수적인 영구자석 제작에 꼭 필요한 소재로 사용될 뿐만 아니라, 방사성 차폐효과가 뛰어나 원자로 제어제로도 널리 사용되고 있다. A국은 전 세계 희토류 매장량의 50%를 차지하고 있으며, 전 세계 생산량의 80%를 점유하고 있다.

최근 A국에서는 희토류 채굴과정에서 발생하는 분진으로 인한 인근 주민의 건강 위험과 불법업체들의 난립 등 여러 문제가 속출하였다. 이에 A국 정부는 난 개발에 따라 발생하는 환경 파괴와 희토류 고갈을 방지하고, 인근 주민의 건강을 보호하기 위해 다양한 형태의 수출 규제를 시행하기로 결정하였다.

구체적으로 A국 상무부는 희토류의 종류인 '세륨', '툴륨' '루테륨'을 수출제한 대상 품목으로 지정하고, 이들에 대한 수출 쿼터를 입찰시스템(bidding system)을 통해 할당하였다. 아울러, 수출입 관리에 관한 인가나 자격을 갖추고 경제활동 과정에서 최근 2년간 법령을 위반하지 않은 기업에 한하여 수출쿼터를 신청할 수 있도록 하였다. 이러한 A국의 규제로 희토류 평균단가가 2018년 kg당 30달러에서 2021년 60달러로 2배 상승하였다.

희토류 전량을 A국으로부터 수입하고 있는 B국은 A국의 수출규제조치가 GATT 협정 위반이라고 주장하는 반면, A국은 국민의 건강 보호와 희토류의 고갈을 막기 위한 불가피한 조치라고 주장하고 있다.

A국과 B국은 모두 WTO회원국이다.

1. A국의 조치와 관련하여, GATT협정에 비추어 B국의 입장에서 다툴 수 있는 논거를 제시하시오. (15점)
2. B국의 주장에 대해 A국의 입장에서 GATT협정에 근거하여 대응할 수 있는 논거를 제시하시오. (25점)

🔍 CHECK POINT

❖ 제2문의 2−1은 A국 정부의 수출제한 대상 품목 지정과 입찰시스템을 통한 수출 쿼터 조치가 GATT 제11조 1항 위반인지 검토 필요.

  ▪ GATT 제11조는 수입뿐만 아니라 수출에 관한 조치도 적용 대상이며 쿼터를

　설정한 조치가 수출과 수입의 제한 조치에 해당되는지 검토.

- 이와 함께 GATT 제11조 2항의 예외요건에 해당하는지에 대한 검토와 함께, GATT 제20조 일반적 예외사유 중 (b)호 또는 (g)호의 요건 위반 및 두문요건 위반에 대한 검토 필요.

❖ 제2문의 2 - 2는 A국의 입장에서 GATT 제20조 일반적 예외사유 중 (b)호 또는 (g)호에 근거하여 주장할 수 있는지를 각각 살펴본 후, 두문요건에 대한 검토 필요.

제 1 문

(가) A국과 B국은 양국이 인접한 해상에서 마약밀수 행위가 급증하자 이를 단속하기 위한 협력을 강화하기 위해 A−B 해양안보협약(이하, "A−B협약")을 체결하고자 하였다. A−B협약은 양국이 공동해양순찰을 통해 공조를 강화하고 서명만으로 조약에 대한 기속적 동의를 부여한다고 규정하고 있다. A국은 해양협약을 채택하기 위해 별도의 전권위임장 없이 B국에 대사 갑을 파견하였다. A국 대사 갑과 B국 외교부장관 을은 위 협약에 서명하였다. A국의 조약체결법에 따르면 해양안보와 관련된 조약은 국회의 동의를 받도록 규정하고 있지만 현재까지 국회의 동의를 구하지 못한 상태이다. 또한, A국은 A−B협약상 공동해양순찰 의무를 이행하지 않았다.

(나) A, B, C국은 접경지역의 공유하천을 공동으로 관리 및 보호하기 위한 협약을 체결하기 위해 4년에 걸쳐 교섭을 진행하였다. 지난 4년간 하천협약의 교섭 과정에는 A국의 외교부장관 X, B국의 전권위임장을 부여받은 해양수산부장관 Y, C국의 환경당 대표 Z가 참여하였다. 4년의 교섭 기간 동안 B국과 C국은 Z의 참여에 대해 아무런 이의를 제기하지 않았다. X, Y, Z는 정기적인 회의를 통해 논의를 진행한 결과 "지역하천보호협약(이하, "하천협약")에 서명하였다. 하천협약은 서명의 효과에 대해 별도로 규정하고 있지 않지만, 하천협약의 교섭 과정에서 X, Y, Z는 서명만으로 조약에 구속력을 부여하기로 합의하였다.

※ A, B, C국은 "조약법에 관한 비엔나협약" ("조약법")의 당사국이다.

"조약법"의 관련 규정에 근거하여 다음에 답하시오.

1. 지문(가)에서 A국의 X가 행한 조약체결행위의 유효성에 대해 논하시오. (30점)
2. 지문(나)에서 C국의 Z가 행한 조약체결행위의 유효성에 대해 논하시오. (30점)
3. 지문(나)에서 A, B, C국이 합의한 하천협약의 구속력에 대해 논하시오. (20점)

🏷 CHECK POINT

❖ 제1문의 1은 조약체결의 주체 및 목적에 따라 전권위임장 등이 필요한 경우를 구분하고, 권한없이 행한 행위에 대하여 국가의 추인 여부에 따라 법적 효과가 달라지는 점을 이해하는지 묻는 문제임.

- 특히 조약법 제7조 2항(b)호에서 조약문의 '채택' 목적과 기타 조약에 대한 기속적 동의 등의 목적을 구분해서 접근해야 함. 이를 위해서는 조약문의 채택이란 단순히 교섭에 대한 최종적으로 확인하는 절차라는 점을 이해해야 함.

- 조약법 제7조 2항(b)호에서 외교공관장은 파견국과 접수국 간의 조약문을 채택할 목적으로 전권위임장이 불필요함을 명시하고 있음. 따라서 조약문 채택 이외의 목적에 한해서는 전권위임장이 필요하다는 해석이 가능하며, 권한 없는 자가 행한 조약체결 행위에 대해서는 국가의 명시적 또는 묵시적 추인이 없는 한 법적 효력을 갖지 못함.

❖ 제1문의 2는 조약법 제7조 1항은 조약문의 채택, 정본인증 또는 기속적 동의를 표시하기 위한 목적에서 명시적 또는 묵시적으로 국가대표로 간주되는 경우를 규정하고 있음.

- 사안에서 전권위임장을 제시하지 않은 정당대표 Z의 조약체결 권한이 제7조 1항(b)를 통해 표시되었는지 검토 필요.

❖ 제1문의 3은 조약에 대한 기속적 동의의 표시방법 중 서명에 의한 기속적 동의의 효과가 발생하는 시점에 관한 문제임.

- 조약법 제12조는 서명의 효과가 조약에 규정되거나, 서명이 기속적 동의의 효과를 가지는 것으로 교섭국 간 합의가 확정되거나, 전권위임장 또는 교섭 중에 표시된 경우를 규정하고 있음. 동 문제에서는 교섭국 간 기속적 동의를 받기로 합의를 한 사실이 언급되어 있기 때문에 제12조 1항(b)호 또는 제12조 1항(c)호를 적용하여 검토.

제 2 문의 1

A국 내에는 주요 구성원인 X 민족 외에도 소수민족인 Y족도 함께 살고 있다. A국은 특정 지역에 모여 사는 Y족을 최근 발생한 몇몇 테러 행위와 연결시켜 비난하며, 인접국인 B국에 이들을 진압하고 테러 행위를 근절하기 위해 살상용 무기를 포함한 다양한 물자 지원을 요청하였다. B국은 A국이 실제로는 Y족을 심각하게 탄압하고 있고 이번 테러 행위들도 Y족과 전혀 상관 없다는 것을 알고 있었다. 그럼에도 B국은 같은 민족으로서 역사적으로 긴밀한 관계를 맺고 있는 A국의 요청을 거부하지 못해 다양한 물자를 지원하였고, 결국 이러한 물자들은 Y족을 탄압하고 살상하는 데 사용되었다.

A국은 또한 유난히 취약계층이 많은 Y족에게 인도적 지원을 하기 위한 식량 등의 물자가 필요하다고 강대국 C국에게 요청을 하여 이러한 인도적 사안에서 선도적 역할을 하는 C국으로부터 적지 않은 양의 인도적 물자를 공급받았다. 그러나 A국은 실제로 동 물자를 Y족의 취약계층이 아닌 오히려 그들을 탄압하고 살상하기 위해 소집된 A국 군경의 군수물자로 사용하였다.

시간이 지나 국제적으로 Y족의 실상이 점차 알려져 크게 부담을 느낀 A국은 자신이 직접 Y족을 탄압하고 살상하는 대신 자신보다 군사력 등 국력이 훨씬 약한 D국으로 하여금 Y족 탄압 및 살상을 실행하도록 강요하였다. D국이 주저하자 A국은 D국의 국경지역을 포격하였다. 이에 국가의 안위에 큰 위협을 느낀 D국은 결국 A국이 강요한 대로 Y족 탄압 및 실상 행위를 A국 대신 수행하였다.

A국, B국, C국, D국은 모두 소수민족을 보호하는 인권조약의 당사국이다.

"2001년 ILC 국제위법행위에 대한 국가책임 초안"을 근거로 아래 질문에 답하시오.
1. Y족의 탄압과 살상에 대해 B국과 C국의 국가책임이 성립하는지 논하시오. (20점)
2. Y족의 탄압과 살상에 대해 D국의 국가책임이 성립하는지 논하시오. (20점)

제 2 문의 2

A국은 소주를 주로 생산하고 있으며, B국에서 생산되는 보드카와 C국에서 생산되는 위스키를 수입하여 소비하고 있다. A국 보건연구원은 최근 40－50대 간암 환자 발생이 10년 전보다 33% 이상 증가하였으며, 알코올 함유량이 높은 주류가 간암 발병률을 더 높인다는 연구결과를 발표하였다. 이에 A국 정부는 다음과 같은 조치를 단행하기로 하였다.

(가) 보드카에 대해 30%의 관세율을 부과하고, 위스키에 대해 50%의 관세율을 부과하였다.

(나) 알코올 함유량이 상대적으로 높은 보드카와 위스키에 대해 40%의 교육세를 부과하고, 소주에 대해서는 20%의 교육세를 부과하였다.

(다) 보드카와 위스키를 편의점에서 판매하지 못하도록 하는 행정지침을 시행하여 소비자들로 하여금 이들에 대한 접근의 기회를 제한하였다.

B국과 C국은 이러한 A국의 조치에 따라 해당 시장에서 자국산 제품의 경쟁력이 떨어질 것을 우려하였다. 특히, C국은 보드카와 위스키 모두 알코올 함유량이 높은 주류임에도 불구하고 상이한 관세율을 부과한 것에 대해 강한 불만을 제기하였다. 한편, A국은 소주, 보드카, 위스키 모두 증류주이기는 하나 모두 다른 특성을 가지고 있으므로 이들을 달리 취급하는 것은 문제되지 않는다고 하였다. B국과 C국은 A국을 상대로 GATT협정의무 위반이라고 주장하며, 세계무역기구(WTO)에 제소하려 한다.

A, B, C국은 모두 WTO회원국이다.

1. A국의 조치 (가)와 관련하여, GATT협정에 비추어 C국의 입장에서 다툴 수 있는 논거를 제시하시오. (10점)
2. A국의 조치 (나)와 (다)와 관련하여, GATT협정에 비추어 B국과 C국의 입장에서 다툴 수 있는 논거를 제시하시오. (15점)
3. B국과 C국의 주장에 대해 A국의 입장에서 GATT협정에 근거하여 대응할 수 있는 논거를 제시하시오. (15점)

🏆 CHECK POINT

❖ 제2문의 2-1은 소주를 주로 생산하는 A국이 B국산 보드카와 C국산 위스키에 대해 각각 30%, 50%의 상이한 관세율을 부과한 조치가 GATT 제1조 1항(최혜국대우의무) 위반인지 검토 필요.
  ■ 최혜국대우의무는 같은 상품에 대해 적용되는 것이므로 의무 위반 여부를 논하기 전에 소주와 보드카 및 위스키가 같은 상품인지 검토 필요.

❖ 제2문의 2-2 (나) 관련, A국이 자국산 소주, B국산 보드카 및 C국산 위스키에 대해 각각 20%, 40%의 상이한 교육세를 부과한 재정조치가 GATT 제3조 2항(내국민대우의무) 위반인지 검토 필요.
  ■ '소주'와 '보드카 및 위스키'가 같은 상품인 경우는 GATT 제3조 2항 1문의 요건을 검토해야 하고, 직접경쟁 또는 대체가능한 상품인 경우는 GATT 제3조 2항 2문의 요건 검토 필요.

❖ 제2문의 2-2 (다)와 관련, 보드카와 위스키를 편의점에서 판매하지 못하도록 한 행정지침을 시행한 조치, 즉 비재정조치가 GATT 제3조 4항(내국민대우의무) 위반인지 검토 필요.
  ■ 제3조 4항은 '소주'와 '보드카 및 위스키'가 같은 상품인 경우에 적용됨.

❖ 제2문의 2-3은 A국의 대응 논거를 두 가지로 나누어 검토 필요.
  ■ 첫째, 최혜국대우의무 및 내국민대우의무 위반 자체가 아니라는 항변 가능 [(가)와 관련, 보드카와 위스키는 같은 상품이 아니라는 주장, (나)와 관련, '소주'와 '보드카, 위스키'가 같은 상품이 아니며, 또한 직접경쟁 또는 대체가능한 상품이 아니라는 주장, (다)와 관련, '소주'와 '보드카, 위스키'가 같은 상품이 아니라는 주장]
  ■ 둘째, GATT 제20조 일반적 예외사유 중 (b)호의 인간의 건강 또는 생명을 보호하기 위해 필요한 조치라는 항변이 가능한지 검토 필요(개별요건 검토 후 두문요건의 충족 여부 검토).

제 1 문

　(1) 2025년 A국의 민간사업자 뉴 스페이스 회사는 외기권 체험관광단을 모집하여 성업 중이다. A국은 자국의 민간기업이 주도하는 우주산업을 발전시키기 위하여 우주여행객의 안전을 확보할 목적으로 체결된 2023년 '우주여행객협약'과 2024년 '우주재난구조협약'에 가입하였다. 이들 협약은 각국 정부가 주도하는 우주활동을 벗어나 민간차원의 우주활동을 진흥하기 위하여 우주의 상업적 이용에 적극적인 국가들이 주도하여 채택하였다.

　(2) 개발도상국인 B국은 우주여행의 위험성으로 인해 우주여행객을 '우주인'과 동일하게 해석할 수 없다는 입장이다. 다양한 우주 사고가 발생하는 마당에 자국의 관할 영역에서 우주인을 구조하거나 상업용 우주물체까지 수색하여 반환할 의무를 부담하지 않겠다는 것이다.

　(3) A국과 C국 외무장관은 최근 회담에서 양국의 우주산업 발전을 위하여 상호 협력을 극대화하기로 하였다. C국은 A국에 보낸 공한에서 '우주인'의 개념에 상업용 우주활동과 관련한 우주여행객을 포함시키는 취지의 A국 주장을 적극 지지한다는 입장을 표명했다.

　(4) D국은 1967년 우주조약에 2022년 가입시 "국가안보 목적상 제5조를 적용하지 않는다"는 유보를 첨부하였다. 이에 대하여 1967년 우주조약 당사국인 A, B, C국은 각각 D국의 유보에 대하여 A국은 이의제기를 하였고, B국은 수락하였고, C국은 조약관계 성립에 반대하였다.

　(5) 1967년 우주조약 제5조의 규정은 다음과 같다. "본 조약의 당사국은 우주인을 외기권에 있어서의 인류의 사절로 간주하며 사고나 조난의 경우 또는 다른 당사국의 영역이나 공해상에 비상착륙한 경우에는 그들에게 모든 가능한 원조를 제공하여야 한다."

* A, B, C, D국은 1969년 조약법에 관한 비엔나 협약(이하 1969년 협약이라 함)의 당
  사국이고 1969년 협약은 A, B, C, D국에 대해서 1980년 발효하였다.
* 1967년 우주조약은 유보에 관한 규정을 두고 있지 않다.

1. 1969년 협약이 1967년 우주조약에 적용되는지를 논하시오. (10점)
2. 1969년 협약 해석 규칙에 근거하여 '우주인'개념에 '우주여행객'이 포함되는지
   에 대한 A국과 B국의 입장을 논하시오. (30점)
3. D국의 유보가 가능한지 설명하고, 그것이 가능하다면, D국에 대한 A, B, C
   국 각각의 조약관계를 논하시오. (40점)

📎 CHECK POINT

❖ 제1문의 1은 1980년에 발효한 조약법에 관한 비엔나협약의 불소급과 관련된 문
   제이며, 특히 국제관습법의 일부는 조약법을 통해 성문화되었다는 점을 이해하
   고 있어야 함.
   ■ 즉, 조약법 중 국제관습법을 성문화한 조항은 위 조약법의 발효 전에 체결된
      여타 조약에도 국제관습법으로서 적용이 가능.
❖ 제1문의 2는 협약상 특정 용어의 의미에 대해 당사국 간 이견이 있는 경우 적
   용되는 조약법상 해석의 원칙을 묻고 있으며, 조약법 제31조에 규정된 해석의
   일반원칙 검토를 요함.
   ■ 조약법 제31조는 조약문의 통상적 의미, 문맥 및 조약의 대상과 목적을 종합
      적으로 검토하여 해석하도록 규정하고 있음. 조약법 제31조 3항(c)호는 조약
      의 문맥과 함께 고려해야 할 대상 중 하나인 당사국 간 적용가능한 국제법의
      관계법칙를 규정하고 있으며, 이는 조약문은 시간적 흐름에 따라 발전적으로
      해석이 가능하다는 것을 의미함.
   ■ 조약법은 제32조에서 상기 조약 해석에 관한 일반원칙을 적용 시 그 의미가
      모호해지거나 또는 명백히 불투명 또는 불합리한 결과를 초래하는 경우 해
      석의 보충적인 수단에 의존할 수 있음을 명시하고 있음.
   ■ 이에 따라 C국의 외교서한이 조약법 제32조에 규정된 해석의 보충적 수단에
      해당되는지 검토를 요함.
❖ 제1문의 3은 유보와 관련된 여러 쟁점 중, 조약법 제2조 1항(d)호에 규정된 유
   보의 정의, 제19조에 비추어 유보가 유효하게 형성될 수 있는 경우를 판단하고,
   유보국과 유보수락국 또는 유보 이의제기국과의 조약관계에 대한 검토가 필요
   한 문제임.

제 2 문의 1

A국에 거주하는 소수민족인 부족 X는 A국 국민이지만, B국과 민족적 친밀성을 가지고 있어서 B국과 전통적으로 우호적 관계를 유지하고 있는 반면에, A, B 양 국은 역사적으로 오랜 정치적 군사적 경쟁 상태 하에 있었다. B국은 자국에게 우호적인 부족 X를 활용하여 경쟁 관계 하에 있는 A국에 사회적 혼란을 야기하고자 하였다. B국은 부족 X의 전체 의사를 결정하는 데 강력한 영향력을 행사하는 지도자 K를 포섭하여 A국의 국내정치에 개입하고자 하였다. B국 비밀정보요원을 통하여 B국의 지시를 받은 K는 그 지시대로 자기 부족민들을 동원하여 A국의 선거 절차를 방해하였다. A국은 선거 방해 행위를 막기 위하여 상당한 정도의 경찰력과 비용을 소모하였으나, 선거 방해 행위 자체를 완전히 방지하기는 어려웠다. 추후에 선거 방해 행위가 발생하게 된 사정을 알게 된 A국은 B국이 국제관습법상 금지되는 국내문제불간섭의무를 위반하였다고 주장하면서 책임을 묻고자 한다.

1. A국에 대하여 B국의 국가책임이 성립하는지를 논하시오. (20점)
2. B국은 A국에 대하여 어떠한 내용의 책임을 부담하는지를 논하시오. (20점)

- -

CHECK POINT

❖ 제2문의 1-1은 B국 비밀정보요원을 통해 B국의 지시를 받은 K의 타국 선거 절차 방해 행위로 인해 B국에 국가책임이 발생하는지를 묻는 문제임.

  ■ B국의 지시가 명확히 언급되었기 때문에 우선 국가책임초안 제8조에 따라 국가에 의하여 지시 또는 통제된 행위로 B국에 귀속됨.

  ■ 국가의 지시 및 통제여부에 대한 기준은 실효적 통제(ICJ 기준)와 전반적 통제(ICTY) 등으로 국제재판소마다 다른 기준을 제시하고 있지만, 후자의 경우 국제형사재판소에서 개인이 기소된 경우이기 때문에, 국가 간 책임을 다루는 동 문제에 적용하는 것은 적절하지 않음.

  ■ 국제의무 위반 여부 검토는 타국의 선거방해 행위는 국제관습법상 국내문제 불간섭 원칙에 위반되어 국제의무 위반이 존재하고 이는 B국의 국제위법행위에 해당하기 때문에 B국의 국가책임이 발생함.

❖ 제2문의 1-2는 국제위법행위에 대한 법적 결과로서 B국의 국가책임이 성립하는 경우 B국이 책임국으로서 취해야 할 조치를 검토해야 함.

  ■ 국가책임초안 제30조는 국가의 국가책임 내용을 규정하고 있으며 책임국은

국제위법행위를 중지하고, 재발방지의 확보 및 보장을 제공할 의무를 짐.
- 책임국은 손해배상의 방법으로 원상회복, 금전배상, 만족 중 단독 또는 결합 적으로 손해배상을 해야할 의무를 부담함.

제 2 문의 2

A국 국민 대다수는 자전거를 교통수단으로 사용하고 있다. A국은 무동력자 전거를 생산하고 있으며, B국은 2010년부터 가솔린자전거와 전기자전거를 A국에 수출해오고 있다. 2020년 A국은 자국민의 건강 및 대기오염 방지를 위하여 일반 무동력자전거에 대해서는 5%의 소비세를 부과하지만, 가솔린자전거와 전기자전거 에 대해서는 각각 300%와 600%의 소비세를 부과하는 국내법을 제정하였다. 이에 B국은 A국의 국내법에 따른 소비세 부과조치가 GATT 협정 위반이라고 주장하고 있다. A국과 B국은 모두 WTO회원국이다.

1. A국의 조치에 대하여 B국이 항의할 수 있는 논거를 GATT 협정을 근거로 제 시하시오. (20점)
2. B국 주장에 대하여 A국이 대응할 수 있는 논거를 GATT 협정을 근거로 제 시하시오. (20점)

✤ CHECK POINT

❖ 제2문의 2 – 1은 A국이 자국산 무동력자전거에 5%, B국산 가솔린자전거와 전기 자전거에 각각 300%, 600%의 상이한 소비세를 각각 부과한 재정조치가 GATT 제3조 2항(내국민대우의무) 위반인지 검토 필요.
- '무동력자전거'와 '가솔린자전거 및 전기자전거'가 같은 상품인 경우는 GATT 제3조 2항 1문의 요건을 검토해야 하고, 직접경쟁 또는 대체가능한 상품인 경우는 GATT 제3조 2항 2문의 요건 검토 필요.
- 같은 상품으로 판단시에는 수입국인 A국 내의 같은 상품인 무동력자전거에 부과된 소비세를 '초과'하여 가솔린자전거와 전기자전거에 부과하였으므로 GATT 제3조 2항 1문에 위반.
- 반면 직접경쟁 또는 대체가능한 상품으로 판단시에는 국내 무동력자전거 생

산을 보호하기 위하여 '유사하게' 과세하지 않은 경우에 GATT 제3조 제2항 2문 위반이 되는데, 무동력자전거 소비세 3%는 B국산 가솔린자전거 300% 및 전기자전거 600%와 비교시 유사하게 과세된 것으로 보기 어려우므로 GATT 제3조 2항 2문에 위반됨.

❖ 제2문의 2−2는 A국이 GATT 제20조 일반적 예외사유 중 (b)호 또는 (g)호를 근거로 항변 가능한지 각 개별요건을 통해 살펴본 후, 두문요건 충족 여부 검토 필요.

■ GATT 제20조 (b)호 예외사유에서 '필요성' 요건은 GATT에 합치되는 다른 조치가 있는지 여부 및 목적을 성취할 수 있는 덜 침해적이고 덜 무역제한적인 방법이 있는지 여부를 검토해야 함.

■ GATT 제20조 (g)호 예외사유에서 '관련성'은 문제의 조치가 보존을 '주된 목적(primarily aimed)'으로 하는 것인 바, 미국-가솔린 사건, 미국-새우 사건 등을 통해 WTO 패널과 상소기구는 조치와 목적간의 "밀접하고 실제적인 관련성"만 성립되는지를 심사하는 것으로 해석함.

■ GATT 제20조 두문의 요건으로서 자의적이고 정당화할 수 없는 차별의 수단이 아닐 것과 국제무역에 대한 위장된 제한을 구성하는 방식으로 적용되지 않을 것을 요구함.

제1문

A국 산업자원부 소속인 국가화학기술연구소는 그 연구 사업을 진행하기 위하여 B국에 인접한 자국 영역 내에 대규모 환경오염을 유발할 가능성이 있는 화학물질 연구시설을 설치하였다. 그 연구시설을 운영하던 중 예기치 않았던 지진으로 인하여 연구시설 내에 보관하고 있던 유독한 오염 물질이 유출되어, 인근 B국과 B국 주민들에게 대규모 피해를 야기하였다. 이러한 피해가 발생한 이후에도 A국은 당해 연구시설을 재정비하고 종전처럼 계속 운영하였다. 이에 추가적인 피해 우려가 있다고 판단한 B국은 A국에 대하여 외교적인 경로를 통하여 연구시설 운영에 대하여 수차례 항의하면서 월경피해 방지의무의 준수를 요구하였다. 이러한 B국의 요구에도 불구하고 A국은 앞으로 지진과 같은 통제 불가능한 천재지변이 발생하지 않는 한 연구시설로부터 오염피해가 발생할 가능성이 없다고 주장하면서, B국의 요구에 전혀 대응하지 않았다. 이러한 A국의 일방적인 태도에 불만을 가진 B국은 자국 공군 전투기를 동원하여 A국의 연구시설을 폭격하여 동 시설을 무력화 시켰다.

1. A국의 연구시설 운영으로 인하여 B국에 발생한 오염 피해에 대하여 A국이 국가책임을 부담하는지 논하시오. (20점)
2. A국의 연구시설을 폭격한 B국의 행위로 B국의 국가책임이 발생하는지 논하시오. (30점)
3. C국은 B국의 폭격이 국제강행규범을 위반하는 것이라는 성명을 발표하고, 그에 대하여 책임을 추궁하고자 한다. C국이 B국의 책임을 추궁할 수 있는지 논하시오. (30점)

CHECK POINT

❖ 제1문의 1은 A국 산업자원부 소속의 연구소 행위가 A국에 귀속되고 국제의무
위반에 해당되어 국제위법행위가 존재하는지를 묻는 문제임.

■ 국가화학기술연구소는 A국 부처에 속하는 기관으로서 국가책임초안 제4조의
목적상 국가기관에 해당되어 A국 행위로 귀속됨.

■ 동 연구소는 한 국가의 관할권 내에서 발생하는 활동이 타국의 환경에 악영
향을 미쳐서는 안 된다는 국제관습법상 월경피해방지의무를 위반하여 국제
의무 위반이 존재함.

■ 다만, 문제에서 지진으로 인해 유독 오염 물질이 유출되었다는 사실에 비추어
A국이 위법성조각사유인 제23조 불가항력을 원용할 수 있는지 검토를 요함.

❖ 제1문의 2는 문제 자체에서 B국의 국가책임 성립 여부를 묻고 있기 때문에, 국
가책임 성립요건을 언급한 후 귀속성, 국제의무 위반 여부, 위법성 조각사유 원
용 가능성 여부를 각각 차례대로 검토해야 함.

■ B국이 공군 전투기를 이용하였기 때문에 군대의 행위는 국가기관으로서 국
가책임 초안 제4조의 목적상 국가기관에 해당되어 B국의 행위로 귀속됨.

■ 연구시설에 대한 폭파행위는 국제관습법에 해당하는 UN헌장 제2조 4항상
무력의 위협 또는 사용금지원칙에 위반되어 국제의무 위반행위임.

■ B국은 위법성 조각사유로서 선행된 국제위법행위를 한 A국에 대한 대응조치
로서 주장이 가능함.

■ 대응조치의 적법성에 관한 요건은 국가책임 초안 제49조 내지 제53조에 비
추어 판단을 요함. 다만, 폭격행위를 강행규범 위반으로 판단한 경우, 초안
제26조에 의해 강행규범의 경우 위법성이 조각되지 않는다는 점을 언급할
필요가 있음.

❖ 제1문의 3은 피해국이 아닌 국가 C국이 국제위법행위국에게 책임을 추궁할 수
있는지 여부를 국가책임초안 제48조에 비추어 판단해야 함.

■ C국이 폭격을 강행규범 위반이라는 성명을 발표한 경우, 폭격이 대세적 의무
에 해당되는지 검토가 필요함.

■ 비피해국은 초안 제30조에 따라 책임국에게 국제위법행위의 중지 및 재발방
지 확보 또는 피해국 및 위반된 의무의 수익주체에 따른 배상 의무를 이행하도
록 요구만을 할 수 있으며, 책임국에게 직접적인 손해배상을 청구할 수 없음.

■ 1문의 3은 C국이 국가책임을 추궁할 수 있는지만을 묻고 있지만, C국이 폭
력을 강행규범 위반이라고 주장하기 때문에, 강행규범에 해당하는 행위에 대

해 C국이 국제적으로 부담하는 의무도 검토해 보는 것도 적절함. 초안 제40조, 제41조는 강행규범의 중대한 위반인 경우 합리적 방법을 통해 강행규범의 위반을 종식시키기 위해 협력해야 하고, 그러한 상황에 대한 불승인 및 원조를 금지하고 있음.

제 2 문의 1

(1) A, B, C국 정부수반들은 2020년 1월 정상회담에서 다음과 같은 취지의 공동성명 문안을 채택하였다.

　　"1. 참여국은 자국 내에서 가사노동에 종사하는 이주 여성을 노예노동 금지에 관한 기존 국제법 규칙에 따라 대우한다.

　　2. 이 합의의 해석 및 적용에서 발생하는 분쟁은 국제사법재판소(ICJ)에 회부한다.

　　3. 이 합의는 참여국 대표 전체가 서명하면 발효한다."

A, B, C국 대표는 회담 장소에서 '서명'으로써 각자 이 합의에 구속받는다는 의사를 표시하였다.

(2) B국은 정상회담에서 자국을 대표한 정부수반 甲의 서명이 무효라고 주장한다. B국 국내법에 따르면 국제문서에 구속받기로 하는 의사표시는 통치자연합회의(Conference of Rulers: CoR)의 관할 사항이라는 것이다.

(3) C국은 자국 내의 A국 국적 가사사용인들이 현대판 노예와 동일한 처우를 받는다는 비난을 잘 알고 있기에 자국의 구속받기로 하는 의사표시를 철회하고자 한다.

＊ A, B, C국은 1969년 조약법에 관한 비엔나 협약(이하 1969년 협약이라 함)의 당사국이다.

1. A, B, C국의 공동성명문이 1969년 협약에 따른 조약인지를 논하시오. (10점)
2. B국 정부수반 甲의 서명이 무효라는 B국의 주장은 타당한가? (20점)
3. C국은 자국의 구속받기로 하는 의사표시를 철회할 수 있는지를 논하시오. (10점)

CHECK POINT

❖ 제2문의 1-1은 문제에 언급된 정상회담에서 발표된 공동성명이 조약법의 목적 상 조약에 해당하는지를 조약법 제2조 1항(a)호에 비추어 판단해야 함. 동 조항 은 명칭을 불문하고 조약법의 목적상 조약은 국가 간 규율하는 국제법상 권리 와 의무가 서면형식으로 이루어진 국제합의를 의미함.

❖ 제2문의 1-2는 B국은 자국 정부수반 甲의 서명이 무효라고 주장하고 있음.

  ▪ 서명의 효력을 규정하는 조약법 제12조 1항(a)는 조약 자체에서 서명의 효과 에 대해 규정하고 있으면 그에 따를 것으로 규정하고 있는 바, 문제의 공동 선언문에는 서명으로 구속받겠다는 의사가 표시되었다는 점에서 위 조항의 적용 가능성을 검토해야 함.

  ▪ 또한, 조약법 제7조 2항을 근거로 정부수반은 조약체결과 관련된 일체의 행 위에 대해 전권위임장이 없이 국가 대표로서 간주된다는 점도 언급할 필요 가 있음.

  ▪ 조약법 제27조에 따라 국내법을 이유로 조약의 미이행을 주장할 수 없으며, 조약의 무효사유와 연계해 살펴보더라도 조약체결과 관련된 국내법 규정을 원용할 수 있지만, 제46조에 따른 무효사유로서는 허용될 수 없음.

❖ 제2문의 1-3은 구속받기로 한 의사표시를 철회할 수 있는지를 묻고 있으며, 이에 대해 조약법에서는 명문 규정이 존재하지 않음. 다만, 철회를 별도로 금지 하는 규정이 없는 한, 철회는 가능하다고 해석이 가능.

제 2 문의 2

장수거북의 보호를 위해 선진국인 A국은 멸종위기동물보호법을 제정하였다. 동법에 따라 어로작업 관련 TED(Turtle Excluder Device) 방식의 적용이 의무화되었 고, A국은 TED 방식의 적용 없이 포획된 새우의 수입 또한 금지하였다. A국에 새 우를 수출하여 왔던 개도국인 B국은 TED 방식의 적용 없이 새우를 포획하고 있었 는 바, A국의 조치에 따라 B국은 A국에 새우를 수출할 수 없게 되었다. 이에 B국 은 A국의 일방적인 TED 방식 적용 부과가 GATT 협정 위반이라고 주장하고 있다. A국과 B국은 모두 WTO회원국이며, A국은 B국으로부터만 새우 수입을 해왔다.

1. A국의 조치에 대하여 B국이 주장할 수 있는 논거를 GATT 협정을 근거로 제시하시오. (20점)
2. B국 주장에 대하여 A국이 대응할 수 있는 논거를 GATT 협정을 근거로 제시하시오. (20점)

🔧 CHECK POINT

❖ 제2문의 2-1은 A국이 TED 방식의 적용을 의무화하여 TED 방식의 적용없이 포획한 새우의 수입을 금지한 조치가 GATT 제3조 4항(내국민대우) 및 제11조 (수량제한금지) 위반인지를 검토함.

  ■ GATT 제3조 4항의 내국민대우의무는 같은 상품에 대해 적용되는 것이므로 의무 위반 여부를 논하기 전에 'TED 방식을 적용하여 포획한 새우'와 'TED 방식을 적용하지 않고 포획한 새우'가 같은 상품인지 검토 필요. 그런데 미국-참치수입제한사건(1991)에서 패널은 같은 상품 여부는 공정 및 생산방법이 아니라 상품 그 자체의 특성에 의하여 결정되는 것으로 판정함.

  ■ 동 사건에서 A국의 조치는 상품으로서의 새우 자체가 아닌 공정 및 생산방법을 규제하는 것이므로 TED 방식의 적용 여부에 근거한 수입제한조치는 상품에 대한 조치로 볼 수 없으므로 내국민대우 원칙 위반이 아니며, 수량제한금지 원칙(GATT 제11조 1항)을 위반함.

❖ 제2문의 2-2는 A국이 GATT 제20조 예외사유 중 (b)호 또는 (g)호를 근거로 항변 가능한지 각 개별요건을 통해 살펴본 후, 두문요건 충족 여부 검토 필요.

  ■ GATT 제20조 (b)호 예외사유에서 '필요성' 요건은 GATT에 합치되는 다른 조치가 있는지 여부 및 목적을 성취할 수 있는 덜 침해적이고 덜 무역제한적인 방법이 있는지 여부를 검토해야 함. 사안에서는 TED 방식을 적용한 A국의 조치는 장수거북을 보호하기 위한 조치로 보이지만, 새우 수입을 금지하는 것 이외에도 이용가능한 대체수단이 존재하는지를 검토해야 함.

  ■ GATT 제20조 (g)호 예외사유에서 "유한천연자원의 보존에 관련된 것인지 여부"를 검토하기 위해서, 먼저 천연자원에 생물자원이 포함되는지를 검토하여야 함. 다음으로 '관련성'의 요건에 따라 문제의 조치가 보존을 '주된 목적(primarily aimed)'으로 하는 것인지를 검토하여야 함. WTO 분쟁해결기구는 미국-가솔린 사건(1996), 미국-새우 사건(1998) 등을 통해 관련성 요건을 조치와 목적간의 "밀접하고 실제적인 관련성"만 성립되는지를 심사하는 것으로 해석함.

■ 다음으로 GATT 제20조 두문의 요건으로서 자의적이고 정당화할 수 없는 차별의 수단이 아닐 것과 국제무역에 대한 위장된 제한을 구성하는 방식으로 적용되지 않는지를 검토하여야 함.

제 1 문

(가) A국과 B국은 양국 간 형사사법, 어업, 자원개발, 보건 등의 분야에서 포괄적 협력관계를 구축하고자 8년 남짓 교섭을 진행하였다. 하지만 A국과 B국이 국경지대에 공동으로 관리하는 지역의 자원 개발과 관련하여 합의가 이루어지지 않아 교섭은 교착상태에 빠졌다. 2009년 1월 A국 정부는 위 공동관리지역을 수년 간 탐사한 결과 신재생에너지 활용을 위한 핵심원료인 리튬이 대량으로 매장되어 있다고 발표하였다. 자원 불모지인 B국은 특히 자원개발과 관련하여 A국과 기술협력을 통해 광물자원에 대한 접근이 확대될 수 있을 것이라는 기대 하에 다시 교섭에 임하였다. 그 결과 2010년 1월 A국과 B국은 "우호협력조약"(이하, "우호조약")에 서명하였고, 동 조약은 서명과 동시에 발효하였다. 한편 동년 6월 A국 정부관료의 폭로에 의해 A국이 2009년 발표한 리튬 매장량은 B국과 우호조약을 체결하기 위해 조작되었으며 해당지역에는 매우 소량만의 리튬이 존재한다는 사실이 밝혀졌다. 이 사실을 알게 된 B국은 A국과 체결한 우호조약 중 자원개발과 관련된 부분은 무효로 하고 나머지 분야에서의 협력은 유지하고자 하였다. 이에 대해 A국은 우호조약은 오직 조약 전체만 무효로 할 수 있다고 주장하였다.

(나) 우호조약이 체결된 이후 A국과 B국은 12년 동안 우호조약상 자원개발을 제외하고 형사사법공조와 어업 등 나머지 분야에서 협력의무를 충실히 이행하였다. 최근 B국내 전기자동자 수요가 늘면서 리튬이 차세대 배터리로 주목받게 되자 A국의 리튬 매장량 조작 사건이 재조명되었고, B국에서 우호조약에 대한 비판 여론이 제기되었다.

(다) 연안국인 X국, Y국, Z국은 해양생물 보호구역을 지정하여 멸종위기에 처한 해양생물의 서식지를 보존하고, 조난 또는 다친 해양동물의 구조 및 치료를 위한 협력체제를 구축하기 위해 "해양협력조약"(이하, "해양조약")에 서명을 하였다. 동

조약은 세 국가가 모두 국내 비준을 마친 시점에 발효하도록 규정하고 있으며, 현재 X국만 국내 비준을 완료하였다. 풍족한 어족자원 및 천연자원 보유국인 Y국은 해양조약이 자국의 해양자원에 대한 접근을 제한할 수 있다는 점을 우려하며, 해양생물 보호구역에서 해양생태계 조사 및 탐사활동을 활발히 진행하면서 다량의 희귀 해양생물을 채집하였다.

※ A국, B국, X국, Y국, Z국은 "조약법에 관한 비엔나협약"(이하, "조약법")의 당사국이다.

조약법에 근거하여 다음 질문에 답하시오.
1. 지문(가)에서 A국의 매장량 조작을 근거로 B국이 우호조약의 무효를 주장할 수 있는지 논하시오. (20점)
2. 지문(가)에서 B국은 우호조약 전체에 대해서만 무효를 주장할 수 있다는 A국의 주장이 타당한지 논하시오. (25점)
3. 지문(나)에서 B국이 우호조약의 무효를 주장할 수 있는지 논하시오. (20점)
4. 지문(다)에서 Y국의 해양생물 채집행위가 조약법상 정당화될 수 있는지 논하시오. (15점)

🎯 CHECK POINT

❖ 제1문의 1~3은 조약의 무효사유와 관련하여 조약법상 규정된 8가지의 무효사유중 원용가능한 무효사유는 무엇이며, 조약규정의 가분성, 조약무효 주장 권리의 상실 여부를 각각 묻고 있음.

- 제1문의 1은 조약법 제49조인 기만을 사유로 조약의 무효를 주장할 수 있는지 검토를 요함.
- 제1문의 2는 조약법 제44조 4항에 따라 제49조(기만) 또는 제50조(부정)에 해당하는 경우 조약규정의 일부 또는 전체 중 선택하여 무효를 원용할 수 있다는 점을 언급해야 함.
- 제1문의 3은 조약법 제45조에 규정된 조약의 무효사유를 원용할 권리의 상실여부를 판단하는 문제이며, 조약법 제45조에서는 상대적 무효사유에 해당하는 조약법 제46조 내지 제50조의 경우 조약의 적법성에 대해 명시적으로 동의하거나 또는 묵인한 경우 조약의 무효를 주장할 권리가 상실됨을 규정하고 있음.

❖ 제1문의 4는 조약이 발효되기 전이라도 조약의 대상과 목적을 저해하지 않을 의무를 규정하고 있는 조약법 제18조를 적용하여 판단해야 함.

제 2 문의 1

A국은 a주, b주, c주로 구성된 연방국가이다. 그중 a주에서 유래 없는 집중호우가 내리기 시작하였고, a주의 도시 곳곳에서 침수피해가 발생하였다. 집중호우가 계속되자 a주 정부는 관련 국내법에 따라 a주에 비상사태를 선포하였다. 이에 따라 a주 정부 소속의 공무원인 갑이 재난관리의 총책임자가 되었다.

a주에서는 집중호우로 인해 거주공간을 잃은 이재민이 상당수 발생하였다. 이재민은 도시 곳곳에 있는 대피소에 임시거주하였지만, 주변 하천의 범람으로 인해 이 대피소도 침수될 위험에 처하였다. 이에 갑은 더욱 안전한 곳으로 이재민을 대피시킬 방법을 모색하였다. 집중호우로 인해 해당 지역의 도로가 대부분 침수되거나 산사태로 길이 막혀 이재민이 육로로 이동하는 것이 불가능하였다. 갑은 A국 국적기인 재난구조용 비행기를 이용하여 이재민을 대피시키기로 결정하였다.

이재민 보호의 책임자이기도 한 갑은 이재민을 대피시키는 비행기에 함께 탑승하였다. 그런데 비행기가 이륙하고 얼마 지나지 않아 갑자기 기상이 악화되었고 추락위기에 직면하였다. 이에 갑은 비행기를 가장 가까운 공항인 B국의 x공항에 착륙하기로 결정하였다. 갑은 B국 당국에 착륙허가를 급히 신청하였지만, 외국인의 출입을 엄격히 통제하는 출입국관리정책을 시행하는 국가인 B국은 A국의 이재민을 사전절차 없이 받을 수 없다는 이유로 착륙허가신청을 거부하였다. 그렇지만 갑은 B국의 불허 결정에도 불구하고 x공항에 비행기를 비상착륙시켰다. 이에 B국은 A국 국적기인 비행기가 허가 없이 B국의 영역에 진입하였다는 점에 대해 국제법 위반이라고 주장하며 A국에게 강력하게 항의하였다.

"2001년 ILC 국제위법행위에 대한 국가책임 초안"을 근거로 아래 질문에 답하시오.

1. 비행기를 비상착륙시킨 갑의 행위로 인해 A국의 국가책임이 성립할 수 있는지 논하시오. (40점)

✎ CHECK POINT

❖ 제2문의 1은 A국 지방정부 소속의 공무원의 행위에 대해 A국으로 귀속되는지
   여부, 국제의무 위반 해당 여부, 위법성 조각사유 존재 여부의 순서대로 검토가
   필요함.

   ■ 국가책임초안 제4조의 목적상 국가기관은 중앙정부 또는 지방정부를 구분하
     지 않으며 지방정부 소속 공무원의 행위는 제4조에 따라 A국 행위로 귀속됨.

   ■ 타국의 영토에 허가 없이 비행기를 비상착륙시킨 행위는 국제관습법상 영토주
     권존중의 원칙에 위반되는 행위이며, 이러한 행위는 국제의무 위반에 해당됨.

   ■ 다만 A국은 갑은 이재민의 생명을 구하기 위해 B국의 공항에 비상착륙하였
     으므로, 위법성 조각사유인 제24조 조난에 근거하여 위법성 조각사유를 원
     용할 수 있는지 검토를 요함.

제 2 문의 2

A국에서는 청소년의 당 섭취가 전 연령 평균뿐 아니라 세계보건기구(WHO)
기준보다 높아 사회적 이슈가 되고 있다. A국 보건부 집계에 따르면, 12~20세 청
소년의 하루 평균 당 섭취량이 80g으로 WHO의 기준인 50g에 비해 1.6배 높았다.
최근 국제보건정책학회에서는 비만을 유발하는 기업에 건강관리 세금, 이른바 '건
강세'를 부과하게 되면 비만 예방 등 국민건강 증진에 도움이 되는 효과를 거둘 수
있다는 연구 결과를 내놓았다. 이를 계기로 A국 정부는 설탕이 일정량 이상 함유
된 탄산음료에 건강세를 부과하기로 결정하였다.

당분 함량에 따라 사탕수수 즙을 가공해 만든 설탕(사탕수수당)이 함유된 탄산
음료에 대해 7%, 사탕무 즙을 가공해 만든 설탕(사탕무당)이 함유된 탄산음료에 대
해 8%의 건강세를 부과하였다. 사탕수수와 사탕무의 즙을 가열해 검은 빛깔이 될
때까지 졸여 만든 흑설탕이 함유된 탄산음료에 대해서는 상대적으로 체내흡수가
빨라 만성질병의 위험이 높다는 이유로 10%의 건강세를 부과하였다.

A국은 사탕수수가 함유된 탄산음료를 주로 생산한다. 반면, B국은 사탕무가
함유된 탄산음료를 생산하고 C국은 흑당이 함유된 탄산음료를 주로 생산하고 있
다. B국과 C국 모두 A국의 조치가 WTO협정 의무위반이라고 주장하며, A국을 상
대로 WTO 분쟁해결절차에 제소하려고 한다. A, B, C국은 모두 WTO회원국이다.

1. A국의 조치와 관련하여, GATT협정에 비추어 B국과 C국의 입장에서 각각 다 툴 수 있는 논거를 제시하시오. (25점)
2. B국과 C국의 주장에 대해 A국의 입장에서 GATT협정에 근거하여 대응할 수 있는 논거를 제시하시오. (15점)

CHECK POINT

❖ 제2문의 2−1에서 B국과 C국은 A국이 사탕수수가 함유된 자국산 탄산음료에 7%, 사탕무가 함유된 B국산 탄산음료에 8%, 흑당이 함유된 C국산 탄산음료에 10%의 건강세를 각각 부과한 조치에 대해 GATT 제3조 2항(내국민대우의무) 위반 주장 가능한지 검토 필요.

■ 'A국산 탄산음료'와 'B국산 탄산음료 및 C국산 탄산음료'가 같은 상품인 경우는 GATT 제3조 2항 1문의 요건을 검토해야 하고, 직접경쟁 또는 대체가능한 상품인 경우는 GATT 제3조 2항 2문의 요건 검토 필요.

■ 같은 상품으로 판단시에는 수입국인 A국 내의 같은 상품인 탄산음료에 부과된 건강세를 '초과'하여 B국산과 C국산 탄산음료에 부과하였으므로 GATT 제3조 2항 1문에 위반.

■ 반면 직접경쟁 또는 대체가능한 상품으로 판단시에는 A국 내 사탕수수가 함유된 탄산음료 생산을 보호하기 위하여 '유사하게' 과세하지 않은 경우에 GATT 제3조 제2항 2문 위반 성립.

■ 또한 C국은 흑당이 함유된 C국산 탄산음료와 사탕무당이 함유된 B국산 탄산음료가 같은 상품임을 주장하면서, A국이 B국산 탄산음료에 부과된 소비세 8%보다 더 높게 C국산 탄산음료에 10%의 소비세를 차별적으로 부과한 조치는 GATT 제1조 1항(최혜국대우의무) 위반이라고 다툴 수 있음.

❖ 제2문의 2−2는 A국의 대응 논거를 두 가지로 나누어 검토 필요.

■ 첫째, 최혜국대우의무 및 내국민대우의무 위반 자체가 아니라는 항변 가능 검토 필요[즉, 최혜국대우의무 위반 주장에 대해서는, A국산 탄산음료와 B국산 및 C국산 탄산음료는 같은 상품이 아니라는 주장/ 내국민대우의무 위반 주장에 대해서는 A국산 탄산음료와 B국산 및 C국산 탄산음료는 같은 상품이 아니며, 또한 직접경쟁 또는 대체가능한 상품이 아니라는 주장].

■ 둘째, GATT 제20조 일반적 예외사유 중 (b)호의 인간의 건강 또는 생명을 보호하기 위해 필요한 조치라는 항변이 가능한지 검토 필요(개별요건 검토 후 두문요건의 충족 여부 검토).

제 1 문

인접국가인 A국과 B국 사이에는 하나강이라는 국제하천이 흐르고 있다. 하나강은 두 국가의 국경을 이루고 있다. A국과 B국은 수력발전소를 건설하는 종합개발계획을 세우고 수력발전소 건설사업을 공동으로 하기로 합의하는 "하나강협정"을 체결하였다. 하나강협정 체결사실이 알려지자, 양국의 환경단체는 수력발전소 건설사업을 진행하면 환경피해가 우려된다는 이유로 수력발전소 건설사업을 반대하기 시작하였다.

하나강협정 체결 이후 A국에서는 새로운 대통령이 선출되었다. 새로 대통령이 된 갑은 정계에 진출하기 이전에 국제환경단체의 대표로서 오랜 기간 동안 활동해온 경험이 있는 사람이었다. A국은 하나강 주변의 아름다운 자연환경으로 잘 알려진 국가로, 하나강 주변의 유원지를 찾는 관광객들이 많았다. 그런데 환경단체들이 하나강협정 체결로 수력발전소 건설사업이 진행되어 자연환경이 파괴되고 있다는 홍보활동을 펼치자 관광객이 줄기 시작하였다. 관광수입이 주 수입원이었던 A국은 점차 경제적 위기에 봉착하였다. 이에 A국 대통령 갑은 다시 자연친화적인 국가 이미지를 회복하고 관광객을 유치하기 위하여 수력발전소 건설사업을 중단한다고 일방적으로 선언하였다.

한편 B국은 하나강협정 체결로 수력발전이 가능해지면 그로부터 생산될 경제적 이익을 기대하였다. B국은 하나강협정 체결 이후 수력발전소 건설작업을 위한 준비작업을 이미 시작하여 비용을 지출하였다. A국 대통령의 일방적인 수력발전소 건설사업 중단선언이 있자, B국 대통령 을은 A국 대통령 갑에게 하나강협정을 이행하라고 종용하였다. 하지만 A국 대통령 갑은 환경보호가 하나강협정보다 더 중요하므로 수력발전소 건설사업을 진행하지 않겠다는 의사를 재확인하였다. 그러자 더 이상 대화가 통하지 않다고 생각한 B국 대통령 을은 A국 수력발전소 건설예정지역에 군대를 보내 해당 지역을 장악하였다. B국의 무력침공으로 A국 수력발전소 건설예정지역에 있는 기반시설이 대부분 파괴되었고, 해당 마을 주민 중 수십 명이 부상을 입었다.

"2001년 ILC 국제위법행위에 대한 국가책임 초안"을 근거로 아래 질문에 답하시오.
1. A국의 수력발전소 건설사업 중단행위로 A국이 국가책임을 부담하는지 논하시오. (30점)
2. A국의 국가책임이 성립한다면, 이에 대한 대응으로 B국의 무력침공이 정당한지 논하시오. (30점)
3. B국의 무력침공행위에 대한 국가책임이 성립한다면, B국은 어떠한 내용의 국가책임을 부담하는지 논하시오. (20점)

 CHECK POINT

❖ 제1문의 1은 A-B국 간 체결된 협정 위반 행위로 A국에게 국가책임이 성립하는지를 묻는 문제로서 국가책임의 성립요건인 국가행위로의 귀속성, 국제의무 위반 해당 여부, 위법성 조각사유 존재 여부를 각각 순서대로 파악해야 함.
  ■ 행위의 귀속성과 관련하여 대통령의 행위는 국가기관의 행위로서 초안 제4조에 근거하여 A국 행위로 귀속됨.
  ■ 국제의무 위반 여부는 문제에 등장한 가상조약인 '하나강협정'에 명시된 공동 건설사업의 중단행위는 위 협정 위반에 해당함.
  ■ A국이 주장가능한 위법성 조각사유가 긴급피난에 해당하는지 초안 제25조 검토를 요함.
❖ 제1문의 2는 선행된 A국의 국제위법행위에 대한 B국의 대응조치인 무력침공이 정당한지를 묻는 문제임.
  ■ B국의 무력침공행위가 위법성 조각사유 중 하나인 대응조치로서 정당한지를 검토하기 위해서는 초안 제49조 내지 제53조에 규정된 요건들을 살펴봐야 함.
  ■ 또한 무력침공이 강행규범에 해당한다고 판단한 경우, 위법성이 조각되지 않는다는 점을 언급 시 가점 포인트 가능.
❖ 제1문의 3은 B국이 책임국으로서 어떤 내용의 국가책임을 부담하는지, 즉 손해배상의 유형을 묻고 있는 문제임.

■ 초안 제30조에 따라 책임국에게 의무의 계속적 이행, 위법행위의 중단, 재발
방지의 확보 및 보장을 제공할 의무가 부여되며, B국은 원상회복, 금전배상,
만족 중 하나 또는 복합적으로 선택하여 손해배상을 제공할 의무가 발생함.

제 2 문의 1

(가) 지리적으로 인접한 A국, B국, C국, D국은 기상정보를 효율적으로 교환하
고 위험기상 예측능력을 향상함으로써 지역 내 발생하는 각종 자연재해를 예방하
기 위해 "기상협력조약"(이하, "기상조약")을 체결하였고 동 조약은 2020년 1월 발효
하였다. 위 조약은 기상위성 기술, 기상관측 자료의 수집 및 전문가 교류 등 당사
국 간 다양한 형태의 기술협력을 강화할 것을 규정하였다. 기상조약은 당사국 간
조약을 변경하는 것을 별도로 금지하지 않으며, 제5조는"당사국은 자연재해를 방
지하기 위한 목적 이외에 당사국의 특정 지역 내 안개, 구름, 강수 등을 변화시키
는 기상조절 기술을 활용할 수 없다"고 규정하였다. 이러한 기상조절 기술은 산불
을 사전에 탐지하거나 극심한 가뭄이 발생한 경우 인공강우를 발생시키는 등 방재
에 활용되었다. 한편, 외교적으로 긴장관계에 있던 A국과 B국 사이 드론 등 전자
장비를 활용한 군사적 충돌이 빈번해졌다. A국과 B국은 군사적 긴장을 해소하기
위해 기상조약 제5조를 변경하기로 하였다. 구체적으로 양국은 전자장비의 작동을
정지시키기 위해 낙뢰 유도를 통한 기상조절 기술을 활용하기로 합의하였다.

(나) X국, Y국, Z국은 군사 협력을 강화하고 국가 간 우호적인 관계를 유지함
으로써 지역 내 평화를 도모하기 위해 군사협력조약(이하, "군사조약")을 체결하였고
동 조약은 2022년 1월 발효하였다. 군사조약은 군사협력 범위에 군사 정보교환,
공동 군사훈련, 의료 서비스 및 인도주의적 지원을 명시하고 있다. 위 군사조약에
따라 당사국은 공동 군사훈련 또는 인도주의적 임무를 수행하기 위해 필요한 경우
자국 군대를 당사국에 파견해야 할 의무를 부담하게 되었다. 한편, X국은 최근 제
정된 자국의 「해외파병법」상 오직 인도주의적 목적에 한하여 해외에 군대를 파병
할 수 있다며 군사조약에 근거한 공동 군사훈련에 자국의 군대를 파병할 수 없다
고 주장하고 있다.

※ A국, B국, C국, D국, X국, Y국, Z국 모두 "조약법에 관한 비엔나협약"(이하, '조약

법')의 당사국이다.

1. 지문(가)에서 조약법상 A국과 B국이 기상조절 기술을 활용하기로 한 합의가 성립될 수 있는지 논하시오. (30점)
2. 지문(나)에서 X국의 주장이 타당한지 조약법에 근거하여 논하시오. (10점)

🎖 CHECK POINT

❖ 제2문의 1－1은 다자조약 내 일부국가 간 조약 내용의 변경의 합의가 유효한지 여부를 조약법 제41조에 따라 검토해야 하는 문제임. 특히 조약에 명시되거나 조약의 변경이 별도로 금지되지 않은 경우 조약법 제41조 1항(b)(i)에 근거하여 타 당사국의 권리향유와 의무이행에 영향을 주어서는 안 되고, 제41조 1항 (b)(ii)에 따라 조약의 대상과 목적에 양립하는지 여부를 판단해야 함.

❖ 제2문의 1－2는 조약은 성실히 이행되어야 한다는 조약법 제26조를 토대로, 국가는 자국의 국내법 규정을 이유로 조약의 불이행을 정당화 할 수 없다는 조약법 제27조를 적용해야 함.

▌ 제 2 문의 2

2023년 세계동물보호단체 '위투게더(we together)'는 밍크 농장에서 "밍크들이 매우 열악한 환경 속에서 집단 사육되고 있으며, 병마에 시달리다 잔인한 방식으로 생을 마감한다"며 밍크 농장의 실태를 고발하는 영상과 사진을 공개하였다. 영상 공개 이후, A국내에서 모피 제품을 다량으로 생산하는 패션업계에 대한 비판이 일기 시작했다.

이에 A국 정부는 「모피제품 유통제한법」을 제정하여 A국내 밍크를 포함한 식육목 족제빗과의 포유류로 만든 제품에 대한 유통을 원칙적으로 금지하고, 토착민들이 생존을 위해 사육한 밍크 등으로 만든 제품이나 동물자원의 관리 차원에서 사육한 밍크 등으로 만든 제품에 대해서는 예외적으로 유통을 허용하였다.

그동안 상업적 용도로 밍크 농장을 운영하고, 해당 밍크로 모피제품을 생산해온 B국은 A국으로의 수출이 사실상 어려워진 반면, 토착민들의 생존을 위해 사육한 밍크로 모피제품을 생산해온 C국은 A국으로의 수출을 계속할 수 있었다. A, B,

C국은 모두 WTO회원국이다.

1. B국은 자국의 모피제품을 C국의 모피제품보다 불리하게 대우한 A국의 조치가 잘못되었다고 주장하고 있다. 이러한 B국 주장에 대한 논거가 무엇인지 GATT협정에 근거하여 설명하시오. (20점)

2. A국은 「모피제품 유통제한법」의 목적이 밍크 보호에 대한 A국 공공의 도덕적 관심을 표명하기 위한 것으로 자국의 조치가 정당하다고 항변하려 한다. 이처럼 A국이 항변할 수 있는 논거가 무엇인지 GATT협정에 근거하여 설명하시오. (20점)

 CHECK POINT

❖ 제2문의 2-1은 A국이 「모피제품 유통제한법」을 제정하여 C국산 모피제품은 토착민들의 생존을 위해 사육한 밍크로 만들어진 제품으로 A국내 시장에서 유통을 허용한 반면에, 같은 상품인 B국산 모피제품은 유통 요건에 부합하지 않아 사실상 A국내로 수출이 어려워졌으므로, 같은 상품에 대한 동등한 시장접근의 편의가 제공되지 않았음을 이유로 GATT 제1조 1항(최혜국대우의무) 위반 성립 주장 가능.

❖ 제2문의 2-2는 A국이 GATT 제20조 일반적 예외사유 중 (a)호 '공중도덕을 보호하기 위하여 필요한 조치'로 항변 가능한지 개별요건을 통해 살펴본 후, 두문 요건 충족 여부 검토 필요.

■ GATT 제20조 (a)호의 개별요건 검토는 먼저 공중도덕의 정의를 설명하고, 다음으로 필요성 테스트가 이루어져야 함. 본 사안과 유사한 EU-바다표범 제품 사건(2013)에서, WTO 패널은 EU의 바다표범 규제조치의 목적이 바다표범의 보호에 대한 "EU 공공의 도덕적 관심을 표명"하기 위한 것으로써, GATT 제20조 (a)호에서 제시하는 공중도덕을 보호하기 위하여 "필요한" 조치에 해당한다는 점을 확인하였음. WTO 패널은 EU의 바다표범 규제조치가 바다표범 제품에 대한 세계적 수요를 줄이고, EU 공중이 비인도적으로 사냥한 바다표범으로 만든 제품으로부터 노출되는 것을 저감할 수 있도록 한다는 점에서 목적을 달성하는데 "실질적인 기여"를 한다고 보아 GATT 제20조 (a)호에서 의미하는 "필요한" 조치라고 판정.

■ 사안에서는 모피제품 유통제한법의 목적과 토착민의 생존을 위하여 사육한 밍크 제품과 동물자원의 관리 차원에서 사육한 밍크 제품에 대하여만 유통

을 허용하고 있는 것을 고려하여, A국 정부의 조치가 GATT 제20조 두문의
요건인 자의적이고 정당화할 수 없는 차별조치에 해당하는지와 국제무역에
대한 위장된 제한 조치에 해당하는지를 검토하여야 함.

제1문

A국, B국, C국, D국, E국은 약 5,000km에 달하는 R하천을 공유하고 있는 국가들이다. A국은 R하천의 최상류국이고 알파벳 순서에 따라 E국은 최하류국이다. 최근 기후변화로 인해 예전보다 수자원이 부족하고, 건기(乾期)가 10년 전보다 두 배 이상 길어지자 5개 국가는 2021년 4월 25일 'R하천의 수자원 보전 및 이용에 관한 협약'(이하, 수자원협약)을 체결하였다. 수자원협약은 비준서를 기탁하면 당사국에게 즉시 발효하는데, E국은 5개 국가 중 마지막으로 2023년 8월 5일 비준서를 기탁하였다. A국은 2022년 5월 25일 5개 국가 중 4번째로 비준서를 기탁하면서 다음과 같은 내용을 첨부하였다.

"각 당사국이 건기 동안 R하천 수자원 이용량을 우기보다 20% 이상 감소시켜야 한다"는 수자원협약 제5조 제2항은 우기(雨期)가 3개월 이상 지속되는 경우 건기 시작 직전 1개월을 기준으로 20% 이상 감소시켜야 한다는 내용으로 해석한다."

이러한 A국의 해석선언은 우기가 3개월 이상 지속되는 경우 건기 시작 직전 1개월 동안에는 A국의 수자원 이용량 자체가 거의 없으므로 수자원협약상 의무 이행을 회피하는 시도라 인식되었다.

A국의 해석선언에 대하여 B국은 침묵으로 일관하였으며, A국의 해석선언이 수자원협약의 대상 및 목적과 양립할 수 없다는 이유를 들면서 C국은 2022년 10월 5일 대통령 담화를 통해, D국은 2023년 7월 5일 외교부 대변인 구두성명을 통해, E국은 2023년 8월 5일 비준서 기탁 시 첨부문서를 통해 A국의 해석선언에 반대하는 입장을 표명하였다. D국은 이러한 반대가 A국과의 수자원협약 발효를 반대하는 것은 아니라고 선언하였지만, E국은 A국과의 수자원협약 발효에도 반대하였다.

A국, B국, C국, D국, E국은 1969년 '조약법에 관한 비엔나협약' 당사국이다.

1. A국의 해석선언이 유보에 해당하는지를 판단하시오. (20점)
2. C국, D국, E국의 반대가 조약법에 관한 비엔나협약상 유효한지 여부를 판단 하시오. (20점)
3. C국, D국, E국의 반대가 모두 유효하다는 것을 전제로 A국과 C국, A국과 D 국, A국과 E국 그리고 C국, D국, E국 간 조약관계를 설명하시오. (20점)
4. C국의 반대가 유효하다는 것을 전제로 C국이 자신의 반대를 철회할 수 있는 지를 설명하시오. (20점)

 CHECK POINT

❖ 제1문의 1은 유보에 대한 정의를 규정한 조약법 제2조 1항(d)호를 적용하여 문 제에 제기된 해석선언이 그 명칭에도 불구하고 사실상 유보에 해당하는지 검토 를 요하는 문제임.
　■ 유보의 정의에서 조약의 일부 규정의 법적 효과를 배제하거나 변경하고자 하는 의도 부분이 사안으로 포섭이 되어야 함.
　■ 해당 문제는 단순히 유보에 "해당"하는지를 묻고 있기에 유보가 유효하게 형 성되었는지를 묻는 문제와는 다르게 접근해야 하며, 유보의 "유효성"에 대해 판단을 하기 위해서는 조약법 제19조의 적용이 필요함.
❖ 제1문의 2는 유보에 대한 이의제기가 유효하기 위한 조건을 묻는 문제임
　■ 유보에 대한 이의제기는 조약법 제23조 1항에 따라 서면으로 이루어져야 하 며, 조약법 제20조 5항에 규정된 바와 같이 유보에 대한 반대는 유보 통고를 받은 후 12개월의 기간이 끝날 때까지 또는 조약에 대한 기속적 동의 표시일 까지 이루어졌는지 여부를 문제의 각 국가별 사례에 적용해야 함.
❖ 제1문의 3은 유보와 유보에 대한 이의제기국 간 조약관계를 묻고 있음.
　■ 유보에 대한 이의는 이의제기국이 확정적으로 반대의사를 표시하지 않는 한, 이의제기국과 유보국 간 조약의 발효를 배제하지 않는다고 규정한 조약법 제20조 4항(b)호를 적용하여 조약관계를 파악해야 함. 즉, 유보반대국이 조 약의 발효까지 반대하지 않는 이상 유보국과 유보반대국 간 조약관계는 성 립되며, 조약의 발효까지 반대하는 경우 양국 간 조약관계는 성립하지 않음.
　■ 사안에서 각 국가들의 유보에 대한 이의제기가 단순히 유보에 대한 반대인 지, 조약의 발효까지 반대했는지에 따라 조약 성립 여부가 달라지기에 각각

국가 간 검토가 필요함.

❖ 제1문의 4는 유보에 대한 반대 철회와 관련된 절차적 요건을 묻고 있음.

■ 유보에 대한 반대는 조약법 제22조 2항에 따라 언제든지 철회될 수 있으며, 그러한 철회는 조약법 제22조 3항(b)에 따라 유보국이 그 통고를 접수한 때 시행된다는 점과 제23조 4항에 규정된 바와 같이 서면으로 형성되어야 한다는 점을 언급하여 사안에 적용해야 함.

제 2 문의 1

A국에서 직장을 다니고 있는 B국 국민 甲은 운전을 하던 중 A국 경찰 乙에 의해 음주측정을 요청받게 되었다. 그런데 A국 언어에 능통하지 않은 甲은 乙의 요청을 다소 느리게 이해하여 천천히 행동하였고, 이러한 甲의 행동을 음주측정 거부라 오해한 乙은 평소 외국인에 대한 자신의 혐오 감정을 기반으로 甲을 고문에 이를 정도로 폭행하여 회복할 수 없을 정도의 신체장애를 야기하였다. 고문방지는 모든 국가에 의해 국제관습법상 의무로 인정되고 있다.

甲은 외국인의 청구도 조건 없이 허용하고 있는 A국의 「국가배상에 관한 법률」에 따라 소송을 제기하였으나 이 소송은 현재 여러 가지 이유로 9년째 A국 대법원에 계류 중이며, 상당수 A국 변호사들의 전망에 의하면 甲이 패소할 것으로 예상된다.

2001년 국제연합 국제법위원회(ILC)의 '국제위법행위에 대한 국가책임 초안'에 근거하여 아래 질문에 답하시오.

1. 乙의 행위에 대하여 A국의 국가책임이 성립하는지를 판단하시오. (20점)
2. B국이 甲의 피해에 대하여 A국에게 국가책임을 추궁하고자 하는 경우 필요한 요건을 설명하시오. (20점)

CHECK POINT

❖ 제2문의 1−1은 국가책임의 성립에 관한 문제임.

■ A국 경찰 乙의 행위는 국가책임초안상 국가기관에 해당하는 제4조상의 행위이며, 국가기관의 행위가 자신의 권한을 넘어서거나 지시 위반에 해당하는

경우에도 제7조에 의해 국가행위로 귀속됨.

- 국제의무 위반 여부에 따른 판단은 경찰이 음주측정 대상 외국인에게 고문에 이르는 수준의 폭행을 하였으며, 오늘날 고문은 일련의 국제재판소 판례에 따라 강행규범에 반하는 행위로서 국제의무에 위반되는 행위임.
- 동 문제에서는 위법성 조각사유에 해당될 수 있는 내용이 전혀 드러나지 않았기 때문에 별도로 검토를 요하지 않음.

✤ 제2문의 1 - 2는 국가와 국가 간의 직접침해가 아닌 한 국가의 국민이 타국기관에 의해 피해를 입은 경우 피해국의 국적국가가 책임국에 대해 국제청구를 제기하기 위한 요건을 묻는 문제로 청구의 수리가능성을 규정한 국가책임초안 제44조를 적용해야 함.

- 국가책임의 추궁은 기본적으로 피해국으로서 또는 비피해국으로서 초안 제42조와 제48조에 근거해서 문제를 풀어야 하지만 동 문제는 국가와 국가 간의 피해가 아닌, B국 국민 甲의 피해에 대해 B국이 국제청구를 제기할 수 있는지 판단을 요함.
- 이는 B국이 외교적 보호권을 행사하기 위해 필요한 요건을 묻는 문제로 초안 제44조에 규정된 청구국적의 원칙과 국내구제수단 완료 원칙이 완료되었는지 판단을 요함.
- 특히 국내구제수단의 완료 여부에 대해서는 문제에 언급된 소송의 장기간 지연 등을 국내구제수단 완료의 예외로서 검토 가능.

제 2 문의 2

2022년에 A국은 대기오염을 방지하기 위한 목적으로 자국에서 판매되는 휘발유의 품질을 규제하는 내용 등이 포함된 「대기환경법」을 제정하였다. 이 법은 향후 A국에서 판매되는 휘발유가 품질이 저하되어 2022년 기준 휘발유보다 오염을 더 유발해서는 안 되도록 하는 '비(非)악화요건'을 규정하고, 매년 '비악화요건' 충족 여부에 대한 평가를 실시하도록 하였다. 그리고 기준치가 되는 2022년 휘발유의 품질을 결정할 권한을 환경부에 부여하였다.

이에 따라 환경부는 그 조치의 일환으로 규칙을 제정하여 A국의 정유업자, 그리고 외국의 정유업자 중 2022년에 생산한 휘발유의 70% 이상을 A국으로 수출하는 정유업자는 각자의 자료에 기초하여 2022년 휘발유의 품질을 나타내는 기준을

회사별로 설정할 수 있도록 하였고(이하, 개별기준), 70% rule을 충족하지 못하는 외
국의 정유업자에 대해서는 2022년에 A국에서 생산된 휘발유의 평균 품질을 그러
한 회사들의 공통기준으로 설정하였다(이하, 법정기준).

　A국은 B국, C국, D국으로부터 휘발유를 수입하고 있다. 이 중 B국의 정유업
자는 70% rule을 충족하여 A국의 정유업자와 마찬가지로 개별기준을 사용할 수
있었으나, 70% rule을 충족하지 못한 C국과 D국의 정유업자는 법정기준을 적용받
게 되었다. A국은 이른바 70% rule은 개별기준의 정확성 확보를 위해 필요한 최소
치라고 하였으나, 70% rule은 다소 자의적이라는 것이 일반적인 평가였다.

　C국과 D국은 A국 환경부의 조치가 「관세 및 무역에 관한 일반협정」(The
General Agreement of Tariffs and Trade, 이하, GATT) 위반이라고 주장하며 A국을 상대
로 WTO에 제소하려고 한다. A국, B국, C국, D국은 모두 WTO회원국이다.

1. A국 환경부의 조치와 관련하여 C국과 D국이 주장할 수 있는 제소사유를 설
   명하시오. (20점)
2. A국은 C국과 D국에 대해 자국 환경부의 조치가 GATT 제20조 (g)에 따라
   정당하다고 항변하려고 한다. A국의 항변이 정당한지를 논하시오. (20점)

- -

🖐 CHECK POINT

❖ 제2문의 2-1은 A국이 「대기환경법」규칙을 제정하여 개별기준과 법정기준을
  설정하여 B국산 휘발유에는 개별기준을, C국산 및 D국산 휘발유에는 법정기준
  을 적용하였음.
  - A국의 조치는 같은 상품에 대한 차별적 대우로써 GATT 제1조 1항(최혜국대
    우의무) 위반 성립을 제소사유로 주장 가능함.
  - 또한 A국산 휘발유에 대해서는 개별기준을, C국산 및 D국산 휘발유에 대해
    서는 법정기준을 적용한 비재정조치는 GATT 제3조 4항(내국민대우의무) 위
    반 성립을 제소사유로 주장 가능.
❖ 제2문의 2-2는 GATT A국이 GATT 제20조 일반적 예외사유 중 (g)호를 근거
  로 항변 가능한지를 각 개별요건을 통해 살펴본 후, 두문요건 충족 여부 검토
  필요.
  - GATT 제20조 (g)호 개별요건 검토에서는 A국 환경부의 대기환경법 규칙이
    유한천연자원에 해당하는 청정공기에 관한 것이고, 대기환경 오염방지라는

목적과 관련성이 있으며, (비록 개별기준과 법정기준으로 나누어 국내 정유
업자와 외국 정유업자를 차별 적용하고 있지만) 국산 휘발유와 외국산 휘발
유 모두에 대해 일반적으로 적용하는 것이므로 GATT 제20조 (g)호 개별요
건을 충족하는 것으로 볼 수 있음.

■ GATT 제20조 두문은 자의적이고 정당화할 수 없는 차별의 수단이 아닐 것
과 국제무역에 대한 위장된 제한을 구성하는 방식으로 적용되지 않을 것을
요건으로 하고 있음. 사안에서 A국 환경부는 개별기준과 법정기준을 구분하
여 적용하면서 70% rule을 기준으로 제시하였는데, 70% rule이 다소 자의적
이라는 것이 일반적 평가인 점 등을 고려해 볼 때 두문요건을 충족하지 못한
다고 판단 가능.

저자 약력

김 성 원

한양대학교 법학전문대학원 교수
변호사시험 출제위원 (5회)
외교관후보자 선발시험
행정고시 출제위원 역임
국제법평론회 회장 역임 등

박 병 도

건국대학교 법학전문대학원 교수
변호사시험 출제위원 (3회, 6회, 8회, 12회)
외교관후보자 선발시험, 국가공무원 5급 공개경쟁채용시험 출제위원
사법시험, 행정고시 출제위원 역임
국제법평론회 회장 역임 등

박 언 경

경희대학교 미래인재센터 객원교수
숭실대학교 법과대학 겸임교수
대한국제법학회/한국국제경제법학회/국제법평론회/한국안보통상학회 이사
아시아국제법발전연구회(DILA – KOREA) 부회장

이 석 우

인하대학교 법학전문대학원 교수
변호사시험 출제위원 (1회, 4회, 7회, 10회, 12회)
사법시험 출제위원 역임
아시아국제법발전연구회(DILA – KOREA) 회장
세계국제법협회(ILA) 한국본부 회장

이 세 련

전북대학교 법학전문대학원 교수
변호사시험 출제위원 (5회, 7회, 10회, 13회)
변호사시험 채점위원 (11회)
외교관후보자 선발시험, 국가공무원 5급 공개경쟁채용시험 출제위원
행정고시 출제위원 역임
세계국제법협회(ILA) 한국본부 부회장 역임

정 동 원

법무법인(유) 화우 파트너 변호사
변호사시험 출제위원 (3회, 5회, 9회, 12회)
연세대학교 법무대학원 겸임교수
무역구제학회 부회장

최 원 목

이화여자대학교 법학전문대학원 교수
변호사시험 출제위원 (1회)
변호사시험 채점위원 (12회)
사법시험 출제위원 역임
한국국제경제법학회 회장, 해외자원에너지법제연구회 회장 역임 등

제 4 판
로스쿨 국제법: 이론과 사례

초판발행	2018년 10월 2일
제4판발행	2024년 2월 29일
지은이	김성원 · 박병도 · 박언경 · 이석우 · 이세련 · 정동원 · 최원목
펴낸이	안종만 · 안상준
편 집	장유나
기획/마케팅	김민규
표지디자인	BEN STORY
제 작	고철민 · 조영환
펴낸곳	(주) **박영사**
	서울특별시 금천구 가산디지털2로 53, 210호(가산동, 한라시그마밸리)
	등록 1959. 3. 11. 제300-1959-1호(倫)
전 화	02)733-6771
f a x	02)736-4818
e-mail	pys@pybook.co.kr
homepage	www.pybook.co.kr
ISBN	979-11-303-4666-3 13360

정 가   29,000원

부 록

로스쿨 국제법: 이론과 사례

국제위법행위에 대한 국가책임 초안
Draft articles on Responsibility of States
for Internationally Wrongful Acts

조약법에 관한 비엔나협약
Vienna Convention on the Law of Treaties

1994년 관세 및 무역에 관한 일반협정
General Agreement on Tariffs and Trade,
1994

국제위법행위에 대한 국가책임 초안

Draft articles on Responsibility of States for Internationally Wrongful Acts

제1부 국가의 국제위법행위

제 1 장   일반원칙

제1조 [국제위법행위에 대한 국가책임]

국가의 모든 국제위법행위는 그 국가의 국제책임을 발생시킨다.

제2조 [국가의 국제위법행위의 요소]

작위 또는 부작위를 구성하는 행위가 다음과 같은 경우 국가의 국제위법행위가 존재한다.

   (a) 국제법상 국가에 귀속되며,

   (b) 국가의 국제의무의 위반을 구성하는 경우.

제3조 [국가행위의 국제위법성의 결정]

국가의 행위의 국제위법성은 국제법에 의하여 결정된다. 그러한 결정은 그 행위의 국내법상 적법성에 의하여 영향 받지 않는다.

제 2 장   국가행위의 귀속성

제4조 [국가기관의 행위]

1. 여하한 국가기관의 행위도 국제법상 그 국가의 행위로 간주된다. 이는 그 기관의 기능이 입법적인 것이든, 집행적인 것이든, 사법적인 것이든 또는 기타 여하한 것이든 불문하며, 국가조직 내에 있어서 그 기관의 지위 여하에 불문하며, 나아가 그 기관이 그 국가의 중앙정부에 속하든 영토적 단위에 속하든 불문한다.

2. 기관은 그 국가의 국내법에 따라 그러한 지위를 가지는 모든 개인 및 단체를 포함한다.

제5조 [정부권한(공권력)을 행사하는 개인 또는 단체의 행위]

제4조에 의하여 국가기관에 해당하지 않으나 그 국가의 법에 의하여 정부권한(공권력)을 행사하도록 권한을 위임받은 개인 또는 단체의 행위는 국제법상 그 국가의 행위로 간주된다. 단, 이는 그 개인 또는 단체가 그 구체적 경우에 있어서 그러한 자격으로 행동하는 경우에 한한다.

제6조 [타국에 의하여 한 국가의 통제 하에 놓여진 기관의 행위]

타국에 의하여 한 국가의 통제 하에 놓여진 기관의 행위는 국제법상 후자의 국가의 행위로 간주된다. 단 이는 그 기관이 그 통제국의 정부권한(공권력)의 행사로서 행동하는 경우에 한한다.

제7조 [권한 밖의 행위 또는 지시위반행위]

국가기관 또는 정부권한(공권력)을 행사하도록 권한을 위임받은 개인 또는 단체의 행위는 그 기관, 개인 또는 단체가 그 자격으로 행동한다면, 그 행위자가 자신의 권한을 넘어서거나 또는 지시를 위반한다 하더라도, 국제법상 그 국가의 행위로 간주된다.

제8조 [국가에 의하여 지시 또는 통제된 행위]

개인 또는 개인집단의 행위는 그들이 그 행위를 수행함에 있어서 사실상 국가의 지시를 받아 또는 그 지휘 또는 감독 하에서 행동하는 경우 국제법상 그 국가의 행위로 간주된다.

제9조 [공권력 부재 또는 흠결시에 수행된 행위]

개인 또는 개인집단이 공권력의 부재 또는 흠결시에 정부권한(공권력)의 행사가 요구되는 상황에서 사실상 그러한 권한을 행사하는 경우, 그러한 개인 또는 개인집단의 행위는 국제법상 국가의 행위로 간주된다.

제10조 [반도단체 및 기타 집단의 행위]

1. 한 국가의 신정부를 구성하게 되는 반도단체의 행위는 국제법상 그 국가의 행위로 간주된다.
2. 반도단체이든 기타의 집단이든, 기존 국가의 영토 또는 그 국가의 관할하의 영토에서 신국가를 창설하는 데 성공한 집단의 행위는 국제법상 그 신국가의 행위로 간주된다.
3. 본 조는 제4조로부터 제9조에 의하여 국가의 행위로 간주되는 것으로서 문제 집단의 행위와 여하하든 관련이 있는 행위의 국가로의 귀속을 저해하지 않는다.

제11조 [국가에 의하여 자신의 행위로 인정하고 채택한 행위]

앞의 조항들(즉, 제4조~제10조)에 의하여 어떤 국가로 귀속될 수 없는 행위라 하더라도, 국가가 문제의 행위를 자신의 행위로 인정하고 채택하는 경우에는 그 범위 내에서 국제법상 그 국가의 행위로 간주된다.

제 3 장 국제의무의 위반

제12조 [국제의무의 위반의 존재]

국가의 행위가 국제의무에 의하여 그에게 요구되는 것과 일치하지 않는 경우, 그 의무의 연원 또는 성질과 관계없이, 그 국가의 국제의무 위반이 존재한다.

제13조 [국가에게 구속력이 있는 의무]

국가의 행위는 행위발생 당시 그 국가가 문제의 의무에 의하여 구속되지 않는 한, 국제의무의 위반을 구성하지 않는다.

제14조 [국제의무 위반의 시간적 연속]

1. 계속성을 갖지 않는 국가행위로 인한 국제의무의 위반은, 그 효과가 계속된다 하더라도 그 행위가 완성된 시기에 발생한다.
2. 계속성을 갖는 국가행위로 인한 국제의무의 위반은 그 행위가 계속되고 국제의무와 불일치하는 상태로 남아 있는 전 기간 동안에 걸쳐 연속된다.
3. 국가에게 일정한 결과를 방지할 것을 요구하는 국제의무의 위반은 그러한 결과가 발생하는 시기에 발생하며 그러한 결과가 계속되어 그 의무와 불일치되는 상태로 남아 있는 전 기간 동안에 걸쳐 연속된다.

제15조 [복합행위(composite act)로 구성되는 위반]

1. 전체적으로 위법한 것으로 규정되는 일련의 작위 또는 부작위에 의한 국가의 국제의무 위반은 다른 작위 또는 부작위와 함께 취해짐으로써 그러한 위법행위를 구성하기에 충분한 작위 또는 부작위가 발생한 시기에 성립한다.
2. 그러한 경우, 그 위반은 그 일련의 작위 또는 부작위 중 최초의 행위가 이루어진 시점으로부터 전 기간에 걸쳐 확대되며, 그러한 작위 또는 부작위가 반복되고 국제의무와 불일치하는 상태로 남아 있는 한 계속된다.

제 4 장   타국의 행위와 관련된 국가책임

제16조 [국제위법행위의 자행에 대한 지원 또는 원조]

타국에 의한 국제위법행위의 자행에 있어서 그 타국을 지원하거나 원조하는 국가는 다음의 경우 그 같이 행동한 데 대하여 국제적으로 책임을 진다.

    (a) 그 국가가 그 국제위법행위의 상황을 인식하고 그같이 행동하였으며, 그리고

    (b) 그 행위가 그 국가에 의하여 자행된다면 국제적으로 위법할 경우.

제17조 [국제위법행위의 자행에 대하여 이루어진 지시 및 통제]

타국에 의한 국제위법행위의 자행에 있어서 그 타국을 지시하고 통제하는 국가는 다음의 경우 그 행위에 대하여 국제적으로 책임을 진다.

    (a) 그 국가가 그 국제위법행위의 상황을 인식하고 그같이 행동하였으며, 그리고

    (b) 그 행위가 그 국가에 의하여 자행된다면 국제적으로 위법할 경우.

제18조 [타국에 대한 강제]

타국으로 하여금 어떠한 행위를 행하도록 강제하는 국가는 다음의 경우 그 행위에 대하여 국제적으로 책임을 진다.

    (a) 그 강제가 없더라면 그 행위가 이를 강제받은 국가의 국제위법행위를 구성할 것이며, 그리고

    (b) 강제하는 국가가 그러한 행위의 상황을 인식하고 그같이 행동하였을 경우.

제19조 [본 장의 효과]

본 장은 문제된 행위를 자행한 국가 또는 여타의 국가들에게 본 조항들의 타 규정에 의하여 부과되는 국제책임을 저해하지 않는다.

제 5 장   위법성 조각사유

제20조 [동의]

한 국가가 타국이 일정한 행위를 취함에 대하여 부여한 유효한 동의는 그 행위가 그 동의의 범위 내에서 이루어지는 한, 전자의 국가와 관련하여 그 행위의 위법성을 조각한다.

제21조 [자위(self-defense)]

국가의 행위가 국제연합헌장에 따라 취해진 자위의 적법한 조치를 구성하는 경우, 그 행위의 위법성이 조각된다.

제22조 [국제위법행위에 대한 대응조치]

국가의 행위로서 타국에 대한 국제의무와 일치하지 않는 행위는 그 행위가 제3부 제2장에 따라 그 타국에 대하여 취해진 대응조치를 구성하는 경우, 그 위법성이 조각된다.

제23조 [불가항력(force majeure)]

1. 국가의 행위로서 그 국제의무와 일치되지 않는 행위는 그 행위가 불가항력에 기인하는 경우 위법성이 조각된다. 불가항력이라 함은 그 국가의 통제밖에 있음으로써 그 국가로 하여금 그 상황에서 문제의 의무를 이행하는 것을 물리적으로 불가능하게 만드는 저항할 수 없는 힘 또는 예측하지 못한 사고의 발생을 말한다.

2. 제1항은 다음의 경우에는 적용되지 않는다.

   (a) 불가항력의 상황이 이를 원용하는 국가의 행위에, 단독적으로 또는 다른 요소들과 결합하여, 기인하는 경우, 또는

   (b) 그 국가가 그러한 상황 발생의 위험을 예측하였던 경우.

제24조 [조난(distress)]

1. 국가의 행위로서 그 국제의무와 일치되지 않는 행위는 그 문제의 행위주체가 조난의 상황에 처하여 그 행위주체의 생명 또는 그 행위주체의 보호에 맡겨진 다른 사람들의 생명의 구조를 위하여 여하한 다른 합리적 방법을 확보하지 못하는 경우, 그 위법성이 조각된다.

2. 제1항은 다음의 경우에는 적용되지 않는다.

   (a) 조난 상황이 이를 원용하는 국가의 행위에, 단독적으로 또는 다른 요소들과 결합하여, 기인하는 경우, 또는

   (b) 그 문제의 행위가 그와 대등한 또는 그보다 더 중대한 위험을 야기시킬 우려가 있는 경우.

제25조 [필요성(necessity)]

1. 필요성은 다음의 경우에 한하여, 국가의 국제의무와 일치하지 않는 행위의 위법성을 조각시키기 위한 사유로서 원용될 수 있다.

   (a) 그 행위가 그 국가에게 있어서 중대하고 급박한 위험으로부터 본질적 이익을 보호하기 위한 유일한 수단인 경우, 그리고

   (b) 그 행위가 그 의무상대국 또는 국제공동체 전체의 본질적 이익을 중대하게 훼손하지 않는 경우.

2. 그러나 필요성은 다음과 같은 경우에는 위법성 조각을 위한 근거로서 원용될 수 없다.

   (a) 문제의 국제의무가 필요성의 원용 가능성을 배제하고 있는 경우, 또는

(b) 그 국가가 필요성의 상황 조성에 기여한 경우.

제26조 [강행규범의 이행]

본 장의 여하한 규정도 일반국제법의 강행규범으로부터 발생하는 의무와 일치되지 않는 여하한 국가행위에 대해서도 위법성을 조각시키지 않는다.

제27조 [위법성 조각사유 원용의 결과]

본 장에 따른 위법성 조각사유의 원용은 다음을 저해하지 않는다.
  (a) 위법성 조각사유가 더 이상 존재하지 않는 경우 그 범위 내에서의 문제 의무의 이행.
  (b) 문제의 행위에 의하여 야기된 모든 실질적 손해에 대한 보상의 문제.

제 2 부   국가의 국제책임 내용

제 1 장   일반원칙

제28조 [국제위법행위의 법적 결과]

제1부 규정들에 따라 국제위법행위에 의하여 발생된 국가의 국제책임은 본 부에 의하여 정해진 법적 결과들을 수반한다.

제29조 [계속적 이행의 의무]

본 부에 의한 국제위법행위의 법적 결과는 위반된 의무를 이행해야 할 책임국의 계속적 의무를 저해하지 않는다.

제30조 [중지 및 재발방지]

국제위법행위의 책임국은 다음과 같은 의무를 진다.
  (a) 그 행위가 계속되고 있는 경우, 이를 중지할 의무.
  (b) 상황이 요구하는 경우, 재발방지의 적절한 확보 및 보장을 제공할 의무.

제31조 [배상(reparation)]

1. 책임국은 국제위법행위에 의하여 야기된 손해에 대하여 완전한 배상을 할 의무를 부담한다.
2. 피해는 국가의 국제위법행위에 의하여 야기된 여하한 물질적 또는 정신적 손해도 포함한다.

제32조 [국내법과의 무관성]

책임국은 본 부의 의무의 불이행을 정당화하기 위하여 국내법 규정에 의존할 수 없다.

제33조 [본 부에 규정된 국제의무의 범위]

1. 본 부에 규정된 책임국의 의무는 특히 국제의무의 성격 및 내용 그리고 그 위반의
   상황에 따라 어느 하나의 타국, 수 개국 또는 국제공동체 전체를 상대로 부과된다.
2. 본 부는 국가의 국제책임으로부터 국가 이외의 개인 또는 단체에 대하여 발생되는
   여하한 권리도 저해하지 않는다.

제 2 장 손해의 배상

제34조 [배상의 형식]

국제위법행위에 의하여 야기된 손해에 대한 완전한 배상은 본 장의 규정에 따라 원상
회복, 금전배상 및 만족의 형식을 단독적으로 또는 결합적으로 취한다.

제35조 [원상회복]

국제위법행위에 책임 있는 국가는 원상회복, 즉 그 위법행위가 발생하기 이전의 상황
을 회복할 의무를 부담한다. 단, 이는 다음과 같은 경우에 한한다.
   (a) 원상회복이 실질적으로 불가능하지 않으며,
   (b) 원상회복이 금전배상 대신 원상회복으로부터 파생되는 이익과의 비례성을 벗어
       나는 부담을 초래하지 않는 경우

제36조 [금전배상(compensation)]

1. 국제위법행위에 책임 있는 국가는 그로 인하여 야기된 손해가 원상회복에 의하여
   배상되지 않는 경우 금전배상하여야 할 의무를 부담한다.
2. 금전배상은 금전적으로 산정 가능한 여하한 손해도 망라하여야 하며, 여기에는 확인
   될 수 있는 한 일실이익도 포함된다.

제37조 [만족(satisfaction)]

1. 국제위법행위에 책임 있는 국가는 그 행위로 인하여 야기된 피해가 원상회복 또는
   금전배상에 의하여 보상될 수 없는 경우 이에 대한 만족을 제공하여야 할 의무를
   부담한다.
2. 만족은 위반의 인정, 유감의 표명, 공식 사과 또는 그 밖의 적절한 방식으로 행해질
   수 있다.
3. 만족은 피해와의 비례성을 벗어나면 아니 되며, 책임국에게 모욕을 주는 방식을 취
   할 수 없다.

제38조 [이자]

1. 본 장에 의하여 부과되는 원금에 대한 이자는 완전한 배상을 확보하기 위하여 필요한 경우 지급될 수 있어야 한다. 그러한 결과를 얻기 위하여 이자율과 계산방식이 확정되어야 한다.

2. 이자는 원금이 지급되어야 할 일자로부터 지불의무가 완수될 때까지 계속 부과된다.

제39조 [피해에 대한 기여]

배상액의 산정에 있어서, 피해국 또는 기타 배상이 주어져야 할 개인 또는 단체의 고의 또는 과실에 의한 작위 또는 부작위에 의한 피해에의 기여가 고려되어야 한다.

제 3 장 일반국제법의 강행규범상의 의무의 중대한 위반

제40조 [본 장의 적용]

1. 본 장은 국가에 의한 일반국제법의 강행규범상 의무의 중대한 위반에 의하여 발생하는 국제책임에 적용된다.

2. 그러한 의무의 위반은 그것이 책임국에 의하여 그 의무의 불이행이 대규모적이고 조직적으로 이루어지는 경우에 중대한 것으로 본다.

제41조 [본 장의 의무의 중대한 위반의 특별한 결과]

1. 국가들은 제40조에서 언급된 모든 중대한 위반을 합법적 방법을 통하여 종식시키기 위하여 협력하여야 한다.

2. 여하한 국가도 제40조에 언급된 중대한 위반에 의하여 창설된 상황을 합법적인 것으로 승인하거나 이러한 상황의 유지에 지원 또는 원조를 제공하면 안 된다.

3. 본 조는 본 부에서 언급된 다른 결과 또는 본 장이 적용되는 위반이 국제법상 발생시키는 추후의 결과를 저해하지 아니한다.

제 3 부 국가의 국제책임 이행

제 1 장 국가책임의 추궁

제42조 [피해국에 의한 책임의 추궁]

국가는 다음의 경우 피해국으로서 타국의 책임을 추궁할 수 있다.

  (a) 위반된 의무가 개별적으로 그 국가를 상대로 하는 것이거나, 또는

  (b) 위반된 의무가 그 국가를 포함하는 일단의 국가들 또는 국제공동체 전체를 상대

로 하는 것이며, 그 의무의 위반이

(i) 그 국가에게 특별히 영향을 주거나, 또는

(ii) 그 의무가 상대로 하는 모든 다른 국가들의 입장을 그 의무의 추후 이행과 관련하여 급격하게 변경하는 성질의 것인 경우.

제43조 [피해국에 의한 손해배상 청구의 통지]

1. 타국의 책임을 추궁하는 피해국은 그 국가에게 손해배상의 청구를 통지한다.
2. 피해국은 특히 다음을 적시할 수 있다.
   (a) 위법행위가 계속되고 있는 경우, 그 중지를 위하여 책임국이 취하여야 할 행위,
   (b) 제2부의 규정에 따라 취해져야 할 배상의 형태.

제44조 [손해배상 청구의 수리가능성]

다음의 경우 국가책임이 추궁될 수 없다.
   (a) 손해배상 청구가 배상청구의 국적에 관하여 적용되는 규칙에 반하여 제기되는 경우,
   (b) 손해배상 청구가 국내적 구제완료의 규칙이 적용되는 것이며, 아직 가용하고 효과적인 국내적 구제가 완료되지 않은 경우.

제45조 [책임추궁권의 상실]

다음의 경우 국가책임이 추궁될 수 없다.
   (a) 피해국이 손해배상청구를 유효하게 포기한 경우,
   (b) 피해국이 그 스스로의 행위에 의하여 손해배상청구권의 소멸을 유효하게 묵인한 것으로 간주되는 경우.

제46조 [피해국의 복수성]

여러 국가가 동일한 국제위법행위에 의하여 피해를 입은 경우, 각각의 피해국은 국제위법행위를 범한 국가의 책임을 개별적으로 추궁할 수 있다.

제47조 [책임국의 복수성]

1. 여러 국가가 동일한 국제위법행위에 대해 책임이 있는 경우, 그 행위에 대하여 각각의 국가들의 책임이 추궁될 수 있다.
2. 제1항은,
   (a) 여하한 피해국에 대해서도 스스로 입은 손해 이상을 금전배상에 의하여 회복할 수 없도록 한다.
   (b) 다른 책임국에 대한 책임추궁의 권리를 저해하지 않는다.

제48조 [피해국 이외의 국가에 의한 책임의 추궁]

1. 다음이 경우, 피해국 이외의 여하한 국가도 제2항에 따라 타국의 책임을 추궁할 권리를 가진다.
    (a) 위반된 의무가 그 국가를 포함한 국가군을 상대로 하며, 이들 국가군의 공동이익의 보호를 위하여 확립된 경우, 또는
    (b) 위반된 의무가 국제공동체 전체를 상대로 하는 경우.
2. 제1항에 의하여 책임을 추궁할 권리를 가지는 여하한 국가도 책임국에 대하여 다음을 요구할 수 있다.
    (a) 국제위법행위의 중지 및 제30조에 따른 재발방지의 확보 및 보장,
    (b) 피해국 및 그 위반된 의무의 수익주체들을 위하여 앞의 조항들에 따라 배상의무를 이행할 것.
3. 제43조, 44조 및 45조에 의한 피해국의 책임추궁을 위한 요건들은 제1항에 따라 그 같은 권리를 가지는 국가들에 의한 책임추궁에도 적용된다.

제 2 장   대응조치

제49조 [대응조치의 대상 및 제한]

1. 피해국만이 국제위법행위에 책임 있는 국가로 하여금 제2부에 규정된 의무를 이행하도록 유도하기 위하여 이 국가를 상대로 대응조치를 취할 수 있다.
2. 대응조치는 그 조치를 취하는 국가가 책임국에 대하여 국제의무를 일시적으로 불이행하는 것으로 제한된다.
3. 대응조치는 가능한 한 문제된 의무의 이행의 재개를 가능하게 하는 방법으로 취해져야 한다.

제50조 [대응조치에 의하여 영향받는 의무]

1. 대응조치는 다음에 영향을 주어서는 안 된다.
    (a) 국제연합헌장에서 구현된 무력의 위협 및 사용의 금지 의무,
    (b) 기본적 인권의 보호 의무,
    (c) 복구가 금지되는 인도적 성격의 의무,
    (d) 기타 일반국제법의 강행규범상의 의무
2. 대응조치를 취하는 국가는 다음 의무의 이행을 면제받지 않는다.
    (a) 그 국가와 책임국 간에 적용되는 분쟁해결절차상의 의무,
    (b) 외교 및 영사관원, 공관, 문서 및 서류의 불가침 존중의 의무.

제51조 [비례성]

대응조치는 문제된 국제위법행위와 권리의 중대성을 고려하여, 받은 피해에 상응하는 것이어야 한다.

제52조 [대응조치에의 호소에 관한 조건]

1. 피해국은 대응조치를 취하기 앞서, 다음과 같이 행동하여야 한다.
   (a) 제43조에 따라 책임국에 대해 제2부상의 의무를 이행할 것을 촉구한다.
   (b) 책임국에게 대하여 대응조치를 취한다는 여하한 결정도 통지하며, 그 국가와의 교섭을 제의한다.
2. 제1항 (b)에도 불구하고, 피해국은 자국의 권리를 보존하기 위하여 필요한 긴급 대응조치를 취할 수 있다.
3. 다음의 경우, 대응조치는 취해져서는 안 되며, 이미 취해진 경우 지체 없이 중지되어야 한다.
   (a) 국제위법행위가 종료된 경우, 그리고
   (b) 분쟁이 당사자들에게 구속력있는 결정을 내릴 권한이 있는 재판소 또는 법원에 계류 중인 경우.
4. 제3항은 책임국이 분쟁해결절차를 성실하게 이행하지 않는 경우에는 적용되지 않는다.

제53조 [대응조치의 종료]

대응조치는 책임국이 국제위법행위와 관련하여 제2부상의 의무를 이행하는 즉시 종료되어야 한다.

제54조 [피해국 이외의 국가에 의하여 취하여진 조치]

본 장은 제48조 제1항에 의하여 타국의 책임을 추궁할 자격을 가지는 여하한 국가에 대하여도 그 국가가 위반의 중지 및 피해국 또는 위반된 의무의 수익주체들의 이익을 위한 손해배상을 확보하기 위하여 위반국을 상대로 적법한 조치를 취할 권리를 저해하지 않는다.

제 4 부   일반규정

제55조 [특별법]

본 조항들은 국제위법행위의 존재의 요건 또는 국가의 국제책임의 이행이 국제법의 특별규칙에 의하여 규율되는 경우 그 범위 내에서는 적용되지 않는다.

제56조 [본 조항들에 의하여 규율되지 않는 국가책임의 문제들]

국제위법행위에 대한 국가책임의 문제들이 본 조항들에 의하여 규율되지 않는 범위 내에서는 이 문제들에 대해 국제법의 적용 가능한 규칙들이 계속 적용된다.

제57조 [국제기구의 책임]

본 조항들은 국제기구의 행위에 대한 국제기구 또는 국가의 국제법상 책임과 관련된 여하한 문제도 저해하지 않는다.

제58조 [개별적 책임]

본 조항들은 국가를 위하여 행동하는 여하한 사인의 국제법상 개인적 책임과 관련된 여하한 문제도 저해하지 않는다.

제59조 [국제연합헌장]

본 조항들은 국제연합헌장을 저해하지 않는다.

조약법에 관한 비엔나협약

Vienna Convention on the Law of Treaties

이 협약의 당사국은,

국제관계의 역사에서 조약의 기본 역할을 고려하고,

국제법의 법원으로서 그리고 각 국가의 헌법 제도 및 사회 제도와 관계없이 국가 간 평화적 협력을 발전시키는 수단으로서 조약의 점증하는 중요성을 인정하며,

자유로운 동의 원칙 및 신의성실의 원칙 그리고 약속은 지켜져야 한다는 규칙이 보편적으로 인정되고 있음에 유의하며,

다른 국제분쟁과 마찬가지로 조약에 관한 분쟁은 평화적 수단으로 또한 정의 원칙 및 국제법 원칙에 합치되도록 해결되어야 함을 확인하며,

정의 그리고 조약상 발생되는 의무에 대한 존중이 유지될 수 있는 조건을 확립하고자 하는 국제연합 각 국민의 결의를 상기하며,

각 국민의 평등권과 자결, 모든 국가의 주권 평등과 독립, 각국 국내문제에 대한 불간섭, 무력의 위협 또는 사용 금지, 그리고 모든 사람의 인권과 기본적 자유에 대한 보편적 존중 및 준수의 원칙과 같이 「국제연합헌장」에 구현된 국제법 원칙에 유념하며,

이 협약에서 성취된 조약법의 법전화와 점진적 발전이 「국제연합헌장」에 규정된 국제연합의 목적, 즉 국제평화 및 안보의 유지, 국가 간 우호관계의 발전과 협력의 달성을 증진하리라 믿으며,

관습국제법 규칙이 이 협약의 규정에 따라 규제되지 않는 문제를 계속 규율함을 확인하며,

다음과 같이 합의하였다.

제1부 총 강

제1조 (협약의 범위)

이 협약은 국가 간의 조약에 적용된다.

제2조 (용어의 사용)

1. 이 협약의 목적상,
   - 가. "조약"이란, 단일 문서에 또는 두 개 이상의 관련 문서에 구현되고 있는가에 관계없이 그리고 그 명칭이 어떠하든, 서면형식으로 국가 간에 체결되며 국제법에 따라 규율되는 국제 합의를 의미한다.
   - 나. "비준", "수락", "승인" 및 "가입"이란, 국가가 국제적 측면에서 조약에 기속되겠다는 동의를 이를 통하여 확정하는 경우, 각 경우마다 그렇게 불리는 국제 행위를 의미한다.
   - 다. "전권위임장"이란, 조약문을 교섭, 채택 또는 정본인증을 하거나, 조약에 대한 국가의 기속적 동의를 표시하거나 조약에 관한 그 밖의 행위를 수행할 수 있도록, 국가의 권한 있는 당국이 자국을 대표하는 한 명 또는 복수의 사람을 지정하는 문서를 의미한다.
   - 라. "유보"란, 문구 또는 명칭에 관계없이 국가가 조약의 특정 규정을 자국에 적용함에 있어서 이를 통해 그 법적 효력을 배제하거나 변경하고자 하는 경우, 조약의 서명, 비준, 수락, 승인 또는 가입 시 그 국가가 행하는 일방적 성명을 의미한다.
   - 마. "교섭국"이란 조약문의 작성 및 채택에 참가한 국가를 의미한다.
   - 바. "체약국"이란, 조약의 발효 여부와 관계없이, 그 조약에 기속되기로 동의한 국가를 의미한다.
   - 사. "당사자"란 조약에 기속되기로 동의하였고 자국에 대하여 그 조약이 발효 중인 국가를 의미한다.
   - 아. "제3국"이란 조약의 당사자가 아닌 국가를 의미한다.
   - 자. "국제기구"란 정부 간 기구를 의미한다.
2. 이 협약상 용어 사용에 관한 제1항의 규정은 어느 국가의 국내법상 그 용어의 사용 또는 그 용어에 부여될 수 있는 의미를 침해하지 않는다.

제3조 (협약의 적용범위에 속하지 않는 국제 합의)

국가와 다른 국제법 주체 간이나 그러한 다른 국제법 주체 간에 체결되는 국제 합의 또는 서면형식이 아닌 국제 합의에 대하여 이 협약이 적용되지 않는다는 사실은 다음

사항에 영향을 주지 않는다.

    가. 그러한 합의의 법적 효력

    나. 이 협약과는 별도로 국제법에 따라 그러한 합의가 구속을 받는 이 협약상 규칙을 그 합의에 적용하는 것

    다. 국가 아닌 다른 국제법 주체도 당사자인 국제 합의에서 국가 간 관계에 이 협약을 적용하는 것

제4조 (협약의 불소급)

이 협약과는 별도로 국제법에 따라 조약이 구속을 받는 이 협약상 규칙의 적용을 침해함이 없이, 이 협약은 국가에 대하여 발효한 후 해당 국가가 체결하는 조약에 대해서만 적용된다.

제5조 (국제기구 설립 조약 및 국제기구 내에서 채택되는 조약)

국제기구의 관련 규칙을 침해함이 없이, 이 협약은 국제기구의 설립 문서가 되는 조약과 국제기구 내에서 채택되는 조약에 적용된다.

제2부 조약의 체결 및 발효

제1절 조약의 체결

제6조 (국가의 조약체결능력)

모든 국가는 조약을 체결하는 능력을 가진다.

제7조 (전권위임장)

1. 다음과 같은 경우의 사람은 조약문의 채택 또는 정본인증을 위한 목적이나 조약에 대한 국가의 기속적 동의를 표시하기 위한 목적에서 국가를 대표한다고 간주된다.

    가. 적절한 전권위임장을 제시하는 경우, 또는

    나. 해당 국가의 관행 또는 그 밖의 사정으로 보아, 그 사람이 위의 목적을 위하여 국가를 대표한다고 간주되고 전권위임장의 생략이 그 국가의 의사로 보이는 경우

2. 다음의 사람은 전권위임장을 제시하지 않아도 자신의 직무상 자국을 대표한다고 간주된다.

    가. 조약 체결과 관련된 모든 행위를 수행할 목적상, 국가원수, 정부수반 및 외교장관

    나. 파견국과 접수국 간의 조약문을 채택할 목적상, 외교공관장

    다. 국제회의, 국제기구 또는 국제기구 내 기관에서 조약문을 채택할 목적상, 국가가

그 국제회의, 국제기구 또는 국제기구 내 기관에 파견한 대표

제8조 (권한 없이 수행한 행위의 추인)

제7조에 따라 조약체결 목적을 위하여 국가를 대표하는 권한을 부여받았다고 간주될 수 없는 사람이 수행한 조약체결과 관련된 행위는 그 국가가 추후 확인하지 않으면 법적 효력이 없다.

제9조 (조약문의 채택)

1. 조약문은, 제2항에 규정된 경우를 제외하고는, 그 작성에 참가한 모든 국가의 동의로 채택된다.
2. 국제회의에서 조약문은 출석하여 투표하는 국가 3분의 2의 찬성으로 채택되며, 다만 동일한 다수결로 다른 규칙의 적용을 결정하는 경우는 제외한다.

제10조 (조약문의 정본인증)

조약문은 다음의 방법으로 정본이며 최종적인 것으로 확정된다.
    가. 조약문에 규정된 절차 또는 조약문 작성에 참가한 국가가 합의하는 절차, 또는
    나. 그러한 절차가 없는 경우, 조약문 작성에 참가한 국가 대표의 조약문 또는 조약문을 포함하는 회의의 최종의정서 서명, 조건부 서명 또는 가서명

제11조 (조약에 대한 기속적 동의의 표시방법)

조약에 대한 국가의 기속적 동의는 서명, 조약을 구성하는 문서의 교환, 비준, 수락, 승인 또는 가입이나 그 밖의 합의된 방법으로 표시된다.

제12조 (서명으로 표시되는 조약에 대한 기속적 동의)

1. 조약에 대한 국가의 기속적 동의는 다음의 경우 국가 대표의 서명으로 표시된다.
    가. 서명이 그러한 효력을 갖는다고 조약이 규정하고 있는 경우
    나. 서명이 그러한 효력을 갖는다고 교섭국 간에 합의되었음이 달리 증명되는 경우, 또는
    다. 서명에 그러한 효력을 부여하고자 하는 국가의 의사가 그 대표의 전권위임장에 나타나 있거나 교섭 중에 표시된 경우
2. 제1항의 목적상
    가. 조약문의 가서명이 그 조약의 서명을 구성한다고 교섭국들이 합의하였음이 증명되는 경우, 가서명은 그 조약의 서명을 구성한다.
    나. 대표에 의한 조약의 조건부 서명은, 그의 본국이 확정하는 경우, 그 조약의 완전한 서명을 구성한다.

제13조 (조약을 구성하는 문서의 교환으로 표시되는 조약에 대한 기속적 동의)

국가 간에 교환된 문서에 의하여 구성되는 조약에 대한 국가의 기속적 동의는 다음의 경우 그 교환으로 표시된다.

　　가. 문서 교환이 그러한 효력을 갖는다고 해당 문서가 규정하는 경우, 또는
　　나. 문서 교환이 그러한 효력을 갖는다고 그 국가들 간에 합의되었음이 달리 증명되는 경우

제14조 (비준, 수락 또는 승인으로 표시되는 조약에 대한 기속적 동의)

1. 조약에 대한 국가의 기속적 동의는 다음의 경우 비준으로 표시된다.
　　가. 그러한 동의가 비준으로 표시되기로 조약이 규정하는 경우
　　나. 비준이 필요하다고 교섭국 간에 합의되었음이 달리 증명되는 경우
　　다. 국가 대표가 비준을 조건으로 조약에 서명한 경우, 또는
　　라. 비준을 조건으로 조약에 서명한다는 국가의 의사가 그 대표의 전권위임장에 나타나 있거나 교섭 중에 표시된 경우
2. 조약에 대한 국가의 기속적 동의는 비준에 적용되는 것과 유사한 조건으로 수락 또는 승인으로 표시된다.

제15조 (가입으로 표시되는 조약에 대한 기속적 동의)

조약에 대한 국가의 기속적 동의는 다음의 경우 가입으로 표시된다.

　　가. 국가가 가입의 방법으로 그러한 동의를 표시할 수 있음을 조약이 규정하고 있는 경우
　　나. 국가가 가입의 방법으로 그러한 동의를 표시할 수 있음이 교섭국 간에 합의되었다고 달리 증명되는 경우, 또는
　　다. 당사국이 가입의 방법으로 그러한 동의를 표시할 수 있음을 모든 당사자가 추후 합의한 경우

제16조 (비준서, 수락서, 승인서 또는 가입서의 교환 또는 기탁)

조약이 달리 규정하지 않으면, 비준서, 수락서, 승인서 또는 가입서는 다음의 경우 조약에 기속되기로 한 국가의 동의를 증명한다.

　　가. 체약국 간 교환
　　나. 기탁처에 기탁, 또는
　　다. 합의된 경우, 체약국 또는 기탁처에 통보

제17조 (조약 일부에 대한 기속적 동의 및 상이한 규정 중의 선택에 의한 기속적 동의)

1. 제19조부터 제23조까지를 침해함이 없이, 조약 일부에 대한 국가의 기속적 동의는

그 조약이 이를 허용하거나 다른 체약국이 이에 동의하는 경우에만 유효하다.

2. 상이한 규정 중 선택을 허용하는 조약에 대한 국가의 기속적 동의는 그 동의가 어느 규정과 관련되는지가 명백한 경우에만 유효하다.

제18조 (조약 발효 전 그 조약의 대상 및 목적을 훼손하지 아니할 의무)

국가는 다음의 경우 조약의 대상 및 목적을 훼손하는 행위를 삼가야 할 의무를 진다.

　가. 비준, 수락 또는 승인을 조건으로 조약에 서명하였거나 조약을 구성하는 문서를 교환한 경우, 그 조약의 당사자가 되지 않겠다는 의사를 명백히 할 때까지, 또는

　나. 국가가 조약에 대한 기속적 동의를 표시한 경우, 발효가 부당하게 지연되지 않는다면 그 조약의 발효시까지

제 2 절   유 보

제19조 (유보의 표명)

국가는, 다음의 경우에 해당하지 않으면, 조약에 서명, 비준, 수락, 승인 또는 가입 시 유보를 표명할 수 있다.

　가. 조약이 유보를 금지한 경우

　나. 조약이 해당 유보를 포함하지 않는 특정 유보만을 행할 수 있다고 규정하는 경우, 또는

　다. 가호 및 나호에 해당되지 않더라도, 유보가 조약의 대상 및 목적과 양립하지 않는 경우

제20조 (유보의 수락 및 유보에 대한 이의)

1. 조약이 명시적으로 허용하는 유보는, 그 조약이 달리 규정하지 않으면, 다른 체약국의 추후 수락을 필요로 하지 않는다.

2. 교섭국의 한정된 수와 조약의 대상 및 목적에 비추어 조약 전체를 모든 당사자 간에 적용함이 그 조약에 대한 각 당사자의 기속적 동의의 필수 조건으로 보이는 경우, 유보는 모든 당사자의 수락을 필요로 한다.

3. 조약이 국제기구의 설립 문서인 경우 그 조약이 달리 규정하지 않으면, 유보는 그 기구의 권한 있는 기관의 수락을 필요로 한다.

4. 위 각 항에 해당되지 않는 경우로서 그 조약이 달리 규정하지 않으면, 다음에 따른다.

　가. 조약이 유보국과 다른 체약국에 대하여 발효한다면 또는 발효 중일 때, 그 다른 체약국에 의한 유보의 수락은 유보국을 그 체약국과의 관계에서 조약의 당사자가 되도록 한다.

　　나. 유보에 대한 다른 체약국의 이의는, 이의제기국이 확정적으로 반대의사를 표시하지 않으면, 이의제기국과 유보국 간 조약의 발효를 방해하지 않는다.

　　다. 조약에 대한 국가의 기속적 동의를 표시하며 유보를 포함하는 행위는 적어도 하나의 다른 체약국이 그 유보를 수락하는 즉시 유효하다.

5. 조약이 달리 규정하지 않으면 제2항 및 제4항의 목적상, 국가가 유보를 통보받은 후 12개월의 기간이 종료될 때 또는 그 국가가 조약에 대한 기속적 동의를 표시한 일자 중 어느 편이든 나중 시기까지 유보에 대하여 이의를 제기하지 않은 경우, 그 국가가 유보를 수락한 것으로 간주한다.

제21조 (유보 및 유보에 대한 이의의 법적 효력)

1. 제19조, 제20조 및 제23조에 따라 다른 당사자에 대하여 성립된 유보는 다음의 법적 효력을 가진다.

　　가. 유보국에 대해서는 다른 당사자와의 관계에 있어서 유보와 관련된 조약 규정을 그 유보의 범위에서 변경하며,

　　나. 다른 당사자에 대해서는 유보국과의 관계에 있어서 이들 규정을 동일한 범위에서 변경한다.

2. 유보는 조약의 다른 당사자 상호 간에는 그 조약 규정을 변경하지 않는다.

3. 유보에 이의가 있는 국가가 자국과 유보국 간의 조약 발효에 반대하지 않는 경우, 유보에 관련되는 규정은 그 유보의 범위에서 양국 간에 적용되지 않는다.

제22조 (유보의 철회 및 유보에 대한 이의의 철회)

1. 조약이 달리 규정하지 않으면, 유보는 언제든지 철회될 수 있으며, 그 철회를 위해서 유보를 수락한 국가의 동의는 필요하지 않다.

2. 조약이 달리 규정하지 않으면, 유보에 대한 이의는 언제든지 철회될 수 있다.

3. 조약이 달리 규정하거나 달리 합의되는 경우를 제외하고, 다음이 적용된다.

　　가. 유보의 철회는 다른 체약국이 그 통보를 접수한 때에만 그 체약국에 관하여 효력이 발생한다.

　　나. 유보에 대한 이의의 철회는 유보를 표명한 국가가 그 통보를 접수한 때에만 효력이 발생한다.

제23조 (유보에 관한 절차)

1. 유보, 유보의 명시적 수락 및 유보에 대한 이의는 서면으로 표명되어야 하며, 체약국 및 조약의 당사자가 될 수 있는 자격을 가진 다른 국가에 통지되어야 한다.

2. 비준, 수락 또는 승인을 조건으로 조약에 서명할 때에 표명된 유보는 유보국이 그 조약에 대한 기속적 동의를 표시할 때에 유보국에 의하여 정식으로 확인되어야 한

다. 그러한 경우 유보는 그 확인일자에 행해졌다고 간주된다.

3. 유보의 확인 이전에 행해진 유보의 명시적 수락 또는 유보에 대한 이의 자체는 확인을 필요로 하지 않는다.

4. 유보의 철회 또는 유보에 대한 이의의 철회는 서면으로 표명되어야 한다.

제 3 절 조약의 발효 및 잠정적용

제24조 (발 효)

1. 조약은 그 조약이 규정하거나 교섭국이 합의하는 방법과 일자에 따라 발효한다.

2. 그러한 규정 또는 합의가 없는 경우, 조약은 그 조약에 대한 기속적 동의가 모든 교섭국에 대하여 확정되는 즉시 발효한다.

3. 조약에 대한 국가의 기속적 동의가 그 조약이 발효한 이후 일자에 확정되는 경우, 그 조약이 달리 규정하지 않으면, 조약은 그 국가에 대하여 그 일자에 발효한다.

4. 조약문의 정본인증, 조약에 대한 국가의 기속적 동의의 확정, 조약 발효의 방법 또는 일자, 유보, 기탁처의 임무 및 조약 발효 전에 필연적으로 발생하는 그 밖의 사항을 규율하는 조약 규정은 조약문의 채택 시부터 적용된다.

제25조 (잠정적용)

1. 다음의 경우 조약 또는 조약의 일부는 그 발효시까지 잠정적으로 적용된다.
   가. 조약 자체가 그렇게 규정하는 경우, 또는
   나. 교섭국이 그 밖의 방법으로 그렇게 합의한 경우

2. 조약이 달리 규정하거나 교섭국이 달리 합의한 경우를 제외하고, 어느 국가에 대한 조약 또는 조약 일부의 잠정적용은 그 국가가 조약이 잠정적으로 적용되고 있는 다른 국가에게 그 조약의 당사자가 되지 않겠다는 의사를 통보하는 경우 종료된다.

제 3 부 조약의 준수, 적용 및 해석

제 1 절 조약의 준수

제26조 (약속은 지켜져야 한다)

발효 중인 모든 조약은 당사자를 구속하며, 당사자에 의하여 신의에 좇아 성실하게 이행되어야 한다.

제27조 (국내법과 조약의 준수)

당사자는 자신의 조약 불이행에 대한 정당화 근거로서 자신의 국내법 규정을 원용할 수 없다. 이 규칙은 제46조의 적용을 방해하지 않는다.

제 2 절 조약의 적용

제28조 (조약의 불소급)

다른 의사가 조약에 나타나거나 달리 증명되는 경우를 제외하고, 조약 규정은 조약이 당사자에 대하여 발효한 일자 이전에 발생한 어떠한 행위나 사실 또는 종료된 상황과 관련하여 그 당사자를 구속하지 않는다.

제29조 (조약의 영역적 적용범위)

다른 의사가 조약에 나타나거나 달리 증명되는 경우를 제외하고, 조약은 각 당사자의 전체 영역에서 그 당사자를 구속한다.

제30조 (동일한 주제에 관한 전/후 조약의 적용)

1. 「국제연합헌장」 제103조를 따른다는 조건으로 동일한 주제에 관한 전/후 조약의 당사국의 권리와 의무는 다음 각 항에 따라 결정된다.
2. 조약이 전 조약 또는 후 조약을 따른다고 명시하고 있거나, 전 조약 또는 후 조약과 양립하지 않는다고 간주되지 않음을 명시하고 있는 경우에는 그 다른 조약의 규정이 우선한다.
3. 전 조약의 모든 당사자가 동시에 후 조약의 당사자이지만, 전 조약이 제59조에 따라 종료 또는 시행정지 되지 않는 경우, 전 조약은 그 규정이 후 조약의 규정과 양립하는 범위 내에서만 적용된다.
4. 후 조약의 당사자가 전 조약의 모든 당사자를 포함하지 않는 경우, 다음이 적용된다.
   가. 양 조약 모두의 당사국 간에는 제3항과 동일한 규칙이 적용된다.
   나. 양 조약 모두의 당사국과 어느 한 조약만의 당사국 간에는, 양국 모두가 당사자인 조약이 그들 상호 간의 권리와 의무를 규율한다.
5. 제4항은 제41조를 침해하지 않거나, 제60조에 따른 조약의 종료나 시행정지에 관한 문제, 또는 어느 국가가 다른 조약에 따라 타국에 지는 의무와 양립하지 않도록 규정된 조약을 체결하거나 적용함으로써 자국에 대해 발생할 수 있는 책임문제에 영향을 미치지 않는다.

제 3 절   조약의 해석

제31조 (해석의 일반 규칙)

1. 조약은 조약문의 문맥에서 그리고 조약의 대상 및 목적에 비추어, 그 조약의 문언에 부여되는 통상적 의미에 따라 신의에 좇아 성실하게 해석되어야 한다.

2. 조약 해석의 목적상, 문맥은 조약의 전문 및 부속서를 포함한 조약문에 추가하여 다음으로 구성된다.

　가. 조약 체결과 연계되어 모든 당사자 간에 이루어진 조약에 관한 합의

　나. 조약 체결과 연계되어 하나 또는 그 이상의 당사자가 작성하고, 다른 당사자가 모두 그 조약에 관련된 문서로 수락한 문서

3. 문맥과 함께 다음이 고려된다.

　가. 조약 해석 또는 조약 규정 적용에 관한 당사자 간 후속 합의

　나. 조약 해석에 관한 당사자의 합의를 증명하는 그 조약 적용에 있어서의 후속 관행

　다. 당사자 간의 관계에 적용될 수 있는 관련 국제법 규칙

4. 당사자가 특정 용어에 특별한 의미를 부여하기로 의도하였음이 증명되는 경우에는 그러한 의미가 부여된다.

제32조 (해석의 보충수단)

제31조의 적용으로부터 나오는 의미를 확인하거나, 제31조에 따른 해석 시 다음과 같이 되는 경우 그 의미를 결정하기 위하여 조약의 준비작업 및 체결 시의 사정을 포함한 해석의 보충수단에 의존할 수 있다.

　가. 의미가 모호해지거나 불명확하게 되는 경우, 또는

　나. 명백히 부조리하거나 불합리한 결과를 초래하는 경우

제33조 (둘 또는 그 이상의 언어로 정본인증된 조약의 해석)

1. 조약의 정본이 둘 또는 그 이상의 언어로 인증되었을 경우, 차이가 있다면 특정 조약문이 우선함을 그 조약이 규정하고 있거나 당사자가 그렇게 합의하는 경우를 제외하고, 각 언어본의 조약문은 동등한 권위를 갖는다.

2. 정본인증된 조약문 상 언어 중 하나의 언어 이외의 언어로 된 조약본은 조약이 이를 정본으로 규정하고 있거나 당사자들이 그렇게 합의한 경우에만 정본으로 간주된다.

3. 조약의 용어는 각 정본에서 동일한 의미를 가진다고 추정된다.

4. 제1항에 따라 특정 조약문이 우선하는 경우를 제외하고, 정본의 비교에서 제31조 및 제32조의 적용으로 해소되지 않는 의미의 차이가 드러나는 경우, 조약의 대상 및 목적을 고려하여 각 조약문과 최대한 조화되는 의미를 채택한다.

제 4 절   조약과 제3국

제34조 (제3국에 관한 일반 규칙)

조약은 제3국의 동의 없이는 그 국가에 대하여 의무 또는 권리를 창설하지 않는다.

제35조 (제3국의 의무를 규정하는 조약)

조약 당사자가 조약 규정을 제3국의 의무를 설정하는 수단으로 삼고자 의도하고 제3국이 서면으로 그 의무를 명시적으로 수락하는 경우, 그 규정으로부터 제3국의 의무가 발생한다.

제36조 (제3국의 권리를 규정하는 조약)

1. 조약 당사자가 조약 규정으로 제3국 또는 제3국이 속한 국가 집단 또는 모든 국가에 대하여 권리를 부여할 것을 의도하고 제3국이 이에 동의하는 경우, 그 규정으로부터 제3국의 권리가 발생한다. 조약이 달리 규정하지 않으면, 반대의사가 표시되지 않는 한 제3국의 동의는 추정된다.
2. 제1항에 따라 권리를 행사하는 국가는 조약에 규정되어 있거나 조약에 합치되게 설정된 권리행사의 조건을 따른다.

제37조 (제3국의 의무 또는 권리의 취소 또는 변경)

1. 제35조에 따라 제3국의 의무가 발생한 때에는 조약 당사자와 제3국이 달리 합의하였음이 증명되는 경우가 아니면, 그 의무는 조약 당사자와 제3국이 동의하는 경우에만 취소 또는 변경될 수 있다.
2. 제36조에 따라 제3국의 권리가 발생한 때에는, 그 권리가 제3국의 동의 없이 취소 또는 변경되지 않도록 의도되었음이 증명되는 경우, 그 권리는 당사자에 의하여 취소 또는 변경될 수 없다.

제38조 (국제 관습을 통하여 제3국을 구속하게 되는 조약상 규칙)

제34조부터 제37조까지의 어떤 조도 조약에 규정된 규칙이 관습국제법 규칙으로 인정되어 제3국을 구속하게 됨을 방해하지 않는다.

제 4 부   조약의 개정 및 변경

제39조 (조약의 개정에 관한 일반 규칙)

조약은 당사자 간 합의로 개정될 수 있다. 조약이 달리 규정하는 경우를 제외하고, 제2

부에 규정된 규칙은 그러한 합의에 적용된다.

제40조 (다자조약의 개정)

1. 조약이 달리 규정하지 않으면, 다자조약의 개정은 다음 각 항에 따라 규율된다.
2. 모든 당사자 간에 다자조약을 개정하기 위한 제의는 모든 체약국에 통보되어야 하며, 각 체약국은 다음에 참여할 권리를 가진다.
   가. 그러한 제의에 대해 취할 조치에 관한 결정
   나. 그 조약의 개정을 위한 합의의 교섭 및 성립
3. 조약 당사자가 될 수 있는 자격을 가진 모든 국가는 개정되는 조약의 당사자가 될 자격도 가진다.
4. 개정 합의는 그 합의의 당사자가 되지 않는 기존 조약의 당사자인 어느 국가도 구속하지 않는다. 그러한 국가에 대하여 제30조제4항나호가 적용된다.
5. 개정 합의의 발효 이후 조약의 당사자가 되는 국가는 다른 의사 표시를 하지 않는 경우, 다음과 같이 간주된다.
   가. 개정 조약의 당사자, 또한
   나. 개정 합의에 구속되지 않는 조약 당사자와의 관계에서는 개정되지 않은 조약의 당사자

제41조 (일부 당사자 간에만 다자조약을 변경하는 합의)

1. 다자조약의 둘 또는 그 이상의 당사자는 다음의 경우 그들 간에만 조약을 변경하는 합의를 성립시킬 수 있다.
   가. 그러한 변경 가능성이 조약에 규정된 경우, 또는
   나. 해당 변경이 조약상 금지되지 않고,
      1) 다른 당사자가 그 조약에 따라 권리를 향유하거나 의무를 이행하는 데 영향을 주지 않으며,
      2) 어떤 규정으로부터의 이탈이 그 조약 전체의 대상 및 목적의 효과적인 수행과 양립하지 않을 때 그 규정과 관련되지 않은 경우
2. 제1항가호에 해당하는 경우 조약이 달리 규정하지 않으면, 해당 당사자는 그러한 합의를 성립시키고자 하는 의사와 그 합의가 규정하는 조약의 변경을 다른 당사자에 통보한다.

제 5 부   조약의 무효, 종료 및 시행정지

제 1 절   일반 규정

제42조 (조약의 유효성 및 효력의 지속)

1. 조약의 유효성 또는 조약에 대한 국가의 기속적 동의의 유효성은 이 협약의 적용을 통해서만 부정될 수 있다.

2. 조약의 종료, 폐기 또는 당사자의 탈퇴는 그 조약 규정 또는 이 협약의 적용 결과로서만 행하여질 수 있다. 동일한 규칙이 조약의 시행정지에도 적용된다.

제43조 (조약과는 별도로 국제법에 따라 부과되는 의무)

이 협약 또는 조약 규정의 적용에 따른 조약의 무효, 종료 또는 폐기, 조약으로부터 당사자의 탈퇴 또는 시행정지는 그 조약과는 별도로 국제법에 따라 국가를 구속하는 의무로서 그 조약에 구현된 의무를 이행하는 국가의 책무에 어떠한 영향도 미치지 않는다.

제44조 (조약 규정의 분리가능성)

1. 조약에 규정되어 있거나 제56조에 따라 발생하는, 조약을 폐기, 탈퇴 또는 시행정지 시킬 수 있는 당사자의 권리는, 조약이 달리 규정하거나 당사자들이 달리 합의하는 경우를 제외하고, 조약 전체에 관해서만 행사될 수 있다.

2. 이 협약에서 인정되는 조약의 무효, 종료, 탈퇴 또는 시행정지의 사유는, 다음의 각 항이나 제60조에 규정되어 있는 경우를 제외하고, 조약 전체에 관해서만 원용될 수 있다.

3. 그 사유가 특정 조항에만 관련된다면, 다음의 경우에는 그러한 조항에 관해서만 원용될 수 있다.

   가. 해당 조항이 그 적용과 관련하여 그 조약의 잔여부분으로부터 분리될 수 있고,

   나. 그 조항의 수락이 하나 또는 그 이상의 다른 당사자의 조약 전체에 대한 기속적 동의의 필수적 기초가 아니었다는 점이 그 조약으로부터 나타나거나 달리 증명되며,

   다. 그 조약의 잔여부분의 계속적 이행이 부당하지 않은 경우

4. 제49조 및 제50조에 해당하는 경우, 기만 또는 부정을 원용할 수 있는 권리를 가진 국가는 조약 전체에 관하여 이를 원용할 수도 있고, 또는 제3항을 따른다는 조건으로 특정 조항에 관해서만 이를 원용할 수 있다.

5. 제51조, 제52조 및 제53조에 해당하는 경우에는 조약 규정의 분리가 허용되지 않는다.

제45조 (조약의 무효, 종료, 탈퇴 또는 시행정지의 사유를 원용할 수 있는 권리의 상실)

국가는 제46조부터 제50조 또는 제60조 및 제62조까지에 따른 조약의 무효, 종료, 탈퇴 또는 시행정지의 사유에 해당되는 사실을 알게 된 후, 다음의 경우에는 그 사유를 더 이상 원용할 수 없다.

　　가. 그 조약이 유효하다거나, 계속 효력이 있다거나, 계속 시행된다는 것에 국가가 명시적으로 동의한 경우, 또는

　　나. 국가의 행동으로 보아 조약의 유효성 또는 그 효력이나 시행의 존속을 묵인하였다고 간주되어야 하는 경우

제 2 절　 조약의 무효

제46조 (조약 체결권에 관한 국내법 규정)

1. 조약 체결권에 관한 국내법 규정의 위반이 명백하며 본질적으로 중요한 국내법 규칙에 관련된 경우가 아니면, 국가는 조약에 대한 자국의 기속적 동의가 그 국내법 규정에 위반하여 표시되었다는 사실을 그 동의를 무효로 하는 근거로 원용할 수 없다.
2. 통상의 관행에 따라 신의에 좇아 성실하게 행동하는 어떠한 국가에 대해서도 위반이 객관적으로 분명한 경우에는 명백한 것이 된다.

제47조 (국가의 동의 표시 권한에 대한 특별한 제한)

특정 조약에 대한 국가의 기속적 동의를 표시하는 대표의 권한이 특별한 제한을 따른다는 조건으로 부여된 경우, 대표가 그러한 동의를 표시하기 전에 그 제한이 다른 교섭국에 통보되지 않았다면, 대표가 제한을 준수하지 않은 사실은 그가 표시한 동의를 무효로 하는 근거로 원용될 수 없다.

제48조 (착 오)

1. 국가가 조약의 체결 당시 존재한다고 상정했던 사실 또는 상황으로서, 그 조약에 대한 국가의 기속적 동의의 필수적 기초를 형성했던 것과 관련된 착오일 경우, 국가는 그 조약상의 착오를 해당 조약에 대한 기속적 동의를 무효로 하는 근거로 원용할 수 있다.
2. 해당 국가가 자국의 행동을 통해 착오에 기여했거나 착오의 가능성을 알 수 있는 상황이었다면, 제1항은 적용되지 않는다.
3. 조약문의 자구에만 관련된 착오는 조약의 유효성에 영향을 미치지 않는다. 그 경우에는 제79조가 적용된다.

제49조 (기 만)

국가가 다른 교섭국의 기만행위에 의하여 조약을 체결하도록 유인된 경우, 국가는 그 기만을 조약에 대한 자신의 기속적 동의를 무효로 하는 근거로 원용할 수 있다.

제50조 (국가 대표의 부정)

조약에 대한 국가의 기속적 동의 표시가 직접적 또는 간접적으로 다른 교섭국이 그 대표로 하여금 부정을 저지르도록 하여 얻어진 경우, 국가는 그 부정을 조약에 대한 자신의 기속적 동의를 무효로 하는 근거로 원용할 수 있다.

제51조 (국가 대표에 대한 강박)

국가 대표에 대한 행동 또는 위협을 통하여 그 대표를 강박하여 얻어진 조약에 대한 국가의 기속적 동의 표시는 어떠한 법적 효력도 없다.

제52조 (무력의 위협 또는 사용에 의한 국가에 대한 강박)

조약이 「국제연합헌장」에 구현된 국제법 원칙을 위반하는 무력의 위협 또는 사용에 의하여 체결된 경우, 그 조약은 무효이다.

제53조 (일반국제법의 절대규범(강행규범)과 상충되는 조약)

조약이 체결 당시 일반국제법의 절대규범과 상충되는 경우 무효이다. 이 협약의 목적상 일반국제법의 절대규범이란 어떠한 이탈도 허용되지 않으며, 동일한 성질을 가진 일반국제법의 후속 규범에 의해서만 변경될 수 있는 규범으로 국제공동체 전체가 수락하고 인정하는 규범이다.

제 3 절 조약의 종료 및 시행정지

제54조 (조약 규정 또는 당사자의 동의에 따른 조약의 종료 또는 탈퇴)

다음의 경우 조약이 종료되거나 당사자가 탈퇴할 수 있다.

　　가. 그 조약 규정에 합치되는 경우, 또는

　　나. 다른 체약국과 협의한 후 모든 당사자의 동의를 얻는 경우 언제든지

제55조 (다자조약의 발효에 필요한 수 미만으로의 당사자 감소)

조약이 달리 규정하지 않으면, 다자조약은 당사자 수가 발효에 필요한 수 미만으로 감소한 사실만으로 종료하지 않는다.

제56조 (종료, 폐기 또는 탈퇴에 관한 규정을 포함하지 않는 조약의 폐기 또는 탈퇴)

1. 종료에 관한 규정을 포함하지 않으며 폐기 또는 탈퇴도 규정하고 있지 않은 조약은,

다음의 경우에 해당되지 않으면, 폐기 또는 탈퇴의 대상이 되지 않는다.

　가. 당사자가 폐기 또는 탈퇴의 가능성을 인정하고자 하였음이 증명되는 경우, 또는

　나. 폐기 또는 탈퇴의 권리가 조약의 성질상 묵시적으로 인정되는 경우

2. 당사자는 제1항에 따른 조약의 폐기 또는 탈퇴 의사를 적어도 12개월 전에 통보하여야 한다.

제57조 (조약 규정 또는 당사자의 동의에 의한 조약의 시행정지)

다음의 경우 모든 당사자 또는 특정 당사자에 대하여 조약의 시행이 정지될 수 있다.

　가. 그 조약 규정에 합치되는 경우, 또는

　나. 다른 체약국과 협의한 후 모든 당사자의 동의를 얻는 경우 언제든지

제58조 (일부 당사자간만의 합의에 의한 다자조약의 시행정지)

1. 다자조약의 둘 또는 그 이상의 당사자는, 다음의 경우, 그들 사이에서만 일시적으로 조약 규정의 시행을 정지시키기 위한 합의를 성립시킬 수 있다.

　가. 그러한 정지 가능성이 조약에 규정되어 있는 경우, 또는

　나. 해당 정지가 조약상 금지되지 않고,

　　　1) 다른 당사자의 조약상 권리 향유 또는 의무 이행에 영향을 주지 않으며,

　　　2) 그 조약의 대상 및 목적과 양립할 수 없지 않은 경우

2. 제1항가호에 해당하는 경우 조약이 달리 규정하지 않으면, 해당 당사자는 합의를 성립시키고자 하는 의사와 시행을 정지시키고자 하는 조약 규정을 다른 당사자에 통보한다.

제59조 (후 조약의 체결에 의하여 묵시적으로 인정되는 조약의 종료 또는 시행정지)

1. 조약의 모든 당사자가 동일한 사항에 관한 후 조약을 체결하고, 다음에 해당하는 경우, 그 조약은 종료된 것으로 간주된다.

　가. 후 조약에 따라 그 사항이 규율되어야 함을 당사자가 의도하였음이 후 조약으로부터 나타나거나 달리 증명되는 경우, 또는

　나. 후 조약의 규정이 전 조약의 규정과 도저히 양립하지 않아 양 조약이 동시에 적용될 수 없는 경우

2. 당사자의 의사가 전 조약의 시행정지만이라는 점이 후 조약으로부터 나타나거나 달리 증명되는 경우, 전 조약은 시행만 정지되는 것으로 간주된다.

제60조 (조약 위반의 결과로서의 조약의 종료 또는 시행정지)

1. 양자조약의 한쪽 당사자가 중대한 위반을 하는 경우 다른 쪽 당사자는 그 조약을 종료하거나 그 시행을 전부 또는 일부 정지시키기 위한 사유로 그 위반을 원용할 수

있는 권리를 갖는다.
2. 다자조약의 어느 당사자가 중대한 위반을 하는 경우, 관계 당사자는 다음의 권리를 갖는다.
   가. 다른 당사자가 전원일치의 합의로
      1) 그 다른 당사자와 의무불이행국 간의 관계에서, 또는
      2) 모든 당사자 간에
      그 조약의 전부 또는 일부의 시행을 정지시키거나 그 조약을 종료시킬 권리
   나. 위반에 의하여 특별히 영향을 받는 당사자가 자신과 의무불이행국 간의 관계에서 그 조약의 전부 또는 일부의 시행을 정지시키기 위한 사유로 그 위반을 원용할 수 있는 권리
   다. 어느 당사자에 의한 조약 규정의 중대한 위반이 그 조약상 의무의 향후 이행에 관한 모든 당사자의 입장을 근본적으로 변경시키는 성격의 조약인 경우, 의무불이행국 이외의 당사자가 자신에 관하여 그 조약의 전부 또는 일부의 시행을 정지시키기 위한 사유로서 그 위반을 원용할 수 있는 권리
3. 이 조의 목적상, 다음의 경우는 조약의 중대한 위반에 해당한다.
   가. 이 협약에서 허용되지 않는 조약의 이행거부, 또는
   나. 조약의 대상 또는 목적 달성에 필수적인 규정의 위반
4. 위의 각 항은 위반 시 적용될 수 있는 조약상의 어떠한 규정도 침해하지 않는다.
5. 제1항부터 제3항까지의 조항은 인도적 성격의 조약에 포함된 인신보호에 관한 규정, 특히 그러한 조약에 따라 보호를 받는 사람에 대한 어떠한 형태의 복구도 금지하는 규정에는 적용되지 않는다.

제61조 (후발적 이행불능)

1. 조약의 이행불능이 그 조약 이행에 불가결한 대상의 영구적 소멸 또는 파괴로 인한 경우, 당사자는 조약을 종료시키거나 탈퇴하기 위한 사유로 이행불능을 원용할 수 있다. 이행불능이 일시적인 경우에는 조약의 시행정지를 위한 사유로만 원용될 수 있다.
2. 이행불능이 이를 원용하려는 당사자에 의한 조약상 의무나 그 조약의 다른 당사자에 대하여 지고 있는 그 밖의 국제의무 위반의 결과인 경우, 이행불능은 조약의 종료, 탈퇴 또는 시행정지를 위한 사유로 그 당사자에 의하여 원용될 수 없다.

제62조 (사정의 근본적 변경)

1. 다음 경우에 해당되지 않으면, 조약 체결 당시 존재한 사정과 관련하여 발생하였고, 당사자가 예견하지 못한 사정의 근본적 변경은 조약의 종료 또는 탈퇴를 위한 사유

로 원용될 수 없다.

가. 그러한 사정의 존재가 조약에 대한 당사자의 기속적 동의의 필수적 기초를 구성하였으며,

나. 변경의 효과로 조약에 따라 계속 이행되어야 할 의무의 범위가 근본적으로 변화되는 경우

2. 다음의 경우에는 사정의 근본적 변경이 조약의 종료 또는 탈퇴 사유로 원용될 수 없다.

가. 조약이 경계선을 확정하는 경우, 또는

나. 근본적 변경이 이를 원용하는 당사자에 의한 조약상 의무나 그 조약의 다른 당사자에 대하여 지고 있는 그 밖의 국제의무 위반의 결과인 경우

3. 위의 각 항에 따라 당사자가 조약의 종료 또는 탈퇴 사유로 사정의 근본적 변경을 원용할 수 있는 경우, 당사자는 그러한 변경을 조약의 시행정지 사유로도 원용할 수 있다.

제63조 (외교 또는 영사 관계의 단절)

외교 또는 영사 관계의 존재가 조약 적용에 불가결한 경우를 제외하고, 조약 당사자 간의 외교 또는 영사 관계의 단절은 그 조약에 따라 당사자 간 확립된 법률관계에 영향을 주지 않는다.

제64조 (일반국제법상 새로운 절대규범(강행규범)의 출현)

일반국제법상 새로운 절대규범이 출현하는 경우, 그 규범과 충돌하는 기존 조약은 무효로 되어 종료한다.

제 4 절   절 차

제65조 (조약의 무효, 종료, 탈퇴 또는 시행정지에 관하여 따라야 할 절차)

1. 이 협약의 규정에 따라 조약에 대한 자신의 기속적 동의 상의 흠결을 원용하거나, 조약의 유효성을 부정하거나 조약을 종료시키거나 조약으로부터 탈퇴하거나 그 시행을 정지시키기 위한 사유를 원용하는 당사자는 다른 당사자에게 자신의 주장을 통보하여야 한다. 통보에는 그 조약에 관하여 취하고자 제의하는 조치와 그 이유를 적시한다.

2. 특별히 긴급한 경우를 제외하고, 통보를 접수한 후 적어도 3개월의 기간이 만료될 때까지 어느 당사자도 이의를 제기하지 않은 경우, 통보를 한 당사자는 제67조에 규정된 방법으로 자신이 제의한 조치를 실행할 수 있다.

3. 다만, 다른 당사자가 이의를 제기한 경우, 당사자는 「국제연합헌장」 제33조에 열거된 수단을 통해 해결을 도모한다.

4. 위의 어떠한 항도 분쟁 해결에 관하여 당사자를 구속하는 유효한 규정에 따른 당사자의 권리 또는 의무에 영향을 주지 않는다.

5. 제45조를 침해함이 없이, 어느 국가가 사전에 제1항에 규정된 통보를 하지 않은 사실은, 조약 이행을 요구하거나 조약 위반을 주장하는 다른 당사자에 대한 답변으로서 그 국가가 그러한 통보를 하는 것을 방해하지 않는다.

제66조 (사법적 해결, 중재 및 조정을 위한 절차)

이의가 제기된 일자로부터 12개월의 기간 내에 제65조제3항에 따른 해결에 이르지 못한 경우, 다음의 절차가 진행된다.

　　가. 제53조 또는 제64조의 적용이나 해석에 관한 분쟁의 어느 한쪽 당사자는, 당사자들이 공동으로 동의하여 분쟁을 중재에 회부하기로 합의하지 않으면, 결정을 위하여 서면 신청으로 분쟁을 국제사법재판소에 회부할 수 있다.

　　나. 이 협약 제5부의 다른 조의 적용이나 해석에 관한 분쟁의 어느 한쪽 당사자는 협약 부속서에 명시된 절차를 개시하겠다는 취지의 요청서를 국제연합 사무총장에게 제출함으로써 그러한 절차를 개시할 수 있다.

제67조 (조약의 무효선언, 종료, 탈퇴 또는 시행정지를 위한 문서)

1. 제65조제1항에 따라 규정된 통보는 서면으로 해야 한다.

2. 조약 규정이나 제65조제2항 또는 제3항의 규정에 따른 그 조약의 무효선언, 종료, 탈퇴 또는 시행정지에 관한 행위는 다른 당사자에 전달되는 문서를 통하여 실시된다. 이 문서가 국가원수, 정부수반 또는 외교장관에 의하여 서명되지 않은 경우에는 이를 전달하는 국가 대표에게 전권위임장의 제시를 요구할 수 있다.

제68조 (제65조 및 제67조에 규정된 통보와 문서의 철회)

제65조 또는 제67조에 규정된 통보 또는 문서는 그 효력이 발생되기 전 언제든지 철회될 수 있다.

제 5 절　조약의 무효, 종료 또는 시행정지의 효과

제69조 (조약 무효의 효과)

1. 이 협약에 따라 무효로 확정된 조약은 효력이 없다. 무효인 조약의 규정은 법적 효력이 없다.

2. 다만 그러한 조약에 따라 행위가 이행된 경우,

　　가. 각 당사자는 그 행위가 이행되지 않았더라면 존재하였을 상태를 당사자 상호관계에서 가능한 한 확립하도록 다른 당사자에게 요구할 수 있다.

나. 무효가 원용되기 전에 신의에 좇아 성실하게 이행된 행위는 그 조약의 무효만을 이유로 위법이 되지 않는다.

3. 제49조, 제50조, 제51조 또는 제52조에 해당하는 경우, 기만, 부정행위 또는 강박의 책임이 귀속되는 당사자에 대하여는 제2항이 적용되지 않는다.

4. 다자조약에 대한 특정 국가의 기속적 동의가 무효인 경우, 위 규칙들은 그 국가와 그 조약의 당사자 간의 관계에 적용된다.

제70조 (조약 종료의 효과)

1. 조약이 달리 규정하거나 당사자가 달리 합의하는 경우를 제외하고, 조약 규정 또는 이 협약에 따른 조약의 종료는 다음의 효과를 가져온다.
   가. 당사자에 대하여 향후 그 조약을 이행할 의무를 해제한다.
   나. 조약이 종료되기 전에 그 시행으로 발생한 당사자의 권리, 의무 또는 법적 상황에 영향을 주지 않는다.

2. 국가가 다자조약을 폐기하거나 탈퇴하는 경우, 그 폐기 또는 탈퇴의 효력이 발생하는 일자부터 그 국가와 조약의 다른 각 당사자 간의 관계에서는 제1항이 적용된다.

제71조 (일반국제법의 절대규범과 충돌하는 조약의 무효의 효과)

1. 제53조에 따라 무효인 조약의 경우, 당사자는 다음의 조치를 취한다.
   가. 일반국제법의 절대규범과 충돌하는 규정에 따라 이행된 행위의 효과를 가능한 한 제거하며,
   나. 당사자의 상호관계가 일반국제법의 절대규범과 합치되도록 한다.

2. 제64조에 따라 무효로 되어 종료되는 조약의 경우, 그 조약의 종료는 다음의 효과를 가져온다.
   가. 당사자에 대하여 향후 그 조약을 이행할 의무를 해제한다.
   나. 조약이 종료되기 전에 그 시행으로 발생한 당사자의 권리, 의무 또는 법적 상황에 영향을 주지 않는다. 다만, 그러한 권리, 의무 또는 상황은 그 유지 자체가 일반국제법의 새로운 절대규범과 충돌하지 않는 범위 내에서만 이후에도 유지될 수 있다.

제72조 (조약 시행정지의 효과)

1. 조약이 달리 규정하거나 당사자가 달리 합의하는 경우를 제외하고, 조약 규정 또는 이 협약에 따른 조약의 시행정지는 다음의 효과를 가져온다.
   가. 조약의 시행이 정지된 당사자 간에는 정지기간 동안 그들 상호관계에서 조약 이행 의무가 해제된다.
   나. 조약에 따라 확립된 당사자 간의 법적 관계에 달리 영향을 주지 않는다.

2. 시행정지기간 동안 당사자는 그 조약의 시행 재개를 방해하게 되는 행위를 삼간다.

제6부 잡 칙

제73조 (국가승계, 국가책임 및 적대행위 발발의 경우)

이 협약의 규정은 국가승계, 국가의 국제책임 또는 국가 간 적대행위의 발발로부터 조약에 관하여 발생할 수 있는 어떠한 문제도 예단하지 않는다.

제74조 (외교 및 영사관계와 조약의 체결)

둘 또는 그 이상의 국가 간 외교 또는 영사관계의 단절이나 부재는 그러한 국가 간의 조약체결을 방해하지 않는다. 조약의 체결은 그 자체로 외교 또는 영사관계에 관련된 상황에 영향을 주지 않는다.

제75조 (침략국의 경우)

이 협약의 규정은 침략국의 침략에 관하여 「국제연합헌장」과 합치되게 취해진 조치의 결과로서 침략국에 대하여 발생할 수 있는 조약과 관련된 어떠한 의무에도 영향을 미치지 않는다.

제7부 기탁처, 통보, 정정 및 등록

제76조 (조약의 기탁처)

1. 조약의 기탁처는 교섭국이 조약 그 자체에 또는 그 밖의 방법으로 지정될 수 있다. 기탁처는 하나 또는 그 이상의 국가, 국제기구 또는 국제기구의 최고행정책임자로 할 수 있다.
2. 조약 기탁처의 임무는 국제적 성격을 지니며, 기탁처는 그 임무 수행에 있어서 공정하게 행동할 의무를 진다. 특히, 조약이 일부 당사자 간에 발효하지 않았거나 기탁처의 임무 수행에 관하여 국가와 기탁처 간에 견해 차이가 발생한 사실은 그러한 의무에 영향을 주지 않는다.

제77조 (기탁처의 임무)

1. 조약에 달리 규정되어 있거나 체약국이 달리 합의하는 경우를 제외하고, 기탁처의 임무는 특히 다음으로 구성된다.
    가. 기탁처에 송달된 조약 및 전권위임장의 원본을 보관한다.

나. 원본의 인증등본을 작성하고, 조약상 요구되는 추가 언어로 조약문을 작성하며, 조약의 당사자와 당사자가 될 수 있는 권리를 가진 국가에게 이를 전달한다.

다. 조약에 대한 서명을 접수하며, 조약에 관련된 문서, 통보 및 전달사항을 접수하고 보관한다.

라. 서명 또는 조약에 관련된 문서, 통보 또는 전달사항이 적절한 형식으로 되어 있는지 여부를 검토하고, 필요한 경우 그 사항에 대하여 해당 국가의 주의를 환기한다.

마. 조약의 당사자 및 당사자가 될 수 있는 권리를 가진 국가에 대하여 그 조약과 관련된 행위, 통보 및 전달사항을 통지한다.

바. 조약 발효에 필요한 수의 서명 또는 비준서, 수락서, 승인서 또는 가입서가 접수되거나 기탁되는 경우, 조약의 당사자가 될 수 있는 권리를 가진 국가에게 통지한다.

사. 국제연합 사무국에 조약을 등록한다.

아. 이 협약의 다른 규정에 명시된 임무를 수행한다.

2. 기탁처의 임무 수행에 관하여 국가와 기탁처 간에 견해 차이가 발생하는 경우, 기탁처는 그 문제에 대하여 서명국과 체약국 또는 적절한 경우 관련 국제기구의 권한 있는 기관의 주의를 환기한다.

제78조 (통보 및 전달사항)

조약 또는 이 협약이 달리 규정하는 경우를 제외하고, 이 협약에 따라 국가가 행하는 통보 또는 전달사항은 다음과 같이 취급된다.

가. 기탁처가 없는 경우 이를 받을 국가에 직접 전달되며, 기탁처가 있는 경우에는 기탁처에게 전달된다.

나. 전달 대상 국가가 이를 접수한 경우나 사정에 따라서는 기탁처가 접수한 경우에만 해당 국가가 이를 전달한 것으로 간주된다.

다. 기탁처에 전달된 경우, 전달 대상 국가가 제77조제1항마호에 따라 기탁처로부터 통지받았을 때에만 그 국가에 접수된 것으로 간주된다.

제79조 (조약문 또는 인증등본상 오류 정정)

1. 조약문의 정본인증 후 서명국 및 체약국이 조약문에 오류가 있다고 합의하는 경우, 그들이 다른 정정방법을 결정하지 않으면, 오류는 다음에 따라 정정된다.

가. 조약문에 적절한 정정을 가하고, 정당하게 권한을 위임받은 대표가 그 정정에 가서명하도록 하는 방법

나. 합의된 정정을 기재한 하나 또는 그 이상의 문서를 작성하거나 이를 교환하는 방법, 또는

다. 원본의 경우와 동일한 절차에 의하여 조약 전체의 정정본을 작성하는 방법

2. 기탁처가 있는 조약의 경우, 기탁처는 서명국 및 체약국에게 착오와 그 정정안을 통보하며 정정안에 대하여 이의를 제기할 수 있는 적절한 기한을 명시한다. 그 기한이 만료되면 다음 조치를 취한다.

가. 이의가 제기되지 않은 경우, 기탁처는 조약문에 정정을 가하고 이에 가서명하며, 정정조서를 작성하여 그 사본을 조약 당사자 및 당사자가 될 수 있는 권리를 가진 국가에게 전달한다.

나. 이의가 제기된 경우, 기탁처는 그 이의를 서명국 및 체약국에 전달한다.

3. 제1항 및 제2항의 규칙은 조약문이 둘 또는 그 이상의 언어로 정본인증되고, 서명국 및 체약국들이 정정되어야 한다고 합의하는 언어 간의 불합치가 있다고 보여지는 경우에도 적용된다.

4. 서명국 및 체약국이 달리 결정하지 않으면, 정정본은 처음부터 흠결본을 대체한다.

5. 등록된 조약문의 정정은 국제연합 사무국에 통보된다.

6. 조약의 인증등본에서 오류가 발견되는 경우, 기탁처는 정정을 명시하는 조서를 작성하여 그 사본을 서명국 및 체약국에 전달한다.

제80조 (조약의 등록 및 발간)

1. 조약은 발효 후 경우에 따라 등록 또는 편철과 기록을 위하여 또한 발간을 위하여 국제연합 사무국에 전달된다.

2. 기탁처의 지정은 전항에 명시된 행위를 이행할 수 있는 권한을 기탁처에 부여하게 된다.

제8부 최종 조항

제81조 (서 명)

이 협약은 국제연합, 전문기구 또는 국제원자력기구의 모든 회원국, 국제사법재판소 규정 당사자 및 국제연합총회로부터 이 협약의 당사자가 되도록 초청받은 그 밖의 국가가 다음과 같이 서명할 수 있다. 1969년 11월 30일까지는 오스트리아 공화국의 연방 외교부에서 그리고 그 이후 1970년 4월 30일까지는 뉴욕에 있는 국제연합 본부에서 서명할 수 있다.

제82조 (비 준)

이 협약은 비준의 대상이 된다. 비준서는 국제연합 사무총장에게 기탁된다.

제83조 (가 입)

제81조에 언급된 범주 중 어느 하나에 속하는 어느 국가도 이 협약에 가입할 수 있다. 가입서는 국제연합 사무총장에게 기탁된다.

제84조 (발 효)

1. 이 협약은 35번째의 비준서 또는 가입서가 기탁된 날 후 30일째 되는 날에 발효한다.
2. 35번째 비준서 또는 가입서가 기탁된 후에 이 협약을 비준하거나 이에 가입하는 각 국가에 대하여, 이 협약은 해당 국가가 비준서 또는 가입서를 기탁한 후 30일째 되는 날에 발효한다.

제85조 (정 본)

중국어, 영어, 프랑스어, 러시아어 및 스페인어본이 동등하게 정본인 이 협약의 원본은 국제연합 사무총장에게 기탁된다.

이상의 증거로, 아래 서명한 전권대표는 각자의 정부로부터 정당하게 권한을 위임받아 이 협약에 서명하였다.

1969년 5월 23일 비엔나에서 작성되었다.

부속서

1. 국제연합 사무총장은 자격 있는 법률가로 구성되는 조정위원 명부를 작성하여 유지한다. 국제연합의 회원국 또는 이 협약의 당사자인 모든 국가는 이러한 목적에서 2명의 조정위원을 지명하도록 초청받으며, 이렇게 지명된 인사의 명단은 그 명부에 포함된다. 불시의 공석을 채우기 위하여 지명된 조정위원의 경우를 포함하여, 조정위원의 임기는 5년이며 연임될 수 있다. 임기가 만료되는 조정위원은 다음 각 항에 따라 그가 선임된 목적상의 직무를 계속 수행한다.
2. 제66조에 따라 국제연합 사무총장에게 요청이 제기된 경우, 사무총장은 다음과 같이 구성되는 조정위원회에 분쟁을 회부한다.
   분쟁의 일방 당사자를 구성하는 하나 또는 그 이상의 국가는 다음과 같이 임명한다.
   가. 국가 또는 그 국가들 중 어느 한 국가의 국적을 가진 1명의 조정위원. 다만 그는 제1항에 언급된 명부에서 선임될 수도 있고, 아닐 수도 있다. 또한
   나. 그 명부에서 선임되는 사람으로서 국가 또는 그 국가들 중 어느 한 국가의 국적을 갖지 않은 1명의 조정위원

분쟁의 타방 당사자를 구성하는 하나 또는 그 이상의 국가는 동일한 방법으로 2명의 조정위원을 임명한다. 당사자가 선임하는 4명의 조정위원은 사무총장이 요청받은 날 후 60일 이내에 임명된다.

4명의 조정위원은 그들 중 마지막으로 임명받은 사람의 임명일 후 60일 이내에 위 명부에서 제5의 조정위원을 선임하여 임명하고, 그가 조정위원장이 된다.

위원장 또는 다른 조정위원이 위 지정된 임명기간 내에 임명되지 않은 경우, 그 기간 만료 후 60일 이내에 사무총장이 임명한다. 위원장은 위 명부 또는 국제법위원회의 위원 중에서 사무총장이 임명할 수 있다. 임명기간은 분쟁당사자 간 합의로 연장될 수 있다.

공석은 최초의 임명에 관하여 지정된 방법으로 채워진다.

3. 조정위원회는 자체의 절차를 결정한다. 위원회는 분쟁당사자의 동의를 얻어 조약의 어느 당사자에 대하여도 그 견해를 구두 또는 서면으로 위원회에 제출하도록 요청할 수 있다.

위원회의 결정 및 권고는 5인으로 된 구성원의 다수결에 의한다.

4. 위원회는 우호적 해결을 촉진할 수 있는 조치에 대하여 분쟁당사자의 주의를 환기할 수 있다.

5. 위원회는 당사자의 의견을 청취하고, 청구와 이의를 심사하며, 분쟁의 우호적 해결에 도달하기 위하여 당사자에 제안한다.

6. 위원회는 그 구성 후 12개월 이내에 보고한다. 그 보고서는 사무총장에게 기탁되며 분쟁당사자에 전달된다. 사실관계 또는 법적 문제에 관하여 위원회의 보고서에 기술된 결론을 포함한 위원회의 보고서는 분쟁당사자를 구속하지 않으며, 분쟁의 우호적 해결을 촉진하기 위하여 분쟁당사자의 고려를 위해 제출된 권고 이외의 다른 성격을 갖지 않는다.

7. 사무총장은 위원회가 필요로 하는 협조와 편의를 위원회에 제공한다. 위원회의 경비는 국제연합이 부담한다.

1994년 관세 및 무역에 관한 일반협정

General Agreement on Tariffs and Trade, 1994

호주연방, 벨기에왕국, 브라질합중국, 버마, 캐나다, 실론, 칠레공화국, 중화민국, 쿠바 공화국, 체코슬로바키아공화국, 프랑스공화국, 인도, 레바논, 룩셈부르크대공국, 네덜란드왕국, 뉴질랜드, 노르웨이왕국, 파키스탄, 남로데시아, 시리아, 남아프리카연방, 대영 및 북아일랜드 연합왕국과 미합중국 정부는,

무역과 경제활동분야에서의 그들의 관계가 생활수준을 향상시키고, 완전고용 및 크고 지속적으로 증가하는 실질소득과 유효수요를 확보하고, 세계자원의 완전한 이용을 발전시키며, 재화의 생산 및 교환의 확대를 위하여 이루어져야 한다는 것을 인정하고,

관세 및 그 밖의 무역장벽을 실질적으로 감축하고 국제상거래에 있어서의 차별적 대우를 철폐할 것을 지향하는 상호적이고 호혜적인 약정을 체결함으로써 이러한 목적에 기여할 수 있기를 바라며,

그 대표를 통하여 다음과 같이 합의하였다.

제1부

제1조   일반적 최혜국 대우

1. 수입 또는 수출에 대하여 또는 수입 또는 수출과 관련하여 부과되거나 수입 또는 수출에 대한 지급의 국제적 이전에 대하여 부과되는 관세 및 모든 종류의 과징금에 관하여, 동 관세 및 과징금의 부과방법에 관하여, 수입 또는 수출과 관련된 모든 규칙 및 절차에 관하여, 그리고 제3조 제2항 및 제4항에 언급된 모든 사항에 관하여 체약 당사자가 타국을 원산지로 하거나 행선지로 하는 상품에 대하여 부여하는 제반 편

의, 호의, 특권 또는 면제는 다른 모든 체약당사자의 영토를 원산지로 하거나 행선지로 하는 같은 상품에 대하여 즉시 그리고 무조건적으로 부여되어야 한다.

2. 이 조 제1항의 규정은 수입 관세 또는 과징금에 관한 특혜로서 이 조 제4항에 제시된 수준을 초과하지 아니하고 다음 각 호에 해당하는 것의 철폐를 요구하는 것은 아니다.

   (a) 부속서 A에 기재된 둘 또는 그 이상의 영토 간에 배타적으로 유효한 것으로서 동 부속서에 명시된 조건에 따르는 특혜

   (b) 1939년 7월 1일 현재 공통주권이나 보호 또는 종주 관계에 의하여 결합되어 있고 부속서 B, C 및 D에 기재된 둘 또는 그 이상의 영토 간에 배타적으로 유효한 것으로서 동 부속서에 명시된 조건에 따르는 특혜

   (c) 미합중국과 쿠바공화국 간에 배타적으로 유효한 특혜

   (d) 부속서 E 및 F에 기재된 인접국가 간에 배타적으로 유효한 특혜

3. 제1항의 규정은 전에 오토만 제국의 일부이었으며, 1923년 7월 24일에 동 제국으로부터 분리된 국가상호 간의 특혜에만 적용되지 아니한다. 단, 동 특혜는 제25조 제5항[1]에 의하여 승인되어야 하며, 이러한 점에서 이 규정은 제29조 제1항에 비추어 적용된다.

4. 이 조 제2항에 의하여 특혜가 허용되었으나 이 협정에 부속된 해당 양허표에 특혜의 최대폭이 구체적으로 명시되지 않은 상품에 대한 특혜의 폭은 다음을 초과하지 아니한다.

   (a) 이러한 양허표에 기재된 상품에 대한 관세 또는 과징금에 대하여는, 동 양허표에 제시된 최혜국세율과 특혜세율 간의 차이, 특혜세율이 제시되어 있지 아니한 경우 특혜세율은 이 항의 목적상 1947년 4월 10일 현재 유효한 세율로 하며, 최혜국세율이 제시되어 있지 않은 경우 특혜의 폭은 1947년 4월 10일 현재의 최혜국세율과 특혜세율 간의 차이를 초과하여서는 아니 된다.

   (b) 해당 양허표에 기재되어 있지 않은 상품에 대한 관세 또는 과징금에 대하여는, 1947년 4월 10일 현재 존재하는 최혜국세율과 특혜세율 간의 차이

부속서 G에 거명된 체약당사자의 경우, 이 항 (a)호 및 (b)호에서 언급된 1947년 4월 10일이라는 일자는 동 부속서에 명시된 각 일자로 대체한다.

제 2 조   양허표

1. (a) 각 체약당사자는 다른 체약당사자의 상거래에 대하여 이 협정에 부속된 해당 양허표의 해당 부에 제시된 대우보다 불리하지 아니한 대우를 부여한다.

---

1) 정본은 "제5항 (a)"로 잘못 기재함.

(b) 어떤 체약당사자에 관한 양허표 제1부에 기재된 상품으로서, 다른 체약당사자 영토의 상품이 동 양허표에 관련된 영토로 수입되는 경우, 동 양허표에 명시된 조건 또는 제한에 따라 동 양허표에 명시되고 제시된 관세를 초과하는 통상적인 관세로부터 면제된다. 이러한 상품은 이 협정일자에 부과되고 있거나 이 협정일자에 수입영토에서 유효한 법령에 의하여 이후 부과되도록 직접적이고 의무적으로 요구되는 한도를 초과하여 수입에 대하여 또는 수입과 관련하여 부과되는 모든 그 밖의 관세 및 모든 종류의 과징금으로부터 또한 면제된다.

(c) 어떤 체약당사자에 관한 양허표 제2부에 기재된 상품으로서, 동 양허표에 관련된 영토로 수입될 때 제1조에 의하여 특혜대우를 받을 권리가 부여된 영토의 상품이 당해 영토로 수입되는 경우, 동 양허표에 명시된 조건 또는 제한에 따르되 동 양허표 제2부에 명시된 관세를 초과하는 통상적인 관세로부터 면제된다. 이러한 상품은 또한 이 협정일자에 부과되고 있거나 이 협정일자에 수입영토에서 유효한 법령에 의하여 이후 부과되도록 직접적 또는 의무적으로 요구되는 한도를 초과하여 수입에 대하여 또는 수입과 관련하여 부과되는 모든 그 밖의 관세 및 모든 종류의 과징금으로부터 또한 면제된다. 이 조의 어떠한 규정도 체약당사자가 특혜관세율에 의한 수입을 위한 재화의 적격성에 관하여 이 협정일자에 존재하는 요건을 유지하는 것을 방해하지 아니한다.

2. 이 조의 어떠한 규정도 체약당사자가 상품의 수입에 대하여 언제든지 다음을 부과하는 것을 방해하지 아니한다.

(a) 동종의 국내상품에 대하여 또는 당해 수입상품의 제조 또는 생산에 전부 또는 일부 기여한 물품에 대하여 제3조 제2항의 규정에 합치되게 부과하는 내국세에 상당하는 과징금

(b) 제6조의 규정에 합치되게 적용되는 반덤핑 또는 상계 관세

(c) 제공된 용역의 비용에 상응하는 수수료 및 그 밖의 과징금

3. 어떠한 체약당사자도 이 협정에 부속된 해당 양허표에 제시된 양허의 가치를 침해하도록 관세평가가격의 결정방법 또는 통화환산방법을 변경하여서는 아니 된다.

4. 체약당사자가 이 협정에 부속된 해당 양허표에 기재된 상품의 수입에 대한 독점을 공식적으로 또는 사실상 설정, 유지 또는 승인하는 경우, 이러한 독점은 동 양허표에 제시되어 있거나 당해 양허를 최초로 협상한 당사자 간에 달리 합의된 경우를 제외하고는, 평균하여 동 양허표에 제시된 보호의 정도를 초과하여 보호를 부여하도록 운영되어서는 아니 된다. 이 항의 규정은 체약당사자가 이 협정의 다른 규정에 의하여 허용되는, 국내생산자에 대한 제반 형태의 지원을 사용하는 것을 제한하지 아니한다.

5. 체약당사자는 어떤 상품이 이 협정에 부속된 해당 양허표에 제시된 양허에 의하여 의도되었다고 믿는 대우를 다른 체약당사자로부터 받지 못하고 있다고 간주하는 경우 동 문제에 대하여 직접 상대체약당사자의 주의를 환기한다. 상대체약당사자가 상정된 대우가 주의를 환기한 체약당사자가 주장한 대우라는 점에는 동의하나 법원 또는 그 밖의 관계당국이 당해 상품은 동 체약당사자의 관세세법상 이 협정에서 의도된 대우가 허용되도록 분류될 수 없다는 취지로 판정하였기 때문에 동 대우를 부여할 수 없다고 선언하는 경우, 이들 두 체약당사자는 실질적인 이해관계가 있는 다른 체약당사자와 함께 동 문제의 보상조정을 목적으로 추가협상을 신속히 개시한다.

6. (a) 국제통화기금의 회원국인 체약당사자에 관한 양허표에 포함된 종량 관세 및 과징금과 동 체약당사자가 유지하는 종량 관세 및 과징금에 관한 특혜의 폭은 이 협정일자에 동 기금이 수락하였거나 또는 잠정적으로 인정한 평가(平價)에 따라 해당 통화로 표시된다. 따라서 동 평가(平價)가 국제통화기금협정에 합치되게 20%를 초과하여 인하될 경우, 이러한 종량 관세 및 과징금과 특혜의 폭은 동 인하를 고려하여 조정될 수 있다. 단, 체약당사자단(즉, 제25조에 제시된 바대로 공동으로 행동하는 체약당사자들)이 이러한 조정의 필요성 또는 긴급성에 영향을 줄 수 있는 모든 요인을 적절히 고려하여 이러한 조정이 해당 양허표 또는 이 협정의 다른 부분에서 제시된 양허의 가치를 침해하지 아니할 것이라는 데 동의하여야 한다.

   (b) 동 기금의 회원국이 아닌 체약당사자에게는 동 체약당사자가 동 기금의 회원국이 되는 일자 또는 제15조에 따라 특별환협약을 체결하는 일자로부터 유사한 규정이 적용된다.

7. 본 협정에 부속된 양허표는 이로써 본 협정 제1부의 불가분의 일부가 된다.

제 2 부

제 3 조   내국 과세 및 규정에 관한 내국민대우

1. 체약당사자들은 내국세 및 그 밖의 내국과징금과 상품의 국내판매, 판매를 위한 제공, 구매, 운송, 유통 또는 사용에 영향을 주는 법률·규정·요건과 특정 수량 또는 비율로 상품을 혼합하거나 가공 또는 사용하도록 요구하는 내국의 수량적 규정이 국내생산을 보호하기 위하여 수입상품 또는 국내상품에 적용되어서는 아니 된다는 것을 인정한다.

2. 다른 체약당사자의 영토내로 수입되는 체약당사자 영토의 상품은 동종의 국내상품

에 직접적 또는 간접적으로 적용되는 내국세 또는 그 밖의 모든 종류의 내국과징금을 초과하는 내국세 또는 그 밖의 모든 종류의 내국과징금의 부과대상이 직접적으로든 간접적으로든 되지 아니한다. 또한, 어떠한 체약당사자도 제1항에 명시된 원칙에 반하는 방식으로 수입 또는 국내 상품에 내국세 또는 그 밖의 내국과징금을 달리 적용하지 아니한다.

제3조 2항에 관한 주해: 제2항 첫번째 문장의 요건에 합치되는 조세는 과세된 상품을 일방으로 하고 유사하게 과세되지 아니한 직접적으로 경쟁적이거나 대체가능한 상품을 타방으로 하여 양자 간에 경쟁이 수반된 경우에만 두번째 문장의 규정에 불합치되는 것으로 간주된다.

3. 제2항의 규정에는 불합치되지만 과세된 상품에 대한 수입관세를 인상하지 아니하기로 양허한 1947년 4월 10일 현재 유효한 무역협정에 의하여 구체적으로 승인된 현존하는 내국세에 관하여, 이를 부과하는 체약당사자는 동 내국세의 보호적 요소를 철폐하는 데 대한 보상에 필요한 정도까지 동 수입관세를 인상할 수 있도록 동 무역협정상의 의무로부터 해제될 때까지는 동 내국세에 대한 제2항 규정의 적용을 연기할 수 있다.

4. 다른 체약당사자의 영토내로 수입되는 체약당사자 영토의 상품은 그 국내판매, 판매를 위한 제공, 구매, 운송, 유통 또는 사용에 영향을 주는 모든 법률, 규정, 요건에 관하여 국내원산의 같은 상품에 부여되는 대우보다 불리하지 않은 대우를 부여받아야 한다. 이 항의 규정은 상품의 국적에 기초하지 아니하고 전적으로 운송수단의 경제적 운영에 기초한 차등적 국내운임의 적용을 방해하지 아니한다.

5. 어떠한 체약당사자도 특정 수량 또는 비율로 상품을 혼합, 가공 또는 사용하는 것에 관련된 내국의 수량적 규정으로서, 그 적용을 받는 특정 수량 또는 비율의 상품이 국내공급원으로부터 공급되어야 함을 직접적 또는 간접적으로 요구하는 규정을 설정하거나 유지하지 아니한다. 또한 어떠한 체약당사자도 제1항에 명시된 원칙에 반하는 방식으로 내국의 수량적 규칙을 달리 적용하지 아니한다.

6. 제5항의 규정은, 체약당사자의 선택에 따라 1939년 7월 1일, 1947년 4월 10일 또는 1948년 3월 24일 현재 동 체약당사자의 영토내에서 유효한 어떠한 내국의 수량적 규칙에도 적용되지 아니한다. 단, 제5항의 규정에 반하는 이러한 규칙은 수입에 장애가 되도록 수정되어서는 아니 되며, 또한 협상의 목적상 관세로 취급된다.

7. 특정 수량 또는 비율로 상품을 혼합하거나 가공 또는 사용하는 것에 관련된 어떠한 내국의 수량적 규정도 동 수량 또는 비율을 국외공급원간에 할당하는 방식으로 적용되어서는 아니 된다.

8. (a) 이 조의 규정은 상업적 재판매 또는 상업적 판매를 위한 재화의 생산에 사용할 목적이 아닌, 정부기관에 의하여 정부의 목적을 위하여 구매되는 상품의 조달을 규율하는 법률, 규정 또는 요건에는 적용되지 아니한다.

   (b) 이 조의 규정은 이 조의 규정에 합치되게 적용된 내국 세금 또는 과징금의 수익으로부터 발생한 국내생산자에 대한 지급금 및 정부의 국내상품 구매를 통하여 실현된 보조금을 포함하여 보조금을 국내생산자에게 배타적으로 지급하는 것을 방해하지 아니한다.

9. 체약당사자들은 내국의 최고가격 통제조치가 이 조의 다른 규정에는 합치한다 하더라도 수입상품을 공급하는 체약당사자의 이익을 저해하는 효과를 가질 수 있다는 것을 인정한다. 따라서 이러한 조치를 적용하는 체약당사자는 이러한 저해효과를 가능한 한 최대한도로 피할 목적으로 수출체약당사자의 이익을 고려한다.

10. 이 조의 규정은 체약당사자가 노출영화필름에 관한 것으로서 제4조의 요건을 충족하는 내국의 수량적 규정을 설정하거나 유지하는 것을 방해하지 아니한다.

제11조 수량제한의 일반적 폐지

1. 다른 체약당사자 영토의 상품의 수입에 대하여 또는 다른 체약당사자 영토로 향하는 상품의 수출 또는 수출을 위한 판매에 대하여, 쿼터, 수입 또는 수출 허가 또는 그 밖의 조치 중 어느 것을 통하여 시행되는지를 불문하고, 관세, 조세 또는 그 밖의 과징금 이외의 어떠한 금지 또는 제한도 체약당사자에 의하여 설정되거나 유지되어서는 아니 된다.

2. 이 조 제1항의 규정은 다음에 대하여는 적용되지 아니한다.

   (a) 식품 또는 수출체약당사자에게 불가결한 그 밖의 상품의 중대한 부족을 방지 또는 완화하기 위하여 일시적으로 적용되는 수출의 금지 또는 제한

   (b) 국제무역에 있어서 산품의 분류, 등급부여 또는 판매를 위한 표준 또는 규정의 적용에 필요한 수입 및 수출의 금지 또는 제한

   (c) 다음 목적을 위하여 운영되는 정부조치의 시행에 필요한 것으로서 어떤 형태로든 수입되는 농산물 또는 수산물에 대한 수입의 제한

      (i) 판매 또는 생산되도록 허용된 동종 국내상품의 수량, 또는 같은 상품의 실질적인 국내생산이 없는 경우에는 동 수입상품이 직접적으로 대체할 수 있는 국내상품의 수량을 제한하기 위한 것 또는

      (ii) 동종 국내상품의 일시적인 과잉상태, 또는 같은 상품의 실질적인 국내생산이 없는 경우에는 동 수입상품이 직접적으로 대체할 수 있는 국내상품의 일시적인 과잉상태를 무상 또는 당시의 시장수준보다 낮은 가격으로 일정한

국내소비자집단에 이용가능하게 함으로써 제거하기 위한 것 또는

    (iii) 어떤 산품의 국내생산이 상대적으로 경미한 경우에 생산의 전부 또는 대부분을 그 수입산품에 직접적으로 의존하는 동물성 상품의 생산이 허용되는 물량을 제한하기 위한 것

이 항 (c)호에 따라 상품의 수입에 대한 제한을 적용하는 체약당사자는 특정한 장래의 기간 중에 수입이 허용될 상품의 총량 또는 총액과 이러한 물량 또는 금액에 있어서의 변경을 공고하여야 한다. 또한, 위 (i)에 의하여 적용되는 제한은, 제한이 없을 경우 양자간에 성립될 것이 합리적으로 기대되는 총국내생산에 대한 총수입의 비율과 비교하여 동 비율을 감소시키는 것이어서는 아니 된다. 체약당사자는 동 비율을 결정함에 있어서 과거의 대표적인 기간 동안 우세하였던 비율과 당해 상품의 무역에 영향을 주었을 수도 있거나 영향을 주고 있을 수도 있는 특별한 요소에 대하여 적절한 고려를 한다.

제20조 일반적 예외

다음의 조치가 동일한 여건이 지배적인 국가 간에 자의적이거나 정당화할 수 없는 차별의 수단을 구성하거나 국제무역에 대한 위장된 제한을 구성하는 방식으로 적용되지 아니한다는 요건을 조건으로, 이 협정의 어떠한 규정도 체약당사자가 이러한 조치를 채택하거나 시행하는 것을 방해하는 것으로 해석되지 아니한다.

    (a) 공중도덕을 보호하기 위하여 필요한 조치

    (b) 인간, 동물 또는 식물의 생명 또는 건강을 보호하기 위하여 필요한 조치

    (c) 금 또는 은의 수입 또는 수출과 관련된 조치

    (d) 통관의 시행, 제2조 제4항 및 제17조 하에서 운영되는 독점의 시행, 특허권·상표권·저작권의 보호, 그리고 기만적 관행의 방지와 관련된 법률 또는 규정을 포함하여 이 협정의 규정에 불합치되지 아니하는 법률 또는 규정의 준수를 확보하기 위하여 필요한 조치

    (e) 교도소노동상품과 관련된 조치

    (f) 예술적, 역사적 또는 고고학적 가치가 있는 국보의 보호를 위하여 부과되는 조치

    (g) 고갈될 수 있는 천연자원의 보존과 관련된 조치로서 국내 생산 또는 소비에 대한 제한과 결부되어 유효하게 되는 경우

    (h) 체약당사자단에 제출되어 그에 의하여 불승인되지 아니한 기준에 합치되는 정부간 상품협정 또는 그 자체가 체약당사자단에 제출되어 그에 의하여 불승인되지 아니한 정부 간 상품협정 하의 의무에 따라 취하여지는 조치

    (i) 정부의 안정화계획의 일부로서 국내원료의 국내가격이 국제가격 미만으로 유지되는 기간 동안 국내가공산업에 필수적인 물량의 국내원료를 확보하기 위하여

필요한 국내원료의 수출에 대한 제한을 수반하는 조치. 단, 동 제한은 이러한 국내 산업의 수출 또는 이러한 국내산업에 부여되는 보호를 증가시키도록 운영되어서는 아니 되며 무차별과 관련된 이 협정의 규정으로부터 이탈하여서는 아니 된다.

(j) 일반적 또는 지역적으로 공급이 부족한 상품의 획득 또는 분배에 필수적인 조치. 단, 동 조치는 모든 체약당사자가 동 상품의 국제적 공급의 공평한 몫에 대한 권리를 가진다는 원칙에 합치되어야 하며, 이 협정의 다른 규정에 불합치되는 동 조치를 야기한 조건이 존재하지 아니하게 된 즉시 중단되어야 한다. 체약당사자단은 1960년 6월 30일 이전에 이 호의 필요성을 검토한다.